JN298985

イギリス法入門

イギリス法入門

内田力蔵著作集 第1巻

信 山 社

《内田力蔵著作集 第1巻》

イギリス法入門

目　　次

I 《イギリス法序説》

1 イギリス法入門 …………………………………………………………………3
　〔1〕 開講にあたって ……………………………………………………3
　〔2〕 イギリス法研究の歴史 …………………………………………11
　〔3〕 その特質についての日本の法学者の意見 …………………18
　〔4〕 「イギリス法」ということばをめぐって …………………27
　〔5〕 「英米法」と「コンモン・ロウ」という二つのことばについて …34
　〔6〕 その特質についての英米その他の国の法学者の意見 ………42
2 外国書講読──イギリス法 ………………………………………………65
　〔1〕 開講のことば ……………………………………………………65
　〔2〕 Law と Rule ………………………………………………………72

II 《判例法理論》

3 イギリス判例法における法規範確定の困難について ……………113
　〔1〕 はしがき ………………………………………………………113
　〔2〕 判例法主義を採る法体系における裁判官の仕事の二重性 ………114
　〔3〕 判例の法規範たる部分即ちレイシオ・デシデンダイの確定に
　　　　関する原則 …………………………………………………116
　〔4〕 ベル対レバー事件の概要 ……………………………………118
　〔5〕 ベル対レバー事件に対するグッドハートの原則 ……………121
　〔6〕 相互的錯誤の理論の契約法上の地位 ………………………122
4 レイシオ・デシデンダイは、だれが、どのようにして決定するか …125

5 イギリス判例法における「レイシオ・デシデンダイ」の
   決定について ………………………………………………………………… *135*
6 判例というものの考え方 ……………………………………………………… *149*
   〔1〕 はじめに ……………………………………………………………… *149*
   〔2〕 「先例の法理」について …………………………………………… *170*
   〔3〕 イギリス現代裁判所の組織
         ——「先例の法理」の前提条件—— ………………………… *192*
   〔4〕 イギリスの現代的判例集の様式の成立
         ——「先例の法理」の前提条件—— ………………………… *338*
7 イギリス判例法について ……………………………………………………… *451*
   〔1〕 はしがき
         ——用語の問題その他 …………………………………………… *451*
   〔2〕 イギリス判例法における「先例の法理」 ………………………… *456*
   〔3〕 アメリカ判例法における「先例の法理」 ………………………… *462*
8 イギリス判例法におけるオビター・ディクタ（傍論）の現実的展開
         ——デニング卿の裁判官立法の一側面—— ………………… *465*

III 《書評・その他》

9 〔書評〕スレッサー著・湯浅恭三訳『英法概論』 ……………………… *477*
10 〔書評〕増島六一郎編『英法辞典』 ……………………………………… *485*
11 〔書評〕高柳賢三・末延三次（編集代表）『英米法辞典』 …………… *491*
12 ロンドンで見る市民生活と法 ……………………………………………… *493*
13 近代日本と英米法 …………………………………………………………… *495*
14 〔講演〕法教育と人間教育——新入生研修会における講演 ………… *517*

初出一覧 …………………………………………………………………………… *527*
第1巻の原稿に関する若干の説明 ……………………………………………… *529*
原稿整理その他の刊行準備作業を終えて〔松田健児〕 …………………… *531*

I　イギリス法序説

1 イギリス法入門

〔1〕 開講にあたって

1

穂積重遠博士は、ひろく読まれた『法学通論』の序論の書きだしのところで、法学通論をオールドゥーヴルにたとえてこう説いている。
「法学通論とは何か。《法律全体の縮図的知識》という風に従来取扱われている。そういう法学通論も、もちろん結構で、それきり法律を学ばぬ人にとっては有益に相違ないが、これから、だんだんと各科の法律を研究しようという人のためには、無用の重複とも考えられる。ちょうど、これから本膳、二の膳、三の膳と順々に出て来ようという山海の珍味を一箸ずつ盛り合わせて前菜に出し、それを一口にほおばらすようなもので、へたをすると、かえって食欲を減退させるかも知れない。オールドゥーヴルというものは、これからユックリ御馳走を頂戴しようという気分を作り出し、食指大に動くものあらしめねばならぬ。果して、そういうぐあいに行くかどうか、受け合えぬが、この法学通論は、一つ前菜的法学入門のつもりで書いて見ようと思う。」
私は、ここに引用された、みじかい文章に、大学の1年生として、25年まえに穂積博士から民法の手ほどきを受けたときのふかい感銘を思いおこすのであるが、同時にまた、これから私が行なおうとするイギリス法にかんする手ほどき的な講義について、私は、そこに適切な方法が示唆されていることに気がついて、感動する。つまり、私は、穂積博士の法学通論にたいする扱いかたにならって、この講義を、いわば、前菜的なイギリス法入門にしてみようと考える。
イギリス法についての手ほどきのしかたにも、たしかに、2とおりのものが考えられる。その一つは、「イギリス法全体の縮図的知識」をあたえようとするもので、イギリス法の法源、裁判所の構成、法の重要な各分野などについて、多少

とも基本的ないし一般的なことがらをひろいあげ、かんたんな技術的な解説をくわえるというやりかたである。それは、いってみれば、「イギリス法通論」ないし「イギリス法概論」である。そして、もう一つのタイプは、穂積博士のいわゆる「前菜的な」イギリス法についての手ほどきであって、それは、イギリス法の概念や制度についての技術的な説明をあたえることよりは、むしろ、それらの概念や制度の基礎にあると考えられる原理や精神をとらえ、それがイギリス人の社会生活にどう結びついているか、というような点を明らかにすることをねらうであろう。もちろん、このタイプの「イギリス法入門」も、イギリス法の原理や精神を明らかにしようとするものであるかぎりは、法の概念や制度についての技術的な説明を、多少ともふくまないわけにはいかない。その意味では、じっさいにイギリス法の手ほどきを書くばあいに、それを、以上の二つのタイプのうちのいずれか一つの方に全部的にかたむいたものにしてしまうことは、とうていできないであろう。タイプのちがいといってみても、それは、実行のうえでは、要するに、程度のちがいにすぎないことになってしまうのである。いま、いくつかの実例をあげて、2つのいきかたのちがいを説明してみよう。

2

まず、「イギリス法通論」のタイプに属するもののなかから、もっとも代表的だと思われるものをあげれば、それは、日本の法学界で、たいへんひろく読まれているゲルダートの『イギリス法要論』(Geldart, Elements of English Law) であろう。1911年に「家庭大学文庫」(Home University Library) の1冊として初版をだしたこの本は、1929年に再版、1939年に3版、1948年に4版というように、ほぼ10年ごとに版をあらため、しかも、それぞれの版は、毎年のように重刷されている。それは、すでに、ほとんど半世紀におよぶ生命を保ってきたが、これからさきも、ながく生きつづけるのではないかと想像される。そして、そのような生命力のつよさは、この本が、イギリス法の研究についての「食慾を減退させる」というような前菜でないことを示すものにほかならない、と見られるであろう。しかし、末弘博士が、生前いつか、私に感想をもらされたように、また、学生のとき、高柳賢三先生から、そしてこの本によってイギリス法の手ほどきを受けた私の経験から考えても、この本が、イギリス法の入門書として、とくに外国人である私たちにとって、わかりやすい解説をあたえた初心者むきのものだとは、かならずしも、いえないということを注意する必要がある。それは、やはり、イギリス法の勉強にたいして、「食指大に動くものあらしめ」るようなものである

とは考えられない。この本では、イギリス法の法源の現状とその沿革、人と人的関係、財産権、契約、不法行為、犯罪にかんする8章が、文庫本200頁ほどのものにもりこまれているのであるから、叙述は、圧縮に圧縮をくわえたものになり、できるかぎり、むだをはぶいた概念や制度にかんする説明は、いわば、そのぎりぎりの骨格をえがきだし、かわききった文体をなしているのである。むしろ、この本は、いちおうイギリス法の各分野について勉強をした人が、おさらいをしたり、また、熟達した教師が教室で教科書として使ったりするのに適している、とみてよいのであろう。なお、この本には、イギリスとアメリカの近代法学の出発点をなしているといわれるブラックストーンの『イギリス法釈義』(Blackstone, Commentaries on the Laws of England) の体系と内容を圧縮した形で現代に再現したものとしての長所があるが、そのことについては、べつの機会に述べることがあろう。

3

　ゲルダートの『イギリス法要論』と、ほぼ同じ線にそいながら、それよりも、もっと包括的に、しかも、原理や精神にかなりの重点をおいて、イギリス法の手ほどきをしようというねらいをもつ本としては、1928年に初版をだしたジェンクスの『イギリス法の書』(Jenks, The Book of English Law) をあげてよいであろう。それは、「しろうとのためにえがかれ、また、しろうとにもわかるイギリス法の図絵については、われわれは、今日でもまだ、ブラックストーンにかえらなければならない」というような状態をいかんとする著者が、「イギリス法のもろもろの準則は、国民精神の無意識的な表現であり、しかも同時にまた、それらの準則は、イギリス人の精神的な態度にたいして、したがってまた、その性格と行動にたいして、つよい影響をおよぼすものであるということを、イギリスおよび外国のしろうとの読者に理解させる」という野心的なねらいをもって書いたものである。この本は、5編にわけられ、第1編「序論」では、法の本質と種類、イギリス法の起源、イギリス法の形式としての判例法と制定法、第2編「イギリス法の機構」では、イギリス法の民刑事の裁判所、法曹、裁判原理、イギリスの証拠法、法律上の人、第3編「国家と正義」では、王と臣民、臣民の義務、臣民の権利、第4編「刑事法」では、一般原理、財産にたいする罪、宗教と道徳にたいする罪、名誉にたいする罪、刑事法の制裁、そして、第5編では、市民法とその制裁、家族法（夫婦、親子、無遺言相続）、財産権法（一般原理、土地に関するコモン・ロウ上および衡平法上の権利、動産に関する財産権法、財産権の譲渡）、信託、

債権法（契約・不法行為）を、それぞれ説明して、Ａ５版のほぼ450頁におさめている。ジェンクスのこの本は、イギリスの法律家に共通してみられるところのイギリス法賛美の色あいを、こくにじませながら、もろもろの制度に即して包括的にイギリス法の基本的な傾向や精神をいきいきした文体でえがきだしている点で、ゲルタートの『要論』よりは、はるかに読んで理解しやすいものになっていると思われる。しかし、あまりに多くのことがらにわたっているために、初学者の受ける感銘を、どちらかといえば、散漫なものにしてしまうきらいをまぬかれない。すなわち、オールドゥーヴルとしては、すこし食べさせすぎるといえよう。

4

そこで、ジェンクスの『イギリス法の書』がもっていると思われる、そのような欠点をのぞくためには、ある重要な傾向とか原理とか精神とかに限定して、集約的に解説をするという方法がとられなければならなくなるであろう。そして、私の考えでは、そのような方法がとられるばあいにも、着眼のしかたに、二とおりがある。その一つは、イギリス法そのものだけについて、いわば内在的に、その基本的な精神または傾向をとりあげていくやりかたであり、もう一つは、いわば外在的に、外国の法律と比較しながら、そのような精神や傾向をえがきだすやりかたである。それら二つのやりかたについて、それぞれ実例をあげてみよう。

もっぱらイギリス法だけについてその基本的な傾向や精神をうきぼりにしていくやりかたの論文として、イギリス人が書いたもので出色のできばえのものといえば、ポロックの『コンモン・ロウの精髄』（Pollock, The Genius of the Common Law）に指をくっしなければならないであろう。この本は、1912年にポロックが、ニュー・ヨークのコロンビア大学でおこなった特別講義を内容とする。そこでは、「貴婦人」（Lady）になぞらえられるコンモン・ロウ——イギリスの法的伝統を内的・外的の危険や障害にたいして、いかにして守りおおせ、また、いかにして発展し拡大させることができたか、すなわち、コンモン・ロウの活力（vitality）は、どのようにしてはぐくまれ、維持され、発展させられて、そのいわゆる継続性（continuity）が確保されたかが、円熟した法学者の史的透察力をもって、ゆたかな筆致で書かれ、全編８章は、Ｂ５版125頁にもりこまれる。そして、この講義の結論の最後の部分には、この著者にとってコンモン・ロウの根本精神であるところのものが示されていることが注目される。「……もし、コンモン・ロウに何かの美徳があり、それによってコンモン・ロウが、一つの特別な種類の学問においての知的な優秀さ以上のものを意味することになるとすれば、それは、自

由（freedom）がかの女の姉妹であって、自由の精神において、かの女の最大のしごとが、つねになされてきたということなのである。その精神によって、われわれの貴婦人は、王の面前においても真理を語り、簒奪的な放縦の暴政を抑制し、また、平等な公的正義と秩序だてられた権利というかの女の理想を世界のあらゆる地方にもちこむ勇気を、かの女のしもべたち〔＝法律家〕にあたえたのであった。……」なお、アメリカ人が書いた本で、ポロックのこの講義とほぼ同じねらいをもつものとして、代表的だと思われるのは、パウンドの『コンモン・ロウの精神』（Pound, The Spirit of the Common Law）である。これは、1921年に、ダートマス大学でおこなわれた特別講義を内容としているが、おもしろいことに、それは、ポロックのばあいとおなじく、八つの章からなっている。ここでは、法の優位（the supremacy of law）と司法的経験主義（judicial empiricism）の持続ということが、全体をつらぬくライトモチーフになっているといってよいであろう。けっきょく、それらが、英米の法的伝統としてのコンモン・ロウの基本的な特質をなしているというのが、パウンドの根本的な考えなのである。

5

つぎに、比較法的な見地から、イギリス法の基本的な特色を明らかにすることをねらう論文として、最近書かれたもののなかから代表的だとみえるものを求めれば、それは、ロウソンの『イギリス法の合理的強み』（Lawson, The Rational Strength of English Law）であろう。これは、ある通俗講演にもとづくもので、新書版で、やく150頁という少ない分量である。著者は、「しろうとばかりでなく、また法律家の間にさえ、広くゆきわたっているところの意見、すなわち、イギリス法は、本質的に無秩序で非合理的であるという意見」を正すことをねらいとして、いわゆる「現代ローマ法」（Civil Law）または大陸法と比較しながら、法源と法の一般的性格、契約、財産権、それから不法行為の諸分野で、「イギリス法の奥底にある、非常につよい合理性の要素」が、どのように発現しているかを、あざやかに、そして、かなり自己礼賛的にえがきだしている。なお、外国人が、イギリス法について入門的なものを書く場合に、ここでいう比較法的な見地にたつことは、自然のなりゆきであろうが、そういう本として、いくつか目ぼしいものをあげれば、ドイツの法学者ゴールドシュミットの『外国人の見地から見たイギリス法』（Goldschmidt, English Law from the Foreign Standpoint）と、フランスの法学者レヴィ・ウルマンの『イギリスの法伝統』（Lévy-Ullman, The English Legal Tradition）などがある。ゴールドシュミットの本は、1937年に出版された

が、包括的で、ジェンクスの『イギリス法の書』の内容を、もうすこし技術的なものにして、それに比較法的な操作をほどこしたと思ってさしつかえがなく、またレヴィ・ウルマンのものは、1935年にフランス語から英訳されているが、その内容はだいたいポロックのものにちかく、イギリス法のいくつかの基本的な特質をえぐっている。

6

さて、イギリス法についての入門的な解説をする著書を、いくつかのタイプにわけてならべてみたのであるが、わたくしのこの講義の模範にしてよいのは、いったいどれであろうか。「食指大に動くものあらしめ」る前菜的なイギリス法入門としては、ポロックとパウンドのように、ふとい線でえがいた素描ともいうべきゆきかたをとるのが、適当なのであろう。しかし、外国人であるわたくしたち日本人のためのイギリス法入門としては、やはり、ロウソンやレヴィ・ウルマンのような比較法的な見地からの考察も、ぜひ、くわえなければなるまい。わたくしは、そのようなゆきかたをとることによって、穂積先生の教えにしたがおうとする。

もちろん、わたくしたちの国のイギリス法研究の先輩たちは、とくに、太平洋戦争ののちに、いくつかのすぐれたイギリス法ないし英米法の入門書を世におくっている。そのなかで、高柳賢三、田中和夫の両先生が、偶然にも、『英米法の基礎』という同じ標題で書いていることが注目される。高柳先生の『英米法の基礎』(有斐閣)は、同先生の『英米法講義』の第4巻にあてられ、1954年に公刊されて、「コンモン・ロウのゲルマン法的背景」、「国王の裁判所」、「裁判官と弁護士」、「陪審」、「令状の体系」、「王国の一般慣習法と判例法」、「法の優位」、「コンモン・ロウとエクィテイ」の8講からなっている。ゲルダート、ポロック、パウンドの前記の諸書が、どれも八つの章ないし講義からなりたっているのと、これも偶然の一致かもしれないが、この本の日本でのイギリス法ないし英米法の入門書としての将来を卜するうえに、このことは無意味ではないのかもしれない。内容の点では、この本は、ジェンクスの『イギリス法の書』の前半に相当する部分に、著者の比較法学的・法哲学的なウンチクを加味したものとみてよく、それが、著者独特のつよい文体で生かされている。また、田中教授の『英米法の基礎』(寧楽書房)は、前編で、「英米法と大陸法」、「判例法主義」、「法至上主義」、「陪審裁判」、「普通法と衡平法」を5章にわけて論じ、後編では、英米法の現代までの発展を、中世、近世、現代にわけて解説する。全体を通じてみれば、高柳

教授のものと、ほとんど同じ内容に帰着するといえようが、大陸法との比較法的な見地がはっきりと打ちだされ、また、前編の主調がパウンドの『コモン・ロウの精神』に合致することが目につく。戦後、イギリス法ないし英米法の基本的な特色についての啓蒙的な本の出現が、つよく要望されたとき、その要望にこたえたものが本書であった。

7

ところで、このように、イギリス法ないし英米法の入門書として、わたくしが前菜的なイギリス法入門と呼ぶものに、きっかり当てはまる先輩の本が、すでにでているさいに、ここであらためてまた、イギリス法入門が書かれる必要があるのであろうか。おそらく、学校の講義用としてならば、その必要はない、と答えるべきであろう。なぜなら、わたくしは、それらのすぐれた既刊の書を利用することができるのだから。日本の法学界では、極端な表現をとれば、大学で法学のある科目の講義をする教授の数だけの教科書が、その科目について書かれるのがふつうだが、——郷に入っては郷にしたがえ——その流儀にしたがえば、たしかに、わたくしは、わたくしのイギリス法入門を書いてよいのである。わたくしに、この講義を手がけるトウロウのおのの勇気をもたせるものは、けっきょく、そのくらいの根拠にすぎない。ただ、ほかにも、いくらかの事由ともいうべきものがないのかといえば、それが、まったくないというわけでもない。それは、こういうことである。

高柳先生は、『英米法の基礎』の序を、パリ大学教授ルネ・ダヴィドが1948年に公刊した『英国私法研究入門』のなかで述べた「フランスの法律家が初めてイギリス法を学ぶときには、かれが慣らされてきた法的思惟の衣裳をぬぎすてることが必要である。かれはかれがフランスで学んだことを、すべて忘れねばならないのである。そして〝新しい科学〟としてのイギリス法の学習にとって、フランス法学は余り役に立たないか、或は又反って有害でさえありうることを、かれはわきまえねばならない。」ということばを引用することで書きはじめ、それをふえんして、こう述べる。

「右の言葉は比較法学におけるイギリス法系と、大陸法系との間に現実に存する深い溝を体験した人にして初めて発しうべき言葉であると思われる。そして右の一説はフランスの法律だけでなく、比較法に関心をもつ日本の法律家にとっても傾聴に値する警告である。」

それは、いったい、なぜか。高柳先生は、次のように断定する。

「比較法学において最も危険なことは、一知半解的に各国の法規を羅列して、それを平面的に評価することである。特に大陸法系とイギリス法系の間に存する深い溝に着目せず、異った歴史的伝統と社会的背景を顧みずに、具体的規範や制度を解釈し軽々しく異った法体系間の規範の共通性や差異性を論ずることである。比較法学の流行する現代、とくに英米法を比較法的に引用することの流行する現代日本においては、この点に特に警戒を要する」。

そして、このように、大陸法と英米法とのあいだに、げんとして、よこたわる「深い溝」を強調することは、田中教授のばあいも、だいたい、おなじである。「この両者は、体系及び内容に於て異なるのみならず、法律的考え方及び法律問題の取扱い方に於ても対立し、両者の早急なる融合は期待することが出来ない。手形法・小切手法の統一条約に英米両国が加入しなかったことは、我々の記憶に新なところである。」——これは、同教授が、「英米法と大陸法」という第１章を書きはじめるときのことばである。

さて、そのように、イギリス法ないし英米法と大陸法とのあいだに「対立」や、「深い溝」があることを強調することは、一方においては、もとより十分な根拠のあるところなのであり、また、いってみれば、両法体系についての伝統的な、また正統的な見解なのである。しかし、他方において、両者の違いをそれほどふかいものとはみないで、むしろ、基本的なものは両者に共通するということを強調しようとする立場も、十分になりたつわけであり、しかも、現にそういう態度をとる法学者も、のちに示すように、まったくないわけではない。早い話、大陸法といい、また英米法といってもほぼ二つの世界の一方にぞくする国々に行なわれる法体制であって、それが奉仕する経済的・政治的な社会の構成原理は、けっきょく同じなのではないだろうか。だから、もし、そういう社会の構成原理との関連をふくめてこそ法体制の比較が行われるべきだとすれば、英米法系が「対立」し、「深い溝」でへだてられているのは、むしろ、ソ連的な法体制なのではないか、と推測される。もっとも、そのばあいには、「比較」ではなく、「類別」だけが行われるのだ、ということもできようが。

もちろん、そのように正統的な見地と、いくぶんちがう態度で、イギリス法をながめるといっても、そこで、とりあげられる項目は、けっきょく、ほぼおなじものとなり、たかだか、ニュアンスのちがいがでてくるにすぎないことになってしまうのであろう。ソ連の法体制の比較などは、いまのわたくしには思いもおよばない。せいぜい、ポロックがしているように、イギリス法——コンモン・ロウ——英米法について、その「自由」の伝統を強調するぐらいが、おちであろう。

〔2〕　イギリス法研究の歴史

1

　この講義の〔1〕のおわりのところでは、大陸法と英米法とのあいだによこたわる「深い溝」について、わたくしたち後進をいましめる高柳先生のことばが引用されたが、そこには、英米法の研究が、いまの日本でどのような状態にあるのかということをわたくしたちに知らせるところの、みじかいが、しかし含蓄のふかい一句がふくまれている。「比較法学の流行する現代、とくに英米法を比較法的に引用することの流行する現代日本」というのが、それである。そこに、「英米法を比較法的に引用することの流行」といわれているのは、いわば本格的な英米法の研究にまでたっしていないとする批判ないし評価を意味するであろう。それは、あたたかい奨励のひびきよりも、むしろ、流行にたいするいくぶんの冷笑の気味をさえ、ふくむであろう。とにかくに、この英米法研究の大先輩の目にうつる現代日本のイギリス法ないしアメリカ法の研究は、まだ、一種の流行にはしるところの、うわついた、たよりない状態にある、というわけである。

　そして、そのような評価ないし批判は、つい数年前まえまでの、この国におけるイギリス法やアメリカ法の研究のありさまに思い及べば、必ずしも不当ではない、と考えられるのではあるまいか。この国の法学界に、イギリス法ないしアメリカ法の専門の研究者としては、わずか片手の指でかぞえるほどのものしか見られなかったというような状態は、明治の末頃から、つい最近の昭和20年代にまで及ぶ、ほぼ半世紀ものあいだ、つづいていたのであるし、また、とくに、太平洋戦争の時代には、イギリス法やアメリカ法について勉強することに、なにか、ひけめをさえ感じないではいられなかったというような事情があった。そういうイギリス法やアメリカ法の研究の不振と苦難の時代を、少数の研究者の先頭にたって、きりぬけてこられた高柳先生が、イギリス法やアメリカ法を、安易に比較法的に「引用することの流行」に対して、あぶなかしさと、浮薄さを感じとられ、いましめのことばを述べられるのも、むりがないといえるのではあるまいか。

　わたくしたちが、この国におけるイギリス法やアメリカ法の研究の現状にたいする高柳先生の警戒と批判を、このように、よりふかく理解しようとするとき、わたくしたちは、どうしても、その種の研究の歴史をふりかえってみる必要があるということに気がつく。そして、わたくしたちが、そのような回顧をするばあ

いに、たいへん興味をひかれるのは、明治の初期、およそ、その20年ごろまで、イギリス法の研究が、この国で、きわめてさかんであったという事実である。おおざっぱに述べれば、大陸法の継受によって、もろもろの重要な法典ができあがるまで、イギリス法の研究は、日本の法学界に、文字どおり流行し、主要な位置さえしめたと見られる。しかし、大陸法の継受によって諸法典が成立してからのちは、法学界におけるイギリス法の地位は、副次的なものにおちてゆき、衰退して、わずかに命脈をたもつという事態にまで、追いこまれる。そして、太平洋戦争の終りを境として、にわかに、「流行」のさかえの時代をむかえることになるのである。わたくしは、以下のところで、それら三つの時期のそれぞれについて、かんたんな説明をしようとするが、明治初年のイギリス法研究の隆盛期にたいして、とくべつの関心をおぼえる。それは、このイギリス法研究の隆盛期には、現在と同じように、イギリス法について、多くの入門的な解説がなされているが、それらの解説が、現在行われている入門書その他の手ほどき的な解説にたいして、どんな特色を示しているかを考えてみることによって、一つには、そのころ、イギリス法の研究がせおわされていた使命ともいうべきものが明らかになるであろうし、また、一つには、現在のイギリス法の研究のたっしている水準がたしかめられることになると思われるからである。私は、この明治の初期のイギリス法研究を代表する学者として、穂積陳重博士をとりあげようとする。

2

　明治のはじめから、その20年代におよぶ時期には、イギリス法の研究は、フランス法のそれとならんで、この国の法学研究において重要な地位をしめていた。この時期には、イギリス法ないし英米法の継受のみこみさえがあったほどである。たとえば、『東京帝国大学五十年史』によると、そのころ、いまの東京大学の前身の「東京帝国大学」では、「本邦ノ法律未タ完備セサルヲ以テ、現今専ラ英吉利法律及仏蘭西法律ノ要領ヲ学修セシム」るものとされたのであるが、教科目の内容をみると、明らかに、イギリス法に重点がおかれていた。ところが、明治23年には、イギリス法は、フランス法などとともに、「参考科」の地位にひきさげられている。なお、このころ、「イギリス法」だけが問題にされて、「アメリカ法」とか、「英米法」とかは、まだ、はっきり意識されていなかったことが注目される。そして、この時期には、イギリスとアメリカで書かれた、もろもろの法律分野に関する著書は、一方では、大学の教科書として講読されるとともに、他方では、むさぼるような態度で、かたはしから抄訳され、全訳されている。そこ

には、ほとんど取捨選択が行われておらず、ひたむきな追随の態度があらわである。そして、それらの訳書は、先人の努力のあとを示す貴重な文献として、莫大な分量において、私たちにのこされているのであるが、そこには、すでに法学的に水準のたかい労作もけっして少なくはない。サー・ヘンリー・メーンの法律進化論を補完し大成することを目ざして『法律進化論』の大作に着手された穂積陳重博士は、その著しい一例であった。しかし、おおまかにいえば、法律学を科学たらしめようとする方向において、イギリスの法と法学とを研究し、その影響を受けるというようなことは、穂積博士ののち、日本の法学界では、ほとんどみられないようになってしまった。日本の法学界のほとんどすべての精力は、大陸法の継受と、その消化と解釈の仕事に、つぎこまれるようになってしまう。

　ここに、日本におけるイギリス法研究の第2の時期と、わたくしが名づけようとするものがはじまる。大陸法の継受にともない精密な法解釈の技術が輸入されて、法学界は、それをものにすることに日をおくるようになり、イギリス法が実際界と学界とでもつ重要性は、どんぞこまで低下する。それは、ごく少数の専門家たちと、大学に雇われた一、二の外国人の法学者とによって、ほそぼそと、この国の法学界のかたすみながらえる。ただ、たとえば、東京大学では、法科の学生で外国法の科目としてイギリス法を選択するものは、およそ昭和10年ごろまでは、むしろ圧倒的に多かったというような事態もみられはしたが、そのことと、法学界におけるイギリス法の重要性とは、まったく別のことであった。ただ、この時期の現象で注目されるのは、イギリス法の教授の仕事が、日本人の手に移っていったことと、日本でのイギリス法の研究が、少数の研究者の手で、全体として、ようやく翻訳調を脱して本格的なものを示しはじめたことである。法律の専門雑誌にのるイギリス法の論文は、たんに実定法――おもに判例法――の紹介にとどまらないで、法の理論や歴史に関する著書や論文の本格的な紹介や翻訳ないし批判に及ぶようになり、イギリス法の基礎的な原理や制度に関する標準的な入門書も書かれるようになる。だが、全体としてみれば、この時期におけるイギリス法の研究は、一方では、どうヒイキ目にみても、法学界や実際界で重きをなすところからは遠いものがあったとともに、また他方では、イギリス法の研究者のがわにも、イギリス法の研究をますます孤立させ、衰微へみちびくような態度が、いかんながら、みられたように思われる。わたくしが、そういうのは、イギリス法の少数の専門研究者に、少数派にまぬかれがたい一種の劣等感がなくはなく、その劣等感が、半面では、不必要なほどにつよくイギリス法の特殊性を誇示し、門外漢には、うかがい知ることのできない秘密だとするような排他的、独善的な

傾向としてあらわれたと、いえなくもない事情をさしている。それは、ややもすれば、ごく少数のえらばれた専門家たちにだけ理解できるもので、門外漢のしろうとには、とうていそれを理解する力もないもののように主張されさえしたであろう。「わが国の英米法学者は、英米法を英米法として研究するだけで、わが国の実定法との関係を明らかにしない。その上、英米法は、片手間にやってもわかるものじゃない、といって、実定法学者の英米法研究を嘲笑している。これが、わが国の英米法研究の盛んにならない原因だと、私はかねがねいっていた。」と我妻教授が、いわれるとき、それは、まさしく上述のような専門家たちの欠点をついているのである。そこへ、さらに、太平洋戦争の圧力がくわわって、イギリス法の研究は、いわば、その暗黒時代をむかえる。なお、この第2の時期に、重点が、イギリス法から、だんだんとアメリカ法にうつっていき英米法と呼ぶのが、ふつうになり、戦後には、ときには、米英法（高柳）ということばさえ使われるようになったことが、注目されてよい。それは、一つには、指導的な研究者がアメリカに留学し、アメリカ化されたイギリスのコンモン・ロウを研究するという立場をとるようになったことによるであろうが、基本的には、なんといっても、アメリカの世界的な地位が、たかまってきたことと照応するものであろう。

「米英法」ということばまで使われるようになる第3の時期、すなわち、太平洋戦後の時期が、アメリカの法制の継受という事態によって特色づけられていることについては、いまさら説明するまでもあるまい。そこで、ちょうどドイツ法の継受が、ドイツ法学の輸入をともなったように、アメリカ法の継受にかんする知識が、そして、ひいては、それと共通の基礎にたつイギリス法に関する知識が、ひろく要求されるようになる。それは、広汎な実践的な要請である。そして、すこしつよいことばを使えば、この国の法学界は英米法でなくては日もくれないかのようなありさまを示すようになる。まさに、高柳先生が、「英米法を比較法的に利用することの流行」と定義した事態なのである。だが、私のみるところでは、現在の日本におけるイギリス法やアメリカ法の研究は、単純に、そのように「流行」を追うところに、とどまってはいない。研究者の協力と連絡をはかる全国的な組織がつくられ、研究の方法も集団的組織的になる傾向がみてとられ、また個々の研究も、ふかく精密になるとともに、その社会とのつながりを考察し、それに比較法的な用意をくわえるようになっている。まさに、こういう時期にこそ、先輩の業績をしのび、それの十分な理解と正しい評価のうえに、これからの研究をきづいてゆくことが大切であると思われる。

3

　さて、イギリス法の研究が、まことにさかんであった明治の初年に、日本人は、イギリス法をどういうものとして見ていたか、その特質をどんな点に求めようとしていたか、また、そのようなイギリス法の理解が、今日どのように変化しているか、または、変化していないか。そのような問題を、わたくしは、穂積陳重博士の論文を材料とすることによって、考えてみようとする。穂積陳重博士は、専門的なイギリス法の研究者であったとはみられないが、その学問上の仕事は、明らかにイギリス法学、とくにメーンの歴史法学の影響をつよく受けている。そして、イギリス法の基本的な特質についての同博士の見解は、おそらく、ひろく日本で伝統的にさえなっているものだと思われる。同博士がイギリス法の基本的な特質について書いたものは、いろいろあるが、ここでは、明治17年（1884年）に書かれた『英国普通法原論之序』と、明治36年（1903年）に書かれた『英法の特質』の二つをとりあげる。前者では、いってみれば、わたくしがまえに「外在的」と名づけた方法、つまり大陸法との比較をとおして、イギリス法の特質をうきぼりにする方法が、また後者では、わたくしが「内在的」と呼んだ方法、つまり、イギリス法自体の材料だけから、その特質を明らかにする方法がとられている。両者は、いずれも、『遺文集』に収められている。

　『英国普通法原論之序』は、ある人が、インダーモアの『コンモン・ロウの原理』を訳したものに書かれた序文であるが、そこでは、フランス・ドイツおよびイギリス三国の人民の、それぞれ異なった基本的な特性をとらえ、そこから、おのおのの国の法と法学の特質がひきだされる。まず、フランス法について、同博士は、「仏国の人民は、秩序体制を尚び、特に外貌礼容を重んず。」と断定し、そこから、つぎのような長所短所についての結論をひきだす。「故に法律を学ぶ者は、自ら法律の彙類排列に明にして、制法の事業に適し、且律文の解釈に長ず。然りと雖も、法典完備するが為めに学者の思想、動もすれば、法典の為めに検束され、律文の解釈に汲々として、常に基羈絆を脱する能はず。」そして、そこから、さらに、もっとも基本的な特質がひきだされる。「故に、法理の如きは、独国に一歩を譲り、又法律の実施に至ては、英国に及ばざること遠しと云はざるを得ず。」

　ドイツの国民性と法と法学の特質についても、フランスの場合と同じような方法で、つぎのような結論がだされる。「独逸国の人民は、勤勉にして最も理想に富む。故に、独逸学の法律を論ずる者、概ね理論を主とす。而して、其法典に至

りても、排列秩序の整然たるは、殆ど仏国と伯仲し、法律学理の精密なるは、遥かに仏国を凌駕す。然りと雖も、法律の実施に至りては、又英国に及ばざること遠しと云はざるを得ず。」

そして、イギリス法についての穂積博士の見解は、こうである。「英国の人民は、実利を重んじ、理論体裁を尚ばず。故に、英国の法律は、人民の実益を増進し、実利に適切なる者頗る多し。且其法律の実施適用に敏捷なるは、仏独の企て及ばざる所なり。故に、英法を学ぶ者は、最も法律の適用に長ず。而して、英国に於ては、法学の教育は、実務執法者の手に存し、法学の著書、概ね実務老練家の筆に成る。故に、英国法律書の如きは、一の法理を説く毎に、必ず之に適当すべき判決を挙げ、一の原則を掲ぐる毎に、必ず之が実例を示して以て其適用を明にし、或は成文律を引て以て其沿革を詳にす。故に、法理実例、常に相伴随す。是、英国の法学者が、法理と事実の関係を観るに敏なる所以なり。」

このように理論や体裁を重しとするドイツ人やフランス人にくらべて、実利を重んずるというイギリス人民の基本的な特性からくるイギリスの法と法学の特質は、その適用ないし実施の面での優秀さとして規定されるのであるが、それは、実用的または実際的 (practical) という形容で、一括することができるであろう。『英法の特質』においては、これを主要な特質としながら、さらに自治的 (automatic) と徳義的 (moral) の二つの特質がくわえられる。

「実用的」という特質について穂積博士の説くところは、イギリス人が、「理論を貴ばず、実際を重んじ、」「固有の守旧の思想」を持つため、ローマ法の組織体系を採用することなく、法律の発達がおくれ、「其秩序的進歩を見る能は」なかったこと、イギリス人の思想が、「一般的」でなくて、個々の事実に伴って発達し、「理論的」でなくて「実際の必要に応じて」発達したのに応じて、法律も、「実際と実用とに基づきて発達」したが、1800年の初めに当って、この思想を「哲学的に綜合す」るベンサムと、「形体の具はらざる」英法の欠点を補完するオースチンの2人が出て、そこで、はじめて、「英法の秩序的排列行はれ、爾来英国立法上の外形の進歩は驚くべきもの」があったこと、要するに、「英法が古来独立の一法系を成して他法系を継受することなく、従って其発達も比較的に遅緩なりしことも、英法が個々の事例に従って発達し、其立法の体裁の整はざりしことも、ベンサムの如き人にして英法の改革を行ふを得たりしことも、実利主義の如き思想を以て近世の英法を大成したりしことも、皆英法が理論的に非らずして実際的なりしに由るもの」であったということである。

「自治的」の特質について、同博士は、あらましこう論ずるのである。イギリ

ス人は、自主的人民で、他力をたのむ人民でなく、「自ら法を作りて自から之を行ふ」ており、したがって遵法性を有する国民である。イギリス憲法は、イギリス人が、古くから時勢の要求に応じながら、きわめて適切穏当なる方法で民権を主張し、君権との調和をはかり、多年にわたり刻苦経営した結果、ついに世界の模範法となるにいたったものであり、「自治制の模範を世界に与へた」のも、イギリス人の「自治の精神に富」んでいた結果である。立法の方法についても、イギリスで新法が制定される通常の順序は、「先づ直接に其の法案の支配を受くべき関係当事者が其首働者と為り、其の結果が国会に現はれる」というようになっていることが、きわめて多く、また「司法裁判上の手続」についても、訴訟手続に関する規制を裁判所が、みずから作ること、また、裁判所の吏員と見なされはするが、「実際は独立営業者」であるソリシターが、請求書その他の訴訟書類・召喚状その他の令状の作成発送などの事務を行ない、裁判所は、それらの書類や令状に「公力を附する」にすぎないこと、裁判執行についても同様であることなど、要するに、「英国に於ては、立法上、裁判上、自治的の分子を含むもの甚だ多く、法は自己のものなりとの思想は、到る所に表はれ」ている。

　さいごに、イギリス法が「道義的」であるというのは、つぎのような事例から知られる。まず、イギリス人の頭脳には、「法曹と罪悪との連想を生ずる余地を存せざるもの」のように見える。「裁判官は英人の眼より神聖視せられ」、「至公至平、固より収賄を疑はず、疑はんとするも能はざる」ものである。「法官の一瞥は、以て能く廷内の秩序を正するに足る」といわれ、一般国民の脳裡にも、裁判官みずからの脳裡にも、「裁判官と神聖公平との連想連鎖が、一時も相離れ相切れた」ことを見ないもののようである。そういう裁判と弁護士との関係は、「親密和熟」していて弁護士に払われる世人の尊敬も、きわめて高い。裁判官を尊厳犯すべからざるものとする思想は、イギリスに古来行なわれ、ヘンリー４世の太子と裁判官に関する美談は、いまも史上に「光彩を放」っている。イギリスに、このような「美なる現象」が存するのは、つまり、「英国の法律が、道徳上の真価を有すること大なるを以てなるや必せり」といわなければならない。博士のむすびのことばは、こうである。「英法を学ぶ者、此道徳的の特質あるを悟りて之を学ばざれば、未だ以て英法を学びたる者と云ふこと能わざるなり。」

〔3〕 その特質についての日本の法学者の意見

1

　イギリス法についての入門的な解説をする方法として、いちばんてっとりばやくて、またそのために、いちばん効果的だと思われるのは、その特質ないしは特徴的な点のいくつかをとりあげ、それらを中心にして説明をするというやりかたである。それは明示的に、または黙示的に、また多少の違いはあれ、いつでも、いわゆる大陸法とイギリス法とのあいだの比較を前提とすることになるであろう。あるものがそなえている特質または特徴が、それを欠くもの、または、それをそなえていても、程度において、著しい違いがあるものとの対比によって、はっきりとらえられることは、いうまでもないからである。そこで、イギリスやアメリカでも、さらにまたヨーロッパ大陸でも、ほとんどつねに大陸法との明示的または黙示的な比較においてとらえられるものとしてのイギリス法の──さらにまた、ひろく英米法の──特質または特徴が、イギリス法についての──さらにまた、ひろく英米法についての──入門的な解説の重要な部分をしめてきた、ということにもなるのである。そして、この講義をイギリス法の「前菜的」な入門であるようにしたいというわたくしの希望も、おそらく、そういうやりかたでかなえられることになるであろう。この国で、いままでに出版されているその種の入門的な解説書のなかの代表的なものをとってみても、わたくしたちは、ほぼおなじ方法が、そこでとられていることに気がつく。たとえば、この講義の第1回の部分で、ひきあいにだされた田中教授の『英米法の基礎』（寧楽書房）は、前編と後編の2つの部分からなりたっているが、その前編の標題は、「英米法の特徴」とされており、しかも、その部分に関する説明が、はっきり、「大陸法」との比較という観点にたっていることについては、そのさい紹介されたとおりである。また、高柳先生の『英米法の基礎』（有斐閣）の「序」にも、「本書もやはり、右のような比較法学の立場から、大陸法にたいする英米法の特色と見るべき技術と精神とが、いかにイギリス法の発展のうちに成立したかを示そうとする根本意図に基くものである」と述べられていて、大陸法との比較において、イギリス法──ひいて英米法の特色を説明しようとする意図が、まことにはっきりと示されているのである。

　さて、この講義の〔2〕で、つぎのような問題が提出された。すなわち、「明

治の初年に、日本人は、イギリス法をどういうものとして見ていたか、その特質をどんな点に求めようとしていたか、また、そのようなイギリス法の理解が、今日どのように変化しているか、または、変化していないか。」というのがそれである。ところで、明治の初年にイギリス法の特質について発表された見解のうち代表的なものとして、穂積陳重博士の見解があげられているのであり、また、現在の日本で、イギリス法ないし英米法の特質についての代表的な意見をだしていると考えてよいのは、高柳・田中の両先生なのであるから、右の問題は、穂積博士の見解と、高柳・田中両先生の意見とは、いったい、どのような点で、どの程度に一致し、また、一致しないか、というふうにおきかえることが許されるであろう。そこで、まず、穂積博士の見解を、できるだけ現代のことばになおして整理してみることが必要となる。

2

〔2〕のおわりのところで紹介されたように、穂積博士は「実際的」であること、「自治的」であること、さらに、「徳義的」であることの三つをイギリス法の特質をなすものとして強調するのであるが、それら三つの特質をもつものとしてのイギリス法が、ただ現在の実定法としてのそれだけにとどまらない、という点が、まず、注意されてよいであろう。すなわち、穂積博士の場合、イギリス法は、その法思想と法学と法学教育、世界的な法系としての地位、判例法としての性格と制定法ないし法典化によるその修正、統治構造と地方自治、近代的立法の内容と遵法精神の基礎づけ、裁判手続、裁判官の地位、法曹のありかたなど、はなはだ多面的な様相においてとらえられ、さらに、それらの基礎によこたわるものとして、イギリスの国民性とその歴史が考えられている。『英法の特質』のなかでは、イギリス法に特徴的な制度、たとえば陪審制度（jury system）のようなものは、とくにあげられていない。しかし、穂積博士は、陪審制度については、べつに『英国の陪審制度[1]』という一文を書いており、さらに、べつのある論文のなかでは、「人権擁護に関する人民の刑事自治法」を陪審法のなかに見いだしているのであって、穂積博士が、イギリス法の「自治的」特質を示す一つの例として、陪審制度を考えていることについては、うたがいはない。また、穂積博士が、イギリス法の技術的な特質を示すものとして、判例法を運用するための技術としての「先例の法理」のようなものに言及していないことは、明らかであるが、陪審裁判ないし裁判の技術的な特質については、『英国の陪審制度』や『英国の弁護士の公判[2]』などで、かなりくわしい解説をしているのである。

つぎに、穂積博士が、イギリス法のいわゆる「自治的」な特質をイギリス人の遵法精神とむすびつけ、その遵法精神が自治的特質の結果だと断定している部分は、近代的なデモクラシーのもとにおける法のありかたと、遵法精神の基礎づけを、かんめいに示すものとして、注目されてよいと考える。要するに、イギリス人が遵法の精神にとむのは、自分でつくって自分でまもるということからでてくるというものである。穂積博士は、『法律の進化[3]』というべつの小論のなかで、こう説いている。「苟も我々社会員たる人民が、法は社会力であって、自分等のものであるということを知れば、之を犯すことは出来ぬ筈である。之を犯す者は、自己の存在を滅却するものである。」

ところで、そのような遵法精神のささえになるものは、ほかに、いろいろ考えられるであろうが、それは、ひとつには、イギリス法の適用にたずさわる裁判官と、ひろく法律家が、道義的にも、りっぱで、その能力もまた十分であって、社会的な尊敬のまとになっている、という事情による、と穂積博士はみているのである。イギリスの法曹は、多くの点で自主性をみとめられて、社会の尊敬を受けているが、とくに、裁判官の高い社会的声望は、「神聖視」という程度にまでおよんでいる。穂積博士は、『法律と社会の調和[4]』のなかで、イギリスの社会と法と法律家の関係を、つぎのように説いている。

「英吉利に於ては、法律家の社会に於ける位置は、世界無双であります。法理の点は、幾らも優った国がありますが、独り英吉利法が非常な働を為してゐるのは、法律家の良いのに帰するのであります。それは何であるかと云へば、法律家が社会を理解し、社会が法律を理解し、法律を尊重してゐるからであります。」

そして、イギリス法律家にかんするそのような事情が、それをさとってイギリス法を学ぶのでなければ、「未だ以て英法を学びたる者と云ふこと能はざる」ものというほどに、強調される点が注目にあたいするのである。

(1) 遺文集第2巻409頁。
(2) 遺文集第2巻460頁。
(3) 遺文集第4巻397頁。
(4) 遺文集第2巻503頁。

3

　穂積陳重博士は、このように、きわめて多面的な様相においてイギリス法の特質をとらえようとしたのであるが、そこには、あきらかにイギリス歴史法学の方法論がはたらいている、と思われる。いま、ここで、同博士の法律進化論の領域での業績にふれるひまはないが、『英法の特質』にふくまれる、みじかい説明だけについてみても、イギリス歴史法学の建設者であるサー・ヘンリー・メーン Sir Henry Maine (1822-1888) の影響が、かなり、はっきりあらわれていることがわかる。

　メーンのいわゆる「歴史的かつ比較的方法」(historical and comparative method) を拡充して、壮大な法進化論の体系をうちたてることは、穂積博士の若い日からの念願であった[5]。だから、そのように同博士が傾倒したメーンの理論の一端が、『英法の特質』の叙述のなかにのぞいていても、すこしも不思議ではないであろう。そして、メーンの理論の影響がみられるのは、イギリス法の『実際的』特質を説く部分である。すなわち、そこでは、イギリス法は、イギリス人に特有な実際的な傾向と保守的な思想の影響をうけ、イギリス社会の必要に応じながら、判例法として、おもむろに独自の発達をとげたものであって、それの形体を近代的に合理化するしごとも、18世紀の末から19世紀にかけて、ベンタム Jeremy Bentham (1748-1832) とオースティン John Austin (1790-1859) のふたりの影響のもとに、ようやく実現されるようになったにすぎないほどで、そこには、明らかにローマ法の継受がなく、はやくから、ローマ法から独立した一つの法系が形成されているということが説かれている。このイギリス法の特質についての説明には、あらまし三つのことがふくまれる。イギリス法が、イギリス社会の必要に応じながら判例法として、おもむろに発達したということが、その第1の点であり、判例法として社会の必要に応じて発達してきたイギリス法は、形体的に整理され合理化されていなかったが、その整理と合理化のしごとは、とくにベンタムの影響のもとに19世紀に実現されはじめたということが、その第2の点である。そして、イギリス法が、はやくから、ローマ法から独立した独自の体系として確立されていたということが、その第3の点である。メーンの理論の影響は、その第1および第3の点にあらわれる。

　メーンは、彼の有名な『古代法』(Ancient Law, 1861) の第2章で、人間の社会を進歩的 (progressive) と停滞的 (stagnant) または静止的 (stationary) の二つの型に分類し、アリアン人種の西欧社会によって進歩的な社会を代表させ、イ

ンドや支那などの東洋の社会を静止的ないし停滞的なものの典型と考えた。そして、その進歩的な社会の法のありかたについて、彼はこう述べたのである。

「それらの社会については、社会的な必要と社会的な意見とが、つねに、多かれ少なかれ、法よりも前進しているということを断言してもさしつかえない。われわれは、それらのもののあいだのそのすきまが、うずめられてしまうところへ、無限にちかづくことはあるであろう。しかし、そのすきまは、ふたたび開いていく不断の傾向をもっている。法は固定的であるが、われわれが語っている社会は進歩的である。ある人民の幸福の大小は、そのすきまがせばめられていく敏速さの程度にかかっている。」

メーンは、進歩的な社会では、社会的な必要によって社会的な意見ないし思想がおこり、それらに応じて、それらのあとを追いかけて、法が進歩していく、という過程が、たえず行なわれると考えたのである。そして、私のみるところでは、社会的な必要および社会的な意見と法との関係についてのメーンのそのような方式を、近代的な民主政治による法の定立についてあてはめようとしたのが、ダイシーの『イギリスにおける法と世論』(A. V. Dicey, Law and Public Opinion in England, 1905) なのである。ダイシーが、ここで「法」といっているのが、じつは、「立法」(legislation) であり、「世論」というのも、「立法的な世論」(legislative public opinion) であることが、注意されなければならない。ダイシーは、世論ということばが、立法にかんして使われるばあいには、それは「特定の法律は有益であり、したがって、とうぜん維持されるべきであるとか、または、特定の法律は有害である、したがって、とうぜん修正または廃止されるべきであるとかいう、ある特定の社会で勢をしめている信念または確信を記述するについての、かんたんな方法にすぎない」といい、また、特定の国で世論が立法を支配するという主張は、「そういう国では、法が、その住民の意見または欲望にしたがって、維持され、または廃止される」ことを意味すると説いたのち、こう述べている。

「まことに、意見が立法的変更を命ずるのは、ただ進んだ文明の独特の諸条件のもとにおいてのみである。多くの東方の国々では、意見——それは、伝統的もしくは本能的感情とのべるほうが、よいのであるが——は、世々にわたって、一般に変化にたいして敵対的で、伝承された習慣の維持にたいして好意的であった。西洋においてとおなじように、それらの国々でも、意見は、そのことばの非常にひろい意味においては、支配する。しかし、世々にわたって、ある社会を伝統的な行動の限界内にとじこめておくような、変化にたいする嫌忌は、19世紀と20世紀のイギリスで国土の法についての不断の

改良を要請してきた世論とは、はなはだ異るものである。」

ダイシーが『イギリスにおける法と世論』を出版したのは1905年であり、穂積博士が『英法の特質』を書いたのは1903年なのであるから、穂積博士が、ダイシー『法と世論』の影響のもとに『英法の特質』を書いたとは、もちろん考えられない。しかし、イギリス法の「自治的」特質として、その立法の方法を説くさいの穂積博士の論法には、ダイシーのにおいがすると思われる。ダイシーの『法と世論』は、1898年にハーバード大学で行なわれた特別講義をもとにして、その後5年ほどオックスフォードで行なわれた講義の成果である。ちなみに、読者は、まえにかかげられたポロックの『コンモン・ロウの精髄』が世にでた経路を思いだされるであろうが、イギリス法についてのこれらの名著が、いずれもアメリカの大学での特別講義から生れたということは、興味をひく事実である。

(5) 内田「サー・ヘンリー・メーンⅠ」法律時報15巻10号【→著作集第3巻】。

4

さて、右に述べたように、イギリス歴史法学の方法と理論とによりながら、イギリスの歴史とイギリス人の精神ないし性格にもとづくものとして、穂積博士が法の思想と理論、その形式、その運用上の制度、裁判官や法律家の地位と能力、遵法の精神、世界的な法系としての位置など、きわめて広汎な様相においてとらえようとしたイギリス法の特質は、日本の現在の代表的なイギリス法〔ないし英米法〕の研究者の見解では、どういうものになっているのであろうか。ここでは、おもに高柳先生の『英米法の基礎』によって説明をすすめることにしよう。

まず、第1に、考察の対象が、「イギリス法」から「英米法」にまでひろげられていることが目につく。しかし、高柳先生においては、その「英米法」の特色が、「イギリス法の発展のうちに成立した」あとを示すことが、その根本的な趣意になっている。だから、両者において論述の対象は、じっさいは、ほぼ同じである。なお「イギリス法」と「英米法」という二つのことばは、この講義では、なんの解説もされずに、並列して使われてきたのであるが、やがて、いくぶんか、くわしく説明されるであろう。

第2に、方法のうえで、穂積博士がイギリス歴史法学のそれに依拠したのに対して、高柳先生が、プラグマティズムの法学を開拓したと見られるアメリカのパウンドのそれにしたがっていることが注目されよう。高柳先生はこういわれる。

「ロスコー・パウンドは、かつて国際比較法学会への一般報告のうちで、比較法学の対象は、通常行なわれるごとく、法規範に限らるべきでなく、法規範、法技術、法理想の三つに向けられるべきであることを高唱した。法規範は、いわば法体系の骨格と筋肉であり、法技術は、これに活力を与える血液であり、法理想は、法規範の動きに方向を与える頭脳である。この三つは、ある特定の法体系の理解に必要なだけでなく、法の比較においても必要であるというのが、パウンドの主張の意味であろう。……英米法と大陸法の比較においては、法技術と法理想の比較研究の重要性が顕著となるのである。」

第3に、穂積博士のばあいには、イギリス法は、一つの全体として考えられているが、『英米法の基礎』においては、コンモン・ロウ（普通法）とエクイティ（衡平法）に区分して考察がなされ、コンモン・ロウが歴史的に先行する基本的な体系であるだけに、それにより重要性がおかれる。『英米法の基礎』を構成する八つの講義のうち、七つはコンモン・ロウにあてられ、一つだけがエクイティにあてられるが、各講は、それぞれ、著者が英米法の特色をなすと考える「法技術」や「法理想」を示すものだということになる。

いま、『英米法の基礎』の「序」に書かれているところから、ひろってみれば、著者は、第1講の「コンモン・ロウのゲルマン法的背景」は、英米法が大陸法に対してもつ大きな特色の1つとしての「歴史的継続性」──全面的な法典化によるその切断がないこと──をコンモン・ロウとゲルマン法との史的関連性のうちにみようとし、第2講の「国王の裁判所」は、コンモン・ロウが「立法府でなく、裁判所──それも国王裁判所を中心として成立し発展した法」であるという点に、特色があることを明らかにしようとし、第3講の「裁判官と弁護士」では、コンモン・ロウの発展の主役は、裁判官と弁護士であるが、かれらの優秀さによって、イギリス判例法の質の優秀さが保障されたこと、そのことの背後には、世界の模範とされる両者の緊密な協力と法曹一元制という特徴的な制度があることを指摘しようとし、第4講の「陪審」では、裁判に素人的な要因を導入するものとしての陪審制度が、コンモン・ロウの性格形成や、その体裁と内容におよぼした影響を検討することによって、それが、英米法の基礎的理解にとって、いかに欠くべからざるものであるかを示そうとし、第5講の「令状の体系」では、イギリスの実体法──私法を、その間隙から、にじみだささせた訴訟手続の中心体制としての令状の特殊性を明らかにしようとし、第6講「王国の一般慣習法と判例法」では、世界的に有名な英米の「判例法主義」の成立と発展をローマ法系の歴史にたいしてもつ特徴においてえがきだそうとし、また、第7講の「法の優位」では、「法

は政治的支配者をも拘束するという、中世ゲルマン法的思想」の「イギリス的展開」として、いまでは「英と米に共通する基本的な公法原理」となっている「法の優位」の理想が、法は政治的支配者の命令であるというビザンチュウム的思想と対立しながら、いままでも、英米人一般の心理に根づよく浸透している伝統にまでなっていることを説こうとしており、そして、第8講の「コンモン・ロウとエクイティ」では、コンモン・ロウとエクイティの「二元性は、過去において英米法の発展に役立ったというだけでなく、現行英米法の生きた制度」として、英米法の特色をなすものであることをエクイティの主要問題を中心として解説しようとしているのである。

　以上のような高柳先生の『英米法の基礎』を構成する8講のうち、第1と第7とは、イギリス法の精神ないし理想にふれるものであり、他はすべて、その技術ないし制度に関するものである。そして、そこには、のちに紹介するように、きわめて、こく、パウンドのにおいがするであろう。田中教授の『英米法の基礎』についても、同じようなことがいえることについては、まえにふれた。そして、わたくしのみるところによれば、穂積博士と高柳・田中両先生とのあいだに、何をイギリス法ないし英米法の特質ないし特色と考えるかについての差異を生じているのは、ひとつには、一方がメーンをよりどころとし、他方がパウンドに負うところが大きいということによるのである。そこで、穂積博士が、法と世論の関係、遵法の精神、国民性などに目をつけるのにたいして、高柳・田中両先生が「法の優位」の思想を強調し、エクイティの役割を高く評価し、判例法主義の価値を高揚するということにもなるのである。しかし、もちろん、穂積博士の『英法の特質』などが書かれてからのちに、イギリス法とアメリカ法については、新しい事態が展開し、また、その特質についても、新しい角度からの研究が、イギリスとアメリカ、それにヨーロッパ大陸においてなされていることが、わすれられてはなるまい。高柳・田中両先生の意見と、穂積博士のそれとのちがいには、そのような新しい事態の展開と、新しい角度からの研究の影響によるものが、少なくないであろう。たとえば、パウンドの基本的な法理論のなかには、メーンに負いながら、発展せしめたものが、かなりある。あれや、これやを考えあわせて、わたくしは、穂積博士のイギリス法の特質のとらえかたは高柳先生においても、だいたい、ひきつがれており、また、その特質のうちわけも、だいたい、同じ範囲にわたっている、とみようとする。

5

　さいごに、高柳先生は、まえに書いたように、かろがろしく英米法を比較法の対象にえらぶ人たち——英米法のしろうとにたいして、手いたい批判をし、訓戒をたれているのであるが、穂積博士は、反対に、イギリス法を学ぶもの——英米法の専門家——の長所と短所を論じ、その仕事の困難を説いて専門家をいましめていることがわかる。

　穂積陳重博士は、『英仏独法学比較論』という一文[6]のなかで、じつは、この講義の前回の部分で『英国普通法原論之序』から引用された叙述を、さらにくわしくしたものを展開している。その論文の「英国法学の性質を論ず」という一節は、「英国の人民は朴直にして空理虚飾を尚ばず、専ら実利実益を力むるを以て、英国法学の風のごときも、法律の学理を後にして法律の実施適用を先にす。故に英法を学ぶ者は法律の適用に敏捷なり。」と断定したのち、「法律に外形体裁と精神活用の二者あり。二者共に具わり後始めて善法美律と称するを得べし。」と説きすすめ、「然るに、英国は人民守旧の性質を固有し、容易に法律の改革を行わず。ベンサム氏始めて法典編纂論を唱へてより已降茲に殆んど一世紀、欧州諸国は皆編典の業を大成せりと雖も、特り英国は依然として慣習法を墨守し、成文法は議員法令を発布す。故に英法を学ぶ者は最も雑駁にして且困難なり。加之英国の法令の外形不整にして、彙類排列宜を得たる法典なきを以て、英国の法律規則を参考せんとする時は、之を捜索する最も難し。故に法制の術の如きは、英国法を学びたる者の最も短所とする所なり。」といいきったあとで、イギリス法の勉強について、つぎのような、まことに味のふかいことを説いているのである。

　「英国の法律を学ぶの困難なる、既に此の如し。故に、英法を学ぶ者は、畢生の力を費すも猶足らざるを覚ゆ。何んぞ、他を顧るに遑あらんや。故に、英法を学ぶ者は、他国の法律を学習するの余力少し。加之、英国人民は、実用を尚ぶが故に、往々自国の法律を学修するを以て足れりとなすの風あり。近世に至り、オースチン氏、メイン氏等の学士輩出せるを以て、漸くローマ法の必要なるを悟り、少しくローマ法を学習する者ある而已。故に、外国法に関するの書類極めて尠く、外国の法律書を翻訳する者に至りては、殆んどある事なし。随つて、英法を学ぶ者は、他国の法を識らず、其見る所、頗る狭隘にして、比較法理学等に至りては、英法を学ぶ者の最も難しとする所なり。」

　イギリス法を学ぶことの困難については、さきごろ来朝したエーレンツワイグ博士も認めたところであって、同博士は、「生命がけでなければ、コンモン・ロ

ウはマスターできない」と述べた。もちろん、穂積博士の意見も、うらをかえせば、しろうとへのいましめにもなるのであろう。

(6) 遺文集第1巻33頁。

〔4〕「イギリス法」ということばをめぐって

1

　この講義の〔3〕の部分では、明治の初年からこのかた、日本でのイギリス法の研究がたどったあとを、ざっと、ふりかえってみるという立場から、日本の法学者が、これまで、イギリス法の基本的な特質をどこに求めてきたか、という問題にたいして、いちおうの答をだそうとする試みがなされた。そして、その答のなかでは、明治時代の日本の法学者がとらえたイギリス法の特質と、昭和の現代の法学者がイギリス法について認める特色とのあいだには、だいたい共通するものがあるという結論がとられ、また、両者は、それぞれ、その時代のイギリスやアメリカの法学者の影響を受けているのでないかということが示唆された。そこで、ひきつづき、イギリスやアメリカの法学者の問題の点についての意見を、ここで紹介するのが、のぞましい順序だということになる。

　ところが、「イギリス法入門」と題したこの講義で、これまで、「イギリス法」、「英法」、「コンモン・ロウ」、「アメリカ法」、「英米法」、「英米法系」などということばが、それぞれ、その意味について何の限定もうけないで、いりみだれて使われていることに、読者は、はやくから気がつき、おそらく、少なくない困惑を感じていたことであろう。筆者もまた、かなりのうしろめたさをおぼえ、どこか適当なところで、それらのことばの意味をはっきりさせる必要があると考えていた。じっさい、この講義の〔1〕の部分で、イギリス法についての入門的な解説をする方法を例示するものとして、ポロックの『コンモン・ロウの精髄』とパウンドの『コンモン・ロウの精神』とがあげられ、前者が、「イギリス法の基本的な傾向や精神」をうきぼりにしていく論文として典型的であり、また後者が、「英米の法的伝統としてのコンモン・ロウ」のいくつかの基本的な特質を明らかにする著書として、みごとな成果をあげていることが説明されたとき、「イギリス法」と「コンモン・ロウ」とが、同じ意味に使われる場合があるということ、また、コンモン・ロウは、さらに、イギリス法をこえて、「英米の法的伝統」の

意味をもつばあいがあることが、黙示的に述べられていた。そして、その後半の部分では、高柳、田中両先生の『英米法の基礎』という、まったく同じ名前の著書が、「イギリス法ないし英米法の入門書」として日本で書かれたもののなかでは、代表的な地位をしめるということが説かれ、「イギリス法入門」というこの講義の主題は、いつのまにか、「イギリス法ないし英米法入門」にひろげられ、または、ぼかされてしまったかの観があった。そのうえに、また、「イギリス法系」とか、「英米法系」とかいうようなことばも、この部分で、すでにとびだしている。そのさいの筆者の心苦しさは、〔1〕の末尾のところで、この講義のありうべき結末のすがたを予想して、「せいぜい、ポロックがしているように、イギリス法――コンモン・ロウ――英米法について、その≪自由≫の伝統を強調するぐらいが、おちであろう。」と筆者が自認したとき、「イギリス法」と「コンモン・ロウ」と「英米法」とを、ダッシュでつないだところにも、にじみでているのである。

　それが、日本でのイギリス法研究の歴史をとりあつかった〔2〕の部分で、「英米法を比較的に引用することの流行」にたいする高柳先生のいましめを前提として、イギリス法が研究の中心とされた明治から大正の初期にかけての時期から、アメリカ法をふくむ英米法にまで研究が拡大された大正から昭和へかけての時期をへて、アメリカ法研究に一辺倒するかの観がある戦後の時期にわたるイギリス法の研究のあとが回顧されたときには、「イギリス法ないしアメリカ法の研究」とか、「イギリス法やアメリカ法の研究」という表現が使われて、そこに、「アメリカ法」が、はっきりと登場し、「アメリカ化されたイギリスのコンモン・ロウ」とか、「アメリカ法の継受にかんする知識が、……それと共通の基礎にたつイギリス法にかんする知識が、ひろく要求されるようになる」とかいうように、イギリス法とアメリカ法の親近関係を示す語句があらわれる。筆者は、ここでは、イギリス法入門という、この講義の主題が、「英米法」によって、ぼかされ、見失われないようにと、ひそかに、これつとめている。かんたんに、「英米法」といいきるまいとするあがきが、「イギリス法」と「アメリカ法」を、はっきり区別しようとする態度が、そこには、かくされていたのである。

　そして、穂積博士の説く「英法」の特質と、高柳先生の認める「英米法」の特色とを比較し、その間の異同を明らかにしようとした、この講義の第3回目の部分では、わたくしは、「大陸法との比較において、イギリス法――ひいて英米法の特色を説明しようとする意図」とか、「穂積博士が、……きわめて広汎な様相においてとらえようとしたイギリス法の特色は、日本の現代の代表的なイギリス

法〔ないし英米法〕の研究者の見解では、どういうものになっているのであろうか」というような、いいまわしを使って、この講義の主題の線をもちこたえることに、涙ぐましいばかりの努力をはらった。しかも、同時に、わたくしは、そのまま、ほおかむりすることの苦痛にたえかね、「イギリス法」と「英米法」ということばについて、「やがて、いくぶんか、くわしく説明されるであろう」と、予告までしてしまった。

　ところで、わたくしは、右の予告にふくまれる約束を、この講義のこの部分で実行するのが適当であろう、と判断する。そして、あらかじめ、「イギリス法」とは、何々をいう、コンモン・ロウとは、これこれをさす、というような限定をしないで、それらのことばを使って初歩の読者をこまらせ、まどわせた罪の大きさを感じながらも、賢明な読者が、それらのことばについて、これから、なされようとする説明を理解していくためのよりどころや材料が、すでに、いくぶん提示されたことになっていることに気がついて、わたくしは、すこしばかりのけがの功名の感じをいだく。——それが、イギリス法流のやりかたなんだ、という、ひくいつぶやきとともに。

2

　「イギリス法」という日本語の表現は、いうまでもなく、まえに引用された穂積博士の論文に見られる「英吉利法」の現代化された形であり、「英法」という表現は、「英吉利法」をつづめたものである。そして、「英吉利法」という表現が、今日、ほとんど用いられなくなったのにかかわらず、「英法」という表現は、一般に使われている「英語」という表現ににているせいもあってか、まだ、さかんに使われていて、少なくとも、この国の中年以上の法学者や法律家にとっては、「イギリス法」という表現よりも、ずっと親しみのあるものになっているのであろう。日本語として、「英法」のほうが、「イギリス法」よりも、発音のうえから、やわらかみがあって、しかも、より簡単であることは、争えない。

　ところで、「イギリス法」と「英法」にあたる原語は何か、といえば、それは、English Law であろう。この講義の第1回の部分で引合にだされたゲルダートの『イギリス法要論』の原名が、Elements of English Law であり、ジェンクスの『イギリス法の書』のそれが、The Book of Engish Law であり、ロウソンの『イギリス法の合理的強み』のそれは、The Rational Strength of English Law であり、ゴールドシュミットの『外国人の見地から見たイギリス法』は、English Law from the Foreign Standpoint であった。そして、フィリップスの『イギリス法入

門』Phillips, A First Book of English Law, 1948 や、ジェームスの『イギリス法序説』James, Introduction to English Law, 1950 というような名前の入門的な著書が、このごろ出版されている。なお、English Law と、まったく同じ意味をあらわすことばに、the Law of England（イングランドの法）というのがあり、しばしば使われている。ただし、著書の題目として、それが用いられる場合は、まれのようにみえる。筆者の目にふれたものとしては、たとえば、のちに引合にだされるホールズベリの『イギリス法大全』の副題に、『イギリス法全体の全面的な陳述』(A Complete Statement of the Whole Law of England) と書かれているくらいのものである。また、the Law of England にちかい表現で、the Law of the Land (or the Realm) というのがある。これは、「国土（または領土）の法」と訳されているが、もともと、マグナ・カルタの第39条にでていることばなのである。今日イギリスでは、このことばは、イギリス国家の法というくらいの意味に使われるが、アメリカ合衆国では、いわゆる「正当な法の手続」(due process of law) を意味するとされている。

　そのように、the Law of England という表現が、著書の題目として登場することがまれであるのに反して、同じく「イギリス法」と訳すよりほかないと思われる the Laws of England という表現は、著書の標題としても、しばしばあらわれる。近代のイギリス法史で、それがあらわれる代表的な場合は、1765年にその第1巻がでたブラックストーンの『イギリス法釈義』Blackstone, Commentaries on the Laws of England（4巻）であろう。それの現代版であるスティーヴンの『イギリス法釈義』Stephen's Commentaries on the Laws of England でも、同じ表現がひきつがれている。また、イギリス法の百科全書と見てよいホールズベリの『イギリス法大全』の原名は、Halsbury's Laws of England である。

　the Law of England も、the Laws of England も、ともに、イギリスの国家法 (municipal law) を意味するが、思うに、イギリスの国家法にたいする着眼点が、そのおのおので、違っているのである。いってみれば、the Law of England では、イギリスの国家法は、一つの全体、一つの体系をなすものとして包括的に見られているのにたいして、the Laws of England では、その全体ないし体系を組成している個々の部分、個々の法規や制度を中心として、個別的分析的に考察がなされている。the Law と the Laws とに関して、イギリスの法律家が、そのような使いわけをすることについては、ゲルダートの『イギリス法要論』の第1章の第1節に、要領のよい解説がある。

　さて、「イギリス法」に相当する原語であるところの English Law, the Law of

England, the Laws of England などの English と England が、厳格には、古いイングランド王国をさすことが、注意されなければならない。そのイングランド王国の法を意味する右のいくつかのことばが、そのまま、今日の大ブリテン国（Great Britain）とか、連合王国（United Kingdom）とか呼ばれるイギリス本国の法を意味するのだと考えられがちであるところに、ややこしさがある。ところが、「イギリス法」は、今日でも、文字どおり、（ウェールズをふくむ）イングランドの法にすぎないのである。それは、大ブリテン国の法または、連合王国の法そのものではない。まして、それは、大英帝国（British Empire）や大英連邦（British Commonwealth of Nations）の法そのものを意味しない。そして、「イギリス法」が、イングランドの法であって、大ブリテン国または連合王国の法、すなわち、イギリス本国の法そのものでないという断定の意味するところは、主として、スコットランド法が、イギリス法とは、ちがった法である、ということにある、といってよい。

3

　スコットランド法（the Scots Law, the Scottish Law, the Law of Scotland）は、イギリス法とは、違った歴史的背景をもつ。それは、ローマ法の系統にぞくし、大陸法的な原理と理論によってつらぬかれている、という特徴がある。その特徴を、いちばん、あざやかに示しているのは、スコットランド法学の父といわれるステア卿 Lord Stair が、1681年に公刊した『スコットランド法要義』（The Institutions of the Law of Scotland）であって、それは、世界の「共通な法原理」（the common principles of law）から説きおこして、法の全分野について、──日本の現代の代表的な法律教科書とならべても、あまり、かわりが目だたないような──体系的で、かつ簡潔な解説をあたえている。このステア卿の『要義』のあとには、ほぼ1世紀あとの1773年のアースキン Erskine の『スコットランド法提要』An Institute of the Law of Scotland が、その実質的な新版として、つづき、さらに、やく100年をへだてて、19世紀の後半にでたベルの『スコットランド法原理』Bell's Principles of the Law of Scotland が、その現代版として、しんがりをつとめる。これらの法律書を、イギリス法の最初の体系的な陳述とたたえられ、イギリスとアメリカの近代法学の祖とされるブラックストーンの『イギリス法釈義』に比較すれば、スコットランド法とイギリス法のちがいは、たやすく見ぬくことができるであろう。

　そして、そういう背景と特徴をもつスコットランドの法、主として、その私法

体系は、1707年の合邦法（Act of Union, 1707）によって、その効力を持続することが明示的に承認されている。

しかし、合邦法の後は、イングランドとスコットランドが、立法府と最高裁判所とを共通にするというような重要な事情がおこったために、スコットランド法のイギリス化の傾向がつよくなった、といわれる。そういう意見に対して、ローマ法の伝統によって、きたえられたスコットランド法曹の傾向や思考の態様などは、やはり、かわらないで、イギリス法曹のそれと、きわだった対照をなしていると、スコットランド出身の有力な法律家であるマクミラン卿などは、強調する。わたくしには、スコットランド法のそのような伝統が、逆にイギリス法にたいして影響を及ぼしていく面も、けっして小さくない、と考えられる。

4

スコットランド法が、とくにその私法体系が、イギリス法と違った歴史的背景と特質とをもちながら、その効力を持続しているということは、ブラックストーンのいいまわしをかりれば、スコットランドは、そのかぎりでは、イギリス法に服する国でない、ということになる。「われわれの国家法の管轄がおよぶイングランド王国は、ひとりイングランドの領域だけは別として、コンモン・ロウ上、ウェールズ、スコットランド、またはアイルランド、あるいはまた、王国の属領のほかのどんな部分をもふくむわけではない。しかもなお、この〔イングランドの〕領域の市民法と地方的慣習とは、一部的または全部的に、多かれ少なかれ制約を付して、これらの国々および他の近接の国々に、現在おこなわれているのである。」これは、「イギリス法に服する国々について」というブラックストーンの『釈義』の序説第4節のはじめのことばである。そして、彼は、ウェールズ、スコットランド、アイルランド、近接の諸島であるマン島、ジャージー島などのいわゆる海峡諸島、さらにアメリカの植民地などについて、イギリス法が行なわれる程度を明らかにしている。

右の諸地域のうち、ウェールズは、イングランド王国の一部として、とうぜんイギリス法の管轄に服する。スコットランドについては、すでに、それが、法体系上の独立の地位をもつことが明らかにされた。アイルランドについては、それが、ケルト法（Celtic law）に基礎をおいていること、また、その一部の北アイルランド（Northern Ireland）だけが、今日、連合王国の一部をなしていて、独自の議会と裁判組織をもつが、連合王国の最高裁判所である貴族院（House of Lords）が、アイルランドの最高裁判所からの上訴を受けることを述べておこう。

マン島と、ジャージー島その他の海峡諸島は、今日は、植民地として大英帝国の一部をなすが、マン島の固有法は、ノールウェー系であり、海峡諸島の法は、ノルマンの慣習法を基礎とする。

　とくに、いくらか、くわしく紹介する必要があるのは、アメリカ植民地について、ブラックストーンが語っているところである。彼によれば、植民地には2種類がある。一つは、先占によるもの、他は、征服または割譲によるものである。イギリス臣民が、先住民のいない地域に入植する場合には、「その当時効力を有するすべてのイギリス法は、あらゆる臣民の生得権（birthright）をなすものであるから、ただちに、そこに施行される。」というのが、判例法の原則である。ただ、ブラックストーンによれば、「そのような植民者たちは、イギリス法のうち、彼ら自身のおかれている状況と、未発達な植民地の情態に適用できるような部分だけを伴っていく」のであった。他方、「征服され、または割譲された国々で、すでに独自の法律を有するものについては、王は、たしかに、それらの法律を改変し変更することはありうる。しかし、王が、現実に、それを変更するまで、その国の古い法律は……存続する」のであった。そして、アメリカ植民地は、この後の種類にぞくするので、「イングランドのコンモン・ロウは、それとして、その地で何の……権威ももたない。それら〔の植民地〕は、母国の一部をなすものではなくて、（従属してはいるが）別個の領域だからである。」そして、これらの植民地の法について、ブラックストーンが、結論的に述べるところは、こうである。「以上が、大ブリテン国王の領地のうちで、イングランドの国家法が、たんにイングランドの国家法として、効力または権威をもつことない数個の部分である。それらの領地の大多数は、おそらく、それら自体の法の精神を、この〔イングランドの国家法という〕原本から模写しているであろう。しかしながら、その法は、その国の法であるということから、その拘束性と権威的効力とをえているのである。」

　このようにして、イングランドの法の原本から模写（copy）されたアメリカ植民地の法は、合衆国の独立とともに、イギリス法を採用（adopt）したものだとか、また、継受（receive）したものだとか、いわれるようになる。そして、アメリカ植民地よりものちに多くの植民地が獲得された場合にも、すべて同様の過程がくりかえされ、イングランドの法であるイギリス法は、植民帝国としての大英帝国と、自治領の連合体である大英連邦に及んでいき、また、アメリカ合衆国の法の基礎をなすという事態が到達される。ここに、まさに、法進化論者たちのいわゆる「英法族」ないし「英法系」の成立をみることになる。そして、その英法

族の成員のなかで、最近、アメリカ合衆国が、きわだった国際的な存在となってきたことに応じて、おそらく、一つには、アメリカ人の自尊心から、また一つには、アメリカにたいする敬意から、英米法系（Anglo-American System of Law）または、みじかく「英米法」（Anglo-American Law）ということばが使われ、強調されるようになる。戦後の日本で、「米英法」という表現が、法学者によって、まま使われたことについては、まえに述べたが、法史上の実際の法体系の展開を逆転させるこの表現は、アメリカでも、おそらく問題にならず、たかだか、戦後のこの国の植民地的な卑屈さの一端を記念するにすぎないものになるだろうと想像される。

そして、この「英米法」は、イギリス本国、大英帝国および大英連邦、ならびにアメリカ合衆国にふくまれる広大な地域と莫大な人口を支配する法体系として、おなじような支配力を発揮するローマ法系とならんで、世界を二分すると誇示され、その世界的な法系としての両者それぞれの特質が比較論評される。ところが、そのイギリス法の実体をなし、その発展の中核体をなしてきたものは、主としてイングランドの古い慣習にもとづくコンモン・ロウ（Common Law）にほかならぬのであって、そのために、古来、イギリス法は、コンモン・ロウによって代表されるのが、ならわしである。まえに引照された「イングランドのコンモン・ロウは、それとして、そこで何の……権威ももたない」というブラックストーンのことばにあらわれるコンモン・ロウは、まさしく、それであって、別のところで、イングランドの国家法と、彼が呼んでいるものと、同じことを意味している。そこでまた、世界的法系としての英法系または英米法になったさいにも、イギリス法は、やはり、コンモン・ロウと呼ばれつづけるのである。ちょうど、現代ローマ法系が、ローマの市民法にあやかって、Civil Law と呼ばれるように。

〔5〕 「英米法」と「コンモン・ロウ」という二つのことばについて

1

「英米法」ということばは、前項のおわりのところで、ざっと述べられたように、「英法系」または「英米法系」、——いくぶん、古めかしい表現をつかえば、「英法族」を意味する。すなわち、それは、「イギリス法」と「アメリカ法」という２つの実定法の体系を意味するものではない。それは、イギリスという国の法

体系とアメリカ合衆国という国の法体系そのものを意味しない。いってみれば、それは、イギリスの国家法とアメリカ合衆国の国家法とに共通なある要素を意味する。

ところが、日本の法学者のあいだで「英米法」ということばがつかわれる場合に、じつは、イギリスとアメリカ合衆国の実定法が、それぞれ考えられていることが、かなり多いのではないか、とうたがわれる。つまり、「イギリス法とアメリカ法」とか、「ある点についてのイギリス法の準則とアメリカ法の準則」とかいうべきところを、節約して、みじかく「英米法」または「ある点についての英米法の原則」といってしまうことが、この国の法学者たちの、いわば、くせになっているのではなかろうか。もともと、イギリス法とアメリカ法に共通な要素が大いにあるうえに、「英米法」ということばが、ゴロもなめらかで、また、かんけつであるからには、それが一般に愛用されるのも、しごく、もっともといわなければなるまい。しかし、イギリスとアメリカ合衆国の実定法上のある準則や制度が問題になっている場合に、右のような理由があるとはいえ、あっさりと、「英米法」の準則や制度として、ひとまとめに解説し、論議してしまうことは、正しいことではないのであるまいか。つまり、実定法の体系としてのイギリス法とアメリカ合衆国の法とは、明らかに、けっして、同じものではないからである。もちろん、実定法の準則や制度について、「英米法の」ということばが冠される場合には、多かれ少なかれ、大陸法系の諸国のそれとの比較が考えられていることが、むしろ多いのであろう。しかし、その場合にも、正確には、「英米法系の諸国」を代表するものとして、イギリス法とアメリカ法とが――すなわち「英・米の法」が考えられているに違いないのである。

わたくしが、ここで、このようなことをあげつらうのは、ほかでもない。それは、日本の法学界で、アメリカ合衆国の法――アメリカ法が、アメリカ法として、もっと本格的に研究されてよいのではないか、と考えるからである。いままでは、イギリス法の研究の、いわば、一つの拡大として、または、付録として、アメリカ法の研究が、なされてきたと見られる。しかし、一つの大きい連邦国家の法体制としてのアメリカ法は、イギリス法の付録ないし拡大としてとりあつかうには、あまりにも、複雑で尨大なものになってしまっているのではなかろうか。それは、一、二の専門研究者の手で、いわば、家内工業的に研究できる段階をこえている、と思われ、それの組織的な研究に手をつけてよい時期が、もはや、到来していると考えられる[1]。それに、戦後、アメリカ法の継受をとおして、連合軍の占領政策が実施されたことから、アメリカ法にたいする関心は、じつは、この国の法学

者と法律家のあいだに、つよく、ひろく、よびおこされており、それに関する研究も、すでに、きわめて多く、また、アメリカ合衆国に留学する法学者と法実務家とは、きびすを接するありさまである。ことに、フォード財団の援助による法学者交換の計画にもとづいて、新進有為の法学者たちが、アメリカにわたり、すでに、その第1陣は日本にかえっていることが注目される。このさい肝要なことは、アメリカ法をそれとして、はっきりと意識し、それに関する研究の努力を組織化する必要に目ざめることである、と思われる。わたくしは、この講義の前回のおわりのところで、「米英法」という表現について、批判的なことを、いくらか述べたが、その表現が、アメリカ法にたいする鮮明な意識と関心を強調する意味をもつかぎりでは、それにたいして、なんの抗議をすべき理由もないのである。

(1) 内田訳・レイディン『法と市民』（有斐閣）の「はしがき」参照【→著作集第8巻】。

2

「英米法」（Anglo-American Law）によって、英米法系（Anglo-American System of Law）または、イギリス法系（Anglican System of Law）が意味されるのが、ほんらいである、と私は述べた。そして、おそらく、ローマ法系とならぶ一つの世界的な法系をあらわすことばとしては、たんに「イギスリ法系」または「英法系」というのが、無難なのではないだろうか。それは、イギリス・カナダ法（英加法）とか、イギリス・オーストラリア法（英濠法）とか、イギリス・インド法（英印法）とか、いう表現も、十分になりたつはずであって、「イギリス・アメリカ法」すなわち「英米法」という表現だけが、その法系を意味するものとしての地位を独占しなければならない理由はないからである。ところで、イギリス法系または英米法系という表現は、日本語としても、あまり、ゴロのよいものでなく、英語としても、また同様だと思われるうえに、たんに、法体制の系譜だけを指すきらいがありはしないであろうか。そこで、「英米法」ということばがもっている前記の欠点と、「英法系」がまぬかれない右の難点にかえりみて、なにか、別のことばを採用することが考えられてくることになる。コンモン・ロウ（Common Law）ということばが、英法系ないし英米法系を意味するものとして、この国でも、また外国でも、きわめてひろく使われる背後には、そんな理由もひそんでいるのではないであろうか。その点については、ローマ法系が、市民

法を意味するシヴィル・ロウ（Civil Law）によって表現されるのも、同様なのであろう。たとえば、ローソンが、まえに引合にだした『イギリス法の合理的な強み』のはじめの部分で、つぎのように述べるとき、わたくしが上に述べた趣旨が、うかがえないであろうか。彼は、いう。

「西洋の法は、それぞれシヴィル・ロウとコンモン・ロウとして知られている二つの偉大な系統に区分されるのが通例であるが、そのうち前者は、そのおのおのが、おおむねローマ法にもとづく民法典をその中核体としてもつところの、多数の国家法または地域法から成っている。後者は、法典に記載されないで、はじめは、もっぱらイギリスにおいて、しかし、のちには、イギリスと、イギリス連邦の他の地方およびアメリカ合衆国において、裁判所によって決定される莫大な数の事案における判決から、たえず蒸溜されている中心的な法理の一体をその共通の特色とするところの、他の諸々の国家法または地域法から成っている。」

シヴィル・ロウと対立するものとしてのコンモン・ロウを、あざやかにえがきだしているアメリカの著書の一例として、マックス・レイディンの『法とあなた』の一部を引用してみよう[(2)]。レイディンは、同書の第6章を「二つの世界的体系」と題し、そのはじめの部分で、こう説いている。

「この西欧の文明内において、二つの法体系が発達してきたが、それらの体系は、前世紀に、その本来の境域をこえて、ひろがっていった。これら二つの体系の一つは、ローマ法にもとづいている。それは、市民法（シヴィル・ロウ）と呼ばれているが、そのことばは、同時に、すべての〔法〕体系の刑事的でない法を記述するためにも使われるものであるから、ひとを誤解させるものではある。シヴィル・ロウは、もちろん、ひろい範囲にわたる変化を受けているのであって、その現代的な形態においては、それは、法の比較的に一般的な理念を、注意ぶかく、かつ体系的に排列する法典として、一般に見いだされる。シヴィル・ロウを具現している、これらの現代的法典は、その大部分が、1804年のフランス民法典にもとづいており、少数のものだけが、1900年のドイツ民法典と、1907年-1911年のスイス民法典にもとづいている。ラテン・アメリカの諸法典のほとんどすべては、フランスの法典の系統に属している。

他方の体系は、イングランドのコンモン・ロウの体系であるが、それは、イングランド、アイルランド、合衆国（ルイジアナをのぞく）、カナダの全部（ケベックをのぞく）、オーストラリア、ニュー・ジーランド、より小さい程度において、インド、および、インドよりもさらに小さい程度において、南アフリカ

のそれぞれの法の基礎をなしている。このコンモン・ロウは、まったく不完全にではあるが、アメリカ合衆国の少数の州において、法典化されて〔制定法の形態をとって〕いる。しかし、おおむね、コンモン・ロウは、司法的伝統の形態にとどまり、制定法の形態をとってはいない。」

(2) 日本訳の名前は『法と市民』となっている（前掲注参照）。

3

ところで、コンモン・ロウということばが、もともと、イングランドのコンモン・ロウ、イングランドの古い慣習にもとづく法体制を意味したものであることについては、〔4〕のおわりのところで、いくらかの言及がなされた。ブラックストーンのことばをかりれば、植民者たちが、「イギリス法のうち、かれら自身のおかれている状況と、未発達な植民地の情態に適用できるような部分だけを伴っていく」ことによって成立した植民地の法や、「それら領地の大多数は、おそらく、それら自体の法の精神をこの〔イングランドの国家法という〕原本から模写しているであろう。」といわれるところの過程によって成立した征服領地の法として、そのコンモン・ロウは、だんだんとみずからを拡大していって、イギリス法系そのものになったが、そのさいにも、コンモン・ロウという呼び名が維持されているのである。そこで、同じくコンモン・ロウと呼ばれるにしても、植民地や征服領地の法となり、また、それに浸透していくのは、植民地の状況に適した部分だけであり、また、征服領地の法の精神としてなのであるから、それによって意味されるところは、かわってくることになる。

その違いを、ローソンの著書のなかのさきに引用された部分をかりて説明してみよう。彼は、まえに引用された語句を、ひきとって、こういう。

「この裁判官作成法（Judge-made law）は、さらに、二つの部分にわかたれるが、それらの部分は、コンモン・ロウとエクイティ（衡平法）という技術的な名前をおびる。そして、それら双方は、国家または地域の立法府によって通過される、おもに断片的な種類の立法によって、随時、修正されているのである。」

すなわち、ローソンは、ここでは、シヴィル・ロウと対立する世界的法系としてのコンモン・ロウを、ベンタムのいわゆる「裁判官作成法」、すなわち「判例法」として規定している。コンモン・ロウすなわち判例法と考えている。そこで、

ローソンにおいては、イギリス法系としてのコンモン・ロウは、判例法という特徴においてとらえられていることになる（レイディンのばあいも、同じである）。が、同時にまた、そこには、制定法（Statute Law）と対立する判例法（Case Law）としてのコンモン・ロウが考えられている。そして、このように、制定法と対立する判例法の体系というのが、コンモン・ロウの第2の意味なのである。そして、その判例法の体系が、さらに、「技術的な名前」としてのコンモン・ロウと、エクイティとにわかたれているが、そのように判例法のうちで、エクイティと対立する部分を意味するばあいを、コンモン・ロウの第1の意味、または狭義のコンモン・ロウと呼ぶことができよう。

このようにして、コンモン・ロウということばは、あらまし、三つの主要な意味をもつ。第1に、狭義の、技術的な意味では、それはエクイティと対立する判例法の体系を意味し、第2には、やや拡大されて、エクイティをもふくむ判例法の体系全体または不文法を意味して制定法ないし成分法と対立し、さらに、第3に、最広義において、判例法の体系を主要な特質とするイギリス法系ないし英米法系を意味する。ブラックストーンが、「一般的慣習、または本来いわゆるコンモン・ロウについて、これは、王国の普通の裁判所における手続と決定とが指導され管理されるところの法である。」といったとき、彼は、まさしく第1のコンモン・ロウをさしている。ポロックの『コンモン・ロウの精髄』や、ホームズの『コンモン・ロウ』Holmes, The Common Law, 1881などは、この意味のコンモン・ロウを主として論じている。コンモン・ロウを第2の意味に使う例としては、ゲルダート『イギリス法綱要』の第1章をあげることができよう。第3の意味に、それが使われる場合としては、ローソンやレイディンは、いまさら、いうまでもないが、パウンドの『コンモン・ロウの精神』は、その著しい例である。パウンドは、そこで、「われわれがコンモン・ロウと呼ぶところの、われわれの英米の法的伝統」といい、非常にひろいふくみのあるものとしてコンモン・ロウを想定している。

4

アメリカで発展した判例法としてのコンモン・ロウは、どんな特色をもつであろうか。この問題は、ひろくアメリカ法全体が、イギリス法にたいして、どんな特色ないし相違点を有するか、という一般的な問題の一部をなしている。レイディンは、さきに引用した一節の後の部分で、こう述べている。

「アメリカ合衆国の州は、その大部分が、おのおの独自のやりかたで、コン

モン・ロウを発展させてきた。そして、たとえば、マサチューセッツ、ニュー・ヨーク、またはカリフォルニアの各裁判所によって解明されるコモン・ロウの諸法理のあいだにある差異は、かなり、著しいものではある。しかし、それにもかかわらず、そこには実質的な共通の一体をなしている法観念があるのであって、したがって、一つの州で訓練を受けた法律家は、別のある州で法の実務を行なうことについて、ほとんど、または、全然、困難を感じることがないのである。」

レイディンのことばを、もうすこし、技術的なことばになおせば、こうなる。各州は、それぞれ独立の法域をなしている。そこへ、連邦の法が加わる。そこに、アメリカ法の複雑さと多様性がある。しかし、もちろん、アメリカ法には、判例法としてのコモン・ロウと制定法をふくんで、全体として統一化される素因が少なくない。——そして、そういう統一化されたものとして、アメリカ法は、イギリス法と対比されてよいと思われる。

ところで、そのような対比を行なうことは、わたくしたち外国人には、なかなか困難な仕事であるが、さいきん、パウンド博士が、国際比較法会議で『アメリカ法の発展とそのイギリス法からの離脱点』Pound, The Development of American Law and Its Deviation from English Law, 1950という題で講演しているので、その要旨をかかげておこう[(3)]。

パウンド博士は、まず、まえおきとして、「英米法」またはコモン・ロウの基本的な特質の三つをあげる。第1に、それは司法的であり、裁判所の法であって、体系的でないこと、第2に、民事の訴訟手続が、陪審制度の影響のもとに、当事者の動く余地をひろく残しており、かつ、一つの全体として進行すること、第3に、法律家が、制定法を特殊的なものと考え、その運用にたくみでないこと、がそれである。

つぎに、パウンド博士は、そういう共通の伝統の上に立ちながらイギリス法から区別される一つの統一化されたものとしての「アメリカ法」の成立過程を、その統一化へのもろもろの要因と、その地方化―特殊化へのくさぐさの要因とに分析し、それらの要因がアメリカ法の形成についてもつところの重みを明らかにしている。それらの要因が同時に、多かれ少なかれ、アメリカ法とイギリス法とは違ったものに発展させる力としてみられていることは、いうまでもない。まず、統一化への要因としては、四つのことがあげられる。すなわち、(イ) 植民地時代に、その立法が、その特許状によって、イギリスのコモン・ロウに反しないことが要求されたこと、また法律家がイギリスで教育を受けたこと、またはコーク

1 イギリス法入門〔5〕「英米法」と「コンモン・ロウ」という二つのことばについて　　41

の『法学提要』やブラックストーンの『イギリス法釈義』を読むことによって、コンモン・ロウという共通の基礎の上に立っていたこと、(ロ) 19世紀になって出はじめたケントの『アメリカ法釈義』やストーリーの『憲法論』や『衡平法論』などの著書とか、その後に出るようになった法律雑誌とかが、裁判所を指導したこと、(ハ) 連邦最高裁判所が1842年から1938年まで、異った州の市民の間の訴訟において、何がコンモン・ロウであるかについての決定を、連邦裁判所において決定できるという態度を維持したこと、(ニ) 地方的な見地にとらわれない立場で法律教育をしたり、判例の批判をしたりする法律学校が起ったこと、アメリカ法律協会のリステートメントの事業がおこされたこと、がそれである。そして、その地方化、分裂化への要因としてあげられるものも、また四つである。すなわち、(イ) アメリカの各地で自然的、地理的な条件が異なること、(ロ) とくに、おくれて入植が行なわれた地方で開拓者的な条件の影響が強いこと、(ハ) 新しい法律学校がおこるまでの徒弟制的な法律教育の制度、(ニ) 連邦制にふくまれる州の立法上の自治権にもとづいて、たとえば、司法組織がまちまちになること、がそれである。

　パウンド博士が、右のようにして成立し発展したアメリカ法が、公法と私法との二つの分野において、イギリス法と異なっている目ぼしい点として、各論的に拾いあげているのは、つぎのとおりである。

　全体としてみれば、二つの国の法律において同一ないし類似の方向がとられていることを、パウンド博士が強調しようとする点は、忘れられてはならないが、まず、公法の領域では、憲法のうちに、両者の最も著しい違いが見られる。すなわちイギリスでは、栄誉革命まで認められていた裁判所の優位が、国会の優位の確立にともなって、消滅したのに反して、アメリカでは立法にたいする司法的審査の制が確立されて、司法権の優位が実現されている点においてである。パウンド博士は、権力の国家への集中や行政法の発達などについては、二つの法の間に大した違いはない、とする。

　私法の分野では、契約法、準契約（不当利得）法、不法行為法、信託法、相続法および離婚法の六つの部門がとりあげられる。契約法では、アメリカ法において、要式契約の印影の要件と単純契約の約因の要件とが緩和される程度の大きいことが強調され、また準契約法、すなわち不当利得法については、リステートメントによって「科学的な基礎」づけがなされたとが、ほこらかに述べられる。不法行為法では、リステートメントの影響もあって、無過失責任の原理が、ひろく危険を伴う企業活動にまでおよぼされる傾向にあることが強調される。信託法で

は、銀行の信託業務を規制する制定法について見られる相違をのぞけば、二つの国の法は、むしろ同じ線にそって発展している、と判断される。相続法では、不動産についても、早くから均分相続が行なわれたこと、限嗣不動産権がのぞかれ、また家族継承財産を設立する慣行が継受されなかったことなどがあって、イギリス法との目ぼしい違いをなしていたし、また、それと関連して、不動産権移転の登録制度の採用や不動産物権移転の方法が厳重でなかったことの影響も注目されるが、イギリスでは1925年に財産法の大改正が行なわれ、財産法については、今では、全体としてアメリカ法のおくれが見られる、と断定される。さいごに、離婚法は、パウンド博士によれば、イギリス法とアメリカ法との間でいちばん大きい違いを示す。それは、歴史的な理由によって、離婚についのコンモン・ロウがなく、共通の出発点がなかったことによる、と見るのである。そこでまた、アメリカ各州の法の間にも統一が全くない、という事態にも立ちいたるわけである。なかでも、離婚原因についての立法は、離婚についての何の規定もおかない州を一方の極として、それを非常にひろく認め、その適用をゆるくする州を他方の極として、緩厳の著しい差を示す。そこで、いわゆる「移住離婚」もおこる。結局、離婚法は、アメリカ法の「わるい点」で、イギリス法と有利に比較できないところだ、とパウンド博士は考えているようである。

　なお、この講演の結論の部分で、パウンド博士は、コンモン・ロウの伝統にふくまれる「関係」の観念と「法の優位」の原理とが、イギリスとアメリカの政治史ないし社会史の根底に横たわっていて、かずかずの危機に、それらが活力を示してきたが、これからもまた、その伝統の活力こそは、「英語を話す世界にたいして、その伝来の自由を保障することを確信する」と述べている。これは、イギリスのコンモン・ロウの伝統についてのパウンド博士の、つねにかわらない信念であるが、それがイギリス法ないしコンモン・ロウの特質にかかわるかぎりにおいて、この講義のつぎの部分で、もう一度検討されるであろう。

　(3)　その原文と和訳は「社会科学研究」3巻2・3号におさめられている【→著作集第3巻】。

〔6〕 その特質についての英米その他の国の法学者の意見

1

　この入門の〔3〕のはじめに、私は、イギリス法についての初歩的な解説をするための、てっとりばやい効果的な方法として、その特質ないし特徴を中心としながら、同時に——主として大陸法との——比較的な考察を加えていくやりかたが、イギリスやアメリカ、さらにまたヨーロッパ大陸でも、とられていることを明らかにし、イギリス法の「前菜的」な入門であろうとするわたくしのこの講義も、しょせん、そのようなゆきかたに従うよりほかないであろうという見とおしを述べた。そして、この国のイギリス法研究の大先輩である高柳、田中の両先生の『英米法の基礎』という同名の「英米法」の入門書もまた、だいたい、その線にそった内容をもっているという事実は、その見とおしをするさいの筆者に、ある安心感をあたえるのであった。そして、その理由は、こうである。「英米法」にかんする両先生の入門書が、同時に、「イギリス法」にかんする入門書でもありうることは、「イギリス法」、「英米法」などということばの意味についての、この講義の〔4〕ないし〔5〕の部分でなされた説明から推察がつくであろうと考えるが、とくに高柳先生の本は、その序章で著者みずからが、あからさまに述べているように「大陸法に対する英米法の特色と見るべき技術と精神とが、いかにイギリス法の発展のうちに成立したかを示そうとする根本意図に基づくもの」であって、その全体が、まさしく、イギリス法についての解説に終始している。そこで、両先生の本、とくに高柳先生のそれは、イギリス法の手ほどきであろうとするこの講義にとって、その名称にもかかわらず、実質的には、お手本、そのものズバリであるということになるのである。

　そのようなわけで、わたくしは、高柳、田中の両先生の英米法入門書では、どんなことがらが、その特質ないし特徴としてあげられているのか、という点を明らかにしておくことが、それから先の記述を展開していくさいに、とうぜん、ふむべき順序でなければならないと考えた。ところが、両先生のまえには、明治時代のはじめからこのかたの、数十年におよぶイギリス法研究の歴史があり、その研究が、文字どおり入門的な段階にあったと見てよい時期があるのであるから、そういう時期のイギリス法研究者が、イギリス法にたいして、どんな特質を帰属

させようとしていたかという点を検討してみることも、あながち無意味ではあるまい、とわたくしには思えた。そこに、この国のイギリス法研究の進展のあとが、ほんの一部にすぎないではあろうけれども、あらわにされるはずだからである。わたくしは、この国の初期のイギリス法の研究者を代表するひとりとして、穂積陳重博士をえらびだしたが、穂積博士のイギリス法の特質のとらえかたには、サー・ヘンリー・メーンのいわゆる歴史的な方法の影響が、はっきり、のぞいているように、わたくしには感じられた。そこでは、イギリス社会の発展との関係において、きわめて広汎な様相においてイギリス法の特質が、とりだされていることが明らかになった。一方、高柳、田中の両先生についても、高柳先生の場合には、先生自身のことばで明示的に、また田中先生の場合には、その説述の内容からして黙示的に、アメリカのロスコー・パウンド博士の方法がとられていることが知られた。パウンドもまた、法は、ひろく、その規範、技術および理想の三つの側面から理解されなければならないと説くのである。

　さて、このように、穂積博士の場合にも、また高柳、田中の両先生の場合にも、イギリスやアメリカの法学者の影響がすくなくないことがわかるのであるが、そのことは、ことがらの性質上、ごく自然のことなのであろう。そして、そういうことに気がつくにつけ、いったい、イギリスやアメリカ、その他の国の法学者は、今日イギリス法にどんな特質をみとめようとするのかという問題について、いくらかの考察をしておくことが、のぞましいと思われてくる。その問題に関する、彼らの意見の一部は、「イギリス法」、「英米法」、「コンモン・ロウ」などいう基本的なことばについての第4講と第5講の解説のなかに、おのずから、いくらかは、ふくまれているが、つぎに、2、3の法学者のその点についての意見を、それとして、正面から紹介してみよう。

2

　「大陸の観察者ならば、イギリス法のいちじるしい特質が、その古さと継続性 (antiquity and continuity)、そのすぐれて司法的な性格 (predominantly judicial character) と法典化の不存在 (the absence of codification)、封建的観念の残存 (the survival of feudal conceptions) およびローマ法の比較的軽微な影響力 (the comparatively slight influence of Roman law) であるということを見いだすであろう。」このように、『イギリス法入門』(A First Book of English Law, 2nd ed., 1953) という本を、さいきんに書いたフィリップス O.H. Phillips は、その第1章序説の第1節「イギリス法の諸特質」のはじめのところで、書いている。これらの特質

は、フィリップスが、その注で、はっきり言及しているように、「大陸の観察者」であるところの、フランスのレヴィ・ウルマンが、前に引合にだされた、彼の『イギリスの法伝統―その淵源と歴史』Lévy-Ullmann, The English Legal Tradition; Its Sources and History, translated by Mitchell and Goadby, 1935の序論のなかで、大陸法と比較しながら、イギリス法に帰属させているものにほかならない。そして、イギリス法のそれらの特徴が、ひとまとめにして論じられているのは、この本の序論の第3節「イギリス法と大陸法」English Law and Continental Lawのなかであるが、この1節は、著者が、1917年から1927年にわたって、パリの法科大学で法学博士の学位をとるための課程として講義したものの要部である、と著者が、はっきりことわっている。そういえば、もともと、この本は、著者がイギリス法を研究すること30年ののちに、10年の年月をかけて書きあげたといわれており、このイギリス訳に序文を書いた、イギリス法史家としてその名声の高かったホールズワース Holdsworth は、そのなかで、この本は、比較法の研究者としての外国の法律家にとってだけでなく、イギリスの法律家にとってもまた、訴え、また教えるものをもつところのユニークなものである、と評価している。そして、ホールズワースの評価の正当さは、イギリスの法律家や外国の法学者が、イギリス法の特質を論ずる場合に、レヴィ・ウルマンを直接または間接に援用していることによっても裏書されているわけである。

　レヴィ・ウルマンが、大陸法にくらべた場合に、イギリス法の特徴として目だつと考えた点は、つぎの6個に要約される。

　第1に、彼によれば、「われわれが見てとる第1の特徴は、……スコットランド≪国民≫ともいうべきものに対立するものとして、イギリス≪国民≫ともいうべきものが存在すると、われわれが考えなければならないというのでないかぎり、イギリス法は国民的統一（national unity）に照応する（一国民一法）ということがない、ということである。」これにたいして、フランスでは、「一つの不可分な」共和国が、「一つの不可分な」法に照応するという状態が、フランス革命と第一帝政期から継承されている。他のヨーロッパ諸国やラテン・アメリカについても、同様である。──レヴィ・ウルマンのいわゆるイギリス法の第1の特徴が、イギリス法はスコットランド法とはちがうと、わたくしが前に述べたところを、別の角度から見たものにすぎないことについては、とくに注意をひくまでもないであろう。

　第2に、レヴィ・ウルマンによれば、「大陸法が法典化されているのにたいして、イギリス法は法典化（codify）されていない。この第2の点においては、二

つの法系のあいだの対照は、はなはだ顕著である。」すなわちフランス、ドイツ、イタリー、スペイン、ポルトガルなどの諸国には、大部分の重要な法部門について、たとえば、民法典、商法典、民事訴訟法典、刑法典、刑事訴訟法典のような一連の法典があるのにたいして、イギリスには、その種の法典がない。憲法についても、同様である。

　第3に、「大陸の国々の大多数においては、今日の法は、あるいは（革命、独立宣言のような）政治的事件から、または、法典化から、さらに、あるときには、その双方から生じたところの、むしろ近代の時期にぞくする、かなり明瞭な分界線によって、過去の法から分離されている。」とレヴィ・ウルマンは断言し、さらに、こう述べる。「イギリスにおける状勢は、それと、ぜんぜん異っている。そこでは、過去と現在とのあいだに、何の障壁も存しない。実体法は、歴史をとおして、法的記憶のおよぶ限界にまで、とぎれることなく、さかのぼっている。イギリス法は歴史的な法（an historical law）である。法的にいえば、イギリスには古法（アンシャン・ドロア）というものがない。」彼は、この主張を証拠だてる例として、19世紀のはじめに、中世的な決闘裁判の請求がなされて、それを裁判所が容れないわけにいかなかったという、おどろくべき事実をあげる。いってみれば、そこでは法規則は、「年代がたつほど、権威がます」わけである。なお、ここで、法的記憶（legal memory）と呼ばれているものは、ある権利が、いわゆる記憶できない時代からの（from time immemorial）慣習にもとづくものであるか、どうかを決定するばあいに、その記憶できない時期が、いつからはじまるかを擬制するための制度であって、それは、リチャード1世の治世のはじめ、すなわち1189年であるとされている。

　第4に、レヴィ・ウルマンによれば、ヨーロッパ大陸の国々が、いわば「制定法国」であって、「裁判官は、たんに、制定法の解釈者にすぎない、」という伝統的な考えに執着しているのにたいして、イギリス法は、いちじるしく「司法的」である。すなわち、「イギリス法の、いちばん独創的な特質、すなわち、その性格が、きわだって≪司法的≫（judicial）であるという特質を、それにあたえているものは、記録に集められ、判例集に報告され、法学の≪とおとき聖者たち≫の著作のなかで体系的に論じられている、上級のイギリス裁判所の判決である。」

　第5に、レヴィ・ウルマンの見るところによれば、「大陸法は、ローマ法の相続人であり継承者であって、それが今日もなお保持している私法上の分類、制度および多くの準則をローマ法から継受した。公法にあっては、コーパス・ジューリス（corpus juris）からとられ、法的な論議において利用されたところの正文の

権威は、ヨーロッパの諸君主国を解体させた政治的な闘争を醸成するのに役だった」のである。これに反して、19世紀のおわりまで、イギリスとアメリカの著作者たちは、「かれらの国家法が、ローマ法の侵入に抵抗して、つねに勝利をおさめてきた」と主張したが、今日では、その点について、彼らにも、それほど確信はなくなっている。しかし、12、3世紀のころに、イギリスのコンモン・ロウが、ローマ法や寺院法の影響からのがれて、独自の道をすすみはじめたことは事実であり、また、15、6世紀のころに、大陸における普遍的なローマ法の継受の影響も、イギリスには、部分的におよんだだけで、法の「形体と実質と――その訴訟手続、実体法上の準則、諸制度、方法――が、全体として特徴的にイギリス的なものとしてとどまった」ことは、否定できないところである。「あたらしいテクニックが、一つの独創的な法体系をうみだしたのである。」そこで、レヴィ・ウルマンの結論によれば、「その限度までは、大陸法とは対照的に、イギリス法が≪ローマ化≫(romanize)されなかったと述べることは、ただしいことなのである。」

第6に、「イギリス法が、いまもなお、部分的に封建的(feudal)であるということは、よく知られている、」とレヴィ・ウルマンは断言する。そして、その証拠として、彼が提出するのは、イギリスでは、すべての土地は、今日でも、国王に保有されるという形式がとられていること、すなわち、すべての土地の権利が、封建的な封土(fee)の性質をもち、それが、1925年の財産法においても、そのまま持続されていることとか、ロスコー・パウンド博士のいわゆる「関係」(relation)の観念が、つよく残っていることとか、である。

3

以上、レヴィ・ウルマンのイギリス法の特質に関する見解を、すこし、くわしく紹介しすぎたきらいがあるが、それは要するに、彼の所説のように、イギリス法の特質を、とくにそれとして、とりあげ、整理しているものは、ほかに見あたらないと思われるだけでなく、また、彼の見解の影響が、かなり大きいと見られるからである。ただ、レヴィ・ウルマンは、法源を中心として、イギリスの法伝統が形成される過程について解説を試みているのであって、いきおい、法的思考、法思想、法学的理論、社会的・政治的背景、実体法上の原理、それから、それらのことがらに反映されている民族性または国民性などの特質については、はっきりした十分の解明は、彼の本のなかには見いだされない、という点を忘れてはなるまい。また、法的伝統を中心とするイギリス法の特質の彼のとらえかたもまた、

48　I　イギリス法序説

イギリスとアメリカに共通する独自の法的伝統としてのコンモン・ロウ（いわゆる最広義のそれ）の精神を語る場合のロスコー・パウンドのそれと、共通する多くのものをもっていることが注目される。

　なお、参考まで、レヴィ・ウルマンが、この本のなかで、どんなことがらをとりあげているかを、ここで、かんたんに検討してみよう。要するに、それらのことがらの解説のなかに、彼がイギリス法の特質をなしていると考える諸点が、具体的に示されるわけである。この本は、序論と本論とから成り、本論は、さらに、第１編　コンモン・ロウ、第２編　制定法、第３編　衡平法の四つの主要な部分から成っている。そして、そのような構成は、この本が法源を中心とする研究であることを、一目でわからせる。まず、序論は３節にわかれ、それぞれ、「イギリス法の定義」、「イギリス法の淵源」、「イギリス法と大陸法」を扱っている。そして、この最後の節の内容が、上に紹介されたわけである。それから、本論の第１編の「コンモン・ロウ」は６章にわかれる。そこでは、コンモン・ロウについての伝統的な観念（第１章）、原始的なアングロ・ノルマン的な内包、すなわち、一般的な記憶できない昔からの慣習（第２章）、裁判所の判決（第３章）、「記録」と「報告」すなわち判例集（第４章）、権威の書（第５章）、ローマ法と商慣習法（第６章）が、とりあげられている。このうち、第３章では、コンモン・ロウの上級裁判所、コンモン・ロウの司法的淵源、とくに、先例の法理、コンモン・ロウの司法的形成、とくに訴訟形式の問題、専門職業的要素、すなわち、法曹の地位・組織・訓練などの問題が説明される。次に、第２編「制定法」のもとでは、制定法についての伝統的な観念（第１章）、法の優位（第２章）、制定法の発達（第３章）、制定法の確実性と接近可能性（第４章）が説明される。法の優位が、こういう関係で論じられている点が目につく。さいごに、第３編「衡平法」は、衡平法についての伝統的な観念（第１章）、良心裁判所（第２章）、衡平法の形成（第３章）、衡平法の変態（第４章）の４章をおさめている。──内容の項目からみて、レヴィ・ウルマンの本が、高柳先生の『英米法の基礎』に、実質的に、たいへん、よく似ていることが、見てとれるであろう。イギリスとアメリカの法的伝統としての、いわば拡大されたイギリス法ないしコンモン・ロウの特質について論じているロスコー・パウンドが、レヴィ・ウルマンと共通なものをもちながらも、同時にまた、どんな点に違いを示しているか、という問題については、のちにふれることにしよう。

4

　さいごに、イギリス法がどんな力によって、英語をはなす諸国民のあいだに浸透してゆき、現代ローマ法系と肩をならべる偉大な法系にまで成長することができたのか、という根本的な問題について、レヴィ・ウルマンが、どんなことを述べているのかを、のぞいてみよう。彼によれば、それは、その司法体制の独創的なこと (the originality of its juridical system) による。彼は、こう説いている。「英語をはなす世界のいたるところにイギリス法が伝播したことは、それの司法体制、すなわち、イギリス法の形成に貢献してきた、そしてまた、いまもなお貢献している多様な諸要素が、たがいに調整されるその態様が独創的であるということに、主として、もとづくのである。コンモン・ロウ、制定法、および衡平法のあいだの伝統的な区別、成文法とコンモン・ロウの相対的な重要性、判例法の権威、判例集の編纂と利用、12世紀からこのかたイギリスの法律家たちによって案出され精巧化されたその体制の以上の諸要素のすべては、多かれ少なかれ発展せしめられ、ときには、事実、誇張された形態で、再現するのである。」なお、ここで、レヴィ・ウルマンが、juridical system と呼んでいるのは、司法体制と訳したのでは、十分でないが、さりとて、法体制では、もっと不十分であろう。

　さて、レヴィ・ウルマンは、比較法学的な研究をするという目的のほかに、同時に第一次世界大戦後の国際的な協力の雰囲気のなかで、ローマ法系とイギリス法系の法律家が、その伝統的なテクニックの相異を、たがいによく理解して、共通の目的を達成するために協力してゆくための基盤をつくりだすという実際的な、大きいねらいをもって、この本を書いた。その仕事の困難さを、彼は、よく知っている。しかし、彼は、二つの法系のあいだに相互の理解がなりたつということについては、むしろ楽観しているように思われる。

　ところが、そのような理解が、ほぼ不可能なまでにむずかしいということを強調する法学者は、イギリスにも、ヨーロッパ大陸にも、少なくない。たとえば、戦後の日本での比較法の流行について苦言をだされた高柳先生が、イギリス法の理解の非常なむつかしさについてのルネ・ダヴィドの意見をその立言の前提に利用されていることは、まえに紹介された。そして、イギリスの比較法学者のローソンが、やはり、そういう意見であると思われる。彼は、まえにあげた『イギリス法の合理的な強み』のはじめのところで、はっきり、つぎのように述べている。「……コンモン・ロウに属する諸法体系とシヴィル・ロウに属する諸法体系とのあいだの間隙は、たやすく、はしわたしするわけにはいかない。それらの２つの

集団は、異った伝統的なテクニックをもっていて、そのことが、もっぱら、ある一つのコンモン・ロウの体系のもとで育成された法律家にとって、ある一つのシヴィル・ロウの体系を取り扱っている法律書を読むことを困難ならしめるが、その逆もまた真である。それは、自国語にたいして、遠い関係しかもたない一つの新しい国語を習うようなものである。」また、ホールズワースは、レヴィ・ウルマンの本への序文をつぎのようなことばで書きだしているが、それも、けっきょく、イギリス法と大陸法とのあいだにギャップを強調することに、かわりがない。「言語と法の類同性は、諸国民のあいだの結合のきずなであって、不同性は結合にたいする障害である。この不同性によって生ぜしめられる結合にたいする障害を超克することは困難である。なぜなら、二つの異った法体系に、同等に通暁している法律家を見いだすことは、完全に二国語ができる人を見いだすことと同様に、異例に属するからである。」

5

大陸法と比較しながらイギリス法の一般的な特質について、イギリス人自身が論じている場合として、わたくしは、ここで、いままでに、いくどか引合にだされたローソンの『イギリス法の合理的な強み』をとりあげようとする。The Rational Strength of English Law というその標題が、イギリス法は合理的でないとする一般の批評ないし意見にたいする抗議の意味で、かかげられていることは、いうまでもない。「わたくしは、以下の講義にイギリス法の合理的な強みという標題をつけましたが、それは、しろうとのあいだにだけではなくて法律家のあいだにも一般にひろがっているところの、イギリス法が本質的に無秩序で非合理的であるという意見のまちがいをなおしてやろうと、わたくしが切望しているからなのです。」彼は、そういうことばで、その講義をはじめている。彼は、さらに、つづけて、次のように述べる。「わたくしの考えますには、このような仕事を引き受けることは、ひとりの比較法律家としてのわたくしにとくに課された義務なのです。それは、外国法、とくにヨーロッパ大陸に行なわれている、いろいろの〔法〕体系は、この点でイギリス法とは、はなはだしく違っていて、格別に整然としており、また合理的であるという一般的な印象があるからなのです。ただ、外国法が、いつも、以上のような特徴をもつとはかぎらないということだけではなくて、さらにまた、イギリス法の核心には、非常に強い合理性の要素があり、また、イギリス法は制定法、規則または連綿としてつづいている裁判所の判決によって定立される個別的な諸準則をたんに積みかさねたものにすぎないのでは、

けっしてないということを明らかにしたいと思います」。

　このようにイギリス法のよさを確信して、ローソンが、りきんでいるのを読むとき、わたくしたちは、18世紀のイギリス法にたいするブラックストーンの信頼と楽観が20世紀に再生したのではないか、とさえ疑うのであるが、そのようなイギリス法賛美の態度の伝統的な強さについては、のちに、別に述べるおりがあるであろう。とにかく、ローソンが、大陸法に比較してイギリス法のよさ——その本質的な合理性を確信し強調してやまないことは、まことに明らかである。そして、ローソンは、イギリス法の私法的な部分、すなわち、財産権（property）と不法行為（torts）と契約（contracts）に関する法を問題にしているが、なかでも、彼が、イギス財産法にたいして、「イギリス法のもっとも異彩をはなつ創造物の一つ」という形容をあてがい、そのすぐれた合理性をたたえているのは、イギリス財産法についての一般の評価と、非常な違いを示すものであって、きわめて注目されてよい発言であると、いえるであろう。イギリス財産法の合理性をつかまえることのむずかしさが、ややもすれば、それへの非合理性のなすりつけにすりかえられるきらいが、一般に、けっして少なくはなかったと見られるからである。しかし、その点についての多少とも詳しい言及もまた、別のところでなされるのを適当とするであろう。なお、イギリス法の合理性にたいするローソンのそのような確信と強調とが、イギリス法と大陸法とのあいだに、「たやすく、はしわたしするわけにいかない間隙」をみとめる態度とむすびついていることについては、〔5〕のおわりのところで述べたとおりである。

　ローソンは、そのようにイギリス私法に横たわる本質的な合理性を比較法的に明らかにするための前提として、法源を中心とするイギリス法の特質を論じている。もともと、通俗的な講義であるせいもあって、その記述は、レヴィ・ウルマンの場合のように内容が整理されてはいないけれども、思うに、なかなか示唆的である。それは、あらましのことをいえば、「イギリス法が法典化されていない」で、いわゆる「不文法」（unwritten law）であるという基本的な特質から出立して、「継続性」（continuity）「先例の法理」（the doctrine of precedent）、「裁判官と法学者」（judge and jurist）、「衡平法」（equity）、「法の専門職業的性格」（professional character of law）などの諸項目をめぐるイギリス法の特質——大陸法にたいするその相対的な合理性を論じているのである。以下に、ローソンの説くところを、やや具体的に紹介しよう。

6

　ローソンの見るところでは、「イギリス法の独自な性格は、その体系の中核そのものを形成する法理の多くの部分が、何らかの権威的な、成文の陳述にふくまれないで、大集団をなす司法的な決定から、つなぎあわせによって作りだされなければならないという事実から、大いに生じている。」そして、そのようにして作りだされる法理の一体が、技術的には「不文法」と呼ばれるわけであるが、それは、制定法規にふくまれている成文法（written law）に対立せしめられる。かれによれば、印刷された判例集のなかから、さがし求められるにかかわらず、それを「不文」と形容するのはいかにも、おかしいが、「成文」と「不文」とを区別する意味は、じつは、ほかにある。すなわち、「法が成文である場合には、法は、それら自体が権威をもち、かつ、裁判官によって解釈されなければならないところのことばでもって表明されて」おり、しかも、イギリス法には、制定法の解釈については、ことばは、その文法的な意味にしたがって解釈されなければならないという重要な準則があり、裁判官が成文法をコントロールできる余地は少ない。いってみれば、「成文のことば自体が、法を構成する」のにたいして、ここで、いわゆる「不文法」のばあいには、判決の報告をする判例集のことば、そのものは、法ではなくて、「たんに、その当座、裁判官にとって最善だと思われる態様で法を記述しているにすぎない」のである。それゆえ、その後に、「より明瞭で、また、より正確な方法で、法を表現（＝記述）しようと試みる余地は、だれにたいしても残されている」ということになる。そこで、「不文法」を操作する場合には、裁判官は、成文法の場合よりも、より大きい自由をもつことになる。――ここで、ローソンが、「不文法」と名づけているものが、判例法（case law）をさしていることは、いうまでもない。そして、イギリスの判例法では、判例集に報告・記載されている判決について、それらのどの部分に、また、どのようにして、その法規範――それを、技術的には、ある事件（または判例）の「判決原理」（ratio decidendi）または準則（rule）と呼ぶ――を見いだし、確定するかについての理論または技術は、きわめて独自のものであるが、ローソンが、「不文法」の場合の「法」とは何か、について上に述べているところは、その理論または技術に関する重要な見解の表明にほかならないと思われる。

　さて、ローソンのいうところによれば、そのように、「不文法」のもとで裁判官が、より大きい操作の自由をもっていることと関連して、つぎのような特徴的な点が生じてくる。すなわち、いわゆる「省略事件」（casus omissus）――制定

法の規定が欠けているような種類の事件または場合——については、「ある制定法の文言が、ある特定の事件にも及ぶように解釈できないときは、その制定法は、その事件に及ぶように類推によって拡張することができない」のに反して、「不文法は、つねに、あらゆる新奇な場合に及ぶように拡大していくことができるし、また、事実、そのように拡大していかなくてはならない、それというのは、裁判官は、あらゆる問題にたいして解決を見いだしてやらなければならないものなのだから」。そして、そのことから、さらに重要な結果がうまれてくる。それは、不文法の「完全無欠性」と「正常性」ということである。ローソンの説くところによれば、「不文法は、たとえ、ある一定の時期に、それが現実に完全無欠ではないとしても、可能性のうえからは完全無欠なもの (potentially complete) である。ところが、成文法は、それにたいして、つねに、断片的なもの (fragmentary) と見なされる」。そして、不文法が、そのように、可能性のうえで完全無欠であると考えられることから、それが正常なもの (normal) であると見なされ、成文法が例外的なもの (exceptional) であると考えられるようになるのは、自然である。「大多数の法律家は、立法府が干渉して、コンモン・ロウと衡平法の一般的な諸原理を修正しなければならないようになることを、はっきりした不幸なできごとであると考える」とローソンは、いいきる。かれによれば、イギリスの不文法は、「国会制定法による協約的な正義とは対照的に、アリストテレスの自然的正義に対応すると見える」。そして、彼によれば、法の一般原理を成文の形で整理して表現したもの、すなわち、そういう立法は、例外はあるが、原則として不文法の大集団とうまく調和しないで、「たいらな海のうねりのなかの岩のように、つきだしている」と感じられる。最近、フランスでも、モランディエール博士が、民法典改正委員会で、法の一般原理を表示する規定を設けるべきか、どうかについて、それは、民法典の講義課程にまかせればよいという趣旨のことを述べているが、それは、彼によれば、法典のもとで育成された大陸の法律家でさえ、一般原理を成文法の形で整理して表現することを好まない場合があることを示している。そこで、ローソンは、「不文法と成文法とのあいだに、われわれが設けている区別は、少なくとも合理的である」という結論に達する。

7

「不文」であるというイギリスの法の根本的な特質は、別のことばであらわせば、それが「法典化」されていないということだ、とみてよかろう。そして、法典化されていないということは、イギリス法が「継続性」をもっているというこ

との一面を示すものにほかならない。ローソンも、「法典化は、法において、きわめて価値のある要素であるところの継続性をやぶる傾向がある」と考えている。そして、彼は、イギリス法が、イギリスの国家組織 (constitution) やイギリス教会などと同じように、「もっとも著しい継続性の感覚 (sense of continuity)」をもっていることを認めるが、法における継続性がもつ独自の重要さが何であるかについて、彼の意見は、こうでる。「それは、もし、あなたがたが、継続性を、あなたがたの法を結合する、もっとも重要な力たらしめるならば、あなたがたは、伝統的な行動の型から通常生ずるところの利益を享受して、しかも、わけのわからない保守主義に導きこまれることも、また、理論的な体系の動きのとれない骨組のなかにとじこめられることもないであろうということである」。そして、ローソンは、「全体として、われわれは、すでに存在するものを、その同一性をこわさないようなやりかたで変更するか、または、古いもののかたわらに、何か新しいものを設け、その古いものが、それの生存能力に応じて生きながらえ、もしくは、死滅するにまかせるか、のいずれかをとるのである」と述べて、過去との関係では、わけのわからない保守主義におちいらないということの意味を明らかにし、また、大陸法流の法典は、「閉じられた思想体系をつくりだし、法の運営を、かぎられた区域内に閉じこめてしまう」のにたいして、「コンモン・ロウの精神は、まったく、それとはちがい、あらかじめ定められた何の限界もなしに、拡大していくことを、その本性とする」と断言して、将来については、動きのとれない論理的な体系の骨組のなかにとじこめられることがないということの意味を明らかにする。なお、ここで、「イギリス法」についての論述が、いつのまにか、「コンモン・ロウ」についてのそれに、すりかえられていることに注意しておこう。こういう転換は、むこうの法律家の論文や解説では、きわめて、ひんぱんにおこるのである。

ところで、以上のような継続性が、イギリス法は歴史的な法であって、過去と現在とのあいだに、はっきりした分界線がない、とレヴィ・ウルマンが述べたとき、イギリス法に帰属させた特質に相当することは、いうまでもない。それは、ときに「歴史的継続性」(historical continuity) と名づけられ、また、「伝統的な性質」(traditional nature) と呼ばれる。ところが、ローソンは、それを「時間的継続性」(continuity of time) と名づける。そして、それとならべて、さらに、かれは、「空間的継続性」(continuity of space) と、「内容的継続性」(continuity of content) という、ちょっと奇異な名前の特質を見いだしている。

ローソンによれば、「コンモン・ロウは、さらに空間的継続性をもっている」。

アメリカ合衆国の最高裁判所の有名な裁判官であったホルムズ判事が、ある事件で、「コンモン・ロウは、空中で考えこんでいる遍在ではない」(The common law is not a brooding omnipresence in the sky.) という、よく引用される名句をはいて、各州のコンモン・ロウが、それぞれ、独立した実体であるということを述べたのを思いおこしながら、ローソンは、各州のコンモン・ロウのあいだには、「たいへん密接な関連」があり、各州の裁判所も、法典化されないコンモン・ロウについては、制定法のばあいより以上に、継続性を維持しようと、つとめる、と述べている。――これは、もとより、「イギリス法」そのものについての発言ではないが、彼の頭のなかには、イギリスのコンモン・ロウが、アメリカにわたって、各州に土着したのだという、つよい意識があるために、それが、すこしも不自然に感じられないのであろう。コンモン・ロウということばは、ふしぎな魔力をもっている。それから、「内容の継続性」について、ローソンは、「コンモン・ロウの継続性には、もう一つの側面がある。コンモン・ロウは、法典化された法体系において、また、それ以上に、それらの法体系のもとで育成された学究的な法律家たちのあいだに、ひろくゆきわたっているところの、法の各部分を他から全く隔絶された区割にはめこもうとする傾向を好まない」と説き、そのために、信託 (trust) のような、大陸法流の分析概念をあてはめれば、物権と債権の混血児が生まれたり、また、公法 (public law) と私法 (private law) のあいだに、根のふかい区別を設けなかったり、というようなことがおこる。全体として、するどい継続性の感覚は、イギリス法の刻印であって、その一つの特徴は、つよい「一般化への傾向」(generalising tendency) である、とローソンは考える。

8

「先例の法理」(the doctrine of precedent) については、ローソンは、イギリス法の法理としてのその特質を強調するというよりは、むしろ、学究的な法律家たちが、「イギリスで厳格に適用されている」その法理を非難するのにたいして、その合理性を主張することによって、それを弁護しようとする態度をつよく示している。すなわち、ローソンの考えるところでは、一方では、先例拘束力の法理は、「裁判官を既存の権威の獄舎におしこめてしまうかに見える」にもかかわらず、すべての裁判所の判決が拘束力をもつと考えられるのではないことと、先例の拘束力は、そのレイシオ・デシデンダイだけにあって、いわゆる傍論（オビタ・ディクタ）（または余論）(obiter dicta) にはないこととによって、その力は減殺されるばかりでなく、他方では、裁判の実際においては、先例に拘束されるために、不公平な解

決においこまれるというようなばあいは、むしろ、まれであること、また、国会が、そういう場合に、改革立法をする見込が、つねにあることなどによって、先例の法理が、新しい事態に応じて法が調整されていくことにたいして妨害になるということは、あんがい少ない。そこで、ローソンは、「先例の法理が不合理な法理である……とは考えない」という結論をだしている。

次に、イギリスにおける「裁判官と法学者」の相対的権威または位置について見られる特色については、ローソンは、まず、「学究的な法律家と実務家とのあいだの間隙を、われわれは痛切に意識しているのであるが、それは、われわれだけにとって独自なものだと考えてはならない」といましめる。それは、彼によれば、法典主義のもとでも、法典が古くなればなるほど、判例法の権威が増大していって、法は論理的均整さを失い、学者の著作よりは、先例への依存度が高くなるからである。ただ、ローマ法系の諸国では、裁判官にたいする法学者の声望が、昔からイギリスより高いことは事実だ、と彼も認める。それらの国々では、「法学者は、自分自身のやりかたで法を述べ、法に対して、最善の形態をあたえる権利をもつところの独立の行為者として自分を見るようになった」が、イギリスでは、「以前には、法律に関する文筆家たちは、裁判官が描きだした線にしたがうことをもって、彼らの義務だと感じていたのであって、このごろになって、ようやく、学究的な教科書の著作者たちは、批判をし、創造をさえすることが、自己の任務であると認めるようになったにすぎない」。ついで、ローソンは、イギリスの裁判官の判決が、大陸や、アメリカ合衆国の裁判官のそれにくらべて、立派な論文の水準にまで達している事実を指摘する。また、かれが、法律家の訓練の問題についても、従来のような伝統と経験に依存するゆきかたから、「徹底的な学問的な訓練」を軽蔑しない方向への転換をすすめている点は、注目されてよい。

それから、「衡平法」(equity) について、ローソンは、「このようなコンモン・ロウとエクイティとのあいだの区別は、イギリス法において、いちばん困難なものの一つである。それは、外国の法体系のもとで育ってきた法律家たちにとって、つねに、障碍物となってきたが、イギリスの法律家にとっても、みずからに対して説明することが、たいへん、やさしいわけではない」ということばで、まず、その独自性をにおわせる。ローソンはイギリス法のように、すなおに、コンモン・ロウとエクイティとのあいだの区別を承認するほうが、大陸法のやりかたよりも、合理的であると考える。

さいごに、ローソンによれば、「イギリス法は、世界で、いちばん専門職業的な法体系である」。そして、イギリス法のそういう性格から生ずる結果は、法が、

少数の専門家の秘密になってしまったということであるが、そのことから、さらに、法は技術的で、また費用がかかるものとなったが、他方では、また、法は、ほかの国々にくらべて、はるかに、神聖不可侵のものとなったという点も生じた。

　以上の諸点を、ローソンは、まえに述べたように、大陸法にくらべた場合のイギリス法の合理性を示す特質として説いているのであるが、彼は、この序説的論述を、「なぜ、イギリス法は合理的な体系だとみとめられないか」という疑問にたいする答えで、おわらせている。それは、彼によれば、実務家たちが、「法の分析と体系的な記述にあまり興味をもたない」ということと、「法学者たちが、これまで、外国の法概念の分析によって、あまりにも、ひどく魅惑されてしまうので、その分析の成果を、イギリス法という非常にちがった文脈のなかで、あとづけようと試みた」こととによるのである。それから、もう一つの特別な理由として、彼は、イギリスの分析法学者たちが、イギリス法の不動産法の専門家でなかったことをあげる。ローソンによれば、イギリスの不動産法――その相続や夫婦の財産関係に関する法は、大陸法より、はるかに進歩していて、また合理的なのである。

<h2 style="text-align:center">9</h2>

　イギリス法の特質に関して、イギリス、アメリカ合衆国、フランス、ドイツなどの法学者が、どんな意見をもっているか、という問題について、この講義では、もちろん、多少とも代表的だと思われる法学者をえらび、その見解の要点を紹介するというやり方をとるほかはない。そして、レヴィ・ウルマンの意見が、まず紹介されたのは、一つには、イギリス法の特質を論じた外国の法学者のものとしては、彼の本が、いちばん、ひろく、かつ、まとまった考察をしていると見ることができるからであり、また一つには、彼の意見の影響が、まえに引用されたフィリップスの著書からも、よくわかるようにイギリスでも、かなり、つよいと思われるからである。なお、ドイツ人の書いた本で、イギリス法を全体としてとりあげ、その特質にもふれるものとして、英語で書かれたものには、まえにあげたハンス・ゴールドシュミットの『外国人の見地から見たイギリス法』（1938年）があり、また、ドイツ語で書かれたものとしては、グスタフ・ラートブルフの『イギリス法の精神』Der Geist des Englischen Rechts（1946年、初版）は、76頁の小冊子ではあるが、その標題の示すようにイギリス法のいくつかの基本的な特質を論じている。

　ゴールドシュミットの本は、レヴィ・ウルマンのそれが、イギリス法の歴史・

その史的展開にあらわれる諸特質を明らかにすることをねらっているのに対して、現代の社会事情と世界的な地位に照らして、刑事法をのぞく現代イギリス法のすべての分野を比較法的にえがきだそうとするが、その第1章「総説」の部分で、イギリス法の基調（keynote）をなすものとして、彼があげる特徴は、いわば、イギリスの国民性なのである。「イギリスにおいて、過去いく世紀にもわたって、法に影響をおよぼしてきた諸要因のうちには、極端な解決にたいする嫌悪（abhorrence of extreme solutions）と実際的結果にたいする感覚（sense for practical issues）とがある。」と彼は説いている。「それらは、いずれも、イギリスの国民性から生ずる。イギリスの公生活の記述のなかで、まことに、しばしば出くわすところの、妥協の追求（seeking after compromise）へ導いてきたのは、それらの要因である。法的な側面においては、イギリス法が、≪たいへんに科学的な形体に≫つくりあげられるのではなくて、むしろ、時代の実際的な必要に応じてつくりあげられてきたことは、これらの傾向のためなのである」。ゴールドシュミットが、外国の法学者にたいする教訓として、続けて述べているところは、たいへん示唆的である。彼はいう。「この特徴こそは、イギリス法の基調であって、まさに、この本のはじまりのところで強調されてよい。外国の法律家は、しばしば、より理論的な観点からイギリス法に接近していくから、いよいよそうなのである。イギリスの法概念は、それゆえ、それぞれの制度といっしょに成長していくものであって、理論的な思索から生みだされたものではない。そのような概念については、論理的な分析をする余地は、また、なかんずく、それらにたいして批判的な態度をとる余地は、ほとんどないのである。それらの概念は、いく世紀もの経過のうちに、それらが発展してきたままの姿で、受けとられなければならない。なお、そのうえに、イギリスの法概念について、残すところのないような定義を与えることが可能であるのは、まれなことである。イギリスの法概念は、いちばん重要な諸特徴を指摘することによって説明されるよりほかないのである。」

また、ラートブルフの小冊子は、イギリスの民族精神の「経験主義」または「帰納」への傾向が、法律上、どのような点に特徴的にあらわれているか、法源と法発見においての「法の支配」、「コンモン・ロウとエクイティ」、「判例法の方法論」の特徴的な点、法の目的、法哲学、法学などに見られるイギリス法思想の特質を、ふとい、確かな線でえがきだしているが、そこには、レヴィ・ウルマンの影響が、かなり見てとれる。しかし、この本については、ここでは、それについて、たちいった紹介をすることは、見おくり、のちに適当な場所で、適宜とり

あげることにしよう。

10

　次に、イギリス人がイギリス法の特質を論じている比較的新しいものとして、この講義では、ローソンの本をえらびだしたが、おそらく不勉強な筆者の気づかない書物や論文で、より適当なものは、ほかにも、たくさんあることであろう。少なくとも、イギリス法のもろもろの分野の制度を論じている書物や論文では、ほとんど、つねに、それぞれの分野や制度が示すところのイギリス的特徴が指摘され、また強調されていることが見のがされてはなるまい。たとえば、まえにあげたゲルダートの『イギリス法要論』とおなじホーム・ユニバーシティ・ライブラリにくみこまれているハンベリの『イギリスの裁判所』H.G. Hanbury, English Courts of Law は、1944年に初版、1952年に第2版をだしていて、かなり、よく読まれていることが推察できるが、その第1章はイギリスの裁判官にたいする、つぎのような賛辞ではじまる。「世界のどんな国においても、イギリスにおいてほどに、司法職は高い民衆の尊敬を受けてはいない。かりに、われわれの諸制度について悪意をいだく批評家が、〔イギリスの〕正義の源泉はにごっているとか、イギリスの裁判官も、わいろをとったり、または、執行部の圧力または恩顧によって、彼のただしい進路をすすまないで、わきにそらされたりしかねないとか、というようなことを、ほのめかしたとすれば、その批評家は、公然たるのろいによって圧倒され、また、さらに効果的な、公然たる嘲笑の矢で穴だらけにされてしまうであろう。いく世紀もの奉仕によって、われわれの裁判官たちは、われわれの国民生活のなかで、いちばん美しいすべてのものとむすびつけて考えられるようになっているのである。」これは、明らかに、イギリスの法制度の一つの基本的な特色を述べているのである。

　また、たとえば、ジェンクスが、彼の『イギリス法の書』Jenks, The Book of English Law, 2nd ed, 1928の序文のなかで、その書のねらいを、つぎのように語ったとき、かれは、イギリス法の一つの目だった特質を指摘しているのである。

　「本書のねらいは……イギリス法の諸準則が、国民精神の無意識的な表現であると同時にまた、イギリス人の精神的態度にたいして、したがってまた、その性格と行動に対して強力な影響力をおよぼすものであるということを、イギリスおよび外国の専門家でない読者に理解させることにある。よく知られているように、イギリス法は、古い時代から継承され、または、専制的な支配者によって上からおしつけられたところの一つの人為的な法典化された体系ではな

くて、伝統、制定法および裁判判決に表現されるイギリス精神の無意識的なはたらきの、無形で記述することはむずかしい、生きた絵図または反映なのである。」

すなわち、ジェンクスは、法典化されないイギリス法体系のあり方が、イギリス人の精神や性格によって規定されながら、同時に、逆に、それらにたいして影響を与えているという特徴的な事実を明らかにしているのである。彼は、その精神や性格がどんなものであるかという問題については、はっきりしたことばで語らない。思うに、それについては、まえに引照されたゴールドシュミットの見解のなかに、いくらかの解答がふくまれているが、マクミラン卿 Lord Macmillan が、そのエッセイ集『法およびその他のことども』Law and Other Things, 1937に収められた「二つの考えかた」Two Ways of Thinking のなかで、イギリス法と現代ローマ法とを比較して、次のように説くとき、そこに、かなり十分な答がだされているのである。マクミラン卿は、スコットランド系の裁判官であって、まえに述べたように、ローマ法の系統に属するスコットランド法によく通じているので、スコットランド法とイギリス法とを比較するという形で、問題に接近している。マクミラン卿のことばは、こうである。

「このようにして文明世界を2分している二つの偉大な法体系、法典法の体系と判例法の体系とは、二つの主要な精神型、すなわち、原理（principle）を捜し求める型と、先例（precedent）によって進行する型とを例示するものである。それら二つの方法は、広いひらきのある気質から生じた結果である。精確かつ几帳面に原理を整式化することは、かくべつ困難な仕事である。以前の経験に訴えていくことのほうが、はるかに容易なのである。体質的に、イギリス人は、人生の実際的な事物について、原理の使徒にたいして、つねに疑念をさしはさんできたがそういう疑念をいだくのが正当であったことも、しばしばである。イギリス人は、そういう使徒を、あけすけに、変人と宣言するのでなければ、もっと、ていねいに、空論家と名づける。イギリス人は、人生というものがおよそ固定的な理論にとっては快適なものではないのだということ、また、原理というものは、けっして、手もとの場合に適合するとは見えないために、いつも失敗に帰するのだということを悟っている。そこで、イギリス人は、むしろ理論と原理を、ほったらかしにしておくことを選ぶのである。」

マクミラン卿のことばをもう少し追ってみよう。同卿は、続けて、いくつかの実例や、有名な人のことばに求めている。

「イギリスの政治家のうちで、あのもっとも典型的な人、ソールスベリ卿に

ついて、その娘は、同卿の精神が、立法における≪包括的な想意≫を、≪だいじな理論の調和のために現実を犠牲にすること≫に導くものとして信用しなかったということを、われわれに語っている。≪われわれの石板を、けっして、きれいにしないイギリス人≫であるわれわれについて、あえて語ったのは、一人のイギリス人であったし、また、イギリス法を≪不信心な乱雑≫だと記述したのも、もう一人のイギリス人であった。だが、サー・フレデリック・ポロックはいう、≪非論理的な民族であるから、われわれは、われわれのもろもろの変則でもって、全体としては、十分にうまくやっている≫のである。さらにまた、ポロックを引用すれば、≪わたくしの思いますのに、この国は、国家組織から下の重要な事項にまでいたる、重要な事項のまことに広汎な部分が、まさに、あなたが欲することだけを実行し、そのことについては、あなた自身にたいしてさえ、できるだけ少しのことを述べるにとどめることによって、運営されますところの、ヨーロッパで唯一の国≫なのである。≪それは歩行して解かる≫（Solvitur ambulando）というのが、イギリス人のモットーであって、イギリス人は、彼が選んだ進路を正当化するために、セネカを引用してもよさそうである——≪教訓をもってしては途遠し、実例をもってすれば近くして効果あり（longum iter est per precepta, breve et efficax per exempla）。このようにして、イギリス法は、ウエストベリ卿が、≪イギリス精神のあの、きわだった特殊性——先例の愛好、抽象的な推理にふけることよりは、むしろ、過去の実例の権威に訴えることの愛好≫と呼ぶところのものを示すものである。

すべて、このようなことは、大陸の現代ローマ法の信奉者たちにとっては、体質的にいとわしいのである。彼らにとっては、法の諸原理こそが、問題となるものなのである。個々の事件は、以前の判決を援用することによってではなくて、それに適用されるべき適当な一般的命題のもとに論理的にそれを包摂することによって、決定されなければならない。不法行為法の原理は、この国では、おびただしい一連の判決から採集されることを要するのであるが、フランスでは、それらは、民法典の五つの短い条文にふくまれているのである。ここには、論理的（logical）方法と経験的（empirical）方法とが、そのもっとも極端な対照をなしているのである」。

11

ここまで、イギリス法の特質についての英、米、その他の国の法学者の意見をダラダラ紹介してきて、まだ、きわめるべき隈も、けっして少なくないことを感

じる。それに、イギリス法の特質を論ずる場合にも、ふつうは、ひろく英米法——コンモン・ロウと、大陸法——シヴィル・ロウとを比較論評する、という形がとられるのであるが、イギリス法を含めてのコンモン・ロウの特質についての、より鮮明な描出は、その種の比較論評に求められる、という事実を忘れることはできない。ひろく「英米法」について、たとえば、ロスコー・パウンドが『コンモン・ロウの精神』とか、『コンモン・ロウの将来』(The Future of the Common Law) という1936年ハーバード大学300年祭のときのロー・スクールのシンポジュウムのはじめをかざる『コンモン・ロウとは何か』(What is the Common Law?) と題する論文とかで、説述しているところは、その代表的なもので、日本のイギリス法学者にも、少なからぬ影響を与えていると見える。この種の説述では、立場がより高く広いだけに、そこにとりたてて論じられる特質も、より少なくなり、それによって与えられる印象も、よりこくなるというわけである。そして、全体としていえば、それらの特質は、せまく、イギリス法だけの特質として論じられるもののなかに、すでに、あらまし、ふくまれているのである。そこで、わたくしは、はじめに考えていた広義のコンモン・ロウの特質についての向うの法学者の意見の紹介を、割愛しようとする。ただ、これまで、わたくしが紹介してきた法学者も、それから割愛したパウンドも、ともに、イギリス法と、また、広くコンモン・ロウの大陸法にたいする特質を強調し、称揚してやまないのであるが、そういう強調には、いくぶん、教訓的な目的からみる誇張がひそんでいるのでないかと疑われることを、ここで、とくに述べておきたい。そして、現に、そういう強調にたいして、批判的な態度をとる法学者があらわれているのであるが、わたくしは、そういう批判的態度は、当然のことでないか、と考えるのである。そこで、以下にそういう態度をとる一人の法学者として、マックス・レイディン Max Radin の所説を引用しておこう。彼は、まえに引用された『法とあなたがた』のなかで、こう述べる。

「シヴィル・ロウとコンモン・ロウとは、しばしば比較対照されてきた。そして、一方にたいする他方の優越性が、そのおのおのの頌詩を書く人たちによって、もてはやされてきた。〔しかし〕それら二つは、根本的な事項においては、一般に容認されているよりは、はるかにおおく類似しているのである。相違は、むしろ、細目上のことがらにある。」

レイディンは、ついで、それら「細目上のことがら」の相違を、法の各分野、各制度について論じたのち、こういうことばで結んでいる。

「もし、われわれが、これまで述べてきたところに、現代ローマ法系におい

ては、制定法が、法の淵源のなかで、先例よりは、はるかに高い位置をあたえられているという事実をつけくわえるならば、われわれは、二つの偉大な現代法体系のあいだの重要な相違を、ほとんど、あげつくしたことになる。〔そして、両法体系のあいだには〕相互的な適応の徴候は、十分にあるのであって、それは、世界が連邦化されたとした場合に、個々の民族が維持することを選ぶような、ある特別な制度を破壊してしまうことなしに、両体系を融合させたものになるような、一つの一般法が存立するにいたることが、十分に可能になるというほどなのである。」

12

要するに、このふうがわりな「イギリス法入門」は、いってみれば、入門の入門でおわることになる。それでいて、約束の紙数は、もうつくしてしまった。問題の間口も、そして、奥行も、わたくしのいまの力では、およびがたい広さと深さをもつものであるということが、はっきりした。むしろ、バトンは、より錬達の士にひきつがれるべきであろう。こんなテーマに取り組むべきでなかった、それは、≪蟷螂の斧≫でしかなかったという、悔いと恥とが、いま、わたくしをおそっている。これが、前車の轍となることができようかという点が、わたくしのわずかな慰めである。

2 外国書講読——イギリス法

〔1〕 開講のことば

1 イギリス法が学びにくい、といわれていることについて

　イギリス法が学びにくいものであるということは、人生の大きい部分といえる、ほぼ4半世紀をそれの勉強にささげてきたわたくしのいつわらざる感想であるが、それは多くの同学の士の共感をえられるところではないかと、わたくしはひそかに想像している。そして、イギリス法の学びにくさは、べつの観点からすれば、その教えにくさにほかならないのであって、その教えにくさもまた、イギリス法の講義をするようになってから、十数年このかた、わたくしがいつも痛感しているところである。自分でイギリス法を学ぶことが、すでに、そのようにむずかしい以上、それについて正確で十分な知識をもつことは、なかなか、できないのであるから、自分で会得した知識をもとにして教えることにほかならない講義が、うまくできるはずはないのである。この教えにくさについても、多くの同職の人たちの共感がえられるにちがいない。ただ、上に述べたような感想の強い弱いは、人によってちがうのであろうが、少なくとも、この筆者にとっては、イギリス法のそのような学びにくさ、ないし教えにくさは、いわゆる骨身にこたえるほどのつらさ・なやみをもたらすというほどのものである。
　ところで、わたくしにとって、一つの告白になっていると見てよい、上のようなわたくしの記述にたいして、読者は、おそらく、二つの疑問をいだくであろう。その一つは、なぜ、そんな苦悩をともなうイギリス法の勉強と教授とを商売にするようなことを、あえて、わたくしが選んだのか、という疑問であり、もう一つは、そのイギリス法の学びにくさ、教えにくさとは、いったい何であるか、という質問である。まず、まえの疑問にたいしては、わたくしの〝ものずき〟による、とでも答えるほかはない。まことに、何の因果か知らないが、わたくしは、その

道についてしまい、いまさら、やりなおしのしようもないわけだし、また、その選択をした若い日をふりかえってみても、あまり、まよいや、悔いを感じたおぼえはなく、むしろ、ほかにやることもないままに、愚者の鈍感をもって、よくいえば、あまのじゃく的に、わざと、むずかしいものにたちむかった気味さえ、なくはない。そして、あとの質問にたいしては、正直のはなし、うまく答えられないが、ただ一つの点だけは、わたくしが学生として、はじめてイギリス法の講義をきいたときから感じつづけているところなので、はっきり答えることができる。それは、イギリス法を表現していることば、すなわち英語が、イギリス法を学び、または教えることのむずかしさの、けっして軽少でない原因をなしているということである。イギリス法の実質的内容が、理解するにくるしむものをあまりにも多く含むということにまちがいはないが、その内容の理解のむずかしさは、それを表現することばのむずかしさとむすびつき、この二つのものは、たがいに強めあっているのではないかと思われる。わたくしの見るところでは、英語は、それ自体、まことに学びにくい言語であるが、法の技術的性格、わけても、イギリス法のいわゆる伝統的な特質とむすびつくとき、それは、いちだんと、難しいものになってしまう。そのことは、たとえば、日常ふつうのことばや文章と、法の術語ないし法を表現する文章とのあいだには、日常語としての日本語と法の術語や文章としての日本語とのあいだに、少なくとも、最近まで見られたような断絶がない、といってよい点に見てとることができるであろう。イギリス法では、むしろ、だらしのないくらいの感じをあたえる、なんの変哲もない、ふつうの文章が、論理の正確や論旨の明快を目ざすことにおいては、どの国の法律ともかわらないはずの法的内容を表現するのに使われているのであるが、そのことが、わたくしたち外国人にとっては、しばしば、一つのおとしあなにさえなると思われる。そのことは、法術語といわれるような単語ないし熟語について、きわめて、著しい。たとえば、damageは、日常語でも、また法術語でも、「損害」であるが、その複数形のdamagesは、法術語としては「損害賠償」を意味するし、またcostの複数形costsは、法術語としては、「訴訟費用」をさすものとされる。さらに、たとえば、considerationが契約の成立ないし有効性に関する根本要件として、「約因」などと訳される意味をおびることは初心者にとっては、案外というほかはないであろう。そのように、あることばの日常語としての意味から考えれば、案外と呼んでよいような意味が、法術語としてのそれにあたえられるばあいは、けっして少なくない。そして、法術語が、それとして、はっきりしていて、しかも、その意味内容がわかりにくいばあいもまた、きわめて多いのであるが、そのことは、財

産法、とくに不動産法において目だっている。そこでは、法術語は、イギリス法の伝統性とか、歴史性とか呼ばれるものをにないつつ技術的な内容をもつのであって、そのような術語をもって、えがかれている現代イギリス財産法のすがたのとらえにくさを、ある大先輩は、未来派の絵になぞらえている[1]。それは、結局、少数の専門家にしか理解できないものだ、ということになる。——以上は、せんじつめれば、≪ことばのかべ≫ということになる。イギリス法を勉強するためには、またイギリス法を教えて理解してもらうためには、どうしても、その≪ことばのかべ≫をうち破らなければならない。

　わたくしは、おそらく、イギリス法を学ぶ際における≪ことばのかべ≫の厚さを強調しすぎたのであろう。そのかべの向うがわから、その厚さを強調して、イギリス法の初歩を学ぶ読者をおそれさせ、その意気をくじけさせることは、しかし、もとより、わたくしの本意ではない。むしろ、その逆こそが、わたくしの願うところである。わたくしは、イギリス法研究における後進者としての読者が、勉強の初歩を着実にすすめていくことができるように、まがりなりにも、イギリス法の≪ことばのかべ≫をうち破る試みにおいて、先行者としての地位をゆるされたものの一人として、その体験にもとづいて、あらましは失敗から得られたところの、いくらかの助言をさせてもらいたいと願うのである。この講師は、まだ、問題の≪かべ≫のこちらがわで、まごまごしている状態にいる。

　わたくしが、大学の新入生として、胸をときめかせつつ、はじめてイギリス法の講義をきいたとき、教授から、その学ぶことのむずかしさが指摘されたことを、いま思いだすが、その指摘は、イギリス法のいわば内容のむずかしさにむけられたのであったと思う[2]。ところが、講義がすすむにつれて、教材や参考書の原文をよく理解できないこと——いわば、原文の読み方がよくわからないこと——が、わたくしにとっては、たいへんな苦労の種になったが、大多数の同窓生にとっても、やはり、そうではなかったかと推察される。実際、そのころ、どのように日本語にうつしたらよいのか、わからないで、悩んだ語句や言いまわしで、はずかしいことだが、いまでも確信をもって和訳できないものが、わたくしには、けっして少なくはない。そして、それにつけて思いだされるのは、教室で、いってみれば、もうすこし親切に、原書の英文を読む方法を教えられ、それを学びとることができたとしたら、どんなにか、よいことだろうと、そのころ、わたくしがはいた凡才学生の嘆息である。そこで、どうした風のふきまわしによるものか、その鈍物のわたくしが、イギリス法の勉強を一生の仕事にえらび、それについて、教壇にたち、または何かを執筆することを求められるようになったとき、教材の

英文や、書きもののなかの引用原文などを、できるかぎり、正確と思われる日本語におきかえようと努力するようになったことは、自然のなりゆきであった、といってよいのであろう。そうしないことには、わたくしには、どうしても安心ができないのである。それは、わたくしの親切ごころから出たこととはいえない。すぐれた語学的才能や理解の天分をもつ人たちは、原文のままの引用によって、受講者や読者にたいし十分な満足を与えることができるわけであり、したがって、そういう引用は、この国の法学界でも、しばしば見かけるところであるが、そのような妙技は、もちろん、わたくしには思いもおよばない。そこで、わたくしは、わかりにくい翻訳をつけた引用文をれいれいしく、ならべたてて読者をまよわせ、教材原文の拙訳を、おくめんもなく、ひけらかして学生をなやまし、同時に、身の恥をさらすことになるのであるが、つまるところ、それは、イギリス法を表現している英語が、わたくしにとって難物であり、それの読み方について自信がもてないからである。そして、おそらく、比較的多数の学生または読者の諸君も、その英語のうちに、多かれ少なかれ、難物をみているのであろう。わたくしは、そういう想定のもとに、この一連の講義または助言をやろうとしている。その想定がゆるされないとすれば、この講義はなりたたず、またこの助言は不要なものとなる。

(1) 高柳『現代法思想の研究』参照。
(2) 末延教授が「由来、イギリス法は、難解かつ複雑というので、いささか敬遠されてきた気味がある」といわれるとき（末延・Geldart, Elements of English Lawの日本版への解題、同書223頁）、まさしくその趣意だと見える。

2　イギリス法の勉強についての≪ことばのかべ≫を突き破るために、どんな努力がなされているか——その評価と本講のねらい

　イギリス法は、英語によって表現されているから、わたくしたち日本人がそれを理解するためには、結局、それを日本語に直さなければならない。ところが、その日本語への翻訳については、まえに述べたように、厚い≪ことばのかべ≫になぞらえてよいほどの難しさがある。そのかべは、敬遠してもさしつかえないという種類のものではなくて、多少ともイギリス法を深く勉強しようとするものにとっては、ぜひとも、突き破る必要のあるものなのである。そこで、古くから、それを突き破るための努力が、いろいろの形体でなされてきているのであるが、

それは、およそ二つに分かれると思う。その1は、辞典の編集であり、その2は、著書や論文の翻訳である。そして、それら二つの形体のうちで、辞典の編集が、性質上、より基礎的・包括的なものであることは、いうまでもない。著書や論文の翻訳は、≪ことばのかべ≫を突き破ることにおいて、ある個人が多かれ少なかれ成功したか、または失敗したかの実例として、役にたつ、といってよかろう。だから、まず辞典の編集が行なわれ、それを基礎として、著書・論文の翻訳が着実にすすめられるというのが、理窟から見れば本来である。しかし、日本の法学界の実際のうえでは、その順序は逆になっていて、多少とも本格的なイギリス法辞典の編集が企てられ、実現されたのは、昭和に入ってからのことであり、それが、かなりの大規模な計画として実現されたのは、つい最近のことにすぎない[1]。イギリス法の研究が、すこぶる盛んであった明治のはじめから中ごろにかけての時期にも、それは、イギリス法の辞典の編集にまで及ぶことがなく、まして、その後のイギリス法研究の衰退期と呼んでもよい時期には、そのような企てがなされるはずもないのであった。

　他方、著書や論文の翻訳は、古くから、かなりたくさん行なわれている、と述べてもさしつかえないであろう。わけても、明治の前半までのイギリス法研究の隆盛期には、目ぼしい教科書や論文は、かたはしから、翻訳され、翻案され、紹介された、といってよい。しかし、このころは、日本で西欧的な法体系がうちたてられるについての胎動期とも呼べる時期に相当するのであって、イギリス法の研究も、そういう運動のなかにまきこまれていて、イギリス法を研究し、講授していく上での≪ことば≫の問題に注目し、その困難さを、はっきり意識して、それを打開するための努力の一部として、翻訳の仕事を考えるところまで、及ぶことはできなかった、と見られる。そして、いわゆる≪英米法≫隆盛の波にのって、イギリス法（ないしアメリカ法）にかんする著書や論文の翻訳が、ふたたび盛んに行なわれるようになった戦後の日本の法学界では、その≪ことば≫の問題が、はっきり意識されるようになり、イギリス法（ないしアメリカ法）の著書・論文の翻訳という努力は、辞典の編集という仕事と、たがいに補いあって、≪ことばのかべ≫をつきやぶる運動をおしすすめようとしていることが知られる。翻訳の部面でのそのような運動は、とくに、入門的な著書や基本的な制定法（またはそれに準ずるもの）などの原文に忠実な翻訳の仕事のなかに、見てとれるであろう[2]。

　ところで、それらの努力を寄せ集め、実例の教訓をまもっても、わたくしの見るところでは、イギリス法の勉強のうえでの≪ことばのかべ≫は、初歩者にとって、まだ、くずれさる、というところにはほどとおい。そして、そのような事態

をのりこえるためには、イギリス法の全体系の主要な分野について、基本的な著書・論文の正確な翻訳がなされ、多くの手本が示されることが、一方では、望ましいが、他方では、また、イギリス法の辞典が、もっともっと、充実したものになることが、とくに切望される。現在、日本の法学界での代表的な、しかも唯一のイギリス法辞典には、ありていにいって、まだ、望むべきことがかなり多いようである。あるいは、それらのことは、辞典の領分をこえるものであるかもしれない。わたくしが、ここで、とくに思いうかべているのは、たとえば、数個の意味をもつような基本的なことばについては、用例によって説明をすること、類似したことばの異同について解説をすることなどである。一つの例をあげてみよう。ごくありふれたといってよいことばに、ruleというのがある。判例や制定法や法律書などにでてくる場合に、それは、「規則」、「法原則」ないし「法準則」、「法規範」「判決」ないし「決定」、「支配」などというように区別して訳さなければならないような、多くの意味をおびるのであるが、そのような区別は、実際の用例によって示されるのでなければ、だれにも、そう、かんたんに理解できるというものではあるまい。また、判例法に関しては、case、precedent、decision、judgementなどという一連のことばがあるが、それらのあいだの異同をわきまえることは、初歩的知識の一部として欠くことのできないものであると思われる。むかし、三潴信三博士は、ドイツ法の基本的なことばについて、『類語異同弁』と名づける名著を書かれたが、わたくしは、イギリス法について、三潴先生のやりかたをまねして、ほんのすこしばかり、《イギリス法類語異同弁》を試みようとする。

　イギリス法の勉強についての《ことばのかべ》は、もちろん、その程度のことを試みたところで、びくともするものではあるまい。しかし、その試みが、《ことばのかべ》をくずすための努力の一部として、これまで意識的に行なわれた試しが、ほとんど知られていないという意味で、とにかく、やってみる値打ちはあるのでないかと、わたくしは考える。

　さて、そのように基礎的なことばの解説が、ひととおりすんだときには、さらにすすんで、いろいろの種類、さまざまの型の原文について、その読みかたを示すことが必要となるであろう。判例、制定法、それから論文などについて、具体的にその一部をかかげ、解説したり、対訳したり、というような方法を、ひまと頁数が許す範囲内で、わたくしは、とってみようとする。そして、その際、わたくしは、できるだけ、原文に忠実であろうとする態度をとるであろう。わたくしは、わたくしのそのような態度が、いわば神経衰弱的でさえあることを承知しているが、少なくとも、そういう態度をとる段階を、一度は、とっておくことが、

外国の書物を読むことをとおして外国の法律を知ろうとする場合には、必要なのではないか、というのが、わたしくの意見である。外国法の知識は、原文のおおざっぱな意味をとるというようなやりかたでは、とうてい正確につかみとることはできまい。いってみれば、≪おそくとも正確に、ちみつに≫読み、また訳すというのが、わたくしのくせなのであるが、もちろん、≪はやく、たくさん≫読み、大意をとるという態度も、忘れてはならないであろう。ただ、まえにも述べたように、英語という言語は、つい、わたくしたちを不用心にさせ、いいかげんに読解させてしまうような特質をもっていると考えられるので、少なくとも、一度は、注意深く正確に読みとるという段階をへる必要があると、わたくしは主張したいのである。

　わたくしは、いうまでもなく、日本語と英語の構文上の大きい違いや、漢字の日本文字の特殊性などから、忠実な翻訳といってみても、何がそれなのか、ということを問われるとすると、答に困ることを知っている。とくに、日本語は、いま、大きい変動期に入っていて、まことに安定していない、と見える。正確な日本語といっても、その日本語自体が、すでに問題とされなければならない。合理的で、わかりやすく安定した日本語が、これからつくりだされなければならないときである。わたくしは、外国文の翻訳という仕事は、意識的または無意識的な、新しい日本語をつくりだす、その営みへの参加にほかならないと考えている。そう考えると、翻訳は、たしかにこわいものとなり、それを行なうについては、いよいよ細心の注意が要求されることとなろう。――ここまで思いおよぶと、外国書を講読し、翻訳するということは、まことに因果な仕事である。それは、正確に行なわれ、合理的にでき上って、それで、しごく、あたりまえなのである。ものずきによるのでないかぎり、まえに述べたような、日本語の改造という文化的大事業への参加になるというような気休めでもなければ、打ち込んでやれるわけのものではないであろう。

　最後に、わたくしは、以上のところで、≪ことばのかべ≫を強調しただけで、イギリス法の内容の難しさ、いってみれば、その≪内容のかべ≫についてはほとんど、ふれるところがなかったが、そのかべもまた、きわめて厚いことを述べなければならない。イギリスでも、法の≪しろうと≫が、法に無関心または無知であることが、しばしば指摘され、うちなげかれるが、そのなげきは、裏をかえせば、法が難しくて、しろうとに、わからないということなのである。法をやさしく、わかりやすいものにして、≪あらゆる人が自分自身の法律家！≫（Everyman his own lawyer！）という姿にイギリス法を改革することは、19世紀のはじめにお

こった有名なベンタムの立法改革運動のねらいであった。そこで、ましてや、外国人にとっては、ということになる。諸君は、この第2のかべを、いな、むしろ、《ことばのかべ》と一つになって立ちはだかる、この《内容のかべ》に対しても、同時に挑みかからなければならないことを覚悟しなければならない。

(1) 高柳・末延編『英米法辞典』（昭和27年）。この辞典よりまえに、戦争中に、増島『英法辞典』が出ている。
(2) たとえば、末延・前掲、同『法における常識』（これは、Vinogradoff, Common Sense in Lawの翻訳）。伊藤『イギリス法——その背景』（これは、Fifoot, English Law and Its Backgroundの翻訳）。内田『法と市民』（これは、Radin, Law and Youの翻訳であるが、未完）【→著作集第8巻『〔翻訳マックス・レイデン「法と市民」—上巻—アメリカ法入門』】。やや程度は高くなるが、伊藤監修『イギリス法制史・総説篇上』も引合にだしておかなければなるまい（これは、Plucknett, A Concise History of the Common Lawの翻訳）。

　制定法ないし制定法に準ずるものの翻訳として、たとえば、末延『米国契約法』（これは、アメリカ法律協会の、いわゆる《リステートメント》Restatementのうち、契約法の部分を和訳したもの）、下山『国の不法行為責任の研究』のなかに収められた、イギリスの国家賠償法の翻訳、岩波文庫『人権宣言集』に収められたイギリスの基本人権に関する文書（たとえば、マグナ・カルタ、権利宣言など）についての田中（英）助教授の翻訳などをあげておこう。

〔2〕　LawとRule

1　いちばん基本的な言葉について

　わたくしは、どんな順序で、この講義をすすめていくか、という問題について、ひどく思いまよったすえに、やはり、いちばん基本的なことばから、はじめるのが適当なのであろう、という結論に達した。そこで、ここでは、《法》ないし《法律》を意味するlawということばが、まず、とりあげられることになるのであるが、このことばは、まえにあげたruleということばと、ひとまとめにして説明されるほうが、よさそうである。それは、これら二つのことばは、その意味内容の点で不可分の関係にあるばかりでなく、さらにまた、それらが組み合わされて、法学上、重要な術語をつくりあげる場合があるからである。これら二つのことばが、その内容の点で区別できないばあいは、たとえば次の一文に見られよう。"If, in fact, everyone respected the rights of every other member of the community, we should not require any rule or law to deal with or punish crime."（≪もし、実際にすべての人が、共同社会のすべて他の成員の権利を尊重したとするならば、われわれは、犯罪を処理または処罰するための、何らかの**準則**または**法律**を必要とすることにはならないであろう。≫）⁽¹⁾この文章でlawとruleとが、同一の内容をもっていることは、とくに述べるまでもあるまい。また、これら二つのことばが組みあわされた、著しい例としては、the Rule of Law（法の支配）をあげることができる。

　lawとruleとは、もちろん、それぞれ別個のことばであって、おのおの、独自の用法をもっている。そして、この講義では、いわば、ことばの用法の説明に重点がおかれるのであるから、両者は、原則として、別々に取りあげられる。ただ、まえに述べたような理由で、両者をきり離さず、一つの組をなすものとして説明しよう、というまでである。

(1)　R. Rubinstein, "John Citizen and the Law"（ルビンスタイン著『市民太郎と法』）p. 30.

2　Lawという言葉はどういうふうに使われているか

　Lawということばが、どのように使われるかを示す実例として、いくつかの比較的有名な著書の標題をあげてみよう。まず、P. Vinogradoff, "Common Sense in Law"（ヴィノグラドフ著『法における常識』）⁽¹⁾、C.K. Allen, "Law in the Making"（アレン著『法生成論』）、Lord Macmillan, "Law and other Things"（マクミラン卿著『法とその他の事物』）、A.S. Diamond, "The Evolution of Law and Order"（ダイアモンド著『法および秩序の進化』）、Roscoe Pound, "Justice According To Law"（パウンド著『法による正義』）⁽²⁾、do., "An Introduction to the Philosophy of Law"（同氏著『法哲学序説』）などの場合には、lawは、単数の形で、かつtheの定冠詞をつけないで使われているが、Gray, "The Nature and the Sources of the Law"（グレイ著『法の本質およびその淵源』）、R. Rubinstein, "John Citizen and the Law"（ルビンスタイン著『市民太郎と法』）、Sir H. Slesser, "The Law"（スレッサー著『法』）⁽³⁾、do., "The Administration of the Law"（同氏著『法の運用』）、B.N. Cardozo, "The Growth of the Law"（カードーゾ著『法の発達』）⁽⁴⁾、M. Radin, "The Law and You"（レイディン著『法と貴君』）⁽⁵⁾、などの例では、theをともなっている。そして、これら二組の用例で、Lawが、≪法≫と訳されるか、それともまた、≪法律≫と訳されるかをとわず、法一般ないし法体系を意味していることは、うたがうことが

できないであろう。そして、以上のような意味に使われる場合に、Lawが複数の形をとることはほとんど見かけない。

ところが、Lawが、ある一国の法、たとえば、この講義の主題をなすイギリス法を表現するために使われる場合には、単数と複数の二つの形をとることがわかるのであるが、そのおのおのは、その意味あいが違っていると考えられる。たとえば、W. Geldart, "Elements of English Law"（ゲルダート著『イギリス法要論』）[6]やC.H.S. Fifoot, "English Law and Its Background"（フィフート著『イギリス法とその背景』）[7]、また、W.S. Holdsworth, "A History of English Law"（ホールズワース著『イギリス法史』13巻）やH. Phillips, "A First Book of English Law"（フィリップス著『イギリス法入門』）などでは、English Lawが、一つの全体としてのイギリスの法一般ないしその体系を意味していることが明らかである。ところが、イギリス法史上、不朽の名著とされるW. Blackstone, "Commentaries on the Laws of England"（ブラックストーン著『イギリス法釈義』4巻）や、その現代版であるStephen's "Commentaries on the Laws of England"（スティーヴン著『イギリス法釈義』4巻）、またHalsbury, "The Laws of England"（ホールズベリ編『イギリス法大全』、初版31巻）[8]や Jelf, "Encyclopaedia of the Laws of England"（ジェルフ編『イギリス法百科全書』Eの項目までで5巻）などの場合には、複数形の the Laws of England という表現は、イギリス法体系を構成している個々の法規や法準則に着目するものである、と見てよいであろう。ただし、そのことは、『イギリス法大全』や『イギリス法百科全書』について、強くいえることであって、ブラックストーンの『釈義』の場合には、いずれかといえば、イギリス法の体系が考えられているのである。アメリカ合衆国の法について、ブラックストーンと同じような地位をしめる Kent, "Commentaries on American Law"（ケント著『アメリカ法釈義』8巻）は、おそらく、そういう含みで単数形になっているのであろう[9]。また、W.H. Hurst, "The Growth of American Law"（ハースト著『アメリカ法の発達』）や、Roscoe Pound, "The Formative Era of American Law"（パウンド著『アメリカ法の形成期』）が、体系としてのアメリカ法を考えていることは、いうまでもない。そして、M.S. Amos and E.P. Walton, "Introduction to French Law"（エーモス、ウォルトン共著『フランス法序説』）や P. Vinogradoff, "Roman Law in Mediaeval Europe"（ヴィノグラドフ著『中世ヨーロッパにおけるローマ法』）などは、それぞれの外国法を1つの体系としてとらえているが、A.V. Dicey, "Law and Opinion in England"（ダイシー著『イギリスにおける法と世論』）[10]や、H. Maine, "Ancient Law"（メーン著『古代法』）[11]は、法発達のある段階を一つの全体として見ている、ということができよう。

ところで、以上のように、Lawとthe LawおよびLawsを使いわけるやり方について、代表的な解説をする一例としては、前掲のゲルダートの『要論』の最初の一節をあげるべきであろう。そこで、彼は、1．Law and Lawsという見出しのもとで、こう述べる。

"We commonly speak both of law and laws—the English Law, or the Laws of England; and these terms, though not used with precision, point to two different aspects under which legal science may be approached. The laws of a country are thought of as separate, distinct, individual rules; the law of a country, however much we may analyse it into separate rules, is something more than the mere sum of such rules. It is rather a whole, a system which orders our conduct; in which the separate rules have their place and their relation to each other and to the whole; which is never completely exhausted by any analysis, however far the analysis may be pushed, and however much the analysis may be necessary to our understanding of the whole. Thus each rule which we call *a* law is a part of the whole which we call *the* law. Lawyers generally speak of *law*; laymen more often of *laws*."

この文章に和訳をつけることが必要だと考えるが、まず、lawとlawsとを、どのように訳しわけるかについて、わたくしは、迷ってしまう。≪法≫、≪法律≫と訳して、≪法≫に体系の意味をもたせ、≪法律≫に個々の法規の意味を与えることが、おそらく、いちばん無難なのであろうが、それらの日本語の意味に、そのような明確な区別があるとは思われない。そうかといって、≪法≫と≪諸法≫とか、≪法≫と≪法規≫とかやってみても、ピンとこない。そこで、むしろ、それらをなるべく原語のままにして、訳をつけてみよう。

「われわれは、lawとlawsの双方について語るのが、ふつうである。——（たとえば）English Law または the Laws of England というように。そして、これらのことばは（つねに）精確に使われるというわけではないけれども、法学が攻究されるばあいに、とりあげることのできる二つの異なった側面をさし示すのである。ある一国のlawsというばあいには、それは、個別の、別異の、個々的な準則として考えられている。（ところが）ある一国のlawというばあいには、どれほどまでに、われわれが、それを個別的な準則に分析していこうとも、それは、そのような諸準則

の単なる合計以上の何かなのである。それは、むしろ、一つの全体、われわれの行動を秩序づける一つの体系であって、そのなかで、以上の個別的な諸準則は、その位置をしめ、その相互および全体にたいする関係をもつ。また、それは、およそ分析を、いかほどまで推しすすめようとも、また、その分析が、われわれがその全体を理解するために、いかほど必要であろうとも、そのような分析によって完全に分析しつくされるということは、けっしてないのである。このようにして、われわれが、a law と呼ぶところの各個の準則は、われわれが the law と呼ぶところの全体の一部をなすのである。法律家たちは、一般に law について語るが、素人は、むしろしばしば、laws について語るのである。

以上の文章のなかで a law、laws が、a rule、rules と同じ意味に用いられていることが明らかであるが、その点を詮索することは、law の定義の問題にみちびく。

(1) この本は、法学およびイギリス法にかんする入門書として、日本では、広く読まれてきた。末延・伊藤両教授による『ヴィノグラドフ・法における常識』と題する訳がある。
(2) プラグマティズムの法思想家ないし法学者としてのパウンドの最近のこの著書については、『パウンドの法社会学』という題での細野教授の翻訳がある。
(3) この本については、湯浅氏の『英法概論』と題する和訳がある。
(4) アメリカの近代の代表的な裁判官の一人とされるカードーゾのこの名著については、守屋教授が『カドーゾ・法の発達』という題をつけて和訳している。
(5) この本については、未完であるが、わたくしの『法と市民』と題する和訳がある。
(6) この本について、末延教授の和訳がだされていることは、まえに紹介した。
(7) この本は、伊藤教授の手で、『イギリス法・その背景』という標題をつけて、翻訳されている。
(8) この編著は、"being a complete statement of the whole law of England"（イギリス法全体の完全な陳述である）という副題をつけていて、イギリス法を構成する各部分について、いわば、大項目主義による解説をくわえ、それをアルファベット順にならべている。日本の法学全集にも匹敵するもので、最新版が進行中である。
(9) このことは、ブラックストーンにとって、おそらく一つの手本になったであろうところの、スコットランド法の釈義とみてよい、17世紀の Stair's Institutions of the Law of Scotland（ステア著『スコットランド法提要』）のような本からも、たしかめられよう。
(10) この本の正式の名称は "Lectures on the Relation between Law and Public Opinion in England during the Nineteenth Century"（19世紀中におけるイギリスの法と世論との関係にかんする講義）であって、本文にだした標題は、いわば、通

称である。この本については、清水教授の和訳がある（清水金二郎訳『法律と世論』）。
(11)　あまりにも有名なこの本については、古くは、鳩山（和）博士の『緬氏古代法』や、新しくは、安西教授の『古代法』などの和訳がある。

3　Lawということばのイギリスでの特別な使いかたについて

　lawとlawsとが、イギリスで、たがいに区別されて使われていることについて、わたくしは、前回の部分で、あらましのことを述べたが、その点については、もう少しのことを付けくわえる必要があると考える。まず、the lawまたはlawが法体系または法一般を意味するばあいの一つとして、それが、法体系を構成する一部分を、一つの全体もしくは体系としてとらえるために使われるばあいがあることを、あげなければなるまい。たとえば、the law of the constitutionまたはconstitutional lawは、憲法をさし[1]、the law of contract, the law of tortsは、それぞれ、契約法、不法行為法を意味する[2]。
　つぎに、イギリスの法律家が体系としての法を意味するthe lawについて特別な使いかたをする、といわれていることが注目される。それは、いうまでもなく、この法準則をさすことばとしてのlawsの使いかたに関連する。たとえば、ゲルダートは、まえに引用した1節につづけて、つぎのように書いている[3]。

"There is also a more precise way in which we use this distinction between law and laws. Some laws are presented to us as having from the beginning a separate and independent existence; they are not derived by any process of analysis or development from the law as a whole. We know when they were made and by whom, though when made they have to take their place in the legal system; they become parts of *the* law. Such laws in this country are for the most part what we call Acts of Parliament, or, as they are called generally by lawyers, statutes; collectively they are spoken of as Statute Law. On the other hand, putting aside for the present the rules of Equity, the great body of law which is not Statute Law is called the Common Law. The Common Law has grown rather than been made. We cannot point to any definite time when it began; as far back as our reports go we find judges assuming that there is a Common Law not made by any legislator. When we speak of an individual law we generally mean a statute;

when we speak of *the* law, we are thinking of the system of law which includes both Statute and Common Law, perhaps more of the latter than of the former. A rule of the Common Law would rarely, if ever, be spoken of as *a* law."

「さらに、われわれが law と laws とのあいだの以上のような区別を用いる場合のやりかたで一つのより正確なのがある。〔すなわち〕laws（＝個別の法）のうち、あるものは、はじめから別個の独立の存在をもっているものとして、われわれに呈示される。それらは、何らかの分析または発展の過程によって、一つの全体としての law（＝法体系）から、引き出されるものではない。われわれは、いつ、それらが作られ、また、だれによって作られたのかを知っている。ただし、〔ひとたび〕作られたときには、それは法体系のなかにその位置をしめざるをえないのである。それらは、the law（＝法体系）の一部になるわけである。この国においては、そのような laws は、その大部分が、われわれが国会の制定法と呼ぶところのもの、または、それらが、一般に法律家たちによって呼ばれているところによれば、スタチューツである。総体として、それらは制定法と呼ばれる。他方において、エクイティ（衡平法）の準則を、しばらく問題外とすれば、制定法でないところの、偉大な法の一体は、コンモン・ロウ（普通法）と呼ばれる。コンモン・ロウは、作られたというよりは、むしろ成長したのである。われわれは、コンモン・ロウが〔存在し〕はじめた何らかの明確な時期を指示することはできない。われわれの判例集がさかのぼるかぎりの古い時代に、われわれは、どんな立法者によっても作られたのでない一つのコンモン・ロウが存在するということを、裁判官たちが仮定していることを見いだす。われわれが個別的な法（ロウ）について語るときには、われわれは、一般に、制定法（スタチュート）のことをいうつもりなのである。〔ところが〕われわれが the law について語るときには、われわれは、制定法とコンモン・ロウの双方をふくむ法体系について考えているのであるが、おそらくは、前者〔すなわち制定法〕についてというよりは、むしろ後者〔すなわちコンモン・ロウ〕について、よりよけいに考えているのである。コンモン・ロウのある準則がよしんば、a law（＝個別的な法）として語られるようなことがあるにせよ、それは、まれなことであろう。」

ここに引用した一節には、内容の説明をしなければならない基本的な術語や重要な語句が、たくさん、ふくまれている。Act of Parliament、Statute、Statute Law、Equity、Common Law、reports、legislator、the great body of law などが、

それである。しかしこれらのうち、大部分については、べつに説明をする機会があるので、ここでは、いちおう訳をつけておくだけにとどめる。ただ、コンモン・ロウが、ここでは、いわゆる衡平法と対立するものとして、すなわち、そのいちばん狭い意味で使われていて、いわゆるコンモン・ロウの裁判所（common law courts）で運用されていた判例法の体系を意味しているということを、とりあえず明らかにしておこう。そして、ゲルダートの意見によれば、判例法の体系としてのコンモン・ロウが、イギリスの法律家の頭のなかでは、むしろ、全体としての法──体系そのものとして考えられ、制定法は、作られるにしたがって、そのコンモン・ロウの体系のなかに取りいれられ、位置づけをされていく、というのである。コンモン・ロウが主で、スタチュートは従だというのである。ゲルダートは、上の一節につづく第1章第2節のはじめの部分で、"The statutes assumes the existence of the Common Law. Except in so far as they restate in the form of a code some particular branch of the law, they are the addenda and errata of the book of the Common Law; and they would have no meaning except by reference to the Common Law."（「個々の制定法は、コンモン・ロウの存在を仮定する。それらが法典の形で法（＝コンモン・ロウ）のある特定の部分を再述するかぎりにおいては別であるが、それらは〔原則として〕コンモン・ロウという図書の補選なのであり、正誤表なのである。そしてコンモン・ロウにたいし関係づけられることによるほか、それらは何の意味ももたないであろう」）とまで極言している[4]。このように、コンモン・ロウがイギリス法の本体をなすと考えられていることは、イギリス法の勉強をはじめるにあたって、はっきり、おぼえておくべき基本的事項の一つである。このように、イギリスの法律家がコンモン・ロウを特別に重要なものと考えているということを前提として、わたくしは、the great body of lawという語句を、わざと訳文のように和訳した。この語句は、「法の大部分」「法の要部」などと読むこともできるのであって、あるいは、それらのほうが正しいかもしれない。しかし、body of lawをsystem of lawと同じ意味に用いるばあいは、けっして少なくはなく、げんにゲルダートの本でも、コンモン・ロウとエクイティの現在の関係を説明する第2章の第2節(4)では、"they still remain distinct bodies of law, governed largely by different principles."（「それらは、依然として、大なる程度にまで、異なった原理によって支配される、それぞれ別異の法の一体としてとどまる。」）と述べているのである[5]。この語句についても、のちにコンモン・ロウとエクイティについて説明するさいに、新めて、ふれるであろう。

　なお、この引用文で、this countryとあるのは、our countryとは、かなり違った

意味あいをもつ。いってみれば、our country には、〈お国じまん〉のにおいがあり、this country には客観的態度の気味がこい。また、引用文の末尾のところで、コンモン・ロウの準則（rule）が a law と呼ばれることはまれだ、と述べられていることは、かなり大切な点であるが、これについての説明も、のちに"rule"ということばの解説をするときまで、のばされる。

　ところで、コンモン・ロウを法体系（the law）の根幹として考え、制定法を個別法（laws）の典型とみるという意味で、law と laws を区別し、使いわけるイギリス法律家のやりかたは、同じことばの単数形と複数形とにそれぞれ別個の意味をあたえようとするので、あいまいさを伴うことをまぬかれない。そこで、ヨーロッパ大陸の諸国の言語において、これに相当する区別が見られるか、どうかが問題となり、もし、それが見られないとすれば、イギリスの用法との優劣の比較が問題となる。ここではこの問題をとりあげているものとして、ポロックの『法学入門』Pollock, A First Book of Jurisprudence, 5 ed., 1923 の文章を読んでみる（同書17〜19頁）。

"It is proper to note that the ambiguity of the word *law* seems peculiar to English among the chief Western languages. Law in the abstract, the sum of rules of justice administered in a State and by its authority, is *ius* in Latin, *droit* in French, *diritto* in Italian, *Recht* in German. For the express rule laid down by an originating authority these languages have respectively the quite distinct words, *lex*, *loi*, *legge* (the French and Italian words being modern forms of the Latin one), *Gesetz*. Thus an Englishman tends, consciously or not, to regard enacted law as the typical form; it is hard for him not to identify laws (as the plural of "a law") with law. Frenchmen and Germans, on the other hand, are more likely to regard *loi* or *Gesetz* as merely a particular form of *droit* or *Recht*, and not necessarily the most important form. On the other hand, these Latin and other names for law in the abstract (*ius, droit, diritto, Recht*) correspond also to our distinct English word *right* in its substantive use. This leads to verbal ambiguities, and gives occasion for confusions of thought, which are perhaps not less inconvenient than any consequences of *law* having to stand for both *ius* and *lex* in our language."

「法ということばのアイマイさは、おもな西方の諸国語のなかで、英語に特有のものであると思われることに注目することが適当である。抽象的に考えられた法、すなわち、ある国家において、その権威によって運用される正義の準則の合計は、ラテン語では、ユス、フランス語では、ドロア、イタリー語では、ディリトウ、ドイツ語では、レヒトである。ある創設的な権威によって定立される明示の準則にたいしては、以上の諸国語は、それぞれ、まったく別異のことば、すなわち、レックス、ロア、レッゲ（それらのフランスとイタリアのことばは、右のラテン語の現代的形体なのである）、ゲゼッツをもっている。このようにして、イギリス人は、意識的または無意識的に、制定された法を典型的な形体だと見るにかたむくのである。イギリス人にとっては、（a law の複数（形）としての）laws を law と同一視しないことは、難しい。他方において、フランス人とドイツ人は、むしろ、ロアとゲゼッツを、たんにドロアまたはレヒツの特殊の形体と見る気配がこいのである。また他方では、抽象的に考えられた法にたいする、以上のようなラテン語その他の名称（ユス、ドロア、ディリトウ、レヒト）は、さらにまた、われわれの別個の英語のことばである正義が、その実体的な用法で使われるばあい〔すなわち、権利〕に相応する。このことは、ことばの上のアイマイさに導くものであって、思想の混乱をひきおこすのであるが、そういう混乱は、おそらく、ロウ〔ということば〕が、われわれの言語で、ユスとレックスとの双方を表現することから生ずる何らかの結果と同じ程度に、都合が悪いものなのである。」

この項で、最後に引用されたポロックの文章については、いくらかのことを補充的に述べておく必要がある。ポロックが、イギリスで、一つの law をその単数形と複数形によって使いわけることからくる不便は、ヨーロッパ大陸諸国のことばで、同じ一つのことばを英語の the law と right とに使いわけることによる不便にくらべて甲乙がない、と判断する点については、少しの疑問もない。しかし、この文章には、そのまえに引用されたゲルダートの文章と読みあわせるとき、一見、疑問になる点が、一つある。それは、イギリス人は、制定された法 (enacted law)、すなわち statutes を典型的な重要な法の形態だと見るかたむきがある、とポロックが述べている点である。ポロックのこの見解は、コンモン・ロウを根本的なものだと考え、制定法は、つけたしにすぎないと見るゲルダートの意見と矛盾する、と見えるであろう。しかし、ここで注意されなければならない点は、ポロックは、イギリス人一般、すなわち、しろうとについて語っているのにたいして、

ゲルダートは、法律家について述べている、と考えてよいということである。法律家がコンモン・ロウを基本的な法体系だと考えることについては、ポロックも同じ意見であるにちがいない。現に、法律家の彼は、コンモン・ロウの精神の偉大さが、自由擁護の、その数百年の歴史に発揚され、また、コンモン・ロウの生命力の強さがその世界的拡大のすばらしさに実証されていることを、ほめたたえているのである[6]。また、イギリス人が制定法を重視するにかたむくことは、議会政治が発達し、制定法が大量につくりだされる近代のイギリスでは、むしろ自然であると見てよいのであろう。

(1) constitutionは"the Constitution"という形で、アメリカ合衆国では憲法典を意味し、日本では、constitutionは、ふつう、その意味にとられる。だが、イギリスには、憲法典がないことは、よく知られている。イギリスでは、constitutionは、統治構造とか、政治組織とか、訳されてよいものを意味する。すなわち、≪統治構造の法≫が、広義の憲法となるわけである。ダイシーの『憲法論』というのも、正式の名は、"Introduction to the Study of the Law of the Constitution"（統治構造法研究序説）となっている。
(2) これらのことばの用例として、たとえば、契約法では、Anson, Law of Contract（アンソン著『契約法』）があり、また、不法行為法では、Winfield, Text-Book of the Law of Tort（ウィンフィールド著『不法行為法教科書』）などの日本の学者にも親しまれている名著をあげることができる。
(3) Geldart, op. cit., pp. 1～2.
(4) 「法典の形で再述する」における再述とは、妙な訳語であるが、整理して述べなおす、ほどの意味である。法典の形で再述するとは、法術語で、法典化する（codify）にあたる。これについても、後に述べる。
(5) Gldart, op. cit., p. 22.
(6) ポロックには"The Genius of the Common Law"（『コンモン・ロウの精髄』）、"The Expansion of the Common Law"（『コンモン・ロウの拡大』）という題名の有名な著書がある。

4 Ruleという語のおもな使いかたについて

学生用ないし入門者用のイギリス法辞典として、イギリスで出版されているもののなかで出色のできばえを示すと思われるオスボーンの『簡約法律辞典』（Osborn, Concise Law Dictionary）では、"rule"ということばには、つぎの三つの意味があるものとされている。すなわち、(1) A regulation made by a Court of justice or a public office with reference to the conduct of business therein.（裁判所または官公署によって、そこでの仕事の運営に関連して作られる規則）、(2) An order or direction made by a Court of justice in an action or other proceeding.（訴訟その他の手続において、裁判所によってなされる命令または指示）および(3) A principle of the law, e. g., the rule in Shelley's Case.（法の原理、たとえばシェリー事件における準則）がそれである。そして"rule"についてのオスボーンのこの解説は、日本の代表的なイギリス法の辞典である高柳・末延編『英米法辞典』においても、ほとんど、そのまま採用されていることが、すぐわかる。この講義のこの部分も、もちろん、おおいにオスボーンに依頼するところがないわけにはゆかないが、しかし、わたくしの見るところでは、オスボーンがあげている"rule"の三つの使いかただけでは、なお不十分であり、また、その(3)にかかげる使いかたについては、相当の分量の補足的説明が必要である。なお、講義が進むにつれて、自ずとわかってくることであるが、オスボーンにかかげられているように、その使いかたがかわるのに応じて、"rule"にたいする日本語すなわち訳語も、違ってくる。訳語について、いちばん問題になるのは、(3)の用法、ないし、それに関連し、または類似する用法のばあいである。これまで、この講義で、"rule"ということばは、この最後の用法において、かなりの回数にわたってでているが、そのたびごとに、わたくしは、ほとんどつねに、《準則》という訳語をあててきた。『英米法辞典』で、これに対応していると見られる訳語は《法律原則》と《法律規則》の二つである。訳語の問題は、この種の基本的で、しかも多くの意味をふくむことばについては、かなりの重要性をもつことであると思われる。そこでこの項のおわりの部分で、もう一度、その問題にたちかえることにしよう。

(i) いちばん基本的な使いかた

LawとLawsとの使いわけについて解説をするゲルダートの文章が、まえに引用されたとき、Lawsが《個別的な準則》(separate rules) と同じものである、とされていることを、わたくしたちは見た。そのように、laws は rules にひとしい、といわれるとき、そこには、a law の定義の問題が頭をのぞかせている。そこで、一、二の代表的な law の定義を紹介することをとおして、それが rule ということばと、どんな形で、絡みあっているのか、探ってみよう。そこに rule のいちばん基本的な意味が現われてくるであろう。

近代イギリス法学の祖といわれるブラックストーン William Blackstone

(1723〜1780) は、前に引用された『イギリス法釈義』の第1編の序論第2節「法律一般の本質について」(Of the Nature of Laws in general) を、つぎのような一節でかざっている。

"Law, in its most general and comprehensive sense, signifies a rule of action; and is applied indiscriminately to all kinds of action, whether animate or inanimate, rational or irrational.……And it is that rule of action, which is prescribed by some superior, and which the inferior is bound to obey."

「そのもっとも一般的かつ包括的な意味において、lawとは、運動〔ないし行為——以下同じ〕の法則〔ないし準則——以下同じ〕をあらわすものであって、生物の運動であると無生物の運動であると、理性的な運動であると非理性的な運動であるとにかかわりなく、すべての種類の運動にたいし、無差別に適用される。……そして、それは、ある優位者によって定立され、かつ劣位者が遵守する拘束を受けるところの運動の法則である。」

このように、自然法則をもふくむ最広義における law の使いかたを示したうえで、ブラックストーンは神の法ないし自然法が人定法の基礎をなすことを説き、さらに、その人定法に万民法(the law of nations)と国家法または市民法(municipal or civil law)の別があることを明らかにし、その国家法について、よく引用される有名な定義をしている。

Municipal law, thus understood, is properly defined to be "a rule of civil conduct prescribed by the supreme power in a state, commanding what is right and prohibiting what is wrong."

「このように理解される国家法は、『国家における最高権力によって定立され、正しいことを命令し、不正なことを禁止する、一つの市民的行動の準則』であると定義されることを適当とする。」

ただ、一見すれば、法の定義のなかに道徳的要因をもちこんでいるにすぎない、

≪正しいことを命令し、不正なことを禁止する≫という一句が、じつは、ブラックストーンの『イギリス法釈義』の体系、ひいては体系としてのイギリス法の理解——イギリス法体系の構成のしかたの出発点になっている、ということは注目されてよい。すなわち、≪正しいことを命令する≫法の部分は、ブラックストーンによれば、とりもなおさず、権利（rights）の法であり、≪不正を禁止する≫法の部分は、不法行為（wrongs）の法にほかならないのであって、しかも、それらの≪権利≫は、さらにrights of persons（人の権利）とrights of things（物の権利）の二つに区別され、また、それらの≪不法行為≫は、private wrongs（私的不法行為）すなわち、ふつうの不法行為（torts）とpublic wrongs（公的不法行為）、すなわち、犯罪（crimes）の二つに大別され、それらの四つは、ここに示した順序で、そのまま『釈義』の４巻のそれぞれの標題となり、その体系を構成しているのである。

ところで、ここでruleと呼ばれるものは、どのような性質をもつものとして理解されているか。この点についてブラックストーンが述べるところは、つぎのとおりである（『釈義』１巻44—45頁）。

And, first, it is a *rule*: not a transient sudden order from a superior to or concerning a particular person; but something permanent, uniform, and universal. Therefore a particular act of the legislature to confiscate the goods of Titius*, or to attain him of high treason, does not enter into the idea of a municipal law: for the operation of this act is spent upon Titius only, and has no relation to the community in general; it is rather a sentence than a law. But an act to declare that the crime of which Titius is accused shall be deemed high treason; this has permanency, uniformity, and universality, and therefore is properly a *rule*. It is also called a *rule*, to distinguish it from *advice* or *counsel*, which we are at liberty to follw or not, as we see proper; and to judge upon the reasonableness or unreasonableness of the thing advised. Whereas our obedience to the *law* depends not upon *our approbation*, but upon the *maker's will*. Counsel is only matter of persuasion, law is matter of injunction; counsel acts only upon the willing, law upon the unwilling also.

It is also called a *rule*, to distinguish it from a *compact* or *agreement*; for a compact is a promise proceeding *from* us, law is a command directed *to* us. The language of a compact is, "I will, or will not, do this;" that of a law is, "thou shalt, or shalt not, do it." It is true there is an obligation which a compact carries with it, equal in point of conscience to that of a law; but then the original of the obligation is different. In compacts, we ourselves determine and promise what shall be done, before we are obliged to do it; in laws, we are obliged to act, without ourselves determining or promising any thing at all. Upon these accounts law is defined to be "*a rule*."

　「そして、まず、それは一つの**準則**である。〔それは〕ある特定の人にたいする、または、ある特定の人に関する優位者からの一時的な突然の命令ではなくて、永久的・画一的かつ普遍的なあるものである。それゆえ、ティティウスの動産を没収し、または、大逆罪の廉によって、かれの市民権を剥奪しようとする立法府の特定の制定法は、国家法の観念のうちには、入ってこないのである。それというのは、この〔国会〕制定法の効力は、ティティウス*についてだけで尽きてしまい、共同社会一般にたいしては、何の関係もないからである。それは、一つの法律というよりは、むしろ一つの宣告なのである。しかし、ティティウスが告発を受けた犯罪が大逆罪と見なされるものとするということを宣言する〔国会〕制定法——これは、永久性・画一性および普遍性をもつのであって、それゆえに、また、まさしく一つの**準則**なのである。それは、さらにまた、**勧告**または**助言**からそれを区別するために、**準則**と呼ばれるが、その勧告または助言については、われわれが適当と考えるところにしたがって、それに追随すること、または、しないことおよび、勧告されたことがらの合理性または不合理性について判断をくわえることは、われわれの自由である。しかるに、**法律**にたいするわれわれの服従は、**われわれの是認**にかかるのではなくて、その**作成者の意思**にかかっているのである。助言は単に説得の問題にすぎないが、法律は強制命令の問題である。助言は、ただ〔受けいれようとする〕意思のあるものにたいして作用するにとどまるが、法律は、〔受けいれようとする〕意思のないものにたいしてもまた作用するのである。

　それは、さらにまた、**契約**または**合意**からそれを区別するために、一つの**準則**と呼ばれる。それというのは、契約は、われわれ**から**進発する約束であるのにたいして、法律は、われわれ**にたいして**向けられる命令であるからである。契約の用語は、『わたくしは、これをなすであろう、または、なさないであろう。』であるが、法律のそれは、『なんじは、それをなさなければならぬ、または、なしてはならぬ。』である。契約には、それに伴なう義務であって、良心上、法律のそれにひとしいものがあることは真実である。しかしながら、その義務の本源は異なるのである。契約

においては、われわれ自身が、何がなされなければならないかをまず決定し、かつ約束して、はじめて、われわれはそれをなすべき義務を負うにいたるが、法律においては、われわれは、われわれ自身が、まったく何事をも決定し、または約束することなくして、なすべき義務を負うのである。以上のような理由によって、法律は『一つの準則』であると定義されるのである。」

* ちょうどジョン・ドー（John Doe）という擬制人（後出）がイギリス法ではたす役割を、ローマ法ではたす擬制人。日本の法でいえば、甲、乙に相当する。

これによれば、ブラックストーンは、a law が a rule であることに関連する特質、したがってまた、rule そのものの性質と見てよいものを三つあげているが、それは、その適用ないし妥当する範囲において永久的・画一的かつ普遍的であるということ、勧告や助言とちがい、それにたいする服従が強制されるということ、および契約の場合とちがい、その義務づけが外部からなされるものであるということ、に要約されよう。これらの諸点は、法的規範に関する入門的な知識に属するものであって、とくに説明を加えるまでもあるまい。ただ、ブラックストーンにおいて、それら三つの特質の論理的関連が、はっきりと分析され説明されていないことは、だれでも認めないわけにゆかないであろう。そして、そういう分析的説明を十分に行なったのが、ジョン・オースティン John Austin (1790～1859) であることは、むしろ、あまりにも、よく知られたところである。もちろん、ここで、法の本質についてのオースティンの精密な分析的説明を紹介することはできない。ただ、オースティンの法の定義のサワリと思われる部分を引照し、そこに"rule"ということばが、どのように使われているかを示すことをねらいながら、法にたいするオースティンの有名な考えについて、その片りんをのぞいて見ようというだけである。

オースティンは、彼の "The Province of Jurisprudence determined"（「法学領域決定論」）——この論文は、彼の死後、サラ夫人が編集した "Lectures on Jurisprudence or The Philosophy of Positive Law"（『法学講義または実定法の哲学』）の要部をなしている——のはじめのところで（同書88頁）、ブラックストーンと同じように、また最広義におけるlawの定義をしている。彼は、こういう。

"A law, in the most general and comprehensive acceptation in which the term, in its literal meaning, is employed, may be said to be a rule laid down for the guidance of an intelligent being by an intelligent being having power over him."

「その語が、その文字どおりの意味において使用されるばあいの、もっとも一般的かつ包括的な意義において、〔個々の〕法は、悟性をもつ存在の指導について、その存在にたいし統制力を有する悟性をもつ存在が定立する一つの準則である、ということができるであろう。」

そして、オースティンによれば、このような最広義でのlawには、"Laws set by God to his human creatures, and laws set by men to men."(「神の創造物たる人間にたいし神が設定した法律と、人間が人間にたいして設定した法律」)の二種類が含まれるが、後者が、いわゆる人定法（human laws）である。そして、彼によれば、その人定法も、さらに二種にわかれるが、そのうちのpositive law（実定法）と呼ばれるものが、法学の本来の対象をなすというのが、オースティンの見解である。この実定法の一般的な性格づけに関するオースティンの説明は、体系としての法を意味するthe law と、個別的な法準則を意味するlawsの関係についても、たとえば、パウンドなどによって、よく引合にだされる表現を含んでいるので、いちおう引照しておこう。

"Of the laws or rules set by men to men, some are established by *political* superiors, sovereign and subject: by persons exercising supreme and subordinate *government*, in independent nations, or independent political societies. The aggregate of the rules thus established, or some aggregate forming a portion of that aggregate, is the appropriate matter of jurisprudence, general or particular. To the aggregate of the rules thus established, or to some aggregate forming a portion of that aggregate, the term *law*, as used simply and strictly, is exclusively applied. But, as contra distinguished to *natural* law, or to the law of *nature* (meaning, by those expressions, the law of God), the aggregate of the rules, established by political superiors, is frequently styled *positive* law, or law existing *by position*."

「人間が人間にたいして設定する法律のうちあるものは、主権的および隷属的の

政治的優位者によって、独立した〔民族〕国家または独立した政治社会において、最高および従属的な統治〔権〕を行なう人たちによって設定される。このようにして設定された準則の総計、または、その総計の一部を形成するある総計が、一般的または個別的法学の、特有な対象である。このようにして設定される準則の総計または、その総計の一部を形成するある総計にたいしてこそ、単純にかつ厳密に使用されるものとしてのlawという語は、もっぱら適用されるのである。しかし、**自然法**、または、**自然の法**（これらの表現によって、自分は神の法を意味している）と対別されるものとして、政治的優位者によって設定される準則の総計は、しばしば、**実定法**または**設定によって存在する法**と称せられる。」

オースティンは、さらにつづけていう。

"Though *some* of the laws or rules, which are set by men to men, are established by political superiors, *others* are *not* established by political superiors, or are *not* established by political superiors, in that capacity or character.

Closely analogous to human laws of this second class, are a set of objects frequently but *improperly* termed *laws*, being rules set and enforced by *mere opinion*, that is, by the opinions or sentiments held or felt by an indeterminate body of men in regard to human conduct. Instances of such a use of the term *law* are the expressions——'The law of honour;' 'The law set by fashion;' and rules of this species constitute much of what is usually termed 'International law.'

The aggregate of human laws properly so called belonging to the second of the classes above mentioned, with the aggregate of objects *improperly* but by *close analogy* termed laws, I place together in a common class, and denote them by the term *positive morality*. The name *morality* severs them from *positive law*, while the epithet *positive* disjoins them from *the law of God*……"

「人間が人間にたいして設定するところの法律または準則のうち、**あるもの**は、政治的優位者によって設定されるのであるが、そのうちの**あるもの**は、また、政治的優位者によって設定され**ない**、または、政治的優位者により、〔政治的優位者としての〕その資格もしくは地位において設定され**ない**のである。

この第2の部類の人定法に密接に類似するものに、しばしば、しかも**不当に法律**

と称されている一組の対象がある、すなわち、それらは、**たんなる世論**によって、すなわち、人間の行動に関して不特定の人間集団によって抱かれ、もしくは感じられる意見もしくは感情によって設定され、かつ強行される準則にすぎないからである。**法律**ということばのそのような使いかたの例は、次のような表現――〈名誉の法律〉（すなわち、慣例的な行動準則）、〈流行によって設定される法律〉――がそれである。そして、この種の準則は、通例、〈国際法〉と称されているところのものの多くの部分を構成している。

　うえにあげた部類の第2に属する、ほんらい、いわゆる人定法の総計を、**不当に**ではあるが、しかし**密接な類推**によって法律と称される対象の総計とあわせて、わたくしは、一つの共通の部類におき、**実定道徳**ということばで、それらのものを表わす。**道徳**という名称は、それらのものを**実定法**から分離させるが、他方、**実定的**という形容詞は、それらのものを**神の法**から引きはなすのである。……」

　ブラックストーンにひきつづいてのオースティンの引用も、もはや、ながすぎるきらいがある。しかし、法律についてのオースティンの有名な定義をのがすことは、この講義として適当だとは思われないので、ぎりぎり必要と考えられる程度でそれを紹介するとしよう。まず、オースティンが、概念的に述べるところは、こうである。

"Every *law* or *rule* (taken with the largest signification which can be given to the term *properly*) is a *command*. Or rather, laws or rules, properly so called, are a *species* of commands."

「あらゆる**法律**または**準則**（そのことばに**本来**あたえることのできる、いちばん大きい意味に解される場合）は、**命令**である。あるいは、むしろ、本来いわゆる法律または準則は、**一種の命令**である。」

　オースティンは、同じことがらについて、さらに、次のようにも説明している。

"Commands are of two species. Some are laws or rules. The others have not acquired an appropriate name, nor does lauguage afford an expression which will mark them briefly and precisely. I must, therefore, note them as well as I can by the ambiguous and inexpressive name of '*occasional* or *particular* commands.' ……By every command, the party to whom it is directed is obliged to do or to forbear. Now where it obliges *generally* to acts or forbearances of a *class*, a command is a law or rule. But where it obliges to a *specific* act or forbearance, or to acts or forbearances which it determines *specifically* or *individually*, a command is occasional or particular."

「命令は二種にわかれる。そのあるものは、法律または準則である。また、そのあるものは、適当な名称をかちえておらず、言語もまた、それらのものを簡単かつ正確に表示する表現を供していない。それゆえ、わたくしは、≪**随時的**または**個別的な命令**≫という、あいまいで、表現力のない名称によって、できるだけよく、それらのものを指示しなければならないのである。……あらゆる命令によって、それが向けられた当事者は、〔あることを〕なし、または、さしひかえるよう義務づけられる。ところで、命令が、一つの**部類**の行為または差控にたいして**一般的**に義務づける場合には、それは、法律または準則である。しかし、命令が、**特定**の行為または差控、または命令が**特定的**に、または**個別的**に決定するところの行為または差控にたいして義務づける場合には、それは随時的または個別的である。」

ところで、以上に引用したオースティンにおいて、またブラックストーンにおいても、いちおう、a law はすなわち a rule だとされているけれども、rule が、いってみれば、law の特質または内容を示すものとされていることが知られる。すなわち、単純に、a law＝a rule ではないのである。オースティンもまた、別のところでは、legal rule（法的準則）が law にほかならないことを明らかに説き、また rule of positive morality という表現を使っているのである。このばあいの rule を、わたくしは、これまでひとえに、≪準則≫と和訳してきたのであるが、それは、ときには≪規範≫と訳すほうが適当であると思われる。それは、思うに rule のいちばん基本的な意味である。いま、オースティンが rule を、そのような、いわば、広義で、かつ基本的な意味に使っている場合を、一つ引用してみよう。それは、オースティンが慣習法の実定法としての性質を論じている部分である。彼のことばは、つぎのとおり。

"At its origin, a custom is a rule of conduct which the governed observe spontaneously, or not in pursuance of a law set by a political superior. The custom is transmuted into positive law, when it is adopted as such by the courts of justice, and when the judicial decisions fashioned upon it are enforced by the power of the state. But before it is adopted by the courts, and clothed with the legal sanction, it is merely a rule of positive morality: a rule generally observed by the citizens or subjects; but deriving the only force, which it can be said to possess, from the general disapprobation falling on those who transgress it.

Now when judges transmute a custom into a legal rule (or make a legal rule not suggested by a custom), the legal rule which they establish is established by the sovereign legislature. A subordinate or subject judge is merely a minister. The portion of the sovereign power which lies at his disposition is merely delegated. The rules which he makes derive their legal force from authority given by the state: an authority which the state may confer expressly, which it commonly imparts in the way of acquiescence."

「その起源においては、慣習は、被治者が自発的に、または、政治的優位者によって設定される法律にしたがってではなく、遵守するところの行動の準則である。その慣習は、それが裁判所によって、それ〔＝実定法〕として採用されるとき、かつ、それにもとづいて形成される司法的決定が国家の権力によって強行されるとき、実定法に変化せしめられる。しかし、慣習が裁判所によって採用され、かつ法的な制裁を付与される以前においては、それは、たんに実定道徳の準則——市民または臣民によって一般的に遵守されてはいるが、しかし、それがもっているということのできる、ただ一つの力を、それに違背する人たちにたいしてくわえられる一般的な非承認からえている準則にすぎない。

さて、裁判官たちが慣習を法的準則に変化させる（または、慣習によって示唆されたのではない法的準則を作る）ときには、彼らが定立するその法的準則は、主権をもつ立法府によって定立されるものである。〔主権をもつ立法府に対して〕下位または従属的な裁判官は、単に執行者にすぎない。裁判官の処理にまかされている主権の一部は、たんに委任されているにすぎない。裁判官が作る準則は、国家によって与えられた権威——国家は明示的に付与することができるが、しかし、国家が、ふつう、黙認の方法で授けるところの権威から、その法的な力をえているのである。」

ruleという語のこのような使いかたの例を、オースティンによって代表される分析法学派に対立する歴史法学派の代表的な学者であるヴィノグラドフの『法における常識』からとってみよう。

日本の法学界でたいへんよく読まれてきたこの本は、第1章をSocial Rules（社会的準則）、また第2章をLegal Rules（法的準則）と題しているが、このような標題のたてかたは、やはり、単純にrules＝lawsではないことを示している。そして、その第1章第2節には、次のような文章がふくまれている。

> "We can go a step further: if social intercourse is a requirement of men's nature, *order* of some kind is a necessary condition of social intercourse. If a man profits at the expense of his neighbour by snatching away his bread, it will be difficult to establish a community of interests or any amicable intercourse between them. It is only when certain rules of conduct intervene to settle the normal behaviour of men in the exchange of commodities, in the relations of the sexes, or in the regulation of services, that social intercouse becomes regular and continuous.……It is evident that laws take their place among the *rules of conduct* which ensure social order and intercourse."

> 「われわれは、さらに一歩をすすめることができる。――もし、社会的な交際が人間本性の要求であるとするならば、ある種の**秩序**は、社会的交際の一つの必要条件である〔こととなる〕。もしも、ある人が、かれの隣人のパンをひったくることにより、その隣人の犠牲において利得するとするならば、かれらのあいだに利害共同体、または何らかの友好的な交際をうちたてることは困難であるであろう。貨財の交換において、両性の関係において、または役務の規制において、人間の正常の行動を安定させるために、ある行動の準則が介入するときに、はじめて、社会的な交際は正規かつ継続的なものとなる。……法律が、社会的な秩序と交際とを保証するところの**行動の準則**の間にその位置をしめるということは、明瞭である。」

社会的準則と法律との関連について、次のような文章がふくまれている（同書第2章第4節）。

> "The object of laws is primarily to supply rules of conduct, rules as to what

ought to be done and what ought to be abstained from. Laws are, of course, not the only rules of conduct which govern[1] men's actions. People conform also to fashions, to manners and customs, to conventional standards, to precepts of morality.……The rules just described present a kind of scale in which each of the steps supposes stricter obligations than that preceding it. Customary usage is more pressing than fashion; a conventional standard is more imperative than customary usage; and rules of morality are more absolute than rules suggested by a conventional standard. Lastly, legal duties may be said to be more obligatory than moral duties."

「法律の目的は、ほんらい、行動の準則、〔すなわち〕何が、まさに、なされるべきであり、また何が、まさに、さしひかえられるべきであるかについての準則を供与することにある。法律は、もちろん、人間の行為を支配するところの、ただ一つの準則であるわけではない。人々は、〔法律のほか〕さらにまた、流行、風俗または慣習、〔特殊な集団における〕因襲的な基準、道徳の教示にしたがうのである。……ただいま記述した諸準則は、一種の階層をあらわしているが、そこでは、各々の階段は、それに先行する階段よりは、より厳格な義務づけを想定している。慣習は、流行よりは、さらに強制的であり、因襲的な基準は、慣習よりは、さらに命令的であり、また、道徳の準則は、因襲的な基準によって示唆される準則よりは、さらに断乎たるものである。最後に、法的な義務は、道徳的な義務よりは、さらに義務づけが強いといっても、さしつかえないであろう。」

ところで、読者は、このようなヴィノグラドフの文章に接して、それがその要点において、まえに引用されたブラックストーンの法律の定義に含まれたことばの使い方に、まことによく、似ていることに気がつくであろう。ブラックストーンは、国家における最高権力によって定立される≪一つの市民的行動の準則≫が国家法であると定義している。そこでは、市民的行動の準則には、いろいろのものがあることが前提されている。また、まえに引用したように、オースティンが、≪悟性をもつ存在の指導について、その存在にたいし統制力をもつ存在が定立する一つの準則≫として個々の法律を定義したとき、やはり、行動ないし行為の準則を考えているのである。要するに、ヴィノグラドフは、社会的な人間の関係を規制するもろもろの準則を社会的準則と呼んでいるのであるが、法律がルールだ

と断言されるとき、内容的には、社会的準則ないし〔社会的〕行動の準則が考えられている、といえる。

　このように、ruleという語についてのイギリスの法学者の用法を説明してきて、自ずから思いだされるのは、このごろ、日本では、ruleということばが、きわめてしばしば使われているということである。たとえば、≪議会政治において「数の力」が大事であることは、これは当然のことである。多数決は議会政治運営の基本的なルールである。……≫とか[2]、≪デモ隊自体にも問題がある。「国民の権利だからそれを妨げるものがあったら、議会政治のルールであろうとなんであろうと、実力をもって排除できる」という行き過ぎた考え方だ[3]。……≫というように、労働運動についても、ストライキのルールを守るべきことが説かれる。そして、このようなルールということばの使いかたは、結局、ひろく社会的な行為ないし行動の準則をさすためのものと思われるが、このことばの訳語に苦労しているわたくしにとって興味があるのは、うえにあげた例で明らかなように、学者ないし評論家が、いずれも、≪ルール≫という形で、発音どおりに仮名をあてがっていることである。そのことは、ruleという語に、socialとか、moralとかいう形容詞がつく場合に、社会「規範」、道徳「規範」と訳すのが適切であるように、一応感ぜられるにかかわらず、ストライキにもrulesがあるというとき、ストライキにも規範があるとは、いいきることを許さないものが、規範という日本語にふくまれることに、つながるのではあるまいか。議会政治の規範というのも、同様に、安定しない表現になるので、≪ルール≫が使われるのであろう。このruleの訳語の問題は、次にとりあげるruleの用法、すなわち、a rule of lawの意味にそれが使われる場合にも、ほぼ同じ程度の強さで、おきてくる。わたくしがruleに≪準則≫という気のきかない訳語をあてがっているのは、そのためである。

(1)　governは、こういう文脈では、apply（適用がある）とほぼ同じ意味をもつ。"支配する"という、どぎつい表現をわりあてることが、ならわしなので、ここでも、そのならわしにしたがったまでである。
(2)　朝日新聞論説・昭和34年11月28日2頁。
(3)　同上〈「国会デモ」をどう思う〉、10頁。

(ii)　≪法準則≫を意味するものとして使われる場合——その1

　Ruleという語のこの使いかたは、まえに、Lawという語の使いかたに、一つの

体系ないし一つの全体としての法を意味する場合、すなわち、単数でthe lawという形で使われる場合と、その体系ないし全体を組みあげている各個の法準則をさす場合、すなわち、a law または laws という形で用いられる場合とが区別されることを、われわれが見たとき、はっきりと、ひきあいに出されている。その後者の使いかたでは、a law または laws は、a rule または rules におきかえられていたのである。

　ところで、やはり、まえに引用されたオスボーンの『法律辞典』では、ruleという語の第3の意味として、a principle of the law（法の原理）というのが示されていたが、ruleという語がこの意味に使われる場合が、実はほぼ、わたくしが、この項で≪法準則≫を意味するものとして使われる場合として、説明しようとするところにほかならない。そして、おそらく、読者にとっては、≪法の原理≫と≪法準則≫とが、なぜ、そのように、だいたい同じことになるのか、すぐには納得がいかないことであろうが、とにかく、それらのことばが、文章のなかで実際にそのように使われている例を、一、二あげてみよう。

"On the other hand, a decision of a lower court is not, in the first instance, binding on any court ranking above it. But in the course of time it may acquire an authority which even a higher court will not disregard. It may happen that a question has never been carried up to the Court of Appeal or to the House of Lords, but that the lower courts have repeatedly decided it in the same way; or it may be that even a single decision of a lower court has remained for a long time unquestioned. In such a case the necessary result will be that lawyers and the public have come to regard such a decision as law, and have acted as if it was law. People will have made contracts, carried on business, disposed of their property, on the faith of such a decision and the reversal of the rule would involve enormous hardship. It is often more important that the law should be certain, than that it should be perfect. The consequence is that even a higher court, though it may think a decision of a lower court wrong in principle, will refuse to overrule it, holding that the evil of upsetting what everyone has treated as established is greater than the evil of allowing a mistaken rule to stand."

　「他方において、ある下位の裁判所の判決は、それよりも上位にある、どんな裁判

所にたいしても、一次的には、拘束力をもたない。しかし、時がたつにつれて、下位の裁判所の判決が、それよりも上級の裁判所でさえも無視しようとはしないところの権威を取得することがある。ある問題が控訴院または貴族院まで上訴されたことが、全然なくて、より下位の裁判所が、くりかえし、その問題につき同じ方向に判決をしている、ということが起こることがあろうし、または、ある下位の裁判所の単一の判決でさえが、ながいあいだ、問題とされないでいる、ということがあることもあろう。そのような場合には、必然的な結果は、法律家たちと公衆とが、そのような判決を法と見るようになり、かつ、それが法である場合と同様に行為をしている、ということになるであろう。人々は、そのような判決を〔法として〕信頼して契約を締結し、業務をいとなみ、その財産を処分していることであろう。そこで、その**準則**をくつがえすことには甚大な圧制がともなう、ということになるであろう。法が確実であるということは、それが完璧であるということよりも、しばしば、もっと重要である。その結果は、上級の裁判所でさえも、ある下位の裁判所のある判決が**原理**において誤っていると、おそらく考えるにもかかわらず、あらゆる人が確定されたものとして取りあつかってきたところのものを、くつがえすことの弊害は、一つのまちがった**準則**を存続することを許すことの弊害よりも、もっと大きいと判示して、その判決を破棄することを拒もうとする、ということになる。」

　この一文は、ゲルダートの第1章のなかの⑴先例の拘束力の法理の一側面を説明する部分にでているもので、判例法において、decision（判決）＝law（法）＝rule（準則）という式がなりたつことを示すとともに、ruleとprincipleの関係についても、後者が前者の基礎ないし内容をなしていることを明らかにしている。そして、ゲルダートの同じ章のなかで、先例の拘束力は何処にあるのか、判決のなかのどんな部分が、後の類似事件を判決する裁判所ないし裁判官を拘束して、先例とし追随させる力をもつのか、について説明する部分、すなわち、いわゆるレイシオ・デシデンダイ（判決原理）――ratio decidendiをとりあつかう一節では、decision＝law＝rule＝principleであることが示される。ゲルダートはこう述べている。

　"If you open a volume of the Law Reports and read the report of a case, how will you discover the law which the decision lays down? How will you find what is called the ratio decidendi――the principle on which the decision is based? Remember that the judge is not a legislator. It is not his business――in form at any rate――to make rules of law; his first duty is to decide the dispute between the parties."

「みなさんが、ロー・リポーツの1巻をひもといてある事件の報告を読むとする場合に、みなさんは、どのようにして、その判決が宣明している法を発見するのであろうか。どのようにして、みなさんは、レイシオ・デシデンダイと呼ばれるところのもの——その判決の基礎をなしている原理——を見つけだそうとするのであろうか。裁判官は〔正規の〕立法者ではないということを記憶されたい。法準則を作ることは、——とにかくに形式上は——裁判官の仕事ではない。裁判官の第一の任務は、当事者間の紛争に決定を与えることなのである(2)。」

さて、ここでは、くわしく説明している余裕はないが、上の二つの引用文で述べられているところから引き出されるのは、判例法において、判決が先例としての拘束力をもつ部分は、その判決の基礎をなすprinciple（原理）であって、それがいわゆるレイシオ・デシデンダイであるが、そのレイシオ・デシデンダイは、結局その判決の《法》たる部分であり、かつ、その法たる部分を、その判決または先例のrule（準則）と呼ぶ、という結論である。まえに引用されたオスボーンの『法律辞典』でも、《法の原理》としての意味をruleに与えた際、《たとえば、シェリー事件における準則》（e.g. the rule in Shelley's Case）という補足的な説明がつけられていたが、そこに《シェリー事件における準則》と呼ばれているものは、まさしく、ここで問題にされているところの、判決の基礎をなす原理、すなわち、レイシオ・デシデンダイにほかならないのである。それゆえ、判例法は、そのようなratio decidendi＝ruleの集団または体系である、ということになる。そこで、イギリス判例法の主要な部分をなしているコンモン・ロウ＝普通法（Common Law）とエクィティ＝衡平法（Equity）について、つぎのような表現が見られることとなる。

たとえば、"The fact that we have not, it is true, two systems of law, but two distinct bodies of rules known as Common Law and Equity, is due to the historical fact that we have had for centuries and until recently (i.e. till 1875) distinct courts, each of which administered only one set of rules."（「われわれが、事実、コンモン・ロウとエクィティとして知られている、二つの法体系というのではなくて、二つの別異の準則の集団をもっているという事実は、われわれが、幾世紀にもわたり、かつ最近にいたるまで（すなわち1875年まで）別異の裁判所をもっており、

しかも、それら裁判所の各々が、ただ一組の準則だけを実施していたという事実によるものである(3)。」とか、また、"Common Law is founded upon a body of principles built up from the precedents of the old Courts of Common Law.……Equity consists of a body of principles built up from the precedents of the old Court of Chancery.……"「コンモン・ロウは、古いコンモン・ロウの諸裁判所の先例をもって築きあげられた一団の〔法〕原理にもとづいている。エクィティは、古い大法官裁判所の先例をもって築きあげられた一団の〔法〕原理から成っている(4)。」というように。なお、これら二つの引用文において、rulesとprinciplesとが、まったく同じものを意味していることは、とくにことわるまでもない。そして普通法と衡平法を組成している個々の準則は、それぞれthe rules of Common Law, the rules of Equityと呼ばれるのであるが、この講義の初期の部分で説明されたように、体系としてのthe law（法）を構成するlawsは、すなわちrulesであると解説するとき、イギリスの法律家が、主として、この判例法を組成する準則(rules)を頭にえがいていることは、たやすく想像されよう。

ところで、イギリス判例法において、rules＝principlesなのであるが、それにもかかわらず、principleとruleとのあいだには、やはりちがいがある。rulesという語にたいして、わたくしもふくめて、これまで日本の法学者は、おもに≪原則≫という訳語をあて、principlesにたいしては、≪原理≫という訳をつけてきた、といってよかろう。≪原理≫の方が、≪原則≫を包含するような、一段と広汎なものとして考えられているのである。そこで、"The Principles of the Law of Contract"(≪契約法原理≫)というイギリスの著書にならって、『イギリス契約法原理』という日本語の教科書は書かれるが、『イギリス契約法原則』という書物は公刊されそうもない、ということになる。判例の拘束力について説明する文章の一例として上に引用されたゲルダートの一節では、明らかに、principleは個々の判例のruleの内容または正当づけの根拠として考えられているのである。すなわち、判例のruleは、何らかのprincipleにもとづき、それを表現していると前提されているのである。すなわち、そこにはprincipleからrulesへ、また、逆に、rulesからprincipleへ、という関係が成立する。その一つの例を、ゲルダートが、イギリス不法行為法について一般的な解説をしている部分から探ってみよう。彼は、契約法の場合とちがい、不法行為法においては、比較的最近まで、責任に関する一般的な原理が成立していなかったが、特定の不法行為類型をめぐる個々的なrulesの集積の結果として、段々一般的な責任原理が認められるようになった、と主張する。彼のことばは、つぎのとおり。

"The account of the law of contract given in the last chapter shows that English law (unlike Roman law) has developed a set of comprehensive rules relating to the formation, validity, and effect of contracts, and has laid comparatively little stress on the differences arising between various kinds of contracts from the nature of their subject-matter. It was for a long time doubtful whether any such statement could be made as to liability for wrongs which are independent of breach of contract and trust, i.e. for tort. Until the latter part of the nineteenth century the prevalent opinion was that the law only recognized liability for a number of specific torts, and that no act entailed liability for tort unless it fell under some one or other of them. But at the present day the prevalent opinion is that the law recognizes the general principle that any harm to a person caused intentionally or negligently, creates a liability in tort, unless the person causing the harm has some just cause or excuse for his act or omission. It is true that the largest part of the detailed rules of the law of tort has grown up round the conditions laid down by the courts as to the circumstances in which specific torts can be committed. At the same time it must not be forgotten that for centuries the courts, as occasion arose, have never hesitated to create new torts. Thus the modern tort of deceit emerged at the end of the eighteenth century; and the modern tort of negligence, i. e. the failure to perform a legal duty to the damage of the plaintiff, emerged in the earlier half of the nineteenth century. It was inevitable that, as rules as to many different torts old and new accumulated, some general principles of liability should emerge, with the result that it is now possible to say that the infliction of unjustifiable harm creates a liability in tort."

「前章で与えられた契約法の説明は、イギリス法が、（ローマ法とはちがい）契約の成立、有効性および効果に関する一組の包括的な**準則**を発展させており、諸種の契約のあいだに、その目的物の性質から生ずる差異にたいしては、比較的にすこししか重きを置いてこなかったことを明らかにしている。〔ところが〕契約および信託の違反とは関係のない不法な行為、すなわち〔専門的にいえば〕不法行為にたいする責任について、およそ、以上のような陳述がなされうるか、どうかは、ながい時

間にわたり疑問であった。19世紀の後半にいたるまで、支配的な見解は、法は、ただ、いくつかの特定の不法行為〔類型〕にたいする責任を認めるだけであって、どんな行為も、それがそれらの特定の不法行為〔類型〕のいずれか一つに該当するのでなければ、不法行為〔にたいする〕責任を生ぜしめることがない、というものであった。しかし、現在においては、支配的な見解は、およそ故意または過失によって生ぜしめられた、ある人にたいする侵害は、その侵害を生ぜしめた人が、自己の行為または不行為について何らかの正当の事由または免責事由をもつのでなければ、不法行為上の責任を任ぜしめるという一般的な**原理**を法が認めている、というのである。不法行為法の細目にわたる諸**準則**の、いちばん広大な部分が、〔それら〕特定の不法行為〔類型〕が犯されたとなすことのできる諸々の情況について、裁判所が定立した諸条件をめぐって発達してきたということは、本当である。〔しかし〕同時に、幾世紀にもわたって裁判所が、必要が生じたとき、新しい不法行為を創設することを、けっしてためらわなかったということが、忘れられてはならない。このようにして、詐欺という現代的な不法行為は、18世紀の末に出現したのであり、また、ネグリジェンス、すなわち、法律上の義務の不履行によって原告にたいして損害を生ずること、という現代的な不法行為は、19世紀の前半に出現したのである。新旧の多くの異った不法行為についての**準則**が集積していくにつれて、いくつかの一般的な責任**原理**が現われてくるということは、さけられないところであったのであって、その結果、正当な事由を欠く侵害を加えることは不法行為上の責任を生ぜしめる、と述べることが今や可能であるということになったのである[5]。」

ゲルダートが、この一文で≪包括的な準則≫といっているとき、rulesは、むしろ、principlesに相当する意味をもつのであろうが、そのほかのばあい、rulesは、明らかに、判例の≪準則≫を指しているのである。なお、この関連で、パウンドの『コンモン・ロウの精神』（Pound, The Spirit of the Common Law）から一節を引用してみよう。彼は、そこで、≪正義の原理≫または≪人間行為の原理≫と≪法の準則≫との関係についての歴史法学派の立場を、つぎのように説明している（同書155頁）。

"As I have said, the historical jurist and the philosophical jurist agreed that law was found, not made, differing only with respect to what it was that was found. The philosophical jurist thought that a principle of justice and right was found and expressed in a rule. The historical jurist conceived that a principle of human action or of social action was found by human experience and was gradually developed into and expressed in a rule. Hence the historical school denied that law was a product of conscious or determinate human will."

「わたくしがすでに述べたように、歴史法学者と哲学的法学者とは、法が見つけだされるものであって、作りだされるものではないという点については意見を同じくし、ただ、その見つけだされるものが何であるか、ということについて見解を異にするにすぎなかったのである。哲学的法学者は、正義と公正の一つの**原理**が一つの**準則**のなかに見つけだされ、また、そこに表現されている、と考えた。歴史法学者は、人間の行為または社会的行為の一つの**原理**が人間の経験によって見つけだされ、次第に発展せしめられて一つの**準則**となり、また、そこに表現されるようになる、と考えた。そのために、歴史法学派は、法が意識的または確定的な人間意思の産物であるということを否定することになった。」

(1) Geldart, Elements of English Law, 5th ed., pp. 7-8.
(2) Geldart, op. cit. p. 9.
(3) Geldart, op. cit. pp. 20-21.
(4) James, Introduction to English Law, chap. I.
(5) Geldart, op. cit. pp. 164-165.

(iii) ≪法準則≫を意味するものとして使われる場合——その2

わたくしは、前に、判例法を組成する≪法準則≫を意味するものとして、ruleという語が使われるばあいを、2、3の文例をあげて説明したが、これから、制定法上 (statutory) の準則について、おなじような説明をしようとする(制定法の形式や引用のしかたなどについて、まだ何の解説もされていないのであるからタイミングはよくないが、読者の了承を乞わなければならない)。しばしば引用してきたゲルダートに、もう一度、やっかいになろう。

"The interpretation of a statute requires not only a knowledge of the meaning of legal technical terms, but also of the whole system of law of which the statute forms a part; in particular it requires a knowledge of the legal rules of interpretation, which are themselves rules of law. Some of these are Common Law rules; some are themselves statutory. Thus there is Common Law rule that in interpreting a statute no account must be taken of anything said in debate while the statute was passing through its various stages in Parliament; as far as possible the words of the statute must speak for themselves. So there is a statutory rule that in Acts made since 1850, unless a contrary intention appears, masculine words shall include the feminine, words in the singular shall include the plural, words in the plural shall include the singular."

　この一文は制定法の解釈について、コンモン・ロウ（＝判例法）上の準則と制定法上の準則とがあることを説くものであるが、それらの解釈準則それ自体が、法準則そのものであることに読者の注意をひいているのであるが、その内容は注目されてよい。

　「ある制定法の解釈は、単に、法術語の意味についての知識のみでなくて、さらにまた、その制定法がその一部をなしている法の全体系についての知識を必要とする。とくに、それは、それら自体が法準則であるところの法的な解釈の諸準則についての知識を必要とする。これらの解釈準則のうち、あるものは、コンモン・ロウ上の準則であり、また、あるものは、それ自体、制定法上の〔準則〕である。このようにして、ある制定法を解釈するにあたっては、その制定法が国会においてその諸種の段階を通過しつつあったあいだに、討論において述べられた、どんな事柄についても参酌がなされてはならないという、コンモン・ロウ上の準則がある。〔すなわち〕可能なかぎり、その制定法のことばはそれ自体のために語らなければならない（＝それ自体だけでその意味が確定されなければならない）のである。同様に、1850年以降に作られた国会制定法においては、別段の意思が明示されるのでなければ、男性のことばは女性をふくみ、単数のことばは複数をふくみ、複数のことばは単数をふくむものとするという、ある制定法上の準則がある。」（同書5頁）

　以下のところで、わたくしは、このゲルダートの一節にでてきたstatutory ruleが制定法のなかに、具体的に、どのようにあらわれるかを実例によって示そうとする。まず、前に説明した判例法ないしコンモン・ロウ上の準則が、制定法上の準則に転化する場合が少なくないので、そういう転化の場合に関連する文章を一

つ引用してみよう。判例の引用のしかたも、まだ正式に紹介していない段階で、判例を引用するのは心苦しいが、ブラックバーン(Blackburn)判事が1875年のコール対ノース・ウェスターン・バンク事件 (Cole v. North Western Bank——v.はversus (ヴァーサス) の略字で、against (対) を意味する。イギリス法では、原則として、原告の名と被告の名を対立させて、その事件の名称にするのであるが、この事件の引用の方法は、わが国でも『判例民事法』のはじめの部分で採用されている) についての判決のなかで述べていることばを引用することにした。

ブラックバーン判事は、いわゆる商事代理人法が、動産または権利証券の委託を受けている商事代理人の権限について規定するところを要約しているが、そのなかで同判事は、"the general rule of law"ということばを使っているが、このばあい、その≪法の一般準則≫は、むしろ≪法の一般原理≫というのに、ほぼひとしい ("the general rule of the common law"(コンモン・ロウの一般準則) についても、同じことがいえる)。同判事のことばは、つぎのとおり。

"We do not think that the legislature wished to give to all sales and pledges in the ordinary course of business the effect which the common law gives to sales in market overt.……The general rule of law is that where a person is deceived by another into believing he may safely deal with property he bears the loss, unless he can show that he was misled by the act of the true owner. The legislature seems to us to have wished to make it the law that, where a third person has intrusted goods or the documents of title of goods to an agent who, in the case of such agency, sells or pledges the goods, he should be deemed by that act to have misled any one who *bonâ fide* deals with the agent and makes a purchase from or advance to him without notice that he was not authorized to sell or to procure the advance."

「立法府が、ふつうの業務の過程においてのすべての売買と質入にたいし、コンモン・ロウが公開市場における売買にたいして与える効果を与えようと欲したのであるとはわれわれは考えない。……法の一般準則は、ある人が他人に欺罔されて、自分は安全に財産権を処理することができると信じこむにいたったばあいには、その人が、自分は真実の所有者の行為によって誤まらしめられたのであるということを証明することができるのでなければ、その人はその損失を負担する、ということ

なのである。立法府は、第三者が動産または動産の権利証券を代理人に委託し、その代理人が、その代理関係について、その動産を売買または買入するばあいには、その第三者は、当該の行為によって、だれであれその代理人と善意に取引をなし、その代理人が売買し、または立替金を確保する権限を与えられていないということを知らずして、その代理人から買入をなし、またはその代理人にたいして立替をする人を、あやまらしめたものと見なされるべきであるということを法たらしめようと欲したのである、とわれわれには見える。」

ついでだが、この文章には、lawという語が、判例にでてくる場合の、そのでかたの典型が見られることを注目しておこう。もちろん、それは、個々の法ないし法準則を意味している。そして、このように、立法府が、ある命題を法準則たらしめるということは、技術的な用語法にしたがえば、それがstatutory rule（制定法上の準則）になるということにほかならない。なお、ここで、コンモン・ロウの準則が制定法において引合いにだされるばあいを、1893年の動産売買法（The Sale of Goods Act, 1893）のある条文について見よう。同法の第61条第2項（S. 61.-(2)→S.＝Section＝条、(2)＝Subsection 2＝第2項）は、つぎのように規定している。

"S. 61-(2) The rules of the common law, including the law merchant, save in so far as they are inconsistent with the express provisions of this Act, and in particular the rules relating to the law of principal and agent and the effect of fraud, misrepresentation, duress or coercion, mistake, or other invalidating cause, shall continue to apply to contracts for the sale of goods."

「第61条第2項　商慣習法をふくむコンモン・ロウの準則は、それらが本法の明示の規定と矛盾するかぎりは別として、そして、とくに本人および代理人ならびに詐欺、不実表示、強迫もしくは強制、錯誤またはその他の契約有効性を害する原因の効果に関する準則は、ひきつづき動産売買契約に適用があるものとする。」

このように、商慣習法（law merchant）までもふくんで、rules of the common lawと呼ぶところをみれば、それを「コンモン・ロウの原則」などと訳すのでは適切でないことが、はっきりわかるであろう。

つぎに、同じ1893年の動産売買法のある条文で、ナンバーをつけてruleという

語が使われている場合を引用しよう。同法第18条は、動産の売買契約において、動産の財産権を買主に移転する時期について、当事者の意思をたしかめるための準則を定めているが、その規定は、つぎのとおりである。

"S. 18. Rules for ascertaining intention――Unless a different intention appears, the following are rules for ascertaining the intention of the parties as to the time at which the property in the goods is to pass to the buyer.

Rule 1.――Where there is an unconditional contract for the sale of specific goods, in a deliverable state, the property in the goods passes to the buyer when the contract is made, and it is immaterial whether the time of payment or the time of delivery, or both, be postponed.

Rule 2.――Where there is a contract for the sale of specific goods and the seller is bound to do something to the goods, for the purpose of putting them into a deliverable state, the property does not pass until such thing be done, and the buyer has notice thereof.

Rule 3.――Where there is a contract for the sale of specific goods in a deliverable state, but the seller is bound to weigh, measure, test, or do some other act or thing with reference to the goods for the purpose of ascertaining the price, the property does not pass until such act or thing be done, and the buyer has notice thereof……."

「第18条　意思を確認するための準則――別段の意思が明示されているのでなければ、以下に掲げるものが、動産にたいする財産権が買主に移転すべき時期についての当事者の意思を確認するための準則である。

第1準則――引き渡しうべき状態にある特定動産についての無条件の売買契約があるばあいには、その動産にたいする財産権は、契約が締結されたときに買主に移転し、〔代金〕支払の時期または引渡の時期、あるいは、その双方が延引されるか、どうかは問題ではない。

第2準則――特定動産の売買契約があり、売主が、動産を引き渡しうべき状態におくために、動産にたいし何事かをなすべき義務を負うばあいには、財産権は、そのことがなされ、かつ買主がその通知を受けるまでは、移転しない。

第3準則――引き渡しうべき状態にある特定動産の売買契約があり、しかも売主

が、代金を確定するために、秤量し、測定し、吟味し、または何らか他の行為もしくは事柄を行なうべき義務を負うばあいには、財産権は、右の行為もしくは事柄が行なわれ、かつ買主がその通知を受けるまでは、移転しない。……」

いま、あげたのと同じような例として、ゲルダートが制定法の解釈についての、制定法上の準則としてあげたものの原典を引用しよう。問題の準則は、1889年の解釈法（The Interpretation Act, 1889）の第1条第1項に規定されている。この条文のまえには、"Reenactment of Existing Rules"（既存の準則の再制定）という大きい見出しがついているが、その第1条は、つぎのようになっている。

"1——(1) In this Act and in every Act passed after the year one thousand eight hundred and fifty, whether before or after the commencement of this Act, unless the contrary intention appears,——
  (a) words importing the masculine gender shall include females, and
  (b) words in the singular shall include the plural, and words in the plural shall include the singular.
  (2) The same rules shall be observed in the construction of every enactment relating to an offence punishable on indictment or on summary conviction, when the enactment is contained in an Act passed in or before the year one thousand eight hundred and fifty."

「第1条第1項　本法において、および本法の施行のまえであると、また、そのあとであるとを問わず、1850年以降に通過されたあらゆる国会制定法においては、別段の意思が明示されているのでなければ、
  (イ)　男性を意味することばは女性をふくむものとし、また、
  (ロ)　単数のことばは複数をふくみ、かつ複数のことばは単数をふくむものとする。
  第2項　同じ準則は、正式起訴にもとづき、または即決有罪宣告にもとづいて罰しうべき犯行に関するあらゆる制定条項の解釈において、その制定条項が1850年に、または、その以前に通過された国会制定法にふくまれるばあいに遵守されるものとする。」

制定法上の準則が、以上の例のように、いつも、ruleということばを明示して設

けられるものでないことは、いうまでもない。

さいごに、rules または legal rules が制定法を意味しながら使われているところの、いくぶん特殊な例をあげてみよう。バーカーの『英国および英国民』（Ernest Barker, Britain and the British People, 2nd ed., 1955）には、イギリスの法曹の政治的貢献について、つぎのような一節がある。

> "In domestic affairs the value of a legal approach is obvious. The State in its essence is what may be called a legal association. As such it acts by legal rules ——legal rules clearly enunciated and actually enforced: and therefore it acts only where such rules are possible——that is to say, where rules can be made and not only made but also enforced. The lawyer has a firm grip of this essential fact. He saves us from impossible laws which the pure politician, carried forward by some strong wave of popular sentiment, might seek to make and succeed in making——but not in enforcing. He prevents legislation from going beyond its bounds into the area of morals and taste: he prevents, for example, the passage of any sweeping measure of prohibition which, however well intentioned, cannot be legally enforced."

> 「対内的な事項においては、法的な接近のしかたの価値は、はっきりしている。国家は、その本質において、一つの法的な社団と呼ばれてさしつかえないところのものである。そのようなものとして国家は、法的準則——明らかに宣示され、かつ現実に強行される法的準則によって行為する。そして、それゆえに国家は、ただ右の準則が可能であるばあい——すなわち、準則が作られえて、しかも、単に作られうるのみでなく、さらにまた強行されうるばあい——にだけ行為する。法律家は、この本質的な事実を確実に把握している。法律家は、純粋の政治家が、民衆感情の何らかの強行な波におされて、作ろうとし、かつ作ることには成功する——が、しかし、強行することには成功しないところの、不可能な法律からわれわれを救うのである。かれは、立法がその限界をこえて、道徳と趣味の範域にはいりこむことを防止する。かれは、たとえば、いかほどよい意味で作られたものであれ、法的に強行されえないところの、何らかの包括的な禁酒法案の〔国会〕通過を防止する。」（同書83頁）

5　終講のことば

　はやいもので、この講義がはじめられたのは、つい最近と思っているのに、もう1年がたつ。そして、ふりかえって、何よりもまず、つよく、わたくしの心をうつのは、あまりにも休講が多くて、読者にたいして申訳がないという念である。私が、忙しかったということは、たしかであるが、休講は、一つには、なまけぐせのせいであり、また、一つには、そして、根本的にみれば、やはり、事柄がわたくしの能力をこえているからである。開講のことばのところで、わたくしが述べたイギリス法の〝ことばのかべ〟は、しょせん、わたくしにとって、あまりにも堅く厚いものであった。それから、わたくしに自責の念をおこさせる第2の点は、その結果として、この講義が、いわゆる羊頭狗肉の結果におわっているということである。この講義は、≪外国書講読―イギリス法≫という標題をつけられているが、わたくしが、これまで8回にわたって、行なってきたところのものは、≪LawとRule≫という、わずか二つのことば――単語の使いかたについての、いくつかの例文をかかげての解読・説明にすぎない。それは、とうてい、≪外国書の講読≫ではありえない。たかだか、手引のごく一部になるであろうかと思われることを、わずかに試みたというにとどまるのである。そして、さらに、わたくしにとって自己不満の感をいだかせる第3のものは、その手引のごく一部にしかあたらないものが、実はきわめて不十分・不完全であるという点である。たとえば、lawという語には、"law and equity"という形での重要な用法があり、また、ruleには、いわゆる≪規則≫や、≪判決≫を意味する場合、それからまた、"The Rule of Law"（法の支配）という有名な用法もある。それらについては、もちろん、それぞれとりあげるべき適当な関連事項があるはずであるが、一応の説明は、この講義でも、くわだててよかったと思われる。要するに、説明のしかた・素材のえらびかたが、うまくなかったと見るほかはない。

　いいわけめいたことを述べることが許されるならば、実は、≪LawとRule≫のほかに、わたくしは、さらに数十におよぶところの、基本的と思われる項目または術語の組合せを、順々にとりあげてゆかなければなるまいと考えていた。そして、おそらく、それらの項目の説明がすめば、ようやく、イギリス法の原書講読のための準備の第一歩が着実にふみだされたということになるのであろう。そのうえでこそ、はじめて、何かの原文・原書をとりあげ、その要点をえらんで、どのように読むべきかを読者とともに考える段階にはいるわけである。そして、わたくしは、そういう段階での外国書の講読についてのセミナーを、どうしたらよ

いかについて、わたくしなりに、一つの意見をもっているが、いまは、それを示すのに適当な時機ではなかろう。——それは、おおげさな表現をかりるならば日本におけるイギリス法についての教育——ひいて、法学教育一般に関する重要な問題の一部をなしている、ということができよう。

　もとより、わたくしがこの講義によせて、もっている、多数の基本的に思える術語の解説を中心とするところの、そのような構想は、この講義にたいする編集者の意見と都合を少しも考えていない身勝手なものなのであり、しかも、それに手をつけだしてみて、わたくし自身としても、のがれでようもない泥沼にはまったという気えさしていないことはないのである。わたくしは、近く文部省の命令でイギリスに渡り、ほぼ1ヵ年、そこで勉強することになった。この機会に、イギリス法についての教育と研究の方法について、じっくり反省する時間をもち、そのための資料もあつめてみたい、と願っている。そこで、この講義も、そうした反省をすることが必要であり、大切であることを痛切にわたくしに考えさせるよすがとなったという効用が、あったので、その意味で、わたくしは、読者のみなさんと編集者にたいして、ふかく、おわびをするとともに、あつく感謝の意を表したいと思う。イギリスには、"a student got to the Bar like a rat gets through a cheese, by eating his way through."（学生は、ネズミがチーズを食いぬくように、その進路を食いぬくことによってバリスター〔廷内弁護士〕になった）という諺があることを思いだしながら、ネズミの年にあやかって、イギリス法のことばの壁を、小さいながらも、食いぬき、つきぬける穴ぐらいは、あけたいと願ったのであったが。このネズミ、はたしてイギリスで、歯をとぎつよめることができるか、どうか。

II　判例法理論

3 イギリス判例法における法規範確定の困難について

〔1〕 はしがき

　イギリスの判例法は、人のよく知る如く、19世紀において確立された[1]。いわゆる「先例拘束力の法理」(the doctrine of binding authority of precedents) を中心として運用されているのであるが、その先例の中から、拘束力を有する部分を探し出すこと、すなわち判例に含まれる法規範を確定することは、決して容易ではないのである。学者はすでに明白にその事実を指摘している[2]。而して先例に含まれる法規範は所謂「判決の理由」即ちレイシオ・デシデンダイ (*ratio decidendi*) にほかならないのであるから、判例法における法規範確定の困難とは、そのレイシオ・デシデンダイの確定力発見の困難ということになる。この問題は、比較的最近グッドハート (Goodhart, A. L.) 教授によって、具体的・分析的且体系的に取り扱われ、長い間、「先例の拘束力、レイシオ・デシデンダイに在る」という程度の概説に満足してきたイギリス（および恐らくアメリカ）法学界は、この点につき始めて詳密明確なる数個の原則の形においてその解明を与えられたのである[3]。

　いうまでもなく、わが国においても、この論文は十分の反響を呼び、これにもとづく権威的立論も現れた[4]。その意味において、今更グッドハートの論旨を紹介することは必要ではないであろう。しかしながらグッドハートの論旨を具体的一例に適用して見ることは必ずしも徒事ではないのではあるまいか。この着想の下に、私は以下に、英国における「大審院」に相当する貴族院 (House of Lords) の一判決を俎上に載せ、ある判決のレイシオ・デシデンダイを確認することが如何に困難であるかを具体的に示し、併せて、判例法に於ける裁判官の職務の重要さおよび困難さと、ここで対象とする貴族院の一判決において争われた法律上の論点、即ちいわゆる「相互的錯誤」(Mutual (or Common or bilateral) mistake) に関連する若干の問題を説明しようとする。その判例は、ベル対レバー事件 Bell and another v. Lever Brothers, Ld., 〔1932〕 A. C. 161-237である。──この意味において

ここでは前掲高柳教授及び穂積教授の論旨の、いわば具体的適用に過ぎないこととなるであろう。

〔２〕 判例法主義を採る法体系における裁判官の仕事の二重性

「判例法主義を採る法体系における裁判官の仕事」というと、判例法の行なわれる法体系においては、裁判官は果して「法を作る」（make law）のであるか否か（この場合の判例法を「裁判官作成法」（judge-made law）と呼ぶ）の、いやしくも英法を学んだ人々にとっては極めて陳腐なしかも同時に根本的な問題が頭に浮ぶことであろう。しかし、ここではその問題が取上げられるのではなく[5]、判例法主義の下における裁判官は如何にして、自己の適用すべき法規範を探求するかの問題が取扱われる。

判例法が行われる法体系においては、裁判官の仕事は、法典を主とする法体系におけるよりも、比較的複雑かつ困難だと見える。けだし、法典の支配するところにおいては、裁判官の前には、適用さるべき法原則が、条文の形において、多かれ少なかれ明確に掲示されているに反して、判例法体系の下においては、裁判官は、一般に判例集に収録された判決すなわち先例（precedent）の中から、適用さるべき法規範それ自体すなわち前述のレイシオ・デシデンダイを先ず探り出し、しかる後、これを具体的事案に適用せねばならぬからである。彼の仕事はいわば二重である。而して裁判官の仕事のその第一段階たる判例法規範——通常その事件における「原則」（rule）または「原理」（principle）と呼ばれる——の確定の仕事が最も困難である。その困難の因って来たるところを精確に究めることは本稿において企及すべき限りではないが、下にその２、３のものを挙げてみよう。先ず、判決は具体的事案に対する法的価値判断であるから、判決が先例として有する拘束力の限界は、あくまでその事実関係に立脚していわば「帰納的に」（inductively）決定されなければならない。故に、裁判官は、何よりも先ず先例の事実関係を精察し、そこに下された法的判断と照らし合わせて、その法的判断の基礎たる事実関係すなわちいわゆる「重要なる事実」（material facts）を確定しなければならないのであるが、事実の重要性の決定はなかなかに困難である（この点については後述〔３〕参照）。そして主要なる事実を狭少に解すれば解するほど、その上に立つ法的判断たる法原則すなわちレイシオ・デシデンダイが広汎なものになること、および、従ってこの重要事実の狭少化の手続によって、判例法の発展生長がある程度に実現されることはいうまでもないのであるから、この点における裁判

官の仕事の意味は至大であるといわねばならぬ。次に、判決は単一判決（a single decision）として先例の拘束力を持つ場合（これが典型的場合である）と、一連の判決（a series〔or course〕of decisions）が全体として拘束力ある原則を形成する場合とがある。現代の拘束力の理論から見ると、単一先例の拘束力が問題となるのは主として上級の裁判所、即ち貴族院や控訴院（Court of Appeal）の判決、殊に貴族院の判決の場合であり、一連の判決が拘束力を持つ場合は主として高等法院（High Court of Justice）などの判決について起るものであるといえよう（勿論1873-5年の裁判所法 Judicature Actsによる裁判所の統合がなされた以前には事態は更に複雑である）。後者の場合は、所謂「権威の流れ」（Current of authority）によって拘束されるという。そしてこれら二つの場合の中、前者の場合に於いて、法規範探求の仕事がより容易であろうことは直ちに想像されるであろう。しかしながら、この場合にも、事柄は外見ほど単純ではないのである。第1に、今日、英国の上級裁判所に於ける判決は、裁判所を構成する数人の裁判官の合議、かつ多数決の方法に於いて下されるのである（高等法院などでは単独判事が判決する場合も多い）が、各裁判官が銘々に独自の判決文──「意見」（opinion）と呼ぶ──を読むということが注意される。即ち或る事案に対する裁判所の判決は一個しかないのであるが、各の裁判官がその判決に到達するに依拠する法律判断ないし意見は、数個の判決文（而も相当長文である）として判例集に収載される。しかも各裁判官の重要事実の認定およびこれにもとづく法律判断または意見は必ずしも一致しない。そして判決は多数決によって下されるのであるから、その「多数意見」の中に重要なる事実とレイシオ・デシデンダイとが見出さるべきはずである。次に、単一先例が拘束力を持つ場合と一連多数の先例が拘束力を有する場合とは、常に必ずしも分離し得ないことを注意すべきである。所謂「第一印象の事件」（Cases of first impression）即ち全く先例を欠くが如き場合の外、判決には必ず数個または数十の先例が引用される。即ち大多数の事件に於いては、すでに之と類似する事案に対する判決即ち先例が存在するが、それらの先例は、前述の「一連の判決」として「権威の流れ」を成して居る場合が多いのである。その「権威の流れ」──上記の如く、下級審の判決について主として起る──が上級裁判所、殊に貴族院を拘束するか否かについてやや疑問の余地があるが、とにかく、「権威の流れ」を形成する諸判例が、貴族院や控訴院の判決に於いては、常に引用され、論評され、或は「支持」（support）され、または「覆えされる」（overruled）のである。この際、貴族院や控訴院の判示は、単一先例の「判決の理由」の探求よりは、むしろ「一連の先例」の法原則を発見せんとするものであるといえよう（もちろん、その

際、一連の判決はその個々について検討されるのであるから、この場合の手続は、単一判決の「理由」を探求する手続の総計なるかの観を呈するであろう）。その故に、貴族院や控訴院の判決に於いては、殆ど常に単一先例のレイシオ・デシデンダイ探求と一連の先例のそれの確定との両方が同時に行われて居り、従って、その事件に於てその判決を先例として処遇する場合に、裁判官は、そのレイシオ・デシデンダイの確定には少なからず苦心しなければならないのである。

次に、裁判官の仕事の第二段階即ち「自己の面前にある事案」(the case before him) に対する、前述の手続により確定された法規範の適用が行われる訳である。これが所謂先例の原則への「包摂」(subsumption) であるが、その際裁判官は、先例に於ける重要な事実と面前の事案の事実関係との類同性を確認しなければならぬ。そして、よくいわれるように正確に同一の事実関係は存し得ないのであるから、この点も亦相当に困難であると共に、そこに裁判官の裁量の余地が相当に残されることとなることは争われない（私は先に重要なる事実の狭少化によるコンモン・ロウの発展に言及したが、その狭少化はもちろん一種の裁量的行為である。しかしこれと反対に重要事実の広大化が行なわれる場合もある、それは多くの場合所謂「区別」(discrimination) 即ち、先例の事実関係と面前の事案の事実関係との相違の確認の形で現れる）。

〔3〕 判例の法規範たる部分即ちレイシオ・デシデンダイの確定に関する原則

判例法の法規範は、前述の如く、具体的事実に対する法的判断から帰納的に抽出されるものであるから、何よりも先ず適用さるべき先例の具体的事実関係の中から、法律的に意味を有する重要なる事実を確認しなければならない。そしてその確認の標準となるものは、その先例たる判決に関与した裁判官の「意見」――即ち合議または単独の判決の場合に読まれる各の判決文――でなければならないことはほとんどいうまでもなかろう。グッドハートはこれに関して十個の原則を挙げている。それを綜合すれば『「意見」に於て明示的又は黙示的に重要なりとされた事実は全て重要であり、明示的又は黙示的に重要ならずとされた事実は全て重要でない』ということとなろう。

(1) 人・時・処・種類および数量に関する一切の事実は重要なりと述べられた場合を除き、重要ではない。

(2) 全く意見を欠くかまたは意見に全く事実が示されていない場合には、記録に在る一列の他の事実は重要なるものとして取り扱われることを要する。

(3) 意見がある場合には、その意見に於いて述べられている事実は決定的であって、記録に在る事実によってこれを反駁することを得ない。

(4) 記録に現れる事実が意見から脱落している場合には、これは、(イ)看過かないしは、(ロ)その事実が重要ならざる旨の黙示的認定かに因るものであるが、別段の証拠方法なきときは、第2の場合（筆者註・即ち黙示的認定）を仮定さるべきである。

(5) 裁判官が重要ならずと特定的に述ぶる一切の事実は重要ならずと考えられることを要する。

(6) 裁判官が黙示的に重要ならざるものとして取り扱う一切の事実は重要ならざるものと考えられることを要する。

(7) 裁判官が重要なりと特定的に述ぶる一切の事実は重要なりと考えられることを要する。

(8) 意見に於いて重要なる事実と重要ならざる事実とが区別されていない場合には、意見に述べられた一切の事実は重要なるものと考えられることを要する。

(9) 或る事件に数個の意見があり、それらの意見が結果については合致するが、重要なる事実に関しては合致を見ない場合には、その事件の原理は、その数人の裁判官が重要なりと做した一切の事実の総計に適合するが如くに制限される。

(10) 仮定的事実にもとづく結論は「余論」である。仮定的事実とは、すべて裁判官に其の存在を決定または認容しなかった事実を謂う。

次に、この事実にもとづく法的判断から帰納的に抽出されるレイシオ・デシデンダイ——「原則」または「原理」——の確定に関する原則は、グッドハートによれば、5個となるが、もちろんその要点は、それが重要なる事実とこれに対する法的判断とを考え合することによって確定されるという第四原則に在る。通常、レイシオ・デシデンダイは、「意見」の内の「訴訟当事者間の実際の争点の決定に必要なりと考えられる部分」(Allen, Law in the Making, 2 ed. p. 155) などと言われるのがこれに相当するわけである。裁判官はその「意見」即ち判決文に於いて、自己の到達せる決定の法的根拠または理由を述べ、また争点に関して適当と思慮する法原則を詳細に解説的に提示するのが普通であるが、その「理由」(reason) が必ずしも十分でなく、またその提示された法原則が必ずしも適当でないことが多い。即ちそれらの「理由」や法原則の提示が、その争点の決定に不必要・不十分又は不適当な場合があるのである。その意味に於て、先例の原則は上のごとき

「理由」や「法原則の提示」の中には見出されないというべきである。ただ、実際上は、これら「法原則の提示」は、あたかも先例の原理そのものなるかのごとくに引用されるのであるが、厳密には、それは高々「法の解説」(exposition of law) に過ぎないわけである。あるいは「法の解説」の中の、事案の争点の決定に必要なる部分が、その判例の原理であるともいえよう。その他の部分はいうまでもなく「傍論」または「余論」(obiter or obiter dicta) である。グッドハートの原則は以下の如くである。

(1) 判例の原理は、意見に於いて述べられる理由の内に見出されるものではない。

(2) 判例の原理は、意見に於いて提示される法原則の内に見出されるものではない。

(3) 判例の原理は、その判例の一切の確定し得べき事実と裁判官の決定とを考慮することによって、必ずしも見出されるものではない。

(4) 判例の原理は、(イ)裁判官が重要なりと做した事実と(ロ)その重要なる事実に基かしめたる場合の裁判官の決定とを考慮に容れることによって見出されるものである。

(5) 判例の原理を見出すにあたっては、裁判官がいかなる事実を重要ならずと做したかを確定することもまた必要である。けだし、判例の原理は、包括される事実によって限定されると同様に排除される事実によってもまた限定されるものだからである。

なお、重要なる事実と争点の決定とを照合せることによって先例の原理が抽出される際に、法の根本原則、例えば「契約は守らるべきである」というような原則が同時に考慮に入ってくることはもちろんであり、また逆にかかる考慮が併せなされた場合に、先例の原則は真に明らかにされることを注意しよう。即ち先例の原理決定の過程は単純なる分析の過程ではないのである。

〔4〕 ベル対レバー事件の概要

(1) 1920年原告レバー・ブラザース会社は訴外Ｎ会社（ココア取引を業とする）の株式の大部分を取得し、その支配権を獲た。1923年レバー会社と被告ベルとの間に雇傭契約が締結され、ベルは、同年11月より向う5ヵ年間、年俸8,000ポンドでＮ会社の理事長として専心働くこととなった。共同被告たるスネリングもまたレバー会社との契約で、副理事長として年俸6,000ポンドで働くこととなった。こ

れらの契約は1926年に、同年7月1日から5ヵ年に更新された。N会社は1929年訴外A会社と合併して新会社が設立されることになったが、そのために雇傭期間なお1年余を残すベル等を解雇することが必要となった。1929年5月19日、レバー会社は合意を以てベルおよびスネリングとの間の雇傭契約を解除し、それぞれ3万ポンドおよび2万ポンドの賠償金を支払った。しかるにその後2ヵ月程して、レバー会社は、1927年中に、ベル等が自己のために秘密取引をなしたことを知り（これはN会社が加わっているpooling agreementについて、N会社がプール破りをやったという非難が出て調査の結果判明した）、詐欺および雇傭契約違反を理由として損害賠償を請求し、なお前示賠償金の返還をも請求した。ベル等は或る取引の利益を清算すべき責任を認め、そのために1,300ポンドを供託した。ロンドン市の特別陪審（Special jury of the City of London）は、1929年の解除契約がベル等の詐欺または隠蔽によってなされたことを否定したが、ベル等の前示行為がレバー会社に対する契約義務違反なることを認定した。また陪審は、レバー会社がベル等の義務違反を知ったとすれば、直ちにベル等を解雇したであろうこと、問題の解除契約も締結しなかったであろうこと、およびベル等は解除契約締結の際、雇傭契約違反を詐欺的に隠蔽せず、ただこれを想い出さなかっただけであり、かつその法的効果を充分に評価しなかったのであること、をも認定した。

　第一審に於いて（Lever Brothers, Ld. and others v. Bell and another, 〔1931〕1. K. B.557-574)、ライト判事Wright, J.は、多数の先例を引用しつつ、「二人の当事者が目的物の同一性または存否あるいは根本的性質に関する相互的錯誤の下に於いて合意をなした場合には、契約は無効であり、その契約に基き支払われた金銭はこれが返還を請求することを得る」との原則が本件に適用さるべきもの、即ち、各当事者は雇傭契約はベル等の同意なくしては解除し得ないものと信じたという意味に於いて、雇傭契約上の権利について即ち目的物の根本的性質 fundamental nature について相互的錯誤に陥れるものとして、レバー会社を勝訴せしめた。そこで被告は、相互的錯誤の申立がなされて居ないことおよび相互的錯誤は契約を無効とせず、取消し得べきものとするに止まることを争って控訴したが、スクラットンScrutton、ローレンスLawrence、グリヤーGreerの三判事（何れも有力な判事）は原判決を支持した。そして信任関係に於ける所謂「不開示」(non-disclosure) もまた、原判決を理由付け得べきものとした（Lever v. Bell, supra, 578-600)。

　ベル等が上告した（ここで事件はBell v. Leverとなる）。上告理由は、㈠事件の相互的錯誤は目的物の性質qualityに関するものに過ぎない故、契約を無効としないこと、㈡「開示」の義務は通常の雇傭契約には存しないこと、㈢相互的錯誤の申

立がないことの三点である。

　(2) 貴族院に於ては、Lord Hailsham, Lord Warrington of Clyffe の二卿が原判決を支持したのに対して、Lord Blanesburgh, Lord Atkin, Lord Thankertonの三卿の多数意見をもって上告を容れて原判決を覆えした。ブランズバラ卿の判決（Bell v. Lever, supra, pp. 197 et. seq.）は専ら、始め申し立てられた訴訟原因が詐欺であったのを相互的錯誤に変更することは許されないという手続上の理由にもとづく[6]。しかるに、アトキン卿及びサンカートン卿は、申立変更の点はさまでこれを追究の要なしと做し、相互的錯誤と不開示の点を主として問題としたが、二卿共に開示義務を否定した。主要な争点たる相互的錯誤については、アトキン卿とサンカートン卿とは「理由」に於いてやや異なる点はあるが、本件の相互的錯誤は契約を無効とせずとする同一の結論に到達した。以下にアトキン卿の「意見」の概要を紹介しよう。実は、この「意見」が、前述のように、「法の解説」としてきわめて有力視され、而も事実上、この意見の内に事件のレイシオ・デシデンダイが見出される結果、学者の間に、本件のレイシオ・デシデンダイの何たるかに関し、後述のような論争が捲起されたのであるから、この「意見」を詳細に引用し度いのであるが、本稿では割愛せざるを得ない。

　卿は本件を目的物の「性質」(quality) に関する錯誤の場合として取り扱い、此の点に関する下級審の代表的判決、ケネデイ対パナマ (Kennedy v. Panama (1867) L. R. 2 Q. B. 580) およびスミス対ヒューズ (Smith v. Hughes (1871) L. R. Q. B. 597) の二判例を引用し、それから抽出された原則に従い、本件に於いて、解除契約が、先に雇傭契約の違反があり、従って、それが解除契約によらずして消滅せしめ得べきことが判明したことによって、無効となるべしと決定することは誤りである。解消される契約は、何れの場合にも全く同一である。原告が解除契約以外の方法で同一結果を達し得た筈だとか、又は事実を知れば解除契約を締結しなかったであろうとかいうことは、重要ではないと論じ、なるほど、かかる結論を採れば、原告に苛酷な結果を生ずるではあろうが、「契約は守らるべし」ということおよび当事者が契約成立の要件を誠実に充たす限り、当事者は拘束されるものとする事が最も大切であるという根拠で、その結論は支持されると做した。更に転じて、相互的錯誤は之をその結果の方から観察すれば所謂「推認条件」(implied condition) の認否に外ならないと前提して、契約条項や四囲の状況から、合意が特定の「契約的仮定」(contractual assumption) にもとづいてなされて居ることが推定される場合に、その仮定が誤っていた場合には契約は無効となるという方式は一応反対し得ないものではあるが、その「契約的仮定にもとづく」ということ、

即ち推認条件を契約に読み込むことの標準は問題である。普通に「両当事者の想定に於いて契約の効力が継続するにつき根本的なる」、「契約の存在に肝要なる基礎」または「契約締結の根本的理由」などが挙げられるが、真の標準は「新なる事実の状態によって始めの事実状態に於ける目的物の同一性が破壊されるか」である、「契約締結の根本理由」によって、当事者が契約条項を以て定めなかったような契約を構成することは危険である、と做した。

〔5〕 ベル対レバー事件に対するグッドハートの原則

(1) 本件の重要なる事実は、前述の原則を適用すれば大様次の如くなるであろう。—— 甲と乙とが契約をなし、乙は一定期間甲に雇傭されることになった。この契約が有効に存続している間に、乙は甲に即時解雇の権利を与うべき義務違反をなしたが、甲は之を知らない。甲は事情の変更により乙との雇傭契約の終了を必要とするに至り、協議の結果、合意解除がなされたが、その際両当事者は、甲が事実を知れば、直ちに乙を解雇し得たことを知らなかった。甲は莫大な賠償金を支払って解除をした。しばらくして甲は乙の不当行為を発見する。—— 以上の事実については各判事の意見にも争いがない。そこで、論点は、「甲は契約の基礎として仮定された事実についての相互的錯誤に基き契約がなされたことを理由として、解除契約を破棄し、これにもとづいて支払った金銭の返還を請求し得るか」ということになるのである。第一審、二審共に相互的錯誤による契約の無効を理由として原告の請求を容れたのに反し、貴族院はこれを覆した。この場合のレイシオ・デシデンダイは何であろう。

(2) 本件のレイシオ・デシデンダイの何たるかについては英国の学者間に論争がある。先ず、(イ)本判決の下された年、H・C・Gなる人が、本件の判例批評に於いて、本件を以て「満足すべき判例」となし得ず、既に申立の点のみによって上告が容れられたとすべき余地がある（従って相互的錯誤に関しては先例とならぬということになろう）のみか、またベルを免れしめたことは如何にも不当であるとなした（48 L. Q. R. 148, 150）のに端を発し、(ロ)1935年、ランドン氏は、結論は正当だが、その「理由」は誤っている、蓋し、本件判決では、錯誤による未履行契約の解消、即ち契約成立の問題と錯誤により支払われた金銭の返還請求との間に区別がなされていないが、本件は正しくその次の場合に該当するからである。故にアトキン卿の判旨に含まれる「法の解説」は単なる「傍論」に過ぎず、レイシオ・デシデンダイたり得ない、と論じた（P. A. Landon, Bell v. Lever, 51 L. Q. R. 60）。

次いで、㈥タイラー氏は、本件に於いて錯誤によって金銭の返還請求が認めらるべしとすれば、やはり、それは解除契約の効力に関するものであり、従ってランドン氏の所謂未履行契約の解消に関する部分も当然レイシオ・デシデンダイとなるべきであると反駁した（T. H. Tylor, Bell v. Lever Bros. 52 L. Q. R. 27）。㈡更に翌年ハムソン氏は、タイラー氏を支持する意見を発表し、ランドン氏の如く、判事の条理を尽した「意見」がある場合に、これを無視してレイシオ・デシデンダイを見出そうとするのは不当であると論じた（C. J. Hamson, Bell v. Lever Bros. 53 L. Q. R. 118）。なお、この論争に直接参加していないが、1935年、ローソン氏はその論文に於いて、本件の判旨は、結局に於いて、相互的錯誤の法理を排斥するものであると論じている（F. H. Lawson, Error in substantia, 52 L. Q. R. 79）。

(3) 以上諸学者の論争の筋だけを紹介して、本件のレイシオ・デシデンダイの制定が如何に困難なるかを明らかにする縁とした。しかし、その論争の内容も、実は本件に於ける各「意見」の詳細な引用なくしては十分明らかにし得ないのである。ただ本件に於いて第一審以来終始「相互的錯誤」が問題になり、貴族院の少数意見に於いてもまた、論点は同一であって、要するに、多数意見と異なって、解除契約を無効となしたに外ならないのであるから、一応前掲の論点に対する判定が下されたものと見ることは不当ではないと考える。この意味からすると、本件のレイシオ・デシデンダイは「契約の目的物の性質に関する相互的錯誤は、それが目的物の同一性を破壊する程度のものでない限り、契約を無効たらしめない」というくらいになるのだろうと思う。とにかく、イギリスの学者の間に既に論争があるのであり、グッタリッヂのいうように、問題の点は必ずしも「多数判決」（Majority ruling）と称し得ない（Gutteridge, Contracts and Commercial Law, 51 L. Q. R. 102）きらいもあるのだから、むしろ今後の判例の帰趨をまつより外はないのであろう。しかして本判決の原理が不明確なことは、一つには相互的錯誤の法理そのものの輪郭、その契約法上の地位が不明確であることによると考えられるから次に少しく問題の所在だけを明らかにしておこう。

〔6〕 相互的錯誤の理論の契約法上の地位

契約の無効原因としての「相互的錯誤」なる観念がイギリス契約法に判然と現れたのは、不動産の賃貸借契約をしたところが、賃借人が実はその不動産の権利者であったという事件であるクーパー対フィッブス事件（Cooper v. Phibbs (1866), L. R. 2 H. L. 149）が最初のようである。「当事者の権利に対する相互的

錯誤」があるものとされた。この観念は、次第に、本件の如く詐欺の認定がないが、ややそれに近い事情の場合、即ちサンカートン卿の言葉によれば、「善意の相互的錯誤」(innocent mutual mistake) の場合に適用されていったものの如くである。前掲ケネディ対パナマ事件も、目論見書に善意で不実の表示がなされ、原告がそれを信じて株式引受をした場合である。その点、この法理と所謂「善意不実表示」(innocent misrepresentation) の法理（ここでは契約の取消が問題となる、即ち契約の成立に関する）とはきわめて緊密な関係に在ることとなる。また此の法理は、アトキン卿の判旨に明言されているように、「推認条件」(implied conditinion) の法理と表裏の関係に在り、むしろ、推認条件の一例とも見られる（ここでは契約の内容、即ち履行が問題となる）。この点に於いて、この法理と「履行不能」(impossibility) の原則や所謂「契約の挫折」(frustration of contract) や「約因の不受領」(failure of consideration) の法理との親縁関係が予想され、さらに、動産売買の場合の瑕疵担保責任の内容たる「推認担保」(implied warranty) および、「推認条件」(implied condition) との異同も考えられねばなるまい。——かくのごとく観てくると、相互的錯誤は、実は前掲の他の諸法理に吸収されてしまうべきものであるようにも思われる。この点の究明ははなはだ興味ある問題たるを失わないが、稿を改めて論及するより外はない。

(1) この点については、英国に於いても激しい論争が行われた。その詳細については穂積重遠教授「判例法主義の価値」（法学新報47巻3号以下）に於ける紹介参照。
(2) 例えば、高柳教授「法理論」には「判例法における法規範発見の困難性」なる一項が設けられた（同98頁）。
(3) Goodhart, Essays in Jurisprudence and the Common Law, 1931, Yale Law Journal, の第1章「判例のレイシオ・デシデンダイの決定」(Determining the Ratio Decidendi of a Caseがそれで、これは1930年に収載されたものの再録。
(4) 高柳教授・前掲の判例法の部分、また穂積教授・前掲、殊に法学新報47巻12号21頁以下の如き。
(5) 此の点については、宮本「英法研究」、高柳教授・前掲、穂積教授・前掲参照。
(6) 卿は二つの先例を引用しているが、元来、詐欺の申立がなされる場合、申立の変更を許さないのが原則とさえ見られる。拙稿「英法に於ける善意不実表示に就いて」法協53巻7号83頁参照【→著作集第5巻】。

4 レイシオ・デシデンダイは、だれが、どのようにして決定するか

1

　わたくしたちが判例法と呼ぶものが、イギリスとアメリカでcase lawといわれるものにあたることは、およそ法律を勉強するほどの人は、だれでも知っていると思われるが、ケース・ロウということばは、いうまでもなく、「事件」にもとづいて法が成り立っていることを意味する。そして、「事件」は、つまり、「判決された事件」（decided case）にほかならないのであるから、ケース・ロウは、「判決された事件」にもとづいて成り立っている法だということになる。しかも、事件にたいして判決を与えるのは、もちろん、裁判官（judge）なのであるから、ケース・ロウは、裁判官によって作られる法だと、いわなければならない。そこで、1世紀半以上のむかしに、イギリスのベンタムは、ケース・ロウを、judge-made law（裁判官作成法）と呼んだ。裁判官作成法とは、正式の立法機関の制定する制定法（statute law）の形式による本来的な直接的な立法にたいして、ほんらい立法をする機能をもたない国家機関である裁判官による立法を非難の趣旨をこめながら区別するための呼び名であるが、ベンタムの弟子で分析法学を大成したものとしてよく知られているジョン・オースティンは、それを「司法法」（judiciary law）という名で呼ぶことをえらんだ。司法法ということばも、すでに、ベンタムが作っていたものである。

　ところで、司法法であり、裁判官作成法であるケース・ロウは、制定法にたいして、どのような点で区別されるのか。オースティンによれば[1]、「司法的に作られる法律は、司法的な決定に際して作られる。それの直接の作者の直接的または本来的な目的は、その準則が適用される特定の事件に判決をあたえることであって、その準則をうちたてることではない。その判決の根拠は、将来の類似した事件において、判決の根拠となることができるのであるゆえ、それの作者は、実質的に、または結果において、立法をするものである。そして、かれの判決は、（かれの面前にある事件についての考慮によってばかりでなく、また）その根拠が、一つの

一般的な法律または準則として生ずることのできる効果にたいする考慮によって決定するのが、ふつうである。……しかし、このことにもかかわらず、彼の直接かつ本来の目的は、その準則をうちたてることではなくて、彼がその準則を適用する特定の事件にたいして判決をあたえることなのである。彼は、ほんらい判決しつつあるものとして立法するものであって、ほんらい立法しつつあるものとして、そうするのではない。ところが、制定法、すなわち、直接的な立法によって作られる法律は、もっぱら、一つの法律または準則として作られ、かつ、公然と、そういうものとして作られるのである。」そして、その結果、二つの法律のあいだには、それの表現形式について、主要な相違がみられることになる。そのことについてオースティンのいうところは、つぎのとおりである。

「制定法は、一般的または抽象的なことばをもって表現される、すなわち、一つの法律または準則（a law or rule）の形式または形状をおびる。司法的決定によって作られる法律（または法準則）は、一般的または抽象的な形状においては、どこにも存在しない。それが知られるにさきだって、それは、実際上それをうちたてた特定の一つまたは数個の判決の根拠または理由から推測されなければならない。それゆえ、それは、裁判所がそれを適用して裁決または判決した特定の一つまたは数個の事件の特殊事情ともつれあわされていることになる。それの意味が正確にたしかめられるためには、それらの判決にでている一般的な命題とともに、それが適用された事件の特殊な状況が、観察され考慮されなければならない。それというのは、それらの一般的な命題は、特定の事件にたいして判決をあたえる目的をもって、裁判所によって提示されるものなのであって、それらは、その事件を特徴づける特殊的または個別的な事情との関連において理解され、また、それによって限定されなければならないものだからである。判決のなかにでてはくるが、事件の特殊な事情にたいして、このようなもつれあいをもたないような一般的な命題は、ふつう、裁判外的（extra-judicial）と称され、ふつう、なんの権威ももたない。」

オースティンは、いくらか、視角をかえて、そのことを、こう、いいかえている。

「みじかくいえば、ある準則または原理（a rule or principle）は、一つまたは数個の判決によって、うちたてられて、のちの類似した事件に適用できるものであり、また、じっさいに適用されるのではあるが、その準則または原理は、具体的なもののなかによこたわるものであって、それをうちたてた判決から、抽象と帰納の過程をとおして（through a process of abstraction and induction）

とりだされなければならない。われわれが、その一般的な原理または準則の意味を見つけだすことができるにさきだって、われわれは、それが適用された事件の特殊事情を排除し、裁判所は、もし、その判決がそれらの特殊事情によって制約をうけなかったとしたら、どのような判決にたっしたであろうかということを考慮しなければならない。

　裁判所が、その判決について主張する一般的な理由を考察し、かつ、事件の特殊事情によって示唆された制約から、それらの理由を抽象しだして、われわれは、ある種の事件にたいして、あまねく適用があり、また、制定法のように、行動の準則として役だつことのできる、判決の根拠 (a ground) または原理 (a principle) に達するのである。

　ところが、このような抽象の過程なしには、どのよう司法的決定も、行動の指針として役だつことができず、または、のちの事件の解決に適用されることができない。それというのは、あらゆる事件は、その独自の特徴をもつものであり、また、あらゆる司法的決定は、特定の事件にたいする判決なのであるからには、一つの全体としての（または、具体性において考慮されたものとしての）司法的決定は、別の、したがって、異った事件にたいして適用することのできるわけがないからである。」

　「（このようにして事件の特殊事情から抽象された）司法的決定の一般的理由または原理は、法学にかんする著者たちによって、ふつう、レイシオ・デシデンダイ ratio decidendi と称される。……レイシオ・デシデンダイは、それ自体、一つの法律であり、または、すくなくとも、それは、司法的な決定の根拠または原理である。制定法がないばあいには、それは、一般的準則または行動の指針の機能をはたす。形式においては、準則ではないとはいえ、それは、主権者もしくは国家から、または、それの授権された下位者から発せられる一般的な命令にひとしい。」

　このようにして、オースティンは、ほぼ100年前に、司法法としての判例法は、判決された事件のなかから、抽象と帰納の過程によってひきだされる一般的な原理であるところのレイシオ・デシデンダイそのもの、または、それから成り立つ法の体系であることを、明らかにしているのである。

　そして、そのように、レイシオ・デシデンダイが、それ自体、法律であるとすれば、それをひきだす手続は、制定法の解釈の手続に相当することとなる。ところで、オースティンによれば、制定法の解釈では、立法者がその意図をつたえようとして用いた表現の意味をたしかめることがその目的となる。「ところが、法準

則が司法的な決定からひきだされるさいに用いられる、(制定法の解釈に)類似した帰納の過程では、立法をする裁判官が用いたことばにたいして、そのような細心の注意をはらうということになれば、それは、一般に、その〔帰納の〕過程を行なう目的を破ってしまうことになるであろう。判決にふくまれる一般的な命題は、あらかじめ十分に考えて表明されないのが、ふつうであるから、また、それらの命題は、その事件のすべての特殊性との関連において受けとられなければならないものなのであるから、それらの命題に着せられていることばそのものは、レイ̇シ̇オ̇・̇デ̇シ̇デ̇ン̇ダ̇イ̇——その判決がうちたてた一般的な準則または原理で、解釈をまっている事件を支配する原理となるところのもの——にたいする主要な見出̇し̇で̇は̇な̇い̇、ということになる。

　かんたんにいえば、制定法は、法律そのものの一̇部̇をなすところの一般的または抽象的なことばで表現されている。したがって、また、解釈の本来の目的は、立法者が、それらの表現それ自体にたいして、実際に附した意味を発見することであることになる。それというのは、もし、裁判官たちが、それらの表現の意味から、好きかってに逸脱して、ほかのもろもろの徴表から、その制定法の規定をよせあつめることができるのであるとしたら、彼らは、(一般的にいえば)より確実な指針をすてて、より不確実な指針を求めるということになるであろう。ところが、司法的な判決によってうちたてられた法準則は、どこにも、正確な表現として、または、レイシオ・デシデンダイの一̇部̇をなす表現としては、存在しない。司̇法̇的̇な̇立̇法̇者̇が̇用̇い̇た̇こ̇と̇ば̇、̇ま̇た̇は̇表̇現̇は̇、̇そ̇れ̇の̇明̇白̇な̇意̇味̇が̇完̇全̇に̇確̇実̇で̇あ̇る̇ば̇あ̇い̇に̇、̇厳̇格̇に̇追̇随̇さ̇れ̇な̇け̇れ̇ば̇な̇ら̇な̇い̇指̇針̇で̇あ̇る̇と̇い̇う̇よ̇り̇は̇、̇む̇し̇ろ̇、̇(̇レ̇イ̇シ̇オ̇・̇デ̇シ̇デ̇ン̇ダ̇イ̇を̇な̇す̇と̇こ̇ろ̇の̇)̇原̇理̇を̇推̇知̇す̇る̇の̇に̇よ̇り̇ど̇こ̇ろ̇と̇す̇る̇こ̇と̇の̇で̇き̇る̇、̇か̇す̇か̇な̇こ̇ん̇跡̇ (faint traces)〔にすぎないもの〕なのである。」

　オースティンは、これ以上に、レイシオ・デシデンダイのひきだしかたについて、とくに、つけ加えて語っているとはみえない。彼は、ただ、かれが説く抽象と帰納が、「微妙で困難な過程」であるということを認めている。そして、その微妙で困難な過程をふむばあいに、判決のなかで裁判官が述べているところに、あまりとらわれるなと、彼が警告しているところは、注目されてよいと考える。ふつう、判決には、そこに適用されている原理または準則についての一般的な説明がおかれる（アメリカで裁判官の意見（opinion）と呼ばれるものがそれである）が、それは、いってみれば、「法の解説」（exposition of law）なのであって、オースティンによれば、レイシオ・デシデンダイそのものではないということになるであろう。オースティンから100年のあいだに、いろいろの人が、レイシオ・デシデンダ

イの決定のしかたについて説いているが、かれのこの警告をふえんし、かれが明らかにした「抽象と帰納の過程」の分析を実質的に発展させることより以上にでている様子はない。ここ20年ほどのあいだ、イギリスで判決のレイシオ・デシデンダイの決定のしかたについて指導的な見解になっているところのものを展開したグッドハートについても、たしかに、そうだと思われる。

(1) 以下の叙述は、いちいち頁数を示さないが、オースティン「法律学」（Austin, Jurisprudence）の第2巻第37講641頁以下によっている。

2

　判決された事件のレイシオ・デシデンダイは、それ自体、法律である、とオースティンが述べたとき、かれは、のちの類似事件を判決する裁判官が、それを、いわば、解釈・適用しなければならないという効力をそれがもつことを、暗黙のうちに述べていると考えられる。そして、判決された事件のレイシオ・デシデンダイが、のちの裁判官にたいして、そのような効力をもつことは、ふつう、判決された事件の拘束的権威または拘束力 (binding authority or force of decided cases) と呼ばれ、さらに、のちの事件の裁判官からみれば、その判決された事件は、その面前にある事件にたいして、「模範または準則として考えられる以前の場合または事件」としての「先例」(precedent) にほかならないわけであるから、その効力は、また、先例の拘束力 (binding force of precedents) とも呼ばれる。あとの呼びかたのほうが、むしろ通例になっている、といってよいであろう。そして、先例の拘束力は、どこにあるのか、という問題がだされ、それは、それのレイシオ・デシデンダイだけにかぎられる、という答えが与えられるのである。しかし、オースティンのように、レイシオ・デシデンダイは、それ自体、法律であるという立場をとれば、先例が法律としての効力をもつのは、それにふくまれるレイシオ・デシデンダイにかぎるとでも答えなければならなくなるであろう。たとえば、サーモンドの「法律学[1]」のなかで、

　　「先例は、それ自体のなかに、一つの原理をふくむところの司法的決定である。このようにして、それの権威的な要素を形成するところの、基礎によこたわる原理は、しばしば、レイシオ・デシデンダイと呼ばれる。具体的な判決は、その当事者のあいだに〔だけ〕拘束力をもつのであって、世間一般について、ひとり、法の効力をもつのは、抽象的なレイシオ・デシデンダイなのである。」

と述べられるとき、オースティンの立場が、はっきりとみてとれるであろう。

ところで、判例法とレイシオ・デシデンダイに関する説明について、ややもすれば、なおざりにされるのは、だれが、レイシオ・デシデンダイを決定するのか、オースティンのことばをかりるならば、「それをうちたてた判決から、抽象と帰納の過程をとおして、とりだす」のは、いったい、だれなのか、という問題点である。たとえば、日本の法学界で、たいへん、ひろく読まれていると思われるゲルダートの「イギリス法要論(2)」には、その点について、はっきりした言及は、ほとんどないといってよい。そして、そうなるのは、ひとつには、レイシオ・デシデンダイが法律にほかならないことを、はっきり思いうかべていないことによるのではないか、と推察される。オースティンのように、制定法の解釈に相当する手続が、判例法では、かれのいわゆる抽象と帰納の過程であるということを、まぎれのない明らかさでみてとるならば、先例のレイシオ・デシデンダイをひきだし、まえの判決のなかのどの部分が法の効力をもつのかを決定することが、その抽象と帰納の手続、すなわち、制定法の解釈に相当する手続を行なう裁判官——のちの事件の裁判官の仕事にほかならないということは、おのずからでてくる結論であるにちがいないからである。先例の原理が拘束するという理解のしかたにとどまっていると、のちの事件の裁判官が、その原理そのものをひきだし、また決定するという点に、どうしても注意が及びにくいのではないかと思われる。

このようにして、先例にふくまれ、拘束力をもっているレイシオ・デシデンダイを決定することは、のちの事件の裁判官の仕事であるが、その裁判官は、どのようにして、その決定を行なうのであろうか。オースティンが明らかにした「抽象と帰納」という「複雑で困難な過程」は、もっと分析すると、どういう段階をふくむものなのか。

なお、先例の拘束力は、イギリスでは、原則として、単一の先例について認められるものであることを注意する必要がある。

(1) Salmond, Jurisprudence, 9th ed., p. 245.
(2) Geldart, Elements of English Law, 4th ed., Chap. I.

3

ある判決のレイシオ・デシデンダイを決定することは、ふつうの説明のしかたでは、オビタ・ディクタ obiter dicta——「傍論」「余論(1)」——から、それを区別する

テクニックとして理解されているようであるが、それは、「判決にふくまれる一般的な……命題に着せられていることばそのものは、レイシオ・デシデンダイにたいする主要な見出しではない」というオースティンの見解と、実質的には同じことになると思われる。しかし、判決には、一般的な命題の形で提出される「理由」のほかに、問題の点についての法の一般的解説とか、先例とか、例証とかがふくまれ、さらに、事件の事実関係や、当事者の主張などがくみこまれるであろう。

　オースティンは、「裁判所が、その判決について主張する一般的な理由を考察し、かつ事件の特殊事情によって示唆された制約から、それらの理由を抽象しだして」いかなければならないと説いているが、それは、事件の特殊事情——具体性をぬきさった事実関係に到達する必要があるということを意味するであろう。すなわち、「ある種の事件にたいして、あまねく適用がある」ような抽象性ないし一般性をもつものとしての、その一般的な命題ないし理由をささえる事実関係は何か、ということが、まず、たしかめられなければならない。それは、いわば、そういう抽象的な命題を成り立たせるのに実質的に意味をもつような事実関係である。グッドハートは、それを重要な事実 (material facts) と呼ぶのである。オースティンが「事件の特殊事情」と呼んでいるのは、だから、重要でない事実 (immaterial facts) であるということになる。このようにして、グッドハートは、まず、その「重要な事実」または「重要でない事実」を決定する基準は何か、という問題をとりあげる。ここでは、彼の『ある事件のレイシオ・デシデンダイの決定[(2)]』という論文で、その問題について、彼が達している結論だけをかかげることにしよう。それは、イギリス判例法の運用の実際を分析的に考察してえられたところのものであって、グッドハートの主張ではないことが注意されなければならない。彼の分析の結果は、つぎのとおり。

　「(1)　人、時、所、種類および量に関するすべての事実は、重要であると明示される場合をのぞいて、重要ではない。

　(2)　裁判官の意見がないか、または、裁判官の意見が事実を述べていないばあいには、記録のなかの他のすべての事実は、重要なものとして、取り扱われなければならない。

　(3)　裁判官の意見がある場合には、その意見のなかで述べられた事実は決定的であって、記録によってそれを否定することはできない。

　(4)　裁判官の意見が、記録にあらわれているある事実を脱落している場合には、これは、(イ)見おとしか、または(ロ)その事実は重要でないという黙示の認定かの、いずれかによるものでありえよう。ほかの証拠方法がない場合には、第二 (＝(ロ)) が実際であると想定されるであろう。

(5) 裁判官が、とくにとりたてて、重要でないと述べているすべての事実は、重要でないと考えられなければならない。

(6) 裁判官が、黙示的に、重要でないものとして取り扱っているすべての事実は、重要でないと考えられなければならない。

(7) 裁判官が、とくにとりたてて、重要であると述べているすべての事実は、重要であると考えられなければならない。

(8) 裁判官の意見が、重要な事実と重要でない事実とのあいだに区別をしていない場合には、そこに述べられたすべての事実は、重要であると考えられなければならない。

(9) ある事件において、結果については合致するが、重要な事実については合致しない数個の裁判官の意見がある場合には、その事件の原理は、それら数人の裁判官が重要であるとなしたすべての事実の総計に適合するように、制限される。

(10) 仮定の事実にもとづく結論は、傍論である。仮定の事実とは、その存在が、裁判官によって決定され、または認容されなかったすべての事実をいう。」

ところで、このようにして決定される重要な事実にもとづく一般的な原理としてのレイシオ・デシデンダイは、どのような基準にしたがって決定されるのか。すなわち、オースティンのいわゆる「事件の特殊事情によって示唆される制約」は、どのようにして排除されるのか。イギリスの慣行についてグッドハートが到達した結論は、こうである。

「(1) ある事件の原理は、裁判官の意見のなかに述べられた理由のなかには見いだされない。

(2) その原理は、裁判官の意見のなかに述べられた法準則のなかには見いだされない。

(3) その原理は、事件のすべての確定できる事実と、裁判官の判決、とを考慮することによって、かならずしも見いだされない。

(4) その事件の原理は、(イ)裁判官が重要として取り扱った事実と、(ロ)これらの事実にもとづくものとしての裁判官の判決とを考慮にいれることによって見いだされる。

(5) その原理を見いだすについては、どんな事実が、裁判官によって重要でないとされたかということを確認することもまた、必要である。それというのは、その原理は、それが包摂に依存するとおなじ程度に排除にもまた依存するものだから。」

このように、グッドハートは、イギリス判例法の実際を分析して、ある事件について、その重要な事実の認定も、それにもとづくものとしてのレイシオ・デシデンダイの決定も、すべて裁判官の意見にあらわれたところを出発点としてなされるという立場をはっきりさせている。このことは、このごろのイギリス(およびアメリカ合衆国)の判例集では、ほとんどすべて、裁判官の意見を中心にして編集が行なわれているという事実と密接にかかわりあっていると思われる。そして、グッドハートのこのような立場のうしろには、事件の客観的な事実と裁判官の行態とを主として問題にしようとするリアリストにたいする批判が、かくされているのである。そして、やはり、そのように裁判官の意識にのぼった事実を重く見、したがって、そのことばに重要性をみとめる立場にも、なにかの限界がおかれなければならないのではないかと思われる。

(1) 「附随的意見」という訳もある（英米法辞典）が、私は、むしろ、定訳になっているとみられる「傍論」をとりたい。それは、いわば、「意見のなかの附随的部分」なのである。これは傍論であるが、英米法辞典のその項目の解説は、混乱していて、少なくとも、不正確とみえる。
(2) Goodhart, "Determining the Ratio Decidendi of a Case," Essays in Jurisprudence and the Common Law, Chap. I.

4

　レイシオ・デシデンダイは、だれが、どのようにして決定するのかという問題は、イギリス(およびアメリカ合衆国)の判例法についての重要な問題ではあるが、しかしそれは、多くの重要な事項のうちの一つにすぎない。レイシオ・デシデンダイそれ自体についても、それの沿革、とくに、それが確立された時期は、いつなのかの問題、それの裁判所の審級制度とのからみあい（拘束力の階層制）の問題、それからレイシオ・デシデンダイの「適用」の問題——この関係で、いわゆる「区別」(distinctions)や「類推」(analogy)の問題がでてくる——、さらには、レイシオ・デシデンダイの効用は何かの問題、そこから、さらに、その将来の動向はどうかの問題などがあり、それらは、すべて、判例法の評価とその将来の見とおしという根本問題と、そこでのイギリスとアメリカの相違は何かの難問につらなっている。この小稿は、そういう広汎で多様な問題のなかの一つを、オースティンをかりて、いわば歴史的に、ちょっとのぞいてみたところを記したにすぎない。

5 イギリス判例法における「レイシオ・デシデンダイ」の決定について

1

「……だが、時がたつにつれて、われわれは、報告された判決にたいする裁判官と法律家の態度のなかに、ひとつの変化を見いだす。判決された事件の引照は、さらによりしげしげとなされるようになり、ますます大きい重要性が、権威あるものとして、それらの判決に付されるようになる。16世紀からこのかた、判決された事件は、明確な権威として見られる。それは、すくなくとも反対の特別の理由がないばあいには、将来について追随されなければならないものとされた、とわれわれは述べてもさしつかえないであろう。最近の300年間については、上級裁判所の裁判官の判決は、将来において生ずべきすべての類似した事件にたいして、拘束力をもってきたのである。」私たちの国の法学界で、手ごろなイギリス法入門書として、かなりひろく読まれていると思われるゲルダートの『イギリス法要論[1]』の第1章第2節の末尾には、こう述べられている。そして、つぎの第3節は、「先例の拘束力」(the binding force of precedents) という見出しになっているが、そこでは、前節の説明をひきつぎながら、「このような拘束力は、すべてのばあいに抵抗できないものであるわけではない。」と断言され、裁判所の審級によって、拘束力にちがいのあることが明らかにされる。

ゲルダートから引用された上のみじかい文章のなかで、「報告された判決」(reported decisions)、「判決された事件」(decided cases)、「上級裁判所の裁判官の判決」(the decisions of the judges of the higher courts.) というように、いろいろの形容詞をつけた「判決」と「事件」ということばが、明らかに同じ意味につかわれ、さらに、結局、「先例」(precedents)ということばで、おきかえられていることが、まず、私たちの注意をひく。ここで、それらのことばの使いわけについて、くわしい解説をするひまはないが、要するに、それは視る角度のちがいによる、といえよう。そして、さらに、「司法的決定」(judicial decisions) と、判決を意味するjudgmentsとが加わって、判例を意味する、もろもろのことばの使いわけは、

いよいよややこしくなるが、おそらく、私たちの「判例」ということばにいちばんピッタリとあてはまるのは、judicial precedents[2]であろう。ある「事件」における「司法的な決定」が「先例」としての拘束力をもつばあいがそれだ、といってよいと思われる。それから、また、「先例の拘束力」についても、「明確な権威として、……将来について追随されなければならない (must be followed for the future)」という表現と、「……すべての類似した事件にたいして拘束力をもつ(have a binding force for all similar cases)」ということばづかいとが、うたがいもなく同じ内容をさしているということに、わたくしたちは気がつく。まえの表現は、後の事件から前の事件をみる立場でつかわれ、あとの表現は、前の事件から後の事件をながめる見地で用いられている。そして、おそらく、まえの表現は、いずれかといえばのちの事件の「裁判官」ないし「裁判所」が追随するという意味あいを、かなり多く、ふくんでいるのにたいして、あとの表現では、まえのある「事件の判決」そのものが、のちの事件そのものを拘束するという趣意が、はっきりと、うちだされている。いずれにおいても、「事件」ないし「判決」が、追随され、ないしは拘束するという意味あいが、つよいのであるが、そのことは、わたくしたち外国人が、イギリス判例法にかんする解説を読んで、明確な観念と、すっきりした理解をえることにたいして、なにがしかの障害になっているのではないかと、うたがわれる。ほかのことばでいえば、ゲルダートの上の引用文は、じつは、明らかにイギリス法の法源を取り扱う第1章の1部なのであるが、そのように、事件、判決ないし先例の拘束力というような表現が、ほとんどもっぱら使われる場合には、そこで法源が問題になっているのだということ、すなわ、事件、判決ないし先例が「法」としての効力をもつこと、または、それが法そのものにほかならないのだということについて、かならずしも十分に注意がひかれないうらみがある、と思われる。

　そこで、なぜ、そのような、いってみれば、あいまいな表現がつかわれてきたのか、ということが問題となるのであるが、それは、おいそれ、と答えを与えることのできる問題であるとは思われない。一つには、裁判官は法を作らないのだという偽装をするのに、それは役だたされているのかもしれない。同時にまたそこには、判例は法そのものではなくて法を宣言するもの、法の証拠方法にすぎないのだとする、サー・マッシュー・ヘールやブラックストーンの考えかたが、横たわっているのかもしれない。その考えを、さらに、つきつめていけば、コンモン・ロウという法の一般的な体系が中世からこのかた存在していて、制定法は、それにたいする特別法、附録ないし正誤表のようなものにすぎないのだとする一

つの基本的な思想にゆきつくのかもしれない。そして、事実において、ゲルダートの本の上の第1章は、そういう構想にもとづいていると思われる。かれは、『制定法（Statute Law）とコンモン・ロウ（Common Law）』という見出しをその第1章にあたえているが、そのコンモン・ロウは、それによれば、「われわれの法のもっとも基本的な部分」をなすものであって、制定法は「コンモン・ロウに関係づけるのでなければ」何の意味ももたないものなのである。そこで、判例は、ゲルダートにおいては、そのコンモン・ロウの一つの、しかし「主要な」法源だということになる。判例は、コンモン・ロウという基本的な法を宣言するものとなる。だから、判例は拘束力をもち、のちの事件の裁判官ないし裁判所はそれに追随しなければならなくなるのである。しかし、同時に、判例が追随されなければならないのは、それがコンモン・ロウを宣言し表現するかぎりにおいてである、ということになるであろう。判例のなかの、そのような部分が、とりもなおさず、レイシオ・デシデンダイ（ratio decidendi）である。

(1) Geldart, Elements of English Law, 4th ed., p.p. 6-7.
(2) このごろのイギリス法の入門書には、このことばをつかうのがおおい。たとえばPhillips, A First Book of English Law, 2nd ed., p.p. 114 et seq.

2

「あなたがたが、判例集の一巻をひらいて、ある事件の報告を読むばあいに、あなたがたは、どのようにして、その判決に整述されているところの法を発見するのであろうか。あなたがたは、どのようにして、レイシオ・デシデンダイと呼ばれるところのもの――判決の基礎をなしている原理――を見いだすのであろうか。」ふたたび、ゲルダートをひきあいにだせば、彼は、第1章の第4節『レイシオ・デシデンダイとオビタ・ディクタム』を、こういう設問で書きはじめる。彼が、その問にこたえて述べるところは、こうである。

「裁判官は立法者ではない、ということを記憶されたい。法の準則を作ることは、――とにかくに形式のうえでは――裁判官のしごとではない。かれの第一の任務は、当事者間の紛争に判決をあたえることにある。その紛争は、おそらく、おおむね事実の問題であるであろう。いくつかの事件においては事実問題は、すでに陪審によって答申されているであろう。また、他の事件においては、裁判官みずからが、事実問題を決定しなければならないであろう。とにか

く、判決は、具体的な〔一組の〕事実にたいして法原理を適用することを、必然的にふくむものである。判例集を読む人は、それゆえ、まず、ある判決に述べられている法を、それが適用されている事実から分離しなければならない。それは、おそらく困難なことがらであろう。判決を言渡すさいに、よらなければならない形式というものは、一定されてはいない。そして、ある判決が、事実について裁判官がとった見解に、どの程度にまで依存しているのか、また、適用があると裁判官が考えた法準則に、どの程度にまで依存しているのか、という問題は、しばしば、疑問の余地のある問題となるであろう。ある事件の報告のはじめのところに書かれている頭註は、一般に、その事件にふくまれていると想像される〔法〕準則の陳述をふくむ。しかし、この頭註は、報告の一部ではない。それは、判決の趣意についての報告者じしんの見解にすぎない。判例集を使用するにあたっては、それゆえ、あらゆる人は、疑問の余地があるばあいには、その疑問が、ある後の判決によって解決されてしまうのでないかぎり、また、このように解決されるときまでは、ある特定の事件で整述されている法が何であったか、という点について自分じしんの見解をいだいてさしつかえないのである。」

そして、このあとに、レイシオ・デシデンダイ、いわゆる「判決の原理」を、オビタ・ディクタム（obiter dictum）、——「余論」または「傍論」——「ついでに述べられたことがら」から区別することによって、決定していく技術の、ほんのあらましが述べられる。すなわち、ゲルダートにおいても、すでに、先例となる事件の事実関係と、そこで述べられている法の原理ないし準則とを分離しなければならないこと、判決が、そのように区別された事実関係と、適用された法準則とに、それぞれ依存する程度は、なかなか、たしかめにくいこと、判例集の頭註で述べられている法の準則は、判例の一部をなすものではないこと、判例の法準則にほかならないレイシオ・デシデンダイは、主として、オビタ・ディクタムからの区別の手続によって確定されることが、明らかにされているのである。そして、ある特定の事件のレイシオ・デシデンダイが何であるかについて、疑問の余地がある場合には、のちの判決によってその疑問が解決されるまでは、だれでも、自由に自分の見解をいだくことができる、と説かれている部分には、レイシオ・デシデンダイは、最後的かつ権威的には、のちの判決によって、すなわち、のちの事件を判決する裁判官ないし裁判所によって決定されるものだという見解がひそんでいることが注目されてよい。

3

　いままで述べてきたところで、ある程度まで、はっきりしたと思われるが、ゲルダートにおいては、判例が法としての効力をもつということ、つよくいえば、法そのものにほかならないということ、したがってまた、裁判官は、判決をすることによって、同時に法を作っているものであるということは、かならずしも十分に承認されていないで、むしろ、ブラックストーン流の、判例についての「宣言説」──判例は、コンモン・ロウまたは古来の慣習を宣言し確認し、証拠だてるにすぎないものだとする立場──にちかい態度がつらぬかれている、と私には見える。そこで、ゲルダートにおいては、ケース・ロウ Case Law ──判例法──ということばは、むしろ、えんりょがちに顔をだすと感じられるほどである。それは、まえに述べたように、コンモン・ロウの一つの法源だとされる。そのために、判例についてのかれの解説、判例法における裁判官の役割や、判例の法準則の確定手続などについての彼の説明が、鮮明さをかくきらいがあるようにも感じられる。

　ところが、イギリスにも、もちろん、判例の法としての性質をはっきりと承認し、裁判官は法を作るものだと主張する立場をとる人たちも、けっして、少なくない。それは、あらましをいえば、ベンタムとオースティンの流れをくむ分析法学派の人たちの立場である。その立場は、今日では、ブラックストーン流の見解をとる人たちによっても、部分的には採用されていると見てよいであろう。私にとっては、このベンタム・オースティン流の考えかたのほうが、レイシオ・デシデンダイの決定の問題などをふくむ一連の問題を、すっきりと解明するのに、より適しているのではないか、と思われる。

　もともと、ケース・ロウということばは、いうまでもなく、「事件」にもとづいて法がなりたっていることを意味する。そして、「事件」は、つまり、まえに述べた「判決された事件」にほかならないのであるから、ケース・ロウは、「判決された事件」にもとづいて成り立っている法だということになる。しかも事件にたいして判決をあたえるのは、もちろん、裁判官（judge）なのであるからケース・ロウは、裁判官によって作られる法だと、いわなければならない。そこで、1世紀半以上のむかしに、ベンタムは、ケース・ロウを jugde-made law（裁判官作成法）と呼んだのである。裁判官作成法とは、正式の立法機関の制定する制定法（statute law）の形式による本来的な直接的な立法にたいして、ほんらい立法をする機能をもたない国家機関である裁判官による立法を非難の趣旨をこめながら区別するた

めの呼び名であるが、ベンタムの弟子で分析法学を大成したものとしてよく知られているジョン・オースティンは、それを「司法法」(judiciary law) という名で呼ぶことをえらんだ。司法法ということばも、ベンタムが若いときに、すでに作っていたものである。

ところで、司法法であり、裁判官作成法であるケース・ロウは、制定法にたいして、どのような点で区別されるのか。オースティンによれば[1]、「司法的に作られる法律は、司法的な決定に際して作られる。それらの直接の作者の直接的または本来的な目的は、その準則が適用される特定の事件に判決をあたえることであって、その準則をうちたてることではない。その判決の根拠は、将来の類似した事件において、判決の根拠となることができるのであるゆえ、それの作者は、実質的に、または結果において、立法をするものである。そして、彼の判決は、（彼の面前にある事件についての考慮によってばかりでなく、また）その根拠が、一つの一般的な法律または準則として生ずることのできる効果にたいする考慮によって決定されるのが、ふつうである。彼は、〔のちの〕類似の事件が類似した仕方で判決されるかもしれないということ、また、したがって、彼の判決の原理または根拠が、共同社会の成員たちがみずからの行動の指針とするように拘束されるような法律となるかもしれないということを知っている。しかし、このことにもかかわらず、彼の直接かつ本来の目的は、その準則をうちたてることではなくて、彼がその準則を適用する特定の事件にたいして判決をあたえることなのである。彼は、ほんらい判決しつつあるものとして立法するのであって、ほんらい立法しつつあるものとして、そうするのではない。ところが、制定法、すなわち、直接的な立法によって作られる法律は、もっぱら、一つの法律または準則として作られ、また、公然と、そういうものとして作られるのである。」そして、その結果、二種の法のあいだには、それの表現形式について、主要な相違がみられることになる。オースティンのいうところは、つぎのとおりである。

「制定法は、一般的または抽象的なことばをもって表現される、すなわち、一つの法律または準則（a law or rule）の形式または形状をおびる。司法的決定によって作られる法律（または法準則）は、一般的または抽象的な形式においては、どこにも存在しない。それが知られるにさきだって、それは、実際上それをうちたてた特定の一つまた数個の判決の根拠または理由から推測されなければならない。それゆえ、それは、裁判所がそれを適用して裁決または判決した特定の一つまたは数個の事件の特殊事情ともつれあわされていることになる。それの意味が正確にたしかめられるためには、それらの判決にでている一般的

な命題とともに、それが適用された事件の特殊な状況が、観察され考慮されなければならない。それというのは、それらの一般的な命題は、特定の事件にたいして判決をあたえる目的をもって、裁判所によって提示されるものなのであって、それらは、その事件を特徴づける特殊的または個別的な事情との関連において理解され、また、それによって限定されなければならないものだからである。判決のなかにでてはくるが、事件の特殊な事情にたいして、このようなもつれあいをもたないような一般的な命題はふつう、裁判外的（extra-judicial）と称され、ふつうなんの権威ももたない。」

オースティンは、いくらか視角をかえて、その点を、つぎのようにいいかえる。

「みじかくいえば、ある準則または原理（a rule or principle）は、一つまたは数個の判決によって、うちたてられて、のちの類似した事件に適用できるものであり、じっさいに適用されるのではあるが、その準則または原理は、具体的なもののなかに横たわるものであって、それをうちたてた判決から、抽象と帰納の過程をとおして（through a process of abstraction and induction）とりだされなければならない。われわれが、その一般的な原理または準則の意味を見つけだすことができるにさきだって、われわれは、それが適用された事件の特殊事情を排除し、もし、その判決がそれらの特殊事情によって制約をうけなかったとしたら、裁判所は、どのような判決にたっしたであろうか、ということを考慮しなければならない。

裁判所が、その判決について主張する一般的な理由を考察し、かつ、事件の特殊事情によって示唆された制約から、それらの理由を抽象しだして、われわれは、ある種の事件にたいして、あまねく適用があり、また、制定法のように、行動の準則として役だつことのできる、判決の根拠（a ground）または原理（a principle）にたっする。

ところが、このような抽象の過程なしには、どのような司法的決定も、行動の指針として役だつことができず、または、のちの事件の解決に適用されることができない。それというのは、あらゆる事件は、その独自の特徴をもつものであり、また、あらゆる司法的決定は、特定の事件にたいする判決なのであるからには、一つの全体としての（または、具体性において考慮されたものとしての）司法的決定が、別のしたがって、異った事件にたいして適用することのできるわけがないからである。そして、判決のなかで、そのような差異に依存しているところの部分（または、判決のなかで、そのような特別の理由から成るところの部分）はのちの判決にたいして先例（precedent）として役だつことができないし、

また行動の準則または指針として役だつこともできないのである。」

「（このようにして事件の特殊事情から抽象された）司法的決定の一般的な理由または原理は、法律学に関する著者たちによって、ふつう、レイシオ・デシデンダイと称される。そして、このレイシオ・デシデンダイは、ふつうレイシオ・リージス（ratio legis）と呼ばれているものから、注意ぶかく区別されなければならない。後者は、立法者を動かして、ある制定法をうちたてさせたところの目的、または趣意である。または、それは、制定法のどれか特定の規定の目的または趣意、すなわち、その制定法の一般的な意図に従属する目的または趣意である。レイシオ・デシデンダイは、それ自体、一つの法律であり、または、少なくともそれは、司法的な決定の根拠または原理である。制定法がない場合には、それは、一般的準則または行動の指針の機能をはたす。形式においては、〔法〕準則ではないとはいえ、それは主権者もしくは国家から、または、授権されたそれの下位者から発せられる一般的な命令にひとしい。」

このようにして、オースティンは、ほぼ100年まえに、司法法としての判例法は判決されたる事件のなかから、抽象と帰納の過程によってひきだされる一般的な原理であるところのレイシオ・デシデンダイそのもの、または、それからなりたつ法の体系であることを、明らかにしている。

そして、そのように、レイシオ・デシデンダイが、それ自体、法律であるとすれば、それをひきだす手続は、制定法の解釈の手続に相当することとなる。ところで、オースティンによれば、制定法の解釈では、立法者がその意図をつたえようとして用いた表現の意味をたしかめることがその目的となる。

「ところが、法準則が司法的な決定からひきだされるさいに用いられる〔制定法の解釈に〕類似した帰納の過程では、立法をする裁判官が用いたことばにたいして、そのような細心の注意をはらうということになれば、それは、一般に、その〔帰納の〕手続を行なう目的を破ってしまうことになるであろう。判決にふくまれる一般的な命題は、あらかじめ十分に考えて表明されないのが、ふつうであるから、また、それらの命題は、その事件のすべての特殊性との関連において受けとられなければならないものなのであるから、それらの命題に着せられていることばそのものは、レイシオ・デシデンダイ——その判決がうちたてた一般的な準則または原理で、解決をまっている事件を支配する原理となるところのもの——にたいする主要な見出しではないということになる。

かんたんにいえば、制定法は、法律そのものの一部をなすところの一般的または抽象的なことばで表現されている。したがって、また、解釈の本来の目的

は、立法者が、それらの表現それじたいにたいして、じっさい附した意味を発見することであることになる。それというのはもし、裁判官たちが、それらの表現の意味から好きかってに逸脱して、ほかのもろもろの徴表から、その制定法の規定の意味をたしかめることができるのだとしたら、彼らは、(一般的にいえば)より確実な指針をすてて、より不確実な指針を求めるということになるであろう。ところが、司法的な決定によってうちたてられた法準則は、どこにも、正確な表現、またはレイシオ・デシデンダイの一部をなす表現としては存在しない。司法的な立法者が用いたことば、または表現は、それの独自な意味が完全に確実である場合に、厳格に追随されなければならない指針であるというよりはむしろ〔レイシオ・デシデンダイをなす〕原理を推知するのによりどころとすることのできる、かすかなこん跡 (faint traces)〔にすぎないもの〕なのである。」

オースティンは、これ以上に、レイシオ・デシデンダイのひきだしかたについて、とくに、つけくわえて語っているとはみえない。彼は、ただ、彼が説く抽象と帰納が、「微妙で困難な手続」であるということを認めている。そして、その微妙で困難な手続をふむ場合に、判決のなかで裁判官が述べているところに、あまりとらわれるなと、彼が警告しているところは、注目されてよいと考える。ふつう、判決には、そこに適用されている原理または準則についての一般的な説明がおかれる(アメリカで裁判官の意見 (opinion) と呼ばれるものがそれである)が、それは、いってみれば、「法の解説」(exposition of law) なのであって、オースティンによれば、レイシオ・デシデンダイそのものではないということになるであろう。オースティンから100年のあいだに、いろいろの人が、レイシオ・デシデンダイの決定のしかたについて説いているが、彼のこの警告をふえんし、彼が明らかにした「抽象と帰納の手続」の分析を実質的に発展させることより以上にでている様子はない。ここ20年ほどのあいだ、イギリスで、判決のレイシオ・デシデンダイの決定のしかたについて指導的な見解になっているところのものを展開したグッドハート教授についても、たしかに、そうだと思われる。

(1) 以下の叙述は、いちいち頁数を示さないが、オースティン「法律学」(Austin, Jurisprudence) の第2巻第37講641頁以下によっている。

4

判決された事件のレイシオ・デシデンダイは、それ自体、法律である、とオー

スティンが述べたとき、彼は、のちの類似事件を判決する裁判官が、それを、いわば、解釈・適用しなければならないという効力を、それがもつことを、暗黙のうちに述べていると考えられる。そして、判決された事件のレイシオ・デシデンダイがのちの裁判官にたいして、そのような効力をもつことは、ふつう、判決された事件の拘束的権威または拘束力（binding authority or force of decided cases）と呼ばれ、さらに、のちの事件の裁判官からみれば、その判決された事件は、その面前にある事件にたいして、「模範または準則として考えられる以前の場合または事件」としての「先例」（precedent）にほかならないわけであるから、その効力は、また、すでに示されたように、先例の拘束力（binding force of precedents）とも呼ばれる。あとの呼びかたのほうが、むしろ通例になっている、といってよいであろう。そして、先例の拘束力は、どこにあるのか、という問題がだされ、それは、そのレイシオ・デシデンダイだけにかぎられる、という答えがあたえられるのである。しかし、オースティンのように、レイシオ・デシデンダイは、それ自体、法律であるという立場をとれば先例が法律としての効力をもつのは、それにふくまれるレイシオ・デシデンダイにかぎるとでも答えなければならなくなるであろう。たとえば、サーモンドの『法律学[1]』のなかで、

　「先例は、それ自体のなかに、一つの原理をふくむところの司法的決定である。このようにして、それの権威的な要素を形成するところの、基礎によこたわる原理は、しばしばレイシオ・デシデンダイと呼ばれる。具体的な判決は、その当事者のあいだに〔だけ〕拘束力をもつのであって、世間一般について、ひとり法の効力をもつのは抽象的なレイシオ・デシデンダイである。」

と述べられるとき、オースティンの立場が、はっきりとみてとれるであろう。
　ところで、判例法とレイシオ・デシデンダイにかんする説明について、ややもすれば、なおざりにされるのは、だれがレイシオ・デシデンダイを決定するのか、オースティンのことばをかりるならば、「それをうちたてた判決から、抽象と帰納の手続をとおして、とりだす」のは、いったい、だれなのか、という問題点である[2]。まえに明らかにしたように、ゲルダートの『イギリス法要論』には、その点について、はっきりした言及は、ほとんどないといってよい。そして、そうなるのは、ひとつには、レイシオ・デシデンダイが法律にほかならないことがはっきり思いうかべられていないことによるのではないかと推察されることについても、いくらか述べた。オースティンのように、制定法の解釈に相当する手続が判例法では、彼のいわゆる抽象と帰納の手続であるということを、まぎれのない明らかさでみてとるならば、先例のレイシオ・デシデンダイをひきだし、まえの判決の

なかのどの部分が法の効力をもつのかを決定することが、その抽象と帰納の手続、すなわち、制定法の解釈に相当する手続をおこなう裁判官——のちの事件の裁判官の仕事にほかならないということは、おのずからでてくる結論であるにちがいないからである。先例の原理が拘束する——それも、のちの事件を拘束する——というような理解のしかたにとどまっていると、のちの事件の裁判官が、その原理そのものをひきだし、また決定するという点に、どうしても注意がおよびにくいのではないかと思われる。

　このようにして、拘束力をもつ先例にふくまれている・レ・イ・シ・オ・・・デ・シ・デ・ン・ダ・イを決定することは、のちの事件の裁判官の仕事であるが、その裁判官は、どのようにして、その決定を行なうのであろうか。オースティンが明らかにした「抽象と帰納」という「微妙で困難な手続」は、もっと分析すると、どういう段階をふくむものなのか。

　なお、先例の拘束力は、イギリスでは・単・一の先例について認められるものであることを注意する必要がある。

(1)　Salmond, Jurisprudence, 9th ed., p. 245.
(2)　ブラックストーン第1巻69頁によれば、当然裁判官が、ということになる。

5

　ある判決のレイシオ・デシデンダイを決定することは、ゲルダートのことばからも明らかなように、ふつうの説明のしかたでは、主としてオビタ・ディクタムから、それを区別するテクニックとして理解されているようであるが、それは、「判決にふくまれる一般的な……命題に着せられていることば、そのものは、レイシオ・デシデンダイにたいする主要な見出しではない」というオースティンの見解と、実質的には同じことになると思われる。しかし、判決には、一般的な命題の形で提出される「理由」のほかに、問題の点についての法の一般的解説とか、先例とか、例証とかがふくまれ、さらに、事件の事実関係や、当事者の主張などがくみこまれるであろう。

　オースティンは、「裁判所が、その判決について主張する一般的な理由を考察し、かつ事件の特殊事情によって示唆された制約から、それらの理由を抽象しだして」いかなければならないと説いているが、それは、事件の特殊事情——具体性をぬきさった事実関係に到達する必要があるということを意味するであろう。

すなわち、「ある種の事件にたいして、あまねく適用がある」ような抽象性ないし一般性をもつものとしての、その一般的な命題ないし理由をささえる事実関係は何か、ということが、まず、たしかめられなければならない。それは、いわばそういう抽象的な命題をなりたたせるのに実質的に意味をもつような事実関係である。グッドハート教授は、それを重要な事実 (material facts) と呼ぶのである。オースティンが「事件の特殊事情」と呼んでいるのは、だから、重要でない事実 (immaterial facts) であるということになる。このようにして、グッドハート教授はまず、その「重要な事実」または「重要でない事実」を決定する基準は何か、という問題をとりあげる。ここでは、彼の『ある事件のレイシオ・デシデンダイの決定[1]』という論文で、その問題について、彼が到達している結論だけをかかげることにしよう。それは、イギリス判例法の運用の実際を分析的に考察してえられたところのものであって、グッドハート教授の抽象的な主張ではないことが注意されなければならない。彼の分析の結果はつぎのとおり。

「(1) 人、時、所、種類および量にかんするすべての事実は、重要であると明示されるばあいをのぞいて重要ではない。

(2) 裁判官の意見がないか、または裁判官の意見が事実を述べていない場合には、記録のなかの他のすべての事実は、重要なものとして、取り扱われなければならない。

(3) 裁判官の意見がある場合には、その意見のなかで述べられた事実は決定的であって、記録によってそれを否定することはできない。

(4) 裁判官の意見が、記録にあらわれているある事実を脱落している場合には、これは、㈠見おとしか、または㈡その事実は重要でないという黙示の認定かの、いずれかによるものでありえよう。ほかの証拠方法がない場合には、第二 (＝㈡) が実際であると想定されるであろう。

(5) 裁判官が、とくにとりたてて、重要でないと述べているすべての事実は重要でないと考えられなければならない。

(6) 裁判官が、黙示的に、重要でないものとして取り扱っているすべての事実は、重要でないと考えられなければならない。

(7) 裁判官が、とくにとりたてて、重要であると述べているすべての事実は重要であると考えられなければならない。

(8) 裁判官の意見が、重要な事実と重要でない事実とのあいだに区別をしていない場合には、そこに述べられたすべての事実は、重要であると考えられなければならない。

(9)　ある事件において、結果については合致するが、重要な事実については合致しない数個の裁判官の意見がある場合には、その事件の原理は、それら数人の裁判官が重要であるとなしたすべての事実の総計に適合するように、制限される。

　(10)　仮定の事実にもとづく結論は、傍論である。仮定の事実とは、その存在が、裁判官によって決定され、または認容されなかったすべての事実をいう。」

　ところで、このようにして決定される重要な事実にもとづく一般的原理としてのレイシオ・デシデンダイは、どのような基準にしたがって決定されるのか。すなわち、オースティンのいわゆる「事件の特殊事情によって示唆される制約」はどのようにして排除されるのか。イギリスの慣行についてグッドハート教授が到達した結論は、こうである。

　(1)　ある事件の原理は、裁判官の意見のなかで述べられた理由のなかには見いだされない。

　(2)　その原理は、裁判官の意見のなかで述べられた法準則のなかには見いだされない。

　(3)　その原理は、事件のすべての確定できる事実と、裁判官の判決、とを考慮することによって、かならずしも見いだされない。

　(4)　その事件の原理は、(イ)裁判官が重要としてとりあつかった事実と、(ロ)これらの事実にもとづくものとしての裁判官の判決とを考慮にいれることによって見いだされる。

　(5)　その原理を見いだすについては、どんな事実が、裁判官によって重要でないとされたかということを確証することもまた、必要である。それというのは、その原理は、それが包摂に依存するのとおなじ程度に排除にもまた依存するものだから。」

　このようにして、グッドハート教授は、イギリス判例法の実際を分析して、ある事件について、その重要な事実の認定も、それにもとづくものとしてのレイシオ・デシデンダイの決定も、すべて裁判官の意見にあらわれたところを出発点としてなされるという立場をはっきりさせている。このことは、このごろのイギリス（およびアメリカ合衆国）の判例集が、ほとんどすべて、裁判官の意見を中心にして編集されていて、当事者の主張などにはあまり重要性がおかれていないという事実と密接にかかわりあっていると思われる。そして、グッドハート教授のこのような立場のうしろには、事件の客観的な事実と裁判官の行態とを主として問題にしようとするリアリストにたいする批判が、かくされていると思われる。

グッドハート教授が、イギリスの裁判の実際を分析し、レイシオ・デシデンダイの決定について、上のような諸原則に到達したことは、まことに、りっぱで敬服にたえないところである。そして、今日、イギリスの法学者は、だいたい、かれの諸原則の正しさを認めている、とみえる。しかし、イギリスの裁判官の実行が、はっきりと、そこまで整理されているかについては、疑問の余地がある。たとえば、フィリップスは、こう述べている[2]。

「およそ、レイシオ・デシデンダイを抽出する方法についての首尾一貫した理論が、裁判所によってすでに作りあげられているとか、または、その慣行のうえで信奉されているとは見えない。慣行は、つぎの諸方法、すなわち、裁判官があたえた理由をとりあげること、裁判官がおこなった原理の陳述を採用すること、もしくは、実際の判決を重要なる事実に関係づけること、のすべてを結合させたものであると思われる。あるいは、むしろ、あるときには、一つの方法が用いられ、また、あるときは、べつの方法が用いられる。」

(1) Goodhart, "Determining the Ratio Decidendi of a Case", Essays in Jurisprudence and the Common Law, Chap. I.
(2) Phillips, op cit., p. 136.

〔附記〕

レイシオ・デシデンダイはだれが、どのようにして決定するかという問題は、イギリス（およびアメリカ合衆国）の判例法についての重要な問題ではあるが、しかしそれは、多くの重要な事項のうちの一つにすぎない。レイシオ・デシデンダイそれ自体についても、それの沿革、とくに、それが確立された時期は、いつかの問題、それの裁判所の審級制度とのからみあい（拘束力の階層制）の問題、それから、レイシオ・デシデンダイの「適用」の問題――この関係で、いわゆる「区別」や「類推」の問題がでてくる――、さらには、レイシオ・デシデンダイの効用は何かの問題、そこから、さらにその将来の動向はどうかの問題などがあり、それらは、すべて、判例法の評価とその将来の見とおしという根本問題と、そこでのイギリスとアメリカの相違はどうかの難問につらなっている。しかも、それらの点についての説明や考察は、わたくしたちの国の判例法の運用の理論と技術との関連で、比較的になされるのでなければ、とうてい、役には立たないのであろう。それは、多くの研究者の協同によって実現できる仕事である。この小稿は、そういう広汎で多様な問題の一つを、主としてオースティンをかりて、いわば歴史的に、記したにすぎない。

6 判例というものの考え方

〔1〕 はじめに

1

　おそらく世界第1級に位するのではないか、と思われるほどの多さをほこる日本の判例研究について、ようやく広汎で基本的な整理と再検討の時期がきたように見うけられる[1]。そして、判例研究の再検討は、当然に判例そのものについての再認識のいとなみを伴うであろう[2]。判例とは何であるか、という明らかすぎるかに見える問題について充分な解答が出されるのでなければ、その研究を効果的に行なう手段も定まらないことは、いうまでもないからである。

　ところが、「判例」ということばには、かなりの不明瞭さがあるようであって、使う人によって、使われる場合によって、そのことばの意味はちがってくる、とさえいえないこともなさそうである。ある法学辞典[3]によると、それは、「判決例のこと。類似の事件または論点に関して同趣旨の裁判（とくに判決または決定）がくりかえされること。また将来くりかえされるべき予測をもたれる個々の裁判をいうこともある」と説明されており、また別の法学辞典[4]によると、それは、「本来は裁判の先例・慣行。判決として繰返されたことの意。然し判決として繰返されると、そこに抽象的な法則を生ずるので、その法則、即ち裁判・判決によって明らかにされ将来に向っても遵守せられる規範をも判例という」と定義されている。これら二つの定義には、共通したところもあるが、相当にちがうところもある。説明のための用語にも、かなりのちがいがある。一方は、いわば、判例という語のいちばん基本的な意味として、「判決例」といい、他方は、「裁判の先例・慣行」といっているが、それにつづく説明の文章では、それぞれ、「同趣旨の裁判がくりかえされること」、また「判決として繰返されたこと」と述べられていて、両者の定義は、その用語の相違にかかわらず、意味するところは、ほぼ同じであ

ることを示している。しかし、一歩すすめて考えてみると、単純に「判決例」というのでなくて、「裁判の先例・慣行」と述べる場合には、そこに遵守されるべき規範という意味あいが含まれているであろう、と推察される。そして、おそらく、後者の定義に含まれるその意味あいは、その定義的説明の後半の部分に、はっきりと姿をあらわすことになるのであろう。なお、後者の定義において、「判例」にあたる英語として、precedents（ふつう、「先例」と訳される＝筆者）が引用されていることは興味がある。前者の定義には、外国語は引用されていない。

　このように、法律辞典での「判例」ということばの意味の定義について、すでに、単なる表現の上のニュアンスの相違として片づけきれない何かが見てとれる。そこには、裁判とか、判決とか、裁判例とか、判決例とかいうことばによって、わたくしたちは、いったい、何を意味し、それらのことばによって表現される事物について何を理解し、それについて何を考えるのか、当面の主題である「判例」についていえば、いったい判例とは何であるか、判例というものは、どのように考えられているか、また、どのように考えられるべきであるか、というような一連の問題についての答えの相違、考えかたの差異がひそんでいるのではなかろうか。

(1) 川島武宜「判例研究の方法㈠」法律時報34巻1号4頁以下。
(2) 乾昭三ほか「戦後判例の特質とその研究方法」前掲・法律時報59頁以下。
(3) 末川博編『法学辞典』791頁。
(4) 我妻栄編『岩波法学小辞典』920頁。

2

　判例（および判例法）という場合に、およそ比較法的な関心をもつ人は、だれでも、すぐにイギリス法（ないし英米法）の一つの基本的特質としての判例法を思いうかべるであろう。明治からこのかたの日本においての、多少とも基本的な事項にわたるイギリス法（ないし英米法）についての論文や著書で、その判例法にふれないものは、ほぼ絶無である、といってもよいであろう。それほど、判例法は、イギリス法（ないし英米法）の特徴的部分をなすと考えられており、したがって、それへの入門的な基本的な知識を与えることをねらいとして、その判例法に関する多くの論文や解説が書かれてきているのである。しかし、そのなかで、わたくしは、高柳教授の『英米法源理論』（英米法講義第1巻）と、田中（保）教授の『英

法における判例遵由の原則』の2著を代表的なものとして、あげたい。前者は、英米法の法源全体のなかでの判例法の位置づけを行ないつつ、その特質を明快に解説したものであり、後者は、英米の判例法を運用するにあたっての根本的な原則ないし法理——それは、のちに述べるように、法曹のあいだの一種の慣習法であると見られる——であるところの「先例の法理」the doctrine of precedents そのもののくわしい研究である。

ところで、これらの著書論文によってなされた研究や解説によって、英米の判例法についての主要な問題点または事項について、疑問の余地のない説明が与えられているのかという問いがだされるとすれば、答えは、確実に、ノーである、というほかはない。とくに、そのことは、判例が法としての効力、すなわち、いわゆる「先例の拘束力」(binding force of precedents) をもつのは、そのどの部分であり、また、その部分は、どんな方法で発見され確定されるのかという、いちばん基礎的な問題についてさえ、いえるのである。そういう拘束力をもつ判例の部分を、通例「レイシオ・デシデンダイ」(ratio decidendi)、すなわち、「判決の理由」と呼ぶのであるが、そのレイシオ・デシデンダイとは、いったい、何であるか、また、それは、誰によって、何時、どのようにして発見され確定されるのか、というような根本的な点について、これまでに日本において発表された諸研究からは、必ずしも満足すべき答はひきだせないのではないかと考える[1]。

そして、それも、そのはずである。私ども日本人が行なう英米法——とくに基本的で微妙なものを含む事項——についての研究は、どうしても、イギリスやアメリカの法律家や法学者のそれらの事項についての研究に依存するところが多大であることをまぬかれないが、そのイギリスやアメリカの法律家や法学者の問題の点に関する研究が、じつは、これまでのところ、けっして疑問の余地がないほど十分に明快、詳密で、かつ結論において一致しているとは、必ずしもいえないという事情があったからである。イギリスやアメリカで、そのように明快詳密で一致した結論がでていないといえることが、私の感じでは、とりもなおさず、このレイシオ・デシデンダイをめぐる原則ないし法理と呼ばれるものの慣習たる特質——その不明確さ——を示すものであって、そこに運営の妙への期待も生まれるというものであり、法曹の各々の世代または個々人の見解の差異にもとづいて、さまざまの展開の試みの余地が生じ、変動する時世への適応も果されてゆくということが可能になるのである。しかし、その不明確さは、もちろん、実践上も、また理論上も不便なことにちがいない。そこで、とくに、法学者は、各々の世代、いろいろの時期に、この問題点ととりくみ、分析的な究明と整理をくりかえして

いるのであるが、いってみれば、その試みは漠然たる慣習の一つの解釈にすぎないのであって、その信頼可能度は、分析者の能力と、判例にたいする態度ないし見解の健全さの程度にかかるわけである。

　たとえば、第一次大戦後の日本の英米法研究者は、判例法理論の分析的研究、わけても、レイシオ・デシデンダイの究明については、オックスフォード大学のユニバーシティ・カレッジのマスターであるA.L. Goodhart教授の研究に負うところが、きわめて大きいと思われる。グッドハート教授は、1931年に出版された、かれの『法理学とコモン・ロウに関する論集』(Essays in Jurisprudence and the Common Law)に収めた「ある事件のレイシオ・デシデンダイの決定」(Determining the ratio decidendi of a Case) という画期的な論文のなかで、レイシオ・デシデンダイの決定の仕方をいろいろの場合について詳細に検討したのち、結論として、明確なフォーミュラーを掲げた。それは、グッドハート教授が正当に自負するように、まさに前人未踏の分野の開拓であって、その後、日本の英米法研究者のほとんどのものが、それを利用し採用し、したがってまた、そこに含まれる判例および判例法に関する同教授の考えかたを採用し、または、その影響を受けたと見てよいと思われる。グッドハート教授のそのフォーミュラーを中心とする分析的解明については、のちの機会に、くわしくふれる予定であるが、きわめて概括的な表現をすれば、そのフォーミュラーによって発見され確定されるレイシオ・デシデンダイは、判決においての「裁判官の意見のなかで述べられる理由において見いだされるものではなくて、その事件の事実と、それらの事実に基くものとしての判決との双方こそが考慮にいれられなければならない[2]。」というところに、その核心がある。すなわち、グッドハート教授は、判決のなかで、裁判官がレイシオ・デシデンダイとして述べているところに捉われてはならない、裁判官のことばは無視してよい、という基本的な考えをもつのである。

　ところが、判決のなかで裁判官がレイシオ・デシデンダイとして述べているところを無視することなく、それを尊重して、それを含む判決を、あるいは、むしろ、それを中心として、先例として引用するのが、じつは、ふつうの判例の引用の仕方であることは、イギリスやアメリカの判例集を読んだことのある人が、すぐ気のつくところであろう。そこで、そういうレイシオ・デシデンダイの決定の仕方こそ、裁判官のあいだの慣行となっているところであるとする理論が立てられることは、まことに自然のなりゆきといわなければならない。それは、グッドハートの論文がでてから四半世紀ののちに明確な形をとって現われるにいたったのであるが、その間に第二次大戦という非常事態がはさまっているということを

参酌するにしても、そこに、いわゆる「グッドハート・テーゼ」の影響力の強大さが、しのばれるであろう。5年まえの1957年に、ベルファストのクィーンズ・ユニーバーシティの法学教授J.L. Montroseは、「レイシオ・デシデンダイと貴族院」(Ratio Decidendi and the House of Lords) という論文を、*Modern Law Review*(現代法律評論)に掲載し、レイシオ・デシデンダイは、「裁判官がその判決の基礎として提示する法原理」を意味するとするのが、「古典的な用法」であって、そのように裁判官の提示するところを無視するグッドハート・テーゼないし用法は、まちがいであり、げんに裁判官がグッドハート・テーゼを採用することを拒否しているとして、北アイルランドのある裁判所の判決を援用した。この論文にたいして、オックスフォード大学のリンカンス・カレッジの評議員であるA.W.B. Simpsonが、同じ「現代法律評論」に「ある事件のレイシオ・デシデンダイ」(The Ratio Dedidendi of a Case)という短い賛成的な批評を書き、これにたいして、モントローズ教授が、同じ題名で答えて、古典理論とグッドハート理論との差などについて議論した。ついで翌年、シンプソンは、ふたたび、同じ題名のもとに、モントローズへの賛成的批評を書いたが、こえて1959年に、こんどは、かれらの批判の的となったグッドハート教授が、同じ題名のもとに反駁論を展開したが、その後まもなく、シドニー大学教授J. Stoneがグッドハート・テーゼの批判およびモントローズ説の支持の詳密な論旨を、やはり同じ題名のもとに展開して、この論争に参加した。

　このように、現在のイギリスにおいても、判例法に関する、もっとも基本的な法理とされる「先例の法理」、そのうち、とくにレイシオ・デシデンダイとは何か、すなわち、判例とは何かについて深刻な論争があるのであって、その争点が、できるかぎり正確に把握され紹介されることは、判例研究の再検討が要請され、判例の本質の再認識が要求される日本の法学界にとっても、小さくない意義をもつと考える。とくに、ここでは詳述のかぎりではないが、レイシオ・デシデンダイの確定の仕方、すなわち判例の理解の仕方は、一つには、イギリス人のいわゆるコンモン・ロウの理解の仕方と表裏の関係にあるのであって、今度の論争での、いわゆる古典理論と、コンモン・ロウは、原理(principles)の集団であって、狭い単なる準則(rules)の集積ではなく、その「原理」に照らして、時に必要があれば、勇敢に、狭い「準則」を修正廃棄して発展する力をもつと考えるべきであるとする、ケンブリッジ大学のハムソン教授などの見解とのあいだには、暗黙以上の連りがあると、わたくしは考えている。グッドハート教授が、イギリス法の成熟を想定し、いわば、その内面的な発展性を否定し、もしくは軽視する立場にあ

ることは疑いないところである。

(1) わたくしも、「レイシオ・デシデンダイについて」という小論を書いたことがあるが（ジュリスト昭和31年1月1日号54頁以下【→本書135頁】）、そこの説明は、椿助教授が、前掲の題名の座談会で、いみじくも指摘されるように、「内田力蔵先生がジュリスト97号で紹介された（レイシオ・デシデンダイとディクタとの＝筆者）古典的な分け方では、レイシオ・デシデンダイは、かなり厳格にしぼられるわけですけれども、この二つの区別標準というのは、たいへんあいまいなんです。」（法律時報34巻1号65頁）と認めざるをえない。
(2) A.L. Goodhart, Essays in Jurisprudence and the Common Law (1931), Chap. I. p. 25.

3

　イギリスにおいて判例法、とくにレイシオ・デシデンダイを中心とする先例の法理について、はげしい論議が闘わされたのは、じつは、こんどが最初であるわけではないことを付言しておこう。やはり、グッドハート教授を主役の一人として、1934年に、*Law Quarterly Review*（法律四季評論）を舞台に、同様な論争が起っているが、このとき、グッドハート教授は、こんどの場合とちがい、批判者・攻撃者の立場にあったと見てよい。そして、そこで論争の主たる的となったのは、先例の法理を中心とする判例法体制の大陸法の制度との比較的な価値——優秀さであったが、法史家のホールズワース教授[1]が、判例法について伝統的に承認されているところのもろもろの価値、長所を弁護したのにたいして、グッドハート教授は、ほとんど、それらを否定し、わずかに、確実性（certainty）だけが、判例法の流動性・無形性を防ぐという意味で、いわば、やむをえず追求された目的——長所であるにすぎないと、冷やかに評価し[2]、同僚のアレン教授の賛同をえたのであった[3]。

(1) W.S. Holdsworth, Case Law, 50 L.Q.R. 180.
(2) A.L. Goodhart, Precedent in English and Continental Law, 50 L.Q.R. 40; Case Law—A Short Replication, 50 L.Q.R. 196.
(3) C.K. Allen, Case Law—An Unwarrantable Intervention, 51 L.Q.R. 333.

4

　イギリスの判例と判例法についても、このように、その基本的なことがらについて、ここ四半世紀ほどのあいだに２回もの、はげしい論争がおこっているのであるが、イギリスの法律界ないし法学界では、むしろ稀有のことにぞくするこれらの論争の背後には、もう一つの、しかも２世紀ちかく争われてきたところの、古くて根本的な問題がある、といえるのである。それは、法律雑誌などでの論争という形をとるには、あまりにも根本的で深刻な問題点でありすぎるために、むしろ、数世代の法律家や法学者の論議と見解のぶつけあいをとおして、対立する二つの立場と主張が、だんだんと明白になるという形をとってきた、と見ることができよう。それは、イギリスの法体制のもとで、すなわち、コンモン・ロウの下において、裁判官は法を作るものであるか、どうか[1]という問題をめぐる争いである。そして、いうまでもなく、裁判官が法を作るとすれば、それは、彼の行なう司法的決定──判例をとおしてなのであるから、その問題は、また、司法的決定──判例は法を作るか、どうかという問題におきかえられる[2]。しかも、この問題にたいする答えは、裁判官の機能の本質を明らかにすることによって、はじめて十分に与えることができるわけであるから、その機能が果される手段ないし場すなわち、いわゆる裁判過程ないし司法過程（judicial process）の特質は何か、という基本的な問題点が、それとの関連において論議されるのである[3]。

　ところで、判例をめぐる考え方に関するこの根本的な問題にたいして、その後の論議の出発点となったところの、いわば古典的な見解を答えとして与えたのはブラックストーンである。彼は、その『イギリス法釈義』の第１巻（1765年）の「序説」の部分で、コンモン・ロウと裁判官の判決──先例との関係を論じているが、そこで、こう述べている[4]。

　「したがって、〈法〉と〈裁判官の意見〉とは、つねにかならずしも〔たがいに〕転用しうることばではなく、また、まったく同一の事物ではない。なぜなら、裁判官が法を〈誤解する〉かもしれないということが、ときには起りうるからである。全体において、われわれは、『裁判所の決定は、何がコンモン・ロウであるかについての証拠方法であるということ』(that the decisions of courts of justice are the evidence of what is common law) を一般原則として考えてさしつかえないであろう。……」そして、このように、裁判官は法を作るものではなく、既存の法を宣言するにすぎず、したがって、司法的決定──判例も、法そのものではなく、法の証拠方法にほかならないとするブラックストーンの、いわゆる宣言説（declaratory theory）にたいしては、コンモン・ロウ体制のもとでは、裁判官は法を作るのだとする、ベンタムやオースティンなどの、分析法学者たちの、いわゆる創造説（creative theory）が展開され、その後一世紀をこえる長期の論争が開かれるのであるが、その結末は、「だれも今日では、裁判官が法を作るということを、まじめに否定しはしないであろう。」(5)という断定がなされうるほどに、創造説の勝利におわっているのである。

　そして、その勝利は、たとえば、judge-made law（裁判官作成法）という分析法学者たちの、やや悪意をおびた呼名が、case-law という名称とともに判例法について、しげしげと用いられて、すこしも奇異に感じられることがないという事態を生ずるにいたっている、と見える。そして、それらのことばが、ときに、Common Law ということばにとってかわるようになったこと、あるいは、Common Law は case-law または judge-made law であると考えられるようになっていることは(6)、この論争の関連では、じつは、重要な意味をもっているのである。みじかくいってみれば、Common Law は case-law そのものに解消して、なくなるものではなくて、それは、case-law を指導する原理の体系として存続するものである、とするのが、まえに言及したハムソン(7)教授らの見解の骨子であって、それは、新しい形の宣言説にほかならないと、私は考える。

　このようにして、判例法をさすことばの使い方にも、いわゆる創造説の勝利が読みとれるのであるが、判例をめぐる用語においても、その勝利が示されている。それは、判決が先例として拘束力をもつ部分、すなわち、レイシオ・デシデンダイは、その判決の準則（rule）であって、コンモン・ロウは、そのような準則の集団（a body of rules）であり、判決の準則は法（a law）にほかならない、というような表現に明らかに見てとれよう。ところが、この場合に、その rule（準則）を、原理（principle）におきかえ、または、両者をたがいに転用できるものとする論者が少なくないことがわかるが(8)、それらの論者は、意識的または無意識的に、まえにあげたハムソン教授の見解にちかづいているのではないかと思われる。

　こう見てくると、判例と判例法にかんする、一見何ともない用語にも、問題の本質の理解にかかわりをもつものがあって、それらにたいして、うかつに和訳をつけることの危険が心配される。そこで、基本的と思われる語には、それぞれ適宜の場所で、その意味をたしかめる作業をくりかえすようにしようと、私は考えているが、さしあたり、この小論のこの部分で、判例にかんするいくつかの語の異同や相互の関連についていくらかの説明をしておくこととしよう。

(1) たとえば、ゲルダートは、その『イギリス法要論』の第1章第5節に「どの程度にまで裁判官は法を作るか」(How far do the judges make the law.) という標題をつけている (Geldart, Elements of English Law, Chap. I)。アリンの『法生成論』第4章第3節も同様である (Allen, Law in the Making, Chap. IV.)。ときには、「裁判官は法を作るべきか」という形で論議がなされることもある。例えば、"Should the Judges Make Law??" American Law Review, LXII, No. 5.
(2) たとえば、R. Cross, Precedent in English Law, 1961, p. 3.
(3) 例えばAllen, Law in the Making, Chaps. III, IV,を参照されたい。また、アメリカのカードーゾ判事の『司法過程の性質』(Cardozo, Nature of Judicial Process, 1921) は、わが国の学者のあいだによく知られた文献である。
(4) Blackstone, Commentaries on the Laws of England, Book I, p. 71.
(5) Hanbury, English Courts of Laws, 1953 (HUL), p. 23.
(6) たとえば、ゲルダートの『イギリス法要論』の第1章が、Statute Law and Common Lawとなっていて、そのCommon Lawにかんする説明が、第6節にいたって急に「判例法の利点と不利点」(Advantages and Disadvantages of Case Law) という題をつけられていることの意味をさぐられたい。
(7) 本書158頁末尾参照。なお、Allen, Law in the Making, Chap. IV.は、ハムソンにちかい見解を示している。
(8) ruleという語の用法について、私は、実例をあげて、いくらかの解説を試みたことがある (拙稿・外国書講読――イギリス法・第7講「LawとRule(6)」法学セミナー47号 (1960) 80―83【→本書95-102頁】)。

5

わが国の判例について述べる場合に、裁判、判決、先例、裁判例、判決例、などということばが、文脈によって多少の意味あいのちがいを伴いながら、同じことがらを指すものとして使われているのと同様に、イギリス法においても、「判例」を意味することばは、かなり多い。それらは、いずれも、同じことがらを見る角度のちがいに相応するものと考えてよいであろう。ただ、ことばの説明のはじめのところで注意すべきことは、前述したように、日本の法学者が判例ということばを使うとき、彼は、おおむね、「くりかえされた」判決を考えているということである。イギリス法では、判例を意味する諸語のなかに、とくに、くりかえされた判決を意味するものはない、といってよい。このことは、のちに述べるところの「先例の法理」が、じつは正確には、「単一先例」(single precedent) または「個別先例」(particular precedent) の法理であることと関係がある、と思われる。

判例法に関するイギリスの教科書や論文を読むと、case, decided case, reported case, decision, judicial decision, judgement, opinion, precedent, judicial precedentというようなことばが、たがいに融通無碍といってもよいくらいに、「判例」に相当するものとして、いりまじって使われていることがわかる。もちろんこれらのことばのあいだには、同じ事物にたいする視角の相違やニュアンスの差異がある[1]。

　まず、caseということばは、日本の法学者が判例という場合に、おそらく、いちばん近いのではなかろうか。もともと、caseは「おこる事柄」(a thing that befalls or happens)、すなわち「事件」(event) または、「場合」を意味することは、だれでも知っているであろうが、法律上は、それは、かなり特殊な意味をふくめて、いくつかの意味をもっている。わけても、この小論の主題との関連では、それは、「訴訟事件」(cause or suit) ならびに、「判決された事件」(a decided case) または「裁判」(trial)を意味する。判例法に関する解説では、「訴訟事件」としてのcaseは、よく「一組の事実」(a set of facts) という表現におきかえられる。この「一組の事実」について裁判所の判決が下されれば、それは、decided caseとなるが、このばあいに、caseが、たんに判決を受けているという事実に客観的な注目を受けているだけであることは明かである。そこには、実例くらいの意味しか含まれない。ただし、caseがcase lawということば、すなわち、日本の法学者が「判例法」という訳をつける熟語を形成するばあいなどには、そうではない。なおcaseが判例としての作用をもつには、すくなくとも今日のイギリスでは、何らかの判例集 (law reports) に収載されていなければならない。すなわち、それは「報告」(report)されていなければならない。そこで、正確にいえば、判例法上、問題となるcaseは、つねにreported caseでなければならないこととなる。ただし、"reported"という修飾をつけることは、ふつうは、あまり行なわれない、といってよい。caseが、イギリスでは、その選ばれたものしか判例集に収載されないことについては、のちに述べよう[2]。

　つぎに、decided caseは、decision（決定）を受けた事件である。decisionは、一般には「争いまたは疑問を決定する行為」(the action of deciding (a contest, question, etc.))を意味するが、「結論もしくは判断、とくに裁判所において正式に宣告されたもの」(a conclusion, judgement: esp. one formally pronounced by a court of law) という意味ももっている。それは、ふつう「判決」と和訳されるjudgementと同じ意味をもつと見られるのであって、辞書にもjudgementは「裁判所の宣告、裁判所における司法的な決定もしくは命令」(the sentence of a court of justice; a judicial decision or order in court) とある。しかし、同じく「判決」と和訳される

にしても、decisionでは、争点の「決定」に重点がおかれており、judgementでは、裁判官の判断に重点がおかれている、と見てよかろう。なお、judicial decisionは「司法的決定」であるが、decisionには、行政的なものもありうるので、それと区別するために、とくに、ていねいに裁判所の決定であることを示す形容詞をつけたものである。

　また、judgementは、上に示したようにdecisionと、ほぼ同じ意味をもつが、法律辞典には、judicial determination（司法的決定）、裁判所の決定（decision of a court）と述べかえてある(3)。なお、ここで、judgementは、法史的に見れば、コンモン・ロウの裁判所の判決について適用されたことばであって、衡平法裁判所の判決については、decreeが一般に使われていたこと、しかし、今日では、judgementが一般に用いられ、decree は離婚事件における判決について例外的に使われることを注意しておこう。そこで、判決の種類、たとえば中間判決は interlocutory judgement、終局判決はfinal judgementと呼ばれることとなる。

　さらに、opinionは、「貴族院において述べられた法律貴族の判決にたいし適用される術語」（a technical term applied to the judgement of a Law Lord delivered in the House of Lords）である(4)が、アメリカ合衆国の最高裁判所の判事の判決についても同じことばが使われ、「意見」と和訳されていることは、わが国でも、よく知られている。なお、イギリス最高裁判所としての貴族院の裁判官である「法律貴族」の判決は、技術的には、通常の議員の演説とおなじであるから、speech（演説）と呼ばれることもある(5)。

　さいごに、precedentは、「先例」と和訳されるが、それは、一般的には、「爾後の諸場合にたいする実例として、または、正当化の事由として取りあげられる以前の場合」（previous case taken as example for subsequent cases or as justification）を意味する。しかし、法律上、それは、「類似する一組の事実に決定を与えるための根拠として引用されるある裁判所のある判決または決定。その決定に具現されている法原理にたいする根拠として役にたつある事件。」（A judgement or decision of a court of law cited as an authority for deciding a similar set of facts; a case which serves as an authority for the legal principle embodied in its decision.）を意味する。この定義は、わが国でもよく使われると思われるオスボーンの『簡約法律辞典』（Osborn, Concise Law Dictionary）の'precedent'の項にでているものであるが、その後半の叙述において、明らかに、ハムソン理論に接近するものがあると思われる。なお、この定義には、以上の引用句にくわえて、「コンモン・ロウは、先例から先例にわたって拡大してゆくことによって発展してきた。」（The common law has developed by broadening down from precedent to precedent.） という一句が続いているが、それは、一方において、ハムソン理論への接近を、ますます強めるとともに、他方では、いまでは、イギリス判例法の発展だけでなく、イギリスの自由の体制の発展についての簡単で、かつ美しい肯定的な表現として、しばしば引用される桂冠詩人テニスンの『ブリテン』（Britain）という詩を、たくみに利用しているものとして注目されてよい。テニスンは、そこで、こう歌っているのである[6]。

　　そは、自由の人らのたがやし、
　　にびいろに装える自由の選びせし国。
　　ひと、ともがらと、あるときも、
　　また、よし仇にとりまかるとも、
　　己がこころを語りえむ国。
　　治めの道は定まりて、
　　正しく古き名の国ぞ。
　　ここぞ、自由は、
　　先例より先例にわたり、
　　おもむろに拡りてゆく。

　なお、precedentは、訴答（pleadings）、不動産物権移転（conveyancing）、会社にかんする事項などについての文書作成についての先例を意味する場合があり、それとして法律上重要なはたらきをする。そしてまた、先例には、裁判上のものだけでなく、行政上のものなどもあるから、裁判上の先例であることを、とくに強調するため、judicial precedent（司法的先例）と呼ぶ場合が多いこととなる。precedent または judicial precedent が、判例を意味する英語としては、中心的なものである、といってよかろう。イギリス判例法は、先例の運用の理論であるところの、いわゆる「先例の理論」を中心として展開するのであって、precedentこそはイギリス判例法体制の中核をなすのである。

(1)　以下の各語の説明は引用の形式になっていて、とくにことわってないばあいには、それはShorter Oxford Dictionaryか、Concise Oxford Dictionaryによっている。
(2)　ウォートンの法律辞典（Wharton's Law Lexicon）に、caseの一つの意味として、「先例として将来使用されるために判例集に公表されるべきほどに重要な、ある法律上の問題点をふくむ裁判」（a trial involving some point of law so important

as to be published in Law Reports for future use as a precedent.) と記されているのは、そのことを念頭においてのことであろう。
(3) Wharton's Law Lexicon, 'judgement'.
(4) Wharton's Law Lexicon, 'opinion'.
(5) たとえば、76 L.Q.R. 336に'This is in accord with Lord Tucker's speech in ...,とあるように。
(6) It is the land that freemen till,
That sober-suited Freedom chose,
The land, where girt with friends or foes
A man may speak the thing he will;
A land of settled government,
A land of just and old renown,
Where Freedom broadens slowly down
From precedent to precedent !!
　　(The Poetical Works of Tennyson, p. 73)
　なお、わたくしは、「イギリスの判事たち」(法律時報24巻4号34頁)【→著作集第4巻】で、この詩を引用したことがあり、ここでの訳文はそれによっている。
　ところで先例の法理をほめたたえる以上のような詩句とは反対に、それにたいして、手きびしい批評をする詩もまたある。それが、1930年にちかいアメリカのものであることが示唆的である。
　先　例
歩みも覚束ない仔牛が森を通りぬけていった。
しかし、なぜなのか、仔牛には全く判らなかった。
そして、仔牛が、あちらこちらと、さまようにつれ、
その足跡も曲り、くねるのであった。
母親の牝牛は、大そう心配して、
すぐあとから、仔牛の足跡をつけていった。
少年が、楽しそうな屈託のない笑い声を立てて、
さらに、その仔牛の後を、どしどし歩いていった。
そして、ほかの人たちは、その日からこの方、たえず、
その曲りくねった途を、てくてく歩いている。
それは、あの仔牛は、もはやとうに死んでしまったが、
人々は、仔牛の歩いたあとに盲目的に従っているのだから。

かつらと長衣をつけた年老いた判事が、壮重な声音で法をば宣明した。
そして、かれのあごをうごかして、
これこれしかじかが法なのだと判決した。
判例集作者は、かれの述べたところを印刷した。

そして今では、法の大冊本の中で、それは読める。
かれのことばを、われら法律家は口も軽く引用し、
判事ののどにそれを押しこむ。
それというのも、裁判所は、あの日に判決されたところから離脱することを忌み嫌い、
唯々として先例にしたがい、
古人があゆんだ途をゆくのだから。
しかも、法律家は、あつかましくも、かの歩みの覚束ない
仔牛のあとについてゆく輩をわらう。
　　　(cited in American Law Review, Vol. LXII, (1928) No. 5, at p. 750)

6

　「判例」に相当するものとしてイギリス法で使われている語について、一応の説明をしたのに続けて、「判例法」を意味する、イギリス法のいくつかの語について説明しておくのが適当なやりかたというものであろう。しかし、それらのことばのうち、case-lawとjudge-made lawとについては、それらの使用が、判例についての、いわゆる「創造説」の勝利を表明するものにほかならないことに言及したさい[1]、すでに、いちおうの説明がなされているので、ここでは、いくらかの定義を引用することなどによって補足をするにとどめよう。まず、case-lawについて、C.O.D.には、「先例によって定立された法」(law as settled by precedent) という説明がなされており、S.O.D.には、「決定された事件によって作られた法」(the law as made by decided cases) という説明がある。オスボーンやウォートンなどの法律辞典には、その項目がない[2]が、アメリカの法律辞典には、ある。たとえば、バレンタインBallentineには、「裁判所の決定において、すなわち、決定された事件において宣明された法」(the law as laid down in the decisions of the courts; that is, in the cases which have been decided.) と記され、また、ブラックBlackには、「法学の一体を形成するものとしての、報告された事件の総体、または、制定法およびその他の法源と区分される、裁決された事件によって証拠だてられ、もしくは、形成された特定の事項の法」(The aggregate of reported cases as forming a body of jurisprudence, or the law of a particular subject as evidenced or formed by the adjudicated cases, in distinction to statutes and other sources of law.) と述べられている。

　つぎに、judge-made lawについて、C.O.D.には、「裁判官の決定にもとづく原理」

(principles based on judge's decisions) という説明があるが、オスボーンなどの法律辞典には何の定義もない。学者の書いたもののうちで、たとえば、ダイシーは、「裁判官作成法——すなわち、一定の事件に決定を与える過程において、ある国の裁判官が創設する法律または準則」(judge-made law,—that is,〔of〕laws or rules created by the Courts of a country in the course of deciding cases.) という一種の定義を試みている(3)。そして、この語は、いくぶん、「誤解させる」(misleading)ものであると批判されながらも、今日では、case-law とならんで判例法を意味する語として、イギリスでは、ゆるぎない地位を確保しているものと見てよいであろう。それが、case-law が法の存在形式に着目して作られたことばであるのにたいして、法を作る作用または機関に着目して造られたものであることは、とりたてて述べるまでもあるまい。それは、もともと、コンモン・ロウの成立と存在のしかたが、市民社会の要求に適合しないものとして、それを非難し攻撃した功利主義者・法典主義者ジェレミー・ベンタム J. Bentham によって造られたことばであって、コンモン・ロウの体制において、正式の立法機関でない裁判所と裁判官が立法を行なうことが、つまり簒奪 (usurpation) にほかならないことを衝いているのである。そして、そういう立法のしかたは、司法的な立法 (judicial legislation) と呼ばれるようになるが judge-made law が judicial legislation による法だと考えられる段階では、すなわち、ほぼ19世紀の半ばには、そういう非難の意味合いは、ほとんど失われてしまうのである。なお、アメリカの法律辞典であるブラックによると、judge-made law には、判例法を指す場合の普通の意味のほかに、「制定法の〔本来意図された〕意味を解釈によってとりさってしまうか、または、立法府がけっして意図しなかった意味を制定法に見いだすところの司法的決定を示すために使われる語句」(a phrase used to indicate judicial decision which construe away the meaning of statutes, or find meanings in them the legislature never intended.) としての用法があることが示されている。

　さいごに、判例法を指すことばとしては judiciary law (司法法) をあげなければならない。この語もまた、ベンタムが造りだし、ジョン・オースティンが採用して流行らせたものであって、大体をいえば、ベンタム・オースティン流の、いわゆる分析法学派にぞくする人たちによって、今日も、しばしば使われている。たとえば、オースティンは、その有名な著書である『法律学』の第37講を「制定法と司法法」(Statute and Judiciary Law) と題して、両者の比較的論究を行なっており(4)、また、ジェンクスが、イギリス法の存在形式の第1位に、それを掲げているように(5)。

(1) 法学セミナー76号44頁―45頁【→本書155-162頁】。
(2) 法の教科書などでも、このことばについて、特別に定義をするということは見られないようである。ただ、たとえば、ウインフィールドが、つぎのように述べるとき、そこには一種の定義が行なわれており、しかもcase lawをprecedents（先例）と同じ意味に使っていることが、めずらしい。「ケース・ロウは、判例集にふくまれる司法的決定から成りたっている。そのような決定は、ときどき、≪先例≫(precedents) として言及されるが、しかし、その語は、あいまいなものである。それは、その語が、さらにまたわれわれの法の二つの他の淵源にたいしても適用されるからである。……ケース・ロウを意味するものとしての先例は、イギリス法の成長にたいして計りきれない影響をおよぼしてきた。それらは、コンモン・ロウ（これも、また、もう一つの柔軟性のある語である）と同一視されてきた。」(Winfield, The Chief sources of English Legal History, p. 145.)
(3) Dicey, Law and Public Opinion, 2nd ed., p. 483.
(4) J. Austin, Jurisprudence, 4th ed., vol. II, pp. 641 et. seq.
(5) E. Jenks, The Book of English Law, 2nd ed., p. 29.

7

　「判例」と「判例法」を意味するイギリス法の用語について、あらましの説明にまでおよんで、この小稿の「はしがき」の役目は、ほぼ終ったと考えてよかろう。ふりかえってみると、そこには、どう集収したらよいかと迷わざるをえないほどに多くの大小の問題点が現われている。以下に、いわば本論として、それらの問題点ととりくんでゆくわけであるが、「はしがき」の段階で、言及しておく方がよいと思われる事項が、なお、いくつか残っているが、そのうち、とくに、イギリス法における判例法の範囲――その占める領域について、あらましの解説をしておく必要があると、わたくしは考える。全体としては、日本では、イギリス法を専門にしない人たちのあいだに、むしろ判例法を過大視して、イギリス法＝コンモン・ロウ＝慣習法ないし判例法と見る傾きがあるように思われるが[1]、イギリス法の過去および現在において判例法の果した役割が、ほとんど圧倒的であるとさえ、いってもさしつかえないにもかかわらず、制定法の果す役割と、その占める範囲もまた、比較的古い過去においてさえ決して微少であったとはいえないとともに、とくに19世紀におけるベンタミズムの勝利からこの方、現在におよぶ間には、法の多くの分野において、むしろ主要な位置を占めるにいたっていることが注目されてよいのである。その間の消息を、わたくしは、二つの引用文によって示そうとする。

この世紀のはじめに、ダイシーは、かれの有名な『法と世論』のなかで、こう論じている[2]。
　「すべての法律家が気がついているところであるが、イングランドの法の一つの大きい部分で、また、多くの法律家がこれに付けくわえたいと思うところによれば、その最良の部分は、裁判官作成法である。——すなわち、裁判所の判決から得られる準則（rules to be collected from the judgments of the Courts）から成っている。〔イギリス〕法のこの部分は、国会の制定法によって創設されてはおらず、また、制定法集に記録されていない。それは裁判所の業績である。それは判例集に記録されている。それは、みじかくいえば、司法的立法の成果なのである。そのような裁判官作成法の分量は、イングランドにおいては、学生が気やすく実感するよりは、はるかに広大なものである。契約法の、すくなくとも九割、また、不法行為法の全部、または、ほとんど全部は、制定法のどのような一冊においても見いだされない。さらにはまた、1893年動産売買法または1882年為替手形法のような多くの国会制定法は、ほとんど、もともと裁判所によって確立された準則を制定法の形において再現したもの以外のものではない。裁判官作成法は、そのような場合には、制定法に転化したのである。それから、さらに、多くの制定法規、たとえば、〔1677年〕詐欺法の第4条は、それらが、もともとはイギリス法にたいして、ある新しい準則または原理を導入したものであるにもかかわらず、ほとんどすべてのその真実の有意義性を、それらにたいして裁判所がおいた意味から得ているというほどに、多大の司法的解釈の主題となっている。そして、司法的立法は、まったく過去にぞくするところの、かつ、現代の国会の年々の集会と立法的活動によって消滅せしめられたところの法律作成の一種であると、何人にも想像させてはならない。疑いもなく、裁判所の法律作成機能は、国会の権威の発展によって、ある程度にまで減縮せしめられている。しかしながら、19世紀の全体を通じて、それは依然として活動状態にあったのであり、また、事実、今日にいたるまで、活動をつづけてきたのである。状況の新しい結合、すなわち、新しい事件は、たえず、古い原理の適用——それは、実際には、古い原理の拡張を意味する——を要求するか、あるいは、おそらくは、時代の新奇な要請に応ずるに好適した、法の一般的精神と調和した、ある新しい原理を案出することをさえ要求するのである。このために、古代の法のではなくて、じつに現代の法のいくつかの分野が全体として、裁判所の活動によって築きあげられ、発展せしめられ、または創設されている、ということになる。〔たとえば〕法の牴触……に関する一団の準則の全部は、最近の120年間に、しかも、それのはるかにより大きい部分に

ついては、まったく最近の80年内に、または、じつに70年間にさえ、成立するにいたったのである。しかし、この複雑な法部門の全部は、国会によって形成されたものでもなければ、また、国会によって、はなはだしく変型されてさえもいないのである。それは、司法的な法律作成の精緻で、かつ長たらしい過程の産物なのである。」

　これは、判例法の重要性を強調する立場をとる意見の代表的なものの一つである。ところが50年後の今日では、事情はよほど変っている。たとえば、デニング判事は、ある講演のなかで、こう述べる[3]。

　「しかしながら、このように、主として裁判官作成法であるものとしてイギリス法を考えることは、時代おくれなのである。ずっと、より多くの法が、今日では、裁判官たちによってというよりは、むしろ、国会によって、また、大臣たちによって作られる。今日の上訴裁判所は、コンモン・ロウの諸原理を発展させることに、多くの時間を費しはしない。それらは、国会によって作られた制定法または大臣たちによって作られた規則を解釈して、その時間の大部分を費すのである。……」

(1) 穂積博士の『法学通論』の109頁に、つぎのような文章がある。「法律は又、判例法の形式で成立することがあり得る。たとえば、イギリスは立憲政治の本家本元のように言われながら、英国憲法は第何章第何節第何条という成文憲法典ではなくて慣習法であるのと同様に、英法名代の契約法と不法行為法……などもこれらを成文で規定した民法典があるわけではなく、個々の事件についての裁判所の判決例が積り積って出来た判例法なのである。」イギリスの契約法や不法行為法のあり方についての上の文章の説明には、異議のさしはさみようもないが、イギリス憲法についての説明は、ペンの走りすぎというよりほかはない。イギリス憲法において、いわゆる慣例が重要な役割をしていることは、いうまでもなく、また判例法の支配する部分としては、たとえば、言論の自由などの基本人権的な権利があげられ、そのような判例法の成立している姿を、「法の支配」の一班としてダイシーが誇示していることは、有名なはなしである。しかし、イギリスの「憲法」(Constitutional law)に、昔から制定法が少なくなくあることは、マグナ・カルタをあげるまでもなく、権利請願、権利章程、人民代表法などを考えるだけでも、明らかな事実といわなければなるまい。

(2) Dicey, Law and Opinion, pp. 36-13.
(3) Denning, The Changing Law, 1953, p. 6.

8

　本論にはいるに先立って、一方では、「はしがき」に一種のしめくくりを与える効果をもつとともに、他方では、以下の本論に展開される説明に、事実上の出発点を供すると見られるブラックストーンの所説を、すこし長いけれども、引用しておきたい。ブラックストーンは、その『釈義』の第1編序説のなかで（69頁以下）、こう書いている。

　「しかし、ここで、一つのはなはだ自然で、また、はなはだ実質的な疑問が生ずる。すなわち、どのようにして、以上の慣習または格言は知られることになっているのか、また、誰によって、それらの慣習または格言の有効性は決定されることになっているのか、がそれである。その答えは、各個の裁判所における裁判官たちによって、である。かれらは、法律の保管者（the depositaries of the laws）であり、疑問のあるすべての事件において決定をしなければならず、また、宣誓によって、国土の法にしたがい決定をするよう拘束されているところの生きた托宣者（the living oracles）である。国土の法にかんするかれらの知識は、経験と勉強とによって、フォーテスキューが言及しているところの《20年の研鑽》によって、また、かれらの前任者たちの司法的決定（judicial decisions）に、ながい間、直接的に慣れていることによって、得られるのである。そして、まことに、これらの司法的決定は、コモン・ロウの一部を形成するような慣習の存在についての、与えることのできる主要で、かつ、もっとも権威のある証拠方法（the principal and most authoritative evidence）なのである。判決それ自体と、それに先立つ一切の手続とは、記録（records）という名称のもとに、その特定の目的のために留保された公の保存所に、注意ぶかく登録され保管される。そして、それらの記録にたいしては、何かのきわどい問題がおこり、それを決定するについて以前の諸先例（former precedents）が光明または援助を与えうべきときには、しばしば援用がなされる。それゆえ、すでに〔ノルマン〕征服のように早い時期にさえ、われわれは、《過去の事件の知識》（praetoritorum memoria eventorum）が《国土の法律についてもっともよく教育を受けているもの》（legibus patriae optime instituti）とされた人たちの主な資格要件の一つと見られていることを見いだすのである。それは、同じ問題点が再び訴訟において現われるばあいに、以前の諸先例に遵由することは、確立された原則であるからである（For it is an established rule to abide by former precedents, where the same points come again in litigation）。それは、正義の秤を平衡かつ不動に保ち、あらゆる新しい裁判官の〔独自の〕意見にと

もなって動揺することを免れないということがないようにするためであるとともに、さらにまた、法は、その事件において、荘重に宣言され、また決定されたため、以前には不確実であって、かつ、おそらくは重要でなかったところのものが、今や一つの永久的な準則（a permanent rule）となってしまっているのであって、その永久的な準則を、自己の個人的な感想にしたがって、変更し、または、それにしたがうことは、その後のどの裁判官の気持にもないことであるが故である。けだし、かれは自分自身の個人的な判断にしたがってではなくて、国土の知られた法律と慣習とにしたがって決定を下すべきことを宣誓しているからであり、〔また〕新しい法律を宣明するためではなくて、旧来の法律を維持し解釈するための委任を受けているのだからである。ただし、この原則は、以前の決定が、もっとも明白に条理に反する（most evidently contrary to reason）ばあいには、例外を容れる余地がある。いわんや、もし、それが、明白に神の法に反する（cleary contrary to the divine law）ばあいをや。しかし、そのような場合においてさえ、その後の裁判官たちは、新しい法律を作るというふりはしないで、むしろ、旧来の法律をその誤って表示されている状態から解放する（to vindicate the old one from misrepresentation）というふりをする。それは、もし、その以前の決定が、あからさまに不条理もしくは不正であるということが見いだされるとすれば、そのような宣告は悪法（bad law）であったというのではなくて、むしろ、それは法律ではなかった（was not law）もの、すなわち、それは、誤って決定されているように、領土の確立された慣習であるわけではないものと宣言されるのである。そして、このゆえに、われわれの法律家たちが、コンモン・ロウの条理（the reason）についてのかれらの頌詞において、すこぶる豊富であるのは正当であるということになるのであり、〔また〕法は条理の極致（perfection of reason）であるということ、法は、つねに、条理に合致しようと意図しているということ、および条理でないところのものは法ではないということを、かれらが、われわれに告げるということになるのである。法におけるあらゆる準則の個別的な条理が、このように時をへだてた今、つねに正確に指摘されうるというわけではなく、ただ、その準則に、明白に条理にもとる何ものもないということで十分なのであって、そのばあいに、法は、その準則には十分の根拠があるものと推定するであろう。」

ブラックストーンは、これだけの説明をしたあとで、さらに、それを、つぎのように摘要して、いう。

「そこで、法の理論は、つぎのようである。すなわち、先例と準則とは、明白に不合理もしくは不正であるのでなければ、追随されなければならない、という

ことである (that precedents and rules must be followed, unless flatly absurd or unjust.)。それは、それら先例の条理は、一見したところでは明瞭でないにもかかわらず、しかも、われわれは、先立つ時代にたいして、かれらが、まったく無思慮に行為したものと想像することがないというような尊敬の念を払わなければならないからである。この理論を実例によって証明しよう。半血の兄弟は、かれの半血の兄弟の遺産を、法定の推定相続人として相続することがなく、その遺産はむしろ、王またはその他の上級領主に復帰すべきものだということが、記憶できない昔に、すでに決定されている。さて、これは、慣習(custom)によって確定され確立された実定法であって、その慣習は、司法的決定(judicial decision)によって証拠だてられているのであり、そのゆえにまた、どんな時代の裁判官も、かれの宣誓と法とを破ることなしには、それに離反することは、けっしてできないのである。それは、この点には、自然的正義(natural just)にもとる何ものもないからである。ただし、封建法から抽出された、それの人工的条理(artificial reason)は、おそらく、あらゆる人にとって、まったく明瞭であるわけではないのであろうが。そして、そのゆえに、ある現代の裁判官が、半血の兄弟にたいして生ずると想像される苛酷な結果のために、〔現在とは〕異った形でそれが確定されていてほしかったと望むことはあるにもせよ、それに変更をくわえることはやはり、かれの権能にぞくすることではないのである。しかし、もし、どの裁判所かが、今日、半血の兄は、かれの弟によって取得されたどんな土地にも立ちいり、かつ占有することができるのだと決定したとするならば、およそ、その後の裁判官たちは、そのような以前の決定が不正であり、不条理であり、そのゆえにまた、法ではない (not law) と宣言することをためらわないであろう。そこで法 (the law) と裁判官の意見 (opinion of the judge) とは、つねに必ずしも互いに転用できることば、または、同一の事物ではないことになる。けだし、裁判官が法を誤解する(mistake) ということが、ときには起るかもしれないからである。全体としては、しかしながら、われわれは、ローマ法において、皇帝がひとたび決定したところのものが、将来について指針として役だつべきものとされたのと同じ態様において、≪諸裁判所の決定は何がコンモン・ロウであるかについての証拠方法である。≫ということを一つの一般原則と考えてさしつかえないであろう。」

〔2〕「先例の法理」について

1

　この講義の「はじめに」の部分の8に引用されたブラックストーンの『釈義』の一節の所論のなかには、イギリスの判例法にかんする、いくつかの重要な問題点がふくまれている。私は、それが、これから展開される説明にたいして、「事実上の出発点を供すると見られる」とまで強調したのであるが、それは、以下のような事情によってそうなのである。まず、ブラックストーンは、「誰によって、（コンモン・ロウを形成する）慣習または格言の有効性は決定されることになっているのか」という疑問を提出して、「各個の裁判所の裁判官たちによってである」という答えを与えているが、この答えは、イギリス判例法の運用と展開について、裁判官こそが中心的役割をはたすものであるという事実を明快に指摘するものであって、注目されてよいと考える。なぜなら、先例が拘束力をもつ、というような表現の基礎にあるところの、今日イギリスの普通の法学の教科書における判例法の説明に見られる発想の仕方は、私の印象では、上の事実にたいする関心をうすらげてしまうきらいがあるからである。

　そして、つぎには、上に述べたところと密接につながるものとして、「それは、同じ問題点が再び訴訟において現われるばあいに、以前の諸先例に遵由することは、確立された原則である」とブラックストーンが述べていることが注目される。ここにブラックストーンが「確立された原則」（an established rule）と断定しているものが、すなわち、「先例の法理」（the doctrine of precedent）と、今日呼ばれるところのものなのである。そして、その法理は、ブラックストーンにおいては、「以前の諸先例に遵由すること」を中心として、すなわち、裁判官の活動を中心として構想されているのであって、今日、"先例遵由の法理"（the doctrine of *stare decisis*）として、先例の法理を把握する立場につながるものだと考えられる。

　第3に、ブラックストーンにおいては、先例の法理――先例遵由の法理には、「先例と準則とは、明白に不合理もしくは不正であるのでなければ、追随されなければならない」という制約ないし条件がついているということが知られる。今日のイギリス法学のことばによれば、先例の拘束力は無制約のものではない、とブラックストーンは見ているのである。

　第4に、ブラックストーンが、1765年にその第1巻の公刊を見た『釈義』にお

いて、先例の法理を「確立された原則」であると断定していることは、先例の法理の確立の時期は、一体、いつであるか、という論争のある問題点について答えを出すにあたって、有力な手がかりの一つを供することとなるであろう。

　第5に、ブラックストーンが、先例は法（このばあい、彼は、コンモン・ロウを考えている）の証拠方法（evidence）にすぎないという一般原則を立てていることが注目されよう。この原則は、「……その後の裁判官たちは、そのような以前の決定が不正であり、不条理であり、そのゆえにまた、法ではないと宣言することをためらわないであろう」という、彼のことばからも分かるように、一つには、先例の法理にたいする制約を根拠づけるものとして展開されているのである。そして、そこにひそんでいる理論が、今日の判例法理論の展開においてもつ一つの根本的な意味については、まえに、いちおう掲げておいた、私のいわゆる「ハムソン・テーゼ」との関連において後述する。

　さいごに、第6に、ブラックストーンは、先例の法理の目的ないし存在理由として「正義の秤を平衡かつ不動に保ち、あらゆる裁判官の〔独自の〕意見にともなって動揺することを免れないということがないようにするためである」という点をあげているが、読者は、最近のイギリス判例法体制の功罪の論議においてもブラックストーンのこの考え方が生きていることを知るであろう。なお、ブラックストーンが、いわば、法の確実性または安定性（certainty）を先例の法理の存在理由であるとする論の一半としての形で、裁判官が「国土の知られた法律と慣習とにしたがって決定を下すべきことを宣誓しているからであり、〔また〕新しい法律を宣明するためではなくて、旧来の法律を維持し解釈するための委任を受けているのだからである」と述べている点は、今日、先例の法理と裁判過程の本質との関係という問題として論議されるところである。それは、しばしば、「どの程度に裁判官は法を作るか」というような通俗的な表題で論じられているところであって、前記のブラックストーンの先例証拠方法の説から出てくる理論的な結論の一つは、先例は、したがって、裁判官は、法を作るものではないということにあるわけである。

　なお、ブラックストーンの所論においては、先例の法理を形成する個々の準則が具体的にまだ示されていないこと、が目につく。そして、そのことから、かれの所論が、先例法理の比較的若い時代にぞくすることを推知されよう。また、「法は、その事件において、荘重に宣言され、また決定されたため、以前には不確実であって、かつおそらくは、いずれでもよかったところのもの[1]が、今や一つの永久的な準則となってしまっているのであって」という一句のなかの、「法は、その

事件において……永久的な準則となっている」ということばは、判例の法たる部分が、rule（準則）と呼ばれることを、はっきりと示すもので、これまた注目されてよい点である。近代のイギリス判例法の理論のなかで、このruleという語は、もっとも基本的な用語の一つなのであることを、強調しておこう。

(1) ここで、「いずれでもよかったところのもの」というのは、"What was……indifferent"の訳語であるが、前述〔1〕の8では、「重要でなかったところのもの」となっている【→本書167頁】。筆者としては、いまもって、ここに出した訳で満足できないので、大方の教示をまちたい。

2

まえにもいくらか述べたように、イギリス判例法の体制は、先例（precedents）または司法的先例（judicial precedents）を中心として運用されるのであるが、かんたんにいえば、その運用は、個々の先例のなかに、法の準則（rule）にほかならないところの、いわゆるレイシオ・デシデンダイ（判決原理）を見いだし、それを眼前の類似した具体的事件に適用してゆくことをめぐって伝統的に成立している技術または準則の一団をとおして実現される。アリンが、「イギリス法における先例の適用についての一般的準則[1]」（general rules for application of precedent in English Law）と呼んでいるのが、それであるが、それらの一般的準則の一団は、ふつう「先例の法理[2]」（the doctrine of precedent）もしくは「司法的先例の法理[3]」（the doctrine of judicial precedent）、あるいは「先例の理論[4]」（the theory of precedent）または「先例の制度[5]」（the system of precedents）として、全体として論議される。そして、「先例の法理」における個々の先例は、法の準則をふくむものとして、いわゆる「拘束力」（binding force）をもつものであるから、その点に着目して、「拘束判例の法理[6]」（the doctrine of "binding" case）とか、「単一拘束先例の法理[7]」（the doctrine of the single binding precedent）とか、また「拘束先例の制度[8]」（the system of "binding precedent"）とか呼ばれることも、けっして少なくない。また、先例の拘束力ということは、裁判官が先例に従随しなければならないことを意味するものにほかならないのであるから、その先例にたいして、遵由すること（stare decisis）に着目して、この法理は、しばしば「先例遵由の法理[9]」（the doctrine of stare decisis）と呼ばれることとなる。なお、ここでは、「法理」という訳語を与えたdoctrineや、「制度」と和訳されたsystemなどのかわ

りに、Rule（原則）という語をおきかえるばあいがあり、用語が全体として、かなり混雑していることを注意しよう。たとえば、the rule of precedent（先例の原則[10]）とか、the rule of stare decisis（先例遵由の原則[11]）とかのように。——要するに、「先例の法理」を指すことばについても、含みの広い事項のどこに着目するか、その事項の性格をどう理解するかによって、用語の選択にちがいが生ずるのであろう。なお、わが国のイギリス法学界では、やや古い時期に、「判例法主義」ということばが用いられたことを付言しておこう。それは、Case Law System にあてられた訳語であって、「上級裁判所の判決に先例的覇束力を附し、下級裁判所をして之に遵由せしめ、且つ法は判例の累積より成るとなす主義」という意味をもつとされる[12]。

(1) Allen, Law in the Making, p. 154.
(2) たとえば、Cross, Precedent in English Law, 1961, p. 3.
(3) たとえば、Jenks, The Book of English Law, p. 34. このことばは、「裁判先例の法理」と和訳されるばあいもある（田中（和）教授・英法概論3頁）。このことばに、「先例拘束性の原理」という訳語をあてるのは、もちろん、その意味をとってのことであろう（高柳賢三・法源理論・46頁）。しかし、この訳語は、the doctrine of binding precedent にたいするものとする方が、ふさわしかろう。
(4) たとえば、Fifoot, English Law and its Background, p. 24、や、Jackson, The Machinery of Justice in England, 2nd. ed., p. 250. この前者の翻訳である『イギリス法——その背景』で、伊藤教授は、このことばに、「先例拘束性の理論」という訳語をあてているが、それは、the doctrine of precedent に「先例拘束性の原理」という訳語を与えるのと同じ考慮によるものであろう。
(5) たとえば、「イギリスの先例制度」（English system of precedents）というように使われる（Allen, Law in the Making, p. 204 また、Salmond on Jurisprudence, 9th ed., p. 248, Note, 167.）。
(6) たとえば、James, Introduction to English Law, p. 11.
(7) たとえば、Marshall, The Limits of Legal Certainty, 1958, Inaugural Lecture, p. 19.
(8) たとえば、Mellor, The Law, 1955 (Teach Yourself Books), p. 24.
(9) いずれかといえば、このことばは、アメリカで、よりしばしば用いられると見える。Blackの『法律辞典』によると、ステーレ・ディサイシスは、「決定された事件を遵守すること」（to stand by decided cases）、「先例を支持すること」（to uphold precedents）などの意味があるといい、つづけて、「ステーレ・ディサイシスの法理は……」（the doctrine of stare decisis……）という形で説明しているが、Ballentine の『法律辞典』には、ステーレ・ディサイシスの項に、「裁判所の決定が、将来の指

導のための先例として効力をもつべしとする法理または原理」(the doctrine or principle that the decisions of the court should stand as precedents for future guidance) という説明が与えられている。すなわち、ステーレ・ディサイシスというだけで、先例遵由の法理を指すわけである（高柳・前掲47頁参照）。なお、『英米法辞典』では、doctrine of *stare decisis* は、「先例覇束力の原則」と訳され、宮本教授『英法研究』5頁では「判例覇束力の原則」と訳されている。

(10) たとえば、Jennings, The Law and the Constitution, 4th ed., p. 279. また、「絶対拘束先例の原則」(the rule of absolutely binding precedent) という用語例もある（たとえばJackson, op. cit., p. 17）。

(11) たとえばBallentine, Law Dictionary, p. 1228.

(12) たとえば、宮本・前掲・1頁。また、穂積（重威）『英国法制研究』130頁。なお、「主義」という語を付して、「先例の法理」を呼ぶ例としては、『英米法辞典』のcase lawの項に、「いわゆる先例拘束主義の行なわれる英米において……」とあるのをあげておこう。

3

　先例を尊重し、それにたいして敬意をはらい、それを守ること、技術的な表現をかりれば、先例に説得的効力ないし権威をみとめて、これに追随することは、イギリス法（ないしアメリカ法）だけに見られる傾向ではない。ただ、イギリス法の場合には、「先例の法理」と呼ばれる一団の伝統的慣習法的な原則の成立をとおして、一方では、先例に拘束力を付することによって、そこに「判例法」(case-law) が成立することを許し、したがってまた、他方では、けっきょく、裁判所と裁判官にたいして法を作る権能を付与することになっている、ということほどに、強い効力を先例にみとめる方法がとられていることが独特なのである。

　まず、この間の事情に要領のよい説明を与えているものとして、クロスの『イギリス法における先例』(Cross, Precedent in English Law) の序説の一部を引用することを許されたい。彼は、一般的にイギリス法の先例の法理の特質を説いてつぎのようにいう。──

　「同様の事件が同様に決定されるということは、司法の一つの基本原理である。このことは、ほとんどあらゆる管轄区域において、裁判官が、ある事件を、それに類似したある事件が別の裁判官によって決定されたばあいの仕方と同じ仕方において、決定する傾向をもつ、という事実を説明するに十分である。〔しかし〕この傾向の強さには、はなはだしい相違がある。それは、他のものがまえにやった

と同じようにやるという性向以上にはあまり出ないばあいがあろうし、また、それは、ある以前の決定から離脱するについて正当の事由がないばあいには、その以前の決定に追随するという明確な義務の結果生ずるものであることもあろう。司法的先例は、ほとんどあらゆるところで、いくらかの説得的効果をもっている。なぜなら、ステーレ・ディサイシス (*stare decisis*)（以前に決定されたところを遵守すること）は、実際上普遍的な適用のある格言なのであるから。イギリスの≪先例の法理≫の独自の特質は、それが強度に強制的な性質をおびるということである。イギリスの裁判官は、もし、そうでなかったとしたら、ある以前の事件に追随しないことについて、十分の理由となるであろうところのものが、かれらにはあるにもかかわらず、ときに、その以前の事件に追随するよう拘束されるのである。ことばをかえれば、先例は、イギリスにおいては、拘束力をもちうるのであって、たんに説得的にとどまるものではない。なぜなら、ステーレ・ディサイシスは、一般的にいえば、この国においては、一つの厳格な準則なのであるから。それは、他のことが多少とも同等であるばあいに追随されるべき、単なる司法的行動の格言以上に出でるところが、はなはだ多いのである。」（同書 4 頁）。

　クロスは、また、ことがらを、やや技術的に解説して、こう述べている。

　「イギリス法は、それから派生した諸〔法〕体系と同様に、それが判例法 (case-law) にもとづくことが大であるという点において、多くの他の法体系と異なっている。≪判例法≫は、決定を下すさいに裁判官によって宣明 (lay down) される準則 (rules) から成っている。判例法にもとづく〔法〕体系においては、爾後の事件における裁判官は、以上の準則を顧慮しなければならない (must) のである。それらの準則は、いくらかの他の法体系においてのように、たんに、ある後の事件における裁判官が、その決定に到達するについて考慮にいれてさしつかえない (may) ところの素材にすぎないのではない。イギリス法が大いに判例法の体系をなしているという事実は、ある特定の事件における裁判官の決定 (judge's decision in a particular case) が≪先例≫ (precedent) を構成するということを意味するのである。もし、われわれが、ある後の事件における裁判官の地位にわれわれ自身をおくとすれば、そこには多くの異った種類の先例がある、ということができるであろう。〔まず〕裁判官は、たんに、かれの現在の決定の基礎となすことのできる素材の一部として、その以前の決定を考慮するよう拘束されるにすぎない、というばあいがあり、または〔つぎに〕裁判官は、それが、そうしないことについて十分な理由を与えることができるのでないかぎり (unless he can give a good reason for not doing so,)、自己の面前にある事件を、その以前の事件が決定されたばあいの

仕方と同じ仕方において決定するよう拘束される、というばあいがある。さいごに、目下の事件における裁判官は、そうしないことについて十分の理由を与えることができるにもかかわらず (even if he can give a good reason for not doing so,) その以前の事件が決定されたばあいの仕方と同じ仕方において、その事件を決定するよう拘束される、ということがありうる。さいごにあげた場合においては、その先例は、その他の場合において、それが、たんに≪説得的な≫(persuasive) 効果しかもたないこと——しかも、そのさい、説得性の度合は、かなりに区々異りうるのであるが——と対比して、≪拘束力をもつ≫(binding) とか、または、≪強制力≫(coercive effect) をもつとか、いわれるのである。」(同書3頁)。

以上のようなイギリス法における先例の法理の大体についての序説的な説明から、いくつかの点が多少とも明らかになったであろう。第1に、いわゆる「先例の法理」には、二つの側面があるということである[1]。その一つは、先例によって法が作られるということ、すなわち、裁判官と裁判所にたいして法を作る権能を認めるという原則である。もちろん、裁判所または裁判官に立法権を認めるということは、先例による≪判例法≫の成立をすなおにみとめる立場において、はじめて可能になる。すなわち、それは、まえに引用したハンベリのことばによれば[2]「裁判官が法を作るということを、まじめに否定しない」態度を前提とするであろう。それは、統治権の作用の一つとしての司法権のあり方にかんするものとして、国家構造にかかわるものと考えられ、その意味で実質的な意義においての憲法にかかわる問題といえるであろう。もう一つの側面は、通例、「先例の法理」の内容として掲げられるもので、前者を許容したうえで、それに実効を与える伝統的な一団の準則または慣行である。そして、この講義では、この後者の側面が解説される。

(1) 「司法的決定が法を作るという原則 (the rule that judicial decisions make law) は、裁判所が上の原則に実効あらしめるについて従う慣行に基礎をおく先例の法理 (the doctrine of precedent) とは、理論的に異る。その両者は、実際上は分離することができない。なぜなら、司法的決定が将来について法を作るということが、ひとたび確立されると、ある法の問題点にかんする決定は、≪先例≫と呼ばれるようになり、かつ、異った先例にたいして付されるべき重要性にかんする何らかの理論が不可欠なものとなってくるからである。≪先例の法理≫という表現は、それゆえ、ときには、司法的決定が法の効力をもつという原則に実効あらしめるについて依拠される慣行のほかに、その当該の原則をもさすのである。」(Cross, op. cit., p. 3)

(2) 法学セミナー76号44頁4段目【→本書156頁上段】。

4

クロスが、いみじくも指摘しているように、≪司法的決定が法を作るという原則≫と、裁判所がその原則に実効あらしめるについて従う慣行にもとづく、いわゆる≪先例の法理≫とは、理論上、はっきり区別されなければならない。そして、司法的決定が法を作るとは、ことばをかえれば、裁判官が法を作るということにほかならない。そこで、いわゆる≪先例の法理≫には、裁判官に法を作る権能をみとめるという、いわば憲法上の原則がふくまれることになることは、〔2〕の3の末尾でふれたとおりである。それは、何らかの制定法によって明示的にみとめられたものでなく、ただながいあいだの慣例として成立しているにすぎないと見られる。ジェニングスは、その著『法と統治構造』のなかの「権力分立」の項で、この慣例に言及して、こう述べる。──

「……コンモン・ロウとエクイティの諸準則は、それら自体、裁判官によって作られてきたものであるが、それら裁判官は、ある法律上の問題点について決定をすることによって、自分たちが、将来の使用のためにする先例と、将来の行為のためにする準則とを創設しているのだ、ということに気がついているのである。この権能は、制定法の解釈においても、また、行使される。1677年の詐欺〔防止〕法第4条の諸事項を支配する法は、右の制定法に含まれているのではなくて、過去250年にわたる裁判官の決定に含まれているのである。イギリスの先例の原則 (The English rule of precedent) は、慎重考慮のうえで、裁判官に法作成の権能を付与する[1]。……」

また、たとえば、ノルマン諸王のイギリス法の展開にたいする影響力の限界について、スレッサーが、「行政の諸事項において、また教会と国家の機能の限定において、まことに、裁判所自体の組織そのものについて、また、裁判官の身分と義務とについて、ノルマンの諸王は、かれらが欲したときには、いかに、かれらが、土着の住民にたいして新しい想念を押しつけるその権力を用いることができるかを証明した。しかも、あるいは、かれらが、エドワード懺悔王の法律を保存すべきことを誓ったがゆえに、または、かれらが基礎的な慣習を変更することを欲しなかったか、もしくは、そうすることができなかったがゆえに、のちには裁判所によって宣言された古いノルマン(征服)以前の土着民の慣習が、裁判官たちの口をとおして、国土の一般的慣習の確認となり、そこからコンモン・ロウが起っ

たという事実は残るのである。」と論じ、さらに、つづけて、「そこで、その法は裁判官作成のもの（judge-made）であった。それは、慣習を法であると宣言する権能と資格（a power and capacity to declare usages to be the Law）とが、最初から裁判官において見いだされるからである。そこで、われわれが、どのようにして、裁判官がこの偉大な権限（this great authority）を獲得したか、を尋ねることは、当然である。」と述べるとき[2]、彼は、この憲法上の慣例の成立に古い史的背景があることを問題としているのである。

　このような、いってみれば≪裁判官立法容認の原則≫としての≪先例の法理≫の一側面は、イギリス法史上、コンモン・ロウが裁判官によって作られたものであるか、どうかにかんする、一方の代表者をブラックストーンにもち、他方のチャンピオンをベンタムに見いだす興味のある歴史的な論争につながるものであるが、それについては、のちに、「裁判官は、どの程度に法を作るか」という問題をめぐる今日の論議を紹介するさいに、多少とも、くわしくふれることにしたい。

(1) Jennings, The Law and the Constitution, 4 ed., p. 279.
(2) Slesser, The Law, p. 25.

5

　クロスがいうところの、≪裁判官立法容認の原則≫に実効あらしめるについて裁判所ないし裁判官が従う慣行としての、通例いわゆる≪先例の法理≫の性格についても、イギリスの司法権のありかたにかんする憲法上の慣例である、というぐらいにしか述べる方法はないと思われる。≪先例の法理≫の性格づけについて、的確に要点をついていると見られるポロックの所論にきいてみよう。彼は、1896年にその初版をだした『法学入門』の第2編第1章「法の明示的な形式」The Express Forms of Lawの「解釈」にかんする叙述のなかで、つぎのようにいう[1]。

　「われわれは、後の一章において、決定された事件に追随することに関するイギリスの司法的慣習（English judicial usage）の細目を、さらにくわしく説明するであろう。それは、すぐれて、イギリスにおいて、ほぼ6世紀にわたって確立されている実際的な慣習（practical usage）上の問題である。もっとも、それが、最初に採用された何らかの明確な時期を、われわれは指示することができない。そして、その重要さにくらべれば、それについての正式な陳述または論議は、ほんの少ししか、なされていない。ケース・ロウ（case-law）というのが、いまでは、

司法的決定によって宣言され発展せしめられ、かつ、それらの決定の公刊された報告〔＝判例集〕に具現される法にあてられる通例の用語である。」そして、もとより、慣習であるから、不文であり、しかも、それに成文の形式を与えようとする企ては、これまで、なされたことがないのである。ふたたび、ポロックのことばをかりよう。彼は、いう[2]。

「とにかくにイングランドにおいては、裁判所のその慣習 (usage) を立法によって規制しようとする企ては、これまでのところ、まったくない。ここに述べられていることは、承認された慣行と伝統（recognised practice and tradition）を、場合の性質上許されるかぎりの大凡の正確さをもって表現せしめる意図によるものである。……」

つぎに、イギリス法における≪先例の法理≫については、その司法的慣習としての基本的な特質のほかに、注意をとめておく必要のあると思われる、もう一つの基本的な特徴があることを忘れてはならない。明敏な読者は、まえに≪先例の法理≫を示す原語のいくつかが紹介されたさいに、その先例に相当する precedent ということばが、単数で用いられたり、複数であらわれたりして、統一がないということに気がついたであろう。今日の法学者たちの用語では、しかし、それが単数で示される場合が多いと見てよい。それは、すなわち、先例が単数で表示されなければならない理由があるからにほかならない。「イギリスの司法的先例の法理の独自性は、もし、必要な諸条件が存在するならば、──わけても、もし、問題の諸裁判所が、たがいにある関係に立っているならば、以前の決定は、たんに説得的権威をもつにとどまらず、類似の種類の後の事件にたいして拘束力をもち、かつ、個々的に (individually) 拘束力をもつのであって、たんに、司法的な慣行を確立する一連〔の決定〕の一部としてとどまらない、ということである。」と、ある著者がいうとき[3]、彼は明白にその特質に言及しているのである。

そして、こういう特徴をもつものとしてのイギリスの拘束先例の法理は、「比較的現代的なもの」(comparatively modern) であることが、これからの説明で分ってくるはずであるが、ここで、この司法的な慣行について、法学者たちが、どんな概説をしているかを、まず、さぐって見よう。

まず、ポロックは、『法学入門』の第2編第6章「判例法と先例」Case-Law and Precedents の冒頭に、今では、この点にかんする古典的と見てよいと思われる記述をしている。彼のいうところは、つぎのとおりである[4]。──

「決定された事件（それは、現代においては、すべての実際的な目的にとって、報告された事件〔reported cases〕を意味する）の権威にかんしていえば、われわれは、

それらの事件が、原始管轄の上級裁判所から出ているのか、または、それ自体さらに上訴に服している控訴審裁判所から出ているのか、それとも、終審裁判所、すなわち、その決定は、どのような他の法廷によっても覆審されることのできない裁判所から出ているのか、どうかを考慮しなければならない。普通の上級裁判所の決定は、同じ管轄内のより下位のすべての裁判所にたいして拘束力をもち、かつ、同等の権威をもつ裁判所にたいして、また、その裁判所自体にたいしても絶対的に拘束力をもつものではないのではあるが、反対の強い理由がない場合には追随されるであろう。そのような理由として可能なもののうちで最強のものは、さらにより高位の権威〔をもつ上級裁判所の判決〕を、その追随されない決定が無視しているということである。

　控訴審裁判所（a Court of Appeal）の決定は、それの下位裁判所と同位にあるすべての裁判所にたいして、また、一般的に、イギリスの慣行にしたがえば、控訴審裁判所自体にたいして拘束力をもつ。

　最終審裁判所についていえば、その決定は、すべての下位の裁判所にたいして、たしかに拘束力をもっている。そのような裁判所が、それ自体の決定によって拘束されるものと自らを見るべきか、どうかという点については、慣例にちがいがある。貴族院（House of Lords）は、この方向に、もっとも極端に走っているものであって、孤立しているように思われる。合衆国の最高裁判所は、他方において、一度ならず、公然とそれ自体の従前の理論（doctrine）をくつがえしており、その他のいくつかの最終審裁判所は、非常に特殊な状況におけるばあいをのぞいて、それら自体の以前の結論（conclusions）にたいして反対の意見を出すということをしていないが、そうする権能がないと主張してもいないのである。」

　ポロックが、イギリス法とアメリカ法の双方を対象として記述していることは、明らかである。そこで、もっぱらイギリス法の慣行をとりあつかう例として、ゲルダートをあげてみよう。

　ゲルダートの説明は、こうである[5]。──

　「イングランドの事件の圧倒的大多数についての、この国における最高の上訴審裁判所──貴族院（House of Lords）──は、最近百年のあいだに一度ならず、同院は、同院によって下された以前の決定が問題とされることを許容しないであろうと判示している。将来において同院が、この自己の決定の絶対的拘束性（the absolutely binding nature of its own decisions）という見解から離れさるということは、ありそうもないことだと思われる。貴族院より下位にあるすべてのイングランドの裁判所は、同院の決定によって絶対的に拘束される。同様に、貴族院の

すぐの下位にたつ控訴院 (the Court of Appeal) の判決は、すべてのそれより下位の裁判所にとって、また、控訴院自体にたいしてすら、拘束力をもつ法の宣言である。しかしながら、控訴院のある決定が、以前に決定されていたことを明白に忘れて下されたときに、その決定が下級の裁判所によってさえ、追随されなかった事件が、1、2 はあるのである。

　控訴院よりも下位の裁判所によって下される決定は、それが確立された法の諸原理と明らかに矛盾する場合、または、（何ら以前に確定された原則がないときには、）それが明らかに不合理である場合をのぞいて、同位の裁判所にたいして、拘束力をもつ。

　他方において、ある下位の裁判所の決定は、それより上位にある何れの裁判所にたいしても、一次的には、拘束力をもたない。しかし、時がたつにつれて、それは、より上位の裁判所でさえも無視しないであろうところの権威を獲得することがある。ある問題が、一度も、控訴院または貴族院にまで上訴されていったことがなく、より下位の諸裁判所が、その問題をくりかえし同じ仕方で決定しているということが起る場合があり、あるいはまた、下位の裁判所の単一の決定でさえも、長いあいだ問題とされずに残っているということもありうるのである。そのような場合には、必然的な結果は、法律家たちと公衆とが、そのような決定を法と見るようになり、そして、あたかも、それが法であるかのように信じて行為をしてしまう、ということになるであろう。〔すなわち〕人々は、そのような決定を〔法であると〕信じて、契約を締結し、事業をいとなみ、その財産を処分しているであろう。そこで、〔その決定にふくまれる法の〕準則がくつがえされれば、それに伴ない、はなはだしい圧制を生ずることとなるであろう。法が安定しているということの方が、それが完璧であるということよりも重要であることが、しばしばある。帰着するところは、より上級の裁判所でさえ、ある下位の裁判所のある決定が原理において誤っていると、おそらくは考えているにかかわらず、すべての人が確立されたものとしてとりあつかっているところのものを覆えすことの弊害は、一つのまちがった準則を存続させることの弊害よりも、より大きいと判示して、その決定〔にふくまれる法準則〕を取消すことをこばむということになるのである。」

　さいごに、アリンをあげよう。彼の立場には、いわば、歴史法学派としての特色がにじんでいる点で注目されてよいのであるが、彼は、≪先例の法理≫を組成している「一般的な諸準則」(general rules) について、つぎのように概言する[6]。
「イギリス法における先例の適用 (the application of precedent) を支配すると、

今日普遍的に考えられている一般的な諸準則にたいしては、はなはだ手みじかな言及以上のことをすることは不要である。」と前置して、彼は話をすすめる。「おのおのの裁判所は、その上位にある裁判所の決定によって拘束される。第一審の裁判所にたいして、問題なく権威的であると認められない、ただ一つの上訴審裁判所は、枢密院司法委員会（the Judicial Committee of the Privy Council）である。〔しかし〕下級の諸裁判所は、理論上、司法委員会にたいしての独立性を留保するものであり、かつ、民事責任上の少なくとも一つの重要な原理については、その先例に追随することを、いんぎんに、しかし、きっぱりと拒否しているにかかわらず、実際上は、この法廷の決定は、この法廷が、よしんば管轄権については、そうでないとしても、人員については、大きい程度においてその第2の我（alter ego）をなしているところの貴族院の決定とほとんど同等の尊敬をもって、とりあつかわれるのである。

　個々の裁判官は、相互の決定によって拘束されない。しかし、かなりの疑問をへてから支配するようになっている法理にしたがえば、貴族院（House of Lords）と控訴院（the Court of Appeal）とは、それら自体の以前の決定によって支配（govern）される。〔枢密院〕司法委員会は、理論上は、そのように支配されない。しかし、司法委員会がそれ自体の先例から離脱するのは、もっともはなはだしい嫌気をもってのことにすぎないのである。」

　そして、アリンは、つづけて、かれのいわゆる「解釈原理」(principles of interpretation) 五つをかかげる。かれは説く。――

　「全体を通じて、ある十分に承認された解釈原理の適用がある。

　第1、どんな裁判所のどんな判決でも、関連性のあるものは、注意ぶかい考慮をうける資格をもつ有力な論議である。

　第2、どんな裁判所のどんな判決も、そのうちで、争訟当事者のあいだの現実の係争点の決定にとって必要であったと考えられるところの、レイシオ・デシデンダイ（ratio decidendi）と呼ばれる部分についてだけ権威的（authoritative）であるにすぎない。何が真のレイシオ・デシデンダイであったかを決定することは、およそ、如何なる審級のものであれ、その先例を考慮することを求められる裁判所がなすべきものである。

　第3、古さ（antiquity）は、かならずしも先例にたいしてその権威を減損するものではなく、むしろ、その権威を強化する。ただし、法が、その決定が下されてから後に明確に変更されている場合は別である。

　第4、これに反して、法が変化する社会的諸条件にたいし、徐々に適応してゆ

くものであるということ、また、非常に古い先例がしばしば現代の状況に適応できないものであるということは、十分に承認されているところである。この理由のために、古い先例は比較的まれにしか引照されない。先例は、ある点にいたるまでは、〈年月とともに味がよくなる〉が、それからは〈味がおち〉はじめる葡萄酒にも比することができよう。

　第5、先例を記録することについては、一つの至高の組織があるわけではない。〔そこで〕先例は、裁判所が信頼できると考える、どのような淵源からでも——規則的かつ定期的な判例集のシリーズのほか、新聞、手記、史的文書から、または、裁判官の個人的な回想録からさえ、引きだすことができる。だれでも、公開の法廷で審理された事件の報告を公刊することができる。しかし、1865年からこのかた、すべての裁判所について、たとえ、如何なる意味においても国家によって認許されてはいないにせよ、〔法〕専門職の人たちによって独自の権威のあるものと認められた判例集の一つのシリーズがある。1865年からこのかたの事件については、これらの判例集は、とくに、そこに記録されている判決がしばしば、公刊に先だって裁判官自身によって訂正されるために、私的企業によって公刊されるどんなシリーズ（その数は多い）よりも、より多くの尊敬をうけるのである。」

(1) Pollock, A First Book of Jurisprudence, pp. 242-3.
(2) Pollock, op. cit., p. 320.
(3) Phillip's A First Book of English Law, 2nd ed., p. 114.
(4) Pollock, op. cit., pp. 319-320.
(5) Geldart, Elements of English Law, 5th ed., pp. 7-8.
(6) Allen, Law in the Making, 2nd ed., pp. 154-157.

6

　これからの説明をより分りよくするために、ここで、これまで≪先例の法理≫について述べられてきたところを、いちおう、整理してみよう。

　第1に、≪先例の法理≫は、その全体の法的な性格という観点から見れば、一種の憲法的な慣習である、といわなければならない。それは、すなわち、ポロックのいわゆる「司法的慣習」、または「承認された慣行と伝統」であって、それについては、何の制定法も存在しない。裁判所と法律家とが、裁判の実際の運営のうえで、それに即した行動をとるということが、その存在を明らかにするのであ

る。ときおり、裁判官は、先例の法理について、それを組成する個々の準則について、意見を表明する。しかし、概言して、その種の発言は部分的ないし断片的であって、この法理全体にわたるものとして、整理された意見が裁判官によって表明された例はないのである。また、それは、判例法でもない。まして、先例の法理が、それについて行なわれるわけでもない。

　そのように、先例の法理は、ときおり、裁判官の発言をとおして、部分的ないし断片的にその存在を示すほかは、裁判の実際的運営のなかに、慣行ないし伝統として存在をつづける。そこで、その慣行ないし伝統を、裁判官の発言をよりどころとして、理論的に整理して記述する仕事は、学者たちによって引きうけられることになる。それは、アリンのいわゆる「司法外的理論」(extra-judicial doctrine)にほかならない[1]。われわれは、通例、そういう学者たちの記述をとおして、イギリスの先例の法理に接近する。ところが、それは、ながい伝統にもとづいた不文の慣行なのであるから、それら学者の記述の結果は、かならずしも互に一致しないところがでてくるのをまぬかれえないことになり、しかも、のちに明らかになるように、ときには、基本的な点についてさえ、理解のくいちがいがないとは、けっして、いえないのである。前項5に引用された3人の学者の記述をつきあわせてみるだけでも、そのことについて、いくらかの推察をする材料を見つけだすことができるであろう。また、それらの記述に、学者それぞれのドグマをもちこむ余地も、けっしてないわけではないのである[2]。

　なお、そもそも、こういう慣習ないし慣行が成立していることの根拠は何であるか、という疑問は、当然にでてくるであろう。そして、もし、ブラックストーンからこのかた、一般にみとめられているように、国会の立法権の優越または万能性、ダイシーのいわゆる国会主権をみとめるとすれば、それは、けっきょく、国会主権の寛容ないし容認によるもの、というよりほかはあるまい。先例の法理は、つまりは、いわゆる「法の支配」の一つの条件をなしているものと見られようが、その「法の支配」そのものが、つきつめれば、国会主権の寛容によって成立するものであることは、ダイシーもみとめるところなのである。ダイシーは、こういっている[3]。——

　「国会の主権と国土の法の優位——イギリス統治構造の全体にゆきわたる二つの原理——は、たがいに対立する関係にあるか、または、せいぜい、ただたがいに相殺する力にすぎないと見えるかもしれない。しかし、このような外見は、誤った印象をあたえやすい。国会の主権は、主権の他の形態と対比すれば、法の優位を支持する傾向をもち (favours)、他方、〔法の優位によって〕われわれの諸制度を

通じて厳格な合法性が支配していることは、国会主権の行使を呼びおこし、また、このようにして、その権威を増大するのである。」ダイシーが、ここで、favourといっているのは、寛容または容認を積極面から見てのことにすぎない。

第2に、≪先例の法理≫には、はっきり区別されなければならない二つの側面がある。その一つは、司法的な立法を承認する憲法的な慣習という側面であり、もう一つは、ふつう≪先例の法理≫と呼ばれている側面である。前者の側面は、通常の判例法論議においては、はっきり意識されないで、むしろ暗黙の前提となっている、と述べるのが適当かもしれない。≪判例法≫という用語が、まさに、その前提を要求することは、とくに述べるまでもないところであろう。そして、先例の法理のこの側面を多少とも強調する必要を生じさせるのは、主として、裁判官は法を作らず、たんにそれを宣言するにすぎないという古典的な理論ないし考え方があって、それが先例の法理の理解のじゃまになっているきらいがあるからなのである。——こうして、≪先例の法理≫という表現は、通例、その第二の先例運用の伝統と慣行という側面について主として使われることになる。それは、先例運用の司法的慣行をめぐる原理とテクニックの総体であるということができよう。

なお、ここで、このような司法的慣行の強制力は、どこにあるのか、あるいは、先例に追随するという義務の本質は何であるか、という問題について、いちおうの考察をしておくのが便宜にかなうと考える。一口でいえば、ほかの何らかの集団の伝統とか慣行とか呼ばれるものの場合と同じように、それは裁判官なかまの世論の圧力によって裁判に与えられる義務であり、その圧力によって強制力を与えられている慣行である、ということになろう。それは、裁判官をふくむ法曹の集団的専門職業的統制力にかかっている、ともいうことができよう。クロスはいう[4]。——

「だが、この〔先例追随の〕義務の性質は何であるか。それは、かなりに輪廓のはっきりした慣行に追随する義務である。その効果性は、それが司法的職位の過去および現在の保持者たちによって承認されているという事実にかかっている。もし、ある裁判官が、ほかの裁判官たちの無数の陳述にしたがえば、彼が追随するよう拘束されている判例に追随することを執拗に、かつ声高に拒絶したとすれば、彼をその職位から排除するために手段がとられるようになるということは、ありうるところである。しかし、先例の諸準則にしたがって行為することにたいする裁判官の義務についてのそのような激烈な制裁の関連において考えることは、まちがいであろう。それらの準則は、慣行上の準則なのである。そして、もし、

それら準則に遵従すべき義務にたいする制裁について語ることが望ましいと考えられるとすれば、不遵従は、おそらく他の裁判官たちからの好意的でない批評を誘起するであろうと述べれば十分である。いうまでもないことであるが、判例集には、そのような批評の例は多くはない。なぜなら、ある慣行に追随するという義務は、その慣行が高度の画一性をもって追随されているという事実から、その〔強制〕力をえているものなのであるから。しかし、貴族院のある決定が当事者間に禁反言を創設するというより以上のことは何も実現するところがない場合もあろうという示唆にたいするエルダン卿 (Lord Eldon) の評言は、ある裁判官が、ある上級裁判所のレイシオ・デシデンダイを区別〔して追随を拒否〕することができないときに、それに追随することを拒否することにたいする司法的反応として、おそらくは典型的なものとなるであろうところのものを示している。」そのエルダン卿の評言というのは、つぎのとおりである(5)。「ヘリオット病院の封土権譲受人の事件についてなされたところの、その事件における当院の判決は、服従 (obey) されなければならないものではあるが、追随 (follow) されなければならないものではないという言説にかんしては、これは、もし追求されれば、若干の注意をすることを要するようになるであろうところの一つの針路となるであろうということを、失礼ながら述べなければならない。けだし、ある裁判所は、ある事件が事実と状況とにおいて〔先例と〕異なる場合には、それが、これらの異なった状況にもとづいて進行する自由をもつと述べてさしつかえないとはいえ、わたくしは、この国のある裁判官の口から、かれが当院の判決にたいして、その特定の事件においては服従するが、しかし、他の事件においてはそれに追随しないであろうということばが、かつて洩れたことを思いださない。」

　第3に、先例運用の原理とテクニックの総体としての≪先例の法理≫は、現代イギリス司法の慣行としては、正確には、≪単一拘束先例の法理≫または≪単一先例拘束の法理≫ (the doctrine of single binding precedent) と呼ばれなければならない。このことについては≪先例の法理≫に相当するいくつかの原語が説明されたさいにも、すでに言及された。先例の拘束力は、個々の先例について認められる建前がとられるのであるが、それは、のちに述べられる、レイシオ・デシデンダイの決定の仕方と、うらはらの関係にあると思われる。そして、先例の法理の通常の解説においては、それが、建前として、単一の先例についてのものであるということを、読者に明確に意識させるようなことばづかいが、かならずしも、行なわれていないように見える。前項で引合にだされた3人の学者の所説についてみても、すでに、だいたい、そうである(6)。すなわち先例の拘束性が、じつは、

単一の、個々の先例の拘束性であることを、はっきり意識し、それについて明確な表現を使って述べることは、とくに、何がレイシオ・デシデンダイであり、また、そのレイシオ・デシデンダイは、どのようにして決定されるのかというような問題が、くわしい検討をうけるようになってから後の学者によって、ようやく、なされるようになったと見える。たとえば、1932年5月6日にオックスフォード大学での就任講義のはじめのところで、グッドハート教授は、こう述べる[7]。——「それゆえ、わたくしが、わたくしの就任講義の主題として、イギリス・アメリカの法律家たちにとって独特の興味があるもの——けだし、それは、他のどんな法体系においても、同じ程度においては存在しないのでありますから——であるところの、司法過程の一つの特徴点、すなわち、個別拘束先例の法理（the doctrine of the individual binding precedent）をえらぶとき、わたくしは安全な仲間のなかにいるわけであります。」また、クロスは、「……この目的のためには、われわれの予備的な陳述は十分である。なぜなら、それは、イギリスの法理の特徴的な点——単一の以前の決定の強制的効果 coercive effect of a single previous decision) を強調しているからである。」というように述べて[8]、その点を強調している。

第4に、≪先例の法理≫は、先例の拘束力(binding force)または権威(authority)についての、普遍的に承認された数個の一般的準則から成っている。≪先例拘束力の法理≫とか≪単一拘束先例の法理≫とかいうような、≪先例の法理≫の別の呼び名は、そのことを端的に示しているわけである。そして、先例が拘束力をもつというのは、その先例と類似した後の事件を裁判する裁判所ないし裁判官が、その先例に拘束される（is bound）こと、または、その先例に追随（follow）しなければならないことを意味するのであるから、そこに、その先例となる決定を行なった裁判所ないし裁判官と、その先例によって拘束され、または、それに追随しなければならない裁判所ないし裁判官とのあいだの審級の上下の関係が、当然問題となってくるであろう。すなわち、ゲルダートのことばを借りれば、先例の拘束力は、「すべての場合に、抵抗できないものというわけではない[9]」のであって、裁判所の審級の上下によってちがいがある。そして、前項に引用された3人の学者の所説には、そのような裁判所の階層制に対応して先例の拘束力に差等をみとめる司法的慣習の基本線について、ほぼ、実質的な一致が見られる。ただ、ポロックは、イギリスとアメリカの双方について、一般的に三審制度を前提として、抽象的に語っているのに反して、ゲルダートは、現代のイギリス中央裁判所の組織を具体的にとらえて、その審級順に個々の裁判所の拘束力について語り、

また、アリンは、審級について上下の関係にある裁判所と、同位および同一の裁判所とにわけて語っている、というちがいがある。そして、拘束力が上から下への関連において、主として問題となるだけでなく、ときには、下から上への関連において問題となる可能性があることを指摘しているのは、ゲルダートひとりである。ただ、全体的に見れば、この点は、むしろ、イギリスの先例法理の欠点として論議されるのが、ふつうであるということを、いちおう明らかにしておこう。なお、これらの学者が、いずれも、はっきり、それを述べないで、じつは、民事裁判所の系列だけについて語っているにすぎないことが指摘されなければなるまい。そして、刑事裁判所をふくめて、もう少し詳細にイギリス裁判所の組織をとらえ、その主要なものの一つ一つについて考察をしてみる必要があることは、とくに述べるまでもないのである。

ところで、先例の拘束力にかんする一般的準則について概説をするにあたって、アリンが、「先例の適用」（the application of precedents）という表現を使っていることは、まえに引用したとおりであるが、先例の拘束力についての説明で、そういう表現が用いられるのは、むしろ、めずらしいことであるといわなければならない。正統的な用語にかえて、アリンが、あえて、こういうことばを使うのは、やはり、先例にたいする彼の考え方によると思われるが、一つには、先例に「拘束され」または「追随」しなければならないとされる裁判所ないし裁判官に、いわば、自主的に先例を操作する余地があるものであり、また、その余地がなければならないと、アリンは考えるからであろう。アリンは、別のところでは、「先例の使用」（the employment of precedent）ともいっているが[10]、そこに、先例の機能への着眼、その手段性の承認があることは明白である。また、一つには、しょせん、先例に従うということは、制定法の場合と平行的に考えれば、先例にふくまれるレイシオ・デシデンダイ＝いわゆる「判決理由」または「判決原理」＝法の準則ないし原理を、後の類似した事件に適用することにほかならないと見ることができようからである。そして、「先例の適用」という考え方が、ひとたび認められれば、その先例についての解釈（interpretation）が、当然に問題となってくるであろう[11]。そこで、アリンが、５個の「解釈原理」をあげているのは、まことに自然のなりゆきというものである。そして、その「解釈」の対象になるのは、いうまでもなく、レイシオ・デシデンダイであるが、このようにレイシオ・デシデンダイの決定に関連する諸事項について一般準則を整理しようと試みた例は、アリンのほか、あまり見かけない[12]。ただ、レイシオ・デシデンダイの決定そのものについては、次に述べるように、むしろアリンより後に、くわしい分析的な研

究がなされ、それについて、はげしい論争さえ生ずるようになるのであって、それは、かならずしも、アリンがいうように「はなはだ手みじかな言及以上のことをすることは不要である」というほどに、かんたんにわりきる問題ではない、と思われる。

　第5に、ゲルダートにおいて典型的に示されている現代的な単一先例の法理としての先例拘束力の階層制は、じつは、確立されてから、まだ、あまり古いものではないということが注意されなければならない。フィリップスが、それは「比較的現代的なもの」であると断言していることは、前項に紹介したが、『法における常識』のなかで、ヴィノグラドフもまた、「イギリスのコンモン・ロウにおいてさえ、先例の組織的な使用（the systematic use of precedents）は、比較的おくれて発展したものであって、19世紀というほどおそい時代にも、全構造の基調——貴族院における慣行の画一性——は、まだ確立されなかったのである[13]。」と述べている。すなわち、ゲルダートからの引用文によって明らかなように、先例の拘束力の階層制において、かなめの位置にあるのは、貴族院の決定の「絶対的拘束性」なのであるが、のちに明らかにされるように、貴族院じたいが、その点について、19世紀のなかばにも、まだ疑いの余地がないほどに確乎とした慣行をうちたててはいないのである。そして、そればかりではない。現代のイギリスの司法組織が確立され、したがって、ゲルダートの記述に見られるような、いわば、すっきりした先例拘束性の慣行の構造のできあがる素地が、十分にそなわるようになるのは、「1873年-5年裁判所法」（the Judicature Acts, 1873-5）からあとのことにすぎない。そのうえに、また、先例の法理と不可分の関係にあるところの「判例集」の整備が、アリンの記述から知られるように、19世紀のなかばすぎになって、はじめて満足すべき程度にたっするという事情がある。

(1)(2)　Allen, op. cit., p. 157. 彼のことばは、つぎのとおりである。「たしかに、裁判所それ自体の慣行においてではないが、われわれの司法外的理論において、われわれの法的推論においての先例の真の機能を不明瞭にする傾きのあるところの、多数のスコラ哲学的かつ、私の見るところによれば、無益なドグマが生じているということは不幸なことであると、私は示唆する。」
(3)　Dicey, The Law of the Constitution, 2nd ed., p. 402.
(4)　Cross, Precedent in English Law, p. 104.
(5)　Gordon v. Marjoribanks (1818), 6 Dow. 87, at p. 112; 3 English Reports 1408, at p. 1416
(6)　まず、ポロックが、「決定された事件の権威にかんしていえば、われわれは、それ

らの事件が……」というとき、彼は、いうまでもなく、複数の事件について語るという形をとっているのである。また、ゲルダートも、まず、先例の拘束力についての一節の標題を"The Binding Force of Precedents"と複数形を使っているだけでなく、さらに、「貴族院は、最近百年のあいだに一度ならず、同院は、同院によって下された以前の決定が問題とされることを許容しないであろうと判示している。将来において同院が、この自己の決定の絶対的拘束性という見解から離れるということは、ありそうもないことだと思われる。」と訳出された原文のなかで、「同院によって下された以前の決定」の場合には、"a previous decision given by it."と、decisionを単数で使い、あとで「この自己の決定の絶対的拘束性」の場合には、"this view of the absolutely binding nature of its own decisions"と複数で使っているのである。ゲルダートは、その叙述を全体として観察すると、かなり気をつけて、先例の拘束力を語るさいには、なるべくdecisionやcaseを単数で用いるようにしているのではないかと思われるが、しかし、≪先例の法理≫におけるその先例が単数でなければならないことを、彼が、はっきり意識しているという推測は、下級裁判所の決定が上級裁判所を拘束する場合は、原則として、「より下位の諸裁判所が、その問題をくりかえし同じ仕方で決定している」場合であると述べていること、すなわち、下級裁判所の先例は、単一の決定としてではなくて、むしろ一連の決定として拘束力をもつようになると説いていることから、反対解釈的にでてくるのである。なお、ゲルダートは、下級裁判所の決定の拘束力の根拠を示すさいには、such a decision（そのような決定）とか、a decision of a lower court（ある下位の裁判所のある決定）というように、やはり、「決定」ということばを単数で使うように注意をはらっていると見える。さらに、アリンの場合にも、「おのおのの裁判所はその上位にある裁判所の決定によって拘束される。」と訳出された原文では、「裁判所の決定」は"the decisions of Courts above it"となっており、また、「個々の裁判官は、相互の決定によって拘束されない。」では、「相互の決定」は"each other's decisions"となっているのに、彼のいわゆる「解釈原理」の第1則、第2則および第3則では、「判決」（judgement）、決定（decision）、先例（precedent）の三つの語が、いずれも単数で使われているのに、第4則と第5則では、先例（precedents）の語は複数で使われている。これらのことばの単数と複数の使いわけが、アリンの場合ばかりでなく、他の学者の場合にも、よく考えてみれば、それぞれ理由があってなされていることは、いうまでもないのであるが、すくなくとも、初歩的な読者にとっては、誤導的であるというきらいがあることは否定できないであろう。要するに、とくに外国人の初歩的な読者にとっては、「単一先例拘束の法理」であるという先例法理の基本的特質は、もうすこし、明確に説き示されることが必要であると思われる。あるいは、むしろ、そういうことを承知してかからないと、大切な点を見失うおそれがある、というべきかもしれない。たとえば、上述のような、一貫していないかに見えるアリンの用語は、"IV Precedent: Authority and Operation（第4章先例—権威と作用）の第1節、「イギリス法における先例の適用についての一般

的な諸準則」（General Rules for Application of Precedents in English Law）に見られるのであるが、この章の標題における"Precedent"が、この章の第2節の見出しの"Authority of Precedent"の場合のそれと同じく、いずれも単数になっているのは、全章を通じて、同じ表現が使われていることを思いあわせれば、明らかに単一先例の法理を意識してのことなのであるが、何らか特別の注意をうけないかぎり、ふつうの初心者は、そのことを見すごしてしまうのではあるまいか。なお、あとの(11)を参照されたい。

(7) Goodhart, Precedent in English and Continental Law, 50 L.Q.R. 40.
(8) Cross. op. cit., p. 6.
(9) Geldart, op. cit., p. 7.
(10) Allen, op. cit., p. 157.「どんな先例が認容されてよいのか、また、どんな先例が認容されてはならないのか、について、〔司法外的理論において〕非常に多くの恣意的な区別がなされているために、われわれは、単なる決定がそれ自体において争点を解決するものと見て、先例の使用全体を支配する根本原理を忘れる危険におちいっている。」―「先例の使用」というアリンのことばは、こういう文脈にすえられている。
(11) 先例について、「解釈」という語を使う別の例として、ハンベリをあげよう。彼は、こういう。―「そのもっとも単純なことばで表現されるとすれば、司法的先例の理論は、ある法律問題についての、ひとりの裁判官のある決定（a decision of a judge）は、ひとたび下されると、当該の裁判官自身ならびにより下位の裁判所のその後の裁判官たちを、それと同じ問題をそれと同じやり方で決定するよう拘束する、ということなのである。あたりまえのことだが、正確に同じ事実関係をもつ2個の事件を見いだすことは、まれである。そこで、ある裁判官の前面にある事件の事実関係が、彼にたいして引用された、ある以前の決定（a previous decision）によって、じっさいカバーされているか、どうかを決定することは、しばしば、その裁判官の義務となるであろう。彼は、実際において、その以前の事件〔＝決定〕にたいして、あるいは、拡張的な、または縮少的な解釈（widening or narrowing interpretation）を適用するであろう。」（Hanbury, English Courts of Law, p. 24.）。ここでも、decisionが意識して単数形に用いられていることが注目される。
(12) アリンは、「先例」論のしめくくりの部分で、「先例の適用についての一般的準則」として、すでに引用された文章では、「適用」と「解釈」にわけられているものを、つぎのように、一組にまとめている。―「これらの準則は、つぎのとおりである。(1)おのおのの裁判所は、その上位にある裁判所の決定によって拘束される。そして、貴族院および（そう見えるのであるが）控訴院は、それら自体の決定によって拘束される。(2)どんな裁判所のどんな判決も、関連性のあるものは、尊敬をこめた考慮をうける資格をもつ有力な論議である。(3)判決は、ただ、そのレイシオ・デシデンダイについて権威的であるにすぎない。(4)先例は、時の経過によって廃棄されない。(5)しかし、非常に古い先例は、実際上、現代的状況に適用できないのが、ふつ

192　II　判例法理論

うである。(6)先例は、裁判所が信頼できると考える、どんな淵源からでも引用されてさしつかえない。しかし、イングランドとウェールズのための判例集作成会議 (Incorporated Council of Law Reporting for England and Wales) の判例集は、独特の権威をもっている。」
(13)　Vinogradoff, Common Sense in Law, p. 177.

〔3〕　イギリス現代裁判所の組織
　　　——「先例の法理」の前提条件

1

　まえに紹介された3人の法学者の先例拘束力の階層制についての所論が、すっきり整理され簡素化された裁判所組織においての三審制を自明の理として前提していることは、明らかな事実である、といってよかろう。それら3人の法学者のうち、イギリスだけについて解説をするゲルダートとアリンとにおいては、貴族院、控訴院および高等法院という一つの階層制をなしている三つの裁判所が主として登場し、これにほぼ貴族院と同位におかれる枢密院司法委員会が加わるだけである。ただし、その階層制の最下位にある裁判所についての記述は、じつは、まえに引照された両学者の文章には、とくに高等法院を明確に名指すところがなく、「控訴院よりも下位の裁判所」とか、「第一審の裁判所」とかいうような抽象的な表現が使われるだけである。しかし、ゲルダートの最新版では、そのような抽象的な表現にかえて、具体的に高等法院という名称が使われる。すなわち、まえに引用された「控訴院よりも下位の裁判所によって下される決定は……同位裁判所にたいして拘束力をもつ。」という文章のかわりに、そこでは、「高等法院の2人または3人の裁判官からなる部裁判所（Divisional Courts）によって下される決定は、大なる程度にまで、控訴院の決定と同じ立場に立つ。1人の高等法院の裁判官の決定は、しかしながら、他の裁判官から高い説得的権威をもつものとして取りあつかわれはするが、かれにたいして絶対的に拘束力をもつものではない。」と述べられている。この「部裁判所」をふくめての高等法院の決定の拘束性については、もう一度、たちかえる機会があるので、ここでは、これ以上深入りしないが、とにかくに、第一審裁判所として考えられているのが、だいたい高等法院にほかならないということは察しがつくであろう。そして、もし、先例の法

理を考える場合に前提とされるのが、ほぼ四つの裁判所にすぎないとすれば、た しかに、そこで考えられている裁判所組織は、すっきり整理されているといって よいであろうし、また、日本の裁判所組織とくらべれば、そのかぎりでは、それ は、おどろくべく簡素化されたものといわなければなるまい。そして、現代的な 先例の法理が、そういう簡素化された裁判所組織をぬきにしては考えられないこ とを、前記の諸学者の文章は示しているわけである。それは、判例集の編集と刊 行について1865年以降おこなわれている仕組とともに、現代的な先例の法理の主 要な前提条件をなしていると見られる。アリンは、こう述べる[1]。

「それは、たしかに、19世紀の産物である。しかし、私は、現代的な〔先例の〕 法理が最後的に確立されるにいたった何らか正確な時点を定めることが可能であ るとは考えない。気づかれないほど徐々に、それは発展する。そして、二つの原 因が、それの最後的な確立に貢献しているとしてよいであろう。――その一つは、 1865年におけるロウ・レポーツ（Law Reports）の半官的正規化であるが、それ は、決定の記録の精確さについての一切の疑念を解消した。また、その一つは、 裁判所法（Judicature Acts）のもたらした諸改革であるが、それは、複雑さのより 少ない裁判所の階層制（less complex hierarchy of courts）をうちたて、およそ競 合する管轄権の問題を最小限におさえたのである。」

ところで、このアリンの文章は、イギリスにおける裁判所組織の簡素化ないし 整理が、いわゆる「裁判所法」の改革によって実現されたものであることを示し ているが、正確にいえば、その裁判所法とは、「1873年―5年裁判所法」(the Judicature Acts, 1873-5) を指すのであるから、イギリスにおける現代的な先例の法理の 成立を可能ならしめる簡素化された裁判所組織は、ようやく、ほぼ90年まえに確 立されたことになり、現代的な先例の法理の年齢も、それをもとにして計算され るのが正当だということになるであろう。

このようにして、1873年―5年「裁判所法」を中心としてイギリスの現代裁判 所組織を説くことができるのであり、また、それを説くことは、この講義の主題 についての考案を進展させてゆくについて、欠くことのできないものとなる。と ころが、イギリスの裁判所組織は、それを全体としてみれば、イギリスの社会の 変動とともに発展してきたという、ながい歴史をふまえるものとして、すこぶる 複雑なものであって、もとより、この講義の主題との関連だけにおいて、手がる に説明しきれるようなことがらではないということが、注意されなければならな い。それは、「裁判所法」による改革にもかかわらず、そうなのであるとさえ、いっ てよかろう。ハンベリのいうところを聞こう。かれは、まえにも引用された『イ

ギリスの裁判所』のなかで、こう述べている(2)。

「イギリスの山河のたたずまいのうちで、〈古き父なるテムズ〉(Old father Thames)ほど、質朴で、親愛味があって、また親近感のあるものは少ない。しかも、家庭用水の供給源を見つけだすことは、しごくやさしいことであるのに、テムズ河の岸辺に一生涯住みついている人も、テムズ河が流れはじめる地点を正確につきとめるということになれば、当惑してしまうであろう。この寓話は、アメリカとイギリスの司法組織のあいだの比較にあてはめてもよいであろう。前者は作られたのであり、後者は成長したのである。イギリスの司法組織の勉強に、現代的な官吏の理想的な資質と見られているところの、《きちんと整った精神》(tidy mind) をもってくることは、学生にとって無用である。それというのは、その組織は計画によってできたものでなく、それは、時代の要求に応ずるために、ある自発性をともないつつ、いわゆる《手から口へ》(from hand to mouth) と発展したものだからである。われわれがけっして、いわゆる《権力分立》の関連において、それについて考えてはならないということを強調することが、いちどならず必要であったが、それというのも、成文のアメリカ憲法に浸透しているこの理論は、不文のイギリス統治構造の一部を形成したことが、かつてないからである。……また、イギリスの司法組織について、中央集権および地方分権という関連で考えることも可能ではない、それというのは、それは、これら二つの極のあいだに動揺してきているからである。その歴史は、ある基本的な文書によってではなくて、作用と反作用の諸力によって形成されてきたのである。基本的な区分は、刑事裁判所と民事裁判所とへのそれであるが、これらの区分のあいだにさえ、かなりの程度の重複がある。」

しかし、ある人がいうように(3)、「イギリス法組織の説明においては、興味が、まず、最高裁判所（the Supreme Court）とロンドンに所在する諸制度に吸収されるのは自然である。これらこそは、その手続が、判例集において法律家によって、また全国的な新聞において公衆によって、注目されるところの法廷なのである」から、この講義の主題の関連においては、けっきょく、ロンドンに所在する中央の裁判所の系列について概説すれば、まず足りると見られるのである。

(1) Allen, Law in the Making, pp. 150-1.
(2) Hanbury, English Courts of Law, pp. 143-4.
(3) Archer, The Queen's Courts, 1956, Pelican Book, p. 7.

2

　「1873年―5年裁判所法」は、とりわけ、ベンタムの影響下に19世紀のイギリスにおいて起った立法改革運動の司法制度の側面においての目ざましい成果であった、ということができよう。ホールズワースは、こう述べる[1]。

　　「1832年以前においてさえ、ベンタムの教えは、立法府に影響をおよぼしはじめていたのである。1832年以後においては、その影響力は、おおいに増大された。そして、法改革は、時代の流行となったのである。……ここでは、私は、司法組織にたいするそれの効果についてのみ語るであろう。それの効果は、19世紀の最後の60年の間において、最初は、上の組織の漸進的な改革（a gradual reform）を、そして、つぎに、その全面的な改造（an entire reconstruction）をもたらしたことにある。」

　この引用文で「全面的な改造」と呼ばれている司法組織の改革が、じつは、「1873年―5年裁判所法」によって実現された改革をさすのであるが、ホールズワースのいわゆる「漸進的な改革」の50年をへて、けっきょく、そのような大改革にまで飛躍しなければならなかった経緯は、近代イギリス法制史における一つの解明されなければならない問題点であるといえよう。そのような漸進的な部分的な改革を実際に立法過程にのせるという仕事において、指導的な役割をはたしたと見てよいブルーム卿（Lord Brougham）は、1828年、国会での演説のなかで、こう断言した[2]。

　　「どんな点について調査が開始されるにせよ、全組織の概観をする必要があるということについて、私は、当院の注意をうながさなければなりません。そのような主題についての部分的な立法は、弊害にみちております。臆病な人たち、しかも、かれらは、臆病であるというよりも、よりいっそう盲目なのでありますが、それらの人たちは、一時的には、ある単一の部門だけを取りあげることを推賞して、自分たちは大衆の安全を念頭においているのである、と想像するのであります。それは、安全であることの、まさに反対なのであります。法の体軀においては、すべての部分は、密接な関連をもっております。皆さんが、その一つの部分に触れるならば、かならずや、その他の部分にも影響をおよぼすのであります。そして、もし、皆さんの眼が、皆さんが取りあつかっている部分だけに限局されるといたしますと、皆さんは、どんなほかの部分が侵害をうけ、かつ、どのようにして、その侵害をうけるかを解することができないのであります。明白に不完全な点でさえも、それが、ある全く孤立した部分についてのものでない場合には、

大きい危険を伴うことなしには除去されえないでありましょう。それは、長期の使用によって、一つの欠陥が、それ自体をはるかに越えるひろがりをもつ、ある新しい仕組を生ぜしめていて、それを攪乱すれば害を受けないわけにはいかない、ということが、しばしば起るものだからであります。自己の注意を一個の瑕疵だけに限局するところの局部的改革者は、このようにして、自然が擬似関節を形成することによって、部分的にその弊害を救済していたところの、ながく続いた脱臼を急激に整復することにとりかかったり、または、循環その他の作用の一つの新しい系統がそのなかに活動していたところの、ある内臓の贅生物を切除する外科医と同様に多くの害を生ずることがあるのであります。たしかに、われわれの法のような機構の一般的改革（general reformation）こそは、たんに、もっとも効果的であるのみでなく、さらにまた、ただ一つの安全な針路なのであります。真実、これだけが、ひとり、合理的ないしは中庸をえた改革という名に値するものなのであります。」

ブルーム卿のそれらのことばは、およそ司法組織ないし法体制の改革が構想される場合に思いだされてよい一般的な英知を示すと同時に、半世紀後におけるその大改革が必至であることを予見したものとも、とれるであろう。そして、ブルーム卿にそのような予見をさせた根拠であるところの、その当時から1875年まで続いたイギリス司法組織の現実の姿は、ふたたび、ホールズワースのことばをかりれば[3]、つぎのとおりである。

「イギリスの司法組織を体裁のわるいものにしたところのすべての変則性のなかで、もっとも不便なものの一つは、法を実施する諸種の裁判所の不明確で、また衝突する管轄権であった。コンモン・ロウおよびエクイティーの諸裁判所、海事裁判所、および教会裁判所が、別異の訴訟手続および別異の術語の語彙を伴うところの別異の法体系を実施していた。それらの裁判所の管轄権の限界は不明確であった。そして、訴の提起者は、若干の場合においては、いくつかの裁判所をとおして、その訴訟を推進していって、おそらくは、貴族院において、自分が最初から、裁判所をまちがえていたのだということを知るようになる、ということになりかねないのであった。また、他の場合においては、同一の事実関係について競合する手続が可能なのであった。このようにして、コンモン・ロウの諸裁判所および海事裁判所の管轄権の限界は、じゅうぶん確定されていないのであった。そして、裁判所委員は、同一の取引行為について、以上の二つの裁判所において同時に手続がとられるということが起るのも、『まれではない』と述べた。かれらが指摘したように、このような牴触は、これら2組の裁判所にたいする終局の上

訴裁判所が異っていた、という事実によって、いっそう人を困惑せしめるものとなったのである。しかし、このような変則性のもっとも著しい例証をなすものは、コンモン・ロウの裁判所とエクイティーの裁判所とのあいだに存在した、ほとんど完全な分離であった。それは、もっとも著しい例証であった。なぜならば、それら２組の裁判所は、たんに競争するのみではなくて、さらにまた直接に矛盾しさえしたところの法体系を実施していたからである。1768年にブラックストーンは、この事実に注目して、それを《非常な諸法違反》と呼んだ。……」

ところで、そのような諸裁判所の管轄権の競合、わけても、コンモン・ロウの裁判所とエクイティーの裁判所の対立の問題は、イギリス法史のもっとも基本的なものとして、イギリス法にかんする日本語の入門書や概説書において、かならず、とりあげられているところであるから、ここで、これ以上、たちいる必要はないと考える。ところが、裁判所法それ自体については、それらの書物において多少ともくわしい叙述がなされることはまれであるように見受けられる。そこで、本稿で、私は、裁判所法について、すこし立ちいった解説を試みようとする。

そのさい、注意を要することは、今日、1873年―５年の裁判所法は、そのままの形で、イギリスにおいて施行されているわけではないということである。現行の制定法規として、イギリスの中央裁判所の組織と管轄権を規制しているのは、「1925年最高裁判所法」である。

(1) Holdsworth, History of English Law, i, p. 633. なお、ベンタムの立法理論については、内田「ベンタムの立法理論研究への序説」（社会科学研究第１巻１号23頁）【→著作集第２巻】を参照されたい。
(2) Speeches of Henry Lord Brougham, ii, pp. 487-9.
(3) Holdsworth, op. cit., pp. 634-5.

3 の (1)

「1925年最高裁判所（統合）法」Supreme Court of Judicature (Consolidation) Act, 1925. すなわち、「ジョージ五世治世第15および16年法律第49号」15 & 16 Geo. 5. Ch. 49. は、「1873年ないし1910年の裁判所法ならびにイングランドの最高裁判所および同裁判所における司法にかんするその他の制定法を統合するための国会制定法」(An Act to consolidate the Judicature Acts, 1873 to 1910, and other enactments relating to the Supreme Court of Judicature in England and the administration of justice therein.) であって、10の編 (Part)、227条のほか、7個の附表 (Schedule) からなる、かなり大きい法典であるが、その基本的な部分は、「1873年—5年裁判所法」の規定を再現したものと見てよいのである。

ところで、1873年の裁判所法は、「ビクトリア女王治世第36年および第37年法律第66号」（36 & 37 Vic. c. 66）として制定され、「一つの最高裁判所の構成のため、およびイングランドにおけるよりよき司法にかんする諸目的のため、ならびに、右の最高裁判所の上訴部にたいし、女王陛下の枢密院の司法委員会の管轄権を移転することを認許するための国会制定法」（An Act for the constitution of a Supreme Court and for other purposes relating to the better administration of Justice in England; and to authorize the transfer to the Appellate Division of such Supreme Court of the Jurisdiction of the Judicial Committee of Her Majesty's Privy Council）というのがその正式の名称であって、短かい前文[1]をともない、7編100ケ条の本文からなるものであった。この国会制定法は、はじめ1874年11月2日から施行されることになっていた（同法第2条）が、「1874年最高裁判所（施行期）法」（Supreme Court of Judicature (Commencement) Act, 1874）によって、1875年11月1日から発効することに変更された。そして、1875年には、「1873年最高裁判所法を修正し、拡大するための国会制定法」（An Act to amend and extend the Supreme Court of Judicature Act, 1873）であるところの「1875年最高裁判所法」（Supreme Court of Judicature Act, 1875）すなわち「ビクトリア女王治世第38年および第39年法律第77号」（38 & 39 Vic. c. 77）が制定され、その第1条の規定によって、1873年最高裁判所法を主法（principal Act）とし、それを補充するものとして、それと一体をなすものと解され、したがって、主法とあわせて、「1873年および1875年最高裁判所法」（Supreme Court of Judicature Act, 1873 and 1875）と呼ばれ、またそれとして引用されるものとされ[2]、施行期日も、1874年最高裁判所法で定められたところを再現して、1875年11月1日と定められたのである（同法第2条）。

(1) 「一つの最高裁判所を構成し、かつ、イングランドにおけるよりよき司法のために規定を設けることが便宜にかなうがゆえに、また、女王陛下の枢密院の司法委員会にかんする法を変更し修正することもまた、便宜にかなうがゆえに」というのが、その全文であって、法律の正式名称とほぼ同じである。
(2) 1875年裁判所法第1条は、こう規定する。「本法は、その趣意と両立するかぎりにおいて、1873年最高裁判所法（本法において主法として言及される）と一体をなすものと解されなければならないものとし、かつ、主法とあわせて、1873年および1875年最高裁判所法として引用されることを妨げない。なお、本法は、単独に1875年最

高裁判所法として引用されることを妨げない。」(This Act shall, so far as is consistent with the tenor thereof, be construed as one with the Supreme Court of Judicature Act, 1873 (in this Act referred to as the principal Act), and together with the principal Act may be cited as the Supreme Court of Judicature Acts, 1873 and 1875, and this Act may be cited separately as the Supreme Court of Judicature Act, 1875.)

3の(2)

　1873年裁判所法は、まえに述べたように7編100ケ条から成りたっているが、それら各編 (Part) の内容見出しは、つぎのとおりである。第1編「最高裁判所の基本組織および裁判官」(Constitution and Judges of Supreme Court)〔第3条〜第15条〕、第2編「管轄権および法」(Jurisdiction and Law)〔第16条〜第25条〕、第3編「開廷および仕事の分配」(Sittings and Distribution of Business)〔第26条〜第55条〕、第4編「裁判および訴訟手続」(Trial and Procedure)〔第56条〜第76条〕、第5編「事務職員および事務所」(Officers and Offices)〔第77条〜第87条〕、第6編「下級裁判所の管轄権」(Jurisdiction of Inferior Courts)〔第88条〜第91条〕、および第7編「雑規定」(Miscellaneous Provisions)〔第92条〜第100条〕。そして、以上の7編（100ケ条）のうちで、本稿の目的と直接的な関連をもつのは、いうまでもなく、第1編ないし第3編（第3条ないし第55条）であるが、これらの3編は、その後の諸制定法による修正およびその他を統合整理して10編227ケ条の大法典になった「1925年最高裁判所（統合）法」の最初の3編（第1条ないし第83条）として現行法になっているのである。

　1925年最高裁判所(統合)法のそれら3つの編は、その各編の標題も第1編が「最高裁判所の基本組織」(Constitution of the Supreme Court) に、また第3編が「開廷、仕事の分配および巡回裁判所」(Sittings, Distribution of Business, and Assizes) に、それぞれ、少し短く、または長くなっているだけであり、また、それらの編に含まれる主要な事項も、ほぼ同じである、といってよいであろう。しかし、1925年最高裁判所（統合）法は、一つの統合法として、1873年裁判所法にくらべるとき、いくつかの差異を示していることは、いうまでもないのであって、例えば、条文の配列の仕方、内容による条文の整理、ことばづかいなどの点で、いってみれば、1873年以後半世紀にわたる立法の技術の進歩と、主題自体にかんする立法のその後の変化に対応するものを見せているのである。たとえば、それぞれの制

定法の第1編をとってみると、1925年最高裁判所(統合)法の場合には、1893年動産売買法(Sale of Goods Act, 1893)の場合と同様に、編のなかに、さらにイタリックの字体で表示される数個の内容見出しが設けられ、17ヵ条の規定を内容的に区分している[3]が、1873年裁判所法の場合は、そうした用意がない。また、1873年裁判所法の場合には、ことがらの性質上、一つのグループにまとめて規定されてよい事項が、いくつかの編に分散して規定されていたのにたいして、1925年最高裁判所(統合)法の場合には、性質上集合されてよい規定は、だいたいそうされているのである。なお、以上のような立法技術上の改善の問題とは別に、1873年裁判所法の規定を、全体として、もたつきの感をまぬかれないものにしている一つの理由がある、と私には思われる。それは、1873年裁判所法には、いわば、経過規定的なものが多いという点である。この点は、1873年裁判所法によってもたらされた改革のねらいが、おそらく想像を絶するほどの性質と規模のものであるにかかわらず、その実現においては、イギリス流に、既得権に十分の敬意をはらい、現存の事態にまっこうからの急激な変更を来さないという方針が貫かれた結果ではないか、と思われる。たとえば、既存のコンモン・ロウの諸裁判所も、衡平法裁判所の諸管轄権も、また、それら裁判所のすべての裁判官も、事務職員も、みな、いちおう、実質的な変更なしに、ひきつがれたのであるから、新しい制度のわくに、それらの既存のものを、どのようにはめこむかの問題が、いきおい、当面の最大関心事になってくるわけであり、規定も、具体的で複雑になるであろう。そして、その種の規定は、半世紀の実施の経験をせおった1925年最高裁判所(統合)法においては、その経過的規定としての繁雑さをとりのぞかれた、すっきりした、そのものずばりの規定に姿をかえることができたのである。――以下本稿では、以上のような諸点に注意しながら、まず、前記の2制定法の第1編を比較検討するという方法で、現在のイギリスにおける中央裁判所の組織とその成立の由来の一端を明らかにすることが狙われるのであるが、その際、私には、現代イギリス法における制定法の重要姓への着目が肝要であるという動機があるということを、多少のいいわけの趣意もふくめて付言しておこう。

(イ) 「現存の諸裁判所の一個の最高裁判所への統一」(Union of existing Courts into one Supreme Court) という見出しをつけた1873年裁判所法第3条 (Sect. 3) は、つぎのように規定する。すなわち、

「本法の施行期日として定められる時期から後は、以下本条に掲げる数個の裁判

所、(すなわち) イングランド高等大法官裁判所 (the High Court of Chancery of England)、女王座裁判所 (the Court of Queen's Bench)、ウェストミンスター所在人民訴訟裁判所 (the Court of Common Pleas at Westminster)、財務裁判所 (the Court of Exchequer)、高等海事裁判所 (the High Court of Admiralty)、検認裁判所 (the Court of Probate)、離婚および婚姻訴訟事件裁判所 (the Court for Divorce and Matrimonial Causes)、およびロンドン破産裁判所 (the London Court of Bankruptcy) は統一し統合され、本法の規定にもとづき、かつ、それにしたがい、イングランドにおける一個の最高裁判所 (one Supreme Court of Judicature in England) を構成するものとする。」

つづいて同法第4条は、こう規定する。

「第4条　最高裁判所が原始管轄権の裁判所と上訴管轄権の裁判所とに区分されること。
　前条の最高裁判所は、二つの恒久的な区分 (two permanent Divisions) から成るものとし、その一方は、《女王陛下の高等法院》(Her Majesty's High Court of Justice) という名称のもとに、原始管轄権にくわえて、以下本法に掲げるような、下級裁判所 (inferior Courts) にたいする上訴管轄権を有し、かつこれを行使するものとし、また、その他方は、《女王陛下の控訴院》(Her Majesty's Court of Appeal) の名称のもとに、上訴管轄権にくわえて、上訴の決定に附帯することのある、以下本法に掲げるような原始管轄権を有し、かつ、これを行使するものとする。」

この第3条と第4条は、あわせて、一個の最高裁判所の設置という重大な司法的改革を宣言するのであるが、第3条は、明らかに、その改革の歴史的背景を示すものであって、年を経れば、その現実的な重要性を失うはずの性質をもつであろう。そこで、1925年最高裁判所 (統合) 法においては、それら2ケ条の規定は、統合されて、あっさりしたものに転じているのである。1925年最高裁判所 (統合) 法第1条の規定は、こうである[4]。

「第1条　最高裁判所
　それぞれ、本法によってそれらに付与される管轄権をもつところの、陛下の高等法院 (本法においては《高等法院》として言及される) および陛下の控訴院 (本法においては《控訴院》として言及される) をもって組成されるイングランドにおける最高

裁判所がなければならない。」

　なお、1873年裁判所法第4条に、Division という語が使われていて、本稿では、それが「区分」と訳されているが、それには、理由がある。あとで、高等法院の「部」(Division)についての規定がでてくるため、それとの混同をさける必要があるわけである。1925年最高裁判所（統合）法では、したがって、そういう無用の混同を生ずるおそれのある語は省略されているのである。また、1873年裁判所法が、正確には、「1873年最高裁判所法」となっていて、控訴院と高等法院とで組織されるその裁判所が明らかに「最高」のものであることが予定されているわけであるが、じつは、そうでなくなり、1875年裁判所法によって、そのことが規定されるようになる経緯と、そのイギリス司法改革史上における意義については、のちに述べる。さらに、1873年裁判所法第3条で、最高裁判所に統合されるものと規定されているロンドン破産裁判所は、1875年裁判所法第9条および第33条によって、統合される裁判所の仲間からとりはずされたのであるが、1883年破産法（Bankruptcy Act, 1883）第93条によって、ふたたび最高裁判所に統合されることになった、という事情があることを注意しておこう。ちなみに、1873年裁判所法で「女王陛下の高等法院」となっているのが、1925年の最高裁判所（統合）法では、「陛下の高等法院」に変っていることの理由についてはとくに説明する必要はなかろう。

　(ロ)　高等法院の構成について。——高等法院については、まずその人的構成を、つぎに、その「部」の組織を説明する必要があろう。1873年裁判所法は、その第5条「高等法院の構成」(Constitution of High Court of Justice) において、高等法院の人的構成を具体的に、つぎのように規定する。すなわち、

　「女王陛下の高等法院は、つぎのように構成されるものとする。同裁判所の最初の裁判官は、大法官（the Lord Chancellor）、イングランド首席裁判官（the Lord Chief Justice of England）、記録長官（the Master of the Rolls）、人民訴訟裁判所首席裁判官（the Lord Chief Justice of the Common Pleas）、財務裁判所首席裁判官（the Lord Chief Baron of the Exchequer）、高等大法官裁判所の各副大法官（the several Vice-Chancellors of the High Court of Chancery）、検認裁判所および離婚および婚姻訴訟事件裁判所の裁判官（the Judge of Court of Probate and of the Court for Divorce and Matrimonial Causes）、女王裁判所および人民訴訟裁判所のそれぞれの

各普通判事（the several Puisne Justices of the Courts of Queen's Bench and Common Pleas）、財務裁判所の各普通判事（the several Junior Barons of the Court of Exchequer）、および高等海事裁判所の裁判官（the Judge of the High Court of Admiralty）であるものとする。ただし、前記の諸裁判官のうち、控訴院普通裁判官（ordinary Judges of the Court of Appeal）に任命されるものが、もし、いくらかでもあれば、それらをのぞく。

　以下本法に含まれる規定の制約内において、前記の高等法院のある裁判官の職位が空席となる場合には、つねに、新しい裁判官が、女王陛下により、開封特許状（Letters Patent）をもって、その職位に任命されるものとする。イングランド首席裁判官、記録長官、人民訴訟裁判所首席裁判官、および財務裁判所首席裁判官の位置を満たすため今後任命されるべきすべての人たち、ならびにその後継者は、それぞれ、ひきつづき、従前と、それぞれ同様の席次をもって、また、同様の各自の称号によって、かつ、同様の仕方をもって、同一の各自の職位に任命されるものとする。前記高等法院のすべてのその他の裁判所の地位を満たすために任命されるあらゆる裁判官は、その任命において《女王陛下の高等法院裁判官》（the Judge of Her Majesty's High Court of Justice）と称せられ、かつ、コンモン・ロウの諸々の上級裁判所（the Superior Courts of Common Law）の普通判事たちが従来任命された場合と同様の仕方において任命されるものとする。ただし、もし、本法の施行期において、高等法院の裁判官となるべき女王座裁判所普通判事および財務裁判所普通判事の人員が、全体で12人をこえるときには、その全体の人員が12人をこえるあいだに死亡し、または辞任すべきある女王座裁判所普通判事または財務裁判所普通判事のかわりに、前記高等法院の新しい裁判官が任命されてはならないものとする。前記高等法院の裁判官の恒久的人員は、21人をこえてはならないということが意図されているがゆえである。

　前記の裁判所のすべての裁判官は、本法において別段の明示の規定がなされる場合をのぞいて、同等の権能、権限および管理権を有するものとし、かつ、コンモン・ロウの諸上級裁判所の裁判官に話しかけるさいに今日慣例となっている仕方において、話しかけられるものとする。

　当座のイングランド首席裁判官は、大法官が不在の場合には、前記の高等法院の院長（the President）となるものとする。」

　ところで、高等法院の「部」の組織については、1873年裁判所法は、その第3編第31条に規定をおいている。すなわち、裁判所の人員構成と、その「部」組織とは、ことがらの性質上、当然、ひとまとめにされてよいと見えるのに、1873年

裁判所法では、「部」の問題は、たんなる「仕事の分配」の問題と考えられ、別の部分に規定されているのである。ところが、1925年最高裁判所（統合）法においては、「高等法院」の項のもとで、その第2条において、高等法院の人員構成、そして、その第4条においてその「部」の組織について規定がなされている。「高等法院の部」という見出しをもった1873年裁判所法第31条の規定は、こうである。

「前記の高等法院における仕事のより便宜な急速処理のために（ただし、ある裁判官が、要求を受けた場合、いつでも、任意の部裁判所《Divisional Court》において、または、自己の部とは異なる部のある裁判官のために、着席することを妨げるように、ではなく）、前記の高等法院には、それぞれ、以下本条に掲げる人員の裁判官をもって構成される五つの部がなければならない。上の五つの部は、それぞれ、本法の施行のさい、ただちに、以下の各裁判官を含むものとする。（すなわち）——

(1) 一つの部は、つぎの裁判官をもって構成されるものとする。（すなわち）——その部長（the President）となるべき大法官、記録長官、および大法官裁判所の副大法官、または、それら副大法官のうち、控訴院の普通裁判官に任命されないもの。

(2) 他の一つの部は、つぎの裁判官をもって構成されるものとする。（すなわち）——その部長となるべきイングランド首席裁判官、および女王座裁判所のその他の裁判官のうち、控訴院の普通裁判官に任命されないもの。

(3) 他の一つの部は、つぎの裁判官をもって構成されるものとする。（すなわち）——その部長となるべき人民訴訟裁判所首席裁判官、および人民訴訟裁判所のその他の裁判官のうち、控訴院の普通裁判官に任命されないもの。

(4) 他の一つの部は、つぎの裁判官をもって構成されるものとする。（すなわち）——その部長となるべき財務裁判所首席裁判官、および財務裁判所のその他の裁判官のうち、控訴院の普通裁判官に任命されないもの。

(5) 他の一つの部は、本法施行のさい即時に、検認裁判所および離婚および婚姻訴訟事件裁判所の現任の裁判官、ならびに高等海事裁判所の現任の裁判官であるところの二人の裁判官をもって構成されるものとする。ただし、それら裁判官のうち何れかが、控訴院の普通裁判官に任命される場合はその限りではない。検認裁判所の現任の裁判官は、（そのように任命されるのでないかぎり、）当該の部の部長となるものとする。かつ、右の制約内において、当該の部の先任裁判官は、本法にもとづく席次に応じて、部長となるものとする。

前記の五つの部は、それぞれ、衡平法部（the Chancery Division）、女王座部（the Queen's Bench Division）、人民訴訟部（the Common Pleas Division）、財務部（the

Exchequer Division)、および検認、離婚および海事部（the Probate, Divorce and Admiralty Division）と呼ばれるものとする。

（以下、一項を略す）

前記の諸部のうちのある部のある裁判官は、女王陛下により、女王陛下の親署をもって、前記諸部のうちの一から他へ異動せしめられることができるものとする。

前記高等法院の裁判官のあいだに何らかの空席が生じた場合には、その空席を満たすために任命された裁判官は、本法の規定および本法にしたがい作られることのあるべき裁判所規則（Rules of Court）の制約内において、その位置が空席となった裁判官が所属したのと同一の部の構成員となるものとする。」

ところが、既存の中央の諸裁判所の伝統をひきついで、五つの部をもって発足した高等法院は、その後、最高裁判所の裁判官会議（Council of Judges of the Supreme Court）の議にもとづいて、のちに、大法官裁判所の伝統を受けつぐ「衡平法部」（Chancery Division）、コンモン・ロウの諸裁判所の伝統を受けつぐ「王座部」（King's Bench Division）、および教会裁判所および海事裁判所の伝統を受けつぐ「検認、離婚および海事部」（Probate, Divorce, and Admiralty Division）の三つの部に縮少されて現在におよぶことになる。そこで、1925年最高裁判所（統合）法第２条の規定は、高等法院について、つぎのように、すっきりしたものとなることができたのである[5]。

「第２条　高等法院の構成。
(1)　高等法院は、つぎの裁判官、すなわち、大法官、首席裁判官、検認部の部長および各部の普通裁判官をもって構成されるものとする。
(2)　大法官または、大法官が不在の場合には、首席裁判官は、高等法院の院長となるものとする。
(3)　高等法院のすべての裁判官は、本法において別段の明示の規定がなされる場合をのぞき、すべての点において同等の権能、権限および管轄権を有するものとし、かつ、コンモン・ロウの諸の上級裁判所の裁判官たちに話しかける場合に以前に慣例であった仕方において話しかけられるものとする。
(4)　高等法院の普通裁判官は、《高等法院判事》と称されるものとする。」

(3)　すなわち、1925年最高裁判所(統合)法の第１編は、「最高裁判所」（The Supreme Court）〔第１条〕、高等法院（The High Court）〔第２条〜第５条〕、控訴院（The

Court of Appeal)〔第6条～第8条〕および「裁判官の資格、空席、在任期間、俸給等」(Qualification of Judges, Vacancies, Tenure of Office, Salaries, & c.)〔第9条～第17条〕という、中見出しのもとに、内容的に整理されている。このことは、第2編以下についても、同様である。
(4)　その原文は、以下のとおりである。

1. Supreme Court of Judicature.——There shall be a Supreme Court of Judicature in England consisting of His Majesty's High Court of Justice (in this Act referred to as "the High Court") and His Majesty's Court of Appeal (in this Act referred to as "the Court of Appeal"), with such jurisdiction as is conferred on those Courts respectively by this Act.

(5)　その原文は、つぎのとおり。

2.—(1)　The High Court shall be constituted of the following judges, that is to say, the Lord Chancellor, the Lord Chief Justice of England, the President of the Probate Division and the puisne judges of the several Divisions.

(2)　The Lord Chancellor or, in his absence, the Lord Chief Justice, shall be president of the High Court.

(3)　All the judges of the High Court shall, save as in this Act otherwise expressly provided, have in all respects equal power, authority and jurisdiction, and shall be addressed in the manner formerly customary in addressing the judges of the superior courts of common law.

(4)　The puisne judges of the High Court shall be styled "Justices of the High Court."

(ハ)　1873年裁判所法の第3条および第4条によって、それまで存続していた、およそ三つの系統の上級裁判所、すなわち、エクィティの系統にぞくする大法官裁判所、コンモン・ロウの系統にぞくする（女）王座、人民訴訟および財務の三つの裁判所、ならびに大陸法ないし教会法の系統にぞくする海事、検認、離婚および婚姻訴訟の三つの裁判所（さらにロンドン破産裁判所）を統合して新設された「最高裁判所」(Supreme Court of Judicature) の原始管轄権を主として行使するものとして設置された「高等法院」は、まえに述べたように、いわばイギリス的改革のやり方によって、上記三系統の諸裁判所を、その「部」(divisions) という形で実質的に継承し、同法第31条によって、五つの部をもって構成されることになったが、のちに、エクィティの伝統をつぐ衡平法部、コンモン・ロウの系統にぞくする（女）王座部および大陸法の伝統をつぐ検認部の三部だけに整理されたのであった。そして、注目するに値するのは、そのさいの手続である。それは、1873-5年の裁判所法の改正によるのが当然であると想像されるであろうが、じつは、そ

うではなかった。裁判所法が施行されて6年目にあたる1880年の12月16日附のある枢密院令(Order in Council)によって、人民訴訟裁判所首席裁判官(Chief Justice of Common Pleas) および財務裁判所首席裁判官（Chief Baron of Exchequer）の役職は廃止され、それらにかえて普通裁判官がおかれ、また、（女）王座部、人民訴訟部および財務部のコンモン・ロウ関係の三つの部は、一つの（女）王座部に統合されたのであるが、そのような権限を女王に与えたのは、1873年裁判所法の、どちらかといえば目立たない2ヵ条の規定なのである。その規定は同法の第32条と第75条とであるが、それらの条文は、いまは、ほとんど文言もそのままに、1925年最高裁判所（統合）法の第5条と第210条とになっているのである。それらの規定の眼目は、最高裁判所の裁判官会議の報告または勧告にもとづいて、いいかえれば、裁判官会議の発議によって、裁判所組織の主要事項の一つである「部」の改廃が、国会での立法手続によらないで、枢密院令の形をとおして実現されるというところにある。その第32条[6]は、こう規定している。

「第32条　枢密院令により部を変更し、およびある役職を廃止する権能
　枢密院における女王陛下は、以下本法に掲げる最高裁判所の裁判官会議の報告または勧告にもとづき、高等法院の部の個数、または、その何れかの部に配属されることのできる前記の高等法院の裁判官の人数についての何らかの減少もしくは増加が、上の報告または勧告にしたがって実現されてさしつかえない旨を随時命令することができ、かつ、その目的のために必要または適当であるようなすべてのその他の指示を与えることができる。なお、上の命令は、以下の裁判官、すなわち、イングランドの首席裁判官、記録長官、人民訴訟裁判所首席裁判官および財務裁判所首席裁判官のうちの何れかの役職で、その個数を減少してもさしつかえないもの、および、それらの役職に附せられる俸給、恩給および推任権を、高等法院のその他の裁判官の役職から区別することを、それらの役職、俸給、恩給および推任権の継続にかんする本法の如何なる規定にもかかわらず、欠員が生じた場合に、廃止することについて規定することができる。ただし、すべての上の枢密院における女王陛下の命令は、それが国会の各院が開会した30日のあいだ各院に提示されるまでは、または、その30日の期間内に、国会のいずれかの院によって女王陛下にたいし、その命令が施行されないよう懇願して要請書が提出されたときは、施行されてはならないものとする。何らかの上の命令について女王陛下にたいし何らの要請書も提出されなかったときは、その命令は、上の30日の期間が満了してからのちは、それが本法において明示的に制定された場合と同様の効力を有するものとする。ただし、いかなる場合にも、最高裁判所の裁

判官の総数は、何らかの上の命令によって減少または増加されてはならない。」

　このような規定をふくむ第32条が、「開廷および仕事の分配」という編に目立たない形で、収められているとすれば、裁判官会議にかんする第75条の規定は[7]、「裁判および訴訟手続」という編の終りの方に、もっとひかえ目な形で収められているのである。その規定は、つぎのとおりである。

　　「第75条　訴訟手続および〔法の〕実施を考慮するための裁判官会議
　　最高裁判所裁判官の会議については、相当の通知がすべての当該裁判官にたいしてなされなければならないが、それは、毎年すくなくとも1回、イングランドの首席裁判官の同意をえて大法官によって定められる1日または数日に、本法およびさしあたり施行されている裁判所規則の作用、さらにまた、当該諸裁判所の各事務所および当該諸裁判所のそれぞれの事務員の義務にかんする仕組の運用を考慮すること、ならびに、当該高等法院もしくは当該控訴院における、または、当該高等法院もしくはそのいずれかの裁判官にたいし、または、当該控訴院にたいして、そこからの上訴が認められるその他の裁判所における、訴訟手続の体系または法の実施について存在すると思われることのあるべき何らかの欠陥を調査し検討することの目的のために、会合しなければならない。そして裁判官会議は、かれらの判断によれば、（もし、いかほどでもあるとすれば、）如何なる修正もしくは変更を本法について、または、その他、司法にかんしておこなうことが便宜にかなうものであるか、および、（もし、いかほどでもあるとすれば）国会の権威をまたなくては施行することができないところの、その他の如何なる規定を、よりよき司法のために設けることが便宜にかなうものであるかを、女王陛下の主要な国務大臣のひとりにたいして毎年報告しなければならない。当該諸裁判官の臨時会議は、さらにまた、何時においてであれ、大法官によって招集されることができる。」

　このようにして、現行法としての1925年最高裁判所（統合）法は、まえに紹介された、高等法院の人的構成について規定する第2条にひきつづき、その第4条において、高等法院の「部」について、つぎのような基本的な規定をおいている[8]。各部のあいだで裁判官の移動ができるようになったこと（第2項）や、各部にたいして、「仕事の分配」に関する本法の規定（後述）にかかわらず、「高等法院に帰属するすべての管轄権は、ひとしく、すべての部に属する」ようになったこと（第4項）などは、それらの部が単純に、従来の裁判所の伝統をひきつぐものでないこと

を示すもので、それは、1873年裁判所法の司法的改革の重要なねらいの一つでもあったわけである。——

「第4条　高等法院の部
(1) 高等法院における仕事のより便宜な敏速的処理のために、高等法院には三つの部がなければならない。すなわち、
　（ⅰ）　衡平法部。——その部長となるべき大法官および6人の普通裁判官をもって構成される。
　（ⅱ）　王座部。——その部長となるべき首席裁判官および（本法の規定の制約内において）17人の普通裁判官をもって構成される。
　（ⅲ）　検認、離婚および海事部。——部長および2人の普通裁判官をもって構成される。
(2) 前述の部の何れの部の何れの裁判官も、国王陛下により、陛下の親署をもって、前述の部の一から他へ移動されることができる。
(3) 本条のどんな規定も、ある部の裁判官が、何時でも要求を受けたとき、部裁判所において、または別の部の何れかの裁判官のために、着席することを妨げるように効力を生じてはならないものとする。
(4) 高等法院における仕事の分配に関する本法の規定に影響をおよぼすことなしに、本法にもとづき高等法院に帰属するすべての管轄権は、ひとしく、すべての部に属するものとする。」

(6)　その原文はつぎのとおりである。
32. Power to alter divisions and abolish certain offices by Order in Council.—Her Majesty in Council may from time to time upon any report or recommendation of the Council of Judges of the Supreme Court hereinafter mentioned, order that any reduction or increase in the number of divisions of the High Court of Justice, or in the number of the Judges of the said High Court who may be attached to any such division, may, pursuant to such report or recommendation, be carried into effect; and may give all such further directions as may be necessary or proper for that purpose; and such order may provide for the abolition on vacancy of the distinction of the offices of any of the following Judges, namely, the Chief Justice of England, the Master of the Rolls, the Chief Justice of the Common Pleas, and the Chief Baron of the Exchequer, which may be reduced, and of the salaries, pensions, and patronage attached to such offices,

from the offices of the other Judges of the High Court of Justice, notwithstanding anything in this Act relating to the continuance of such offices, salaries, pensions, and patronage; but no such Order of Her Majesty in Council shall come into operation until the same shall have been laid before each House of Parliament for thirty days on which that House shall have sat, nor if, within such period of thirty days, an address is presented to Her Majesty by either House of Parliament, praying that the same may not come into operation. Any such Order, in respect whereof no such address shall have been presented to Her Majesty, shall, from and after the expiration of such period of thirty days, be of the same force and effect as if it had been herein expressly enacted; provided always, that the total number of the Judges of the Supreme Court shall not be reduced or increased by any such Order.

1925年最高裁判所（統合）法第5条は、その欄外註記が「枢密院令によって部を変更する権能」となっているところからも明らかなように、1873年裁判所法第32条の中段の規定（本稿の訳文で、「なお、上の命令は、以下の裁判官…の役職…を、…廃止することについて規定することができる。」とある部分）が削除されたものである。

(7) この条文の原文は、つぎのとおりである。なお、この条文をひきついだ1925年最高裁判所（統合）法第210条は、同法第10編「雑規定」の冒頭におかれるが、その欄外註記が「本法の作用その他を考慮するための裁判官会議」に改められているほかは、ほぼ同じ文言を三項に区分するという形式的なちがいを示すだけである。

75. Councils of Judges to consider procedure and administration.—A council of the Judges of the Supreme Court, of which due notice shall be given to all the said Judges, shall assemble once at least in every year, on such day or days as shall be fixed by the Lord Chancellor, with the concurrence of the Lord Chief Justice of England, for the purpose of considering the operation of this Act and of the Rules of Court for the time being in force, and also the working of the several offices and the arrangements relative to the duties of the officers of the said Courts respectively, and of enquiring and examining into any defects which may appear to exist in the system of procedure or the administration of the law in the said High Court of Justice or the said Court of Appeal, or in any other Court from which any appeal lies to the said High Court or any Judge thereof, or to the said Court of Appeal: And they shall report annually to one of Her Majesty's principal Secretaries of State what (if any) amendments or alterations if would in their Judgement be expedient to make in this Act, or otherwise relating to the administration of justice, and what other provisions (if any) which cannot be carried into effect without the authority of Parliament it would be expedient to make for the better administration of justice. Any extraordinary

council of the said Judges may also at any time be convened by the Lord Chancellor.

(8)　その原文は、以下のとおりである。なお、各部の排列のしかたについては、まえに引用した、1873年裁判所法第31条においても明らかに見てとれるように、つねに、衡平法部から先行するのであるが、それは、司法界での最高位にある大法官の裁判所であった大法官裁判所（Court of Chancery）の伝統と権威とによるものと考えられる。

 4．Divisions of High Court.—(1) For the more convenient despatch of business in the High Court there shall be in the High Court three Divisions, namely—
  (i)　The Chancery Division, consisting of the Lord Chancellor, who shall be president thereof, and six puisne judges;
  (ii)　The King's Bench Division, consisting of the Lord Chief Justice, who shall be president thereof, and (subject to the provisions of this Act) seventeen puisne judges;
  (iii)　The Probate, Divorce and Admiralty Division, consisting of a president and two puisne judges.
 (2)　Any Judge of any of the said Divisions may be transferred by His Majesty, under His Royal Sign Manual, from one to another of the said Divisions.
 (3)　Nothing in this section shall operate to prevent a judge of any Division from sitting whenever required in a divisional court or for any judge of another Division.
 (4)　Without prejudice to the provisions of this Act relating to the distribution of business in the High Court, all jurisdiction vested in the High Court under this Act shall belong to all the Divisions alike.

（ニ）　1873年裁判所法によって創設されたものとしての高等法院に、どのような管轄権が帰属するようになったかの問題にたいしては、それに統合された従来の諸裁判所の管轄権が帰属したであろうと想像すれば、ほぼ正しい答になる、といってよかろう。ただし、裁判所法の実際の規定にあらわれるところは、そのように想像されるところよりは、はるかに複雑である。つまり、ふつうの教科書や解説書の、この点にかんする記述は、あまりにも単純化されているわけなのである。1873年裁判所法の規定で、高等法院の管轄権にふれるのは、すでに述べたその第２編「管轄権および法」の第16条と第17条とであるが、前者は、積極的に、どのような管轄権が高等法院に移転され帰属するかを、また後者は、消極的に、どのような管轄権がそれに移転され帰属しないかを規定する。まず、第16条の規定を追ってみよう[9]。

「第16条　高等法院の管轄権

　高等法院は上級記録裁判所であるものとし、かつ、本法に述べられるところの制約内において、当該高等法院には、本法の施行期において、以下の諸裁判所のすべて、もしくは、その何れかに帰属していたか、または、それらの裁判所によって行使されることができた管轄権が移転され、また帰属するものとする。（すなわち、）——

(1)　衡平法の裁判所としてとともにコンモン・ロウの裁判所としての高等大法官裁判所。ただし、大法官裁判所の裁判官または、記録官としての記録長官の管轄権およびコンモン・ロウの裁判所としての大法官裁判所にかんして記録長官が行使したすべての管轄権をふくむ。
(2)　女王座裁判所。
(3)　ウエストミンスター所在の人民訴訟裁判所。
(4)　コンモン・ロウの裁判所としてとともに歳入裁判所としての財務裁判所。
(5)　高等海事裁判所。
(6)　検認裁判所。
(7)　離婚および婚姻訴訟裁判所。
(8)　ロンドン破産裁判所。
(9)　ランカスター所在の人民訴訟裁判所。
(10)　ダラム所在の民訴裁判所。
(11)　巡回裁判、刑事審決巡回裁判および在監者釈放巡回裁判の委嘱書またはそれらの委嘱書の何れかによって創設される裁判所。

　本法によって高等法院に移転される管轄権は、（以下本法に含まれる例外をのぞき）本法の施行期において、何らかの制定法、法もしくは慣習にしたがい、数人または1人の裁判官として行為しつつあるさいに法廷において、もしくは裁判官私室において、またはその他の場所において着席する、前記の諸裁判所の裁判官の全部またはその何れか1人もしくはそれ以上のものに、それぞれ帰属していたか、または、それらの裁判官によって行使されることができた管轄権、および何らかの制定法によって、上の何れかの裁判所または数人もしくは1人の裁判官に与えられたすべての権能、さらにまた、そのように移転される管轄権のあらゆる部分に付帯するすべての純事務的な権能、義務および権限をも包含するものとする。

　　第17条　高等法院に移転されない管轄権

　つぎの管轄権は、本法によって、上の高等法院に移転され、または帰属することはないものとする。——

(1)　大法官庁控訴裁判所（the Court of Appeal in Chancery）または破産控訴裁判所

(Court of Appeal in Bankruptcy) のすべての上訴管轄権。
(2)　ランカスター王権州の大法官庁控訴裁判所 (Court of Appeal in Chancery of the County Palatine of Lancaster) のすべての管轄権。
(3)　白痴者、精神異常者および精神耗弱者の身柄および財産の監護にかんして、通例、大法官または大法官庁控訴裁判所判事たち、もしくは、その何れか一方に帰属したすべての管轄権。
(4)　連合王国の国璽を押捺されるべき特許状の附与、または委嘱書もしくはその他の文書の発給にかんして大法官に帰属しているすべての管轄権。
(5)　何らかの単科大学または何らかの公益もしくはその他の財団の査閲者 (visitor) としての女王陛下の権利において、または女王陛下のために、大法官により行使されるすべての管轄権。
(6)　ロンドンおよびイングランドのその他の場所にある記録にかんする記録長官のすべての管轄権。」

　以上の2ヵ条は、1925年最高裁判所法においては、その第18条と第19条とになるのであるが、その第18条には、1873年裁判所法第16条とくらべると、語句や形式上の整理（たとえば3項に区分しているように）が行なわれたばかりでなく、さらに、いくらかの変更と付加が見られる。その変更は、高等法院にその管轄が「移転」された諸裁判所を排列する部分である(5)～(8)が削除され、「高等法院の検認管轄権」にかんする第20条、「婚姻訴訟および嫡出確認についての高等法院の管轄権」にかんする第21条、「高等法院の海事管轄権」にかんする第22条において、詳細な規定となって独立したことに見られ、またその付加としては、第2項の(C)に「以下本法において高等法院にたいし附与されるその他の管轄権」がくわえられたことが著しいが、それは、具体的には、前記の諸条による管轄権、捕獲審検所としての管轄権（第23条）、下級裁判所（Inferior Courts）からの上訴にたいする管轄権（第24条）などを指しているのであろう。

　なお、1873年裁判所法第16条（1925年裁判所法第18条）の大法官裁判所にかんする規定のなかに、「コンモン・ロウの裁判所としての」(as a common law court) それという語句があるが、これについては、いくらかの説明が必要である。通常の解説書では、ほとんど出くわさないことばだからである。それは、ときおり、大法官裁判所の「コンモン・ロウ上の管轄権」(common law jurisdiction) とか、Common law side とか呼ばれているものなのであるが、それについて、ハンベリ教授は[10]、こう説明する。「……大法官庁は、さらにまた、看過されてはなら

ないところの一定のコンモン・ロウ上の管轄権をもっていたが、それは主として、国王にかかわりのある事項および裁判所の事務員により、または事務員にたいして提起される訴訟からなるものであった。」

　また、ここで注目されてよいと思われるのは、1873年裁判所法によって、高等法院に統合されたのではなくて、その管轄権が「移転」された裁判所の名称のなかに、ふつうの教科書や論文では、あまり見かけない裁判所の名前が、かなり多いという点である。それらの裁判所を統合し、あるいは、その管轄権を移転してできた高等法院は、イギリスの上級中央裁判所の組織を、いわば、簡潔な、すっきりしたものにした主な原因となっているのであるが、イギリスの今日の裁判所組織は、その全体として見れば、けっして、そう単純な様相を呈しているわけではないことが、ここで注意されてよいであろう。のちにふれるが、イギリスには、今日でも、古くからの裁判所やいわゆる下級裁判所が、むしろ、きわめて多数存在するのである。

(9)　その原文はこうである。

16. Jurisdiction of High Court of Justice.—the High Court of Justice shall be a Superior Court of Record, and subject as in this Act mentioned, there shall be transferred to and vested in the said High Court of Justice the jurisdiction which, at the commencement of this Act, was vested in, or capable of being exercised by, all or any of the Courts following (that is to say):—

(1)　The High Court of Chancery, as a Common Law Court as well as a Court of Equity, including the jurisdiction of the Master of the Rolls, as a Judge or Master of the Court of Chancery, and any jurisdiction exercised by him in relation to the Court of Chancery as a Common Law Court;

(2)　The Court of Queen's Bench;

(3)　The Court of Common Pleas at Westminster;

(4)　The Court of Exchequer, as a Court of Revenue, as well as a Common Law Court;

(5)　The High Court of Admiralty;

(6)　The Court of Probate;

(7)　The Court for Divorce and Matrimonial Causes;

(8)　The London Court of Bankruptcy;

(9)　The Court of Common Pleas at Lancaster;

(10)　The Court of Pleas at Durham;

(11)　The Courts created by Commissions of Assize, of Oyer and Terminer, and of Gaol Delivery, or any of such Commissions.

The jurisdiction by this Act transferred to the High Court of Justice shall include (subject to the exceptions hereinafter contained) the jurisdiction which, at the commencement of this Act, was vested in, or capable of being exercised by, all or any one or more of the Judges of the said Courts, respectively, sitting in Court or Chambers, or elsewhere, when acting as Judges or a Judge, in pursuance of any statute, law, or custom, and all powers given to any such Court, or to any such Judges or Judge, by any statute; and also all ministerial powers, duties, and authorities incident to any and every part of the jurisdiction so transferred.

(10) Hanbury, English Courts of Law, 2nd ed., p. 141.

3の(3)

(イ) ここで、「最高裁判所」を組成する二つの区分のうちのもう一つ、「控訴院」(the Court of Appeal) の人的構成、管轄権などについて、あらましのことを述べよう。1873年—5年裁判所法によってこの裁判所が、統一的な上訴の仕組の中心的機構として設置されたことに含まれる改革的な意味あいは、第一審の管轄権をもっていた諸の上級裁判所を統合して出現した高等法院の革新的意義に対応するものであるが、そのことに関連して、あらかじめ言及しておくべきだと思われる点が二つある。一つは、1950年に、記録長官(M.R.)エバシェッド卿 Lord Evershed が、ある講演のなかで述べたところであるが、今日では、イギリス裁判機構の一部としてきわめて安定して自然であると見える、この裁判所が、1875年に司法の大改革の一環として成立したにすぎないという事実である。同卿は、いう(11)。

「私どもすべてにとって、すべての一審裁判所、すなわち、高等法院および郡裁判所の双方から、再審理を求める上訴がなされるところの一つの上級裁判所の存在は、たいへん自然で不可避的であり、しかく明白で整然とした仕組であるために、私どもが、それはつねにこのようであったと想像したとしても不自然ではないというほどでありましょう。しかも、それは、じっさい、一つのもっとも現代的な革新なのであります。今日生きている人たちで、その生きた期間が、何らそのような事物が存在しなかった時代にまでおよぶものは、たくさんあります。控訴院は、実際に、ちょうど75年、——私どもの法体系は7、8世紀のあいだに確立されてまいりましたが、〔わずか〕そのなかの一つの世紀の4分の3〔だけ〕のあいだ、存在しているのにすぎないのであります。」

もう一つの点は、まえにも、ちょっとふれたが、この控訴院にたいして、1873

年裁判所法の制定者たちは、その制定法が、正確には、「1873年最高裁判所法」(the Supreme Court of Judicature Act, 1873) と呼ばれたところから明らかに知られるように、文字どおり、一つの「最高裁判所」(Supreme Court) としての機能を果させようと企てていた、という事実である。すなわち、すでに述べたように、裁判所法は、1925年の統合法をふくめ、すべて一貫して、高等法院と控訴院とをあわせて、一つの最高裁判所と呼んでいるが、これからの記述で明らかなように、高等法院からの上訴を受ける裁判所として控訴院が構想されているからには、控訴院が、すなわち実質的に最高裁判所に相当するということになる。ところが、当時、貴族院と枢密院司法委員会がイングランドおよびイギリス帝国の最高裁判所としての管轄権を行使していたことは疑問の余地のない事実であったから、制定法の明示の規定によって、それを排除することが必要となるはずであった。そこで、1873年裁判所法は、つぎのような規定を設け、いわば、間接的に、貴族院と司法委員会の上訴管轄権を消滅させようとしたのである。すなわち、「高等法院または控訴院から貴族院または司法委員会への上訴は認められないこと。」という見出しになっている、その第20条の主要部分は、つぎのとおりであった[12]。

「高等法院または控訴院の如何なる判決または決定にたいしても、また、本法の施行後においての、ランカスター王権州の大法官裁判所の如何なる判決または決定にたいしても、貴族院または女王陛下の枢密院司法委員会への錯誤〔令状〕または上訴の提起がなされてはならない。……〔以下、留保規定〕」

また、「司法委員会の管轄権を枢密院令によって移転する権能。」という見出しをもつ第21条は、つぎのような規定をふくんでいた[13]。

「女王陛下が適当であると考える場合に、これから後、何時であれ、枢密院令によって、現に施行されている諸法律にしたがえば、女王陛下の枢密院の司法委員会によって、もしくは、その面前において審理されるのを当然とする、枢密院における女王陛下にたいする、すべての上訴または請願は、およそ如何なるものであれ、上の命令によって定められる時から後は、女王陛下の控訴院にたいし審理のために附託され、かつ、その控訴院によって審理されなければならない旨を指示することは、女王陛下にとって合法であるものとする。かつ、上の命令によって定められる時から後は、すべての上の上訴および請願は、したがって、当該控訴院にたいし審理のために附託され、かつ、その控訴院によって審理されるものとし、当該司法委員会によって審理さ

れてはならないものとする。なお上の上訴または請願の審理およびそれについて女王陛下にたいしてなされるべき報告ならびに後に枢密院における女王陛下によってなされるべき、それにもとづくすべての命令のための、およびそれらに附随するすべての目的について、さらにまた、本条にしたがい当該控訴院または女王陛下によって下されることのあるべき何らかの命令を強行することのための、およびそれに附随するすべての目的について（その他の目的については、そうでないが）、現に法律によって当該司法委員会に帰属しているすべての権能、権限および管轄権は、当該控訴院に移転され、かつ、それに帰属するものとする。……」

しかし、以上の2ヵ条にふくまれた控訴院の最高裁判所化のねらいは、けっきょく挫折してしまった。1875年裁判所法第2条は、それら2ヵ条の施行期を1876年11月1日まで延期し、ついで、1876年上訴管轄権法（Appellate Jurisdiction Act, 1876）の第24条は、のちに述べるように、貴族院および司法委員会の上訴管轄権を存続させる同法の諸条項の趣旨をつらぬいて、それらの2ヵ条を廃止したからである。

(ロ) 控訴院の構成についての基本的規定をなしているのは、1875年裁判所法第4条である。現在それは、さらに、その第6条の一部、その他をあわせて、1925年最高裁判所（統合）法の第6条ないし第8条に整理されている。まず1875年裁判所法第4条を訳出してみよう。

「第4条　控訴院の構成。
本法および主法において控訴院として言及されている女王陛下の控訴院は、つぎのように構成されるものとする。〔すなわち〕5人の役職によるその裁判官（ex-officio Judges）および、さらに女王陛下が随時任命すべき、一時に3人をこえないだけの人数の普通裁判官（ordinary Judges）がなければならない。

役職による裁判官は、大法官、イングランドの首席裁判官、記録長官、人民訴訟裁判所首席裁判官および財務裁判所首席裁判官であるものとする。

当該裁判所の最初の普通裁判官は、現在の大法官裁判所控訴院裁判官たち、および女王陛下が開封特許状（Letters Patent）をもって任命し給うべき他の1人のものでなければならない。上の任命は、本法の施行の以前または以後のいずれにおいてもなすことができる。ただし、本法の施行以前になされた場合には、本法の施行期においてその効力を生ずるものとする。

控訴院の普通裁判官は、控訴院裁判官（Justices of Appeal）と称されるものとする。

大法官は、高等法院の以下の諸部、すなわち、女王座部、人民訴訟部、財務部および検認・離婚および海事部の何れかの一部またはそれ以上のものの部長に宛てられた書面によって、上の一つの部または数個の部からの追加裁判官（additional Judge）（であって、控訴院の役職による裁判官でないもの）が、控訴院の開廷に、春季または夏季巡回期中をのぞき、何時であれ、出席すべきことを要請することができる。なお、ある部からの裁判官の出席が要求された場合に、その部によって選定される裁判官は、それにしたがって出席しなければならない。

すべての追加裁判官は、その裁判官が女王陛下の控訴院の開廷に出席する期間中、当該控訴院の裁判官のすべての管轄権および権能を有するものとする。ただし、その裁判官は、その他の点においては、当該裁判所の裁判官であるもの、または、その裁判官が所属する高等法院の部の裁判官でなくなったものと見なされてはならない。

主法の第54条は、ここに廃止され、それにかえて以下の規定が効力を生ずるものとする。——当該控訴院の如何なる裁判官も、その裁判官自身によって下されたか、または、その裁判官がその一員であったし、また現にその一員であるところの高等法院の何れかの部裁判所（Divisional Court）によって下された何らかの判決または決定にたいする上訴の審理について、裁判官として着席してはならない。

控訴院の普通裁判官の役職が欠員となる場合には、つねに、新しい裁判官が、女王陛下により開封特許状をもって、それに任命されうるものとする。」

なお、同法の第6条は、「裁判官の席次」（precedence of Judges）という見出しのもとに、つぎのように規定する。

「第6条　大法官は、控訴院の院長（the president）であるものとする。控訴院のその他の役職による裁判官は、その現在の各役職の上下の序列にしたがって席次を占めるものとする。控訴院の普通裁判官は、貴族または枢密院議員として上席につく資格をもたないときは、上の裁判官としてのその各々の任命の先後に応じて席次を占めるものとする。……」

この条文において、控訴院長の地位が、単なる裁判官席次の問題であるかのように規定がなされていることが目につくが、1925年法では、その部分は分離されて、控訴院の構成の規定にくりいれられる。

1875年以降の諸改革を整理統合する1925年最高裁判所（統合）法においては、以上の規定は、つぎのようにすっきりしたものになっている。役職による裁判官についての規定は、主として、まえに述べたように、高等法院の部の数が減少したことによって、変更を受けており、また、控訴院裁判官の称号が、Justices of Appeal から Lord Justices of Appeal にかわっている点も注目されよう（1877年最高裁判所法Supreme Court of Judicature Act, 1877, 第4条によって、そう変った）。

1925年最高裁判所（統合）法第6条ないし第8条をかりに和訳すれば、つぎのとおりである[14]。

「第6条　控訴院の構成。
(1)　控訴院は、役職による裁判官および5人の普通裁判官をもって構成される。
(2)　控訴院の役職による裁判官は、大法官、だれであれ、大法官の役職を維持したことのある人、だれであれ、その任命の期日において、控訴院の普通裁判官に任命される資格をもっていたであろうところの、または、上の期日において、その裁判所の裁判官であったところの常任上告議員、首席裁判官、記録長官および検認部の部長であるものとする。
　ただし、大法官の役職を保持したことのある人または常任上告議員は、その人が、大法官の要請によって、そうすることを承諾するのでないかぎり、控訴院の裁判官として着席し行為することを要求されることはないものとする。
(3)　控訴院の普通裁判官は、「控訴院判事」と称せられなければならないものとし、かつ、本法においては、「控訴院判事」として言及される。
(4)　大法官は、控訴院の院長となるものとする。
第7条　高等法院の裁判官が控訴院に出席する場合。
(1)　大法官は、高等法院のどの裁判官であれ、追加裁判官として、控訴院の開廷に、何時であれ出席することを要請することができるのであり、かつ、その出席がそのように要請される裁判官は、すべて、それに応じて出席しなければならない。
(2)　上の要請にしたがい控訴院の追加裁判官として着席するあらゆる裁判官は、そのように着席する期間中は、控訴院の裁判官のすべての管轄権と権能とを有するが、その他の点においては、上の裁判所（＝控訴院）の裁判官であるとか、またはその裁判官が所属する裁判官でなくなってしまったものと見なされてはならない。
(3)　すべて上の裁判官は、その出席が要請された期間が満了している場合にも、その裁判官が控訴院に出席しているあいだに控訴院によってすでに審理がすんでいるような事件にかんして判決を下す目的のため、またはその他のために控訴院の開廷に

出席しなければならない。
　第8条　最高裁判所の前裁判官は控訴院の裁判官として着席する資格があること。
　大法官は、何時であれ、本条の規定の制約内において、何人であれ、控訴院の裁判官または高等法院の裁判官の役職を保持したことのある人にたいして、控訴院の裁判官として着席し行為することを要請することができるものとし、かつ、そのように要請をうけたあらゆる前記の人は、そのように着席し行為するあいだは、控訴院の裁判官のすべての管轄権、権能および特権を有するが、その他の点においては、控訴院の裁判官であると見なされてはならない。
　ただし、本条のどんな規定も、前述のような人にたいして、その人がそうすることを承諾するのでないかぎり、控訴院の裁判官として着席し行為することを要求するものと見なされてはならない。」

控訴院の人的構成について、高等法院の裁判官が、現任中には、追加裁判官として、また退官後も、控訴院裁判官として着席する道が開かれていることは、著しい点であると見える。控訴院と高等法院とを、「最高裁判所」の二つの組成部分として一体視することの意味が、そこには、じゅうぶんにうかがえると思われるのであるが、じつは、逆に、控訴院の裁判官が高等法院の裁判官として、着席することが、1925年裁判所法第3条に、つぎのように規定されているのである[15]。

　「第3条　控訴院の裁判官および最高裁判所の前裁判官は高等法院の裁判官として着席する資格があること。
　(1)　本法の規定の制約内において、控訴院のどの裁判官も、または、控訴院の裁判官もしくは高等法院の裁判官の役職を保持したことのあるどんな人も、大法官の要請にもとづき、病気のため、もしくは、その他の原因によって欠席する裁判官のために、または、その地位が欠員となるその他の裁判官にかわり、あるいは、何れかの部の追加裁判官として、高等法院の裁判官として着席し行為し、または、その他の役職上もしくは事務上の行為を行うことができる。
　ただし、
　(イ)　大法官は、首席裁判官または検認部の部長の同意をそれぞれ得てする場合をのぞき、前述のように役職を保持したことのある何人かにたいして、王座部または検認部の裁判官として着席し行為することを要請してはならない。また
　(ロ)　本条のどんな規定も、前述のように役職を保持したことのある何人かにたいして、その人がそうすることを承諾するのでないかぎり、高等法院の裁判官として

着席し行為することを要求するものと見なされてはならない。

(2) あらゆる人は、本条にもとづき高等法院の裁判官として着席し行為するあいだは、その裁判所の裁判官のすべての管轄権、権能および特権を有するが、その他の点においては高等法院の裁判所の裁判官であるとは見なされてはならない。」

(11) Sir Raymond Evershed, M.R., The Court of Appeal in England, 1950, p. 3.
(12) その原文は、つぎのとおり。

 20. No Appeal from High Court or Court of Appeal to the House of Lords or Judicial Committee.—No error or appeal shall be brought from any judgement or order of the High Court of Justice, or of the Court of Appeal, nor from any judgement or order, subsequent to the commencement of this Act, of the Court of Chancery of the county palatine of Lancaster to the House of Lords or to the Judicial Committee of Her Majesty's Privy Council; ...."

(13) その原文は、以下のとおりである。

 21. Power to transfer jurisdiction of Judicial Committee by Order in Council. —It shall be lawful for Her Majesty, if she shall think fit, at any time hereafter by Order in Council to direct that all Appeals and Petitions whatsoever to Her Majesty in Council which according to the laws now in force ought to be heard by or before the Judicial Committee of Her Majesty's Privy Council, shall, from and after a time to be fixed by such order, be referred for hearing to and be heard by Her Majesty's Court of Appeal; and from and after the time fixed by such order, all such Appeals and Petitions shall be referred for hearing to and be heard by the said Court of Appeal accordingly, and shall not be heard by the said Judicial Committee; and for all the purposes of and incidental to the hearing of such Appeals or Petitions, and the reports to be made to Her Majesty thereon, and all orders thereon to be afterwards made by Her Majesty in Council, and also for all the purposes of and incidental to the enforcement of any such Orders as may be made by the said Court of Appeal or by Her Majesty, pursuant to this section (but not for any other purpose), all the power, authority, and jurisdiction now by law vested in the said Judicial Committee shall be transferred to and vested in the said Court of Appeal.

(14) その原文を掲げよう。

 6. Constitution of Court of Appeal.—(1) The Court of Appeal shall be constituted of ex-officio judges and of five ordinary judges.

 (2) The ex-officio judges of the Court of Appeal shall be the Lord Chancellor, any person who has held the office of Lord Chancellor, any Lord of Appeal in Ordinary who at the date of his appointment would have been qualified to be

appointed an ordinary judge of the Court of Appeal, or who at that date was a judge of that court, the Lord Chief Justice, the Master of the Rolls and the President of the Probate Division:

Provided that a Person who has held the office of Lord Chancellor, or a Lord of Appeal in Ordinary, shall not be required to sit and act as a judge of the Court of Appeal unless on the request of the Lord Chancellor he consents so to do.

(3) The ordinary judges of the Court of Appeal shall be styled, and are in this Act referred to as, "Lords Justices of Apeal."

(4) The Lord Chancellor shall be president of the Court of Appeal.

7. Attendance of judge of High Court in Court of Appeal.—(1) The Lord Chancellor may request the attendance at any time of any judge of the High Court to sit as an additional judge at the sittings of the Court of Appeal, and any judge whose attendance is so requested shall attend accordingly.

(2) Every judge who sits as an additional judge of the Court of Appeal in pursuance of such a request shall, during the time he so sits, have all the jurisdiction and powers of a judge of the Court of Appeal, but shall not otherwise be deemed to be a judge of that court or to have ceased to be a judge of the Division to which he belongs.

(3) Any such judge shall, although the period has expired during which his attendance was requested, attend the sittings of the Court of Appeal for the purpose of giving judgement or otherwise in relation to any case which may have been heard by the Court of Appeal during his attendance on the Court of Appeal.

8. Ex-judges of Supreme Court qualified to sit as judges of Court of Appeal. —The Lord Chancellor may at any time, subject to the provisions of this section, request any person who has held the office of a judge of the Court of Appeal or of a judge of the High Court to sit and act as a judge of the Court of Appeal, and every such person so requested shall, while so sitting and acting, have all the jurisdiction, powers and privileges of, but shall not otherwise be deemed to be; a judge of the Court of Appeal:

Provided that nothing in this section shall be deemed to require any such person as aforesaid to sit and act as a judge of the Court of Appeal unless he consents so to do.

⒂　その原文は、以下のとおり。

3. Judges of Court of Appeal and ex-judges of Supreme Court qualified to sit as judges of High Court.—(1) Subject to the provisions of this section, any judge of the Court of Appeal or any person who has held the office of a judge of the Court of Appeal or of a judge of the High Court, may, on the request of the Lord

Chancellor, sit and act as a judge of the High Court or perform any other official or ministerial acts for or on behalf of any judge absent through illness or any other cause, or in the place of any other judge whose place becomes vacant, or as an additional judge of any Division: Provided that —

(a) The Lord Chancellor shall not request any person who has held office as aforesaid to sit and act as a judge of the King's Bench Division, or of the Probate Division, except with the concurrence of the Lord Chief Justice or the President of the Probate Division respectively; and

(b) Nothing in this Section shall be deemend to require any person who has held office as aforesaid to sit and act as a judge of the High Court unless he consents so to do.

(2) Every person while sitting and acting as a judge of the High Court under this section shall have all the jurisdiction, powers and privileges of, but shall not otherwise be deemed to be, a judge of that court.

(ハ) 控訴院は、高等法院と同様に、1873年裁判所法によって、それまで存続していた同位の諸裁判所からの管轄権の移転を受けるとともに、新設された高等法院にたいする上訴裁判所としての一般的管轄権を与えられる。同法第18条によって、控訴院に移転され帰属した管轄権は、つぎのとおりである。

「第18条 控訴院に移転される管轄権。
本法によって設立される控訴院は、上級記録裁判所であるものとし、かつ上の裁判所には、以下の諸裁判所のすべての管轄権と権能とが移転され、帰属するものとする。(すなわち)──

(1) 大法官および大法官庁控訴裁判所がその上訴管轄権を行使する場合にもつ、ならびに大法官庁控訴裁判所が破産控訴裁判所としてもつ、すべての管轄権と権能。

(2) ランカスター王権州の大法官庁控訴裁判所のすべての管轄権と権能、ならびに、ランカスター侯爵領および王権州の大法官が、ランカスター王権州の大法官裁判所の判決または決定にたいする再審 (rehearing) または上訴の裁判官として、単独で、または大法官庁控訴裁判所判事とは別個に着席する場合のすべての管轄権と権能。

(3) その補佐官 (assessors) の補佐を受ける錫鉱山監督官 (Lord Warden of the Stannaries) の裁判所のすべての管轄権と権能。ただし、錫鉱山監督官がその裁判官の資格において着席する場合のすべての管轄権と権能を含む。

(4) 財務室裁判所のすべての管轄権と権能。

(5) 高等海事裁判所の何らかの判決もしくは決定、または、大法官その他、精神異常についての管轄権を有する人によって下された精神異常にかんする何らかの決定にたいする上訴について、枢密院における女王陛下もしくは女王陛下の枢密院の司法委員会に帰属するか、または、女王陛下もしくは司法委員会によって行使されることのできるすべての管轄権。」

また、同法第19条は、高等法院の上訴裁判所としての控訴院の管轄権について、つぎのような包括的な基本規定を設ける。

「第19条　高等法院からの上訴

上の控訴院は、女王陛下の高等法院またはその何れかの数人もしくは一人の裁判官の判決もしくは決定のうち、以下本法に掲げるところをのぞくものにたいする上訴を、本法の規定、および上の上訴が認容される場合の条項および条件を規制することのために、本法にしたがい作られることのあるべき裁判所規則および命令の制約内において、審理し、かつ決定する管轄権と権能とを有するものとする。

その管轄権にぞくする何らかの上訴の審理・決定、および上の上訴について下される何らかの判決もしくは決定の修正、執行および施行の諸目的およびそれに附帯する諸目的について、ならびに、本法により控訴院にたいし明示的に附与されたその他のあらゆる権限の目的について、上の控訴院は、本法により高等法院に帰属せしめられたすべての権能、権限および管轄権を有するものとする。」

1873年裁判所法第18条の規定について、そこには、たとえば、離婚裁判所の判決にたいする上訴についての規定がないことが明白であるが、それは、1857年婚姻訴訟法（The Matrimonial Causes Act, 1857）第55条によって、離婚裁判所の判決にたいする上訴は、同裁判所の裁判官全員で構成する全員法廷（full court）にたいして提起されることになっていた、その仕組が維持されたからである。ただし、1857年婚姻訴訟法のその仕組は、1881年最高裁判所法（The Supreme Court of Judicature Act, 1881）の第9条によって廃止され、以後、上訴は控訴院にたいしてなされることに改められた。「今上女王陛下の治世第20年および第21年の法律第85号第55条にもとづき、または、その他の国会制定法にもとづき、上の最初に掲げる国会制定法によって設立された全員法廷にたいして提起することのできたすべての上訴は、今後は、女王陛下の控訴院にたいして提起されるものとし、上の全

6 判例というものの考え方〔3〕イギリス現代裁判所の組織 3の(3)

員法廷に提起されてはならないものとする。」というのが、その規定である。

以上のような1873年裁判所法の2ヵ条の規定をひきついだ1925年最高裁判所（統合）法の規定は、その第26条と第27条とである。後者の条文の規定の内容は、実質的に、前者のそれに同じであるが、その文章上の整理の仕方については、見るべきものがあるばかりでなく、さらに、その後の改正規定を収容して、詳しいものになっている。たとえば、第27条の第2項の規定は、前掲の1881年最高裁判所法第9条第2段の規定を再述したものである。なお、1925年法には、高等法院における訴訟においてなされる再審（new trial）の申立などは、控訴院によって審理・決定され、したがって、上訴と同等の扱いを受けること（同法第30条）、また、控訴院にたいする上訴を、かなりきびしく制限する規定をおいていることなど、控訴院にたいする上訴について注目すべき多くの規定がふくまれる。

1925年法第26条および第27条の規定を、かりに訳出すれば、つぎのとおりである。

「第26条　控訴院に帰属する管轄権。
(1)　控訴院は上級記録裁判所であるものとする。
(2)　控訴院には、つぎの管轄権が帰属するものとする。──
(イ)　上訴管轄権を行使するさいの大法官および大法官庁控訴裁判所に以前に帰属していたすべての管轄権と権能。
(ロ)　財務室裁判所に以前に帰属していたすべての管轄権と権能。
(ハ)　本法の規定の制約内において、高等海事裁判所の何らかの判決もしくは決定、または、大法官もしくは、その他の精神異常にかんする管轄権を有するものによって下された精神異常にかんする何らかの決定にたいする上訴にかんして、枢密院における故女王陛下または枢密院司法委員会に以前に帰属したか、または、故女王陛下または司法委員会によって行使されることのできたすべての管轄権。
(ニ)　1873年の国会制定法の施行期後に施行され、かつ、本法によって廃止されない何らかの制定法規にもとづき、もしくは、それにしたがって、本法の施行期の直前に、1873年の国会制定法によって設置された控訴院に帰属したか、またはその控訴院によって行使されることのできたすべての管轄権。」

26. Jurisdiction vested in Court of Appeal.—(1) The Court of Appeal shall be a superior court of record.
(2) There shall be vested in the Court of Appeal:——
　(a) All jurisdiction and powers formerly vested in the Lord Chancellor and

the Court of Appeal in Chancery when exercising appellate jurisdiction:

(b) All jurisdiction and powers formerly vested in the Court of Exchequer Chamber:

(c) Subject to the provisions of this Act, all jurisdiction formerly vested in or capable of being exercised by Her late Majesty in Council, or the Judicial Committee of the Privy Council, on appeal from any judgment or order of the High Court of Admiralty, or from any order in lunacy made by the Lord Chancellor, or any other person having jurisdiction in lunacy:

(d) All jurisdiction which, under or by virtue of any enactment which came into force after the commencement of the Act of 1873 and is not repealed by this Act, was immediately before the commencement of this Act vested in or capable of being exercised by the Court of Appeal constituted by the Act of 1873.

「第27条　高等法院からの上訴。

(1) 本法に別段の規定がなされる場合、および裁判所規則の制約内において、控訴院は、高等法院の如何なる判決もしくは決定にたいする上訴でも審理し決定する管轄権を有するものとする。かつ、何らかの上訴を審理し決定すること、ならびに、その上訴について下される何らかの判決もしくは決定を修正、執行および施行することのための、および、それらのことに附帯する諸目的については、控訴院は、高等法院のすべての権能、権限および管轄権を有するものとする。

ただし、捕獲審検所として行為する場合の高等法院の判決または決定にたいする上訴は、控訴院にたいして提起することができるのではなくして、1864年ないし1916年海軍戦時捕獲物法の規定にしたがい枢密院における国王陛下にたいし提起することができるものとする。

(2) 婚姻上の訴訟および事項ならびに嫡出および婚姻の有効性の確認にかんする本法の規定にもとづいて生ずる何らかの問題にたいする控訴院の判決は、終局的であるものとする。ただし、その判決が、婚姻の解消もしくは無効を求めるか、または、前述の確認を求める申請にたいする判決の許与もしくは拒否にかんするものであるか、あるいは、控訴院が上訴の許可を与える法律問題にかんするものである場合を除く。」

27. Appeals from High Court.——(1) Subject as otherwise provided in this Act and to rules of court, the Court of Appeal shall have jurisdiction to hear and determine appeals from any judgment or order of the High Court, and for all the purposes of and incidental to the hearing and determination of any appeal, and the amendment, execution and enforcement of any judgment or order made

thereon, the Court of Appeal shall have all the power, authority and jurisdiction of the High Court:

　　Provided that an appeal from a judgment or order of the High Court when acting as a prize court shall not lie to the Court of Appeal, but shall lie to His Majesty in Council in accordance with the provisions of the Naval Prize Acts, 1864 to 1916.

　　(2) The decision of the Court of Appeal on any question arising under the provisions of this Act relating to matrimonial causes and matters and to declarations of legitimacy and of validity of marriage shall be final, except where the decision is either on the grant or refusal of a decree on a petition for dissolution or nullity of marriage or for such a declaration as aforesaid, or on a question of law on which the Court of Appeal gives leave to appeal.

控訴院への上訴の制限にかんする1925年法の規定は、その第31条にふくまれる。同条は、こう規定する。

　「第31条　上訴にたいする制限。
(1) 何らの上訴も、つぎの判決または決定にたいしては、認められてはならない。〔すなわち〕──
㈤　1907年刑事上訴法または本法によって規定される場合をのぞき、何らかの刑事の訴訟または事項においての高等法院の何らかの判決にたいして。
㈥　ある判決または決定にたいする上訴期間の延長を認める決定にたいして。
㈦　無条件の訴訟防禦許可を与える裁判官の決定にたいして。
㈡　何らかの裁判所または裁判官の管轄権が今日では高等法院に帰属している場合に、その裁判所または裁判官の判決が終局的でなければならない旨が、何らかの国会制定法によって規定されているときに、高等法院またはその何れかの裁判官の判決にたいして。
㈣　婚姻の解消または無効についてのある確定判決の基礎をなした仮判決にたいして上訴する時間と機会とをもちながら、その仮判決にたいして上訴しなかったある当事者に有利なその確定判決にたいして。
㈥　部裁判所または控訴院の許可（leave）をえていない場合に、高等法院にたいする何らかの上訴について、ある部裁判所がなした決定にたいして。
㈦　手続様式（practice）および訴訟手続体制（procedure）上の事項における上訴にかんする本条の規定の制約内において、決定をなしたその裁判官、または控訴

院の許可をえていないときは、高等法院の裁判官が判事私室（chambers）においてなした何らかの決定を取消し、または解消することについての何らの申請も、場合により、部裁判所または法廷に着席するその裁判官にたいしてなされなかった場合において、その決定にたいして。
- (チ) 決定をなした裁判所または裁判官の許可をえていない場合に、当事者たちの同意をえて、または、法律上裁判所の裁量にまかされている訴訟費用だけにかんして、なされた高等法院またはその何れかの裁判官の決定にたいして。
- (リ) 裁判官または控訴院の許可をえていない場合に、裁判官によってなされ、または下された何らかの中間決定または中間判決にたいして。ただし、以下の場合をのぞく。すなわち、——
  - （i） 臣民の自由または未成年者の監護にかかわる場合。
  - （ii） 禁止命令または収益管理人の任命が許与され、または拒否された場合。
  - （iii）～（vi）略
- (ヌ) 略
- (ル) 何らかの検認訴訟または事項において生起する法律問題についての郡裁判所（county court）からの何らかの上訴にたいする高等法院の判決にたいして。
- (2) 訴訟防禦の無条件の許可を拒否する決定は、本条の意味に該当する中間決定であると見なされてはならない。
- (3) 手続様式および訴訟手続体制上の事項においては、裁判官〔の決定〕にたいするすべての上訴は、控訴院にたいしてなされなければならない。」

ところで、控訴院にたいする上訴が、かなりきびしく制限されるということは、上訴が、高等法院までで打切られる場合が少なくないということを意味するであろう。1925年最高裁判所法第24条には、その点にかんする基本的な規定が設けられている。

「第24条　下級裁判所からの上訴にかんする高等法院の管轄権。

本法に別段の規定がなされる場合、および裁判所規則の制約内において、高等法院は、
- (イ) 何らかの裁判所または裁判官の管轄権が1873年の国会制定法によって、同法により設置された高等法院に移転された場合に、その裁判所または裁判官にたいして、以前に提起されることができたところの、如何なる裁判所からの如何なる上訴もまた、

(ロ)　事実説明書によると、もしくはその他によるとを問わず、1873年の国会制定法の施行後に施行された何らかの制定法規であって、本法によって廃止されないものにもとづき、または、それにしたがい、上の国会制定法により設置された高等法院が本法の施行の直前に審理・決定する機能を有したところの、如何なる申請も、または如何なる上訴も、

審理・決定する管轄権を有するものとする。」

24．Jurisdiction of High Court with respect to appeals from inferior courts.——Subject as otherwise provided in this Act and to rules of court, the High Court shall have jurisdiction to hear and determine——

(a)　Any appeal from any court which might formerly have been brought to any court or judge whose jurisdiction was by the Act of 1873 transferred to the High Court constituted by that Act; and

(b)　Any application, or any appeal, whether by way of case stated or otherwise, which under or by virtue of any enactment which came to force after the commencement of the Act of 1873 and is not repealed by this Act, the High Court constituted by that Act had power to hear and determine immediately before the commencement of this Act.

そして、そのような高等法院の上訴管轄権は、その部裁判所（divisional court）によって行使されるのである。部裁判所は、衡平法部や王座部のような部（Division）そのものが、一つの全体として構成する裁判所ではなくて、それらの部の内部で、その部の仕事の分配の方法の一つという形で設けられる。すなわち、「高等法院におけるあらゆる手続およびそれから生ずるすべての仕事は、実行可能で便宜にかなうかぎり、かつ部裁判所にかんする本法の規定の制約内において、単独判事（a single judge）の面前において審理・処分されなければならない」のを原則とする（1925年法第60条前段）が、裁判所規則に定める事項の処理や、高等法院にたいする下級裁判所からの上訴の審理は、部裁判所の仕事とされるのである。そして、部裁判所にたいする基本的規定をなす1925年法第63条および第64条は、きわめて簡明なものなので、それらを訳出して、説明にかえることとしよう。

「第63条　高等法院の部裁判所。

(1)　部裁判所は、高等法院における何らかの仕事で、裁判所規則をもって部裁判所により審理されるよう命ぜられることのあるものの処理のために、これを開くことができる。また、何らかの裁判所または人にたいして、高等法院への上訴権が認められ

るすべての場合において、その上訴は、部裁判所によって審理・決定されなければならない。

　(2)　部裁判所は、それら裁判所によって審理されなければならない訴訟および事項の目的のためには、高等法院の管轄権の全部またはその何らかの一部を行使するものとする。

　(3)　如何なる個数の部裁判所も、同時に開廷することができる。

　(4)　高等法院のあらゆる裁判官は、如何なる部裁判所においても着席する資格をもつものとする。

　(5)　本法にもとづく席次の順序にしたがい、ある部裁判所を構成する裁判所のなかの先任者は、その部裁判所の裁判長となるものとする。

　(6)　部裁判所は、2人の裁判官をもって構成されるものとし、それ以上によって構成されることはないものとする。

　ただし、——

(イ)　部裁判所の判決は、その裁判所が2人以上の多数の裁判官をもって構成されているという理由によって無効とされることはないものとする。また、

(ロ)　その部裁判所の所属する部の部長が、その部の他の裁判官またはその過半数の賛同をえて、または、王座部の場合には、その部の2人を下らない裁判官の賛同をえて、その部裁判所は2人以上の多数の裁判官をもって構成されるべきであるという意見を有するときは、その裁判所は、部長が、前記の賛同をえて、便宜にかなうと考える人数の裁判官をもって構成されることを妨げない。また、

(ハ)　前記の上訴を審理するための部裁判所は、裁判所規則にしたがい構成されなければならない。

　第64条　部裁判所についての裁判官の義務。

　(1)　裁判所規則の制約内において、王座部に割り当てられた仕事の処理のために随時必要となることのある部裁判所の開廷に、要求された場合に、参加することは、とくに自己に割り当てられた何らかの仕事の処理または何れかの他の部裁判所の仕事に、さしあたり従事していない高等法院のあらゆる裁判官の義務であるものとする。

　(2)　前項の目的のために、または、本法によって認可されたその他の目的のために部裁判所を構成し、もしくは、開くことのために、および、さらに、王座部の仕事のうち、部裁判所によって処理されることになっていない部分の適当な処理のために、必要または適当であるようなすべての取り極めは、高等法院の裁判官たちの指示および監督のもとに、また、裁判官たちのあいだに意見の相違がある場合には、裁判官の過半数が、首席裁判官の賛同をえて、決定する態様において、随時なされなければな

らない。」

3の(4)

　以上のように、高等法院と控訴院の構成と管轄権のあらましについて述べおえたところで、それら裁判所の開廷 (Sittings) や「仕事の分配」(Distribution of Business) などについて説明するのが順序であり、しかも、それらの点は裁判の能率の観点から重要な意味をもつと思われるが、本稿の主題に照らして、それらの点についての言及は、必要な最小限度にかぎられなければならない。そこで、以下では、そのような最少限度の言及を行ったうえで、以上の裁判所の裁判官の任用資格、任期、俸給などについて、1925年最高裁判所（統合）法の規定を中心とし、その次の改正法を参照しながら、ほんのひととおりの説明をすることにしよう。

　(イ)　高等法院と控訴院をふくめて最高裁判所について、1873年裁判所法は、「法律年 (legal year) を開廷期 (terms) に区分することは、司法にかんするかぎり廃止されるものとし、かつ、高等法院または控訴院……の開廷または仕事にたいして適用される開廷期は、もはや、ないものとする。」と宣言し（同法第26条前段）、さらに「裁判所規則の制約内において、高等法院および控訴院、ならびにその裁判官は、それぞれ、……それら裁判それぞれ……の仕事のいずれかの一部の処理のために、何時においても、また、如何なる場所においても開廷し行為する権能を有するものとする。」と規定した（同条後段）。そして、この規定を再現する1925年法第52条は、「裁判所規則の制約内において、処理されるべき仕事に照らして要求されることのあるだけの人数の高等法院の裁判官は、合理的に実行可能なかぎり、かつ休暇の制約内において、王座部における訴訟事件の裁判のために、王立裁判所 (Royal Courts of Justice) において継続的に着席 (sit countinuously) しなければならない。」と規定しているが、裁判官の「継続的着席」ないし裁判所の継続的開廷の趣意は、1873年裁判所法第28条を再現する1925年法第54条にいわゆる「休暇中の開廷」(Sittings in vacation) において、いちじるしく発揮されているのであろう。同条は、こう規定する——「休暇中に、高等法院および控訴院の裁判官が、それぞれ、即時に、または敏速に審理されることを要するようなすべての申立を審理することについて、裁判所規則により規定が設けられなければならない。」たとえば、「休暇当審判事」

(vacation judges) の制度は、この規定にそったものである (Order LXIII. r. 5.)。

　㋺　「仕事の分配」が問題になるのは、主として高等法院についてである。まず、この裁判所の三つの部のあいだの分配が問題となるが、それは、だいたい、それら三つの部が、1875年まで併存していた三つの系列の裁判所の伝統的管轄事項をそれぞれ、実質的にひきつぎ、維持するという形になっている、といってよいであろう。すなわち、1925年法第55条は、「本法の如何なる他の規定にも影響をおよぼすことなしに、高等法院におけるすべての訴訟および事件は、移管権能の制約内において、裁判所規則によって指示されることのある態様において、高等法院の各部および裁判官のあいだに分配されるものとし、かつ、上の制約内において、すべての上の訴訟および事件は、以下本法に規定する態様において、それぞれ前記の部に割り当てられるものとする。」と規定して、すべては、裁判所規則の定めるところによってきまるものとしているが、基本線は、「以下本法において」定めているのであり、しかも、その第56条は、明らかに、各の部にたいして、従来の三つの系列の裁判所の伝統的管轄事項を割り当てているからである。旧い体制とちがっている点の一つは、原告が原則として、どの部に訴を起すかの選択権を与えられているということ（第58条）や、大法官が再分配を行う権能を与えられていること（第57条）などである。

　また、高等法院の各の部において、各裁判官が、どのような仕事の分配を受けるかの問題に関連しては、まえに、いわゆる「部裁判所」が高等法院の控訴管轄の主要な部分を処理する機構にほかならないことを示した。しかし、高等法院の原始的管轄権にぞくする事項は、原則として、単独判事によって処理されることは、1873年裁判所法第39条を再現する1925年最高裁判所（統合）法第60条および第61条の規定するところである[16]。

「第60条　高等法院における手続は、単独判事によって処理されるべきこと。
　高等法院におけるあらゆる手続およびそれから生ずるすべての仕事は、実行可能であり、かつ便宜にかなうかぎり、ならびに部裁判所にかんする本法の規定の制約内において、単独判事の面前において審理・処分されなければならない。また、審理または裁判にひきつづく、ある訴訟におけるすべての手続は、終局の判決または決定にいたるまで、かつ、それを包含して、実行可能であり、かつ便宜にかなうかぎり、その面前においてその裁判または審理が行なわれた裁判官の面前において行われなけれ

ばならない。

　第61条　法廷および裁判官私室における単独判事の権能。

　(1)　高等法院の各裁判官は、裁判所規則の制約内において、その管轄権が高等法院に帰属した諸裁判所の何れかの単独判事によって、それぞれ法廷または裁判官私室において、以前に審理されたような、あるいは、裁判所規則によって、または、1873年の国会制定法の施行後に通過された何らかの国会制定法であって、当座施行されているものによって、もしくは、それにしたがって、そのように審理されるよう指示され、または授権されることのあるような、すべての訴訟および事件において、また、何らかの訴訟または事件における、すべてのそのような手続において、高等法院に帰属する管轄権の全部または何れか一部を、法廷または裁判官私室において行使することができる。

　(2)　法廷に着席する高等法院の各裁判官は、高等法院の一つの法廷を構成するものと見なされるものとする。」

(16)　その原文は、つぎのとおり。

60. Proceedings in High Court to be disposed of by single judge.—Every Proceeding in the High Court and all business arising therefrom shall, so far as is practicable and convenient and subject to the Provisions of this Act relating to divisional courts, be heard and disposed of before a single judge, and all proceedings in an action subsequent to the hearing or trial, down to and including the final judgment or order, shall, so far as is practicable and convenient, be taken before the judge before whom the trial or hearing took place.

61. Powers of single judge in court and in chambers.—(1) A judge of the High Court may, subject to rules of court, exercise in court or in chambers all or any part of the jurisdiction vested in the High Court, in all such causes and matters and in all such proceedings in any causes or matters as might formerly have been heard in court or in chambers respectively by a single judge of any of the courts whose jurisdiction is vested in the High Court, or as may be directed or authorised to be so heard by rules of court, or by or in pursuance of any Act passed after the commencement of the Act of 1873, and for the time being in force.

(2) A judge of the High Court sitting in court shall be deemed to constitute a court of the High Court.

(ハ)　控訴院における仕事の処理は、原則として3人以上の裁判官の合議によっ

て行われる、1925年法第68条第1項は、こう規定する。

　「(1)　本法の規定の制約内において、控訴院にたいする上訴であって、終局の決定もしくは判決にたいする上訴であるか、または、高等法院における何らかの訴訟もしくは事件において、陪審を付して、その訴訟もしくは事件、またはそれにかんする何らかの争点の裁判が行なわれた場合に、その訴訟もしくは事件においての再審または評決・認定もしくは判決の取消の申立としてなされるものはすべて、控訴院の3人を下らない裁判官の面前において審理されるものとする。また、上のあらゆる上訴は、それが中間の決定または判決にたいする上訴であるときは、同裁判所の2人を下らない裁判官の面前において審理されるものとする。
　(2)　略
　(3)　本条の規定の制約内において、控訴院は、同時に3個の部において開廷することができる。(以下略)」

　なお、訴訟または事件に附帯する指示で、上訴の決定を含まないものは、すべて、控訴院の単独判事が与えることができるものとされる（同第69条）。

　㈡　高等法院における仕事の分配にかかわる重要な一つのことがらとして、巡回裁判（assizes）の制度がある。巡回裁判については、1925年最高裁判所（統合）法第70条～第83条にかなり詳細な規定が設けられているが、ここでは、その第70条によってそのいちばん基本的と思われる点を明らかにするだけで満足しなければならない。巡回裁判の制度は、全国をいくつかの巡回区（circuits）に分け、一定の時期（春季と冬季とに分れる）かつ一定の日に、一定の場所に、高等法院の、主として王座部の裁判官が、単独で巡回し裁判することによって、高等法院がロンドンに一個しか存在しないことによって、いわば、集中化される上級裁判所の司法を地方に分散することをねらうものである、ということができよう。1873年裁判所法第29条を再現して、1925年法第70条は、こう規定する[17]。

　「第70条　巡回裁判嘱任状および巡回裁判受嘱者の管轄権。
　(1)　陛下は、一般的または特別の巡回裁判嘱任状またはその他の嘱任状によって、それに指名される高等法院の裁判官またはその他の人たちにたいし、高等法院に繫属する何らかの訴訟もしくは事件、または、高等法院に繫属するある訴訟もしくは事件における事実または法律の、または一部は事実および一部は法律の、問題もしくは争

点を、嘱任状によって、その目的のために特に定められた何らかの場所または地区内において、裁判し決定する義務、または、高等法院によって行使されうるところの何らかの民事または刑事の管轄権の行使を、割り当てることができる。かつ、陛下によって以上のように附与された嘱任状は、すべて、本法において制定された場合と同様の効力を有するものとする。

(2) 巡回裁判受嘱者は、開封特許状をもって、陛下によって任命されるものとする。

(3) 巡回裁判嘱任状に指名されるべき高等法院の裁判官は、主座部の裁判官でなければならない。ただし、検認部のあらゆる裁判官は、同部の仕事の状態が許容するかぎり、巡回裁判嘱任状にもとづき開廷する義務をその他の裁判官とともにわかたなければならない。なお、陛下は、上の嘱任状に、記録長官、何れかの控訴院判事、衡平法部の何れかの裁判官、郡裁判所の何れかの裁判官、法に通暁した陛下の法律顧問（すなわち、いわゆるK.C.またはQ.C.＝訳者）の何れか、および、だれであれ、控訴院裁判官または高等法院裁判官の役職を保持したことのある人が、もし〔それとして〕行為することに同意すれば、その人を、包含させることができる。かつ、巡回裁判嘱任状に包含された人は、すべて、嘱任状の諸目的については、高等法院の裁判官のすべての権能、権限および管轄権を有するものとする。

(4) 本条にしたがい任命された受嘱者は、本法にしたがいその者に割り当てられた何らかの管轄権の行使にたずさわっているときには、高等法院の一つの法廷を構成するものと見なされなければならない。（以下略）」

(17) その原文は、つぎのとおり。

70. Commissions of assize and jurisdiction of commissioners.—(1) His Majesty may, by commission of assize or any other commission, either general or special, assign to such judges of the High Court or other persons as are named therein, the duty of trying and determining within any place or district specially fixed for that purpose by the commission, any causes or matters, or any questions or issues of fact or of law or partly of fact and partly of law in any cause or matter, depending in the High Court, or the exercise of any civil or criminal jurisdiction capable of being exercised by the High Court, and any commission so granted by His Majesty shall have effect as if enacted in this Act.

(2) Commissioners of assize shall be appointed by His Majesty by Letters Patent.

(3) The judges of the High Court to be named in commission of assize shall be

judges of the King's Bench Division, but every judge of the Probate Division shall, so far as the state of business in that Division will admit, share with the other judges the duty of holding sittings under commissions of assize, and His Majesty may include in any such commission the Master of the Rolls, any Lord Justice of Appeal, any judge of the Chancery Division, any judge of county courts, any of His Majesty's counsel learned in the law, and, if he consents to act, any person who has held the office of a judge of the Court of Appeal or of a judge of the High Court, and any person included in a commission of assize shall for the purposes of the commission have all the power, authority and jurisdiction of a judge of the High Court.

(4) A commissioner appointed in pursuance of this section shall when engaged in the exercise of any jurisdiction assigned to him in pursuance of this Act be deemed to constitute a court of the High Court.…

3 の (5)

高等法院と控訴院の裁判官の任用資格、在職期間、俸給などについては、1925年最高裁判所（統合）法に主要な規定がおかれているので、まず、それらの規定をあとづけてみよう。

(イ) 1925年法は、その第1編に、「裁判官の任用資格、空席、在職期間、俸給その他」(Qualification of Judges, Vacancies, Tenure of Office, Salaries, etc.) という中見出しをおき、第9条〜第17条を含ませている。さしあたり、第9条、第12条、第13条および第14条を、順次、読んでみよう[18]。

「第9条　最高裁判所の裁判官の資格。

(1) だれであれ、10年を下らない期間の経験をもつ法廷弁護士である人は、高等法院の普通裁判官として任命される資格があるものとする。

(2) だれであれ、15年を下らない期間の経験をもつ法廷弁護士または高等法院の裁判官である人は、控訴院判事として任命される資格があるものとする。

(3) だれであれ、控訴院判事として任命される資格があるか、または、控訴院の裁判官である人は、首席裁判官、記録長官または検認部部長として任命される資格があるものとする。

第12条　裁判官の在職期間、職務宣誓および庶民院に着席することについての欠

格。

(1) 高等法院および控訴院のすべての裁判官は、大法官をのぞき、国会の両院によって国王陛下にたいし提出される要請書にもとづく国王陛下の解任権の制約内において、不法な行為がないかぎりその役職を保持するものとする。

(2) 前述の裁判所の何れかのものの裁判官も、庶民院の議員に選挙され、または、庶民院に着席する能力を有しないものとする。

(3) 前述の裁判所の何れかのものの裁判官に任命される（大法官以外の）あらゆる人は、その役職の執行をはじめるさいに、大法官の面前において、1868年約束宣誓法によって定義される忠誠の宣誓および司法的宣誓をしなければならない。

(4) 大法官によってなされるべき宣誓は、本法施行の直前におけると同一であるものとする。

第13条　裁判官の俸給。

(1) 高等法院および控訴院の各裁判官にたいしては、以下の俸給が、それぞれ支払われなければならない。〔――すなわち〕

　　大法官にたいしては、貴族院議長としてかれにたいし支払われるべき金額とあわせて、年１万ポンドの金高に達するのに十分であるような年額。

　　首席裁判官にたいしては、年８千ポンドの金額。

　　記録長官にたいしては、年６千ポンドの金額。

　　控訴院判事のおのおの、ならびに大法官および首席裁判官以外の高等法院の裁判官のおのおのにたいしては、年５千ポンドの金額。

(2) およそ裁判官にたいして前述のように支払われる俸給は、各場合において、その裁判官が以前に占めた何らかの公職にかんしてその裁判官に下附されていることのある何らかの恩給を包含するものとする。

(3) 前述のように支払われるあらゆる俸給は、任命の日から始まるものとする。

第14条　裁判官の恩給。

国王陛下は、開封特許状をもって、以下本条に掲げる裁判官のうち、いずれのものであれ、高等法院および控訴院において、もしくは、それら裁判官のいずれか一方において裁判官として15年間勤務したか、または、永久的な病弱のために、その役職の義務を遂行する能力を失ったものにたいし、その生涯間継続すべき、年金としての恩給を下附することができる。――〔すなわち〕

　　首席裁判官の場合には、年に４千ポンドをこえない額、

　　記録長官の場合には、年に3,750ポンドをこえない額、

　　だれであれ、控訴院判事または大法官および首席裁判官以外の高等法院の裁判官

238   II   判例法理論

の場合には、年に3,500ポンドをこえない額。」

(18)   第9条と第12条だけ原文を示そう。

9.   Qualifications of judges of Supreme Court.——(1)   Any person being a barrister of not less than ten years' standing shall be qualified for appointment as a puisne judge of the High Court.

(2)   Any person being a barrister of not less than fifteen years' standing or a judge of the High Court shall be qualified for appointment as a Lord Justice of Appeal.

(3)   Any person qualified for appointment as a Lord Justice of Appeal, or being a judge of the Court of Appeal, shall be qualified for appointment as Lord Chief Justice, Master of the Rolls or President of the Probate Division.

12.   Tenure of judges, oaths of office, and disqualification for sitting in House of Commons.——(1)   All the judges of the High Court and of the Court of Appeal, with the exception of the Lord Chancellor, shall hold their offices during good behaviour subject to a power of removal by His Majesty on an address presented to His Majesty by both Houses of Parliament.

(2)   No judge of either of the said courts shall be capable of being elected to or of sitting in the House of Commons.

(3)   Every person appointed to be judge of either of the said courts (other than the Lord Chancellor) shall, when he enters on the execution of his office, take, in the presence of the Lord Chancellor, the oath of allegiance and judicial oath as defined by the Promissory Oaths Act, 1868.

(4)   The oaths to be taken by the Lord Chancellor shall be the same as immediately before the commencement of this Act.

(ロ)   「最高裁判所」の裁判官の人数や俸給が、時代の推移にともなって変らなければならないということは、自然だと述べてもよかろう。まず、裁判官の人数についてみると、1873年—5年の裁判所法から1925年最高裁判所(統合)法までの半世紀のあいだに、高等法院の「役職による裁判官」以外の普通裁判官は、1873年裁判所法第5条によって、12人におさえられた(前述〔3〕3の(2)(ロ)【→本書202-203頁】)のにたいして、1925年法のもとでは、その第4条によって25人に達しており(前述〔3〕3の(2)(ハ)【→本書206頁】)、さらに1925年から1960年までのあいだに、ほぼ倍の48人にまでふくれあがっていることが知られる。このような高等法院の普通裁判官の人数の増加は、第二次大戦の前後の時期、とくにその後の時期においての司法制度の改革の運動の成果の一側面をなしているが、そこには、いつも、裁判の能

率とか、裁判制度の合理化とかの要請がつよくはたらいていると見える。そこで、たとえば、高等法院の部の改廃、とくに、検認・離婚・海事部の解消のような問題が提起されさえする。1925年以降において高等法院の普通裁判官の人員の増加を実現した一連の国会制定法のなかでその目ぼしいものは、1935年、1944年、1950年、1960年に通過されているが、そのうちで、とくに1944年の国会制定法が重要な意味をもつと思われる。1925年最高裁判所（統合）法のもとにおいて、25人の普通裁判官が、三つの部に、それぞれ、いわば、その部の定員という形で配属されていたことは、まえに述べたとおりであって、その後の国会制定法も、たとえば、「1935年最高裁判所（修正）法」(The Supreme Court of Judicature (Amendment) Act, 1935) が、王座部の普通裁判官の人員を19人に増加しているように、何れかの「部」の普通裁判官の人員を増加するという形式をとってきたのである。ところが、「1944年最高裁判所(修正)法」(The Supreme Court of Judicature (Amendment) Act, 1944) は、「高等法院の普通裁判官の人数および同裁判所の各部にたいするそれらの裁判官の配属を規制する法を修正するための国会制定法」（An Act to amend the law regulating the number of puisne judges of the High Court and the attachment of such judges to the several divisions of that Court.) というその正式名称が示すように、高等法院に全体として認められる普通裁判官の最大および最小のわくを定め、そのなかから各部に配属される裁判官の最小限度を規定する。この法律の第1条は[19]「普通裁判官の人数および配分」という見出しをつけているが、その規定内容は、つぎのとおりである。

　「(1)　高等法院の普通裁判官の人数は、25人を下ってはならず、また32人をこえてはならない。
　(2)　以下本項に規定するところのものの制約内において、高等法院の普通裁判官の人数が32人を下るときは、つねに、新しい裁判官が陛下の開封特許状によって任命されうるものとする。
　ただし、上の裁判官の人数が何らかの時期において25人を下る場合をのぞき、大法官が、大蔵省の同意をえて、高等法院における仕事の状態が、何らかの空席が補充されるべきことを要求することを確信するのでないかぎり、陛下は、その空席を補充するために任命を行うよう助言されてはならないものとする。
　(3)　高等法院のあらゆる普通裁判官は、大法官が指示することのできる同裁判所の部に配属されるものとする。ただし、その結果、上の裁判官のうち、5人を下らないものが衡平法部に配属され、17人を下らないものが王座部に配属され、また3人を下

らないものが検認・離婚および海事部に配属されるようにならなければならない。

(4) 高等法院の普通裁判官は、その承諾をえて、大法官の指示により、同裁判所の部の一つから他に転属させることができる。

ただし、王座部または検認・離婚および海事部から普通裁判官を転属させることについては、当該の部の部長の同意をえないで、指示がなされてはならない。」

なお、第2項のただし書きは、ちょっと奇妙な感じをおこさせる規定であるが、それが、裁判官の仕事の能率を確認するための手段としてのねらいをもつことについては、疑いの余地がない。

ついで、「1950年高等法院および郡裁判所裁判官法」(The High Court and County Court Judges Act, 1950) は、高等法院の普通裁判官の人数を39人に増加し（同法第1条）、さらに、「1960年司法（裁判官および恩給）法」(The Administration of Justice (Judges and Pensions) Act, 1960)、すなわち、エリザベス2世治世第9年法律第3号 (9 Eliz. 2, Ch. 3) は「高等法院の普通裁判官の人数の最高限は、42人から48人に増加されるものとする。」と規定する（同法第1条第1項）。

また、控訴院の普通裁判官は、1875年裁判所法第4条による3人から出発して（前述〔3〕3の(3)(ロ)【→本書217頁】）、1925年最高裁判所（統合）法では5人にふえた（前述〔3〕3の(3)(ロ)【→本書219頁】）のであるが、「1938年最高裁判所（修正）法」(The Supreme Court of Judicature (Amendment) Act, 1938) は、さらに、それを8人に増加することを認めた。すなわち、同法第1条は「控訴院の普通裁判官は8人に増加されなければならない。したがって、また、1925年最高裁判所（統合）法（本法において、《主法》として言及される）第6条第1項は、《5人》ということばにたいして、同項において、《8人》ということばが置きかえられた場合と同様に効力を有するものとする[20]」と規定したのである。なお、このように人員が増加した結果、控訴院は、1925年法のもとでは、同時に三つの部 (divisions) にわかれて開廷するものとされたのにたいして、同時に四つの部を開くことができるようになるのである〔1948年最高裁判所（修正）法 (The Supreme Court of Judicature (Amendment) Act, 1948) 第1条[21]〕。なお、1935年最高裁判所（修正）法によって、控訴院に副院長 (Vice-President) が置かれるようになった事が注目される。それは、副院長とはいっても、同裁判所の役職による裁判官が、ある部に着席していない場合に、裁判長の職をとるものにすぎない。すなわち大法官は「控訴院の何らかの部において着席し任務を行う場合に、同裁判所の役職による裁判官がその部に1人も着席していないとき、裁判長となるべき同裁判所の副院長に、控

訴院裁判官の1人を任命することができる。」のである（同法第2条）。そして、控訴院の普通裁判官の人数は、前記の1960年司法（裁判官および恩給）法第1条によって、最高限11人に達するにいたった。「控訴院の普通裁判官の人数は、8人に固定されるかわりに、8人を下らず、かつ11人をこえないものとする。」というのがその規定である（第2項）。このような裁判官の人数の最大および最小の限度を設けるやり方のねらいが、高等法院の裁判官の人数について同様の限度を設けるのと同じであることは、いうまでもない。

　つぎに、裁判官の俸給について見よう。1925年最高裁判所（統合）法のもとにおいて、年俸で、大法官1万ポンド、首席裁判官8千ポンド、記録長官6千ポンド、控訴院判事および高等法院の裁判官5千ポンドであることは、すでに述べた（前述〔3〕3の(5)(イ)【→本書237頁】）が、この俸給表は、第2次大戦後も、しばらく維持された。しかし、1954年には、「1954年裁判官報酬法」（The Judges' Remuneration Act, 1954）が制定され、それによって、かなり大幅な手直しが行なわれた。「ある高い司法的役職に附せられる俸給を増加するため、および、イングランドの高等法院の裁判官が巡回裁判嘱任状その他の嘱任状のもとに任務を行う場合におけるその費用にかんしてそれら裁判官にたいしてなされるべき支払を規制するための国会制定法」という長称をもつ同法は、その第1条第1項に、つぎのように規定する。

　　「(1)　以下の役職、すなわち、
　　(イ)　大法官または常任上告貴族
　　(ロ)　首席裁判官、記録長官、検認・離婚および海事部の部長、イングランドの控訴院判事または高等法院の普通裁判官、((ハ)(ニ)省略)
　のうち何れのものの保有者の俸給も、大法官および首席裁判官の場合には、年2千ポンドだけ、また、すべてその他の場合には、年3千ポンドだけ、増額されなければならない。……」

すなわち、大法官は1万2千ポンド、首席裁判官は1万ポンド、記録長官は9千ポンド、その他の控訴院および高等法院の裁判官は8千ポンドを年俸として受けることになった。なお、「1950年司法（恩給）法」（The Administration of Justice (Pensions) Act, 1950）は、裁判官の一時恩給について有利な規定を置いている。

　(19)　その原文を示せば、つぎのとおり。
　　1. Number and distribution of puisne judges.——(1)　The number of puisne

judges of the High Court shall not be less than twenty-five nor more than thirty-two.

(2) Subject as hereinafter provided, whenever the number of the puisne judges of the High Court is less than thirty-two, a new judge may be appointed by His Majesty by Letters Patent:

Provided that, except in the event of the number of such judges being at any time less than twenty-five, His Majesty shall not be advised to make an appointment to fill any vacancy unless the Lord Chancellor with the concurrence of the Treasury is satisfied that the state of business in the High Court requires that the vacancy shall be filled.

(3) Every puisne judge of the High Court shall be attached to such Division of that Court as the Lord Chancellor may direct, so, however, that of such judges not less than five shall be attached to the Chancery Division, not less than seventeen shall be attached to the King's Bench Division, and not less than three shall be attached to the Probate, Divorce and Admiralty Division.

(4) A puisne judge of the High Court may with his consent be transferred by direction of the Lord Chancellor from one of the Divisions of that Court to another:

Provided that no direction shall be given for the transfer of a puisne judge from the King's Bench Division, or from the Probate, Divorce and Admiralty Division, without the concurrence of the president of that Division.　(5)(6)略

⑳　その原文は以下のとおり。

1. The number of ordinary judges of the Court of Appeal shall be increased to eight; and accordingly subsection (1) of section six of the Supreme Court of Judicature (Consolidation) Act, 1925 (in this Act referred to as "the principal Act") shall have effect as if for the word "five" there were therein substituted the word "eight."

㉑　「控訴院が開廷することのできる部の数について、1925年最高裁判所（統合）法の規定を修正するための国会制定法」というフル・タイトルをもつこの法律の第1条は「1925年最高裁判所（統合）法第68条第3項（それは、控訴院が同時に三つの部にわかれて開廷できる旨を規定する）において、《三つ》ということばのかわりに、《四つ》ということばが置きかえられなければならない。」と規定している。

4の(1)

イングランドを中心とする大英国の最高裁判所は、貴族院（House of Lords）であり、イギリス帝国の最高裁判所は、枢密院司法委員会（Judicial Committee of the

Privy Council) である。今日では、前者については、「1876年上訴管轄権法」が基本的な規定をなしており、後者については、「1833年司法委員会法」(The Judicial Committee Act, 1833) が主な制定法規をなしているといってよかろう。

(イ) まず、前者を紹介するとしよう。「1876年上訴管轄権法」(Appellate Jurisdiction Act, 1876) すなわち、ビクトリア女王治世第39年および第40年法律第59号 (39 & 40 Vict. C. 59.) は、「貴族院の上訴管轄権にかんする法を修正するため、およびその他の諸目的のための制定法」(An Act for amending the Law in respect of the Appellate Jurisdiction of the House of Lords; and for other purposes.) は、1876年8月11日に国会を通過し、1876年11月1日に施行された (旧法第2条) 法律であって、25ヵ条からなるのであるが、上訴 (appeal) という見出しをつけた第3条ないし第6条と、補足規定 (Supplementary Provisions) という見出しをつけた第7条ないし第13条が貴族院の上訴管轄権にかんする規定を含んでいる。まず、第3条は、貴族院の上訴管轄権を確認して、つぎのように明定する。

「第3条　貴族院にたいして上訴が認められる場合。
　本法に掲げるところのものの制約内において、以下の裁判所のうちいずれのものの、どのような決定または判決にたいしても、貴族院に上訴することが認められるものとする。すなわち、
　(1)　イングランドにおける女王陛下の控訴院の〔それ〕、および、
　(2)　本法の施行期において、またはその直前において、スコットランドにおけるいずれかの裁判所〔の決定または判決〕にたいして、貴族院にたいし、錯誤令状にもとづく手続をとり、または上訴することがコンモン・ロウ上または制定法上、認められていた場合におけるその裁判所の〔それ〕、および、
　(3)　本法の施行期において、またはその直前において、アイルランドにおけるいずれかの裁判所〔の決定または判決〕にたいして、貴族院にたいし錯誤令状にもとづく手続をとり、または上訴することが、コンモン・ロウ上または制定法上認められていた場合におけるその裁判所の〔それ〕。」

そして、第4条は上訴の形式が「請願」(petition) によるべきことを定める。つぎに、第5条ないし第7条は、裁判所としての貴族院の人的構成、常任上告貴族の任命、資格、俸給、恩給などについて、1925年最高裁判所 (統合) 法の第1編の規定に対応した規定を設けているので、まず、それらを順次に読んでみることとしよう[1]。

「第4条　貴族院にたいする上訴の形式。

すべて上訴は、上訴を受けた決定または判決の事項が、女王陛下の国会裁判所が、正義の問題として、ならびに、この領国の法および慣習にしたがい、その上訴の目的事項について何がまさになされるべきであるかを決定することができるために、当該裁判所において審査されて然るべきことを懇願する、貴族院にたいする請願の形式によって提起されなければならない。

第5条　上訴の審理および決定のさいには一定の人数の上告貴族の出席が必要とされること。

上訴は、その審理および決定のさい、本法において上告貴族と指称されるところの、つぎの人たちのうち、3名を下らないものが出席しているのでなければ、貴族院によって審理され、決定されてはならない。すなわち、

(1) その当座の大ブリテン国の大法官、および、

(2) 本法に掲げるところにより任命され任命されるべき常任上告貴族、および

(3) 国会の貴族のうち、本法において高い司法的役職と記述されている役職のいずれかを、その当座保有しているか、または、保有したことのあるもの。

第6条　女王陛下による常任上告貴族の任命。

上訴の審理および決定について貴族院を援助する目的のために、女王陛下は、本法の通過後何時であれ、開封特許状をもって、2人の資格ある人たちを常任上告貴族に任命することができる。ただし、上の任命は、本法の施行期まで効力を生ずることがないものとする。

人は、その任命の当時もしくはその以前に、本法において高い司法的役職として記述されている役職のある一つ、もしくは、それ以上のものを2年を下らない期間について保有しているか、または、前述の時期もしくはその以前において、15年を下らないあいだ、イングランドもしくはアイルランドにおける開業廷内弁護士もしくはスコットランドにおける開業弁護士であったかであるのでなければ、女王陛下によって常任上告貴族に任命される資格を有しないものとする。

すべての常任上告貴族は、不法な行為がないかぎり、その職位を保有するものとし、かつ、国王の崩御にもかかわらず、それを保有しつづけるものとする。ただし、常任上告貴族は、国会両院の要請書にもとづき、その役職を解任されうるものとする。

すべての常任上告貴族にたいしては、年6千ポンドの俸給が支払われなければならない。

すべての常任上告貴族は、べつに貴族院議員として着席する権利をもつのでなけれ

ば、その任命により、かつその任命の期日にしたがい、その生涯間、女王陛下が指定し給うべき称号をもって、男爵としての位階を占める権利を有し、また常任上告貴族としてその役職にとどまる期間中にかぎり、貴族院に出席することにたいする召還令状を受け、かつ、貴族院に着席し票決する権利を有するものとする。国会の貴族としての常任上告貴族の位階は、その法定相続人に継承されてゆかないものとする。…〔1項略す〕

　常任上告貴族が枢密院議員であるときは、その上告貴族は、枢密院司法委員会の委員になるものとする。なお、常任上告貴族が貴族院における上訴の審理および決定についてのその義務を正当に果すという制約内において、枢密院司法委員会の委員として着席し行為することは、枢密院議員である以上、その常任上告貴族の義務でなければならない。

　第7条　女王陛下は、開封特許状をもって、15年間勤務したか、または、その役職の義務の遂行による永久的な病弱のために能力を失った如何なる常任上告貴族にたいしても、1873年最高裁判所法にしたがい、類似の状況のもとで、記録長官に下賜されたであろうところの恩給と額において等しい恩給を、その生涯間継続されるべき年金として下賜することができる。……」

(1)　原文は、第3条、第4条、および第5条だけを掲げる。

3. Cases in which appeal lies to House of Lords.

　Subject as in this Act mentioned, an appeal shall lie to the House of Lords from any order or judgment of any of the Courts following; that is to say,

　(1)　Of Her Majesty's Court of Appeal in England; and

　(2)　Of any Court in Scotland from which error or an appeal at or immediately before the commencement of this Act lay to the House of Lords by common law or by statute; and

　(3)　Of any Court in Ireland from which error or an appeal at or immediately before the commencement of this Act lay to the House of Lords by common law or statute.

4. Form of appeal to House of Lords.

　Every appeal shall be brought by way of petition to the House of Lords, praying that the matter of the order or judgment appealed against may be reviewed before Her Majesty the Queen in Her Court of Parliament, in order that the said Court may determine what of right, and according to the law and custom of this realm, ought to be done in the subject-matter of such appeal.

5. Attendance of certain number of Lords of Appeal required at hearing and

determination of appeals.

An appeal shall not be heard and determined by the House of Lords unless there are present at such hearing and determination not less than three of the following persons, in this Act designated Lords of Appeal; that is to say,
(1) The Lord Chancellor of Great Britain for the time being; and
(2) The Lords of Appeal in Ordinary to be appointed as in this Act mentioned; and
(3) Such Peers of Parliament as are for the time being holding or have held any of the offices in this Act described as high judicial offices.

(ロ) 裁判所としての貴族院の人的構成、待遇、上訴にたいする制限などについて、控訴院や高等法院の場合と同様に、ときおり、法の改正が行なわれていることは、いうまでもない。ここで、それらの改正について、最小限度の、ごくあらましの紹介をしておこう。

まず、常任上告貴族は、控訴院の役職による裁判官であることは、すでに、控訴院の人的構成の部分で明らかにされた。そのことは、今日では、1925年最高裁判所（統合）法の第6条に規定されているのである（前述〔3〕3の(3)(ロ)【→本書218頁】）が、それは、もともと、「1913年上訴管轄権法」The Appellate Jurisdiction Act, 1913 (3 & 4 Geo. 5. Ch. 21) の第2条として設けられた規定を実質的に再現したものである。それには、こう規定されていた[2]。

「第2条　上告貴族が控訴院の役職による裁判官となること。――本法通過の以前に任命されたか、または、その後に任命されたかをとわず、その任命の期日において、控訴院の普通裁判官に任命される資格をもっていたであろうところの、または、その期日に同裁判所の裁判官であった、すべての常任上告貴族は、同裁判所の役職による裁判官となるものとする。ただし、上の上告貴族は、大法官の要請にもとづき、その上告貴族がそうすることを承諾するのでなければ、控訴院の裁判官として着席し、かつ行為することを要求されることはないものとする。なお、そのように着席し、かつ行為するあいだ、その上告貴族は、貴族としてのその席次にしたがって、同裁判所において位置をしめるものとする。」

つぎに、すでに紹介された「1876年上訴管轄権法」第3条および第4条によって認められる上訴権の行使につき、「1935年司法（上訴）法」The Administration of Justice (Appeals) Act, 1935 (24 & 25 Geo. 5, Ch. 40) は、制限を設けた[3]。

「第1条　貴族院にたいする控訴院からの上訴についての制限。

(1)　1934年10月1日以降、控訴院によって発せられ、または下された何らかの命令または判決にたいしては、同裁判所または貴族院の許可を得てする場合をのぞき、貴族院にたいする何らの上訴も認められないものとする。

(2)　貴族院は、命令によって、控訴院からの上訴の許可を求める請願が、同院のある委員会によって審理・決定されることについて、規定を設けることができる。

ただし、1876年上訴管轄権法第5条は、それが同院にたいする上訴の審理・決定にたいして適用があると同様に、同院のある委員会による前記の請願の審理・決定にたいして適用があるものとする。

(3)　本条の規定は、貴族院にたいして控訴院から上訴を提起することについて、本条とはべつに、現に存在する何らかの制限に影響をおよぼすことはないものとする。」

さらに、裁判所としての貴族院の専任裁判官である常任上告貴族の人数も、また、控訴院や高等法院の裁判官の人数と同様に、この100年ほどのあいだに変動しているのである。それは、1876年上訴管轄権法のもとでの4人から出発して、今日では、9人にふくれあがっている。まず、前記の「1913年上訴管轄権法」第1条は、「陛下は、1876年上訴管轄権法第6条にもとづき、同法第6条および第14条にもとづいて陛下が任命することのできる4人の常任上告貴族にくわえて、2人の常任上告貴族を任命することができる。なお、前記第6条にもとづく上告貴族の任命および任用資格、ならびに、その職務および在職期間、その位階、俸給および恩給その他にかんする法は、本条にもとづいて任命される如何なる上告貴族にも適用があるものとする。ただし、本法にもとづいて任命される常任上告貴族にたいし、ある1ヵ年に俸給として支払われる金額は、如何なる場合にも、1万2千ポンドをこえてはならない。」と規定した。ついで1929年に、「1929年上訴管轄権法」The Appellate Jurisdiction Act, 1929 (19 Geo. 5, Ch. 8)の第2条は、「陛下は、1913年上訴管轄権法によって修正されたものとしての1876年上訴管轄権法によって陛下が任命することのできる6人の常任上告貴族にくわえ、(1人の)上告貴族を任命することができる。なお、常任上告貴族の任命、ならびにその職務、在職期間、位階、席次、俸給および恩給についての、(すべてのその後の制定法規によって修正されたものとしての)1876年上訴管轄権法の第6条の規定は、本条にもとづく任命ならびに本条にもとづき任命される人にたいして適用があるものとする。」と規定し、上告貴族の人数は7人にふえたが、第二次大戦後の1947年、現行の9人になった。すなわち、「1947年上訴管轄権法」The Appellate Jurisdiction Act,

1947 (10 & 11 Geo. 6, Ch. 11) は、既述の「1944年最高裁判所（修正）法」がやったのにたやり方で、つぎのように規定した[4]。

「第1条　上告貴族の増員。

(1)　本条但書の制約内において、1913年上訴管轄権法および1929年上訴管轄権法によって修正を受けたものとしての、1876年上訴管轄権法によって、陛下により任命されることのできる常任上告貴族の人数は、7人から9人に増加されるものとする。

ただし、常任上告貴族の人数が、何らかの時期において、7人を下る場合をのぞいて、陛下は、大法官が、大蔵省の同意をえて、仕事の状態が、上告貴族のなかの何らかの欠員が補充されるべきことを要求する旨を確信するのでなければ、その欠員を補充するために任命を行なうよう助言されてはならないものとする。

(2)　略。」

なお、常任上告貴族の俸給については、1954年裁判官報酬法第1条によって、控訴院や高等法院の裁判官と一括して増俸が行なわれたことが、すでに紹介された（前述〔3〕3の(5)(ロ)【→本書239頁】）。1876年上訴管轄権法第6条のもとで上告貴族は、年6千ポンドの俸給を与えられていたから、1954年裁判官俸給法の改正で、2千ポンド増額され、現在では年8千ポンドとなったわけである。

(2)　その原文を示そう。

2　Lords of Appeal to be ex-officio judges of Court of Appeal.——Every Lord of Appeal in Ordinary, whether appointed before or after the passing of this Act, who at the date of his appointment would have been qualified to be appointed an ordinary judge of the Court of Appeal, or who at that date was a judge of that Court shall be an ex-officio judge of that Court, but no such Lord of Appeal shall be required to sit and act as a judge of the Court of Appeal unless upon the request of the Lord Chancellor he consents so to do, and whilst so sitting and acting he shall rank therein according to his precedence as a peer.

(3)　その原文を示そう。

1．Restriction on appeal from Court of Appeal to House of Lords.——(1)　No appeal shall lie to the House of Lords from any order or judgment made or given by the Court of Appeal after the first day of October nineteen hundred and thirty-four, except with the leave of that Court or of the House of Lords.

(2)　The House of Lords may by order provide for the hearing and determination by a Committee of that House of petitions for leave to appeal from the

Court of Appeal:
　Provided that section five of the Appellate Jurisdiction Act, 1876, shall apply to the hearing and determination of any such petition by a Committee of the House as it applies to the hearing and determination of an appeal by the House.
(3)　Nothing in this section shall affect any restriction existing, apart from this section, on the bringing of appeals from the Court of Appeal to the House of Lords.
(4)　その原文はこうである。
　1．Additional Lords of Appeal.――(1) Subject as hereinafter provided, the number of Lords of Appeal in Ordinaly who may be appointed by His Majesty by virtue of the Appellate Jurisdiction Act, 1876, as amended by the Appellate Jurisdiction Act, 1913, and the Appellate Jurisdiction Act, 1929, shall be increased from seven to nine:
　Provided that, except in the event of the number of the Lords of Appeal in Ordinary being at any time less than seven, His Majesty shall not be advised to make an appointment to fill any vacancy among them unless the Lord Chancellor, with the concurrence of the Treasury, is satisfied that the state of business requires that the vacancy should be filld.
(2)　……

4の(2)

　「植民地の諸裁判所にたいする終審の上訴裁判所として行為する枢密院の司法委員会（the Judicial Committee of the Privy Council）によって下される判決でさえが、厳格にいえば、われわれの〔＝イングランドの〕諸裁判所にたいして拘束力をもたないのである。しかし、上の法廷の構成員が、大なる程度にまで、一つの上訴裁判所として開廷するときの貴族院の構成員と同じ人たちであるという事実は、はなはだしく、それら判決の権威を増大する。」これは、枢密院司法委員会の基本的性格を、みじかく、しかも、たくみに表現するゲルダートのことばである[5]。そのように、われわれがイギリスまたはイングランドの裁判所という場合に、この裁判所は、正確にいえば、ふくまれないのであるが、ゲルダートが指摘している理由によって、判例法の体制においてのその重要さは無視できない。そこで、この小論では、「その構成員が、大なる程度において、一つの上訴裁判所として開廷するときの貴族員の構成員と同じ人たちであるという事実」に焦点をあわせて、この裁判所について、いくらかの説明をすることとするであろう。

II 判例法理論

(イ) この裁判所の構成について基本的な規定をふくむのは、まえにも言及されたように、ちょうど130年まえに制定された「1833年司法委員会法」The Judicial Committee Act, 1833 すなわち「ウィリアム4世治世第3年および第4年法律第41号」(3 & 4 Will. 4, c. 41) であって、「陛下の枢密院におけるよりよき司法のための国会制定法」(An Act for the better Administration of Justice in His Majesty's Privy Council) という長称をもっているが、31ヵ条から成るこの国会制定法には、長大な前文 (preamble) がともなっていて、しかも、その条文の立て方においても、古い形式の一つの手本になるようなものであると見てよい。いくらかの省略をほどこして、その前文と、第1条に相当する部分をかりに訳出すれば、つぎのとおりになる[6]。

「現在の陛下の治世第2年および第3年の国会の会期において通過された国会制定法で、《枢密院における陛下にたいし、教会上および海事上の双方の訴訟についての高等代理官裁判所の権能を移転することのための国会制定法》と称されるものによって1833年2月1日以降、それまで〔…ある国会制定法によって…〕高等大法官裁判所における陛下にたいして上訴し、または訴訟を提起することのできた、すべての人にとって、〔…一定の期間内に保証をつけて…〕枢密院における国王陛下、陛下の法定相続人または承継者にたいして上訴し、または訴訟を提起することが適法であるべき旨が制定されたが故に、また、大ブリテン国の国璽を押捺した開封特許状によって、一定の人々、陛下の枢密院顧問、ならびに、ウェストミンスターにおける陛下の諸記録裁判所の裁判官であるその他のものが、戦時捕獲物の訴訟につき、陛下の海事裁判所からの上訴を受領し、審理し、かつ決定するために、陛下の嘱任官に随時に任命されてきたが故に、さらに、東インド諸島における、ならびに、陛下の海外の入植地、植民地およびその他の属領における諸種の裁判所の判決にたいして、枢密院における陛下にたいし上訴することが認められるが故に、なおまた、枢密院における陛下にたいする上訴または請願の事件は、陛下の枢密院の全院の委員会の面前において審理され、かつ、その委員会は、枢密院における陛下にたいし報告をなし、それにもとづいて、最後の判決または決定が陛下によって下されるのを通例としてきたが故に、ならびにまた、その他の事項についての、枢密院における陛下にたいする、上訴にかんして、いっそう効果的な審理と報告をすることについて、ある規定を設け、ならびに、以下本法に掲げる権能および管轄権を枢密院における陛下に与えることは、便宜にかなうが故に、そのゆえに、〔…通常の制定文言……〕つぎのように制定する。すなわち、〔第1条〕陛下の枢密院の当座の院長、当座の大ブリテン国の大法官、ならびに、

陛下の枢密院顧問のうち、つぎの役職、すなわち、大ブリテン国の国璽の保管者または第一国璽保管嘱任卿、王座裁判所の首席裁判官または〔普通〕裁判官、記録長官、イングランドの副大法官、人民訴訟裁判所の首席裁判官または〔普通〕裁判官、財務裁判所の首席裁判官または〔普通〕裁判官、カンタベリー大僧正の大僧正管区裁判所の裁判官、高等海事裁判所の裁判官、および破産裁判所の首席裁判官、のいずれかを随時に保持するもの、さらにまた、陛下の枢密院顧問であって、その院長であったか、または、大ブリテンの大法官の役職を保持したか、あるいはまた、本法上記のその他の役職のいずれかを保持したことのあるすべての人たちは、陛下の当該枢密院の一つの委員会を構成し、かつ、《枢密院司法委員会》と称されるものとする。ただし、それにもかかわらず、随時に、かつ陛下が適当と思料するときに、陛下の親署をもって、枢密院顧問たる任意の他の２人のものを、当該委員会の構成員に任命することは、陛下にとって適法であるものとする。」

第２条は、捕獲審検事件の上訴が枢密院司法委員会になされるべきことを規定する。そして、第３条はこう規定する[7]。

「第３条　また、つぎのように規定する。すなわち、本法または、何らかの法、制定法、もしくは慣習により、何らかの裁判所、裁判官、または司法的役人の判決、刑の宣告、決定または命令にたいし、もしくは、それらにかんして、陛下もしくは枢密院における陛下にたいして提起されうるすべての上訴または、如何なるものであれ上訴の性質をもつ苦情、ならびに、現に繋属中で、かつ未審理のすべての上訴は、本法の通過後は、陛下により、陛下の枢密院の当該司法委員会に附託されるものとし、かつ、上記の上訴、訴訟および事件は、陛下によって枢密院の全院委員会またはその一つの委員会に附託される事件にかんして、これまで慣習となっていたと同一の態様と形式とをもって、当該司法委員会によって審理され、それにかんする報告または勧告が、これまでのように、それにたいする陛下の決定を受けるため、枢密院における陛下にたいして、なされるものとする。」

ついで、第４条は、「陛下が適当であると思料するその他の事項を、審理または審議のために、当該委員会にたいし附託することは、陛下にとって適法であるものとし、かつ、上記の委員会は、それにもとづき、その事項を審理または審議し、前記の態様において、それにつき陛下に助言するものとする。」と規定し、さらに、第５条は、委員会の定足数について、つぎのように定める。「すくなくとも当

該委員会の4人の構成員の出席のうえでなければ、本法にしたがい、当該司法委員会によって、如何なる事件も審理されてはならず、また、如何なる命令、報告、または勧告もなされてはならないものとする。かつ、審理のさい出席している上記司法委員会の構成員の過半数のものがその報告または勧告に同意するのでなければ、如何なる報告または勧告も陛下にたいしてなされてはならないものとする。ただし、本条にふくまれる何ものも、陛下が、その適当であると思料するとき、当該委員会に出席させるため、陛下の当該枢密院の任意の他の顧問を召喚することを妨げないものとする。」

(5) Geldart, Elements of English Law, 5th ed., p. 19.
(6) 前文、1条のみ原文を示す。

　　Whereas by virtue of an Act passed in a Session of Parliament of the Second and Third year of the Reign of His present Majesty, intitled An Act for transferring the Powers of the High Court of Delegates, both in Ecclesiastical and Maritime Causes, to His Majesty in Council, it was enacted, that from and after the First Day of February One thousand eight hundred and thirty-three it should be lawful for every Person who might theretofore,……have appealed or made suit to His Majesty in His High Court of Chancery, to appeal or make suit to the King's Majesty, His Heirs or Successors, in Council,……: And whereas, by Letters Patent under the Great Seal of Great Britain, certain Persons, Members of His Majesty's Council, together with others, being Judges and Barons of His Majesty's Courts of Record at Westminster, have been from time to time appointed to be His Majesty's Commissioners for receiving, hearing, and determining Appeal from His Majesty's Courts of Admiralty in Causes of Prize: And whereas, from the Decisions of various Courts of Judicature in the East Indies, and in the Plantations, Colonies, and other Dominions of His Majesty Abroad, an Appeal lies to His Majesty in Council: And whereas Matters of Appeal or Petition to His Majesty in Council have usually been heard before a Committee of the whole of His Majesty's Privy Council, who have made a Report to His Majesty in Council, where upon the final Judgment or Determination hath been given by His Majesty: And whereas it is expedient to make certain Provisions for the more effectual hearing and reporting on Appeals to his Majesty in Council and on other Matters, and to give such Power and Jurisdiction to His Majesty in Council as hereinafter mentioned: I Be it therefore enacted…That the President for the Time being of His Majesty's Privy Counicl, the Lord High Chancellor of Great Britain for the Time being, and such of the Members of His

Majesty's Privy Council as shall from time to time hold any of the offices following, that is to say, the office of Lord Keeper or First Lord Commissioner of the Great seal of Great Britain, Lord Chief Justice or judge of the Court of King's Bench, Master of the Rolls, Vice Chancellor of England, Lord Chief Justice or Judge of the Court of Common Pleas, Lord Chief Baron or Baron of the Court of Exchequer, Judge of the Prerogative Court of the Lord Archbishop of Canterbury, Judge of the High Court of Admiralty, and Chief Judge of the Court in Bankruptcy, and also all Persons Members of this Majesty's Privy Council who shall have been President thereof or held the office of Lord Chancellor of Great Britain, or shall have held any of the other offices hereinbefore mentioned, shall from a Committee of this Majesty's said Privy Council, and shall be styled "The Judicial Committee of the Privy Council": Provided nevertheless, that it shall be lawful for His Majesty from Time to Time, and when He shall think fit, by His Sign Manual, to appoint any Two other Persons, being Privy Councillors, to be Members of the said Committee.……

(7) III And be it enacted, That all Appeals or Complaints in the nature of Appeals whatever, which, either by virtue of this Act, or of any Law, Statute, or Custom, may be brought before His Majesty or His Majesty in Council from or in respect of the Determination, Sentence, Rule, or Order of any Court, Judge, or judicial Officer, and all such Appeals as are now pending and unheard, shall from and after the passing of this Act be referred by His Majesty to the said Judicial Committee of His Privy Council, and that such Appeals' Causes and Matters shall be heard by the said Judicial Committee, and a Report or Recommendation thereon shall be made to His Majesty in Council for His Decision thereon as heretofore, in the same Manner and Form as has been heretofore the Custom with respect to Matters referred by His Majesty to the whole of the Privy Council or a Committee thereof (the Nature of such Report or Recommendation being always stated in open Court.)

(ロ)　いまから130年まえ、1833年司法委員会法によって、主として、ウェストミンスター所在の上訴裁判所の裁判官であって、同時に枢密院顧問であるもの──いわば、兼任のパート・タイマーをもって構成されるものとされた枢密院司法委員会は、その後、専任の有給裁判官をもつことができるようになる。すなわち、1873年裁判所法の制定に先だつ2年の1871年に、「1871年司法委員会法」The Judicial Committee Act, 1871 (34 & 34 Vict. Ch. 91.) すなわち、「枢密院司法委員会による仕事の処理について、さらに規定を設けるための国会制定法」(An Act to make further provision for the despatch of business by the Judicial Committee of the

Privy Council）という長称をもつ法律が制定されたが、この法律は、明らかに、1873年裁判所法の制定によって、上訴管轄権をもつ最高裁判所が設置されるようになることを予想していて、いわば、一つの暫定的立法である。この国会制定法は、4ヵ条から成るが、実質的に7項をふくむ第1条が主要な規定であると思われる。それには、こう規定されていた。

「第1条　司法委員会の追加構成員の任命。
　女王陛下は、本法の通過後12ヵ月以内において、陛下の親署を付した授権書をもって、すでに上の司法委員会の構成員であるか、どうかにかかわりなく、本法に掲げられるとおりの資格をもつ4人の人たちを、本法の規定にもとづき枢密院司法委員会の構成員として行為するために任命することができ、かつ、本法の通過後2年内に随時、同様の授権書をもって、以下のように任命される人たちの役職について、死亡またはその他によってひきおこされる如何なる欠員をも補充することができる。
　本法の規定にもとづき、当該司法委員会の構成員として行為するために任命される人たちは、すべて、とくに、つぎのような資格をもたなければならない。すなわち、その任命の期日において、ウェストミンスター所在の女王陛下の上級裁判所の一つの裁判官、あるいは、ベンガルのフォート・ウィリアム、もしくはマドラス、もしくはボンベー所在の高等法院の、またはベンガルのフォート・ウィリアム所在の旧最高裁判所の、首席裁判官であるか、または、そうであったものでなければならない。
　本条にふくまれる規定にしたがって任命されるたれかが、その任命の期日において、前述のとおりの裁判官である場合には、その人は、その任命のさい、そのような裁判官としてのその役職を退くものとする。ただし、恩給については、何らそのような任命が行なわれなかった場合と同様の位置にとどまるものとする。かつ、司法委員会の構成員としての勤務は、恩給の諸目的については、その人が転出してきた裁判所における勤務として計算されるものとする。……（1項略）
　司法委員会の前記の裁判官のおのおのにたいしては、その裁判官がその役職を保持するかぎりは、その裁判官が受ける権利を有することのある何らかの恩給をふくみ、年5千ポンドの俸給が支払われるものとする。……（1項略）
　司法委員会の開廷に召還されたときには、相当なる理由によって妨げられるのでないかぎり、それに出席することは、本法にもとづき司法委員会の有給構成員として行為するために任命された、あらゆる人の義務であるものとする。また、その構成員は非行がないかぎり、その役職を保持し、かつ女（国）王の逝去にかかわらず、ひきつづき、その役職を保持するものとする。しかし、それらの構成員は、国会の両院の要

請書にもとづき、女王陛下、女王陛下の法定相続人および承継人によって解職されることができる。ただし、つねに、それらの構成員は、今後、上訴管轄権の最高裁判所の基本構成について、国会によって作られることのある取りきめの制約内において、その役職を保持するものとする。

ただし、枢密院司法委員会のどの構成員も、その構成員が下したか、または、下すについて助力を与えた何らかの決定もしくは判決にたいする何らかの上訴の審理に参加してはならないものとする。

第2条 《ウェストミンスター所在の上級裁判所》の定義。

《ウェストミンスター所在の上級裁判所》ということばは、イングランドの検認裁判所、および離婚および婚姻訴訟裁判所ならびにイングランドの高等海事裁判所をふくむ、ウェストミンスター所在の女王陛下の普通法および衡平法の諸裁判所を意味する。」

この法律に規定された有給の司法委員会の構成員は、のちに、常任上告貴族という名称で出現してくる有給かつ専任の「法律貴族」と同じ発想にかかわるものであり、この法律の規定のしかたから推察すると、はじめから、法律貴族の制度または、それに相当する制度のなかに吸収されることが予想されていたのである。そこで、1876年上訴管轄権法第14条での、これら有給司法委員会構成員の役職の常任上告貴族への転換が、むりなく実現されることになるのである。

ついで、1873年裁判所法は、まえに述べたように（前述〔3〕3の(3)(イ)【→本書216頁】)、その第20条によって、新設される高等法院または控訴院の判決または決定にたいし、貴族院または枢密院司法委員会に錯誤令状または上訴を提起することを禁止し、さらに、その第21条によって、枢密院司法委員会にたいする上訴または請願が、枢密院令によって指定される日からのちには、新設される控訴院に附託され、そこで審理されるよう指示する権能を女王に附与する旨を規定し、枢密院司法委員会の上訴管轄権を廃止する方針を、はっきりと示した。しかし、それらの規定は、1876年上訴管轄権法第24条によって廃止され、したがって、司法委員会の上訴管轄権は維持されることになり、同時にまた、貴族院の上訴管轄権も存続することになった。そして、そのさい、貴族院には、2人の「常任上告貴族」(Lords of Appeal in Ordinary) がおかれるようになり、しかも「常任上告貴族が枢密院顧問であるときは、その上告貴族は、枢密院司法委員会の委員になるもの」とされ、さらに、貴族院における上訴の審理および決定についての義務を正当に果すという制約内で、「枢密院司法委員会の委員として着席し行為することは、枢

密院顧問である以上、その常任上告貴族の義務でなければならない」とされたのである（旧法第 6 条）。これは、いってみれば、常任上告貴族と司法委員会委員の役職の実質的な統一化であって、そこに、イギリス帝国と本国の法の解釈・適用についての統一と調和のねらいがあることは明らかであろう。

そして、以上のような二つの上告裁判所の裁判官の実質的な統一化は、1871年司法委員会法によって設けられた有給の司法委員会委員の定員を常任上告議員の定員に転化するという手段の採用のなかに、明らかに見てとれるのである。すなわち、1876年上訴管轄権法は、その第14条以下に「諸国会制定法の修正」（Amendment of Acts）と題する補充規定をおいているが、「枢密院の基本構成にかんするビクトリア女王治世第34年および第35年法律第91号の修正」という欄外註記をもつ第14条[8]は、まさしく、有給の司法委員会委員の役職を常任上告貴族のそれに転化することを規定しているのである。この条文は、個々の条文に、一種の前文が附けられるという、制定法の古い形式を、まだ、示している点をその特徴としているので、ここに訳出してみよう。なお、常任上告貴族の定数について、1876年上訴管轄権法のもとで、それが 4 人から出発したということが、前回の部分で述べられた（前述〔3〕4の(1)(イ)【→本書244頁】）が、それまでに紹介された資料からは、2 人のその種の貴族の任命が知られるだけである。のこりの 2 人は、じつは、その第14条によって、有給かつ専任の司法委員会委員から転換されたものなのであった。同条は、つぎのように規定する。

「現在の女王陛下の治世第34年および第35年の会期の国会制定法で、《枢密院の司法委員会による仕事の処理について、さらに規定を設けるための国会制定法》と称されるものによって、女王陛下は、その制定法において述べられている資格をもつ 4 人の人たちを、本法において、枢密院司法委員会の有給裁判官として言及される、枢密院司法委員会の構成員として、上記の国会制定法に述べられている俸給を受けて行為するよう任命する権限を与えられ、かつ、その任命を行なったが故に、

また、そのように任命される人たちの役職について死亡またはその他によってひきおこされた何らかの欠員を補充する、当該の国会制定法によって与えられた権能は、期限の経過によって消滅し、女王陛下は、如何なる上の欠員をも補充する権能をもたないが故に、

つぎのように制定する。すなわち、枢密院司法委員会の有給裁判官の何れかの 2 人が死亡したか、または、辞任したときは、つねに、女王陛下は、以上本法において任命されることが許された常任上告貴族にくわえて、3 番目の常任上告貴族を任命する

ことができる。また、枢密院司法委員会の残りの2人の有給裁判官が死亡し、または辞任したさいには、女王陛下は、前述の〔3人の〕常任上告貴族にくわえて、4番目の常任上告貴族を任命することができ、かつ上の3番目および4番目の常任上告貴族の役職についておこる如何なる欠員をも、随時に補充することができる。

　本条にしたがい任命される常任上告貴族は、すべて、その上告貴族が、以上本法において女王陛下に与えられた権能にしたがって任命される常任上告貴族であったとする場合と同一の態様において任命され、同一の在職期間をもってその役職を保持し、同一の俸給と恩給を受ける権利をもち、かつ、すべての点において、同一の地位にあるものとする。……

　女王陛下は、陛下の枢密院司法委員会または、大法官をその1人としなければならないところの、司法委員会の任意の5人の、ならびに、陛下の枢密院の構成員である大僧正および僧正、または、そのうちの任意の2人の、助言をえて、枢密院令により、規則を設け、イギリス教会の大僧正および僧正のうち、その規則によって決定されることのできる人数のものが、教会関係の事件の審理のさい、当該委員会の参審官として出席することについて定めをすることができる。

　その規則には、参審官が1ヵ年もしくは2ヵ年間、または輪番その他の方法によって任命されること、および参審官の役職についての何らかの一時的またはその他の欠員を補充することについて定めをすることができる。……」

　なお、この規定の最後の二つの項は、司法委員会の正規の構成員から、教会関係者を排除して、同委員会が俗界裁判所としての立場を貫徹することを可能にしたという点で、1833年司法委員会法にたいする一つの重要な修正を実現したものである。

(8)　その原文の要点は、つぎのとおりである。

　　14. Amendment of the Act of 34 & 35 Vict. c. 91, relating to the constitution of the Privy Council.——Whereas, by the Act of the session of the thirty-fourth and thirty-fifth years of the reign of Her present Majesty, chapter ninety-one, intitled "An Act to make further provision for the despatch of business by the Judicial Committee of the Privy Council," Her Majesty was empowered to appoint and did appoint four persons qualified as in that Act mentioned to act as members of the Judicial Committee of the Privy Council at such salaries as are in the said Act mentioned, in this Act referred to as paid Judges of the Judicial Committee of the Privy Council:

And whereas the power given by the said Act of filling any vacancies occasioned by death, or otherwise, in the offices of the persons so appointed, has lapsed by efflux of time, and Her Majesty has no power to fill any such vacancies:

Be it enacted, that whenever any two of the paid Judges of the Judicial Committee of the Privy Council have died or resigned, Her Majesty may appoint a third Lord of Appeal in Ordinary in addition to the Lords of Appeal in Ordinary hereinbefore authorized to be appointed, and on the death or resignation of the remaining two paid Judges of the Judicial Committee of the Privy Council, Her Majesty may apoint a fourth Lord of Appeal in Ordinary in addition to the Lords of Appeal in Ordinary aforesaid: and may from time to time fill up any vacancies occurring in the offices of such third and fourth Lord of Appeal in Ordinary.

Any Lord of Appeal in Ordinary appointed in pursuance of this section shall be appointed in the same manner, hold his office by the same tenure, be entitled to the same salary and pension, and in all respects be in the same position as if he were a Lord of Appeal in Ordinary appointed in pursuance of the power in this Act before given to Her Majesty.

Her Majesty may, by Order in Council with the advice of the Judicial Committee of Her Majesty's Privy Council, or any five of them, of whom the Lord Chancellor shall be one, and of the archbishops and bishops being members of Her Majesty's Privy Council, or any two of them, make rules for the attendance, on the hearing of Ecclesiastical cases, as assessors of the said committee, of such number of the archbishops and bishops of the Church of England as may be determind by such rules.

The rules may provide for the assessors being appointed for one or more year or years, or by rotation or otherwise, and for filling up any temporary or other vacancies in the office of assesor.

………………

(ハ) 枢密院司法委員会の人員構成などについても、1876年からこの方、何度かの改変が行なわれているが、それらは、あらまし、つぎのとおりである。まず、「1895年司法委員会修正法」The Judicial Committee Amendment Act, 1895 (58 & 59 Vic. Ch. 44) は、自治領や植民地の裁判官で枢密院顧問であるものが、司法委員会の構成員に任命されることができることを規定する。「植民地の首席裁判官または〔普通〕裁判官であるか、または、そうであった人たちにかんする規定」という欄外註記をともなう、この法律の第1条は、まず、「もし、カナダ自治領最高裁判

所もしくは、カナダの何れかの州の上級裁判所の、本法の附表に掲げられたオーストラレーシア諸植民地の何れかの、または、当該附表に掲げられる南アフリカ植民地の何れか一方の、あるいは、枢密院における女王陛下によってその点について指名される女王陛下の属領におけるその他の上級裁判所の、首席裁判官もしくは〔普通〕裁判官であるか、または、そうであった、たれかが、女王陛下の枢密院顧問であるとすれば、その人は、枢密院司法委員会の構成員となるものとする。」という原則を定め（第１項）、つぎに、「本法によって司法委員会の構成員である人たちの員数は、任意の一つの時期において、５人をこえてはならない」と、その人数を制限した（第２項）。

ついで、「1913年上訴管轄権法」The Appellate Jurisdiction Act, 1913 (3 & 4 Geo. 5. Ch. 21) は、すでに引用された（前述〔３〕4の(1)(ロ)【→本書248頁】）、その第１条（常任上告貴族を６人にふやした）および第２条（常任上告貴族を控訴院の役職による裁判官にする）にひきつづいて、その第３条で、植民地裁判官が枢密院司法委員会の構成員となることのできる人数を、それまでの５人から７人にふやし、かつ、司法委員会の構成員となる資格をもつ植民地裁判官のあいだの順位を調整することについて規定した。

「第３条　植民地の裁判官が司法委員会の構成員となることについての規定。
(1)　何らかのその後の修正法によって修正されたものとしての1895年司法委員会修正法によって、枢密院司法委員会の構成員となることのできる（陛下の自治領の一定の地方において裁判官であるか、または、そうであった）人たちの員数の最高限は、５人から７人に増加されるものとし、したがって、同法の第１条第２項においては、７人〔ということば〕が５人〔ということば〕に置きかえられるものとする。
(2)　当該の法律の第１条は、そこに掲げられた人たちに、南アフリカの最高裁判所の首席裁判官または〔普通〕裁判官であるか、または、そうであった、如何なる人も含まれた場合と同様に、効力を生ずるものとする。
(3)　陛下は、枢密院令をもって、上記のように修正されたものとしての当該の法律にもとづき、司法委員会の構成員となる資格をもつ人たちが、その構成員となるべき順位を、上記のように修正された同法が関係する陛下の自治領の諸地方のあいだに、可能なかぎり、その構成員の平等な配分を確保するように、規制することができる。
(4)　略。」

ところが、「1928年司法法」The Administration of Justice Act, 1928 (18 & 19

Geo. 5, Ch. 26) は、このような植民地裁判官の司法委員会構成員の人員にたいする制限をとりのけてしまった。「1895年司法委員会（修正）法のうち、何らかのその後の制定法規によって修正されたものとしての同法により枢密院司法委員会の構成員となることができる人たちの員数にたいして制限をくわえる部分は、効力を生じないようになるものとし、したがって、同法の第1条第2項および1913年上訴管轄権法第3条第3項は、廃止されるものとする。」とその第13条は規定する。

そして、さらに、「1929年上訴管轄権法」The Appellate Jurisdiction Act, 1929 (19 Geo. 5, Ch. 8) は、「枢密院司法委員会の基本構成にかんして、追加規定を設け、かつ、1人の追加の常任上告貴族の任命を認許するための国会制定法」(An Act to make further provision with respect to the Constitution of the Judicial Committee of the Privy Council and to authorize the appointment of an additional Lord of Appeal in Ordinary) という長称から明らかなように、すでに引用された、貴族院の常任上告貴族の増員にかんする第2条と、司法委員会の人的構成にインドの法律家をくわえるための規定であるところの第1条とを主な内容とする国会制定法である。同条は、つぎのように読める。

「第1条　インドの裁判官その他を司法委員会の追加の構成員として任命する権能。

(1)　陛下は、本条に規定されている資格をもつ2人の人たちを、開封特許状をもって、枢密院司法委員会の構成員に任命することができ、かつ、そのように任命される人たちの役職について死亡、または、その他によってひきおこされる如何なる欠員をも、随時に補充することができる。

(2)　ある人は、もし、その人が、枢密院顧問であって、かつ、1897年一般条項法として知られているインド立法府の制定法の第3条第24項の意義に該当する高等法院であるところの、ある裁判所の裁判官であるか、もしくは、そうであったか、または、英領インドにおいて開業しているか、もしくは開業していた、14年を下らない経験のある〔イングランドの〕法廷弁護士、〔スコットランドの〕弁護士、またはインド代言人であれば、本条にもとづく資格をもつものとする。

(3)　本条にもとづいて司法委員会の構成員に任命される人は、国会両院によって陛下にたいし提出される要請書にもとづく陛下の緩任権の制約内において、非行のないかぎり役職を保持するものとする。ただし、72歳の年齢に達したときは、その役職から引退しなければならない。

(4)　本条にもとづいて枢密院司法委員会の構成員に任命される各人にたいしては、

２千ポンドの年俸が支払われるものとする。……

　　(5)―(7)　略。

　ただし、今日では、インドをふくめて、いくつかの重要な自治領からの上訴は認められなくなっていることが、注意されなければならない。インドについては、インドの制定法である「1949年枢密院管轄権廃止法」(Abolition of Privy Council Jurisdiction Act, 1949) によって、その廃止が実現されたのである。

5 の (1)

　イギリスの現代判例法理の前提条件をなしていると見られるイギリス現代の裁判所組織について、この講義では、もはや、かなりの頁数がささげられた。高等法院から、控訴院へ、そしてそこからさらに貴族院および枢密院司法委員会へと解説がおよんでいるのであるから、「この講義の主題の関連においては、けっきょく、ロンドンに所在する中央の裁判所の系列について概説すれば、まず足りる」ということばで示されたかぎりでの本講の目的は、達成されたかに見えるであろう。ところが、そのような「中央の裁判所の系列」につらなる重要な裁判所が、少なくとも、もう一つ残っているのである。それは、いわゆる「刑事控訴院」Criminal Court of Appeal である。そして、刑事控訴院ときけば、いったい、一般的に刑事裁判所の組織は、どうなっているのかという疑問が読者におこるであろう。じっさいをいえば、本講で、これまでイギリスの中央の裁判所組織について述べられたことは、それとは、ほとんど明示されないで、いわば、民事裁判所を中心とするものなのであった。そしてまた、判例法の問題を論ずる場合にイギリスでも、論文や教科書は、主として、そのような民事裁判所の系列を前提とするのが、むしろ通例なのである。そこで、高等法院の構成や管轄権についての本稿の記述に、たとえば、巡回裁判所にかんするものが含まれていて、したがって、その種の裁判所の刑事管轄権にたいする言及がなくはなかったわけであるが、とくに、それと意識しての話しではなかった。

　ところが、イギリス現代の裁判所組織について、何らかの区分をしようとすれば、「基本的な区分は、刑事裁判所と民事裁判所とへのそれであるが、これらの区分のあいだにさえ、かなりの程度の重複がある」という、ハンベリから前に引用された一句（前述〔3〕1【→本書194頁】）が示すように、かなりの重複はまぬかれないにもせよ、刑事の裁判所の系列と民事の裁判所の系列とのあいだには、多少

とも明確な一線を劃することができるというばかりでなく、さらに、判決の形式や上訴などの諸点について、判例法の形成と運用という見地からみるとき、かなりの重要性をおびると思われる相違があることが明らかになるであろう。そこで、裁判所の系列について、民事裁判所と刑事裁判所を区別するイギリスの慣行にしたがって、ここに、イギリス現代の刑事裁判所の系列を、ひととおりは、たどってみなければならないということができることになる。

5 の (2)

さて、イギリスの刑事裁判所の系列は、あらまし、つぎのとおりである。まず、審級の上部からとりあげていけば、いわば、ピラミッドの頂点にあるのは、貴族院である。いうまでもなく、自治領や植民地については、枢密院司法委員会が、最上級審の裁判所となる。貴族院の次に位するのは、まえに引合に出した刑事控訴院であるが、この裁判所が20世紀のはじめに新設されたにすぎないことは、おどろくべきことであるといってよかろう。「1907年にいたるまで、比較的重要な刑事事件について、何らの上訴組織がなかったということは、驚歎すべき事実である」とジャクソンは評している[1]。彼は、その評言を、さらにつぎのようにつづける。「留保された刑事事件のための裁判所 (the Court for Crown Cases Reserved) と呼ばれた制度で、裁判官たちの慣行を常則化するために、1848年にある制定法によって設立されたものがあった。しかし、事案はある裁判官または四季治安判事裁判所の裁判長が適当であると思料したばあいにだけ、この裁判所の面前にでることができるにすぎなかったのである。この裁判所は、すべての〔コモン・ロウ裁判所の〕裁判官をもって構成され、その定足数は5人であった。そして、ある問題点をこの裁判所の考慮を受けるために留保するかどうかは、まったくある裁判官または四季治安判事裁判所の裁判長の裁量にゆだねられるのであった。アドルフ・ベックが、かれが犯すことのできたはずもない犯罪行為について数年の刑期をつとめるという結果を生じた、人をぞっとさせる誤判〔事件〕の結果は、1907年における刑事控訴院の設置ということになったのである。」なお、ほかに、民事事件にも共通の一種の控訴手続があったことは、忘れられてはなるまい。それは、いわゆる「錯誤令状」(writ of error) の制度である。サー・レイモンド・エヴァシェッドは、さきに引用された講演のなかで、この制度について、こう述べている[2]。「19世紀の初期までには財務室裁判所は、コモン・ロウの諸裁判所のすべてにとっての一つの控訴裁判所 (a court of appeal) または覆審裁判所 (court of revision)となっておりました。そこで、財務室裁判所の判決は、先例の見地からすれば、控訴院の決定に相当すると見られることになるわけであります。しかしその場合の手続は、われわれが今日理解するところの上訴ではなかったのであります。それは、一般に、錯誤令状（writ of error）によるものでありましたが、その令状は、サー・ウィリアム・ホールズワースが評したように、同時に、あまりにも狭すぎ、かつあまりにも広すぎる一つの手続制度——勝訴するためには、人は記録上の何らかの錯誤を確証しなければならなかったのでありますから、あまりに狭すぎたのであり、もし人がその確証をしたとすれば、その証明された錯誤が、どれほど実質的でないものであるにせよ、裁判所は一般に救済を与えるよう拘束されるのでありましたから、あまりにも広すぎたのであります——でありました」。

(1) Jackson, The Machinery of Justice in England, 2nd ed., pp. 103-4.
(2) Sir Raymond Evershed, M.R., The Court of Appeal in England, p. 5.

(イ) ところで、ジャクソンが、うえに引用された文章のなかで、1848年にある制定法によって「留保された刑事事件のための裁判所」が設置されたと述べて引合にだしたその制定法は、「1848年刑事事件法」Crown Cases Act, 1848（11 & 12 Vict. c. 78）にほかならないのであるが、この制定法は、「刑事法の運用をさらに修正することのための国会制定法」(An Act for the further Amendment of the Administration of the Criminal Law) という長称をもつ、ビクトリア女王治世第11年および第12年法律第78号（11 & 12 Vict. c. 78）であって、その前文に、「何らかの刑事審決および在監者釈放の巡回裁判所における刑事裁判においておこることのある何らかの困難な法律問題を決定するについて、現在用いられているものよりも、よりよい方法を定め、かつ、刑事法の運用についてさらに修正をすることが便宜にかなうがゆえに」(Whereas it is expedient to provide a better mode than that now in use of deciding any difficult Question of Law which may arise in Criminal Trials in any Court of Oyer and Terminer and Gaol Delivery, and to make further Amendments in the Administration of the Criminal Law.) とうたわれているように、刑事審決巡回裁判所や在監者釈放巡回裁判所などの刑事裁判所においておこる法律問題の決定についてウェストミンスター所在のコンモン・ロウの上級裁判所の裁判官をもって構成される裁判所が、一種の上訴管轄権を行使することを中心とする8ヵ条の規定をふくむ法律であった。

その第1条は、こう規定する[3]。

　「何人かが、何らかの刑事審決もしくは在監者釈放の巡回裁判所または四季治安判事裁判所の面前において、反逆罪、重罪もしくは軽罪について有罪の決定をうけたときに、その事件がその面前で裁判された裁判官もしくは〔巡回裁判〕嘱任官または治安判事は、その裁量において、その裁判においておこったどんな法律問題でも、〔女王座裁判所または人民訴訟裁判所の〕何れかの諸裁判官および財務裁判所の諸裁判官の考慮を受けるために留保することができるものとし、かつ、その結果、その適当と思料するところにしたがい、上の問題が考慮され決定されるまで、その有罪決定にもとづく判決の執行を猶予し、または判決を延期する権能を有するものとする。……」

そして、その第2条は、留保された法律問題について巡回裁判所または四季治安判事裁判所の治安判事がとるべき手続と、それがとられた場合の上級裁判所裁判官の権能について、つぎのように規定する。

　「〔巡回裁判所〕裁判官もしくは嘱任官または四季治安判事裁判所は、そのさい、現在通例となっている態様において署名された説明書（Case）において、以上のように留保された1個または数個の法律問題を、それらがついて生ずるにいたった〔事案の〕特別な状況とあわせて、述べなければならない。かつ、上の説明書は、前記〔女王座裁判所または人民訴訟裁判所の〕裁判官および〔財務裁判所の〕裁判官にたいして伝達されなければならない。また、前記〔女王座裁判所または人民訴訟裁判所の〕裁判官および〔財務裁判所の〕裁判官は、したがって、当該の1個または数個の問題を審理し、かつ終局的に決定し、よって、その1個または数個の問題がその裁判のさいにおこった正式起訴または審問にもとづいて下されている何らかの判決を覆えし、確認し、もしくは修正し、または、その判決を取消し、かつ、前記の〔女王座裁判所または人民訴訟裁判所の〕裁判官および〔財務裁判所の〕裁判官の判断によれば、有罪決定を受けた当事者は有罪決定を受けるべきではなかったという記入が記録になされるべきことを命令し、あるいは、それら裁判官が思料するところによって、判決を停止し、または、そのときよりまえに、何の判決も下されていないばあいには、ある別の審決巡回裁判所もしくは在監者釈放巡回裁判所、または他の四季裁判所において、それにつき判決が下されるべきことを命令し、あるいはまた、正義上要求されるようなその他の命令を下す、完全な権能および権限を有するものとする。……」

そして、以上のような権限を行使する場合の裁判所の構成などについて、その第3条は、つぎのように規定する。

「第3条　また、つぎのように規定する。すなわち、本法によって、前記の〔女王座裁判所または人民訴訟裁判所の〕諸裁判官および財務裁判所の諸裁判官に支えられる管轄権および権限は、前記の諸裁判官、または、それら裁判官のうちの少なくとも5人であって、女王座裁判所の首席裁判官、人民訴訟裁判所の首席裁判官および財務裁判所の首席裁判官、または、少なくともそれら首席裁判官のうちの1人をその一部としなければならないものにより、財務室（Exchequer Chamber）またはその他の便宜にかなう場所に会合して、行使されなければならないものとし、また、行使されうるものとする。かつ、前記の諸裁判官の判決は、訴追者または有罪決定を受けたものが、事件が弁論をへることを適当と思料するばあいには、弁護人または当事者の主張を聞いたのちに、場合により、ウェストミンスターまたはダブリン所在のコンモン・ロウの上級裁判所の判決が、今日言渡されているのと同様の態様において、公開の法廷において言渡さなければならない。」

そして、留保された法律問題について意見を求められる上級裁判所の裁判官たちは、一種の差戻しをすることもできる。第4条には、次のように規定されている。

「第4条　さらに、つぎのように規定する。すなわち、前記の〔女王座裁判所または人民訴訟裁判所の〕裁判官および〔財務裁判所の〕裁判官は、事実説明書が、その意見を求めて留保されたばあいに、それら裁判官が適当と思料するときには、その事実説明書または証明書を修正のために送りかえさせる権能を有するものとし、また、それによって、その説明書または証明書は、それにしたがい修正され、かつ、それが修正されたのちに、判決が言渡されるものとする。」

(3)　その原文は、以下のとおり、それは、"Be it enacted…"という例文につづけられる。

"That when any Person shall have been convicted of any Treason, Felony, or Misdemeanor before any Court of Oyer and Terminer or Gaol Delivery, or Court of Quarter Sessions, the Judges or Commissioners, or Justices of the Peace, before whom the Case shall have been tried, may, in his or their Discretion, reserve any Question of Law, which shall have arisen or the Trial for the Consideration of the justices of either Bench and Barons of the Exchequer, and thereupon shall have Authority to respite Execution of the Judgment or such Conviction, or postpone the judgment until such Question shall have been considered and decided, as he or they shall think fit;……"

(ロ) 「1907年刑事控訴法」The Criminal Appeal Act, 1907 (7 Edw. 7, Ch. 23)は、その長称「一つの刑事控訴院を設立し、かつ、刑事事件における控訴にかんする法を修正するための国会制定法」(An Act to establish a Court of Criminal Appeal and to amend the Law relating to Appeals in Criminal Cases) が示すように、イギリスにおいて、はじめて刑事の控訴裁判所を設けた制定法であって、24カ条をふくむ。そのうち、刑事控訴院の基本構成にかんするのは、主として第1条である。それは、9項からなる長い条文であるが、規定それ自体は、まことに明瞭なもので、そのまま訳出することにする[4]。

「第1条　刑事控訴院の基本構成。
(1)　一つの刑事控訴院がなければならないものとし、かつ、イングランドの首席裁判官、および、大法官の同意をえて、首席裁判官が、各ばあいにおいて望ましいと考える期間につき、その目的のために、首席裁判官により、任命される高等法院王座部の八人の裁判官は、同裁判所の裁判官であるものとする。
(2)　本法にもとづく控訴を審理し、かつ決定する目的のために、また、本法にもとづくその他の手続の目的のために、刑事控訴院は、イングランドの首席裁判官が、大法官の同意をえて与える指示にしたがって召喚されるものとする。また同院は、それが3人を下らない裁判官をもって、かつ、奇数の裁判官をもって組成されるときに、正当に構成されたものとする。
首席裁判官がそのように指示するときには、同院は、2個またはそれ以上の部にわかれて開廷することができる。
同院は、首席裁判官が、同院がある他の場所において開廷すべきものの特別の指示を与えるばあいをのぞき、ロンドンにおいて開廷するものとする。
(3)　首席裁判官が出席しているときには、首席裁判官が、また、首席裁判官が欠席しているときには、同院の上席裁判官が、同院の院長であるものとする。
(4)　刑事控訴院の面前における何らかの問題の決定は、その事件を審理する同院の構成員の過半数の意見によるものとする。

(5) 同院の見解によれば、問題が、同院の構成員により個別の判決が宣明されることを便宜とするであろうところの法律問題であるばあいにおいて、同院が反対の指示をするのでないかぎり、同院の判決は、同院の院長、またはその事件を審理する同院の他の構成員のうち、同院の院長が指示するものによって宣告されなければならないものとし、かつ、如何なる問題の決定にかんする判決も、同院のその他の構成員によって個別に宣告されてはならないものとする。

(6) 何らかの事件においては、公的訴追長官または訴追官または被告が、刑事控訴院の判決が、例外的な公的重要性のある法の問題点をふくむという旨の、かつ、さらに上訴が提起されることが公益のために望ましいという旨の、法務長官の証明書をえたときは、公的訴追長官、訴追官または被告は、上の判決にたいして貴族院に上訴することができる。ただし、上記の制約内において、刑事控訴院が決定する権能をもつ何らかの上訴またはその他の事項を刑事控訴院が決定したときは、その決定は終局的であるものとし、同院から如何なる他の裁判所にたいする上訴も認められないものとする。

(7) 刑事控訴院は、一つの上級記録裁判所であるものとし、本法の諸目的について、また、本法の規定の制約内において、同院の面前にある事件において正義を実現する目的のために決定されることを要する如何なる問題をも、本法にしたがって、決定する完全な権能を有するものとする。

(8) 裁判所規則は、休暇中において、必要があるときに、刑事控訴院の開廷を確保することについて規定を設けなければならない。

(9) 本条にもとづき一首席裁判官が下すことのできる如何なる指示も、当該の役職に欠員があるばあい、または、何らかの理由によって首席裁判官が行為する能力を有しないばあいには、刑事控訴院の上席裁判官によって下されることができる。」

なお、王座部の8人の裁判官が刑事控訴院の裁判官に任命される旨の前記の規定は、その翌年の1908年刑事控訴(修正)法 The Criminal Appeal (Amendment) Act, 1908 (8 Edw. 7, Ch. 46) の第1条によって、王座部の全部の裁判官が刑事控訴院の裁判官となることに修正された。「1907年刑事控訴法第1条の規定にかかわらず高等法院王座部のすべての裁判官は、刑事控訴院の裁判官となるものとする。」というのが、その第1条の規定である。そして、この修正は、「1927年制定法改訂法」(The Statute Law Revision Act, 1927) において確認されているのである。

つぎに、上訴権について基本的な規定は、その第3条である[5]。

「第3条　刑事事件における上訴権。

正式起訴状にもとづいて有罪決定を受けたものは、つぎの事項にたいして、本法にしたがい刑事控訴院に上訴することができる。〔すなわち〕

(イ) たんに法律問題のみをふくむ何らかの上訴事由にもとづいて、そのものが受けた有罪決定にたいして、また、

(ロ) 刑事控訴院の許可をえて、または、それが上訴に適した事件である旨の、そのものを審理した裁判官の証明書にもとづいて、たんに法律問題のみを、もしくは法律と事実の問題のみを、もしくは法律と事実の混同した問題をふくむ何らかの上訴事由、または裁判所にとって、充分な上訴事由であると思われるその他の事由にもとづいて、そのものが受けた有罪の決定にたいして、さらにまた、

(ハ) 刑事控訴院の許可をえて、そのものが受けた有罪決定にもとづいて下された刑の宣告が法により確定されているものでなければ、その刑の宣告にたいして。」

なお、この制定法によって、従来の実質的な控訴制度をなしていた錯誤令状は廃止された（旧法第20条1項）。

(4) その原文は、つぎのとおり。

1. Constitution of Court of Criminal Appeal. —(1) There shall be a Court of Criminal Appeal, and the Lord Chief Justice of England and eight judges of the King's Bench Division of the High Court, appointed for the purpose by the Lord Chief Justice with the consent of the Lord Chancellor for such period as he thinks desirable in each case, shall be judges of that court.
(2) For the purpose of hearing and determining appeals under this Act, and for the purpose of any other proceedings under this Act, the Court of Criminal Appeal shall be summoned in accordance with directions given by the Lord Chief Justice of England with the consent of the Lord Chancellor, and the court shall be duly constituted if it consists of not less than three judges and of an uneven number of judges.

If the Lord Chief Justice so direct, the court may sit in two or more divisions.

The court shall sit in London except in cases where the Lord Chief Justice gives special directions that it shall sit at some other place.
(3) The Lord Chief Justice, if present, and in his absence the senior member of the court, shall be president of the court.
(4) The determination of any question before the Court of Criminal Appeal shall be according to the opinion of the majority of the members of the court

hearing the case.

(5) Unless the court direct to the contrary in cases, where, in the opinion of the court, the question is a question of law on which it would be convenient that separate judgment should be pronouneced by the members of the court, the judgment of the court shall be pronounced by the president of the court or such other member of the court hearing the case as the president of the court directs, and no judgment with respect to the determination of any question shall be separately pronounced by any other member of the court.

(6) If in any case the Director of Public Prosecution or the prosecutor or defendent obtains the certificate of the Attorney General that the decision of the Court of Criminal Appeal involves a point of law of exceptional public importance, and that it is desirable in the public interest that a further appeal should be brought, he may appeal from that decision to the House of Lords, but subject thereto the determination by the Court of Criminal Appeal of any appeal or other matter which it has power to determine shall be final, and no appeal shall lie from that court to any other court.

(7) The Court of Criminal Appeal shall be a superior court of record, and shall, for the purposes of and subject to the provisions of this Act, have full power to determine, in accordance with this Act, any questions necessary to be determined for the purpose of doing justice in the case before the court. ((8)(9)略)

(5) その原文は、つぎのとおり。

 3. Right of appeal in Criminal cases. —A person convicted on indictment may appeal under this Act to the Court of Criminal Appeal—
 (a) against his conviction on any ground of appeal which involves a question of law; and
 (b) with the leave of the Court of Criminal Appeal or upon the certificate of the judge who tried him that it is a fit case for appeal against his conviction on any ground of appeal which involves a question of fact alone, or a question of mixed law and fact, or any other ground which appears to the court to be a sufficient ground of appeal; and
 (c) with the leave of the Court of Criminal Appeal against the sentence passed on his conviction, unless the sentence is one fixed by law.

(ハ)　刑事控訴院についてのこれまでの記述のなかで目だつことの一つは、その構成員としての裁判官が、高等法院の(女)王座部の全裁判官にほかならないという点である。しかも、(女)王座部の裁判官は、高等法院の裁判官が巡回裁判嘱任状によって指名されて、第一審の刑事裁判権を行使する場合に、文字どおり、そ

の主要な要因であるとされるのであるから（前述〔３〕3の(4)㈡【→本書234-235頁】）、刑事裁判において（女）王座部の占める重要性が知られるというものである。また、刑事控訴院の判決については、その裁判所が、3人以上の裁判官をもって構成されるにかかわらず、民事事件の場合のように各裁判官が別個の意見を述べるのではなくて、原則として一個の判決を下さなければならないものとされる点が著しい。さらに、刑事控訴院の判決にたいする上訴については、民事事件の場合とちがい、むしろ非常にきびしいと見てよい制限がおかれていたことが明らかになる。すなわち、前で紹介された1907年刑事控訴法第１条第６項には、すでに説明されたように（前述〔３〕5の(2)㈲【→本書267頁】）「刑事控訴院の判決が、例外的な公的重要性のある法の問題点をふくむという旨の、かつ、さらに上訴が提起されることが公益のために望ましいという旨の、法務長官の証明書をえたとき」上訴ができるとされているのである。そして、このような刑事事件における上訴制限が、さいきん、ある国会制定法によって、かなり緩和されるようになったことが、ここに付言されなければなるまい。1960年司法法（The Administration of Justice Act. 1960）、すなわち、「エリザベス２世治世第８年および第９年法律第65号」（8 & 9 Eliz. 2, ch. 65.）が、その国会制定法であるが、同法第１条ないし第３条は、こう規定する(6)。

「第１条　上訴権。
(1)　本条の規定の制約内において、
㈤　刑事の訴訟または事項における女王座部の部裁判所の如何なる判決にたいしても、
㈡　刑事控訴院への控訴にもとづく刑事控訴院の如何なる判決にたいしても、
被告または追訴者の請求により貴族院への上訴が認められるものとする。
(2)　すべて上訴は、原審裁判所または貴族院の許可をえてするばあいをのぞき、本条にもとづいて認められてはならないものとする。また、上の許可は、一般的な公的重要性のある法の問題点が、その判決に含まれている旨が、原審裁判所によって証明され、かつ、その問題点が貴族院によって考慮されるのを正当とするものであると、場合により、当該裁判所にとって、または貴族院にとって、思料されるのでなければ、附与されてはならない。
(3)　1876年上訴管轄権法第５条（それは、上訴の審理および決定のための貴族院の構成を規制する）は、同法にもとづく上訴の審理および決定にたいしてそれが適用のあるものと同様に、本条にもとづく上訴または上訴の許可の申請にたいして適用があ

るものとする。また、当該第5条にしたがって構成される一つの委員会による上の申請の審理につき規定を設ける同院の命令は、すべて、当該委員会の決定が同院に代って行われるべき旨を指示することができる。

(4) 本条にもとづく上訴を処理する目的のためには、貴族院は、原審裁判所の如何なる権能をも行使することができ、または、事案を当該裁判所に差し戻すことができる。

(5) 本法においては、文脈上別段の意味が要求されるのでなければ、《上訴の許可》とは、本条にもとづく貴族院にたいする上訴の許可を意味する。

第2条　上訴の許可の申請。

(1) 本条の規定の制約内において、上訴の許可についての原審裁判所にたいする申請は、当該裁判所の判決の日からはじまる7日の期間内になされなければならない。また、上の許可についての貴族院にたいする申請は、申請が当該裁判所によって拒否された日からはじまる7日の期間内になされなければならない。

(2) 略。

(3) 死刑の宣告をともなう事案のばあいをのぞき、貴族院または原審裁判所は、何時であれ、被告によって申立がなされるときは、本条第1項にもとづいて、被告が同院または当該裁判所にたいし申請をなすことのできる期間を延長をすることができる。

第3条　死刑をともなう事案にかんする規定。

(1) 死刑の宣告をともなう事案においての上訴の許可の申請、および、同申請にもとづいて許可が附与された上訴は、すべて、実行可能なかぎりの迅速さをもって審理・決定されなければならない。

(2) 刑事控訴院にたいする控訴が、死刑の宣告をともなう事案において却下されたばあいにおいては、その宣告は、上訴の許可にたいする申請がなされうる期間の終了後にいたるまで、如何なるばあいにも執行されてはならないものとする。また、上の申請が正当になされたときには、宣告は、当該の申請、およびそれにもとづいて許可が附与された何らかの上訴が繋属しているあいだ、執行されてはならないものとする。」

これらの規定から知られることのなかには、目ぼしいものが若干ある。第1は、ある種の刑事事件について上訴裁判所として作用する(女)主座部の部裁判所の判決にたいして、あらたに貴族院への上訴が認められたという点である。この裁判所の構成員は、刑事控訴院と同じなのであるから、権衡上、この改正は、あたり

まえのことを実現したのにすぎないこととなろう。第2に、貴族院にたいする上訴事由について、これまで、民事事件と刑事事件とについて、いわば、差別待遇があったところに、この制定法がその差別の緩和を、かなりの程度に実現したことがわかる。すなわち、1907年刑事控訴法第1条第6項では、すでに述べたように、「刑事控訴院の判決が、例外的な公的重要性のある法の問題点を含むという旨の、かつ、さらに上訴が提起されることが公益のために望ましいという旨の、法務長官の証明書をえたとき」という制約が、上訴権につけられていたのを、1960年司法法は、たんに、「一般的な公的重要性のある法の問題点が含まれている旨」が、法務長官によってではなくて、原審裁判所によって証明されることと、原審裁判所または貴族院が、「その問題点が貴族院によって考慮されるのを正当とするものであると思料する」ことで十分であるとしているのである。読者は、まえに掲げた「1935年司法（上訴）法」の第1条第1項の規定（前述〔3〕4の(1)(ロ)【→本書247頁】）が、本法第1条第2項の前段と、ほとんど同じ表現をとっていることに気がつくであろう。さいごに、死刑をともなう事案についての法の峻厳な態度が、上訴権の関係において、のぞき見られることが印象的である。

(6)　その第1条と第2条の原文を、参考までに示せば、つぎのとおりである。

1．Right of appeal. ——(1) Subject to the provisions of this section, an appeal shall lie to the House of Lords at the instance of the defendant or the prosecutor,

(a)　from any decision of a Divisional Court of the Queen's Bench Division in a criminal cause or matter:
(b)　from any decision of the Court of Criminal Appeal on an appeal to that court.

(2)　No appeal shall lie under this section except with the leave of the court below or of the House of Lords; and such leave shall not be granted unless it is certified by the court below that a point of law of general public importance is involved in the decision and it appears to that court or to the House of Lords, as the case may be, that the point is one which ought to be considered by that House.

(3)　Section five of the Appellate Jurisdiction Act, 1876 (which regulates the composition of the House of Lords for the hearing and determination of appeal) shall apply to the hearing and determination of an appeal or application for leave to appeal under this section as it applies to the hearing and determination of an appeal under that Act; and any order of that House which provides for the hearing of such applications by a committee constituted in accordance with the said section five may direct that the decision of that committee shall be taken on behalf of the House.

(4) For the purpose of disposing of an appeal under this section the House of Lords may exercise any powers of the court below, or may remit the case to that court.

(5) In this Act, unless the context otherwise requires, "leave to appeal" means leave to appeal to the House of Lords under this section.

2. Application for leave to appeal.──

(1) Subject to the provisions of this section, an application to the court below for leave to appeal shall be made within the period of seven days beginning with the date of the decision of that court; and an application to the House of Lords for such leave shall be made within the period of seven days beginning with the date on which the application is refused by the court below.

(2) ………

(3) Except in a case involving sentence of death, the House of Lords or the court below may, upon application made at any time by the detendant, extend the time within which an application may be made by him to that Houe or that court under subsection (1) of this section.

5の(3)

「1960年司法法」の関連で、いくらかの言及がなされたように、高等法院が刑事事件について、上訴裁判所として開廷するばあいがあることを注意しておこう。それは、すでに紹介された（前述〔3〕3の(3)【→本書228頁】）1925年最高裁判所法第24条の規定によるものであるが、「下級裁判所からの上訴にかんする高等法院の管轄権」という見出しをもつ同条(ロ)号は、「事実説明書（case stated）によると、もしくはその他によるとを問わず、……1873年の国会制定法により設置された高等法院が、本法の施行の直前に審理・決定する機能を有した、如何なる申請も、または、如何なる上訴も」高等法院が審理・決定できると規定している。そして、つづいて第25条(7)には、その「事実説明書」は、上訴として取りあつかわれる旨が明かに規定されるのである。

「第25条　四季治安判事裁判所によって提出される事実説明書およびそこからの上訴。

(1) 1848年刑事事件法または1849年四季治安判事裁判所法にもとづく以外の方法で、高等法院の考慮を求めて、四季治安判事裁判所によって提出される、すべての事実説明書は、上訴として見なされ、かつ、それに応じて審理・決定されなければならない。

(2) 四季治安判事裁判所からの上訴の審理にあたっては、上訴裁判所は、四季治安判事裁判所においてなすことができたであろうところの、どんな事実の推論もなすことができる。……」

そして、そのような高等法院への上訴は、すべて、その部裁判所において裁判されなければならないのである。すでに引合いにだされている1925年最高裁判所法第63条は、その第1条後段で、「何らかの裁判所または人にたいして、高等法院への上訴権が認められるすべてのばあいにおいて、その上訴は、部裁判所によって審理・決定されなければならない。」と規定しているからである（前述〔3〕3の(3)【→本書229頁】）。なお、この種の上訴にもとづく裁判にたいしては、さらに上訴することが認められていなかったところに、1960年司法法が、しごく当然の改革を実現したことについては、上に述べた。

なお、高等法院が刑事の管轄権を行使するのは、ほとんど専ら、(女)王座部によってであること、また、(女)王座部をとおして、高等法院が、いくつかの場合に、刑事事件について、原始管轄権を行使することを、ここに記しておかなければならない。しかし、刑事事件において、第一審裁判所として、いちばん重要な機能をはたすのは、刑事巡回裁判所である。巡回裁判所は、古い歴史をもつが、現在のイギリス司法組織の建前では、すでに言及された（前述〔3〕3の(2)㊀【→本書211頁】）1925年最高裁判所法第18条第2項(イ)号(7)によって、「巡回裁判嘱任状によって創設された諸裁判所」のすべての管轄権は、高等法院に帰属させられる結果、巡回裁判官が単独で構成する裁判所は、高等法院の一部と見なされることになっているのであり（同法第70条第4項、前述〔3〕3の(4)㊁参照【→本書235頁】）、その意味では、刑事の巡回裁判所の機能は、高等法院のそれにほかならないわけである。しかし、この種の刑事裁判所は、いちおう、高等法院とは別個にとりあげられる習慣になっているので、本稿でも、高等法院からきりはなして説明することとしよう。

(7) 25—(1) Every case stated by a court of Quarter Sessions otherwise than under the Crown Cases Act, 1848, or the Quarter Sessions Act, 1849, for the

consideration of the High Court shall be deemed to be an appeal, and shall be heard and determined accordingly.

(2) On the hearing of an appeal from a court of Quarter Sessions the appellate court may draw any inference of fact which might have been drawn in the court of Quarter Sessions,……

5の(4)

　イギリス刑事司法組織にあって、第一審の刑事裁判所として、いちばん重要な役割を演じているのは、刑事巡回裁判所 (criminal assizes) である。この種の裁判所は、「すべての正式起訴犯罪 (indictable offences) を裁判することができるのであって、われわれの第一審刑事裁判所のなかで、もっとも重要なものである」。とケニーも明言している[8]。

　刑事の巡回裁判を嘱任する形式としては、1873年および5年の裁判所法の当時には、まだ、明確に区別される二種類のものがあったことは、これまでの本稿のあちこちの記述から察知できるであろう。それは、たとえば、前回の部分に紹介された「1848年刑事事件法」の前文に「何らかの刑事審決および在監者釈放の巡回裁判所における刑事裁判においておこることのある何らかの困難な法律問題……」という一句が見られる（前述〔3〕5の(2)(イ)【→本書263頁】）が、その「刑事審決」および「在監者釈放」の巡回裁判所というのが、その二種の巡回裁判嘱任状 (commissions of assize) にもとづくものなのである。「刑事審決」と訳された原語は、"Oyer and Terminer"であり、「在監者釈放」の原語は、"Gaol Delivery"である。それらの嘱任状による権限は、だんだんと、その区別の実質を失い、巡回裁判にかんする基本的な規定である1925年の最高裁判所法第70条は、「巡回裁判嘱任状」(commissions of assize) と一括して、何の区別も設けていない、というまでに立ちいたったのである。巡回裁判についての一般的骨組みは、1925年最高裁判所法第70条ないし第83条によって定められるが、全体として、この制度については、慣習がものをいう面が少なくないと見られる。たとえば「本法の本編において別段の明示の定めがなされる場合をのぞき、本法の如何なる規定も、おのおのの郡 (county) において、また、そのために年に2回、別個の巡回裁判所を開くという慣習に影響を与えてはならない」（同法第83条）[9]というようにそして、そういう慣習を破ることを認める規定としては、同法の第77条をあげてよいであろう。その第1項[10]は、こう述べている——。「何時であれ、巡回区にある何らかの場所

において、その当時まさに開かれようとしている巡回裁判所において処理されるべき何らの仕事もないか、または、何ら実質的な分量の仕事がないということ、および、場合のすべての周囲の状況に鑑みるとき、本条にもとづいて命令が出されることが望ましいということが、首席裁判官に明らかになる場合には、首席裁判官は、大法官の同意をえて、巡回裁判が当該の巡回区の機会には当該の場所において開かれてはならない旨を、命令によって指示することができる。かつ、何らかの上記の命令が出された場合には、如何なる反対の制定法規または慣習にもかかわらず、巡回裁判は、その機会に、その命令に掲げられた場所において、開かれてはならないものとする」。また、巡回裁判を開く建物とか、日時とかについても、かなり融通がきくことがわかる。たとえば、「巡回裁判所は、その裁判所が開かれる郡、市、町、市邑またはその他の管轄区域内にあると、あるいはそれらに所属するとを問わず、如何なる建物においても、これを開くことができる」（同法第75条第1項）のであり、また、「巡回裁判嘱任状が指定された日に、何らかの場所において開かれない場合には、その巡回裁判嘱任状にかんする、すべての記録およびその他の手続は、その巡回裁判嘱任状が、その目的のために元来指定された日に開かれたとするときと同一の日附のもので、また、すべての点において、それと同一の形式をもって、書かれ、記入され、また作成されなければならない」（同法第76条）というように。なお、巡回区（circuits）は、七つに分けられる。北部（Northern）、北東部（North-eastern）、中部（Midland）、南東部（Sourth-eastern）、オックスフォード部（Oxford）、西部（Western）、ならびに北部および南部ウェールズ（North and South Wales）がそれである。そして、巡回区の新設、廃合その他については、枢密院令によって、随時に適当な定めをすることができることが注目される。「陛下は、随時、枢密院令をもって、陛下にとって適当と思料される態様において、かつ、陛下にとって適当と思料される規程の制約内において、つぎの諸事項のすべて、または、そのいずれかについて、定めをすることができる」と、その点についての一般原則を同法第71条第1項は規定するのである。

　なお、刑事の巡回裁判所として、もっとも有名なものは、ロンドン市にかんするものである。中央刑事裁判所(Central Criminal Court)、すなわち、いわゆるオールド・ベーリー（Old Bailey）がそれである。

(8)　Kenny's Outlines of Criminal Law, new edition by Turner, p. 454.
(9)　その原文は、こうである。
　　83. Assizes to be held at least twice in every year.—Except as otherwise

expressly provided in this Part of this Act, nothing in this Act shall affect the custom of holding separate assizes in and for each county twice a year.

(10)　その原文は、つぎのとおり。

If at any time it appears to the Lord Chief Justice that there is no business, or no substantial amount of business, to be transacted at the assizes then about to be held at any place on a circuit and that having regard to all the circumstances of the case it is desirable that an order should be made under this section, he may, with the concurrence of the Lord Chancellor, by order direct that assize shall not on the occasion of that circuit be held at that place, and where any such order is made then, notwithstanding any enactment or custom to the contrary, assizes shall not on that occasion be held at the place specified in the order.

5の(5)

(イ)　「刑事訴追は、民事訴訟よりも大きい程度において、国の諸多の地方で、巡回裁判所において裁判される。そして、ロンドンでは、刑事訴追は、ロンドンの巡回裁判所に相当するもの（London's equivalent of an Assize court）で、法律家たちにとっては中央刑事裁判所（the Central Criminal Court）として、また、新聞の読者にとっては、オールド・ベーリー（Old Bailey）として知られている場所で、裁判されるのである。もし、民事事件を裁判する裁判官たちの陰気な黒い長衣（sombre black robes）にあきて、傍聴者が、刑事裁判官の赤い（red）長衣を見たいと思うならば、かれは、フリート街にそってセントポール寺院に向って、左側に、正義の女神の像を見つけるまで歩いてゆかなければならない。……女神は、多くの世紀にわたって刑法と関係をもってきた場所に立っている。ここには、ローマ人たちが、サクソン族とデーン族の攻撃からロンドンを防衛するために築いた市城壁（City Wall）が立っていたのである。そして、〈ベーリー〉（bailey）とは、城塞の外壁にたいして与えられた名称であるために、のちに、その城壁の走る方向にそって築かれた街が、〈オールド・ベーリー〉として知られたが、それは、今もなお、その名で知られているのである。まさしく、この地点に、12世紀に、一つの〔城〕門が建てられたが、市の〔城〕門のうちで、もっとも新しいものとしてその〔城〕門は、ニューゲート（Newgate）という名称をえた。市の〔城〕門は、獄舎として使用されるのであったが、ニューゲートの堂々たる拱門は、犯罪者のうちで、もっとも劣悪で堕落したもの、または、政治的な囚人のうちで、もっとも危険なもののために留保された、国内でのもっとも、いまわしい諸の地下牢に

たいする記念物となった。」——イギリスの裁判所についてのある通俗的な書物[11]から引用されたこの一節は、イギリスの中央刑事裁判所について、いわば、観光客の興味を満足するにふさわしい記述を与えるものである、といってもよいであろう。しかし、そこには、本稿の目的にとっても、いくつかの重要なことがらが提示されているのである。その一つは、中央刑事裁判所が、「ロンドンの巡回裁判所に相当するもの」ということばにふくまれる。すなわち、それは、ロンドンの巡回裁判所そのものではなくて、巡回裁判所に相当するものだというのである。このことは、比較的近くまで、中央刑事裁判所が上級裁判所(Superior Court)であるか、どうかの問題とからみあうところの、一つの問題点なのであった。その二は、ニューゲートの監獄と中央刑事裁判所との関係の深さにつながる。ここに記述されているのは、両者の場所的なつながりであるが、両者が制度上、不可分に結びついていたことが、中央刑事裁判所の設置にかんする「1834年中央刑事裁判所法」(Central Criminal Court Act, 1834)の規定から、はっきり知られるであろう。

(11) P. Archer, The Queen's Courts, 1956, p. 67.

(ロ)　「首都および隣接する地域において犯される違反行為の裁判のために、一つの新しい裁判所を設立するための国会制定法」(An Act for establishing a new Court for the Trial of Offences committed in the Metropolis and Parts adjoining) という長称をもつ、「1834年中央刑事裁判所法」(Central Criminal Court Act, 1834)、すなわち、ウィリアム4世治世第4年および第5年法律第36号(4 & 5 Wil. IV, c. 36) は、「刑事事件におけるより効果的かつ画一的な司法のために、首都およびそれに隣接する一定の地域において犯される違反行為が、ロンドン市において審決巡回裁判所および在監者釈放巡回裁判の判事および裁判官によって裁判されることが便宜にかなうがゆえに」('Whereas it is expedient, for the more effective and uniform Administration of Justice in Criminal Cases, that Offences committed in the Metropolis and certain Parts adjoining thereto should be tried by Justices and Judges of Oyer and Terminer and Gaol Delivery in the City of London') という前文を受けて、「そのゆえに……、つぎのように制定する。すなわち、」(Be it therefore enacted ……, That……) という形式——国会制定法の表現形式としては、古いものとなっている形式にしたがって、つぎのように、その第1条[12]を展開する。

第1条　ロンドン市の当座の市長、大法官または国璽保管卿、ならびに、陛下の王座、人民訴訟、および財務の諸裁判所の当座のすべての裁判官、当座の、破産裁判所の首席裁判官および他の2人の裁判官、海事裁判所の裁判官、カンタベリー大僧正管区裁判所の裁判長、ロンドン市の参事会員、ロンドン市主任裁判官、ロンドン市次席裁判官、ロンドン市郡宰裁判所の裁判官、および、だれであれ、大法官、国璽保管卿、またはウェストミンスターの陛下の上級裁判所の何れかのものの裁判官であったか、または、将来、裁判官であったことになる人または人たちに、陛下、陛下の法定相続人および承継人が随時、以下本法に述べる一般的嘱任状によって指名し任命するその他の人たちを加えたものは、《中央刑事裁判所》と呼ばれるべき裁判所の裁判官であり、また、その裁判官であると解されなければならないものとし、また、その裁判所にたいして、陛下ならびに陛下の法定相続人および承継人は、以下本法に掲げるその一般的嘱任状を差し向けることができるものとする。かつ、上記の裁判所は、以下本法に明記されるとおりに犯されたか、または犯されたという申立がなされるすべての違反行為を審理し、裁判し、かつ決定する管轄権を存するものとする。

　主として、中央刑事裁判所の人的構成を規定する、この第1条については、まず、「ロンドン市郡宰裁判所」と訳された"the Sheriff's Court of the City of London"が、その後の法改正でなくなって、「ロンドン市裁判所」(the City of London Court) となり、それが、さらに「市長裁判所」(the Mayor's Court) と合体して、いまでは、「市長およびロンドン市裁判所」(the Mayor's and City of London Court) となっていることが注意されなければならない。この合併は「1920年市長およびロンドン市裁判所法」(Mayor's and City of London Court Act, 1920) によって実現された。つぎに、中央刑事裁判所の裁判官として、市長、大法官、ウェストミンスターの上級裁判所の裁判官、その他、市参事会員をふくむ多くの裁判官――正式には、嘱任官 (Commissioners) が掲げられているが、そのうち、ロンドン市長は、第一嘱任官 (first Commissioner) として、その所長 (president) である。しかし、市長は、市参事会員と同様に、実際に裁判に関与することはなく、裁判所の定員数をととのえるための参審官 (assessor) として出席するのを原則とする。そしてこの裁判所の仕事の大部分を処理するのは、Recorder（ロンドン市主任裁判官）、Common Serjeant（ロンドン市次席裁判官）および「市長およびロンドン市裁判所」の Assistant Judges（陪席裁判官）であって、高等法院の裁判官――いわゆる「赤衣の裁判官」(Red Judges) は、各開期の3日目から着席し、もっぱら重大な犯罪（それを裁判官の事件表 (Judge's list) と呼ぶ）の裁判に当るものとされる。

また、この裁判所の裁判官嘱任状が、「一般的」(general)であって、毎年更新されるということがなく、継続的なものであることが注目されよう。

ところで、このような構成をもつ中央刑事裁判所が巡回裁判所であるか、どうかについては疑問があった。おそらく、そういう疑問をひきおこす一つの原因は、通常の巡回裁判所のばあいとちがって、中央刑事裁判所では、今日のことばでいえば、高等法院、1873年―5年の裁判所法より前のことばによれば、ウェストミンスターの上級裁判所、の裁判官以外の嘱任官が裁判に加わることにあったのであろう。しかし、この疑問は、1903年に、裁判所侮辱にかんする事件である、国王対パーク事件 The King v. Parke(13)において、解消されたといわれる。「D.氏は、中央刑事裁判所が、現在の問題について、巡回裁判所と正確に同じ立場に立つものであるということを、われわれに確信させた。」というのが、ウィルズ判事 Wills, J. の判決に現われていることばである。このような見解は、1873年裁判所法の第16条および第29条、すなわち、1925年最高裁判所（統合）法第18条および第70条（前述〔3〕3の(4)(二)【→本書234頁】、〔3〕5の(3)(二)【→本書273頁】参照）の解釈から、むしろ、たやすくひきだすことができる結論であると思われる。そして、もし、中央刑事裁判所が巡回裁判所と正確に同じ立場に立つものであるとすれば、それは、高等法院の一部と見なされるのであるから、旧裁判所が上級裁判所（superior court）であることは、当然の結論でなければなるまい。上級裁判所として中央刑事裁判所を認めることは、1883年に、中央刑事裁判所の裁判官であるレコーダー（ロンドン市主任裁判官）にたいして、高等法院の王座部が作為命令（mandamus）を出すことを拒否したことをめぐって提起された訴訟であるところの、女王対中央刑事裁判所の裁判官事件、The Queen v. The Judges and Justices of the Central Criminal Court(14)において宣明される。裁縫師が、依頼をうけた生地をぬすんで買入したというような窃盗事件が、レコーダーによって裁判された本件のようなばあいと、反逆罪とか謀殺とかのような重大な事件が裁判される場合とで、中央刑事裁判所の性格にちがいがあるのか、どうかというのが、この事件の問題点であった。ポロック判事 Pollock, B. の判旨は、つぎのようであった。――「中央刑事裁判所が、反逆罪または謀殺の事件を裁判するために開廷するときには、同裁判所は、何らかの普通の犯罪の裁判のために開廷する場合と、何らか異る資格において開廷するものであるということを示す何ものも、私は、本法〔＝中央刑事裁判所法〕において見いださない。そのゆえに、本件における被告がその面前において裁判を受けた裁判所は、巡回裁判所判事が審決および在監者釈放の巡回裁判嘱任状にもとづいて着席する場合と、すくなくとも同等の権威をもつ、一つの上級裁判所とし

て開廷していたのであると、私には思われる。当裁判所——刑事管轄を存する最高のコンモン・ロウ裁判所——が、かつて、中央刑事裁判所が明白にそれであるところの、ある上級裁判所にたいして作為命令を発した先例は、まったく見いだされないから、私としては、この仮決定が取り消されなければならないということを述べれば十分である。」

(12) その原文は、つぎのとおりである。
……That the Lord Mayor for the Time being of the City of London, the Lord Chancellor of Lord Keeper of the Great Seal, and all the Judges for the Time being of His Majesty's Courts of King's Bench, Common Pleas, and Exchequer, the Chief Judge and the Two other Judges in Bankruptcy, the Judge of the Admiralty, the Dean of the Arches, the Aldermen of the City of London, the Recorder, the Common Serjeant, the Judges of the Sheriff's Court of the City of London, for the Time being, and any Person or Persons who hath or shall have been Lord Chancellor, Lord Keeper, or a Judge of any of His Majesty's Superior Courts of Westminster, together with such others as His Majesty, His Heirs and Successors, shall from Time to Time name and appoint by any general Commission as herein-after stated, shall be and be taken to be the Judges of a Court to be called the "Central Criminal Court," to which His Majesty, and His Heirs and Successors, may direct his general Commission as herein-after mentioned; and which Court shall have Jurisdiction to hear, try and determine all Offences committed or alleged to be committed as herein-after specified.
(13) 〔1903〕2 K.B. 432, 440.
(14) 〔1883〕11 Q.B.D. 479, 484.

(ハ) 中央刑事裁判所の管轄区域、いわゆる「中央刑事裁判所区域」(Central Criminal Court District)、定足数、開期の回数と場所などにかんしては、同法の第2条に基本的な規定が設けられている。そこで、順序として、いちおう、それを読んでみることとしよう[15]。

「第2条　さらに、つぎのように規定する。すなわち、ロンドン市およびミドルセックス郡ならびに、エセックス、ケントおよびサレーの諸郡の一部であって、バーキングの教区……内にある区域内において犯された、すべての反逆罪、謀殺、重罪および軽罪を訊問し、審理し、かつ決定するための審決〔巡回裁判〕嘱任状、さらにまた、前述の区域内において犯された、前述の違反行為のいずれかの責任を問われて、陛下

のニューゲートの監獄にいる囚人たちを同の監獄から釈放するための在監者釈放〔巡回裁判〕嘱任状の発行を命令し、かつ発行させることは、陛下、陛下の法定相続人および承継人にとって適法であるものとし、また、ロンドン市もしくはミドルセックス郡についての何らかの審決巡回裁判嘱任状またはニューゲートの監獄の在監者を釈放するための在監者釈放巡回裁判嘱任状にもとづいて、訊問され、審理され、かつ決定されることができたはずの、または、前述の地域内にそれぞれ含まれるエセックス、ケントおよびサレーの諸郡の一部が、それら自体、郡であったとすれば、それらの郡についての審決および在監者釈放の巡回裁判嘱任状にもとづいて訊問され、審理され、かつ決定されることができたはずの、すべての反逆罪、謀殺、重罪および軽罪を、当該の嘱任状によって指定されるか、または、前述の中央刑事裁判所の裁判官たち、もしくは、そのうちの任意の2人もしくはそれ以上のものが、上記の嘱任状により、かつ、それにしたがって、指定する時期および当該の市またはその郊外における場所において、訊問し、審理し、決定し、かつ裁決し、かつ、前述のニューゲートの監獄の在監者の釈放の裁判を行い、さらに、すべての令書および召喚状を附与・発給し、また、審決および在監者釈放の嘱任状を受けた裁判官にぞくするすべての権利と権限とを使用し行使することは、上の中央刑事裁判所の判事および裁判官たち、または、そのうちの任意の2人もしくはそれ以上のものにとって適法であるものとする。」

中央刑事裁判所の管轄区域は、ロンドン市を中心として、いわゆるホーム・カウンティーズ（Home Counties）、すなわち、ロンドンに近接する諸郡のうち、とくに、ミドルセックス、サレー、ケント、エセックスにわたっていることは、条文の文言から明らかである。しかし、この点については、枢密院令によって、かなり伸縮性のある定めをすることができるようになっている。1925年最高裁判所法は、巡回裁判所にかんする一連の条文のなかに、その第73条として、つぎのような条項をおいているのである[16]。

第73条　中央刑事裁判所区域に隣接する郡についての規定。
(1)　陛下は、枢密院令によって、その枢密院令にふくまれる何らかの例外の制約内において、9月、10月、11月、12月、1月、3月、4月または5月に中央刑事裁判所の管轄にぞくする区域について開かれる審決および在監者釈放の巡回裁判においての中央刑事裁判所の裁判官の管轄権が、その枢密院に掲げられる何らかの隣接する郡または郡の一部にたいし、その郡または郡の一部が、前記の区域の範囲内にふくまれたとするばあいと同様に、およぶものとする旨を指示することができ、かつ、陛下にとっ

て適当であると思料される変更と例外が、もし、いくらかでもあれば、その変更と例外をつけて、1834年および1881年中央刑事裁判所法を、前記の郡または郡の一部およびそこで犯された違反行為にたいして、当該の郡または郡の一部が、それらの国会制定法に掲げられた郡または郡の一部であったとするばあいと同様に、適用することができる。

(2) 本条にもとづいて発せられるあらゆる枢密院令は、国会に提出されなければならない。なお、上の枢密院令が発せられた旨およびその謄本を購入することのできる場所の告示は、ロンドン・ガゼット（官報）に公表されなければならない。

(3) 本条にしたがって発せられるものと称するあらゆる枢密院令は、施行されているあいだは、本法において制定されたとするばあいと同様の効力を有するものとする。」

ところが、中央刑事裁判所は、このほかにも、公海（High Seas）における犯罪について管轄権を与えられていることが注意されなければならないだけでなく、さらにまた「1925年の刑事司法法」（Criminal Justice Act, 1925）によって、その管轄権が拡大されるような仕組みができていることが知られるのである。まず、公海において行われる犯罪にかんする管轄権について見れば、それは、海事裁判所（Court of Admiralty）の管轄権を引きついだものであった。1834年中央刑事裁判所法は、その第22条に、こう規定している。──「本法の授権にもとづいて発せられる嘱任状に指名され、または、任命されるべき、審決および在監者釈放巡回裁判所の判事および裁判官、または、そのうちの任意の２人もしくはそれ以上のものにとって、公海その他、イングランドの海事部の管轄権にぞくする場所において犯されたか、または、犯されたという申立がなされる何らかの違反行為を訊問し、審理し、および決定すること、ならびに、ニューゲートの監獄につき、イングランドの海事部の管轄権にぞくする、前記の公海において行なわれ、犯されたという申立がなされる何らかの違反行為について、そこに収監され、または拘置されている人を釈放するための裁判を行なうことは、適法であるものとし、また適法でありうるものとする」。また「1925年刑事司法法」による中央刑事裁判所の管轄権の拡大はつぎのような仕組によっている。この制定法は「イングランドにおける刑事司法にかんする法を修正し、かつ、その他刑法を修正するための国会制定法」（An Act to amend the law with respect to the administration of criminal Justice in England, and otherwise to amend the criminal law.）という長称をもつ、「ジョージ五世治世第15年および第16年法律第86号（15 & 16 Geo. 5, c. 86）であっ

て、49カ条からなる、かなり長大な法律であるが、その第14条[17]に、つぎのような規定がある。すなわち、「何人かが、治安判事の面前において、正式起訴の違反行為について責を問われた場合には、それらの治安判事は、本条がなかったとすれば、その人がそこで裁判を受けるため拘置されるはずであった、ある地域のための巡回裁判所または四季治安判事裁判所において裁判を受けさせるために、その人を拘置することにかえて、もし、それらの治安判事が、ある他の地域のための巡回裁判所または、（その違反行為が、ある四季治安判事裁判所の管轄権にぞくする場合は）、ある他の地域のための四季治安判事裁判所が開かれるべき時期と場所とを顧慮すれば、その裁判を促進し、あるいはまた、経費を節約する目的のためには、それらの巡回裁判所または四季治安判事裁判所において裁判を受けさせるために被告を拘置する方が、より便宜にかなうと思料するのであれば、それらの巡回裁判所または四季治安判事裁判所において裁判を受けさせるため、その人を拘置することができるのである。」（同条第1項）。──この規定にもとづいて、他の巡回区または四季治安判事裁判所の事件が、中央刑事裁判所に移送されるというわけである。

　また、この裁判所の開期の回数については、第2条の後段の規定を受けて、第15条が規定している。それによれば、同裁判所は、「毎年、すくなくとも12の時期」に開廷されなければならないが、その時期は、裁判所の一般的命令（general orders）によって定められる。そして、その一般的命令については、「ウェストミンスターの陛下の諸裁判所の裁判官のうち、任意の8人またはそれ以上のもの」が、随時それを発する権能を与えられているのである。しかし、この権限は今日では、高等法院の任意の4人の裁判官によって行使されるように改められている。1925年最高裁判所法は、その第74条（中央刑事裁判所の開期）に、こう規定する。「1834年中央刑事裁判所法第15条にもとづいて、中央刑事裁判所の開廷の時期を定めるための一般的命令を発する権能は、高等法院の任意の4人またはそれ以上の裁判官が、これを行使することができる。」そして、各々の開期は、ほぼ1カ月つづくのである。──中央刑事裁判所は、たしかに、いそがしい裁判所である。それは五つの「部」（divisions）にわかれて仕事をすることができる（ふつう、その部は、courts〈法廷〉と呼ばれる）。

　(15)　その原文は、つぎのとおり。
　　II. Be it further enacted, That it shall be lawful for His Majesty, His Heirs and Successors, from Time to Time to command and cause to be issued Commis-

sions of Oyer and Terminer to inquire of, hear, and determine all Treasons, Murders, Felonies, and Misdemeanours committed within the City of London and County of Middlesex, and those Parts of the Counties of Essex, Kent and Surrey, within the parishes of....; and also Commissions of Gaol Delivery to deliver His Majesty's Gaol of Newgate of the Prisoners therein charged with any of the Offences aforesaid, committed within the Limits aforesaid; and it shall be lawful for the Justices and Judges of the Central Criminal Court aforesaid, or any Two or more of them, to inquire of, hear, determine, and adjudge all such Treasons, Murders, Felonies, and Misdemeanours which might be inquired of, heard and determined under any Commission of Oyer and Terminer for the City of London or County of Middlesex, or Commission of Gaol Delivery to deliver the Gaol of Newgate, or which, in case the Parts of the Counties of Essex, Kent, and Surrey respectively comprised within the Limits aforesaid had been Counties themselves, might have been inquired of, heard and deteremined under Commissions of Oyer and Terminer and Gaol Delivery for such Counties, and to deliver the said Gaol of Newgate at such Times and Places in the said City or Suburbs thereof as by the said Justices and Judges by virtue and in pursuance thereof, or any Two or more of them, shall appoint, and to award and issue all Precepts and Process, and use and exercise all Powers and Authorities belonging to Justices of Oyer and Terminer and Gaol Delivery :....

(16)　その原文は、以下のとおり。

73. Provision for counties adjoining Central Criminal Court district.

——(1) His Majesty may, by Order in Council, direct that, subject to any exceptions contained in the Order, the jurisdiction of the justices and judges of the Central Criminal Court at any session of oyer and terminer and gaol delivery held for the district within the jurisdiction of the Central Criminal Court in September, October, November, December, January, March, April or May, shall extend to any adjoining county or part of a county mentioned in the Order as if that county or part were included within the limits of the said district, and may apply, with such modifications and exceptions, if any, as to His Majesty seem fit, the Central Criminal Court Acts, 1834 and 1881, to the said county or part of a county and offences committed therein, as if that county or part were a county or part of a county mentioned in those Acts.

(2) Every Order in Council made under this section shall be laid before Parliament, and notice of the Order having been made and of the place where copies thereof may be purchased shall be published in the London Gazette.

(3) Every Order in Council purporting to be made in pursuance of this section shall, while in force, have effect as if enacted in this Act.

(17) その原文は、つぎのとおり。

14.—(1) The justices before whom any person is charged with an indictable offence, may, instead of committing him to be tried at the assizes or quarter sessions for a place to which but for this section he might have been committed, commit him to be tried at the assizes for some other place or (if the offence is within the jurisdiction of a court of quarter sessions) at the quarter sessions for some other place if it appears to them, having regard to the time when and the place where the last-mentioned assizes or quarter sessions are to be held, to be more convenient to commit the accused person to those assizes or quarter sessions with a view to expediting his trial or saving expense:....

6の(1)

「先例の法理」の前提条件をなすものとして、現代イギリスの中央裁判所組織について、本誌の数号にわたる記述がなされてきたが、そのしめくくりをしなければならない時機がきていると思われる。イギリスの現代の法組織のもとで制定法 (statute law)が占めている広大な領域と、それが到達している莫大な分量と、それが帯びている大きい重要性にもかかわらず、この国の法学界で、ややもすれば、その領域の広大さ、その分量の多大さ、その重要性の大きさが見うしなわれるか、または、すくなくとも、軽視されていることを顧慮するあまり、かなり冗漫な記述をすることによって余分の紙数を費すという破目におちこんだ不明は、読者にわびなければならないのであるが、とにかく、イギリスの制定法の実定的な規定と、その変遷のなかに、多少とも具体的に、現代イギリスの代表的裁判所の輪郭は、おぼろげながら、いちおう描きだせたかのようにみえる。中心的な制定法としての「1873年—75年裁判所法」の現代的な再現にほかならない「1925年最高裁判所法」だけをとってみても、それは、まえにも言及したように、そのそれぞれが、かなり長い条文をなすところの、200ヵ条をこえる条項から成りたっているのであって、本稿に紹介されたのは、ほんのその一部分でしかないのであるから、もちろん、そこに描きだされる輪郭の粗雑さを認めないわけにはいかない。そこで、さらに、いくらかの補足をしながら、そこに描きだされた輪郭を、もうすこし、明確なものに整理しておこうとするのである。

さて、本稿の進捗のこの段階で、現代イギリスの中央裁判所組織の輪郭をより明確なものにすることがねらわれるのは、いうまでもなく、「先例の法理」の前提条件として見られるさいに、中央裁判所組織にふくまれる、いくつかの特徴点に

ほかならない。ところが、それらの特徴点を把握するためには、それらの一連の中央裁判所をとりかこみ、いわば、それを頂点として、その底辺に横たわる諸種の、莫大な数にのぼる裁判所について、なにがしかの記述をすることが必要になると思われる。いってみれば、それらの裁判所のうちの何種類かのものは、一連の中央裁判所の組織と機能の現在のあり方を可能にするもの、すなわち、「先例の法理」の前提条件としてのイギリス中央裁判所組織にたいして、さらに、その基礎的条件を与えているものだといってよいのである。たとえば、民事事件の処理において、いわゆる「郡裁判所」(county courts) 裁判官が、いかに事件の大多数をせおいこむことによって、中央裁判所の裁判官が、比較的少数の事件にその勢力を集中することを可能にしているかという点は、司法統計をみれば、一目瞭然なのである。

　また、これまでの記述には、ほとんど何の説明もくわえられないで、裁判所の種別ないし性格を示すことばが、しばしば現われている。たとえば、「上級裁判所」(superior courts) と「下級裁判所」(inferior courts) とか、「記録裁判所」(courts of record) とか、「中央裁判所」(central courts) と「地方裁判所」(local courts) という、たぐいである。このような裁判所の種別ないし性格づけについても、普通のやり方にしたがって、いちおうの説明がなされなければならない。

　なお、イギリスには、かなり多くの特別裁判所 (special courts) があるが、そのなかで、イギリス教会の裁判所、すなわち、ecclesiastical courts については、本稿の主題との関連においても、いくらかの言及をしておくべきだと考える。これらの裁判所が本稿の主題と密接な関係をもつといっても、それは、今日では、もはや歴史的なものにすぎないということが、ここで、はっきり述べられなければならない。すなわち、とくに離婚と遺言の検認とを中心とする家族法の問題について、いまから、ほぼ100年まえの1857年まで、イギリス教会の裁判所が管轄権をもっていたことは、イギリス法史の基礎的な知識にぞくすることがらであるといってよいであろうが[1]、教会裁判所にそのような管轄権があったということは、その判決が、のちに述べるように、ほかの上級裁判所の判決と同様に、判例集に報告され、先例としてとりあつかわれてきた、ということを意味するのである。また、イギリス教会が国教会であって、たとえば、婚姻の挙式が同教会で行われる場合が非常に多いという点だけをとりあげてみても、イギリス教会の法と教会裁判所の問題が、現在のイギリス市民にとって、けっして小さくない関心のまとであることは、容易に想像される。げんに、イギリスに滞在してみると、イギリス教会法と教会裁判所にかんする新聞の報道に、しばしば、でくわすのである。

II　判例法理論

　私の印象では、イギリス教会の法と裁判所とについて、これまで、この国の法学界では、私もふくめて、ほとんど全く無視するか、または、回避するかの態度がとられてきている、といってよいのであるが、そこに広く、かつ重要な分野が足をふみいれられない状態にのこされているという意識は、イギリス法の研究者の心に、いつも、こびりついているのであろうと推察される。そこで、私は、婚姻、離婚、遺言などをめぐる家族法的な諸制度の側面から、多少でも、それを問題としてゆくことを考えていたのであるが[2]、さらに教会裁判所の組織という司法的制度の側面から、それに接近するのも、一つの方法ではないかと思いついたわけである。そして、いくらかの資料にあたってみて、多少のおどろきとともに、私が知ったことがらのなかには、イギリス教会法においても、先例の法理の問題が痛切に感じられた時期があるということと[3]、イギリス教会法の法典化(condification)の問題が、比較的最近、真剣に論議されているということなどがあるのである[4]。

　以下の説明では、まず、イギリス教会の裁判所組織について、ごくあらましのことが述べられる。

(1)　この点について、内田『イギリス家族法の基本原理』（日本評論社・法学理論篇82第3節）を参照されたい【→著作集第6巻】。
(2)　この点に関連して、内田『イギリスにおける遺言と相続』（日本評論社・法学理論篇81(e)、64頁以下を参考とされたい【→著作集第6巻】。
(3)　「法的および行政的な改革の時期のはじまりである1830年に、教会裁判所について報告するために、一つの委員会（commission）が設置された。19世紀における俗界裁判所（secular courts）を調査した委員会と同様に、その委員会は、純粋に神学的な訓練しかもたず、かつ、司法的な仕事に要求される経験も、また、精神傾向ももっていない裁判官によって、その多くのものが、主宰されている諸法廷の錯雑した網の目を見いだした。多くの地域において、教会法の実務家たちも、〔俗界法の実務家たちと〕ほとんど同様によくない状態にあったのである。手続は、緩慢で、金がかかり、また、管轄権の多くの部分は、教会の側における不当な干渉として、民衆から見られていた。判決にたいしては、何の理由もなされなかった。何らの先例の組織（system of precedent）もなかったのであって、したがって、ある特定の事件における判決がどうなるかは、ほとんど予見することができなかったのである。」
　　（P. Archer, The Queen's Courts, p. 206）
(4)　1939年に、カンタベリーおよびヨークの大僧正が任命した教会法にかんする委員会が、1946年に提出した報告書は、その第4章を「教会法の法典化」（The Codification of the Ecclesiastical Law）と題している。（The Canon Law of the

Church of England, being the Report of the Archbishop's Commission or Canon Law, together with Proposals for a Revised Body of Canons; and a Memorandum 'Lawful Authority' by the Honourable Mr. Justice Vaisey, (1947) p. 79)。そして、この委員会は、17世紀のはじめに作られたイギリス教会法典を多少補訂する程度のことを実現することで満足したのである。この報告書でも、「先例の法理」が論議された。(ibid., Chap. 4)

6の(2)

　イギリス教会の裁判所組織はかなり複雑なものであって、カンタベリーとヨークの大僧正が1951年に任命したある委員会 (commission) の報告によれば、「裁判所の密林」(jungle of courts) がある、というほどのものなのである[5]。しかし、ごく大ざっぱにみれば、教会裁判所は、大僧正 (Archbishop) ないし大僧正管区 (Province)、僧正 (Bishop) ないし僧正管区 (diocese) および副僧正 (Archdeacon) ないし副僧正管区 (Archdeaconry) の三つの職階ないし管轄区域に応じて存在しているのである。ある人は、「この国における教会裁判所の歴史は、16世紀からこの方、管轄権の漸次的喪失のながい物語であった。」と述べているが[6]、イギリスの教会裁判所は、ヘンリー8世のもとで国教の地位を与えられてから、俗界裁判所の管轄権の拡大のまえに、道徳、したがって、家族法の側面でもっていた、俗人にたいする広い管轄権をだんだんと失ってゆき、さいごには、主として僧侶にたいする管轄権だけをもつことになった。しかも、そのばあいにも、究局において、俗界裁判所の中核をなす高等法院 (High Court) の統制に服する建前になっていることが注目されよう。教会裁判所は、「下級裁判所」である、といわれる理由は、そこにある。しかし、興味がある点だと思われるのは、教会裁判所によって実施される教会法 (ecclesiastical law) が、まえに言及されたように、コンモン・ロウ的な「先例の法理」を採用する傾向をみせたということに対応して、教会裁判所の裁判官の任用資格や、裁判手続などについても、俗界裁判所のそれにならう傾向を示しているということである。そのような俗会裁判所への類同化は、いくつかの教会裁判所について、あるいは、イギリス国会の制定法によって、または、教会会議の立法によって、実現されている。そこで、まず、教会法上、代表的な教会裁判所には、どのようなものがあり、その裁判官は、どのように任命されるのか、などという点をさぐり、さらに、国会制定法によって、どのような修正が実現されているか、というような問題を検討してみよう。

(イ) まえに紹介された1939年に設置された教会法委員会が1946年に提出した報告書には、従来の教会法を法典の形に整理したものがふくまれているがその教条（canon）第112節ないし第125節は、「教会裁判所」（Ecclesiastical Courts）という見出しになっている。そして、その第112節の第1条は、こう規定する[7]。──「イギリス教会の裁判所は、つぎの三等級から成る。〔すなわち〕(イ)副僧正裁判所または副僧正管区裁判所、(ロ)僧正裁判所または僧正管区裁判所、(ハ)大僧正裁判所または大僧正管区裁判所がそれである。なお、上にくわえて、大僧正管区裁判所〔の判決〕にたいする上訴のための終審裁判所および僧正の裁判のための大僧正管区宗教会議裁判所がある。」さいごにあげた二つの裁判所は、数次の教会法委員会の報告で、設置が勧告されているというだけのものである。そこで、それら以外の三等級の裁判所が、教会裁判所の中核をなすのであるが、それらの裁判所について、デールは、要領よく、つぎのように説明している[8]。──「今日において、教会裁判所のうちで、だんぜん、いちばん重要なのは、僧正管区裁判所（Consistory Court）である。この裁判所は、あらゆる僧正管区（diocese）に存在する。カンタベリーの僧正管区においては、それは、Commissary Court（僧正代理裁判所）と呼ばれる。それは、僧正の法官（Chancellor）によって主宰される、僧正の裁判所なのであり、また、教会的な事項にかんする訴訟事件を審理するための一般裁判所（general court）なのである。副僧正の裁判所（Archdeacon's Court）は、かれの役人〔主務僧〕によって主宰されるが、それは、何らかの実際的な重要性のあるものではなくなってしまった。各大僧正は、一つの裁判所（大僧正管区裁判所）をもち、その裁判官は、Official Principal（主務官僧）と呼ばれる。カンタベリー大僧正管区の裁判官は、通例 "Dean of the Arches"（アーチズ裁判所判事）して知られている。いまでは、二人の大僧正によって合同で任命される、両〔大僧正管区〕裁判所の一人の裁判官（judge）がある。大僧正管区裁判所は、僧正管区裁判所にたいする上訴裁判所である。なお、それらの裁判所は、後者〔僧正管区〕の裁判所の裁判官または僧正からの要請状（letters of request）にもとづき、第一審裁判所としてのある管轄権を有する。枢密院司法委員会（The Judicial Committee of the Privy Council）は、教会上の事項についての終審の上訴裁判所である。」

それら三つの裁判所のあいだの関係について、前記の1939年教会法委員会の報告にふくまれる教条第112節の第4条はこう規定する。──「大僧正管区裁判所は、すべての僧正管区裁判所および副僧正管区裁判所にたいする上訴裁判所であるものとし（すべて、上の上訴は、訴訟事件の審査（review）として考えられるべきであって、その再審理（rehearing）として考えられるべきではない）、かつ、さらに審査をす

るため、訴訟事件を僧正管区裁判所に差戻す権能を包含して、大僧正管区裁判所にとって公正であると見えるような1個または数個の命令をそれについて下す権能を有するものとする。すべて、上訴は、僧正管区裁判所の許可（leave）によるか、または、上の許可が拒絶される場合には、大僧正管区裁判所の許可による以外の方法で提起されてはならない。」

ところで、そのような上訴の手続をふくめて、ある国会制定法は、つぎのように規定しているのである。すなわち、「1892年僧侶規律法」（The Clergy Discipline Act, 1892）、「ビクトリア女王治世第55年および第56年法律第32号」（55 & 56 Vict. Ch. 32.）の第2条および第4条には、こういう規定がある。

「第2条　不道徳を理由とする僧侶にたいする訴（Complain against clergyman for immorality）。

　ある僧侶が、教会上の違反行為を構成する行為を犯したことについて、俗界裁判所（a temporal court）によって有罪の決定を受けて、しかも、そのものに前条の適用がないか、あるいはまた、何らかの不道徳な行為（immoral act）、不道徳な行動（immoral conduct）もしくは不道徳な習癖（immoral habit）について、または、教会の法律にたいする何らかの違反行為であって、道徳にたいする違反行為であり、教理（doctrine）もしくは祭式（ritual）の問題ではないものについて、有罪であるという申立がなされたばあいには、その僧侶が任命を受けている教区の教区員のなかの任意のものによって、または、その僧正管区の僧正によって、もしくは、僧正によって任命された任意の人によって訴追され、かつ、その僧侶が任命を受けている僧正管区の僧正管区裁判所（Consistory Court）において裁判されることができる。なお、その僧侶は、以下の規定の制約内において、〔規則によって〕定められた訴訟手続にしたがって訴追され、かつ裁判されることができる。〔すなわち〕

(イ)　その僧侶にたいしてなされた訴えが、その僧正管区の僧正にとって、手続に正当な事由があるとするには、あまりにも曖昧（vague）であるか、または、取るにたらないもの（frivolous）であると見えるときには、その僧正は、その訴追を認容しないものとする。

(ロ)　訴追者は、手続の如何なる段階においてであれ、訴訟費用にたいする保証人（security）となることを命ぜられることができる。ただし、訴追において申立てられる違反行為が、それについて、その僧侶が俗界裁判所によって、すでに有罪の決定を受けているものであるばあいは、その限りではない。

(ハ)　（俗界裁判所の有罪決定という事実以外の）何らかの事実問題（question of

fact) が決定されなければならず、かつ、ある事件のいずれかの当事者がその要求をするばあいは、五人の参審員（assessors）が、所定の方法によって選定され、かつ、事実問題の決定については、裁判所の構成員となるものとする。また、上述の問題の決定は、参審員の全員一致の決定か、または、僧正管区裁判所の法官（chancellor）、およびすくなくとも参審員の過半数の決定かのいずれかでなければならない。

(二) 前記の決定が到達されなかったばあいにおいて、いずれかの当事者がそれを望むときは、その事件は、前述のようにして選定される参審員をもって、できるかぎり早期に再裁判されるものとする。ただし、以前の裁判において行為した参審員は、その再裁判において参審員として行為してはならない。

(ホ) 僧正管区裁判所の法官は、如何なる裁判においても裁判長となり、かつ、単独ですべての法律問題およびさらに訴訟費用の問題を決定するものとする。なお、問題が、法律問題であるかまたは事実問題であるかは、法律問題であるとみなされるものとする。

第4条　法律問題または事実問題にかんする上訴（Appeals on question of law or fact）。

(1)　ある事件のいずれの当事者も、何らかの法律問題にかんして本法にもとづいてなされる僧正管区裁判所のすべての判決（judgment）にたいして上訴することができる。

(2)　被告（defendant）が、事実にかんして本法にもとづいてなされる僧正管区裁判所の何らかの判決にたいして上訴することを望むばあいには、その被告は、上訴の許可について請願（petition）することができる。かつ被告が、上訴裁判所に、いちおう十分な証拠のある事件（a prima faice case）があるということを確信させたばあいには、許可が与えられなければならないものとし、被告は上訴できるものとする。

(3)　本法にもとづく何らかの中間判決であって、事案の法律上の実質事項にかんする終局的な宣告（definitive sentence）の効力または効果をもたないものにたいする上訴は、裁判所の許可によるばあいをのぞき、認容されてはならない。

(4)　本条にもとづく上訴または請願は、所定の期間内に、かつ所定の規則にしたがってなされなければならないものとし、かつ、（上訴人または請願人の選択において）大僧正管区裁判所（Provincial Court）にたいして、または、枢密院における女王陛下（Her Mejesty the Queen in Council）にたいして、これをなすことができるものとする。ただし、大僧正管区裁判所にたいしてなされるばあいには、当該裁判所の決定が終局的となるものとする。

(5) 上訴がなされたばあいには、宣告は、その上訴が決定され、または、放棄されるまで、停止されるものとし、かつ、何らかの聖務執行停止命令 (inhibition) の諸目的については、下されなかったものと見なされる。」

(5) P. Archer, The Queen's Courts, p. 214.
(6) W.L. Dale, The Law of the Parish Church, 2nd ed., p. 103.
(7) CXII Of Courts in General.
 1. The Courts of the Church of England are of three orders: (A) The Court of the Archdeacon or the Archdeaconal Court; (B) The Court of the Bishop or the Consistory Court; (C) The Court of the Archbishop or the Provincial Court; and in addition there are the Final Court for appeal from the Provincial Court and the Convocation Court for the trial of Bishops.
(8) Dale, op. cit., p. 105.

(ロ) これまでの記述によって、教会裁判所の階層制が、枢密院の司法委員会を究極の上訴裁判所とし、そのもとに、いくつかの大僧正管区裁判所、すなわち、いわゆる「大僧正管区の上訴裁判所」(the Court of Appeal of the Province) と、僧正管区裁判所 (Consistory Courts) とを置くという、一種の三審制をを中心とすることが、ほぼ明らかになったであろう。そこで、以下に、それらの裁判所について、ごくあらましの説明を加えておかなければならない。

(i) 枢密院司法委員会が、「1833年司法委員会法」(The Judicial Committee Act, 1833) によって、「現在の陛下の治世第2年および第3年の国会の会期において通過された国会制定法で、《枢密院における陛下にたいし、教会上 (Ecclesiastical) および海事上の双方の訴訟についての高等代理官裁判所 (High Court of Delegates) の権能を移転することのための国会制定法》と称されるものによって、1833年2月1日以降、それまで、……高等大法官裁判所における陛下にたいして上訴……することのできた、すべての人にとって、枢密院における国王陛下……にたいして上訴……することが適法であるべき旨が制定された」その枢密院の権能を、その司法委員会として行使するようになったことについても、まえに紹介的な説明がなされている (前述〔3〕4の(2)(イ)【→本書250頁】) が、枢密院司法委員会は、それからこの方の130年間、教会法上の訴訟について最上級審の役割をはたしているのである。そして、このように教会法上の訴訟についての最上級審としての役割を枢密院司法委員会に求める仕組みにたいしては、ちょうど、俗界の訴訟について、貴族院を最高裁判所とする仕組みにたいすると同様に、それを一種の変則として

廃止しようとする動きがあることが知られる。たとえば、近いところでは、前項(イ)で紹介された、1939年に設置された「教会法にかんする委員会」は、「枢密院の管轄権は廃止され、教条第112節の末尾に示唆されるように構成される、一つの上訴裁判所が、それにかえて、設立されるべきであること」(That the jurisdiction of the Privy Council be abolished, and a Court of Appeal established instead, constituted as suggested at the end of Canon CXII) を提案している[9]。

　教会法にかんする最上級の裁判所としての枢密院司法委員会の構成員に、教会裁判所の裁判官が含まれることは、むしろ当然である。まず、1833年司法委員会法第1条は、「カンタベリー大僧正の大僧正管区裁判所の裁判官」(judge of the Prerogative Court of the Lord Archbishop of Canterbury) をその構成員の一人としてあげたが、ついで、「1840年教会規律法」(Church Discipline Act, 1840) は、同法に定める上訴事件については、枢密院の構成員である大僧正と僧正とが、司法委員会の委員となることを規定している。

　1840年教会規律法第15条は、つぎのように規定する[10]。

　「第15条　どんな上訴が許されるか。
　また、つぎのように制定される。〔すなわち、〕僧正によって、または、大僧正管区の上訴裁判所において、第一審裁判所として宣告された判決によって自分が侵害を受けたと考えるどんな当事者にとっても、その判決にたいして上訴することは適法であるものとする。なお、上の上訴は、その訴訟事件が、僧正によって第一審裁判所として審理・決定されているばあいには、大僧正にたいしてなされるものとし、かつ、その大僧正管区の上訴裁判所の裁判官の面前において審理され、かつ、要請状によって当該裁判所におくられた事件にかんして本法に規定されているのと同一の態様において、また、それと同一の上訴だけを受けるにすぎないものとして、当該上訴裁判所において進行せしめられるものとする。また、訴訟事件が、大僧正裁判所において第一審裁判所として審理・決定されているばあいには、その上訴は、枢密院における女王にたいしてなされるものとし、かつ、枢密院司法委員会の面前において審理されるものとする。」

　そして、この規定をうけて、同法第16条は、こう規定するのである[11]。すなわち、

　「第16条　枢密院議員である大僧正および僧正は、本法にもとづくすべての上訴にかんして司法委員会の委員となるべきこと。

また、つぎのように制定される。

〔すなわち〕、イングランドおよびアイルランドの連合教会の大僧正および僧正で、女王陛下のもっとも名誉ある枢密院の議員としての宣誓をげんにしているもの、または、今後、何時であれ、その宣誓をするものは、すべて、前記のようなすべての上訴の諸目的については、枢密院司法委員会の構成員となるものとする。かつ、上の上訴は、すべて、上述の大僧正または僧正のすくなくとも一人が、その審理のさい出席しているのでなければ、枢密院司法委員会の面前において審理されてはならないものとする。ただし、その事件において、以上本法にかかげた嘱任状を発行したか、または、その事件を審理しているか、あるいは、その事件を、要請状によって、その大僧正管区の上訴裁判所に送っている大僧正または僧正は、当該事件における上訴について、司法委員会の構成員として着席してはならない。」

ところが、「1876年上訴管轄権法」(Appellate Jurisdiction Act, 1876) は、その第14条において、教会関係の訴訟について、このように大僧正および僧正が枢密院司法委員会の委員となる制度を改革して、かれらにたいし、たんに参審官(assessors)として関与するだけの権能を与えたのである。この条文については、まえに訳出がなされている（前述〔3〕4の(2)(ロ)【→本書256-257頁】）が、関係の第3項および第4項の要点は、「女王陛下は、……枢密院令により、規則を設け、イギリス教会の大僧正および僧正のうち、その規則によって決定されることのできる人数のものが、教会関係の事件の審理のさい、当該委員会委員の参審官として出席することについて定めをすることができ」、また「その規則には、参審官が1ヵ年もしくは2ヵ年間、または輪番その他の方法によって任命されること……ができる。」という点にある。

(9) まえに紹介された（〔3〕6の(2)の(イ)【→本書290頁】）、その教条第112節第1条の末尾に「なお、上にくわえて、大僧正管区裁判所〔の判決〕にたいする上訴のための終審裁判所 (the Final Court) および僧正の裁判のための大僧正管区宗教会議裁判所 (Convocation Court) がある。」と述べられているのがそれである。この「終審裁判所」の構成は、その管区の大僧正と、その管区の宗教会議の上院 (Upper House) の構成員のうちの2人〔したがって、2人の僧正ということになる〕と、大法官によって指名される2人の、高い司法職 (high judicial office) を保持しているか、または保持したことのあるもので、かつイギリス教会の受聖餐者であるものとの五人という構想である（同節第5条）。

(10) その原文を示そう。

XV. What Appeals shall be.

And be it enacted, That it shall be lawful for any Party who shall think himself aggrieved by the Judgment pronounced in the first instance by the Bishop, or in the Court of Appeal of the Province, to appeal from such Judgement; and such Appeal shall be to the Archbishop, and shall be heard before the Judge of the Court of appeal of the Province, when the Cause shall have been heard and determined in the first instance by the Bishop, and shall be proceeded in the said Court of Appeal in the same Manner and subject only to the same Appeal as in this Act is provided with respect to Cases sent by Letters of Request to the said Court; and the Appeal shall be to the Queen in Council, and shall be heard before the Judicial Committee of the Privy Council when the Cause shall have been heard and determined in the first instance in the Court of the Archbishop.

(11)　その原文は、つぎのとおり。

XVI. Archbishops and Bishops, Members of the Privy Council, to be Members of the Judicial Committee on all Appeals under this Act.

And be it further enacted, Thar Every Archbishop and Bishop of the United Church of England and Ireland, who now is or at anytime hereater shall be sworn of Her Majesty's Most Honourable Privy Council, shall be a Member of the Judicial Committee of the Privy Council for the Purposes of every such Appeal as aforesaid; and that no such Appeal shall be heard before the Judicial Committee of the Privy Council unless at least One of such Archbishops or Bishops shall be present at the Hearing thereof: Provided always, that the Archbishop or Bishop who shall have issued the Commission herein-before mentioned in any such Case, or who shall have sent any such Case by Letters of Request to the Court of Appeal of the Province, shall not sit as a Member of the Judicial Committee on an Appeal in that Case.

(ii)　大僧正管区裁判所（Provincial Courts）については、まず、カンタベリーの大僧正管区のそれとヨークの大僧正管区のそれとのあいだに名称上のちがいがあるという点が注意されなければならない。すなわち、大僧正管区裁判所の地位にある裁判所として、カンタベリー大僧正管区には、この管区の最高教会裁判所としてのアーチズ裁判所（Court of Arches）[12]、管区内の僧正の選任確認（confirmation）を行う大僧正代理裁判所（Court of the vicar-general）、大僧正がもつ諸種の特権附与の権限にかんする事項を取扱う特免事項主務官僧裁判所（Court of the Master of the Faculties）およびカンタベリー僧正管区について管轄権をもつカンタベ

リーの僧正管区裁判所 (Court of the Commissary of the archbishop) の四つの裁判所があり、また、ヨーク大僧正管区には、その大僧正管区の最高裁判所であるところのチャンサリー裁判所 (Chancery Court)[13]、ヨークの僧正管区裁判所であるコンシストリー裁判所 (Consistory Court)〔この名称は、ふつうの僧正管区裁判所のそれと同じである〕および聴問裁判所 (Court of Audience)〔これは、カンタベリー大僧正管区の大僧正代理裁判所にあたる〕の3の裁判所がある。ごくあらましのことをいえば、これら二つの大僧正管区の各裁判所の裁判官は、はやくから、それぞれ、同一の人によって兼任される傾向を示していたが、「1874年公的礼拝規則法」(Public Worship Regulation Act, 1874)、すなわち、「ビクトリア女王治世第37年および第38年法律第85号」 (37 & 38 Vict. Ch. 85) は、その傾向をさらに強め、二つの大僧正管区の諸裁判所について、実質的に、ただ一人の裁判官を任命するという便法への道をひらいたのである。この制定法は、まえにも言及したように、大僧正管区裁判所の裁判官の任用資格を実質的に高等法院の裁判官のそれと同等にすることを保障するものであるが、その制定が、1873年裁判所法の制定の翌年である1874年に行なわれているという事実は、それが、教会裁判所の構成や手続を、俗界裁判所のそれに接近させ、聖俗両界の司法に何らかの統一を実現しようとする広大な意図にもとづくものであるということを想像させる。同法の第7条[14]には、つぎのような規定がふくまれている。

「第7条　裁判官の任命および義務。
　カンタベリーの大僧正およびヨークの大僧正は、10カ年のあいだ実務についていた法廷弁護士、あるいはコンモン・ロウもしくはエクイティの諸上級裁判所の一つの、または、上の裁判所の管轄権が国会の権威によって何らかの裁判所に移転されたか、もしくは、今後移転されることがあるばあいには、その裁判所の、裁判官であった人を、不法な行為がないかぎりについて、以下本法において裁判官と呼ばれる、カンタベリーおよびヨークの大僧正管区裁判所の裁判官に、随時任命することができる。ただし、女王陛下の親署をもって示されるべき女王陛下の承認を受けることを要する。
　前記の大僧正らが、本法の通過後6カ月以内に、前記の裁判官を任命しないばあいには、女王陛下は、開封特許状をもって、前述の資格を有する何人かを、上記の裁判官に任命することができる。
　カンタベリーのアーチズ裁判所の主務官僧の役職に欠員が生ずるばあいは、つねに、裁判官は、職務上当然に、その主務官僧となるものとし、かつ、カンタベリー大僧正管区内に生ずる事項にかんして、その後、裁判官の面前においてとられるすべて

の手続は、カンタベリーのアーチズ裁判所においてとられるものと見なされるものとする。また、ヨークのチャンサリー裁判所の主務官僧または聴問僧の役職に欠員が生ずるばあいには、つねに、裁判官は、職務上当然に、その主務官僧および聴問僧になるものとし、かつ、ヨークの大僧正管区において生ずる事項にかんして、その後に裁判官の面前においてとられるすべての手続は、ヨークのチャンサリー裁判所においてとられるものと見なされる。なお、カンタベリーの大僧正に所属する特免事項主務官僧の役職に欠員が生ずるばあいには、つねに、上の裁判官は、職務上当然に、その特免事項主務官僧となるものとする。

　本法にもとづいて裁判官に任命されるすべての人は、イギリス教会の会員でなければならないものとし、かつ、その役職に就くに先だって、本法の附表（A）における宣言に署名しなければならない。また、何時であれ、上の裁判官がイギリス教会の会員でなくなったばあいには、その役職は、それによって欠員になるものとする……。」

そして、1874年10月28日に、ペンザンス卿 Lord Penzance がその裁判官に任命されたが、同卿は、財務裁判所の裁判官（Baron of the Exchequer）と、検認裁判所および離婚裁判所の裁判官とを歴任した人であった。

(12)　この裁判所の裁判官が、アーチズ裁判所判事（Dean of the Arches）である。それは、もともと、大僧正の特別教区（Peculiar）の一つであったセント・マリ・レ・ボウ St. Mary-le-Bow 教区の裁判所の裁判官を意味するが、その dean が、大僧正管区裁判所の裁判官である official principal（大僧正主務官僧）を兼ねるのが通例であるため、アーチャーによれば、「真のイギリス的伝統にしたがって」そのより高貴でない方の称号によって、呼ばれるようになったのである（P. Archer, the Queen's Courts, p. 205）

(13)　この裁判所は、いわゆる「大法官裁判所」（Court of Chancery）から区別されなければならない。後者は、大法官（Lord Chancellor）の裁判所として、代表的な衡平法の裁判所である。

(14)　その原文を示せば、つぎのとおり。

　7．Appointment and duties of judge——The Archbishop of Canterbury and the Archbishop of York may, but subject to the Approval of Her Majesty to be signified under Her Sign Manual, appoint from time to time a barrister-at-law who has been in actual practice for ten years, or a person who has been a judge of one of the Superior Courts of Law or Equity, or of any court to which the jurisdiction of any such court has been or may hereafter be transferred by authority of Parliament, to be, during good behabiour, a judge of the Provincial

Courts of Canterbury and York, herein-after called the judge.

If the said Archbishops shall not, within six months after the passing of this Act, or within six months after the occurrence of any vacancy in the office, appoint the said judge, Her Majesty may by Letters Patent appoint some person, qualified as aforesaid, to be such judge.

Whensoever a vacancy shall occur in the office of official principal of the Arches Court of Canterbury, the judge shall become ex officio such official principal, and all proceedings thereafter taken before the judge in relation to matters arising within the Province of Canterbury shall be deemed to be taken in the Arches Court of Canterbury; and whensoever a vacancy shall occur in the office of official principal or auditor of the Chancery Court of York, the judges shall become ex officio such official principal or auditor, and all proceedings thereafter taken before the judge in relation to matters arising within the Province of York shall be deemed to be taken in the Chancery Court of York; and whensoever a vacancy shall occur in the office of Master of the Faculties to the Archbishop of Canterbury, such judge shall become ex officio such Master of the Faculties.

Every person appointed to be a judge under this Act shall be a member of the Church of England, and shall, before entering on his office, sign the declaration in Schedule (A.) to this Act; and if at any time any such judge shall cease to be a member of the Church, his office shall thereupon be vacant.……

(iii) 僧正管区の裁判所は、カンタベリー僧正管区のばあいをのぞいて、Consistory or Consistorial Courtと呼ばれ、その裁判官は、13世紀以降、僧正管区の法官 (chancellor of the diocese) または、僧正の「役人」(official) と呼ばれる。1858年まで、すなわち、検認裁判所と離婚裁判所が設置されるまで、この裁判所は、遺言と婚姻にかんする事件について、大僧正管区裁判所と競合する管轄権をもっていた。なお、僧正は、もちろん、僧正管区裁判所において、自身で裁判をすることができるのである。たとえば、「1847年教会管轄権法」(Ecclesiastical Jurisdiction Act, 1847)、すなわち、ビクトリヤ女王治世第10年および第11年法律第98号 (10 & 11 Vict. C. 98) の第1条は、こう規定する。──「イングランドにおけるあらゆる僧正管区の僧正は、現に限定もしくは構成されている状態、または、今後に限定もしくは構成されることのある状態においてのその僧正管区の全体をとおして、遺言上 (testamentary) の、または、無遺言死亡者の動産遺産 (personal Estate of Intestate) の管理にかんする訴訟事件または事項のばあいだけをのぞいて、本法の

通過のまえに、その僧正または任意の僧正が、上記の僧正管区のある一部分内において、自ら、または、その役人によって適法に行使することができたか、またはそうしてさしつかえなかったのと同じ管轄権と権限とを、自ら、または、その役人によって行使するものとする。」なお、この制定法には、つぎのように注目すべき規定がふくまれる。すなわち、第9条は、こう規定する。――「また、つぎのように制定される。――最初に掲げた国会制定法において除外されているばあいをのぞいて、同法の通過後にイングランドにおける何らかの教会裁判所の裁判官（Judge）、登録官（Registrar）もしくはその他の役人に任命されたか、または、本法の通過後に上の役職に任命されるすべての人は、国会の権威によって今後作られることのある、上記の役職に影響をおよぼすすべての規則および変更の制約内においてその役職を保持するものとする。」

なお、僧正管区裁判所の法官の任用資格については、前記の1939年に設置された教会法委員会の報告は、30歳以上の廷内弁護士であることを要求している[15]。

(15) The Canon Law of the Church of England, 1947, Canon CXIX, p. 201.

(ハ) ホールズワースは、宗教改革と栄誉革命とが、国家と教会との関係、したがって、国会制定法と教会法および教会裁判所の関係にたいしておよぼした影響について、つぎのように概言している[16]。「法律的な理論と教義上の理論の双方が、宗教改革において起った根本的な変化そのものを不明瞭なものにする。教会と国家とのあいだの関係および教会裁判所の地位は、根本的に変ったのである。教会は、国家の内部にもちこまれ、国王の権力に服せしめられてしまった。そのことは、時がたつにつれて、その他の結果的な諸変化をまきぞえにしていった。国家の内部にもちこまれてしまって、その地位は、国家内部における権力の均衡について、および国家統制の限界についての考え方が変るにつれて修正されていったのである。高等宗務官裁判所（court of High Commission）は、教会にたいする王の優位（royal supremacy）が、国家における王大権と同様に広大かつ不明確な権能を附与したとき、王の優位をふるうのであった。その裁判所は、かくも広大な大権が自由と両立しないことが明らかになったとき、星室庁裁判所（court of Star Chamber）とともに、姿を消した。同様に、王の優位は、はばのひろい特免権能（dispensing power）を附与した。それもまた、栄誉革命のさい、それが国王の手に、あまりにも広大な裁量的な権能をゆだねたことが明らかになったとき、制限されたのである。栄誉革命からこのかた、国会の権能の増大と、内閣政治の

組織の発展とは、けっきょく、王の優位によって附与された権能を、その当時の内閣に帰属させたのである。教会の所属信者であるということは、国会において全幅的な権利〔を享受すること〕にたいする必要な資格要件とは考えられなくなってしまった。そして、教会裁判所の管轄権は、国家のすべての議会の道徳性を、その魂の福祉のために (Pro salute animae) 確保するため、強制的な措置を用いることが、国家教会の義務であるとする観念が消失したことによって[17]、必然的に弱められてしまったのである。他方において、新しい制定法は、教会との霊的交渉において僧侶を、いっそう効果的に規律するための新しい裁判所または新しい機構について規定したのである。」

同様に、教会法もまた、国家法の一部となり、「王の教会法」に化したのである。ブラックバーン卿 Lord Blackburn は、1881年の Mackonochie v. Lord Penzance 事件[18]で、こう述べた。

「イングランドの教会法は、外国の法ではない。それは、イングランドの一般法──つぎのようなより広義でのコンモン・ロウの一部をなすのである。すなわち、それは、法を形成するすべての古来の承認されたイングランドの慣習を抱容するのであって、たんに、女王座、人民訴訟および財務の諸裁判所において実施された法で、コンモン・ロウということばが、より狭義においてそれに限定されているものだけではなくて、さらに、大法官庁において実施され、ふつうエクイティと呼ばれている法、および、教会裁判所において実施されている法もまた含むのであるが、その最後にあげた法は、国土内の一般的同意と慣習によって認容されてきたような教会の教法と教令から成り、……王の教会法 (King's ecclesiastical law) を形成する。」

(16) Holdsworth, History of English Law i, 597. なお、〔3〕6の(2)(ロ)(iii)の末尾【→本書299頁】での、僧正裁判所の法官（chancellor）の任用資格についての記述を補足しておこう。「僧正の法官は、ローマ法博士（doctor of civil law）か、または、マスター・オブ・アーツでなければならない。かれは、俗界人であることを妨げないのであって、通例、俗界人なのである。」（Slessor, The Administration of the Law, p. 127.）

(17) 「（教会裁判所の）管轄権は、法によって取りさられないのにかかわらず、教会の態度が変化したために、単純に、陳腐なものになってしまうことがありうる。16世紀には、教会裁判所は、道徳にたいする違反行為にかんして、僧侶と俗界人とにたいして、──《かれらの魂の福祉のために》(for the good of their souls)、ひとしく、広汎な管轄権を行使した。そのような違反行為の例は、姦通、泥酔、高利、教

会への出席の懈怠、その他多くのものであった。このような管轄権の多くの部分は、明示的または黙示的に、制定法によって取りさられた。爾余のものについては、Phillimore v. Machon 〔(1876) 1 P. D. 481.〕事件において、ペンザンス卿は、こう述べた、——《俗界人を、かれらの魂の福祉のために教会裁判所が処罰することに立ちかえることは、現代の考え方、または、教会の権威が今日、国家において占める地位と調和しないであろう、ということは、思うに、疑うべくもないのである。》」(Dale, The Law of the Parish Church, p. 104.)

(18) (1881) 6 A. C. 424, 446.

6 の (3)

　ここで、郡裁判所（county courts）について、ひととおりの説明をしておこう。サー・ヘンリー・スレッサーは、1948年当時のこの種の裁判所についてこう述べている。——「これらの裁判所は、その起源において比較的最近のものである。ロンドン、リバプール、ブリストルおよびその他の地方における少数の特別な地方的裁判所を別にすれば、1846年以前には、多年にわたって、小額の民事事件を取扱う効果的な地方的法廷は、すこしもなかったのである。巡回裁判所を待つか、または、ロンドンにおいてその訴を開始しなければならなかった貧乏な訴訟当事者にとっては、それは、真実の圧制というものであった。その〔1846年という〕年に、国は、郡裁判所区（county courts districts）に区分され、その各々に一つの裁判所が割り当てられた。いまでは、『市長およびロンドン市裁判所』（the Mayor's and City of London Court）のほかに、56人の郡裁判所裁判官がある。それらは、もともと、小額金銭債権が容易に回復できるようにすることを意図して設けられたが、次第にその管轄権は増大されてきて、ついに、今日では、金額と地域の制限を受けてはいるが、それら裁判所は、高等法院の権能のはなはだ多くのものを行使し、また〔それと〕同一の原理にもとづいて裁判に着手することができるのである。」イングランドとウェールズについて、この種の裁判所は、400をこえている。ただし、裁判官の人数は、1948年当時、56人であったが、今では、のちに述べるように、80人にたっすることができるのである。——以下に、制定法の規定に即して、郡裁判所の構成、裁判所の任用資格などについての紹介的記述をしてみよう。

　郡裁判所にかんする最近の制定法としては、「1959年郡裁判所法」（County Courts Act, 1959）がある。この法律は、「1949年制定法規の統合（手続）法にもとづいておこなわれる訂正と改善を付して、郡裁判所にかんする一定の制定法規

を統合するための国会制定法」（An Act to consolidate, with corrections and improvements made under the Consolidation of Enactments (Procedure) Act, 1949, certain enanctmets relating to county courts.）という長称が示すように、一つの統合法であって、本文208カ条から成っている。この制定法は、スコットランドと北アイルランドに及ばない（同法第208条Ⅱ項）。そして、それは1959年10月1日から施行された（同条Ⅲ項）。

(イ) まず、郡裁判所は、郡裁判所の区（districts）について、一つずつ置かれる。1959年郡裁判所法第1条は、こう規定する[19]。

「第1条　郡裁判所は区について開設されること。
(1) 本法の諸目的のために、（ロンドン市をのぞく）イングランドとウェールズとは、区に区分され、一つの裁判所が、本法にもとづいて、前記の区のおのおのについて、その区の1個またはそれ以上の場所において、開設されるものとし、かつ、おのおのの区の全部を通じて、その区について上記のように開設される裁判所は、本法および当座施行されているその他の制定法規によって附与される管轄権と権能とを有するものとする。
(2) 上記のように開設されるあらゆる裁判所は、郡裁判所と呼ばれ、記録裁判所であるものとし、かつ、印章を有するものとする。」

郡裁判所が、上級裁判所（superior court）でないことは、第1条の文言から明白である。

ところで、区の編成については、大法官が強い権限を行使することができる。すなわち、大法官は、「随時、命令によって、(イ) 区の数および境界ならびに裁判所が開設されるべき場所を変更し、(ロ) ある裁判所の開設を止め、二つまたはそれ以上の区を統合し、また、ある区を分割し、(ハ) ある区において裁判所が開設される場合の名称と、その開設の場所を指定することができる」のである。

(ロ) つぎに、裁判官の任命、任用資格などについては、1959年郡裁判所法は第4条ないし第11条に規定をおいている。この関係でも、大法官の権限の強さが目立つ。

「第4条　区のための裁判官の任命[20]。

(1) おのおのの区について、すくなくとも１人の裁判官がなければならないものとし、女王陛下は、随時、必要な員数の適当な人々を裁判官に任命するものとする。ただし、裁判官の人数は、どんな時にも、80人をこえてはならないものとする。

(2) ある人を裁判官に任命するばあい、任命は、すべて、大法官によって女王陛下にたいし推薦された人についてなされなければならない。

ただし、ランカスター侯爵領郡裁判所区の裁判官が、その退職によると、または、本条第５項にもとづいてなされる裁判官のあいだにおける区の配分についての変更によるとを問わず、その区の裁判官でなくなるときには、その後任者の任命は、同項にもとづいてなされるばあいをのぞき、大法官によってではなく、同侯爵領相によって女王陛下にたいし推薦された人についてなされなければならない。

(3) 略。

(4) 大法官は、随時、一つの区について２人の裁判官がおかれるべきことを指示することができ、また、それら裁判官のそれぞれの開廷について、または、その他その義務の区分について、かれが適当であると思料する規程を設けることができる。なお、それら裁判官のおのおのは、すべて上の指示にしたがって行為するときには、その裁判官がその区についての単独の裁判官であったとするばあいに、その裁判官が有するであろうところの権能のすべてを有するものとする。

(5) 大法官は、随時、裁判官のあいだにおいての区の配分を変更することができ、かつ、その目的のために、――

(イ) ある裁判官がある区の裁判官でなくなり、または、かれが裁判官としてつとめている区の全部またはその何れかから、何らかの他の区に転任せしめられるべき旨を指示し、

(ロ) ある裁判官を、かれがすでに裁判官としてつとめている区に加えて、さらにある区のための裁判官に任命し、

(ハ) ある裁判官が、何らかの区において追加裁判官として着席すべき旨を指示することができる。

(6) 大法官はランカスター侯爵領郡裁判所区については、同侯爵領相の同意をえてするほか、前２項の何れかにもとづくその権能を行使してはならないものとする。

(7) 何れの裁判官も、ある別の裁判官が任命を受けているある区の内外において、その別の裁判官のために行為することができるものとする。」

大法官が、このように、郡裁判所の裁判官にたいする区の配分について広い裁量権をもち、当の裁判官の同意をえる必要がないと見える点は、高等法院の裁判

官の「部」への配属の変更の場合などにくらべて、両者のあいだの地位の相違を思わせる。

ところで、郡裁判所の裁判官は、その任用資格として、法廷弁護士として7年の経験をもち、身体が健康であることが要求される。「1959年郡裁判所法」第5条は、こう規定する[21]。

「第5条　裁判官の資格要件。
(1)　どんな人でも、その人が、すくなくとも、7年の経験をもつ法廷弁護士であるのでなければ、〔郡裁判所〕裁判官に任命される資格がないものとする。
(2)　裁判官としての任命について、だれかを女王陛下にたいし推薦するに先だって、ばあいにより、大法官あるいはランカスター侯爵領相は、その人の健康が満足すべきものであることを確信するため手段を講じなければならない。」

そして、任用された郡裁判所裁判官は、同時に法廷弁護士や事務弁護士として開業したり、報酬をうけて仲裁人などの資格で行為したりすることは許されない（第6条）。なお、郡裁判所の裁判官も、大法官の面前で忠誠の宣誓と裁判官の宣誓をしなければならない（第7条）。

郡裁判所の裁判官の地位が高等法院の裁判官にくらべて低いことを、いちばんはっきり示すのは、大法官が、能力や素行上の理由で、かれを解任することができるばかりか、さらに、かれが一定の定年制のもとにあるという点であろう。いってみれば、郡裁判所の裁判官の地位には、一般の文官にちかい色合いが見られるのである。「1959年郡裁判所法」第8条には、つぎのように規定がある[22]。——

「第8条　裁判官の解任および〔定年〕退職。
(1)　大法官、または、ランカスター侯爵領〔郡裁判所〕区の裁判官のばあいには、同侯爵領相は、適当と思料するときには、無能力または不行跡を理由として裁判官を解任することができる。
(2)　裁判官は、ある勤務年の経過中に72歳にたっするときには、その満了する勤務年の末にその職を退かなければならない。
ただし、ある裁判官が前記の年齢にたっしたのちにも、その裁判官を職にとどまらせることが、公益上望ましいと大法官が考えるばあいには、大法官は、大法官が適当であると思料する（75年をこえない）、より高い年齢にたっするまで、上の裁判官が継続して在職することを認可することができる。」

そして、郡裁判所の裁判官は、どのくらいの俸給をとっているのであろうか。「1959年郡裁判所法」第9条は、つぎのように規定する[23]。

「第9条　裁判官の俸給。

(1)　あらゆる裁判官にたいして、年3,750ポンドの俸給が支払われなければならない。

(2)　略

(3)　何時であれ、大法官にとって、裁判官たちの俸給は当然増額されるべきである、と思われるばあいには、大法官は、大蔵省の同意をえ、命令によって、それらの俸給が、その命令にかかげることのできる額にまで、増額されるべき旨を指示することができる。

ただし、どんな命令も、その命令の草案が国会に提出され、かつ国会の各院の決議によって承認されるのでなければ、本項にもとづいて発してはならない。

(4)　前項にもとづいて命令を発する権能は、制定法文書〔の形式〕によって、行使できるものとする。かつ、同項にもとづく命令は、すべて、

(イ)　大法官にとって、その命令の諸目的のために必要であるか、または便宜にかなうと思われるような一時的、補足的または附帯的な規定をふくむことができ、また、

(ロ)　同項にもとづく後の命令によって取消または変更されうるものとする。」

なお、郡裁判所の裁判官は、区の内部または数個の区のあいだに、ひんぴんと旅行することが、上に述べたところからも想像できるが、いうまでもなく、大法官は、裁判官にたいして旅費手当を支給できるのである（第10条）。

(19)　その原文は、つぎのとおり。

1. County courts to be held for districts.――(1) For the purposes of this Act, England and Wales (excluding the City of London) shall be divided into districts, and a court shall be held under this Act for each of the said districts at one or more places therein, and throughout the whole of each district the court so held for the district shall have such jurisdiction and powers as are conferred by this Act and any other enactment for the time being in force.

(2) Every court so held shall be called a county court and shall be a court of record and shall have a seal.

(20)　その原文は、つぎのとおり。

4. Appointment of judges for districts.——(1) There shall be at least one judge for each district, and Her Majesty shall from time to time appoint to be judges such number of fit persons as is necessary; but the number of judges shall not at any time exceed eighty.

(2) Every appointment of a person to be a judge shall be of a person recommended to Her Majesty by the Lord Chancellor:

Provided that when the judge of a Duchy of Lancaster district ceases to be the judge thereof, whether by reason of his vacating office or by reason of any alteration in the distribution of the districts among the judges made under subsection (5) of this section, the appointment of his successor shall, unless made under that subsection, be of a person recommended to Majesty by the Chancellor of that Duchy and not by the Lord Chancellor.

(3) ……

(4) The Lord Chancellor may from time to time direct that there shall be two judges for a district, and may make such regulations as to their respective sittings, or otherwise as to the division of their duties, as he thinks fit, and each of the judges when acting in pursuance of any such direction shall have all such powers as he would have had if he had been sole judge for the district.

(5) The Lord Chancellor may from time to time alter the distribution of the districts among the judges, and for that purpose may——
- (a) direct that any judge shall cease to be the judge of any district, or shall be transferred from all or any of the districts for which he is judge to any other district;
- (b) appoint any judge to be judge for any district in addition to the district for which he is already judge;
- (c) direct that any judge shall sit as an additional judge in any district.

(6) The Lord Chancellor shall not exercise his powers under either of the last two foregoing subsections with respect to a Duchy of Lancaster district except with the consent of the Chancellor of that Duchy.

(7) Any judge shall be capable of acting for any other judge within or without any district for which that other judge has been appointed.

(21) その原文は、つぎのとおり。

5. Qualifications of judges——(1) No person shall be qualified to be apointed a judge unless he is a barrister-at-law of at least seven years' standing.

(2) Before recommending any person to Her Majesty for appointment as a judge, the Lord Chancellor or the Chancellor of the Duchy of Lancaster, as the case may be, shall take steps to satisfy himself that the health of that person is satisfactory.

(22) その原文はつぎのとおり。

　8．Removal and retirement of judges.――(1) The Lord Chancellor or in the case of a judge of a Duchy of Lancaster district, the Chancellor of that Duchy, may, if thinks fit, remove a judge for inability or misbehaviour.

　(2)　A judge shall vacate his office at the end of the completed year of service in the course of which he attains the age of seventy-two years:

　Provided that where the Lord Chancellor considers it desirable in the public interest to retain any judge in office after that judge attains the said age, he may from time to time authorise the continuance of that judge in office up to such later age (not exceeding seventy-five years) as he thinks fit.

(23) その原文は、つぎのとおり。

　9．Salaries of judges.――(1) There shall be paid to every judge a salary of three thouthand seven hundred and fifty pounds a year.

　(2)　……

　(3)　If at any time it appears to the Lord Chancellor that the judges' salaries ought to be increased, he may, with the consent of the Treasury by order direct that those salaries shall be increased to such amount as may be specified in the order:

　Provided that no order shall be made under this subsection unless a draft of the order has been laid before Parliament and approved by a resolution of each House of Parliament.

　(4)　The power to make orders under the last foregoing subsection shall be exercisable by statutory instrument; and any order under that subsection――

　　(a)　May contain such transitional, supplementary or incidental provisions as may appear to the Lord Chancellor to be necessary or expedient for the purposes of the order; and

　　(b)　May be revoked or varied by a subsequent order under that subsection.

(ハ)　郡裁判所の裁判官制度について、以上に述べたところに付けくわえるのを適当とするようなことがらが、さらにいくつかある。まず「代理裁判官」(deputy judge) の制度をあげるべきであろう。つぎに、裁判の遅滞を防止する目的をもって設けられる、「臨時裁判官」(temporary judge) という制度がある。前者は、郡裁判所に独自の制度であるが、後者に相当するものとしては、高等法院における「追加裁判官」(additional judge) などの制度 (1925年最高裁判所法第65条[24]) をあげることができるであろう。ただし、高等法院の場合には、追加裁判官などとして行為することは、裁判官の権能の問題として取りあつかわれているのにたいして、

郡裁判所のばあいには、代理裁判官も、追加裁判官も、すべて、大法官によって、とくに任命されるのである。

　代理裁判官が任命される場合、その任用資格、その解任、およびその権能などについて、1959年郡裁判所法は、その第12条ないし第16条に規定しているが、その規定のあらましは、つぎに示すとおりである。まず、代理裁判官は、大別して、二つの場合、すなわち、郡裁判所裁判官の病気もしくは、やむをえない不在の場合と、その退職のさい、ながく欠員の状態がつづく場合とに任命されるが、前者の場合には、原則として、病気または不在の裁判官が、大法官の承認をえて、短期間について任用し、後者の場合には、大法官が任命する。第12条は、こう規定する。(25)──

　「第12条　代理裁判官の任命。
　(1)　ある裁判官が病気になるか、または止むをえず不在になるばあいには、その裁判官が、その病気または不在のあいだ、かれの代理者として行為させるためにある人を任用することは適法であるものとする。
ただし、
　(イ)　何らかの上記のような任用をおこなったばあいには、その事実と、代理者の氏名の通告が、ただちに大法官にたいしてなされなければならない。また、
　(ロ)　そのように任用される代理者は、すべて、大法官の承認をえてするばあいをのぞき、何時においても、14日以上について行為する資格をもたないものとする。また、
　(ハ)　その裁判官が、何らかの前記のような任用を行い、または、その任用をおこなうことを大法官に要請することができないときには、大法官がその任用をおこなうことができる。
　(2)　さらにまた、ある裁判官が、大法官の承認をえて、または、ランカスター候爵領郡裁判所区についての裁判官のばあいには、同候爵領相の承認をえて、ある継続する12カ月の期間に、総計で2カ月をこえない1個または数個の期間について、自己の代理者として行為させるために、ある人を任用することは、適法であるものとする。
　(3)　ある裁判官が不在のさいに、その裁判官の代理者として行為させるため任用された人が、病気またはその他の理由によって、代理者としてのその義務をはたすことができないばあいには、大法官は、上の裁判官の代理者として行為させるために、別の人を任用することができる。
　(4)　ある裁判官が、およそどのような原因によってであれ、その役職を退いて、何

らの代理者も任用されなかったばあいには、大法官、または、ランカスター候爵領郡裁判所区の裁判官のばあいには、同候爵領相は、その役職が非常にながく欠員にとどまっているときには、3カ月をこえない何らかの期間について代理者を任命することができる。

(5) 代理裁判官は、ある裁判官が任命をうけている区の全部もしくはその何れかにおいて、または、上の区のための裁判所が開設される場所の全部もしくはその何れかにおいて、その裁判官のために行為させるために任命されることができる。」

つぎに、代理裁判官の任用資格は、以前に郡裁判所裁判官であったものか、または、郡裁判所裁判官の場合と同じく、少なくとも7年の経験をもつ法廷弁護士であったものかのいずれかである。そして、大法官が郡裁判所裁判官の場合と同様な解任権をもつことが目につく。1959年郡裁判所法の規定の実際は、つぎのとおりである。──

「第13条　代理裁判官の任用資格と実務をおこなう権利。
(1) だれでも、その人が、
(イ) 以前に本法または1934年郡裁判所法にもとづいて裁判官の役職を保持したことがあるか、または、
(ロ) すくなくとも7年の経験をもつ法廷弁護士であるか、
でなければ、ある裁判官の代理者として行為させるため任命される資格がないものとする。
(2) ある裁判官の代理者として行為させるために任命された人は、だれでも（ウェストミンスター郡裁判所の裁判官をのぞいて）、その人が代理者として行為するか、または代理として行為する権利をもっている期間中は、その人が代理として行為するか、または代理として行為する権利をもっている区内における郡裁判所またはその他の裁判所において法廷弁護士として実務をおこなってはならない。
第14条　代理裁判官の解任。
大法官または、（大法官によって任命された代理以外の）ランカスター候爵領郡裁判所区の裁判官の代理のばあいには、同候爵領相は、適当と思料するばあいには、無能力または不行跡を理由として代理裁判官を解任することができる。」

また、代理裁判官にたいする報酬については、郡裁判所裁判官の都合によって任用されるばあい（第15条第1項）と、大法官によって任命されるばあい（同条第

2項)とのあいだに、当然のことであるが、相違があることがわかる。そして、代理裁判官の機能は、かれが代理する郡裁判所裁判官のそれにひとしいとされる(第16条)。以下に、条文の規定の実際について、それらの点を明らかにしよう。すなわち、――

「第15条　代理裁判官にたいする報酬
　(1)　ある裁判官の病気のばあいに、代理者が任命されたときは、大法官は大蔵省の承認をえて、その代理者にたいし、大法官が適当であると思料する報酬を給することができる。
　(2)　代理者で、
　(イ)　のちに、任用の期間中に、どんな原因によるを問わず、その役職を退くある裁判官のために行為するため任用されたか、または、
　(ロ)　本法第12条第4項にもとづいて、ある裁判官の役職が欠員であるあいだ行為するため任命されたものは、すべて、その欠員中に代理者として行為する期間について、大法官が、大蔵省の承認をえて、どんな場合にも、決定することのできる報酬を受けるものとする。
　第16条　代理裁判官の権能。
　(1)　あらゆる代理裁判官は、その任命をうけた期間中、そのために行為するためにその代理裁判官が任命を受けた裁判官のすべての権能と特権をもち、また、そのために行為するためにその代理裁判官が任命を受けた裁判官のすべての義務を履行するものとする。
　(2)　略
　(3)　ある裁判官の代理者の任命は、およそ、どのような原因によってであれ、当該の裁判官がその役職を退くことによって、取消されることはないものとし、また、その後になされたその代理者の行為は、その裁判官が役職を退かなかったとするばあいと同様に有効であるものとする。かつその代理は、
　(イ)　大法官……が別段の命令をするか、または、
　(ロ)　その裁判官の後任が任命されるか、
するまで、その任命を受けたあらゆる裁判所において、ひきつづき行為しなければならない。」

つぎに、「臨時裁判官」については、1959年郡裁判所法第17条[26]に規定があるが、同条は、一カ条のなかに、それが任命される場合、任用資格、報酬、権限な

どにかんするすべての規定を含んでいる。その規定の内容は、代理裁判官の場合とほぼ同じである。すなわち、

「第17条　裁判官として行為する人を臨時に任命すること。
(1)　ある区の裁判官から大法官にたいしてなされる表示にもとづいて、当該の区においての司法における遅滞を回避するために、そうすることが便宜にかなうと、大法官にとって思われるときには、大法官は、本法第34条にもとづいて定められた普通の開廷であると、または、追加裁判所であるとを問わず、当該の区のための裁判所の何らかの開廷における仕事の処理について、その裁判官のために行為するために、ある人を任命することができる。
(2)　本条にもとづいて任命される人は、すべて、その人が任命を受けた開廷（その何らかの延期をふくむ）において、その人がそのために行為するために任命された裁判官がその場にいあわせるか、どうかにかかわりなく、その裁判官のすべての権能と特権を有するものとし、また、その義務の如何なるものでも履行することができ、かつ、開廷の日、または、それが延期された日において、法廷外において、その裁判官が法廷外において行使できる如何なる権能をも行使することができるものとする。
(3)　裁判官がその場にいあわせるばあいには、裁判官は、自分が適当であると思料するところにしたがって、その裁判官自身と、その裁判官のために行為するために任命された人とのあいだに、裁判官の義務を分割することができる。
(4)　……
(5)　だれでも、その人が、
(イ)　以前に本法または1934年郡裁判所法にもとづいて裁判官の役職を保持したことがあるか、または、
(ロ)　すくなくとも7年の経験をもつ法廷弁護士であるか、
でなければ、本条にもとづいて任命される資格がないものとする。
(6)　大法官は、大蔵省の承認をえて本条にもとづいて任命される人にたいし、大法官が適当であると思料する報酬を給することができる。」

(24)　第65条　別の裁判官のために、または、追加裁判官として行為することにたいする高等法院の裁判官の権能。
(1)　如何なる部の如何なる裁判官であれ、そうすることに同意するものは、大法官の要請にもとづいて、病気もしくはその他の原因のため欠席する高等法院の他の裁判官のために、または、その役職が欠員となったある裁判官に代って、ある

いは、何らかの部の追加裁判官として、大法官がそのものにたいして割り当てることのできる何らかの訴訟もしくは事項、または、その訴訟もしくは事項における何らかの申立てを審理する目的のために、着席し、かつ行為することができる。
……

(25) その原文はつぎのとおり。

12. Appointment of deputy judges.――

(1) In the event of the illness or unavoidable absence of a judge, it shall be lawful for him to appoint a person to act as his deputy during the illness or absence: provided that――

 (a) on the making of any such appointment, notice of the fact and of the name of the deputy shall be forth with given to the Lord Chancellor; and

 (b) no deputy so appointed shall be entitled to act for more than fourteen days at any time, except with the approval of the Lord Chancellor; and

 (c) if the judge is unable to make any such appointment or request the Lord Chancellor to make it, the Lord Chancellor may make it.

(2) It shall also be lawful for a judge, with the approval of the Lord Chancellor or, in the case of a judge for a Duchy of Lancaster district, with the approval of the Chancellor of that Duchy, to appoint a person to act as his deputy for any period or periods not exceeding in the aggregate two month in any consecutive period of twelve months.

(3) Where, in the absence of judge, a person appointed to act as his deputy is by reason of illness or otherwise incapable of performing his duties as deputy, the Lord Chancellor may appoint another person to act as deputy of that judge.

(4) When a judge vacates his office from any cause whatsoever and no deputy has been appointed, the Lord Chancellor or, in the case of a judge of a Duchy of Lancaster district, the Chancellor of that Duchy, may appoint a deputy for any period not exceeding three months if the office so long remains vacant.

(5) A deputy judge may be appointed to act for a judge in all or any of the districts for which the judge was appointed, or at all or any of the places at which the court for any such district is held.

(26) その原文は、つぎのとおり。

17. Temporary appointment of persons to act as judges.——(1) If it appears to the Lord Chancellor, on representations made to him by the judge for any district, that it is expedient to do so, in order to avoid delays in the administration of justice in that district, the Lord Chancellor may appoint a person to act for the judge in the despatch of business at any sitting of the court for that district, whether an ordinary sitting appointed under section thirty-four of this Act or an additional court.

〔(2)——(6)……略〕

　㈡　郡裁判所の管轄権の一般的性格については、この項のはじめ（前述〔3〕6の(3)【→本書302頁】）引用されたスレッサーのことばを思いおこす必要がある。彼は、郡裁判所の今日の管轄権について、「次第にその管轄権は増大されて、ついに今日では、金額と地域の制限を受けてはいるが、それら裁判所は、高等法院の機能のはなはだ多くのものを行使し、また、〔それと〕同一の原理にもとづいて裁判に着手することができる」と断言している。いってみれば、郡裁判所は、小型化された高等法院であり、同時にまた、民事管轄において、刑事管轄における「治安判事の裁判所」(magistrate's courts)に相当する機能をはたしているのである。たとえば、ある論者は、こういう。「郡裁判所裁判官は、高等法院の裁判官と治安判事の特質を兼ねそなえなければならない。かれは、高等法院の同僚のために存在する、ほとんどすべての法律問題とも直面する可能性がある。しかし、彼は、困惑するような多忙の事件を、ほとんど、治安判事について要求される速度をもって処理しなければならないのである。そして、治安判事と同様に、かれは、しばしば、弁護人をともなわないで出頭する訴訟当事者に耳を傾け、かつ吐露される錯誤した話しのなかから、関連性のあることがらを引きださなければならない。じっさい、かれの管轄権の一部は法安判事のそれと範囲を同じくする。たとえば、養子についての命令（order for the adoption of children）を下す場合のように。けだし、その命令は、簡易管轄の裁判所においても、または、郡裁判所においても、いずれも、下されるものだからである。限定された種類の手続の場合をのぞいて、郡裁判所裁判官は、陪審付きで開廷することが望ましいと思われるときには、そういう方針をとることができる。しかし、その大部分が、とにかくに、高等法院において提起される詐欺（fraud）と名誉毀損（defamation）の場合をのぞいて、それは、ひじょうに希れである。〔郡裁判所〕裁判官は、事実問題と法律問題とを決定するのを正常とするのである。[27]」また、郡裁判所が、小型の高等法院である

という断定の一つの制定法的な裏づけは、たとえば、1959年郡裁判所法第74条に見いだすことができよう。同条は、「一般的な副次的管轄権」(general ancillary jurisdiction) の見出しで、こう書かれて[28]いる。——

「当座、その管轄にぞくする何らかの訴訟原因にかんして、あらゆる郡裁判所は、その面前にあるどんな手続においても、同様の事件において高等法院によって当然附与されるべきであるような(イ)無条件もしくは条件付の救済、賠償もしくは救済方法または救済方法の結合されたものを附与し、また、(ロ)(本法第65条の規定の制約内において)衡平法上またはコンモン・ロウ上の、あらゆる抗弁もしくは反対請求の事由にたいして、高等法院によって当然与えられるべきであるような、および、それに類似した効果を与え、しかも、高等法院と同様に充分かつ広汎な態容において、そうしなければならない。」

(27) Peter Archer, The Queen's Courts, pp. 131-2.
(28) 原文は以下のとおり。

74. General ancillary jurisdiction. ——Every county court, as regards any cause of action for the time being within it's jurisdiction, shall in any proceedings before it——

(a) grant such relief, redress or remedy or combination of remedies, either absolute or conditional; and

(b) give such and the like effect to every ground of defence or counterclaim equitable or legal (subject to the provisions of section sixty-five of this Act);

as ought to be granted or given in the like case by the High Court and in as full and ample a manner.

小型の高等法院といわれる郡裁判所の管轄権や手続などについて、以下に、すこしばかりの説明をしておこう。

（i）郡裁判所の開廷(sittings)については、1959年郡裁判所法第34条に明示の規定がある。「各〔郡裁判所〕区のための裁判官は、裁判所が、本法により、または本法にもとづいて、その区内において開かれることを要求されているおのおのの場所において、かつ、裁判官が指定することのできる時期に、裁判所に出席し、かつ主宰しなければならない。ただし、裁判所は、上のあらゆる場所において、あらゆる月に少なくとも1回、または、大法官が、おのおのの場合に命令するこ

とのできる別の間隔をおいて、開かれるようにしなければならない。」(第1項)。そして、「裁判所が開かれる日の告示は、裁判所屋および登録官の役所のある目立つ場所に掲示されなければならないが、それについては、何らそのほかの告示は必要ではない」のである(第2項)。なお、裁判官は、追加裁判所(additional courts)が開かれるべきことを指定することができ、かつ、大法官の要求がある場合には、その指定をしなければならない、とされる (第36条第1項前段)。

ところで、そのように、郡裁判所が、区内の多くの場所で開かれなければならないものとすれば、それが独自の裁判所建物をもつことはできないのが自然であろう。そこで、郡裁判所の建物は、原則として、都市その他の地方団体の公共建物の借用によって、まかなわれることとなる。すなわち、「郡裁判所が開かれる何らかの場所に、何らかの地方的またはその他の公の庁にぞくする都市庁舎 (town hall)、裁判所屋 (court-house) またはその他の公共建物であるところの建物がある場合には、その建物が、そのなかのすべての必要な部屋、家具および建具とともに、家賃その他の支払にたいする何らの負担なしに、裁判所を開く目的のために使用されるものとする。ただし、前記の目的のために使用されるさい、建物を照明、煖房および清掃するための合理的かつ必要な負担は、のぞく。」とされるのである (第32条1項)。

(ii) 郡裁判所の管轄権については、1952年郡裁判所法の第2編「管轄権および手続の移管」(Part II. Jurisdiction and Transfer of Proceedings) 第39条ないし第77条に、基本的な、くわしい規定がある。それを「小見出し」(heading)によって追ってみると、「契約および不法行為の訴」(Actions of Contract and Tort)、「土地の回復および権原が問題となっている事件」(Recovery of Land and Cases where Title in Question)、「衡平法上の手続」(Equity Proceedings)、「海事上の手続」(Admiralty Proceedings)、および「検認上の手続」(Probate Proceedings) をふくむことが知られるが、それらの訴または手続が、高等法院の衡平法部、王座部および検認・離婚および海事部の三つの「部」によって、それぞれ担当される管轄事項の種別 (前述〔3〕3の(2)(ウ)参照)にだいたい相当することは、いうまでもないのである。もちろん、郡裁判所は、それらの基本的な管轄事項のほかに、各種の国会制定法によって、まことに雑多で、しかも重要な管轄権を与えられている。その管轄権は、小額であるという点で一つの共通点を見いだしているのである。そして、その「小額」の程度は、いうまでもなく、貨幣価値の変動につれて、弱められてゆく。たとえば、契約と不法行為にかんする請求権の価額の限度は、1930年代のはじめまでは、100ポンドであったのが、第2次大戦の直前にその倍とな

り、今日では、さらにまた、その倍の400ポンドに高められている、という具合である。1959年郡裁判所法第39条は、つぎのように規定する[29]。

「第39条　契約および不法行為の訴訟についての一般的管轄権。
(1)　郡裁判所は、勘定の決済によると、またはその他によるとを問わず、請求される金銭債権、請求権または損害賠償が４００ポンドをこえないばあいは、契約または不法行為にもとづく如何なる訴訟をも審理し、かつ決定する管轄権をもつものとする。
ただし、郡裁判所は、本法に規定されているところをのぞき、
(イ)　土地の回復を求める何らかの訴訟、または、
(ロ)　何らかの相続財産にたいする権原、または、何らかの通行税、市、市場もしくは特免権にたいする権原が問題となっている何らかの訴訟、または、
(ハ)　書面による名誉毀損、口頭による名誉毀損、婦女誘拐または婚姻予約の違反についての何らかの訴訟
を審理し、かつ決定する管轄権をもたないものとする。
(2)　…略…」

また、第48条は、「郡裁判所は、問題の土地の地方自治体税賦課のための純年間価格が１００ポンドをこえない土地の回復にたいする如何なる訴訟をも審理し決定する管轄権を有するものとする。」と規定している（同条第１項）。

つぎに、衡平法上の手続については、第52条に基本規定がある。それによれば郡裁判所は、遺産の管理、信託の実行、特定履行、未成年者の扶養、組合の解散などの手続において、問題となっている金額が５００ポンドをこえないばあいには、その「手続を審理決定するについての、高等法院のすべての管轄権を有するもの」とされるのである（同条第１項）。そして、そのような「高等法院の管轄権」を行使するにあたっては、「裁判官は、彼が有する他の如何なる権能および権限にくわえて、本法の諸目的のためにする、高等法院の衡平法部の裁判官のすべての権能および権限を有するもの」とされる（同条第２項）。

さいごに、海事上の手続については、すべての郡裁判所が、その管轄権を与えられるのではなくて、大法官によって指定され、かつ、管轄区域の割当をうける郡裁判所だけがその管轄権を有することになることを注意しなければならない（第55条）。そして、船舶によって加えられた損害にたいする請求権、船舶がうけた損害にたいする請求権など、13種の海事上の請求権について、「海事郡裁判所」

(admiralty county court)は、審理・決定を行なう管轄権をもつのである（第56条第1項）が、「同裁判所は、救助された財産権の価値が3,500ポンドをこえない海難救助の性格をもつ請求権のばあいをのぞいて、１０００ポンドをこえる価額にたいする、第1項に掲げる如何なる請求権をも審理・決定する管轄権を有しないもの」とされるのである（同条第2項）。

ところで、衡平法上の手続の場合に、上に述べたように、郡裁判所が、高等法院の管轄権を有し、また、郡裁判所裁判官が、高等法院の衡平法部の裁判官の権能と権限を与えられていることは、いうまでもなく、本稿にいわゆる郡裁判所の「小型化された高等法院」の性格を示すものであるが、そのような郡裁判所の性格は、郡裁判所と高等法院とのあいだに、事件や手続の移管（transfer）が円滑に行なわれるようにするための明示の規定が設けられることによって、いっそう明らかになっている。たとえば、契約または不法行為にもとづく訴訟が、郡裁判所から高等法院に移管されるばあいについて、1959年郡裁判所法第44条には、つぎのような規定が見られる[30]。すなわち、

　「第44条　契約または不法行為の一定の訴訟が被告の要求によって郡裁判所から高等法院へ移管されるばあい。
　(1)　契約または不法行為にもとづく何らかの訴訟が郡裁判所において開始されたばあいにおいて、原告がその訴訟において50ポンドを超える金額を請求するときには、被告は、〔郡裁判所規則をもって〕定めることのできる期間内に、その訴訟がその裁判所において裁判されることにたいして、かれが異議を申立てる旨の通告をすることができる。
　(2)　上の通告がなされたばあいに、
　(イ)　被告が、請求価額および高等法院における訴訟費用とをあわせて、総計で450ポンドの金額をこえないものについて……担保を供与し、かつ、
　(ロ)　裁判官が、裁判官の意見においては、法律または事実のある重要な問題が生ずるおそれがあるという旨を証明する
　ときには、裁判官は、その訴訟が高等法院に移管されるべきことを命令しなければならない。」

また、ぎゃくに、高等法院から郡裁判所に、その種の訴訟が移管される場合について、第45条には、つぎのような規定がある。すなわち、

「第45条　契約または不法行為の訴訟が高等法院から郡裁判所へ移管されるばあい。

(1)　高等法院において開始された、本条の適用がある何らかの訴訟においては、いずれの当事者も、何時たるをとわず、高等法院またはその裁判官にたいして、その請求権および（もし、何らかの反対請求があれば）反対請求権、または、未審理の唯一の事項が反対請求権であるばあいには、その反対請求権が、つぎの郡裁判所のいずれかに移管されなければならない旨の命令を申請することができる。――

(イ)　もし目的物およびその価額がその裁判所の管轄内にあったとすれば、その訴訟が開始されることができたはずの、ある郡裁判所、または、

(ロ)　未審理の唯一の事項が反対請求権であるばあいには、もし、その反対請求権が訴訟であって、その目的物がその裁判所の管轄内にあったとすれば、それが開始されることができたはずの、ある郡裁判所、または、

(ハ)　高等法院またはその裁判官が当事者にとって、最も便宜であると見なすことのある、ある郡裁判所。

かつ、高等法院またはその裁判官は、郡裁判所または裁判官が適当と思料するばあいには、ただちに、（ばあいにより）その請求権または反対請求権あるいはその双方が適宜そのように移管されるべき旨を命令することができる。

(2)　…略…」

そして、同様の規定は、その他の管轄事項についても見いだされる。なお、郡裁判所が、高等法院と同様の「一般的な副次的管轄権」を認められていること（第74条）については、まえに述べたとおりである（前述〔3〕**6**の(3)(ニ)参照）。

(iii)　郡裁判所の訴訟手続については、1959年郡裁判所法に、いくらかの基本的な規定が設けられるほか、「規則委員会」(the rule committee) によって「郡裁判所規則」(county court rules) が制定される（第102条～第103条）。そしてこの関連では、「本法により、または本法にしたがって明示的に規定が設けられていないすべての場合において、高等法院における手続様式の一般的諸原理が、採用され、郡裁判所における手続に適用されてさしつかえがない。」という（第103条）の規定が目につく。

郡裁判所の訴訟手続に関連して、一、二の注目される点は、法廷弁護士(barrister)だけでなくて、事務弁護士または廷外弁護士 (solicitor) が法廷に立つ権利を認められていること（第89条）、陪審裁判が例外とされていること（第94[31]条）、しかも、その陪審が8人から成っていること（第96[32]条）、などである。

(iv) なお、郡裁判所の管轄に関連することがらとして、いわゆる移送命令(order of certiorari)、管轄権踰越禁止命令 (order of prohibition)、および作為命令 (order of mandamus)の問題がある。郡裁判所は、下級記録裁判所(inferior court of record)として、上級裁判所（superior court）としての高等法院の監督を受けなければならないが、その監督は、それらの命令によって実現されるのである。以下に、関係の基本条文である第115条、第116条、第118条および第119条を掲げておこう。

「第115条　移送命令。

(1) 高等法院または高等法院のある裁判官は、高等法院またはその裁判官が、郡裁判所において開始された何らかの手続が高等法院において審理・決定されることが望ましいと思料するばあいには、移送命令またはその他の方法によって、その手続を高等法院に移送することを命ずることができる。

(2) 何らかの手続が、本条にもとづいて、高等法院に移送されるばあいには、本法第76条の規定は、訴訟が移管されたとするばあいと同様に適用があるものとする。

(3) すべての上の移送は、訴訟費用の支払い、担保の供与またその他の点について、高等法院またはその裁判官が課することを適当と思料するような条項にもとづかなければならない。

第116条　管轄権踰越禁止命令。

(1) 高等法院または高等法院のある裁判官にたいして、ある郡裁判所にあてられた管轄権踰越禁止の命令を求める申請がなされるばあいには、その事項は、命令によって終局的に処理されなければならない。

(2) すべて上の申請がなされたばあいに、その郡裁判所の裁判官は、その申請の通知を送達されないものとし、かつ、高等法院の裁判官の命令によるほか、

(イ) 出頭することを要求され、もしくは、それについて審理を受けること、または、

(ロ) その訴訟費用の支払いについての何らかの命令に服すること、

はないものとする。ただし、その申請はその裁判官の判決にたいして正規に提起された上訴と、すべての点において同じ仕方において、処理され、かつ審理されるものとする。また、その申請の通知は、ある裁判官の管轄権にぞくする事項において、その裁判官が下したか、または下すことを拒否した命令のばあいと同じ当事者にたいして与えられ、または送達されなければならない。

第118条　作為命令。

ある郡裁判所の裁判官または職員によって、その職務上の義務にかんして何らかの行為がなされるべきことを要求する当事者は、すべて、高等法院にたいして、作為命

令を申請することができ、かつ、同裁判所は、適宜に命令を下すことができる。また、その郡裁判所の裁判官または職員は、その命令の送達を受けたときには、逮捕の制裁のもとに、それに服従しなければならない。

　第119条　命令の拒否は終局的であること。
　高等法院または高等法院のある裁判官が、ある郡裁判所にたいする移送もしくは管轄権踰越禁止の命令、または前条にもとづく作為命令を附与することを拒否したばあいには、如何なる他の裁判所または裁判官も、それを附与してはならない。
　ただし、本条の規定は、
㈲　高等法院または高等法院のある裁判官の判決にたいして上訴する権利、または、高等法院のある裁判官の判決にたいして高等法院に上訴する権利に影響を与えること、あるいは、
㈹　第一の申請の基礎をなした事由とは異った事由にもとづいて、命令を求める第二の申請がなされることを妨げること、はないものとする。」

(v)　「(高等法院とのあいだの)さらに一つの重要な差異が注目されなければならない。——郡裁判所裁判官の判決にたいする理由は《権威をもたない》(without authority)のである。すなわち、それらは判例集に載せられず、かれらと同位の他の裁判官にたいして拘束力をもたず、上位の法廷の判決によって定立される一般的な法体系の一部をなさないのである。」というスレッサーのことば[33]からも知られるように、郡裁判所の判決は報告されないのである。しかし、郡裁判所の判決にたいして上訴がなされるばあいには、その上訴審である控訴院の判決は上級裁判所のそれとして報告され、判例法の形成に関連をもつこととなる。郡裁判所の判決にたいする上訴は、刑事のばあいほどに制約はされていないが、全体的に、なるべく上訴を押えようとする構えが、制定法の規定から読みとれると思われる。一、二の基本的な規定は、つぎのとおりである。

　「第118条　法律問題等にかんする上訴。
　本法本編の以下の規定の制約内において、ある郡裁判所における何らかの手続の如何なる当事者であれ、法律の問題点についての、または、何らかの証拠方法の採否にかんするその裁判官の決定または指示に満足しないときは、その裁判官の判決、指示、決定または命令によって権利を害されたとするその当事者は、その当座、最高裁判所規則によって規定されているような態様において、かつ、そのような条件のもとに、それにたいして控訴院に上訴することができる。(ただし書・略)

第119条　上訴しない旨の合意。

(1) 郡裁判所の裁判官の何らかの判決、指示、決定または命令にたいしては、その判決、指示、決定または命令が与えられ、またはなされるに先立って、当事者が、当事者たち自身またはその事務弁護士もしくは代理人によって署名された書面をもって、それが終局的であるべき旨を合意するばあいには、何らの上訴権もないものとする。

(2) すべて上の合意には、印紙を要しないものとする。」

(29) その原文は、つぎのとおりである。

39. General jurisdiction in actions of contract and tort.―(1) A county court shall have jurisdiction to hear and determine any action founded on contract or tort where the debt, demand or damage〔s〕 claimed is not more than four hundred pounds, whether on balance of account or otherwise:

Provided that a county court shall not, except as in this Act provided, have jurisdiction to hear and determine,――

(a) any action for the recovery of land; or

(b) any action in which the title to any hereditament or to any toll, fair, market or franchise is in question; or

(c) any action for libel, slander, seduction or breach of promise of marriage.

(2) ‥‥‥‥‥‥

(30) その原文は、つぎのとおりである。

44. Transfer of certain actions of contract or tort from county court to High Court at defendant's instance.――(1) Where there is commenced in a county court any action founded on contract or tort wherein the plaintiff claims a sum exceeding forty pounds, the defendant may, within such time as may be prescribed, give notice that he objects to the action being tried in the court.

(2) Where such a notice is given, the judge shall order that the action be transferred to the High Court, if――

(a) the defendant……gives security approved by the registrar for the amount claimed, and the costs of trial in the High Court, not exceeding in the aggregate the sum of four hundred and fifty pounds; and

(b) the judge certifiies that in his opinion some important question or law or fact is likely to arise.

(31) 概略、つぎのように読める。

第94条　陪審裁判。

(1) 郡裁判所における以下の手続においては、裁判は陪審をともなわないものとする。すなわち、――

(イ)　海事上の手続。
　(ロ)　1920年ないし1939年地代家賃および売渡担保利息制限法または1957年地代家賃法にもとづいて生ずる手続。
　(ハ)　1957年住宅法にもとづく郡裁判所への何らかの上訴。
　(ニ)　郡裁判所におけるすべての他の手続においては、その手続の何れかの当事者が、所定の仕方で、かつ、裁判に先立つ、所定の期間内に、その点についてなす申請にもとづいて、裁判所が別段の命令を下すばあいをのぞいて、その裁判は、陪審をともなわないものとする。
　　(3)～(5)　略。
(32)　概訳すれば、つぎのとおり。
　第96条　陪審の招集、宣誓および評決。
　　(1)　手続が陪審を附して裁判されるべき如何なる郡裁判所においても、八人の陪審員が、招集され、必要に応じて、その面前に提起される手続において評決を下すよう宣誓せしめられなければならないものとし、かつ、一度宣誓せしめられたときは、各裁判において再宣誓せしめられることを要しないものとする。
　　(2)　右の手続の如何なる当事者も、その当事者が高等法院においてその権利をもつであろうところと同様の仕方において、陪審員の全部またはその何れのものをも忌避することができる。
　　(3)　陪審は、全員一致の評決を下すことを要求されるものとする。
(33)　Slesser, The Administration of Law, p. 38

7

　(イ)　本稿の主題の要部をなす「先例の法理」にたいする欠くことのできない前提条件の一つをなすものとして、わたくしは、イギリスの現代裁判所の組織を、中央裁判所に焦点をあわせて、すでに、過度とも見えるほどの長い期間にわたって紹介をしてきた。そして、民事の裁判所組織については、上は貴族院から、下は郡裁判所におよぶ諸裁判所を、それぞれ、そのよって立つ制定法規に即して究明することによって、おぼろげながら、一つの完結した系列を描きだそうと努めたのであるが、刑事の裁判所の組織については、貴族院を終審とし、刑事控訴院から高等法院、それに高等法院の巡回裁判所、とくにロンドン地区の巡回裁判所として、刑事裁判所の系列のなかで圧倒的に重要な地位をしめる中央刑事裁判所（いわゆるオールド・ベーリー）に下降するところの、中央裁判所の系列のなかだけで完結する三審制を素描することができたにとどまっている。まえに、現代の「郡裁判所」が、民事高等法院の小型化されたものとしての役割をはたすとともに、

刑事事件について、治安判事の裁判所の機能をいとなんでいるということにたいして言及がなされた（前述〔3〕6の(3)㈡）が、民事裁判所組織にかんする記述とのあいだの均衡を心がけるという立場からすれば、もちろん、刑事裁判所組織についての説明においても、その治安判事裁判所の組織を、いちおうなりとも説明することにたいして、いくらかの紙面が当てがわれることは望ましい。しかし、これまでに、本稿の主要な目的にてらすとき、裁判所組織にかんする、これまでの記述ですら、すでに、長すぎるきらいをまぬかれないからには、そういう説明は、必要な最小限度にとどめなければならない。まえに、郡裁判所について、ひととおりの説明がなされたのは、郡裁判所の裁判官が、「困惑するような多数の事件を、ほとんど治安判事について要求される速度をもって処理しなければならない」という評言が引用された（前述〔3〕3の(6)㈡）が、その評言は、郡裁判所とその裁判官が、民事裁判において、そのように多数の事件を処理することによって、中央の民事裁判所とその裁判官の負担を軽くしていることを暗示するものにほかならない。刑事裁判においては、治安判事の裁判所は、中央の刑事裁判所とその裁判官にたいする関係において、まさしく、同様の機能をはたしているものと、いってよいと思われる。ある人は、いう[1]。「治安判事の裁判所は、司法的な事物の仕組において、どんな位置をしめているのか。多くの人々は《よっぱらいを処理する場所》として、その問題を片づけてしまう。これは、郵便局は《切手を売る場所》であるというのと、ほぼ同程度に真実なのである。郵便局は、たしかに、切手を売る。しかし、それは、さらに非常に多くのことをするのである。その多数な郵便上の活動のほかに、郵便局は、重要な国家の諸部省のすべての仕事の女中なのである。同様に、治安判事の裁判所は、司法組織のシンデレラ（The Cinderella of the judicial system）である。かつて、機知にとんだことがいわれている。──《それは、法律家がやっても利益にならないようなことは、なんでもやる。》」。また、ハンベリは、こう述べている[2]。「しばしば外国人のおどろきを引きおこしてきたイギリス人の特質の一つの側面は、共同社会のすべての部分のものが、骨のおれる公共の仕事を無報酬でするさいの、その気嫌のよさである。ちょうど、滓が葡萄酒のびんの底にたまるように、司法の梯子の根元のところで、仕事は、もっとも多いのであるが、その根元に、《偉大な無給のもの》（the great unpaid）治安判事がいるのである。」

　治安判事の任用資格、その裁判所の構成などについては、現在では、「1949年治安判事法」（The Justices of the Peace Act, 1949）が基本的な規定をふくみ、また、その管轄権や手続については、「1952年治安判事裁判所法」（The Magistrates'

Courts Act, 1952) が中心的な制定法になっている。しかし、ここでは、それらの制定法の規定を多少とも具体的に追ってみる余裕がないので、ハンベリの要領のよい記述にしたがって、ごく、あらましのことを示すにとどめる。

　まず、治安判事は、「実際上、郡の軍事代官（Lord Lieutenant）の助言にもとづいて……、大法官によって任命される。」そして、その任用資格について、ハンベリは、こう述べる。——「治安判事の非常な大多数は、法を学んでおらず、かつ無給である (unlearned in the law and unpaid)。しばしば、われわれは、引退した裁判官またはその他の著名な法律家を、地方の判事団に見いだす。しかし、推薦するにあたって、郡の軍事代官たちにとって重要性をもつ特質は、人格、経験、近隣にながく居住していること、およびその住民の利益にたいして献身していることによる名声である。法の問題点について、治安判事は、治安判事書記 (Clerk to the Justices) の助言によって正平を保たしめられるが、その書記は、1949年治安判事法にもとづいて、訓練をうけた法律家でなければならないのである。訓練をうけていると同時に有給でもある治安判事も多い。それというのは、国王は、大法官の助言にもとづいて、ロンドンの首都区域のために（数人の）首都有給治安判事（Metropolitan stipendiary magistrates）を、また、郡会議または市邑会議からの要請にもとづいて、当該の郡または市邑のために一人の有給治安判事を任命するからである。そして、これらの職位の一つに任命される資格をもつためには、ひとは、7年の経験のある法廷弁護士でなければならない。しかし全体として、《偉大な無給のもの》の組織は、時の試練にたえてきたものということができよう。……」

　治安判事の裁判所に、二つの種別があることは、よく知られている。小治安判事裁判所（Petty Sessions）と四季治安判事裁判所（Quarter Sessions）がそれである。小治安判事裁判所は、民事と刑事の管轄権をもつが、四季治安判事裁判所は、もっぱら刑事の裁判所である。ハンベリはいう。——「前者（＝小治安判事裁判所）の開期は、はなはだ頻繁である。それらの裁判所は、三つの重要な部分からなる民事管轄権、すなわち、酒精販売については家屋を免許すること、別居および扶養命令ならびに私生児との父子関係認定にかんする手続、および小額の立退き請求事件〔についての管轄権〕を有する。それら裁判所の刑事の仕事の分量は、さらに大きなものであるが、主として、国会が新な追加によってたえず増大せしめる非正式起訴犯罪(non-indictable crimes)の尨大な集団の裁判から成っている。1879年および1899年の簡易管轄権法（Summary Jurisdiction Acts, 1879 and 1899）にもとづいて、それらの裁判所は、さらにまた、一定の正式起訴犯罪（indictable offences）を裁判することができる。この事項は、余すところなく記述するには、あまりにも細目にわたりすぎている。しかし、あらましをいえば、そのように裁判されうる犯罪の範域は、「児童」（Children）（すなわち、14歳以下のもの）および「少年」（Young persons）（すなわち、14歳と17歳のあいだのもの）の事件については、成人（adult）（すなわち、17歳をこえるもの）の事件についてよりも、かなりに、より広いのである。しかし、成人と少年とは、彼らの同意をえてする場合のほか、略式手続によって裁判されることはできない。しかも、これは、彼らが陪審裁判を要求する権利を有するということが、彼らにたいして説明されているのではないかぎり、有効ではないのである。……1933年児童および少年法にもとづいて、治安判事の一団が、児童または少年が、何らの成人の共同被告をまじえることなく、裁判されている事件を処理する場合には、それは、『少年裁判所』（Juvenile Court）と呼ばれる。……」

つぎに、四季治安判事裁判所は、小治安判事裁判所にたいする上訴裁判所としての機能と、多くの正式記録犯罪についての第一審刑事裁判所の役割をはたすのであるが、「犯罪がその管轄権からはずされるさいに依拠される何らかの一貫した原理が識別されうるかぎりにおいて、それらの犯罪は、大逆罪と謀殺の事件の場合のように、その重大さのために、あるいはまた、重婚の事件の場合のように、通例それに随伴する法的な難しい点のために、そのようにとりはずされるものであると、われわれは、述べてさしつかえない。」といわれる。そして、「四季治安判事裁判所は、年に4回開かれる。もちろん、陪審がつく。市邑の四季治安判事裁判所においては、無給または法の訓練をうけていない治安判事が着席することがなく、それらの裁判所は、単独で着席する市邑四季治安判事裁判所裁判官（Recorder）によって領導されるのである。市邑四季治安判事裁判所裁判官は、5年の経験をもつ法廷弁護士でなければならない。郡においては、しかしながら、四季治安判事裁判所の裁判官団は、小治安判事裁判所のそれと同様に、しろうとの治安判事をもって構成される。そして、それの治安判事は、「1938年司法（雑規定）法」（The Administration of Justice (Miscellaneous Provisions) Act, 1938）が通過するまでは、つねに、彼ら自身の委員長（Chairman）を選挙したのであった。しかし、同法の規定にもとづいて、郡の四季治安判事裁判所は、法的経験をもつ人を委員長に任命してもらうことについて申請をすることができるのである。そして、法廷弁護士または廷外弁護士としての10年の経験が、最小限の資格要件として定められている。」なお、小治安判事裁判所は、「公訴提起者または被告の要求によって、いわゆる事実説明書（cases stated）を高等法院の王座部にたいして

提出し、法律問題の決定を求めることができる」(1952年治安判事裁判所法第87条)。四季治安判事裁判所も、小治安判事裁判所から上訴されてきた事件について、同様の権限をもつが、「四季治安判事裁判所によって1848年の刑事事件法または1849年四季治安判事裁判所法にもとづく以外の方法で、提出される、あらゆる事実説明書は、上訴(appeal)であるものと見なされ、それに応じて審理・決定されなければならない」のである(1925年最高裁判所法第25条1項)。

ところで、治安判事の人数は2万人をこえると報告されており、また、専門の法律家によって占められる首都有給治安判事と、市邑または郡の有給治安判事は、それぞれ30人に達しない、といわれている[3]。

(1) Giles, The Magistrates' Courts, (Pelican Book), 1953, p. 7.
(2) Hanbury, English Courts of Law, 2nd ed., 1953, pp. 144, 146, 147, 148.
(3) Giles, op. cit., p. 94.

(ロ) 以上のように、はなはだ素略な記述によって、ながい歴史と複雑な問題をかかえている治安判事の裁判所の紹介にかえるとすると、ここで、民事と刑事の裁判所について、重要なものは、ほぼ出つくしたことになる。そして、全体として目につくことを、ここで、ひろいあげてみると、第一に、全裁判所組織が、一組の中央裁判所を中心として成りたっていて、いかにも、簡単化されているという点をあげるべきであろう。その中央裁判所の構成そのものは、ながい歴史を反映して、けっして簡素であるとはいえないであろうが、たとえば、民事・刑事の巡回裁判の制度をもって補足することによって、重要な第一審裁判所を一個の「高等法院」だけに限定していることは、まことに著しいイギリス裁判所組織の特色をなすものであると、いわなければなるまい。控訴審に相当する裁判所も、民事と刑事についてそれぞれ一個の「控訴院」しか存在しないのである。しかも、「刑事控訴院」は、じつは、高等法院の王座部の裁判官によって構成されていて、この審級の裁判所の裁判官の人数が、きわめて、小人数に押えられていることが知られる。そこで、裁判官の人数についてのイギリス裁判所組織の、きわめて目ぼしい特色が登場することとなる。すなわち、第二に、以上のようなイギリスの諸々の中央裁判所を構成する裁判官の人数が、むしろ、非常に少ないと、いってよいということである。これまでの記述によって明らかになったところによれば、貴族院のいわゆる上告貴族は、9人、控訴院の裁判官は、11人、そして、高等法院の裁判官は、最高48人、合計68人である。これに、大法官、高等法院の首席裁判

官、記録長官、検認・離婚および海事部部長をくわえても、わずかの72人である。なお、枢密院司法委員会の裁判官は、実質的に上告貴族そのものであり、ほかに植民地を代表する数人の裁判官があるだけであり、全体として、枢密院司法委員会の裁判官の構成と人数については、刑事控訴院の場合に似た方針がとられていることが、うかがわれる。中央の刑事裁判所の裁判官のなかに、市長およびロンドン市裁判所の少数の裁判官がくわわるほか、中央の第一審および第二審刑事裁判所の裁判官は、すべてが高等法院の裁判官で充足せしめられるのである。すなわち、これらの裁判所について、いちおう、民事と刑事を区別してみても、その人的構成要素は、ほとんど全く同一であるわけである。そこで、民事・刑事の裁判所を通じて、前述のように簡単化され、集約化されたイギリスの中央裁判所の裁判官の人数は、せいぜい80人にすぎないこととなる。そして、これら100人に達しない裁判官が、えらばれた人たちとして、その判決が判例集に収載され、イギリス判例法の成生・発展に寄与する資格をみとめられるのである。そして、それらの裁判官は、伝統的に、上級裁判所（superior courts）の裁判官といわれる。そこで、イギリスの判例法は、上級裁判所の裁判官によって作られ、維持され、発展せしめられてきたし、また将来も、そうされてゆくということになる。上級裁判所というのは、下級裁判所（inferior courts）にたいすることばで、本稿でも、これまでに、たとえば、高等法院が上級裁判所であり、また、郡裁判所が下級裁判所であったことが明らかにされているのである。上級裁判所は、下級裁判所にたいして強力な指導監督の権能をもっているのが特色であるが、そのことは、郡裁判所の管轄権が説明されたさいに、例示の趣意で示されているのである。スティーブンは、こう述べている[4]。

「イギリス刑事法の極度の完全さと詳密さとは、それが、その起源において、異常に漠然としていたがゆえに、また、いくつかの個別的な点については、今日もなお、異常に漠然としているがゆえに、ますますもって、目だつのである。それの現在の状態は、それが、一方においては国会によって、また他方においては上級裁判所の裁判官たちによって、ゆっくりと、また、すこしずつ、組みたてられたという事実から生じているのである。

それは、このようにして、イギリス法のその他の諸部門と同様に、歴史に知られている、もっとも強力な立法府と、もっとも権威的な裁判官の一団の労作の成果を表示するものである。世界の他のどのような国においても、単一の立法府が、一つの密結した、しかもなお、広汎な国民にたいして、何らかの程度にイギリスの国会のような長期間に接近する期間について、抗争もなく、また競争もなしに、

立法の機能を行使したことはけっしてないのである。他のどのような国においても、少数の裁判官が、何らかの程度に、そのように広汎で、かつ密結した国〔民〕と同様な国〔民〕にたいして、決定的な権威をもつものと一般的に承認されている態様において、成文の法を解釈し、かつ不文の法を宣言する権能を、抗争を受けることなしに行使したことは、けっしてないのである。」

これは、むしろ、おどろくべき事実といえるのではあるまいか。そして、注目される第三の特色が、この事実を支える裏の事実として登場してくる。それは、そのような少数の中央裁判所の裁判官が処理しうる事件の数が、人間能力の限度を考えてみても、そんなに莫大なものでありえないということは、容易に推察できるのであるが、もしそうだとすれば、圧倒的大多数の事件を、だれが、どこでどうして処理するのか、という疑問がおこるが、その疑問にたいして答を与える事実なのである。民事においては、郡裁判所が、刑事においては、治安判事裁判所が、じつに、そういう作用をしているのである。しかも、郡裁判所の裁判官は80人をこえることができない。ただ、しろうとの治安判事だけは、例外で、2万人以上も数えるのであるが、このばあいにも、重要な事件は、むしろ少数の、5、60人の有給治安判事が処理している。なお、本稿で、くわしく立入った考察をするかぎりではないが、わたくしの印象によれば、とくに民事において、中央裁判所と郡裁判所をあわせて、200人におよばない裁判官だけで、100万をこえる多数の事件を裁ききれるものでないことは、明白な事実であって、そこには、さらに、人的に、機構的に、まことに、さまざまの工夫がめぐらされさているのである。たとえば、裁判所の事務官の組織とその機能のあり方が、それである。いろいろの種類の事務官が、手続上の問題などを裁決して、裁判官を助けているという点は、きわめて著しい。――

以上に要約として述べたところは、すべて、中央の上級裁判所の仕事をできるだけ少なくして、十分の審理をつくして、よい裁判ができるようにするという基本的な目的を追っているものと見ることができるが、その関連で、これまでの記述のなかから、軽視できないものとして、取りあげなければならない点は、一般的に、イギリスの裁判組織においては上訴を制限しようとする傾向が著しいということである。その傾向は、刑事において、とくに著しく、比較的最近の立法によって、かなり重要な改正が実現されたことについては、すこし触れた。そして、とにかく、そういう司法政策の方向が、上級裁判所の仕事の量を少なくする効果をもつことは、多く述べる必要もないところである。たとえば、イギリスの最高裁判所としての貴族院が、年間に、およそ何件ぐらいの上告事件を処理するのか

といえば、たとえば、1959年の民事司法統計(5)をみると、イングランドの裁判所からの上告が25件、その他の地域の裁判所からの上告が16件、あわせて、わずかに41件である。そして、そういう数字は、だいたい毎年について同様であって、たとえば、1938年が43件、1949年が41件、1950年が43件、1955年が33件といった具合である。もちろん、貴族院の上告貴族は、同時に枢密院司法委員会の委員として、そこでの上告事件に干与するが、1959年における同委員会のあつかった上告事件は、55件であり、また1938年には107件、1949年には36件、1950年には50件、1955年には53件となっている。だから、上告貴族は、年間、100件内外の上告を扱うことになる。

(4) Stephen, History of the Criminal Law of England, iii, p. 355.
(5) Civil Judicial Statistics, Judicial Statistics, England and Wales, 1959, Cmnd, 1126, p. 4.

(ハ) 最高裁判所としての貴族院と枢密院司法委員会をふくめて、イギリスの上級裁判所において取りあげられ、処理される事件の数が、イギリスの全裁判所によって取りあげられ、処理される事件の数にたいして、およそどの程度の比率を

手続の性質	総数	上告が提起された裁判所				
		イングランド		スコットランド	北アイルランド	
		控訴院	刑事控訴院	セッション裁判所	控訴院	刑事控訴院
上告総数	87	48	—	31	8	—
年度はじめに繋属していたもの	46	23	—	19	4	—
年度中に提起されたもの	41	25	—	12	4	—
処理された上告 1959	60	28	—	24	8	—
1958	27	22	1	4	—	—
審理以前に撤回されたもの	2	—	—	2	—	—
原判決―確認されたもの	25	18	—	5	2	—
変更されたもの	1	—	—	—	1	—
覆えされたもの	28	9	—	15	4	—
その他の方法で処理されたもの	4	1	—	2	1	—
年度末に繋属している上告	27	20	—	7	—	—

しめしているかを、統計によって検討してみよう。まず、貴族院は、1959年に同裁判所に繋属した87件のうち、60件を処理して、27件をもちこしている。1959年度の民事司法統計によれば[6]、そのうちわけは、下表のとおりである。

また控訴院は、1959年には、前年度からもちこした控訴が272件、同年度中に提起された控訴が697件、合計969件のうち、582件を処理し、387件を翌年度にもちこしている。それらの控訴のうち、658件は高等法院からのものであって、そのうち285件が、翌年度にもちこされている。そして、郡裁判所からの上訴は、ぜんぶで266件で、そのうち79件が翌年度にもちこされた。なお、その他の下級裁判所からの上訴は、ぜんぶで45件にすぎない[7]。

つぎに、高等法院が控訴裁判所として1959年度に受理した件数は、前年度からもちこされたもの145とあわせて514件、すなわち、369件であって、このうち235件を翌年度にもちこしている。そして高等法院が第一審裁判所として、1959年に受理した事件は、総計12万9,186件であり、そのうち衡平法部が9,700件、王座部が92,499件、検認・離婚および海事部が26,987件を、それぞれ受理している[8]。これにたいして、郡裁判所が同年度に受理した件数は132万5,798件となっている。すなわち、イングランドの第一審裁判所で受理された事件の総数は、148万2,188件であるが、そのうち、89％をこえるものを郡裁判所がとりあつかっているというわけである。1959年度の民事司法統計から、主な裁判所をとりだして、表に示せば、下段のとおりである。

	1938	1949	1950	1955	1957	1958	1959
全第一審裁判所総計	1,476,684	612,627	675,199	912,000	1,222,878	1,487,712	1,482,188
高等法院総計	103,821	144,846	149,391	155,268	117,755	125,790	129,186
その他の第一審裁判所総計	6,891	4,875	5,382	4,231	3,839	3,304	3,127
郡裁判所	1,292,774	451,864	506,620	730,768	1,081,451	1,335,774	1,325,798
市長およびロンドン裁判所	56,454	6,972	9,314	15,898	9,478	12,260	13,273
市邑記録裁判所およびその他の下級裁判所	16,355	3,679	4,086	4,124	5,272	6,024	5,694
教会裁判所	1	1		1	3	―	―
土地審判所				1,345	4,743	4,227	4,755

つぎに、刑事事件については、1959年度の刑事統計[9]によれば、すべての種類の犯罪をふくめて、同年度中に有罪認定を受けたものは、総計104万796人である。そのうち、罪状の重いいわゆる正式起訴犯罪（indictable offences）について有罪

認定を受けたものは、ぜんぶで15万3,190人、そのなかで、四季治安判事裁判所より以上の上位裁判所（Higher Courts）によって有罪認定を受けたものは2万6,921人にすぎない。すなわち、のこりの12万6,269人は、治安判事裁判所で有罪の認定を受けたのであって、上位裁判所と治安判事裁判所がそれぞれ正式起訴犯罪について有罪認定をした犯罪者の全体にたいする比率は、ほぼ17.5％と82.5％となる。しかも、上位裁判所から四季治安判事裁判所を除外すれば、巡回裁判所以上の刑事裁判所、すなわち、形式的にも実質的にも、ほとんど高等法院の王座部にほかならない諸裁判所が正式起訴犯罪について有罪認定をしたものは、7,129人、すなわち、その5％弱にすぎない。そして、ほかに、1959年度において、いわゆる非正式起訴犯罪（non-indictable offences）については、治安判事裁判所は、88万7,532人の有罪を認定しているのである。この犯罪者数が、すべての種類の犯罪者の数にたいする比率は、85％をすこし超過する。そして、正式起訴犯罪についての有

犯　罪　の　種　類	有罪認定を受けたものの数	全体との比率
交通犯罪（略式手続）	635,366	61.1
窃　盗	90,221	8.7
泥酔その他	68,733	6.6
住居侵入	30,014	2.9
地方等の規則違反	26,662	2.6
歳入法違反（主として犬と自動車につき免許を受けない罪）（略式手続）	26,398	2.5
鉄道犯罪	21,167	2.0
財産にたいする悪意の侵害	15,048	1.4
賭博（略式手続）	13,046	1.3
売春婦による犯罪	12,264	1.2
攻撃（非公式起訴）	11,614	1.1
身体にたいする暴行	9,148	0.9
国民保健法違反	7,157	0.7
贓物故売	6,565	0.6
無線電信法違反	6,357	0.6
性犯罪	6,161	0.6
浮浪者法違反（略式手続）	5,689	0.5
その他の犯罪	49,112	4.7
計	1,040,722	100.0
防　衛　規　則　違　反	74	
総　　　　　計	1,040,796	

罪認定と非正式起訴犯罪についての有罪認定とを合計すれば、全体の97％をこえる犯罪者を治安判事の裁判所がとりあつかったことになるのである。参考までに、1959年中に有罪認定を受けた犯罪者の内訳を示せば下表のとおりである。

以上によって、民事および刑事について、中央の上級裁判所の負担が、郡裁判所や治安判事裁判所のはたらきによって、どの程度に軽減されているかについて、おおよその見当をつけることができるであろう。これは、中央の上級裁判所が、比較的少数の事件だけを集中的にとりあげ、よい裁判を行ない、りっぱな判決を下すことを可能にするイギリス裁判機構上の基本的条件の一つである、と考えられる。

(6) Judicial Statistics, England and Wales, 1959, Civil Judicial Statistics, Cmnd. 1126, p. 9.
(7) Cmnd. 1126, p. 10.
(8) Cmnd. 1126, pp. 5, 11.
(9) Criminal Statistics, England and Wales 1959, Cmnd. 1100, IX, X, XIX-XX, XXI, XXV.

(二) ところで、中央の上級裁判所の裁判官の人数がむしろ、おどろくべきほどの少数にかぎられ、またその仕事の上の負担も、いちじるしく軽減されていると見えるとしても、それら裁判官の能力が高く、その身分が安定し、俸給がゆたかであるというような点が保障されるのでなければ、そのよい裁判と、りっぱな判決は確保されないであろう。イギリスの現在の中央の上級裁判所の構成や裁判官の任用・権限などについて、そのような保障が実現されていることは、これまでの記述をとおして、ほぼ実証的に確かめることができた、ということが許されるであろう。なお、私は、べつにイギリスの裁判官について、いくらかのことを書いているので[10]、ここではその問題について、これ以上、たちいらないことにする。ここでは、ただ、ある学者の見解を賛成的に引用するにとどめよう。デニス・ロイドは、こう述べている[11]。

「コンモン・ロウの先例が享受する権威の多くの部分は、コンモン・ロウ諸国において、裁判官団にたいして附与される高い身分 (high status)、独立 (independence) および実質的な俸給 (substantial salaries) に由来したものである、ということが附言されなければならない。この点もまた、現代ローマ法諸国において、裁判官が、最高の水準においてさえ、比較的には、はなはだ目立たない俸給をえ

て、いちじるしくより低い地位を享受し、そのことが、不可避的に、彼らの〔法にかんする〕宣明が権威的になされる場合にさえも、その宣明の権威的な地位を低下させる傾向をもっていることと対照をなすのである。疑う余地もなく、イギリスにおける裁判官団の異常に高い身分は、現代ローマ法諸国において裁判官が、はるかに多人数であるのにたいして、その比較的上位の裁判官団の人数が非常に少ないということによって、はるかにより容易に維持されているのである。このような異例的な局面は、イギリスにおいて、司法的な仕事の莫大な分量のものが、しろうとの治安判事団によって、または諸の特殊な審判所によって処理されているということによって可能にされているのである。他方において、合衆国では、国の大きさと、連邦の管轄権にくわえて、連邦のあらゆる州にその別個の管轄権があることのために、裁判官団は、非常に多人数であり、また、したがって、その比較的上位の水準においてさえ、そのすべての成員を通じて統一的に同一の地位を達成していない。このことが、アメリカの判例集に収載される事件が莫大な分量におよんでいることと相まって、司法的な決定にたいして、それとして附与される尊崇の念が減少していること、および、アメリカ法の発展にたいして、学究的な論文その他の学問的な解説や註釈書の影響力が増大していることについて、大きい程度にまで、その理由を明らかにするものであることは、疑いのないところである。」

　なお、ここで附言しておくのが適当と考えられることが一つある。それは、裁判官と法専門職、とくに、いわゆる法廷弁護士団（Bar）との関係の問題である。上級裁判所と下級裁判所のほとんどすべてを通じて、裁判官に任命される資格をもつのは、何年かの実務の経験をもつ法廷弁護士であることは、これまでの記述から明白である。それは、いわゆる法曹一元の制度が、イギリスにおいて行なわれているということを示すものにほかならないのであるが、そのような制度が、判例法の運用と発展において、どんな影響をもちうるのかを、いちおう検討しておくことは、本稿の主目的との関連で、けっして無意味ではないであろう。すなわち裁判官は、判例法の運用と発展に関与していくにあたって、法廷弁護士団から少なくない影響を受けるという事実がおとされてはならないのである。この関係で、ここでは、アーネスト・バーカーのことばを引用しておこう[12]。

　「しかし、われわれの法の一つの大きい部分は裁判官作成法（judge-made law）であるということが、ただちに述べられても、さしつかえないであろう。それは、法専門職の支持と刺戟をうけて、（それが依然として、今日、作られつづけているように）裁判官たちによって、彼らの裁判所において、作られてきたのである。国会そ

れ自体が、もともと、一個の裁判所であったということを反省してみることは興味がふかい。イギリス教会祈禱書における国会のための祈禱は、今日でも、依然として、国会高等法院（High Court of Parliament）のための祈禱である。そして、国会の一院が、イギリスの法組織における終審の上訴裁判所であるということは、今日でも、依然として事実なのであって、事件は、究極においては、貴族院にまで上訴されるのである。イギリス法の構成を理解するには、われわれは、裁判所と裁判官を問題にしなければならない。まことに、やがて明らかになるであろうところの諸理由によって、われわれは、それ以上にさえ進むところがなければならない。われわれは、裁判官たちの背後にあり、かつ、裁判官がひき抜かれてくる源をなす法専門職（legal profession）を問題としなければならないのである。」

そして、そのような「法専門職の支持と刺戟」について、バーカーは、さらに、つぎのように説明をくわえている[13]。——「法廷弁護士団の意見が裁判官の任命を行なうことについて（これらの任命が現実に政府によってなされるにもかかわらず）重きをなす要素であるということ、しかも、裁判官は法廷弁護士団の現役の成員のなかから任命されるのであるために、いよいよ、そうなのであるということを、われわれは、附言してもよいであろう。われわれは、さらにまた、法廷弁護士団の意見が、さらに重大な事項についてさえ、重きをなす場合があるということを附言してもよいであろう。それは、法が裁判官作成のものであるかぎりにおいて、その法自体を作成するのに助けとなることができるのである。その専門職において高い地位をしめるある偉大な法廷弁護士が、何かの新しい法の問題点にかんして行なう訴答が、裁判官たちのある重要な判決〔の内容〕を決定する助けとなり、その判決が、のちには、先例となり、かつ、先例として、法の一部となる、という場合があるものである。法廷弁護士団の成員自体のなかから引き抜かれているので、裁判官たちは、つねに、彼らのもとの専門職の人たちの意見とのあいだに緊密な接触を保っているのである。かれらは法廷弁護士協会（Inns of Court）の尊敬される成員なのである。そして、かれらは、法教育会議において、会議員として役目をはたすのである。裁判官たちが法廷弁護士団に協力するように、法廷弁護士団もまた、裁判官たちに協力する。裁判所のために訴訟手続規則を作成する機能が、裁判官ならびに法廷弁護士（さらにまた事務弁護士）をふくむ委員会に帰属せしめられていることは、意味ふかいものがある。」

(10)　拙稿「イギリスの判事たち」法律時報24巻4号【→著作集第4巻】。
(11)　Dennis Lloyd, The Idea of Law, (Penguin Books), 1964, pp. 275-6.

(12) Barker, Britain and the British People, 2nd ed., 1955, p. 78.
(13) Barker, op. cit., pp. 79-80.

　(ホ)　ところで、本稿の主題との関連においては、以上のような構成と運用原理をもつイギリスの中央の上級裁判所の全組織が、いつ確立されたのか、その時期を明確にすることが不可欠的に重要なのである。その時期は、「1873年―5年裁判所法」の制定を頂点とする1870年代であると述べて、さしつかえないであろう。この中央裁判所の組織については、たとえば、貴族院の裁判管轄権を廃止するか、どうかという根本問題が、今日もまだ残っていることを忘れることはできない。しかし、全体としては、その後の100年、とくに第二次大戦の前後の2、30年には、むしろ、確立された上級裁判所に見合うところの下級裁判所の水準においての整備が問題となっていると見ることができよう。その問題点についても、本稿では、いくらかの解明が試みられている。

　現代的な判例法理論が、イギリスにおいて、いつ確立したかについては、のちにふれるように論争がある。その論争の争点の理解について、中央の上級裁判所の組織が、いつ整備されるようになったかを明確にすることが必要なのである。そして本稿では、これまで、1873年裁判所法において、どのような異った系列の諸裁判所の管轄権が、いわゆる「最高裁判所」に統合されたかについて、いちおうの説明がなされた。しかし、じつは、それらの異った系列の諸裁判所の複雑な構成や、管轄権の重複と抵触などについては、本稿は、ほとんど何もふれていないのである。とくに、コンモン・ロウの諸裁判所と、衡平法の裁判所の対立ないし併存の歴史について、そうである。ただ、この点については、のちに触れる適当な機会もありうると思われるので、ここでは、1873年裁判所法によって実現されたイギリス裁判機構の改革が、どんなに徹底的な、はげしいものであったかを、エバシェッド卿のことばを引用することによって、ほのめかすに止めておこう(14)。

　「このような諸変化は、今日の政治的な用語をもってすれば、ほとんど裁判所の国有化（Nationalization of the Law Courts）にも達するものでありました。そして、そのような語句は、おそらく想像されるであろうほどには不適切なものではないのであります。それというのは、古い諸種の管轄権のあいだの競争は、裁判所の役人たちが訴訟提起者によって支払われる手数料と料金のうえに栄えたのであって、彼らのそれぞれの法廷に仕事をひきつけることにたいして非常に現実的な関心をもっていたという状況によって支えられるところが少なくなかったか

らであります。」

(14) Sir Raymond Evershed, The Court of Appeal in England, 1950, pp. 8–9.

(ヘ) 以上イギリスの現代の中央裁判所の組織についての不完全な概観をおわるにあたって、ポロックが、70年ほどまえに断言していることを引用しておこう(15)。

「歴史の問題としては、われわれ自身の独特で、かつ明確な判例法組織が、王の諸裁判所が早くから、司法の問題について最高の権威を主張したこと、また、訴訟が、一方においては、王国のあらゆる部分から、ウェストミンスターにその《確実な地位》を占める、比較的少数の裁判官たちの面前に提起され、しかも、他方においては、王国のあらゆる地方において、その巡回区にでてゆくその同じ裁判官たちによって処理されること、によるものであるということを疑う何の理由もない。」

そして、先例の法理の前提条件の一つとしてのこのような裁判所の構成にかんする冗長な解説から、さらに、もう一つの前提条件としての判例集 (law reports) の概要を述べることに移行するこの際に、前掲のロイドが、それらの諸条件を包括して、イギリス判例法の組織の一般的な特色づけをするために述べたことばを、本稿の展望的な記述の一部にかえて、引用しておこう(16)。

「イギリスのコンモン・ロウ組織は、〔一つの〕法廷弁護士協会 (Inns of Courts) 内における、一つのがっちり組みたてられた専門職業的な伝統として発達していったのであるが、それら協会の成員たちは、〔法〕専門職が自由にすることのできた、すべての法的な学識の保管者であった。非常に早い時代から、王の裁判官たち (royal judges) は、法原理の真の源泉および解説者であると見られたのであって、決定された事件においてのそれら裁判官の記録された判決は、つねに、独特な神聖さと権威とを享受してきたのである。はじめは、拘束力をもつ (binding) 判決と、たんに説諭的 (persuasive) であるにすぎない他の判決とのあいだに、明白な区別はなされないのであったが、しかし、次第に、一定の状況においては、判決は、後の事件において、絶対的に拘束力をもつものと見られなければならないという法理が、とくに、18世紀および19世紀初期に、事件の報告についての、より科学的な様式が発展するにつれて、発展せしめられたのである。しかも、そればかりではなくて、司法的な意見を法の権威的な宣明として取りあつかうという、このながく持続する伝統は、法学の発展にたいするコンモン・ロウの裁判所

と法律家の態度全体に影響を与えてきた。そこで、コンモン・ロウの諸国においては、法原理の解説と発展とは、とくに、上位の裁判所（the higher courts）の領域にぞくするものと見られており、しかも、この過程は、コンモン・ロウの管轄区域において報告される、法の問題点にかんする判決が、比較的に詳細で、かつ精密であることによって助長されているのである。こうして、新しい〔法の〕問題点がおこるばあいに、裁判所が、以前の関連性のある諸判決の注意ぶかい検討を行なうことをふくめて、法の完璧な解説を与え、それらの判決を説明し、区別し、または、目前の事件にたいしてそれを適用するという慣行が発展した。そして、余論（obiter dicta）として、かりそめに表明されたか、または、より注意ぶかく考慮されたにかかわりなく、単なる司法的な意見でさえが、イギリスの組織のもとでは、高度の説得的権威（persuasive authority）を与えられる。他方において、論文または定期刊行物において学究的な著作者たちによってなされる法の解説は、はるかにより少しの注目しか与えられないのであって、じじつ、最近にいたるまで、その古さと、その著者の高い地位によって神聖侵すべからざるものとされる少数の権威的典籍（authoritative books）のばあいをのぞいて、事実上、裁判所によって無視されたのである。疑う余地もなく、比較的近年には、とくに、現代において、コンモン・ロウの世界の諸大学に一つの法研究の学究的な伝統（learned tradition of legal study）が発展したことによって、いくらかの変化の風潮が、その組織を吹きぬけている徴候がある。このことは、コンモン・ロウの教科書と論文の科学的な性格においての大きい改善と、学究的な法律定期刊行物における広汎な法的文献の生成とに導いている。このようにて、よしんば限定されているにしても、明確な寄与が、司法外的な淵源（extra-judicial sources）による法の科学的な呈示と発展にたいして、行なわれてきたのである。」

(15)　Sir F. Pollock, First Book of Jurisprudence, 1895, pp. 245-6.
(16)　Dennis Lloyd, op. cit., pp. 273-4.

〔4〕　イギリスの現代的判例集の様式の成立
　　　　──「先例の法理」の前提条件

1

(イ)　「その〔先例の〕理論のほんの輪郭だけを素描することは、いともやさし

い。実のところ、司法的な決定（judicial decisions）の権威に基礎をおいているので、それは、必然的に、この権威を祀りこむことのできる、定期に刊行され、かつ申分のない一連の判例集が存在すること（the existence of a regular and satisfactory series of reports in which this authority may be enshrined）に依存するのである。」——ファイフット⁽¹⁾は、先例の理論と判例集とのあいだの関係について、そう断言し、さらに、こう続ける。「それゆえ、その理論が、16世紀の最初の印刷された判例集（the first printed reports）とともに出現するということ、また、それが、19世紀の半官的な判例集（semi-official reports）の出現をまって精緻化されるということは、おどろくにあたらないのである。」

　ところで、先例の法理の確立と判例集の整備とのあいだに、前者は、後者を欠いては十分には実現されえないという関係、すなわち、後者が、裁判所組織の簡素化ないし合理化とともに、前者の実質的な前提条件の一つをなしているという関係がなりたつことについては、わたくしは、まえに、アリンの意見を援用して、まえおき的な言及をしているのである（前述〔3〕1【→本書192頁】）。そこで、イギリスの現代の中央裁判所の組織についての、不完全きわまるものではあるが、いちおうの解説をおわって、先例の法理のさらに一つの実質的前提条件としての判例集の整理の問題にたちいろうとするさいに、わたくしは、もういちど、アリンが述べていることを、たしかめておかなければならないと考える。彼のことばは、こうであった。——「二つの原因が、それ〔先例の法理〕の最後的な確立に貢献しているとしてよいであろう。——その一つは、1865年におけるロウ・レポーツ（Law Reports）の半官的正規化であるが、それは判決の記録の精確さについての一切の疑念を解消した。また、もう一つは、裁判所法のもたらした諸改革であるが、それは、より簡素な裁判所の階層制をうちたて、およそ競合する管轄権の問題を最小限におさえたのである。」そして、アリンのいわゆるロウ・レポーツの「半官的正規化」（semi-official regularization）が、ファイフットのいう「半官的な判例集」の出現と同じことを意味していることは、いうまでもないが、ファイフットのことばの重みは、その最初の部分にあると思われる。それは、判例集の整備と先例の理論とのあいだの関係を、彼ほど明確に表現するものは、ほとんど見あたらないからである。いってみれば、その関係の存在は、あまりにも明白な事実であるために、イギリスの法律家や法学者たちは、それを、はっきり意識して述べたてる必要を感じないのであろう。

　しかも、じつは、有力な法学者のなかには、判例集の整備と先例の理論とのあいだの関係について、それとは逆のものとして解しているとみえる人もあるので

ある。たとえば、サー・フレデリック・ポロックは、まえに引用された『法律学入門(2)』のなかで、こう述べる。――「しかしながら、判例集（law reports）は、指導のために判決された事件（decided cases）に依頼してゆき、かつ弁論において裁判所の面前にそれらの事件をもちだすという習癖が、じゅうぶんに確立されるようになるのでなければ、また、そうなる時期がくるまでは、なんらかの本来的な意味において存在することはできないのである。ローマの法律家たちは、われわれがすでに述べたように、（厳格に制限された例外の場合をのぞいて）判決（decisions）にではなくて、意見（opinions）に依頼するのであった。したがって、ローマ法の文献は、われわれの判例集（reports）に対応するものは、何もふくまないのである。」そして、一般の法解説書にいたっては、たとえば、ゲルダートにみられるように、たんに、判例法を認識するための淵源として、判例集を引合いにだすにとどまる。ゲルダートは、こう述べている(3)。――「他方において、われわれは、コンモン・ロウについては、なんらの権威的な正文をもっていない。コンモン・ロウが、なんらかの時期に一つの全体として、表示されるのに用いられた言語形式はなにもない。それゆえ、ある意味においては、ひとは、成文の法（written law）であるところの制定法と対照して、不文の法（unwritten law）としてコンモン・ロウについて語ることができるのである。それにもかかわらず、われわれがコンモン・ロウについてのわれわれの知識を引きだす淵源は、書かれている（in writing）か、または印刷されている（in print）のである。これらの淵源のうち、いちばん重要なものは、イギリス裁判所の裁判官たちの判例集に収載された判決（reported decisions）である。」

(1) Fifoot, English Law and Its Background, 1932, p. 24 ; なお、本書については、伊藤訳『イギリス法――その背景』があるから、参照されたい。
(2) Sir Frederick Pollock, First Book of Jurisprudence, p. 202.
(3) Geldart, Elements of English Law, p. 6.

(ロ) 読者は、上に引用された数人の法学者の文章のなかに、「判例集」にあたることばが、かならずしも同じでなく使用されているということに気づかれたことであろう。ファイフットは、たんにreportsといい、ポロックは、law reportsとreportsの双方を使い、ゲルダートは上に引用された文章につづく部分で、一貫して、reportsを用いているのである。そして、「判例集」を意味する表現として、たんにreportsを使うのと、law reportsを用いるのと、どちらがより一般的であるかとい

えば、おそらく、後者の方がそうである、と答えてよいのではなかろうか。しかし、アリンの文章からも明らかなように、law reportsは、固有名詞としてのThe Law Reportsすなわち、1865年からこの方、イギリスの「半官的な」判例集として特殊の地位をしめるようになった判例集と混同されるきらいがあるから、注意しなければならない(4)。

まず、法律辞典での用法を検討してみよう。オスボーン(5)では、"Report"の項には、仲裁人などの報告だけが取りあげられ、"Law Report"を見よ、という記述が附加される。そして、"Law Report"の項には、つぎのような説明が加えられている。——「事実関係の陳述、双方の側における弁論および裁判所がその判決にたいして与えた諸理由を与え述べている、ある法的手続についての公刊された説明。法廷弁護士による報告は、弁論において、先例として引用される。定期的な判例集の刊行は、年書とともに13世紀にはじまったと思われる。」(A published account of a legal proceeding, giving a statement of the facts, the arguments on both sides, and the reasons the court gave for its judgment. Reports by barristers are cited in argument as precedents. Regular law reporting appears to have commenced in the thirteenth century with the Year Books.).ところで、オスボーンの記述のなかで、「法廷弁護士による報告」と訳出された"Reports by barrister"にみられるようなreportsの用法は、くわしくいえば、"reports of cases made by barrister."というようになるべきものであって、さらに、それは、動詞として、reported decisionsまたはreported casesが先例として引用され、または拘束力をもつ、というように使用されるのが通例である。こういう場合のreportsは、むしろ、次に述べるような、その本来の意味にたちかえって、すなおに、「報告」または「報告する」と和訳されるのを適当とするであろう。

つぎに、ウォートン(6)では、ReportsとLaw Reportsの双方に説明がつけられている。"Reports"の項のもとでは、クック(Coke)のことばが引用される。

「クックはいう。レポートとは、主裁判所の何れかにおいて論議され、討論され、決定され、または判決された事件を、裁判官によって述べられた原因および理由とともに、公的に陳述すること(a public relation)、または、ふたたび思い出させること(bringing again to memory)を意味する。」この場合のreportsに与えられる「公的な陳述」が、上に述べた「報告」にあたることは、いうまでもなかろう。そして、ウォートンでは、"Law Reports"の項には、「先例として使用されることを目的として公刊される、法の問題点についての裁判所の判決の報告」(Reports of judgments of courts on points of law, published for the purpose of being used as precedents.）という説明的記述がなされ、"Reports"を参照せよと附記されている。なお、アメリカの法律辞典であるブラック[7]の『法律辞典』にはReportの項に、「その名称は、さらにまた、裁判所において論議され、かつ決定された諸種の事件の説明とともに、それら事件にたいする判決を記載して、定期的にあらわれる公刊の書冊にたいして（通例は複数形で）適用される。」(The name is also applied (usually in the plural) to the published volumes, appearing periodically, containing accounts of the various cases argued and determined in the courts, with the decisions thereon.) という記述がみられ、さらに、前掲のクックのことばも援用されている。そして、Law Reportsの項には、「裁判所において論議され、かつ判決された事件の報告を記載する公刊されたる書冊」とあるだけである。

　さいごに、判例集を示すことばとして、はっきりと、law reportsという表現を使うのはポロックである。すなわち、彼の『法律学入門』の第5章の標題は、Law Reportsとなっているのである[8]。

　そして、以上のような、手あたりしだいに選び出された法学者や法律辞典の用語法の紹介を要約して、つぎのようなことを述べることができるであろう。すなわち、reportsとlaw reportsは、いずれも判例集を意味することばとして、一般に用いられているが、いずれかといえば、reportsには、その語の本来の意味の「報告」の意味あいをふくんで使われる場合が多く、判例集を意味する場合には、law reportsを使う方が、より適切であるように思われる、というのがそれである。なお、のちに明らかになるように、"The Reports"という場合に、それがクックの判例集を意味するとされることを注意しなければならない。なお、reports を作成する人が、reporterと呼ばれることは、いうまでもないが、このことばも、場合によって、「報告者」または「判例集作成者」と訳しわける必要があるであろう。

(4)　たとえば、ホールズワースの『イギリス法の淵源および文献』(Holdsworth, Sources and Literature of English Law, 1925, reprinted, 1952) の第3章の標題には、The Year Books, The Reports, and The Abridgementsとある（同書74頁）が、その説明のはじめのところには、「本書において、わたくしは、われわれの法のすべての専門職業的な淵源のうちで、もっとも重要なもの――年書、判例集および判例要覧（Year Books, the Law Reports and the Abridgement）について、いくらかの説明をするであろう。」という文章がある。ここで、ホールズワースが、"the Law Reports"といっているのは、彼が、この文章の標題で"the Reports"といっているのと同じであるにちがいない。たしかに、のちの解説では、Year Books, the Reports, the Law Reportsが順々に出てくるのであり、かつ、一般的に判例集を示

すことばとして、彼は、ところによって、"law reports"を使っているのである（たとえば、同書77頁）。
(5) Osborn, Concise Law Dictionary, 4th ed., pp. 292, 195-6.
(6) Wharton, Law Lexicon, 14th ed., pp. 869, 575.
(7) Black's Law Dictionary, 3rd ed., pp. 1533, 1077.
(8) Pollock, op. cit., pp. 201 et seq.

(ハ)　ここで、判例集についての古典的な記述として、ブラックストーンの所説を引用しておこう。彼は、先例の拘束力をめぐる諸問題について有名な陳述をしたあとにつづけて、こう述べる(9)。——「それゆえ、裁判所の判決は、最高の尊敬をはらわれるのであって、それらは、たんに、それぞれの裁判所の宝庫に真正の記録（authentic records）として保存されるのみでなく、さらにまた、法律家の書庫に備えつけられる多数の判例集（reports）の書冊として公衆の目にふれるようにされているのである。これらの判例集は、それぞれの事件の歴史（histories of several cases）であって、記録において詳細に保存される手続についての簡単な摘要、双方の側における弁論および裁判所がその判決にたいして与えた理由をともなっており、その決定のさい出席している人たちによって、短い控え書として書きとめられたものである（taken down in short notes by persons present at the determination）。」この文章の後半の部分が、ブラックの法律辞典の記述と、ほぼ同じであることに読者は、すぐ気づかれるであろう。そして、彼は、さらにつづける。——「そして、これらは、記録（records）にたいする索引として、またさらに、記録を説明するために、役立つのであるが、重大であるか、または微妙な事項については、つねに裁判官は、その記録を探索すべきことを指示するのである。」彼は、さらに、彼の時代〔1765年〕にいたるまでの判例集の歴史に言及して、こう述べる。——「判例集は、王エドワード2世の治世をふくむ時代からこのかた、定期に公刊される続きものとして存在する。そして、彼の時代からヘンリー8世の時代にいたるまでは、首席書記（prothonotaries）すなわち裁判所の首席録事によって、国王の費用で作られ、かつ年毎に（annually）公刊されたのであって、そのために、それらは、年書（Year Books）という名で知られるのである。そして、この有益な慣習が、適当な規制のもとに、今日にいたるまで継続されていたということが、大いに望ましいのである。それというのは、王ジェームス1世が、ベーコン卿の勧めにしたがって、この目的のために、ゆたかな給与を受ける2人の報告者（reporters）を任命したのにもかかわらず、その賢明な判定は、やがて無視さ

れたからである。そして、ヘンリー8世の治世から現代にいたるまで、この仕事
は、多くの私的な、かつ同時代の人の手によって (by many private and contempo-
rary hands) 遂行されたが、それらの人たちは、ときには、いそぎと不精確をとお
して、ときには、錯誤と未熟さをとおして、同一の決定について、はなはだ粗雑
で不完全な（おそらくは相矛盾した）説明を公刊したのである。」

　ブラックストーンは、このように、ヘンリー8世以降のいわゆる私的報告者(pri-
vate reporters) のやり方にたいする批判を述べたあとで、サー・エドワード・クッ
ク（Sir Edward Coke）が作った判例集について、つぎのように称賛のことばをさ
さげる。──「古い判例集のうちで、もっとも重要なもののいくらかは、首席裁判
官クック卿によって公刊されたものである。彼は、彼が生きた時代の衒学と珍奇
さとに、すくなからず感染していて、それらが、すべての彼の著作につよく現わ
れているにもかかわらず、彼の専門職業にたいする無限の学殖のある人 (a man of
infinite learning in his profession) である。しかしながら、彼の書いたものは、非
常に高く評価されるために、それらは、一般に、著者の名を附することなしに引
用されるのである。」そこで、まえにも言及したように、クックの判例集は、"The
Reports"として引用されるということになる。

(9) Blackstone, Commentaries on the Laws of England, i, pp. 71-2.

　㈡　ブラックストーンが、「それぞれの事件の歴史であって、記録において詳細
に保存される手続についての簡単な摘要、双方の側における弁論および裁判所が
その判決にたいして与えた理由をともなっており、その決定のさい出席している
人たちによって短い控え書として書きとめられたもの」と定義した判例集の公刊
が、イギリス法史のどの時期にはじまるのかについては、今日、定説があると述
べてよかろう。ブラックストーン自身が、エドワード2世〔1307─1327〕の治世か
らヘンリー8世〔1509─1547〕の治世にいたるまで、年毎に公刊された年書（Year
Books）が、イギリスにおける判例集のはじまりであると考えていることについて
は、前回に引用された『釈義』の一節から明らかであるが、じつは、ほぼ、それ
が、イギリス判例集のはじまりについての今日の定説なのである。ポロックは、
判例集の始期について、こう断定する(10)。──「判例集の作成 (reporting) は、事
件が、専門的な使用と研究のために、はっきりした目的をもって集収されるとき
にはじまるものであり、かつ、学問のある人たちが、裁判所に出席して、その目
的のために、おそらく有用であると、彼らが考えるような事件について控え書を

とることをその仕事にするときに、十分に成長したものということができるであろう。」そして、ポロックは、判例集と区別されなければならないもの二種類をあげて、読者の注意をうながしている。「判例集は、裁判所それ自体の公式の記録 (official records of the court itself) から区別されなければならない。」と、彼は明言して、さらに続ける[11]。──「これらの記録は、各の特定の事件における当事者の権利を確定し、または、如何なる行為であれ、判決の執行として行なわれなければならないことがある場合に、その行為を正当化する目的のために保存される。それらは、第一次的に、法律家たちの一般的な使用または教示に向けられるものではない。また、それらは、その表面に、ある判決の理由または争点となった法の問題点を指示する場合もあり、また、しない場合もあるのである。……」つぎに、ポロックは、法手続についての物語 (narratives of legal proceedings) と判例集とを区別しなければならないと説く。──「他方において、法手続についての物語は、一般史における附随事項として年代記にあらわれる。かくて、ある修道院の年代記作者は、自然に修道院または修道会の利害がかかわっている訴訟に言及しているのである。この種の言及は、かなりの価値をもつ場合がある。……しかし、それらのものは、3世紀またはそれ以上にわたって英語を話す法律家たちによって、その語が使われてきた意味においては、やはり、判例集ではないのである。」同様に、ポロックは、有名な『ブラクトンのノート・ブック』(Bracton's Note Book) も判例集ではないと断定する[12]。「この本の内容は、〔メートランドのことばをもってすれば〕《ヘンリー3世の最初の23年、すなわち、紀元後1218年以降の裁判所の巻物型帳簿 (judicial rolls) に記入されたものの転写として、かんたんに記述することができるであろう。》この早い時期の記入は、実体法史の一部をなす諸理由によって、実際に裁判所においておこったことがらにかんして、後期のコンモン・ロウ組織のより精緻かつ形式的な訴答よりも、はるかにより完全な情報を、われわれに与えるのである。ノート・ブック判例集の書と呼ぶことを、われわれにためらわせずにはやまない唯一つのことがらは、それが、〔法〕専門職一般に伝達されるか、または、イギリス法にかんする彼の論文のための材料としてより以外の方法でブラクトン自身によって使われる目的をもっていたことを明示する何ものも欠けているということなのである。……」

ウィンフィールド[13]もまた、ポロックと、ほぼ同じ趣旨のことを、つぎのように述べる。──

「おそらく、われわれの歴史には、ひとびとが、訴訟についての何らかの種類の記録を保存しようと企てなかった時期は、けっしてなかったであろう。しかし、

ある裁判所においておこったことがらを物語ることと、将来の訴訟の目的のために、それにたいして何らかの重要性を附することは、まったく別個のことなのである。そして、そのような散発的で、また非専門職的な説明を、われわれがその語句に今日附されている意味において、判例集 (law reports) として分類することより以上に、大きい誤りは、ありえないのである。何世紀にもわたって、ひとびとは、ある法的手続において、たまたま、彼らに興味を感じさせたことがらを文書に書きとめたのであるが、そのさい、わずかに、もっとも漠然と組織または継続性に接近するにすぎないものをもってはいたが、ある事件の報告 (a report) は何を包含すべきであるかについて、何の科学的な観念もなく、また、その手続における裁判官が、これらの記録に拠って行為をするであろうとは、すこしも予想しなかったのである。技術的な判例集作成 (technical reporting) の発達が、いかに漸次的なものであったかということは、ステイサム (Statham) が、(1495年ごろ印刷された) 彼に帰せられている判例要覧 (Abridgment) に、マトロックの水車屋の事件を挿入していることからも察知できるであろうが、その水車屋は、教区牧師が復活祭直前の日曜日 (Palm Sunday) に《使用料 (tolle)、使用料》といったからという理由で、使用料を2回とったというのである。……」彼は、古い訴訟記録やブラクトンのノート・ブックが判例集の性質をもちえないことを確認したうえで、さらに、こう述べている(14)。——「ブラクトンの死から1世代のうちに、または、おそらく、その後、まもなくにさえ、エドワード1世の治世の初期から1535年にわたる一連の年書がはじまる。そして、もし、どこかではじまったのだとすれば、ここにこそ、判例集の作成がはじまると考えてもよいであろう。……さしあたり、それらは、法律用フランス語で手写に付された事件の控え書きであって、それら手写のどれ一つとして、1481年または1482年以前に印刷されはしなかったこと、また、それらは、後の事件において先例として裁判所にたいして引照されるために編纂されたものではなくて、むしろ、おそらくは、現実の訴訟の切ったり突いたりの闘いにおいて、何が立証すべき最良の訴訟手続上の問題点であるかについてある考えをえようと欲する弁護士のための後見用台本 (prompt-book) として編纂されたものであるということを述べれば十分である。さて、年書は、疑いもなく、そのような訴訟の記録なのであり、かつ、その広い意味において、判例集なのである。……」

さて、以下に、判例集の発展のあとを、主としてその形式を中心として、あとづけて見ようとするのであるが、その道程にはいるまえに、判例集の作成の慣行が、まず、コンモン・ロウの裁判所とコンモン・ロウの組織においておこり、次

第に、その他の裁判所と法集団におよんでいった過程のあらましを、ホールズワースの記述に即して、たどって見よう。彼は、法史の泰斗らしい筆致で、こう説いている(15)。

「イギリス法の主要な体部が、主として、裁判所において判決され、かつ、法律家たちの使用のために法律家たちによって報告された事件のはたらきをとおして、築きあげられてきたという事実は、われわれの法組織およびこれから派生したか、または、その影響を受けるにいたった諸の〔法〕組織に独自のものである(The fact that the main body of English Law has been built up principally through the agency of cases decided in the courts, and reported by lawyers for the use of lawyers, is peculiar to our system of law, and to systems which have been derived from it, or have come under its influence.)。

われわれは、ブラクトン（Bracton）が、裁判所によって判決された事件についての知識がイギリス法の理解にとって本質的であるということを承認していること、また、彼が、彼の論文の基礎として巻物型訴訟記録を利用したことを見た。しかし、われわれは、巻物型訴訟記録が、法律家たちにとって近づくことのできるものではなかったということ、およびそれらの訴訟記録が、法律家たちの必要とするすべての情報を包含するものではなかったということを知るであろう。そこで、法律家たちは、13世紀の末葉にあたって、かれらが自らのために報告を作らなければならないということを悟ったのである。そのうえにまた、そのような報告にたいする必要は、その時期に顕著になりはじめていたところの裁判官団の補充方法における変化によって、おおいに増大せしめられたのである。われわれは、裁判官団が、ローマ法および教会法について若干の訓練を受けていたブラクトンのような人たちをもってその要員を備えないようになり、むしろ、コンモン・ロウの諸裁判所における著名な実務家たちから補充されはじめたということを見た。ローマ法および教会法からひきだされた原理と準則とは、コンモン・ロウの欠陥をうめるために利用されないようになってしまった。そして、コンモン・ロウの原理と準則とは、ただ、裁判所の判決に留意することによって、はじめて学ぶことができるものであったために、法律家たちによって、法律家たちのために作られる事件の報告は、絶対的に肝要なものとなったのである（Since the principles and rules of the common law could only be learned by attending to the decisions of the courts, reports of cases made by lawyers for lawyers became absolutely essential.)。それゆえに、判決された事件のはたらきをとおして法準則を築きあげ、かつ精密化するという慣行は、コンモン・ロウの法律家たちの発明したもの

であったのである。

　しかし、それは、ひじょうに明白で、また、ひじょうに便利な慣行であったので、17世紀以降、それは、もともとコンモン・ロウの組織の外部にあったその他の裁判所にたいして、さらにまた、貴族院の判決にたいしても適用されたのである。かくて、星室庁裁判所（the court of Star Chamber）が正規の裁判所に発展しはじめるやいなや、法律家たちは、彼ら自身の情報のために、同裁判所の手続の報告を作ることを必要であると考えたのである。エリザベスの諸国会の議事録の編集者であるサー・シモンズ・ジューズ（Sir Simmonds D'Ewes）は、その裁判所の事件を報告した。そして、われわれは、おおくの他の法編集者が同様のことをしたと推測しても、さしつかえないであろう。リーダムの編集責任のもとに公刊された、これらの報告のもっとも完全な一組は、ヘイワード（Hawarde）によるものである。それらは、1593年1月から1609年2月にわたっている。1631・2年のいくつかの事件は、さらにまた、カムデン協会（Camden Society）によって公刊されている。ラッシュワース（Rushworth）にも、いくらかの事件〔の報告〕があり、また、正規の判例集にも、いくらかの事件〔の報告〕がある。おそらく、もし、星室庁が1641年に存在しなくなることがなかったとしたら、厖大な一連の星室庁判例集は、あらゆる法律書庫の本質的な一部となっていたであろう。

　同様に、大法官裁判所（the court of Chancery）において審理された少数の事件は、15世紀以降、コンモン・ロウの判例集——年書、ブルック（Brooke）、ダイヤー（Dyre）、クック（Coke）およびその他のおおくのもののなかに、はいりこんでいた。しかし、17世紀の中葉にいたって、はじめて、大法官裁判所判例集の正規のシリーズは、トットヒルのダイジェスト（Tothill's Digest）、マッシュー・ケリュー（Matthew Carew）の小さい本……、および大法官裁判所精撰判例（Choyce Cases in Chancery）の小集成とともにはじまるのである。17世紀の後半に大法官裁判所の判例集は、その数と大きさにおいて増大した。そして、衡平法の元来の性格を回想して、報告者のなかの幾人かは、その公刊にたいして弁明をするにいたっているにかかわらず、大法官たちは、それらの報告が、彼らが判決に到達するのを助けるために必要であることを承認し、実務家たちは、それらを集成することを必要であると認め、また出版者たちは、それらがすぐに売れてゆくことを見いだしたのである。ネルソン（Nelson）が、彼の判例集への序文のなかで述べたように、エクィティは、ひじょうに人為的な理性（artificial reason）になってしまったので、法律家にとって説教することは、僧正にとって大法官裁判所の裁判官になることよりも、いまや、はるかに容易であるという次第になったのである。

18世紀の末葉には、海事裁判所（the court of Admiralty）および〔イギリス〕教会裁判所（ecclesiastical courts）の事件についての正規の報告が、あらわれはじめた。そして、19世紀のはじめには、枢密院（Privy Council）によって判決された事件の報告が、あらわれはじめる。貴族院の判決のもっとも早い報告は、サー・バーソロミュー・シャワーSir Bartholomew Showerによって、1698年に公刊されたシリーズであった。その書への彼の序文のなかで、著者は、これらの報告が貴族たちにとって教訓になるであろうという事由にもとづいて、判例集作成においての、この新しい発足を正当化したのである。——事件は、当然、貴族院全体によって判決されたのであって、たんにその司法委員会によって判決されたのではない。しかし、貴族諸公が、このように、彼らに教示をしようとする願望を評価しないということが、やがて明らかとなった。貴族院は、これらの報告の公刊は、特権の侵害になると票決した。そして、1784年にいたって、はじめて、貴族院判例集の正規のシリーズがはじまるのである。

かくて、判例集（law reports）にふくまれる判例法（case law）は、コンモン・ロウの諸裁判所およびコンモン・ロウから、その領域外にあったその他の裁判所およびその他の法律集団にひろがっていったのである。サー・フレデリック・ポロックは、彼の《コンモン・ロウの膨脹》（the Expansion of the Common Law）にかんする本のなかで、コンモン・ロウが、それと接触するようになった諸の〔法〕組織にたいして、それ自身の観念を押しつけてゆく力をもつことについて述べている。判例集と判例法とが、イギリスにおいて司法を行なうすべての裁判所と法律集団とにひろがったことは、このような現象のいちじるしい例証である。」

(10) Pollock, First Book of Jurisprudence, pp. 293-4.
(11) Pollock, op. cit., pp. 203-4.
(12) Pollock, op. cit., pp. 294-5.
(13) Winfield, the Chief Sources of English Legal History, pp. 145-6.
(14) Winfield, op. cit., p. 148.
(15) Holdsworth, Sources and Literature of English Law, pp. 74-78.

2

こうして、イギリス判例集の発展についての記述は、まず「年書」からはじめられなければならない。年書の種々の意味においての重要性について、ホールズ

ワースは、つぎのように説いている(1)。

「命令状登録簿（Register of Writs）は、一部、大法官庁の本であり、また一部、法専門職の本なのである。他方において、年書（Year Books）——中世の判例集（the Law Reports of the Middle Ages）は、法専門職の独占的な財産である。法律家によって、法律家のために書かれたものであって、それらは、中世のコモン・ロウについての、ずばぬけて、もっとも重要な淵源、および典籍なのである。

エドワード１世〔1272—1307〕の治世からリチャード３世〔1483—1485〕の治世まで、年書は、ほとんど絶えまのない連続をなして続いている。ヘンリー７世〔1485—1509〕およびヘンリー８世〔1509—1547〕の治世においては、年書は、ますます断続的になる。そして、最後の印刷された年書は、ヘンリー８世治世第26年のトリニティ開廷期のものである。これら数世紀の開廷期と年々のあいだにおいての王裁判所（king's courts）の活動について、それらの年書は、あるいは、目撃者によって、または、目撃者の話しを材料として、編纂された報告（account）をわれわれに与える。それらは、およそコモン・ロウ、またはコモン・ロウの影響を受けるようになった何らかの法体系が研究され、かつ適用されるところでは、どこでも積み重ねられる、あの莫大な判例集書庫の先駆者（precursers）なのである。もし、われわれが巻物型訴訟記録（plea rolls）を除外するとすれば、それらは、14世紀および15世紀の裁判官たちによって実現された法理論について、われわれが有する唯一の直接的な報告なのであるが、それらの裁判官は、グランビル（Glanvil）およびブラクトン（Bracton）によってすえられた基礎の上に築造して、中世のコモン・ロウというユニックな建物を建設したのであった。それらが同時代の報告であるという理由によって、年書は、単に法史家によってのみでなく、さらにまた、イギリスの生活のありとあらゆる側面についての史家にとって、至高の価値をもつものなのである。ちょうどコモン・ロウがイギリス独自のものであるのと同様に、このコモン・ロウを造りあげた諸裁判所の活動についてのこれらの報告は、中世史についてのイギリス独自の淵源なのである。他のどんな民族も、何らかの仕方で、これらに似た何らかの史料をもってはいない。しかも、前世紀がかなり進むまで、それらは、ただ、17世紀に公刊され、かつ、おおくの場合に理解できないほど不用意に省略された法律用フランス語（law French）で印刷されたブラック活字の本として存在するにすぎないのであった。しかも、これらの比較的大きい部分は、今日もなお、以上のような状態にあるのである。だれひとりとして、これらの印刷された書籍がその基礎とした手写本を研

6 判例というものの考え方〔4〕イギリスの現代的判例集の様式の成立 2   *351*

究する気になるものはないのであった。そして、その起源について伝承によって語られる話しが、疑問もさしはさまれず、また検証もされないで、受けいれられたのである。ほぼ最近の50年のあいだ、そのユニークな史的重要性は、おもむろに、それらにたいするいくらかの興味を喚起しつつあった。ロルズ・シリーズRolls Seriesのためにホーウッド（Horwood）とパイク（Pike）によって、また、セルデン協会（Selden Society）のためにボランド氏（Mr. Bolland）によって、これらについてなされた仕事、またとりわけ、メートランド（Maitland）によって、それらについてなされた仕事は、これらの起源について、それらを書くのに用いられた言語について、また、イギリスおよびイギリス法の歴史において、それらが有する意義と重要性とについて、おおくのことを、われわれに教えたのである。」

(1) Holdsworth, History of English Law, vol. 2, pp. 525-6.

イヤー・ブックス（年書）について、これまでに任意的に引用されたポロック、ウィンフィールドおよびホウルズワースなどの記述または意見によって、それらが、現代的な「十分に成長したもの」ではなくて、まだその端緒的にすぎない段階にあった「技術的な判例集作成」の成果として出現したものであって、「その本来的な意味」においてでなく、「その広い意味において判例集」であり、また「判例集書庫の先駆者」であると見られていることが知られる。そして、ホウルズワースがいうように、もし、それが「中世史についてのイギリス独自の淵源」であり、しかも、そこに「中世のコンモン・ロウというユニークな建物を建設した」裁判官ないし裁判所の活動が報告されているのであるとすれば、われわれが、それらの年書の起源や性格などについてもうすこし立ちいった情報をもつことが、どうしても必要になってくるであろう。そして、そういう情報を手にいれるについて、わたくしは、ホウルズワースが、前回の最後の部分に引用された文章のなかで、年書についての19世紀末からの新しい研究において指導的な役割をはたしたと見ているメートランド（F.W. Maitland）によろうとする。メートランドは、セルデン協会のために、年書の法律用フランス語の原文とその現代英語による訳文とを対置したものを編集する仕事を引き受け、1903年に年書シリーズ（Year Books Series）の第1巻を世に送り、その後、1904年に第2巻、1905年に第3巻、1907年に第4巻、1909年に第5巻を、単独または他の学者との共同の編集責任において、編集しているが、それらの各巻の序文に、彼の以後の多くの法学者が明示または黙示に採用している年書の起源や性格づけについての見解をもりこんでいるから

(イ)　まず、裁判所の公式記録と、判例集の端緒的形態としての年書との区別が、はっきり理解されなければならない。その区別は、recordsとreportsとのちがいという形で表現することができる。ポロックと、ウィンフィールドが、そのちがいに言及していることは、まえに紹介されたが、いま、そのちがいが、イギリス法史においてもつ意味を、メートランドのことばを借りて説明してみることにしよう。そして、12、3世紀における裁判所の記録として代表的なものは、いわゆるPlea Rolls,すなわち、巻物型訴訟記録である。それらは、1194年にはじまる[2]。そして、有名なブラクトンの「ノート・ブック」Note Bookは、主として13世紀初期、ヘンリー3世の治世における人民訴訟裁判所Common Benchその他の裁判所の記録からの抜粋ほぼ2000個を収めており、一種の判例集と考えられてもさしつかえないかに見えるにかかわらず、ポロックが、はっきりと、それを否定している理由の主なものも、すでに紹介したように、じつは、それが裁判所の記録にもとづいているからであった。

　メートランドは、セルデン協会の出版物の一部をなす「年書シリーズ」Year Books Series第1巻のながい序文のはじめの部分で、まず、こう述べる[3]。——「イギリスの法的記録(legal records)の豊富さについて述べることを公正とする一切のことが述べられたときにも、エドワード1世の時代からエドワード7世の時代にいたるイギリス法の歴史は、一次的には、本来いわゆる記録（records）においてではなくて、むしろ報告(reports)において求められなければならないという真理は、やはり、のこるのである。このことに、さらに、知的な生産物の方面においては、中世のイギリスには、その判例集 (law reports)、すなわち、その年書よりもより純粋にイギリス的な見せものは、何もなかったということが、付けくわえられてさしつかえないであろう。」彼は、さらに続ける。——

　「訴訟の記録、すなわち、公式に作成され、かつ公式に保存される記録は、——このことは、ほとんど述べるまでもないことであるが——きわだってイギリス的 (distinctively English) ではないのであった。多くの人たちがものを書くことができるようになるやいなや、書くというわざが、この目的のために用いられるということは自然なのであった。じっさい、われわれは、むりにつとめないと、裁判所がそれが行なってきたことについて何らの書かれた記憶（written memory）をもたない時代にわれわれがいることを想像することができないのである。二つの重要な目的に、巻物型記録は役だったのであろう。第1に、まだ繋属しているある訴訟事件において、それまでに起っていることについて

の論争を防止するであろう。被告は出頭したか。原告は訴答をしたか。そのような問題にたいして、ある裁判官が死亡して、別の裁判官が就任した場合でも、決定的な答えがなされえたであろう。第2に、その訴訟事件か終結したときに、記録された結果は、当事者とその法定相続人たちが、すでに決定ずみの問題を再開することを阻止したであろう。……また、つぎに、われわれならば、副次的目的と見なすであろうところのことがらが、われわれの最初の巻物型訴訟記録を書かせた人たちの心のなかではきわだっていたという可能性があるのである。すべて訴訟は、国王に利益をもたらすものであった。巻物型訴訟記録は、王の役人たちにたいし、上納金と罰金について知らせ、また、役人たちが金円を追求するにあたって、彼らに指示を与えたのである。それゆえ、われわれは、王の裁判所によって行なわれることがらが記録される理由を、さがしまわる必要はないのである。おそらく、ヘンリー2世の治世の最後の年に、確実にリチャード1世の治世の初期に、巻物型訴訟記録は、公式に作成され、かつ公式に保存されていたのである。」

ところで、このような公式の訴訟記録が、上に示されたような目的以外の用途に供せられうることが、だんだんと明らかになるが、しかし、それには重大な制約があることを、メートランドは、つぎのように説明する。——「……しばらくしてのち、しかしながら、それらの巻物型記録が累積しはじめたとき、それらの記録からは貴重な先例 (valuable precedents) が引きだせることが明らかになったにちがいないのである。また他方、その同じ巻物型記録が、荒涼たる〈普通の形式〉のおびただしい集団を収め、それらすべてが陳腐な常務であった以上、どんな裁判官も、どんな法律家も、どんな法学生も、そこに何の稗益するものを見いだすことがないようなものであるということが明瞭になったにちがいないのである。それが無味かつ平凡であるという理由によって、何ものをも省略しないということこそが、じつに一連の記録の本質をなすのである。〔そこで〕ある法原理 (legal principle) または、ある適用できる先例 (applicable precedent) を見つけだすという希望をもって、ますますそのかさが増大してゆく羊皮紙〔＝巻物型記録〕を直接に参考することは、益のないことであった。そればかりではない。これらの決定的な記録が、非常に厳重に保管されたために、国王の裁判官たちですら、私的な研究の目的で無制限にそれらに近づくことはできないのであったということは、重要なことであった。」そして、このような記録について、判例集に似た利用が、どのようになされたかについて、メートランドの記述は、さらに続く。——「抜粋された記録または摘要を収載する本は、役にたったにちがいない。それは、われ

われがパリにおいて見るところである。1268年ごろ、ブラクトンの同時代人であるジャン・ド・モンルソン……がそのような本をこしらえつつあった。……イギリスにおいても、われわれが類似した性格の一冊の本をもつということは、けっして不可能ではないのである。それは、エドワード１世およびエドワード２世の巻物型国会記録（Parliament Rolls）から抜粋された記録を収載する。その内容が、1661年にウィリアム・ライリ—William Ryleyによって公刊された。……一方、個人的な企画が巻物型訴訟記録を攻撃していた。ブラットンのヘンリ—Henry of Bratton〔＝ブラクトン〕が、とうぜん、巻物型記録を占有していなければならなかったか、どうか……は、だれにも、わからない。しかし、その仕事は実行された。そして、その結果は、ヘンリー３世の治世の最初の24年にわたる巻物型記録から抜粋された、ほぼ2000の記録の集成となった。それからまた、やく500の事件が、〔彼の〕ある論文には引用されているのである。」

さて、訴訟記録についての利用が、ブラクトンにとって、そこまで進められたからには、その線にそってのイギリス判例法の展開が見られてもよかったはずであるが、事実は、そうならなかったのである。メートランドはいう。——「この偉大な功業が遂行されたとき、おそらく、しばらくは、巻物型訴訟記録こそイギリス判例法の素材を供与するであろうと思われたのであろう。しかし、それは、運命づけられた発展の線ではなかった。これらの神聖な記録は、厳重にとじこめられなければならないのであった。そして、イギリスにおいては、裁判官や上級弁護士にとって、扱いにくい原本がありえたよりもより有用であるべき抜粋と摘要を作成するよう、どんな役人も仕事を当てがわれていないのである。他方においてわれわれは、はなはだ新しい、イギリスにおいて新しく、また世界において新しいあるもの、口頭の討論の自国語による報告（something that is very new, new in England, new in the world: the vernacular report of an oral debate.）を見るのである。

(2) Holdsworth, History of English Law, vol. 2, p. 180.
(3) Maitland, Introduction to Selden Society, Year Books Series, Vol. 1, pp. ix -xi.

（ロ）ところで、これらのreports（報告）すなわち年書は、公式のもの（official）であるか。この問題については、16世紀から行なわれ、ブラックストーンによって採用された古い見解は、肯定に答えていたのである。ブラックストーンが、エ

6 判例というものの考え方〔4〕イギリスの現代的判例集の様式の成立 2　　355

ドワード2世の治世からヘンリー8世の治世にいたるまでは、判例集は「首席書記すなわち裁判所の首席録事によって、国王の費用で作られ、かつ年毎に公刊されたのであって、そのために年書という名で知られる。」と述べて、「公式」説を採用していることについては、まえに紹介した。メートランドが、この問題について主張するところは、つぎのとおりである(4)。──「これらのレポーツは、公式のものであったのか。そうであったということが、17世紀からこのかた、非常に一般的に信じられ、かつ非常に独断的に述べられてきた。しかしながら、われわれが見ることができるかぎりでは、これらの独断的な陳述は、エドムンド・プラウデン（Edmund Plowden）のある用心ぶかいことばをその淵源としているのである。その偉大な法律家は、彼がヘンリー8世の〔治世〕第30年（1538-9）に──すなわち、年書が、とぎれとぎれのものとなりおわり、ついに作られなくなった、まさにその当時に、法律の勉強をはじめたということ、また、如何にして、古い時代には国王によって給料を支払われていた4人の報告者があったかということが語られるのを彼が聞いたということを、われわれに語っているのである。プラウデンは、言質を与えることがないように注意している。彼は、〈古い時代〉（ancient times）についてのある伝聞を、われわれに伝えるのである。彼がくりかえす話しが、もし、過去の何世紀かのあいだに、いく人かの公式に給料の支払いを受けた報告者があったとすれば、充分に真実となるであろうということを、われわれは気づく。さらにまた、その話が真実であろうと、また、なかろうと、もし、はじまりつつあった新しい時代──コンモン・ロウの光明が明滅しつつあったあの悲しむべき時期〔＝チューダー・スチュアート期をさす〕において、継続的な報告者の供給が、もはや確保すべくもなかったのであるとすれば、まさに、一般に受けいれられても無理のないようなものであるということに、われわれは気づくのである。」

　メートランドは、年書シリーズ第1巻を編集した1903年の当時には、まだ、この問題について、確信をもった解答を与えない。彼はこういう。──「年書の多くのものが編集され、かつ多くの手写本が探索されたあかつきには、われわれは、現在よりは、よりよく、この問題を討議することができるようになるであろう。それまでのあいだ、われわれは、われわれの最古のレポーツの公式性を信ずる人が、だれでも当面しなければならないもろもろの困難点のうち、いくつかのものをのぞいて見ることとしよう。もし、報告者たちが国王によって任命されたのであるとしたら、われわれは、その任命が記録されているのを見いだすことを期待してさしつかえないであろう。もし、報告者たちが国王から給料の支払を受けて

いたとすれば、かれらの給与のことが、何かの会計上の巻物型記録に記載されているのを見いだすことを、われわれは期待してさしつかえないであろう。国王が裁判官を任命し、彼らにたいし俸給を支払ったということを〔記録によって〕主張することは、たやすいのである。またもし、それらの報告が公式のものであったとすれば、原本、または、とにかくにその謄本が、裁判所の役人によって注意ぶかく保存されたであろうということをわれわれは期待すべきなのである。しかるに、われわれが気がついているかぎりでは、われわれの手写本の年書は、つねに、私人の手から、われわれに入手されているのである。……そればかりではなくて、それらの手写本が公式の淵源に由来するのであるとすれば、それは、たがいによく似ていることが期待されるはずである。ところが、少なくとも、エドワード2世の時代にぞくするもののあいだには、不思議なほど少しの類似性しかないのである。異った手写本から、われわれは、ときに、一つの事件について、非常に類似していないために、それらが共通の原本からの転写によって発展せしめられたとは、ほとんど信ずることができないような二つの報告を手にいれることがある。とにかくに、年書の写本をとったか、または、年書の写本をとるために職業的な筆記者を雇った法律家たちは、事件、および事件の一部を省略する権利を十分に行使したのである。さらにまた、われわれは、訴訟の非科学的な細目、とくに固有名詞にたいする、もっとも顕著な軽蔑を見いだす。……さらに、非常にながい期間にわたって、およそ、裁判官または弁護士によって事件を明示的に引用することが、はなはだ稀であるが、そのために、もしわれわれが、必要とされたのは、〈先決例〉(authority)であったと考えたとすれば、われわれは、たやすく時代錯誤におちいることとなろう。必要とされたのは、教育すること(instruction)であったということ、また、これらの本は、〔法の〕学習者(learners)によって学習者のために、習修生(apprentices)によって習修生のために作成されたものであったということを、われわれは、つよく考えてみてさしつかえないのである。さいごに、われわれは、あらゆるところに、個人的な企画から出てくる結果を見るように思うのである。裁判官と弁護士に帰属せしめられることばとまじって、われわれは、自らを〈わたくし〉(jeo)と称する著作者〔＝報告者〕が、彼自身のものとして述べている註記(notes)、評釈(comments)、批判(criticism)および思索(speculation)を見いだすのである。……」そして、年書シリーズ第3巻の序文の末尾にちかいところで、メートランドは、各種の手写本の比較検討をしたのちに、こう述べる[5]。──「いくらかの重要性のある一つの消極的な結果が、われわれは、そう考えるが、われわれが、いまや終了させなければならないながい論議の経路におい

て、現出しているであろう。〔すなわち〕これらの報告が何らかの意味において公式のものであったということを、われわれは信ずることができない。これらの手写本によってわれわれに暴露される事態ほど、公的に認証された正文の転写に似ない何ものかを想像することは、たやすくは可能でないであろう。」

(4) Maitland, op. cit., pp. xi-xiii.
(5) Maitland, Introduction to Selden Society, Year Books Series, Vol. III, p. xciii.

(ハ) メートランドが、上記のように、「必要とされたのは、教育することであった」と述べているのは、年書が、ほんらい、どんな機能をはたすものであったのか、という問題にたいする答えであって、年書の性格の理解について、彼以後の学者たちによって、あまねく採用されているところのものである。彼は、年書を「判例集」としてその性格規定をするのであるが、その「判例集」という用語に、年書にあっては、後代それがおびるようになる意味を付してはならないとして、こういう(6)。——

「〈判例集〉ということばは、当然に、裁判所において引用されるべき本を、われわれに思いおこさせる。われわれの現代の報告が、一個以上の目的に役立っていることは、真実である。それらは、教育的な価値(educational value)をもっている。若い人たちは、法を学ぶためにそれらを読むであろうし、また年輩の人たちは、彼らの知識をゆたかにするために、それらを読むであろう。しかも、全体的には、〈先決例〉(authority) として役立つこと、判決（judgments）と、判決の先をこしていなければならない〈意見〉（opinions）との基礎となることが、われわれ自身の時代においては、報告の究極的な大義名分（the final cause of the reports）であると、われわれは述べてもさしつかえないであろう。ところが、われわれがこれらの最も古い年書に向うとき、この究極的な大義名分は、とおく背景のなかにおちこみ、ほとんど消失してしまうように見えるのである。もし、これらの本自体が何かを立証するとすれば、それらは、よしんば、それらが、そうされることがあるにしても、まれにしか、弁護士または裁判官たちによって引用されないということを立証する。先例を確認することは、どう見ても、まれな出来ごとである。われわれが、任意の一裁判季に2個以上の実例を見いだすことは、ほとんどないであろう。そして、そういう確認が、じっさいに起る場合には、それは、ある本の参照よりは、はるかにおおく、むしろ個人的な回想に、似ているのである。それは、〈わたくしは見た。〉(I saw.) また

は、〈わたくしは覚えている。〉、(I remember.) あるいは、〈あなたは覚えていませんか。〉(Don't you remember?) ではじまるであろう。そして、首席裁判官ビアフォード(Chief Justice Bereford)が、このような仕方で、ある事件を思いだすとき、報告者たちは、彼が語る話しを書きとめることにその最善をつくすのである。それというのは、その事件は、かれらには未知であるが、しかし記憶すべきものであるからである。およそ、どんな対照も、もし、それらが確認と呼ばれてもさしつかえないとすれば、これらの漠然とした確認と、巻物型訴訟記録に収められている事件についてのブラクトンの正確な引用とのあいだに見いだされる対照より強いものはありえないであろう。ブラクトンが実際に行なったことに着目して、われわれは、まことに、すでに、彼の時代にイギリスのコンモン・ロウは、それが、けっきょく、そうなったところの〈判例法〉(case law)になる強い自然的な傾向を示していた、と述べてもさしつかえないであろう。しかし、裁判所の記録にたいして自由に接近することは不可能であったから、この傾向が支配的になることができるに先立って、ながい期間が経過しなければならなかったのであると思われる。」

(6) Maitland, op. cit., Vol. III, pp. ix-x.

(二) イギリスにおける最初の判例集としての中世の年書が、その後の時代の判例集とはちがい、若い法律家養成のための教育の手段としての機能をはたすことを主な目的としていたことは、この講義の前回の部分の最後に引用されたメートランドのことばから明らかになったが、「それでは、なぜ、年書が、そういう機能をはたさなければならなかったのか」――「なぜ、法律教育のために、年書が作られなければならなかったのか」という問題、すなわち、「年書の起源は何であったのか」という問題が、つぎに答解されなければならない。

「それでは、なぜ、これらの本は作られたのであるか。その答えは、つぎのようであると、われわれは考える。――若い人たちが法律を学習し、かつ、完成された訴答専門弁護士になることを欲したからである (Because young men wished to learn the law and to become accomplished pleaders.)」。メートランドは、こういう自問自答をしたうえで、さらに、なぜ、法律を学習し、完成された訴答専門弁護士になるために、それらの若ものたちが、年書にたよらなければならなかったのかを明らかにすることにとりかかる[7]。彼は、そのさい、それらの若い人たちが、いわば、法専門職の集団のなかで、どういう位置を占めていたのかを明らか

にする必要があると考えて、まず、彼らの「先輩たち」(elders)のことについて述べる。──

「われわれの考えるところでは、〔年書という〕判例集の作成者である、これらの若い人たちについて、われわれが、さらに多くのことを述べるに先だって、彼らの先輩たちについて数言を費すことが、おそらく、妥当であろう。イギリス法を、かっぱつに展開するものとして、ここにわれわれに示される人たちの集団は、はなはだ小さい。第1に、裁判官（judges）がある。しかし、王座裁判所（King's Bench）の3人の判事たち（ブラバゾンBrabazon[(8)]ルウベリRonburyおよびスピガーネルSpigurnel）が、報告すべきもの（reportable）として取りあつかわれることは、はなはだわずかしか、おこなっていないということが注目されなければならない。彼らは、訴訟当事者たちにとっては重要性のある事件を審理しているが、しかし、原則として、微妙な訴答を包含する事件を審理していないのである。概言して、われわれは、これらの事件報告は、〈人民訴訟裁判所の事件報告〉（Common Bench Reports）である、と述べてもさしつかえないであろう。もっとも、巡回裁判所判事（justices of assize）の面前で審理された少数の事件が書きとめられており、また、これまでにまだ、まったく印刷に付されたことのない巡回裁判所（eyres）の事件報告がある。ところで、人民訴訟裁判所には、6人の判事（justices）たち、すなわち、ビアフォード（Bereford）、トリキンガム（Trikingham）、スタントン（Stanton）、スクロープ（Scrope）、ベンスティード（Benstede）、およびボーン（Bourne）がいる。しかし、彼らのうち最後の2人は、まだ〈だまりや〉（mute persons）であって、トリキンガムは、それより、ほんの少しましなだけである。法の運用は、われわれが、これらの書物について見るかぎりでは、主として、3人の人たちの仕事である。すなわち、経験のある首席裁判官〔＝ビアフォード〕、スタントンのハービー（Hervey of Stanton）およびスクロープのヘンリー（Henry of Scrope）である。次に、ほぼ24人の実務にたずさわる弁護士団（counsel）がある。われわれが調査したかぎりでは、ある所与の年の事件報告に名前が示されている法律家の氏名表は、巻物型訴訟記録（plea rolls）が、その同じ年に和解訴訟を承認した（levied fines）ものとしてわれわれに示している〈説明書作成弁護士〉（narratores）の氏名表と、ほとんど正確に同じなのである。ことばをかえれば、──しかも、これがわれわれの観察の要点なのであるが──弁護士の任意の階層が、若干の事件においては弁護をする権利（right to be heard）をもつが、しかし、すべての事件においては、そうでない、すなわち、人的訴訟においては、それ

をもつが、物的訴訟においては、そうでないという形跡をすこしも見なかったのである。いく人かの法律家たちは、他のものよりも、ずっとより多忙であった。しかも、少数の例外をのぞいて、ある人の名前が、いちどこれらの年書にあらわれると、それがやがて、かなりしばしば、あらわれると述べてもさしつかえないであろう。さいごに、3人または4人の法律家を同一事件の同一の側に見ることが異例ではないということに、われわれは気づくであろう。真に重要な事件においては、〈実務にたずさわる法廷弁護士団〉(Practising bar) の半分にちかいものが雇われることがあるのである。」

ところで、法律を勉強しようとする若い人たちは、どんな立場におかれていたのであろうか。メートランドは、こう述べる。

「現役の実務家のこのような小さい集団の外側に、〈修習生〉(apprentices)、すなわち学習者 (learners) がいるのであるが、われわれは、彼らが学習することは、たくさんもっていたが、それを学習する手段は少ししかもっていなかったということを思いおこさなければならない。じっさい、われわれは、この時代の若い人にとっては、判事たちと上席弁護士たち (serjeants) が論議していた法は、それが今日のわれわれに見えるほどに、まったく技術的、まったく恣意的には見えなかったのであると想像してもよいであろう。今日のわれわれが、片意地な発明の才の発揮 (Perverse displays of ingenuity) と見ようとする誘惑を感じる諸準則の社会的および経済的な意味を、かれは見てとることができるのであった。しかも、初心者が多量の学習すべきものをもっていたということは、明白なのである。すなわち、われわれが、それをそう呼んでも無理ないと思われるが、ほぼ30個の訴訟形式 (forms of action) の機械装置 (mechanism) がそれである。そして、エドワード1世の犀利な諸制定法が、たしかに、法を単純化していないということが見てとられなければならない。反対に、これらの事件報告によって、たっぷりと示されているように、それらの制定法は、たえず新しい問題を生ぜしめていたのである。われわれがクックの第二法学提要 (Coke's Second Institute) として知っている、ある彪大な解釈構造体の最初の層石がうち立てられつつあったのである。これらの制定法の別の一つの効果が、ついでに一言しておくに値する。これらの修習生は、信頼できる何らの教科書 (text-book) ももたないのであったが、とくに、訴訟手続および訴答について信頼できる教科書をまったくもたなかったのである。ブラクトンの論文は、古くさくなりつつあったし、また〈ブリトン〉Britton とわれわれが呼ぶ本も、あるいは、〈フレタ〉Fleta とわれわれが呼ぶものも、その新しい制定法を成功裡に消

化吸収してはいなかったのである(9)。」

そして、ここまで見てきて、メートランドは、年書の起源に到達する。彼はいう。——

「そこで、もし、これらの学習者が学習しなければならなかったとすれば、それは、裁判所に出席して、そこで述べられることがらに耳をかたむけることにならざるをえなかったであろう。もし、彼らが、その聞いたことがらについて、ノートをとったとすれば、もし、彼らが、おたがいのノートを借りあい、写しあい、かつ論議しあったとすれば、彼らの進歩は、たしかに、より迅速となったであろう。その後のながい時代にわたって、学生たちと一人まえの法廷弁護士たち、さらにまた、かなり実務がうまくいっていた人たちでさえが、裁判所に坐って、出版する意図をもたないノートをとるのであったということが忘れられてはならない。ただ、図書が印刷される時代には、知識を取得する一つの副次的な方法にすぎないことだけが、古い時代には、その主要な方法であったにちがいないのである。」(If then these learners were to learn, it would have to be by attending the court and listening to what was said. Their progress would assuredly be more rapid if they took notes of what they heard, if they borrowed and copied and discussed each other's notes. It should not be forgotten that for long ages afterwards students and full-fledged barristers and even men who are in good practice will sit in court taking notes that they do not intend to publish; only what in the day of printed books is but a subsidiary method of acquiring knowledge must in the old days have been the chief method.)

(7) Maitland, Introduction to Selden Society Year Books Series, vol. III. pp. x–xi.
(8) 以下に出てくる裁判官については、D.N.B.にのっているものだけにつき、本文記述にあらわれる順序で、経歴の要点を示そう。

 (i) Brabazon, Roger Le (d. 1317) ノルマンディの古い家系にぞくし、1289年にKing's Benchの裁判官に任ぜられ、1295年にGilbert de Thorntonについで、その首席裁判官となる。Edward Iのスコットランド王位にたいする継承権の主張を支持して、政治的に行動した。1316年に首席裁判官の職を辞し、翌年に死んだ。D.N.B.は「ロージャーは、かなりの学殖のある人であって、偉大な裁判官De Hengham (1278. C.J.となる) の面前で実務を行なった」と記している。

 (ii) Spigurnel, Henry (1263?—1328) 1296年から裁判官として現われはじめ巡回裁判所裁判官と、人民訴訟裁判所の裁判官をつとめたのち、1307年に王座裁判所の裁判官に任ぜられ、1315年から死の前年1327年まで、その職にあった。

    (iii) Bereford, William De. (d. 1326)　　1294年に人民訴訟裁判所の裁判官に任ぜられ、1307年にエドワード2世が即位したとき再任され、1308-9年にHenghamについで、その首席裁判官の地位についた。大土地所有者であった。
    (iv) Stanton (Staunton) Hervey De (d. 1327)　　僧侶であったが、1302年にコーンウォールの巡回判事に任命されている。1306年に人民訴訟裁判官に任ぜられ、1314年に財務裁判所の裁判官に任ぜられ、1316年には財務卿 (chancellor of the exchequer) に任ぜられ、裁判官をかねた。1323年には、王座裁判所の首席裁判官となり、1324年それを辞して、財務卿に再任されたが、1326年それを辞して、人民訴訟裁判所の首席裁判官となり、エドワード3世の即位までその職にとどまった。
    (v) Scrope, Sir Henry le (d. 1336)　　1307年に弁護士として世に出、1308年には、人民訴訟裁判所の裁判官となる。エドワード2世のためにつくし、1317年に王座裁判所の首席裁判官となる。1323年に首席裁判官をやめた。エドワード3世が即位したとき、人民訴訟裁判所の次席裁判官 (second justice) となり、1329年から1330年にかけて、王座裁判所の首席裁判官、ついで財務裁判所の首席裁判官（chief baron) に任ぜられ、死ぬまでその職にあった。Sir Geoffrey Le Scrope (d. 1340) は、かれの弟で、1324年には、王座裁判所の首席裁判官に任ぜられている。ヘンリーの3番目の息子Richard（1327?—1403）は、初代のBaron Scrope of Boltonであって、大法官になっている（1378年）。
    (vi) Bensted, Sir John De (d. 1323?)　　1305年に、財務卿に任ぜられ、2年間在職し、1307年に人民訴訟裁判所裁判官に任ぜられた。
(9) Maitland, op. cit., pp. xi-xii.

　㋭　このようにして、メートランドは、年書は、修習生たちが作った個人的な「控え書帳」にすぎなかったという結論-想定にたっする。そういう想定が、彼によれば、年書についてのいろいろの問題点を解明するのに役立つのである。彼は、うえに引用されたところに、つづけて、こう述べる(10)。
　「これが、年書の起源であったと、われわれは信ずる。それらは、またはむしろ、それらのうちのもっとも早期のものは……学生の控え書帳(Students' note-books) である。ただ、このようにしてのみ、われわれは、以下に証拠として出されるのであろうところの諸事実のうちのいくらかのものを説明することができる。しかし、その間、われわれは、われわれの仮説を、いま少し追ってみることとしよう。われわれは、若いイギリス人のあいだにいる。同時にまた、われわれは、そのうちの4個が、インズ・オブ・コート Inns of Court として卓越したものになる団体 (Societies) の建設者たちのあいだにいるのである。これらの若い人たちは、開廷季間ロンドンにやってくる。彼らのあいだには、ゆたか

な良き友情がある。彼らは協力する。おそらく、彼らは共同して家屋を貸借する。おそらく、彼らは、ますますアカデミックになってゆく運命をもっている〈模擬裁判〉(moots) またはその他の修練方法をすでに考案しつつある。そして、とにかくに、われわれは、彼らが、おおいに〈専門の仕事〉(shop) について語っていると信じてもさしつかえがないであろう。これが、控え書が増加してゆく場合の雰囲気なのである。それゆえ、われわれが、ある1ヵ年の事件報告を包含すると称する12個の〔年書〕手写本を面前にする場合に、もし、それらの手写本のあいだの関係が、非常に高い程度に錯雑しているとしても、われわれは驚いてはならないのである。あらゆる写本は、べつの一つの写本から生じたものであるという想定は、もし、われわれが系図を書こうとするのであれば、自然な出発点である。しかし、われわれのような場合には、それは、おそらく誤りであろう。われわれの場合は、じっさい、独特なのである。これらの事件報告をほしがる人たちは、不断にたがいに交際して生活しており、存在するすべての写本が、地球の表面の1マイル平方内に見いだされうるということも、けっして不可能ではないのである。僧院が、グランビルまたはブラクトンの1本、制定法集1巻および命令状登録簿の1冊を備えることはありうる。しかし、手写本の年書が、僧院の書庫からわれわれの手にはいることは、まれである。そこで、もし、ある人が自分自身の写本をもちたいと思えば、その人は、たやすく、2、3人の友人から2、3冊の〔年〕書を借りうけることができたのであり、そのうえで、彼は、あるときには、一つの本を、またあるときには別の本を見て、いちばん自分の気にいったものを拾いあげ、選びだすことができたわけである。」

そして、そのように年書が、もともと控え書帳であったとするという想定から、いろいろの問題点にたいする答えが引きだされるとメートランドは考える。「もし、われわれが、これらの本を控え書帳と見るとすれば、法律家も、ほかのどんな人とも同様に、その控え書帳に、自分の欲するすべてのことを書きこみ、また、そこから、自分の欲しないすべてのことを省いてしまう権利をもつものであるということを、われわれは記憶しなければならない。……省略 (omission)、短縮 (curtailment)、圧縮 (condensation) にたいして、われわれは何の異議もさしはさみようもないのである。しかし、さらに、中世の法律家が、自分は圧縮することと同様に拡大 (expand) する権利をもつと考えなかったとは、われわれは確信することができない。……そのような所為は、われわれにとっては正当化されえないものに思えもしよう。しかし、判例集は〈権威〉(authority) であるということ

を、われわれは心に考えているのであって、それは、われわれが当然とりのぞくべき先入見であるかもしれないのである。」

メートランドは、ここで、当時の訴答(pleading)や不動産物権移転証書(conveyance)などにおける手写本の前例(precedent books)の場合から類推して、年書の手写本にたいする当時の法律家の卵および法律家たちの態度をたしかめようとする。「最近にいたるまで、たんに不動産物権移転専門事務弁護士(conveyancers)のみならず、さらに、〔コンモン・ロウの〕特別訴答専門事務弁護士(special pleaders)および衡平法訴答専門事務弁護士(equity draftsmen)の事務室において、弟子たち(pupils)が手写本の前例を複写することに、いそがしく従事していたのであるということを、われわれは記憶しておこう。あなたの師匠の前例集に接近できることが、あなたが師匠にはらった指導料にたいして、あなたが受けとった見返りの小さくない一部をなしていたのである。このようにして、莫大な量の手写本が編纂されていたにちがいない。さて、ある編集者が、かの高名な衡平法訴答専門事務弁護士A・B氏の訴状(bills)および答弁書(answers)の……真実の原文を復元しようと企てたが、それらの著名な紳士の孫娘婿、または、ことばをかえれば、その弟子の弟子によって編纂された前例集よりもましな資料は何もないと想像しよう。われわれは、そのような編集者のしごとが、うらやましいとは思わない。弟子たちは、ときに、不注意であり、ねむけがさしており、軽薄であるであろう。しかし、それが、けっしてすべてではない。彼らは、法律における変化または流行の変化に対応してゆくために、彼らが複写する前例を変更するであろう。しかも、そればかりではなくて、彼らは、ときには、彼らの師匠よりも、とにかくに、彼ら自身の評価においては、もっと賢明であるであろう。彼らは、伝来された原文を改良しはじめるであろう。それから、おそらくは、彼らは一貫した改良が困難な、または退屈なしごとであることを発見し、しばらくして後には、単純な転写に頼るであろう。彼らは、自分自身が何をしたかということ、および、しょせん、これらの前例集は、彼ら自身以外のものが見ることを意図して作られるものではないということを記憶する……であろう。」

メートランドは、このことから類推していう[11]。──「さて、われわれは、その類推が完璧であるというわけではない。しかし、われわれは、やはり、エドワード2世の時代の法律家は、彼の報告された〔法廷の〕討論(reported debates)の写本を、われわれが〔今日の〕われわれの判例集(law reports)を見る場合よりは、むしろ、われわれが訴答にかんする前例集の手写本の1巻を見る場合と同様に見たものと想像するのである。彼は、かれがその演技の仕方を習っていた複雑なゲ─

ムにおいて、正確な手(moves)、または、われわれが〈本に書かれている手〉(book moves)と呼んでもよいものを打つ準備ができているようにするために、それを勉強した。しかし、彼は、裁判所がある所与の事件を、彼の本のなかに類似した事件があるがゆえに、ある所与のやり方で決定するよう拘束されるとは考えなかったのである。彼がその事件集を作ったのは、公衆または自己以外のだれかにたいする責任感からではなかったのである。そして、彼は、もし、そうすることによって彼の前例をさらに教訓的なものにすることができるのであれば自分は、たんに省略し、短縮し、圧縮するのみでなく、さらに、磨きをかけ、増大し、説明し、また書きなおしさえすることも自由であると感じていたのである。」

(10)　Maitland, op. cit., pp. xii–xiii.
(11)　その原文は、つぎのとおりである。
"Now we do not say that the analogy is perfect, still we imagine that the lawyer of Edward II's day regarded his copy of reported debates rather as we should regard a manuscript volume of precedents in pleading than as we regard our law reports. He studied it in order that he might be prepared to make the correct move, 'the book moves' we might call them, in the complicated game that he was learning to play; but he did not think that the Court would be bound to decide a given case in a given way because he had a similar case in his book. It was with no sense of responsibility to the public or to anybody but himself that he made his collection of cases, and he felt himself free not only to omit, to curtail, to condense, but also to polish, to augument, to explain and even to write, if thereby he could make his precedents more instructive." (Maitland, op. cit., p. xiv.)

(ヘ)　年書は、まえに引用されたメートランドのことばから明らかなように、もともと、法の修習生のノート・ブックであって、したがって、多くは、手写本の形で今日に伝えられている。それは印刷術の発明が、年書の出現から何世紀もおくれていることを思いおこせば、たやすく納得できることである。この関連でメートランドのいうところは、つぎのとおりである(12)。

「これらの年書は判例集である。しかし、〈判例集〉ということばは、エドワード2世の時代に、またはその後ながいあいだ、存在しなかった多くのことがらを含意しがちである。一つには、そのことばは、印刷術 (the art of printing) と、重要な点においては、相互に異るところのない非常に多数の複本の製造を

含意しがちである。さらに一つには、それは、われわれが〈公刊〉(publication) と呼ぶところのものを含意しがちである。今日、ある図書がほしい人は、彼が自分のために上衣の仕立を注文する場合のように、自分のためにある図書をこしらえてくれるよう注文する必要はない。彼は、既成品を買うのである。中世においては、実際はそうではなかったのであり、または、少なくとも、一般には、そうでなかったのである。じっさい、図書を模写することを仕事とする人々がいた。彼らは、もし、あなたが手本を供給したとすれば、注文で、あなたのために写本をこしらえてくれるのであった。そして、時折は、ある非常に有用な図書の写本が、買い手をひきつけるであろうという希望にしたがって作られたかもしれない。しかし、そこには、われわれの〈公刊〉の観念に対応するものは、ほとんど何もなかったのである。もし、あなたが論文を書いたとすれば、あなたは、愛情のため、または報酬をえて、他のだれかにそれを転写することを許したかもしれない。しかし、転写は、そのだれかの仕事であったであろう。そして、その人は、はなはだ自由に、自分の気にいる如何なる態様においてであれ、あなたの原文を処理すること、省略、附加、改良、間違いをすることができたであろう。写本は、その人のものであって、あなたのものではなかった。そして、著作権は、まったくなかったのである。」

ところで、そのようにして作られた年書において、事件は、どんな形式で報告されたのであろうか。いまのわたくしには、セルデン協会の年書シリーズによってカバーされる年代、すなわち、1307年からのちのものについて、その点を検討するほかはないのであるが、ここでは、そのシリーズの第1巻と第3巻だけを例にとってみるに止めよう。その第1巻は、エドワード2世の治世第1年のミカエルマス開廷季 (Michaelmas Term, 1 Edward II, (1307)) からはじまる。この開廷季の最初に報告された事件は、Maulay v. Dribyとなっていて、事件の名称のつけ方が、今日の判例集で、私たちがなれている方法と変りがないことが、すぐわかる。そして、2番目の事件は、Hayward v. Kilburn (Prioress of)という名称がついているが、3番目のものは、Anon. (無名)となっている。これは、今日の事件報告の形式には見られないところである。いちおう当ってみると、この第1巻に報告されている事件は、ぜんぶで129件あるが、そのうち、69件、すなわち過半のものが無名であることがわかる。また、第3巻では、報告された事件数、100件のうち、33件が無名であって、無名の件数が、かなり少ないことが目につく。

各事件の報告が、事件名の下に、おおむね頭註(headnote)に相当するものを伴っていることも、今日の判例報告と同じである。

そして、その報告の中味は、法廷における活気にあふれた討論をねらっているのであって、裁判官と弁護士、弁護士と弁護士のあいだの生々したやりとりが、報告の大部分をしめるといってよい。そのなかで、裁判官の、とくにすぐれた裁判官のことばには、かくべつの注目がはらわれているように見える。ここから、裁判官の意見に、ほとんどもっぱら重点がおかれる今日の判例集への道は、まだ遠い。メートランドはいう[13]。——「彼らが欲したのは、法の問題点をかくしてしまう、その具体的なこまかい事項をともなったところの、無味乾燥な、冷い記録のコピイではなかった。訴訟当事者の興味のない名前をもりこみすぎて、〔法の〕ひじりたち、裁判官と上席コンモン・ロウ弁護士たちの興味ある名前を忘却している記録ではなかった。彼らが欲したのは、その中に活力のもとをふくんだ討論であり、弁護の弁論のひねりまがり、丁重な皮肉と喧嘩づくのさかねじなのであった。彼らは、じっさいにビアフォード首席裁判官の口から出たこと、彼の格言、彼のあてこすりを記憶したいと思ったのである。彼らは、コンモン・ロウ上席弁護士ハール（Serjeant Herle）の賢明な打つ手が、どのようにして、コンモン・ロウ上席弁護士トゥドビー（Serjeant Toudeby）を都合のわるい窮地においこんだか、または、コンモン・ロウ上席弁護士パスレー（Serjeant Passeley）が、どのようにして、古い防禦方法にもとづいて、一つの新しく改変したものを発明したかを記憶したいと願ったのである。」

(12) Maitland, Introduction to Vol. I, Selden Society Year Books Series, IX.
(13) Maitland, do., XV.

（ト）　ここで、私は、年書の事件報告のなかで、どの程度に以前の事件にたいする言及またはその引用が行なわれているか、という問題ととりくまなければならない。この問題は、年書それ自体にふくまれる事件報告が、法廷での引用を目的としたか、または、それを引用することを裁判官が許容したかという問題と、密接に関連はするが、別の問題である。この後の問題が否定的に答えられなければならないことは、まえに引用された年書の本質にかんするメートランドの規定の仕方から、とうぜんに推論されようが、その点について、メートランドは、つぎのように否定的見解を示している[14]。——

「もし、14世紀の裁判官たちが、弁護士に事件報告を引用することを許したとするならば、その場合、印刷術は、まだ将来のことであったのであるから、年書が正確に描写されることを確保するために、あるきびしい措置が必要と

なったことであろう。われわれが転写してきた手写本に少しばかりなれ親しんだばかりでも、〔当時の〕判事たちが、現代のある裁判官が、ある現代の判例集を取りあつかう場合に採ることのできるやり方をもって、それらの手写本を取りあつかうことができなかったということを示すに十分であろう。それらの手写本は、あらゆる考えられるやり方で、異なっているのである。……」

つぎに、初期の年書では、先例にたいして、どのくらいの頻度で、言及または引用がなされているのであろうか。この問題点を、セルデン協会の年書シリーズ第1巻(1307-9)について検討してみよう。この巻には、エドワード2世の治世第1年のミカエルマス、ヒラリー、イースター、トリニティの各開廷季に区分した29件の事件と、同王治世第2年の100件の事故とを収めているが、それらの事件報告において、先例にたいする言及がなされているのは、4件である。また、同じシリーズの第3巻は、エドワード2世の治世第3年のヒラリー、イースター、トリニティの各開廷季の事件、総計100のものを収めているが、以前の事件が引合にだされている報告は、3個である。第1巻の場合に、129件について4回、第3巻の場合には、100件について3回という先例への言及は、けっして、ひんぱんとはいえない。そして、年書の全体を通じて、どの程度ひんぱんに先例への言及ないし引用がなされているかの問題については、私には、いまのところ自分の目でたしかめる方法がない。そこで、グレーが行なった調査の結果を借用することによって、この問題にたいする答えをだしておくことにしよう。彼は、こう述べている[15]。

「私は、年書によってカバーされている時代を下降し、50年間隔に、ある1年全体の事件（cases）をとりあげたのであるが、その結果は、判決の参酌が僅少にすぎないことについてのメートランド教授の陳述が正確であることを、まったく証明するのである。比較的に後の年代には、判決の参酌は、少しばかり増加するのであるが、しかし、それは、少しばかりにすぎないのである。」

さてここで、初期の年書で、先例にたいする言及が、どのような形でなされているかを、前記の7件について、たしかめてみよう。エドワード2世の治世第2年の第19番目の事件として報告されている、寡婦産にかんするある無名の事件において、トゥドビー（Toudeby）弁護士が、つぎのような形式で、まえの事件に言及していることがわかる（同書巻72頁）。──「ロンドンのリンネル商人が、自分とその妻のために、および彼ら2人の直系血族たる法定相続人のために、保有財産権を取得し……たということを、わ・れ・わ・れ・は・、今・よ・り・以・前・に・見・た・。」(We have seen before now that a linendraper of London purchased tenements to himself and his wife and to the heirs of their two bodies begotten; and……)。また、同じ開廷季の51Bのある無名事件において、スタントン判事（Stanton, J.）が先例に言及する仕方は、こうであった（同上109頁）。——「その命令状〔による訴え〕が第三者にたいしても起せるということは、スタドレーのジョンおよびウィンチェスターの僧正の事件によって明かにされている。」(That the writ lies against strangers is shown by the case of John of Studley and the Bishop of Winchester.)。この事件で問題になった命令状は、いわゆる「計算命令状」（writ of account）であった。さらに同じ開廷季の第63番目の無名の事件でチルトン（Tilton）弁護士は、「そればかりではなくて、バスタード事件があなたを救う。その事件では、……」(Moreover the Bastard case saves you, where……) と述べている（同上1360頁）。そして、同じ開廷季の98AのDe La More v. Thwing事件において、トゥドビー弁護士が、前例に言及する仕方は、つぎのとおりである（同上178頁）——「われわれは、本件におけるような訴答をサー・リチャード・ウォレーズ……の事件において見た」。(We have seen such a plea here in the case of Sir Richard Walleys where……)。つぎに、同じ開廷季の99Bのある無名事件にはこういう先例への言及の仕方が見られる（同上187頁）。——「そこで、古いバークレーのサー・ヘンリーの事件が申し立てられた。」(Thereupon was alleged the ancient case of Sir Henry of Berkeley.)。

セルデン協会の年書シリーズ第3巻に見られる先例への三個の言及ないし引用の仕方は、以下のとおりである。すなわち、Easter Term, 3 Edward II. (1310)の1Bの事件として報告されている、Bernake v. Montaltで、ビアフォード首席裁判官は、「あなたはリンカーン伯爵事件を憶えていますか。」(Do you remember the case of the Earl of Lincoln?) という発言をしており（同上60頁）、また、同じ季の7Aとして報告されているToftes v. Thorpe事件で、同首席裁判官は、「ある類似の事件を申し立てた」(alleged a similar case) と報告され（同上72頁）、さらに同じ年のトリニティ季の28番目の事件であるBacon v. Friars Preacherにおいて、スタントン判事は、「ペカムのピータにぞくしていたロンドン所在の保有財産についての復帰権令状について、国王にたいし答弁書が出されなかったですか。」(Was not the king answered on his writ escheat for the tenements in London which belonged to Peter of Peckham?) と発言したと報告されている（同上199頁）が、それは、王座裁判所の事件であった。

以上のように言及・引用された七つの事件が、年書それ自体からの引用という形式をとっていないことは明白である。

ところで、グレーがいうように、年書に報告された事件においても、時代をく

だるほど以前の判決への言及または参酌が多くなるのであるが、それが先例の権威の承認にまでおよぶのは、ずっと後のことにぞくする。メートランドは、15世紀の中頃の事件において、先例の権威をみとめるについての、やや奇妙と見える理由づけを見いだしている。彼はいう[16]。──

「1454年という年、すなわち、判例集作成がすでに1世紀半以上にわたって進行していた年〔の年書〕に、プリソット首席裁判官（Prisot, C.J.）が以前の判決の権威（the authority of previous decisions）についてある興味ある評言を行なったある事件の報告が見られる。彼は述べる。──ある点は、〈われわれの〔年〕書において〉（in our books）12回も決定されている。そして、もし、いま、われわれがこれらの先例を無視したとすれば、それは、〈開廷季〉（terms）に勉強している若い修習生たちにとって悪い実例（an ill example）となるであろう。けだし、もし、彼らの〔年〕書において、しばしば裁決されているところと反対のことが、現在の場合に裁決されたとすれば、修習生たちは、けっして彼らの〔年〕書を信用しなくなるであろうから。それが、この首席裁判官を感銘させることなのである。すなわち、われわれは、過去の判決に追随しなければならない。けだし、もし、われわれがそうしないならば、これらの若い人たちは、彼らの年書、または、むしろ、彼らの〈開廷季書〉（Terms Books）を勉強することを止めてしまうであろう。そうすれば、われわれは、学問のある法律家（learned lawyers）を、少しも持たなくなってしまうであろう。これは、その問題を述べるについての、よしんば、われわれにとって、いくぶん奇妙ではあるにせよ、一つの教訓的な方法なのである。そして、それは、われわれのイギリス〈判例法〉（case law）をして、判例集の原因としてよりは、むしろその結果として見えしめるのである。」

(14) Maitland, Introduction to Vol. III, Selden Society Year Book Series, X.
(15) Gray, Nature and Sources of Law, p. 216.
(16) Maitland, op. cit., XV.

(チ) 年書については、なお、多くのことが検討されなければならないのであるが、それは、法史その他の専門書にゆずることにしよう。ここでは、イギリスの歴史のこの時期に年書が出現したことがイギリス、イギリス法の歴史のうえで、どのように評価されるかについてのメートランドの意見をかかげておこう。彼は、やや誇らかに、こう述べる[17]。──

6 判例というものの考え方〔4〕イギリスの現代的判例集の様式の成立 2

「これらの事件報告の表面に現示されているところが、法の仕事の高度に技術的な側面（a highly technical aspect）であるということには、何の疑問もない。われわれは、法学を科学（science）としてというよりは、むしろ術（art）として見る。われわれは、それを、熟練のいる遊戯としてさえ見るのである。法律家のために法律家によって書かれたこれらの本は、われわれに、チェスの選手が勉強する本を思い出させる。ハール〔弁護士〕は、意外にも、王を城将で護り、トゥドビー〔弁護士〕は、攻撃するためにビショップを犠牲にし、バスレー〔弁護士〕のこまの動かしかたは、すべての観覧者にとって歓喜であった。これが、事件報告者に興味を抱かせたところのものなのである。そして、われわれが、とおく時をへだてた今日、事件報告者の興味を完全に分ちあうことができないということを告白しようではないか。しかし、一つの法律、または法律の一つの陳述、あるいはまた、一冊の法律の本を〈高度に技術的だ〉と呼ぶことは、たしかに、何らの非難攻撃でもないのである。法的な熟練は、ほかの形態の熟練と同様に、乱用または誤用されることができよう。

しかし、それ自体においては、高い技術は、それの見られるところが何処であれ、また何時であれ、称賛にあたいするのである。そして、すべてのこのような高い技術、技術的な語句と技術的な思考についてのこのような熟達は、いつの日か、イギリスのイェーリングといえるような人が、われわれに説明してくれるであろうが、それは、イギリス人民の歴史のなかにその位置をしめているのである。試練の日がチューダー時代に到来したとき、イギリス法を救った諸特質は、卑俗な常識と、素人の分析されない本能の反映とではなかった、むしろ、それは、インズ・オブ・コートに根ざした、年書に根ざした、諸世紀に根ざした厳格な論理と高い技術とであったのである（The qualities that saved English law when the day of trial came in the Tudor age were not vulgar common sense and the reflexion of the layman's unanalyzed instincts ; rather they were strict logic and high technique, rooted in the Inns of Court, rooted in the Year Books, rooted in the centuries.）。クックのリトルトン論（Coke upon Littleton）には、粗雑な常識にぞくするものは、まことに少ししかない。中世の末期において（われわれは、それをそう考えるのであるが）、イギリスに顕著であったところのものは、粗野な土着の素材を、高度に技術的ではあるが、同時にまた持久力をもつ、言葉と概念の一つの組織にまで苦心して作りあげたことであった。かのそそり立つ楼閣、〈不動産権〉（estates）の法は、その特徴的な産物であった。今日、その残がいは地面をふさいでいる。そして、歴史家がその絵図をえがく

とき、われわれは、それが全く称賛にあたいするものであるとは考えない。われわれは、それが、より単純で、より峻厳で、より純潔で、より粉飾が少なく、より華麗でないものであってほしいと考えるであろう。しかし、それは、知的建築、法律家的建設的性質（lawyerly constructiveness）の一つのすばらしい、また、優雅でさえある業績なのであった。イギリスの法律家たちは、イギリス国民を作りあげるについて、彼らの学問と彼らの術とが演じた役割について、あまりにも、これまで、ひかえめすぎたのである。」

(17)　Maitland, Introduction to Vol. I, Selden Society Year Books Series, XVIII.

(リ)　イヤ・ブックスの事件報告の様式を、実例によって示すことが、いまや、この解説において残された諸事項のうちで、いちばん大切な点となっている。ここに、セルデン協会の年書シリーズの第１巻と第３巻とから、２、３の事件報告を転写して、いちおう和訳をつけることとしよう。セルデン協会の年書シリーズは、法律用フランス語の原文と現代英語による訳文とを並列させているが、ここでは、英訳されたものだけを採用することにする。ただ、参考までに、最初の事件だけについては、法律用フランス語の原文をかかげてみよう。掲載の選択は、手あたり次第といってよいが、なるべく短くて、しかも、私たちにとって、ひどく難解であると見えないような事件報告という、いちおうの基準によった。四つの事件報告のうち、３件は、事件名をもつが、１件は、無名である。そして、その全部が、土地法にかんする。読者は、事件報告が、いかに「手続」に終始しているか、また、いかに弁護士と弁護士、裁判官と弁護士のあいだのやりとりが報告の要部をしめているかを、ありありと見てとるであろう。また、「国土の法」(the law of the land) という表現が、はやくも、ひんぱんに出てくることに気がつくであろう。

(i)　ネビル対ローケル事件（1308年第８号[18]）

  8.　Neville v. Rokele.

  Deceit of Court. Examination by the Court of persons who are returned as summoners, but who, it is alleged, made no summons. A summons by one summoner is insufficient.

A woman brought her writ of dower against a tenant who made default. The grand *cape* issued. The sheriff returned that the party was summoned and the land taken. And the tenant again made default, wherefore seisin was awarded [to the demandant]. Afterwards the tenant brought a writ of deceit against the sheriff and the summoners. The one summoner was before the court; the other made default. The one who appeared was examined as to whether he was at the making of the summons ; and he said that he was not.

Herle. We understand that the two summoners should be examined jointly. One of them is not in court. We understand that you cannot proceed to the examination of the one without the other.

Bereford, J. The law of the land requires that the tenant be summoned by two; and, even if the other summoner were ready to testify that he summoned the tenant, that would be of no avail, for the summons was not made according to the law of the land. Therefore the Court awards that the tenant have her seisin back again.

　　　ネビル対ローケル事件
　　裁判所にたいする詐欺。召喚人として報告されているが、しかし、申立によれば何らの召喚も行なわなかった者にたいする、裁判所の訊問。ひとり（だけ）の召喚人による召喚は不十分である。
　　ある婦人が、ある土地保有者にたいして、その寡婦産命令状（による訴―訳者）を提起したところ、その土地保有者は出頭を怠った。出頭命令状が発せられた。州宰は、その当事者が召喚され、かつ土地は差押えられたと報告した。ところが、その土地保有者は、ふたたび、出頭を怠った。そのために、占有は裁定により〔請求者に〕附与された。のちになって、土地保有者は、州宰と召喚人とにたいして詐欺の命令状（による訴）を提起した。ひとりの召喚人は、裁判所の面前にいた。他方の召喚人は出頭を怠った。出頭した一方（の召喚人）は、彼が、召喚がなされたとき、いあわせたかどうかについて訊問されたが、彼は、じぶんは、いあわせなかったと述べた。
　　ハール（弁護士）。　それらふたりの召喚人は、いっしょに訊問されなければならないと、われわれは理解いたします。彼らの一方は、（いま）裁判所におりません。あなたは、その一方がいないのに他方の訊問にとりかかることはできないものであると、われわれは理解いたします。
　　ビアフォード判事。　国土の法は、土地保有者が、ふたり（の召喚人）によって召喚されるべきことを要求するのであります。そして、たとえ、他方の召喚人が、じぶんはその土地保有者を召喚したということを証言する用意があるとしても、そのことは、何の役にもたたないでありましょう。それというの

は、その召喚は国土の法にしたがってなされなかったからであります。それゆえ、裁判所は、土地保有者がその占有を、ふたたびとりもどすことを裁定するものであります。

(ii) エドワード2世治世第2年のある無名事件 (1308〜9年第7号[19])

この事件報告は、「もし、わたくしが」というような形式で、いわば、実質的に今日のレイシオ・デシデンダイに相当する点だけを述べており、かつ非常に短いことを特色とする。

   7. Anon.

  Lease of right of common. Alienation of common in gross.

 If I have common by specialty and I lease to another for a term or at will, then if my lessee be disturbed by the lord of the soil, I shall have my recovery by way of assize as though I myself were tenant of the common. But he who claims common by specialty cannot sell the 〔right of〕 common without the leave of the lord.So is it with a livery, a corrody and other profits etc.

   第7号無名事件

  入会権の賃貸借。属人入会権の譲渡。

 もし、わたくしが、捺印契約による入会権を有し、それを、わたくしが、ある期間について、または、任意解約の条件で、ある他人に賃貸するとすれば、その場合に、もし、わたくしの賃借人がその土地の領主によって占有の妨害をされるとすれば、わたくしは、ちょうど、わたくし自身がその入会地の保有者である場合と同様に、占有回復訴訟によって、回復の請求ができるであろう。しかし、捺印契約によって入会権を主張するものは、領主の許可をえないで、その入会〔の権利〕を売却することができないのである。被後見人の騎士保有地回復権、王司祭扶養年金およびその他の権利などについても、同様である。

(iii) マンデビル対フィッツペイン事件 (1308年第10号[20])

この事件の報告に特徴的な点は、裁判官のことばが、まったく出てこないで、弁護士同士のやりとりだけが、いきいきと描きだされていることである。たしかに、こういう事件報告の様式から、裁判官の発言に集中する現代的な報告までの距離は、けっして小さいものではない。なお、前掲のネビル事件と同様に、この事件は、寡婦産(dower)にかんするものであるが、セルデン協会の年書シリーズのこの部分には、寡婦産にかんする事件報告の多いことが目だっている。

   10. Maundeville v. Fitzpayn.

 In an action of dower where the tenant pleads that the demandant has a husband living, is the tenant bound to say where the husband lives, or must she say where he died? The tenant is suffered to amend his plea by saying that both husband and wife are professed in religion. An inquiry by the bishop as to the wife's profession is ordered.

A woman brought a writ of dower.

Herle Dower you cannot have, for your husband is alive.

Willoughby. Where is he living? For if he be now living, he may be here today and forty leagues off tomorrow.

Herle. It is for them to tender an averment as to where he is living, for by the exception they endeavour to bar us from recovering dower upon his death. Therefore it is for you to say where he is living.

Passeley. The law will presume that he is living rather than that he is dead until the contrary be found, and therefore it is for you to say where he died in order that you may maintain your action.

Willoughby. He died in the town of Ypota' in the Grecian sea.

Toudeby. This woman and her husband entered the order of St. John of Jerusalem at such a place in the bishopric of Durham, and were there professed, and we pray judgment if she can have an action.

Willoughby We pray you to record that we told you that our husband was dead in a certain town, and they said that he was alive, and thereupon they went out to imparl, and now they give an answer which comprises more than one issue : namely, that he is alive, and that he is in a certain religious order, and the one plea should be borne out by an averment and the other by a letter from the bishop. We pray judgment.

Afterwards　Willoughby said : He entered no order and was not professed.

So let inquiry be made.

　寡婦産の訴訟において、土地保有者が、請求者には生存している夫があるということを主張する場合には、土地保有者は、その夫が何処に住んでいるかを述べなければならないものであるか、または、かの女（請求者）が、夫は死亡したと述べなければならないものであるか。土地保有者は、夫と妻の双方が僧団にぞくしていると述べることによって、その抗弁を修正することを許される。妻が僧団にぞくしているかどうかについての僧正による調査が命ぜられた。

　ある婦人が、寡婦産命令状（による訴）を提起した。

ハール弁護士。　寡婦産を、あなたは、もつことができませんよ。それと申しますのは、あなたの夫が生存しているからです。

　ウィロービー弁護士。　彼は、どこに生きているのですか。と申しますのは、もし、彼が、いま生きているとしても、彼は、今日はここにいて、あしたは、40リーグも離れたところにいるかも知れないからです。

　ハール弁護士。　彼らこそ、彼が、どこで生きているかについて、事実主張書を提出しなければならないのであります。と申しますのは、その異議によって、彼らは、われわれが、彼の死亡により寡婦産を回復することを妨げようと努めているものだからであります。それゆえ、あなた方こそ、彼が、どこに生きているかを述べなければならないのであります。

　パスレー弁護士。　法は、反対が認定されるまで、彼が死亡しているということよりは、むしろ、彼が生きているということを推定するのであります。それゆえ、あなた方があなた方の訴訟を維持することができるためには、あなた方こそ、彼が、どこで死亡したかを述べなければならないのであります。

　ウィロービー弁護士。　彼は、ギリシャ海にある「イポタ」の町で死亡しました。

　トゥドビー弁護士。　この婦人と、その夫は、ダラムの僧正管区のその場所にあるエルサレムの聖ヨハネの僧団にはいり、そして、そこで、信仰の告白をしたのであります。そして、われわれは、かの女が訴権をもつことができるのであるか、どうか、判決をお願いするものであります。

　ウィロービー弁護士。　われわれは、あなた方に、つぎのことを記録することを願うものであります。すなわち、あなた方にたいして、われわれは、われわれの夫は、ある町において死亡したと告げたのでありますが、彼らは、その夫が生存していると述べたのであります。そして、そこで、彼らは、調整のための猶予をえるため退席したのでありますが、いまや、彼らは、1個以上の争点をふくむ答弁をだしているのであります。すなわち、彼は生存しているということ、および、彼は、ある僧団にいるということがそれであります。そして、その一方の抗弁は、事実主張書によって、また、その他方は、僧正らの手紙によって証明されなければなりません。われわれは、判決をお願いするものであります。

　のちに、ウィロービー弁護士は述べた。――彼は何の僧団にもはいらず、また信仰告白をしていない、と。

　そこで調査が実施せしめられた。

(iv)　カンタベリー（の大僧正）対ダイヤー事件（1310年トリニティ季第4A号[21]）
この事件では、カンタベリーの大僧正が、ひとりの領主として、殺人という重

罪 (felony) のかどで絞首刑を受けたものの土地について復帰権 (escheat) をもつことを主張している。ビアフォード首席裁判官の意見に、「わたくしは……見た」という先例への引用のしかたが見られる。なお、第4A号というのは、この事件について、ほかに、いくつかの手写本があり、それらが、B号、C号として、べつに報告されていることを示す。固有名詞に相当する主語がA、B、C、となっていることも目につく。

  4A. Canterbury (Archbishop of) v. Dyer.

 In a writ of escheat alleging that X. committed felony and was hanged, it is needless to specify the felony. 'Acquittal of a certain felony and never arraigned of any other' is not a good plea.

 Per Bereford, J.: A man who has not his charter of pardon at hand may be tried and hanged, though at a former trial he went quit because of the charter.

 One A. brought his writ of escheat against B. and counted that wrongfully B. deforces him, and said [that the land was] his escheat for the reason that one C. held the tenements of him by homage etc., of which services etc., and which tenements should revert to him, because the said C. committed felony and therefore was hanged etc.

 Hedon. To that count he should not be received, unless he says in certain what the felony was, as robbery etc.

 Passeley. We have said that he committed felony for which [he was hanged,] and that gives us an action of escheat. To that you make no answer. Judgment etc.

 Denom. There may be such felony as gives no escheat; for instance, where a man is appealed as accessory, and is attainted by the country and afterwards the [principal] appellee is acquitted. So you must make the matter certain. [But he was ousted from the exception.]

 Denom. We tell you that in such a county, before Sir W. de Bereford and his fellows, C. was arraigned for the [death] of one A. and was then acquitted, and that never before or afterwards was he arraigned of felony according to the law of the land. And when a man is once acquitted of death, he never shall again be put in jeopardy for the same death. So it seems that this averment is receivable.

 Bereford, C.J. I have seen a man arraigned for homicide and go quit because he had the king's charter, and then he was arraigned another time of the same death, and because he had not the charter at hand he was hanged. So since he is willing to aver that [C.] committed felony, that is sufficient.

Denom. He was never attainted of felony. Ready etc.

Passeley vouched the record etc.

　x.が重罪をおかして、絞首刑に処せられたということを申立てる復帰権命令状においては、その重罪が何であるかを明記することは無用である。「ある重罪について責任を免除されており、かつ、何らの他の重罪について罪状認否を問われたことは、けっしてない」というのは、有効な抗弁にはならない。ビアフォード判事によれば、──彼の赦免特許状を手もとにもっていない人は、ある以前の裁判において、その特許状のゆえに、彼が免責された場合においても、裁判され、かつ絞首刑に処されてさしつかえがない。

　Aなるものが、Bにたいして復帰権命令状（による訴）を提起し、不法にBが彼から占有を奪ったと主張し、かつ、〔その土地は〕つぎの理由によって、彼の復帰権によって彼のものとなっていると述べた。すなわち、Cなるものが、彼（A）の保有地を、……その役務として、忠誠の誓……によって、彼から保有していたが、その保有地は、彼に復帰すべきものである。なぜなら、当該のCは重罪をおかし、そのかどによって絞首刑に処せられたのであるから。云々。

　ヘドン弁護士。その訴因については、彼は、彼が、明確に、たとえば強盗などのように、その重罪が何であったか述べるのでないかぎり、受理されるべきではないのであります。

　パスレー弁護士。　われわれは、彼が重罪をおかし、それについて〔彼が絞首刑に処せられた〕ということ、および、そのことが、われわれに復帰権を与える、と述べているのであります。それにたいして、あなた方は、何の答弁もしないのであります。判決云々。

　デノーム弁護士。　何の復帰権も生ぜしめないような重罪もありうるのであります。たとえば、ある人が、従犯として訴追され、邦によって私権剝奪の処分に付せられるが、しかも、のちになって、〔主たる〕被訴追者が免責される場合であります。そこで、あなた方は、そのことがらを明確にしなければならないのであります。（しかし、彼は、その異議を却下された。）

　デノーム弁護士。　そのような州において、サー・W・デ・ビアフォードおよびその同僚の面前において、CはAなるものの〔死亡〕につき罪状認否を問われ、そして、そのうえで免責されたということ、また、その以前または以後には、彼は、けっして、国土の法にしたがって重罪について罪状認否を問われたことがなかったということを、わたくしは、あなた方に告げるものであります。そして、ある人が、いち

ど、ある死亡（殺人—訳者）について）免責されるときは、彼は、けっして、ふたたび、同一の死亡について危険にさらされ（＝訴追され）てはならないのであります。そこで、この事実主張書は受理されるべきものであると思われるのであります。

　ビアフォード首席裁判官。　わたくしは、ある人が殺人について罪状認否を問われ、そして、彼が王の（赦免）特許状をもっていたために、赦免され、のちに、同一の死亡について、もう一度、罪状認否を問われ、しかも、彼が、その特許状を手もとにもっていなかったために、絞首刑に処されたことを見ております。そこで、彼に、すすんで、〔Ｃが〕重罪をおかしたことを主張する意思がある以上、それで十分なのであります。

　デノーム弁護士。　彼は、けっして、重罪について私権剥奪の処分を受けたことはありません。用意云々。

　パスレー弁護士は、記録を確証した。

(18)　No. 8, Easter Term, 1 Edward II. (1308), Selden Society, Year Books Series, Vol. 1, p. 19. なお、その原文は、つぎのとおりである。

　　8　Neville v. Rokele.

　　Deceyte ou piert qe homme irra al examynement du un somnour en absence del autre, et s'il testmoigne la nonsomounce le pleintif reavera sa terre.

　　Une semme porta soun bref de dower vers un tenaunt qe fit defante. Le graunt *cape* issit. Le vicounte retourna qe la partie fust somouns et la terre prise. Et le tenaunt autrefoithe fist defaute, par quay seisine de terre fust agardé. Puis le tenaunt ports bref de deseit vers le viscounte et vers les somnours. Le un des somnours fust en court, l'autre fist defaulte. Celuy qe aparust fust examiné s'il fut a fair le somouns, qi dit qe noun.

　　Herle Nous entendomps qe le ij. somnours deyvent estre examynez joyntement. L'un n'est mye en court. Par quai nous entendomps qe vous ne poetz al examinent del un aler sauntz l'autre.

　　Berr. Depuis qe ley de terre voit q'il seit samouns par ij. et tut vousist l'autre testmoiner qu'il fut samouns par luy, ceo ne put ore valer, par quay la samouns adounc ne fut pas fait solom ley de terre. Par quai agarde la court qe le tenaunt reeit sa seisine etc.

(19)　No. 7, Second Year of King Edward II. (1308-9), Selden Society, Year Books Series, Vol. I, p. 55.

(20)　No. 10, Easter Term, 1 Edward II (1308), Selden Society, Year Books Series, Vol. I, pp. 21-2.

(21)　No. 4A., Trinity Term, 3 Edward II, (1310), Selden Society, Year Books

Series, Vol. III, p. 153.

3の(1)

　ブラックストーンの所論から出発した判例集にかんする、本講のこの部分の記述が、メートランドの研究の成果をかりることによって、イヤ・ブックが公式のものであるという、その性格づけにかんする、前者の有名な意見（前述〔4〕1(ハ)【→本書343-344頁】）が今日の研究の水準からは否定されなければならないことを明らかにし、また、当然、コンモン・ロウの原理と準則とが、裁判所の判決に留意することによって、はじめて学ぶことができるにすぎないものであったために、「法律家たちによって法律家たちのために作られる事件の報告は、絶対的に肝要なものとなった」という特別な事情が、イギリスの判例集の先駆としてのイヤ・ブックを生みだし、「判決された事件のはたらきをとおして法律学を築きあげ、かつ精密化するという慣行」をコンモン・ロウの法律家たちが「発明」するようになったというホールズワースの立言（前述〔4〕1(ニ)【→本書347頁】）にたしてある程度の裏付けを与え、さらに、判例集の先駆としてのイヤ・ブックの性格と形式について、映像をえがくための、いくらかの資料を提供することができたと見てよいこの時に、イギリスにおける判例集作成についての、そのつぎの段階に、その関心をうつさなければならないと、私は考える。すなわち、ブラックストーンが、「ヘンリー8世の治世から現代にいたるまで、この仕事は、多くの私的な、かつ同時代の人の手によって (by mamy private and contemporary hands) 遂行された」と述べるとき（前述〔4〕1(ハ)【→本書344頁】）、そこに、それらの事件報告者 (reporters) の一般的な呼び名を与えることになっているところの、いわゆる「私的な事件報告者」(private reporters)、または、イヤ・ブックが「匿名」の報告者によって報告されたのにたいして、それぞれの報告者の名前を表示している点で、「顕名事件報告者」(named reporters) と呼ばれる報告者の段階ないし時期が、ヘンリー8世の治世から、すでに、はじまっていることが含意されているのであるが、その段階ないし時期は、いうまでもなく、はじめ、イヤ・ブックの時代と重複しながら、だんだんとその特色を明確にしていって、しまいに現代的な判例集につながるのである。そして、ここで、もういちど、ブラックストーンが、彼の『イギリス法釈義』の第1巻を公刊した1765年の当時、すなわち、ヘンリー8世から200年あまりをへだてた時期における、それらの「私的な」事件報告者たちの仕事ぶりについて述べているところをふりかえって見ることは有意義なのである。彼は、それ

らの報告者の仕事ぶりを、非難して、こういっている。——「それらの人たちは、ときには、いそぎと不正確をとおして、ときには、錯誤と未熟さをとおして、同一の決定についてはなはだ粗雑で不完全な（おそらくは相矛盾した）説明を公刊したのである。」と（前述〔4〕1㈠【→本書344頁】）。そこで、もしブラックストーンによって、その仕事ぶりの粗雑さや不正確さを、ひどく、こきおろされた「私的な」事件報告者たちによって作成される判例集の時代が、現代的な判例集の代表的なもの、その決定版として、アリンが、現代的な先例の法理をささえる二つの大きい条件のひとつとして考えた、いわゆる「ロウ・レポーツ」（the Law Reports）が公刊されはじめる年、すなわち1865年まで、ほぼ3世紀半のあいだ、続くとすれば、その3世紀半という長い期間に、より精密で充実した判決の報告として、「現代的な」という形容詞を冠してもらうことができるというところに、しだいに接近していくために、どのような努力がはらわれているのか、また、その3世紀半の経過について何らかの発展の時期を画することができるような目ぼしい報告者の出現があったか、どうか、というような疑問がおこるのが当然であろう。そして、じつは、『イギリス法釈義』の第1巻、すなわち前記のブラックストーンの「私的な」報告者たちにたいする非難の記述をふくむ著述が公刊されたその年に、「バロウの報告」Burrow's Reportsが公刊されはじめ、それが、イギリスにおける事件報告の標準化と常期化について、ひとつの新紀元を画し、その後1世紀をへて、ロウ・レポーツにバトンをひきつぐことになるという事情があるのである。いま、ヘンリー8世からロウ・レポーツにいたる3世紀半のあいだに私的な事件報告者たちによって作成された判例集についての時期的な区分にかんして、いくたりかの代表的な法学者の意見を紹介すれば、つぎのとおりである。

　㈤　まず、現代の代表的なイギリス法史家であったホールズワースは、まえに引き合いにだされた『イギリス法の淵源および文献』のなかで、イギリスの判例集作成の全歴史を四つの時代区分にわけている[1]。彼は、こういう。——「以上の事件報告〔＝判例集〕の歴史は、年代順には、つぎの四つの時期に区分される。——すなわち、(1)年書〔の時代〕、(2)16世紀、17世紀および18世紀の最初の部分の事件報告〔の時代〕、(3)事件報告の作成が標準化され、そして、個々特定の裁判所の事件報告の常期的なシリーズが存在するにいたった時期 (the period when law reporting was standardized, and regular series of reports of particular courts came into existence)、(4)ロウ・レポーツの確立〔の時期〕がそれである。

　㈥　つぎに、ポロックは、その『法律学入門』の第5章「判例集」の記述を、まず、イヤ・ブックからはじめ、「初期の私的な報告」(the earlier private reports)

について行ない、さらに、「現代的な事件報告の開始」(commencement of modern reporting) におよぼし、「ロウ・レポーツの創始」(foundation of the Law Reports) で結了させる。彼もまた、現代的な事件報告は、バロウの報告にはじまるとして、こう書いている[2]。──「その報告される時期が1756年にさかのぼり、かつ1765年（それは、同時に、ブラックストーンの『釈義』の公刊の年でもあった）に、はじめて公刊されたサー・ジェームス・バロウの報告Sir James Burrow's Reportsは、現代的な型 (modern type) のいちばん古いものであると考えてさしつかえがない。」

(ハ)　また、ウィンフィールドは、『イギリス法史の主要な原資料』の第5節で、イヤ・ブック以後の判例集について、はっきりと、三つの時期を画して、こういう[3]。──

「事件報告は、三つの段階を通過したものということができるであろう。すなわち、
(1)　1537年―1765年（その年にバロウの報告が現われた）の段階。
(2)　1765年―1865年（その年に「ロウ・レポーツ」がはじまった。）の段階。
(3)　1865年以降の段階。
がそれである。

以上によって、3人の法学者の見解が、まったく一致していることには、何の疑問の余地もないが、そのことにかんして、ポロックの影響力がつよくはたらいていることは、たやすく推察できるところであろう。そこで、これらの法学者の見解を総体として理解すれば、イヤ・ブック以後の事件報告－判例集作成の歴史は、18世紀の半ばすぎにおけるバロウの報告において、その現代的な型を展開しはじめ、1865年にいたって、決定的に現代化され、そこに、はじめて、現代的な「先例の法理」の存立の基礎的条件の一つが、決定的にみたされるようになった、と一般的に表現することができることとなる。ポロックが、みじかいことばで示唆しているように、1765年は、ブラックストーンの『釈義』の第1巻の公刊によって、イギリス法についてのアカデミックな研究の基礎がすえられた記念すべき年であると同時にまた、判例集作成の現代化にとっても忘れることのできない時期のはじまりを画する年でもあるのである。

以下に、私は、それらの各時期の代表的な報告者とその仕事の特徴のあらましを、年代順に記述しようとするが、それに先だって、なぜ、イヤ・ブックという事件報告の形式と方法がすてられて、「私的な」報告者の時代への移行がなされなければならなかったのか、また、初期の「私的な」事件報告とイヤ・ブックとのあいだには、どのくらいのずれ、または相違が見られるのか、というような点に

ついて、代表的なイギリスの学者の意見をとおして、いちおうの答をだしておかなければならないと考える。

(1) Holdsworth, Sources and Literature of English Law, 1925, p. 78.
(2) Pollock, First Book of Jurisprudence, 1896, Chap. v, p. 308.
(3) Winfield, The Chief Sources of English Legal History, 1925, p. 183.

3の(2)

私的な報告者たちの時代の前半、すなわち、16世紀、17世紀および18世紀の前半にいたる2百数十年にわたる時期の判例集について、ホールズワースは、まえおき的に、つぎのように述べる[4]。──「これらの事件報告は、私的に、かつ個別的に公刊された事件の集成である。そして、比較的後期の年書と、これらの事件報告の比較的はやい時期のものとのあいだに多くの類似点があるという事実は、比較的後期の年書が、その比較的早期のものと同様に、公式の公刊物 (official publications) でなかったという強い推定を生ぜしめる。この時期の経過するあいだに、これらの事件報告と年書とのあいだに出現しはじめた〔いくつかの〕相違は、一部は、印刷術の導入に必然的に随伴した異った公刊の諸条件によるものであり、〔また〕一部は、訴訟手続 (procedure) および訴答 (pleading) の準則についておこった諸変化によるものであり、さらに一部は、判決された事件の権威 (the authority of decided cases) にかんする現代的な見解の成長によるものなのである。」

(イ) このようにして、比較的初期の私的な事件報告、すなわち判例集が、比較的後期の年書に類似する、いくつかの点をもつことに、まず、注目する必要があるのであるが、それは、ホールズワースの見解によれば、その起源 (origins)、その公刊をめぐる状況 (circumstances of their publication)、および、その文体 (style) とその内容の多様さ (variety of their contents) の3点に要約される。しばらく、彼の意見にきいて見よう[5]。──「これらの事件報告は、つぎの諸点において年書に類似する。第1に、その起源において」と彼は断言して、さらに、つづける。──「それらの事件報告の多くのもの──たとえば、プラウデンの報告とクックの場合 (Plowden's and Coke's reports) は、もともと、報告者自身の使用のために (for the reporter's own use) 作られたのである。そして、そのゆえに、それらの報告のいくらかのものが、その報告者によって直接に報告されたのではなくて、あ

る他の淵源から複写された事件を包含することを見いだすとしても、それは、おどろくにあたらないわけである。ダイヤーの報告におさめられている事件 Dyer's cases のうち、かなり多くのものは、かれが、よわい4歳にして、事件の報告をはじめたものであるということを、われわれが想像するのでないかぎり、このようにして複写されたにちがいないのである。他方において、他の事件報告——たとえば、デーヴィスの報告 Davis's、バルストロードの報告 Bulstrode's、およびジェンキンスの報告 Jenkin's は、公刊されることを目的として、書かれたのである。

　第2に、これらの報告は、その公刊をめぐる状況において、年書に類似する。それらは、ひそかに入手された不完全な手写本によって印刷されることが、しばしばであった。プラウデンは、かれがその事件報告を公刊することを決意したのは、〔それの〕写本が不正確に作られており、しかも、それが、かれの同意をうけることなしに、公刊されかねないと思われたからであると、われわれに告げる。〔げんに〕1640年と1660年のあいだに、ふてぎわに印刷され、かつ編集された莫大な数の事件報告が、著名な法律家の名義で公刊されたが、そのうち、いくらかのものの場合には、その氏名が事件報告に記されている著者が、はたして、その事件報告を作成しているのかどうかについて、何の証拠もない。そればかりではなくて、それらの事件報告が、翻訳された形で公刊されたという事実は、さらに、誤りをおかす機会を追加しているのである。たとえば、クックの報告の最後のふたつの部分の翻訳が、はなはだ不正確なものであると考えるべき理由があるのである。

　第3に、これらの事件報告は、その文体において、また、その内容の多様さにおいて、年書に類似する。こうして、弁護士側の弁論が、ときに、裁判官たちの論議よりも、ずっと詳細に報告され、裁判所における記念すべきできごと——コンモン・ロウ上席弁護士（serjeant）または裁判官の叙任のような——についての説明が挿入され、また、ある裁判官または有名な法律家が死亡するときには、報告者は、ときに、死亡記事的頌詞を挿入するのである。〔また〕実際において、事件報告の文体について、何の全般的な一致もないのであった。それらは、あらゆる種類の文体をもって書かれており、また、あらゆる種類の方法によって配列されているのである。ときには、——ベンドロウの報告 Bendloe's reports の場合のように——われわれが、ただ事件の手みじかな控え書を与えられるにすぎない場合があり、また、ときには——プラウデンの報告の場合のように——われわれが、報告者の評注をそえて〔公式〕記録、弁論おびよび判決を詳細にわたって与えられるばあいがあり、さらに、ときには——クックの報告のいくらかのもののばあい

のように、——事件は、ある特定の題目にかんする法を懸けておくための、たんなる釘にすぎない場合もあるのである。」

　(ロ)　それでは、これらの事件報告と年書とのあいだの・相・違は、どんな点にあらわれるのであろうか。その相違も、ホールズワースによれば、3点に帰着する。その主な原因は、訴答の方式が口頭 (oral) のものから書面による (written) ものに変った結果、事件の争点 (point at issue) がより明確になり、その争点にたいする裁判所の決定の方に注意が集中されるようになったことである。弁護士の弁論や裁判官とのやりとりにではなくて、裁判官の決定と、決定の理由づけが、事件報告者の関心のまとになるとすれば、そこに、現代的な判例集のねらいと、現代的な先例の法理の基本的な方向が、そこに姿をあらわしはじめるということになるのである。ホールズワースは、こういう(6)。——「これらの事件報告が、多くの点において年書に類似するにかかわらず、時の経過につれて、まったく異った型の判例集を生ぜしめるであろうところの諸の相違が出現しつつあるということを、われわれは見ることができる。第1に、口頭による訴答の方式から書面による訴答の方式への移行は、争点が、より明白に確定されることを可能ならしめ、かつ、注意を、より確実に、当該の争点の決定に集中せしめた。関心は、争点の明確化にみちびく弁論から、当該争点の決定〔そのもの〕にうつされた。そして、このことは、一般原則として、報告にあたいする事件 (reportable cases) とは、ある法の争点 (an issue of law) にかかっている事件であるということを明らかにしたのである。・プ・ラ・ウ・デ・ン・は・、・こ・の・新・し・い・型・の・判・例・集・の・開・拓・者・で・あ・る・。そして、1600年に、・オ・ル・ト・ン・・・ウ・ッ・ズ・の事件 (the Case of *Alton Woods*) において、・ク・ッ・ク・は・、≪法律上の事件の報告と論議とにおいては、裁決された点こそが、主として注目されるべきであって、その裁決された点に資することがない論議事項が注目されるべきではない。≫ (in the reports and arguments of matters in law the point adjudged is principally to be observed, and not matters of discourse which do not tend to the point adjudged.) ということを宣明したのである。

　第2に、このような移行は、われわれの現代的な判例法理論 (modern theory of case law) の発達にみちびいた。ある特定の問題についてある特定の事件を引用することが可能となった。——〔事件の〕引用は、クックが述べたように、一般的ではなくなり、個別的になったのである。(It was possible to cite a particular case for a particular point—citation, as Coke said, ceased to be general, and became particular.)

　第3に、〔法律〕専門職の人たちが欲したのは、判決 (decisions) および判決にた

いする理由（reasons）であったという事実は、報告者たちが、本質的でない事項によってその事件報告を煩雑なものにすることを防止する傾向をもち、また、公刊された事件報告を、はるかにより余計に注意ぶかく訂正させる傾向をもつであろう。17世紀のはじめにあたって、ベーコン Bacon は、判例集が、究局においてとることになる型を予知していた。彼は、こう述べた[7]。――

≪以下のことをもって、判決を筆記し、それを文書にする方法としなさい。事件は正確に、判決それ自体は逐語的に、記録し、裁判官がその判決について申述する理由を加えなさい。実例として提示される諸事件の権威を、主たる事件と混交することなく、かつ、弁護士の結論は、それが何か非常に注目すべきことをふくむのでないかぎり、省略しなさい。≫と。

この理想は、17世紀ないし18世紀初期には達成されることがなかった。しかし、17世紀の後半と18世紀において、事件報告作成の平均的な基準は改善された。――事件報告は、より散漫でなくなり、かつ、より正確になったのである。それらの報告のうち多くのものは、著名な裁判官によって作られた。そして、これらのうちのいくらかのものは、その著者たちによって出版のために準備されたものではなかったが、しかし、それらは、くわしい、かつ正確な控え書によって印刷に付されたのである。……」

(ハ)　このように、17世紀後半からのちの判例集は、しだいに改善の方向をすすむことになるのであるが、ここで、その改善が行なわれるようになるまでの私的な事件報告の作られ方に見られる欠点、ブラックストーンの「はなはだ煩雑で不完全な」という非難のまとになった事態についての、いくらかの挿話をまじえての説明を、ウィンフィールドの記述に即して、きくとしよう。かれは、まえにかかげた、彼のいわゆる三つの段階について、こう説きはじめる[8]。――「第２の時期において、事件報告は、われわれが第３の時期において平凡事と見るようになったところの正確さ（accuracy）と完全さ（completeness）とを獲得した。しかし、第１の時期においては、事件報告は、価値において無限の差異を示すのであった。100人以上の人たちが、それらの事件報告について〔編著者として〕責任を負っているのである。その名簿の頂点に、プラウデン、クックおよびソンダーズ Saunders のような偉大な法律家たちが立ち、底部には、バーナーディストン Barnardiston のような無能者がいるのであるが、この人は、裁判所で、かれの控え書帳のうえに眠りこんでしまい、うしろの座席からかがみこんだ、いたづらものたちによって、帳面に無意味なことを書きこまれてしまったといわれている。報告者のうちのあるものは、裁判官が、かれらの事件報告からなされる引用文に耳をかたむけよう

としなかったというほどの悪評をうけていた。ケニオン卿 Lord Kenyon は、サー・アラン・パーク Sir Alan Park が弁護士であったとき、キーブル Keble〔の報告〕から引用したことについて、かれを譴責したし、また、ホルト卿 Lord Holt は、モダン・レポーツ Modern Reports の第4巻について、〈これらのだらだらした事件報告の不便さを見よ。それらは、われわれをして、子孫にたいして、一群のでぐのぼうとして見えしめるであろう。〉と述べた。」

(4) Holdsworth, op. cit., pp. 89-90.
(5) Holdsworth, op. cit., pp. 90-91.
(6) Holdsworth, op. cit., pp. 91-92.
(7) その原文は、以下のとおりである。

'Let this be the method of taking down judgments, and committing them to writing. Record the cases precisely, the judgments themselves word for word; add the reasons which the judges allege for their judgments; do not mix up the authority of cases brought forward as examples with the principal case; and omit the perorations of counsel, unless they contain something very remarkable.'
(8) Winfield, op. cit., p. 184.

3の(3)

このように、1765年にバロウの判例集が公刊されるまでの多数の「私的な事件報告者」の事件報告のできばえは、いわば、玉石混淆であるが、それは、かいつまんでいえば、何を、どのように、いつ報告するかについて、ベーコンが提唱したような一般的基準が、法律家のあいだにまだ確定されるにいたらず、しかも公刊が「私的な企業」(private enterprise)として、まったく自由放任的に行なわれたという事情によると考えられるのである。そして、そのような事情について、ウィンフィールドが述べているところは、こうである[9]。——

「報告作成の態様が、よしんば、報告者自身がなみの能力をもつ人であったとしても、良好な結果をえられそうもないものにしてしまうようなものであった。しばしば、じっさいにおこったのは、事件報告者が、かれがたずさわった事件の覚書を、かれの控え書帳に略記し、それに、かれが引用した他の事件の骨組または少数の骨をそえるというやり方であった。事件報告者は、そのような記録に、かれが、たまたま聞きおよんだり、または、ほかの法律家がかれに情報

を提供してくれたりした、他の事件を付けくわえるのであった。これらの控え書は、それを公刊するという意図は毛頭なくて、〔ただ〕個人的な用途のために保存されたということがありうるのであって、〔そのゆえに〕しばしば、著者が死亡したのちになって、はじめて、それらの控え書が、何らの訂正も企てられることなしに、印刷されるということがおこったのである。もし、その控え書が、ある裁判官のものであったとすれば、それは貴重なものであることを期待できるのであった。けだし、裁判官には、その判決の要点が何であったかを知るについて最善の理由があったというだけなく、かれは、さらに、法廷における弁論の進みぐあいを照合することができたからである。しかし、そのような事件報告は比較的少数にすぎない。

　良好でない事件報告のさらに一つの淵源となったのは、原稿が印刷屋の手もとにとどくときに、それが、つぎはぎ細工的な性質(patch-work nature)をもっていたということである。それは、つぎつぎと、法律家の手をとおり、その著者が、けっして承認しそうもないような註記を付されるということがありうるのであった。すくなくとも二つのばあいに、原稿は≪召し使によってぬすまれ、その出処が不明の、いろいろのものを附加して、たんなる本屋の投機として公刊された≫のである。〔この時期の〕比較的古い事件報告を使用するについて、実際上克服しがたい困難は、報告作成が私的企業の問題であったという事実から生ずる。そうしたいと思った人は、だれでも、ある人が作成した類似の集成にあらわれた事件の多くを収載する1巻を公刊することができたのであって、かくて、同一の事件についての多くの併立する事件報告が入手できるのである。およそ、何らかの重要性をもつ17世紀のある事件は、異った判例集のなかで、(ひかえめに見つもっても) 3、4回も叙述されているのが通例である。」

こうして、この時期の私的な事件報告のなかで、裁判官によって作成されたものは、少数ではあるが、よいものであると、一般的にいうことができるのである。そして、裁判官であった私的な事件報告者として、とくにすぐれているものは、だれだれであるかについて、法律家のあいだの評価は、はやくから、ほぼ定まっているように思われる。本稿の記述の主要なよりどころとされている3人のイギリスの法学者についていえば、ポロックは、その概括的な記述のなかで、とくにプラウデン、ダイヤーおよびクックについて論評し、ウィンフィールドはダイヤー、プラウデン、クックおよびクローク Croke を主要な事件報告者としてあげ、またホールズワースは、プラウデン、クックおよびソンダース Saunders を、もっとも有名なものとして解説している。これら3人の法学者によってあげられてい

る主要な、または著名な事件報告者は、年代の古い順にならべれば、ダイヤー、プラウデン、クック、クロークおよびソンダーズとなるが、それらの事件報告者は、プラウデンをのぞき、いずれもコンモン・ロウ裁判所の裁判官であり、しかも、クロークをのぞく3人は、王座裁判所または人民訴訟裁判所の首席裁判官であった。プラウデンもまた、大法官になろうとすれば、なることもできたほどの有能な法律家であった。

(9) Winfield, The Chief Sources of English Legal History, pp. 184-5.

(イ) ダイヤーの事件報告 (Dyer's Reports)。

ダイヤーの事件報告は、Year-Books（年書）、Annals（年史）、Commentaries（註釈）またはCases（事件）というような呼び方でなく、Reports（事件報告）という呼び名で知られる最初の判例集として注目されてよいものとされる。ダイヤーは、キャンベル卿によれば[10]、「わが国の裁判所において決定された≪事件の報告≫ (Reports of Cases) を、公刊のために書いた最初のイギリスの法律家 (the first English lawyer who wrote for publication) であって、そのあとには、キャンベル卿自身の名をも包含する、模倣者のながい氏名表 (a long list of imitators) がつづいているのである。」

サー・ジェームス・ダイヤー—Sir James Dyer (1512-1582) は、サマセットシャーSomersetshireのウィンカントンWincantonに土地を保有し、旧い家系にぞくしていたリチャード・ダイヤー—Richard Dyerの次男として1512年にラウンドヒルにおいて生まれた。彼は、オックスフォード大学にはいったが、学位はとらなかった。のちに、正確な期日は不明であるが、1530年ごろコンモン・ロウのインズ・オブ・コートであるミドル・テンプルにはいり、7年あまりを要して、1537年ごろまでに、法廷弁護士となった。そして10年後の1547年には、ケンブリッジシャーを代表する国会議員となり、また、1551年には、セシルによって大法官裁判所の記録主務官 (Master of the Rolls) に擬せられた。1552年10月17日に、ダイヤーは、コンモン・ロウ上級法廷弁護士 (serjeant-at-law) の位記を授けられた。その秋、彼は、そのインの講師 (Reader) にえらばれ、遺言法をその講義の主題とした。その11月にダイヤーは、国王の顧問上級法廷弁護士 (King's serjeant) の特許状を受け、ナイトに叙せられた。その翌年に、彼は、ふたたびケンブリッジシャーから国会議員に選出され、庶民院の議長にえらばれた。メリー女王(1535-1558在位)が即位したとき、王顧問上級弁護士の特許状は更新された。ダイヤーは、ケンブリッ

ジの有給市邑治安判事（recorder）の職位を保持し、また大学の顧問弁護士となった。ダイヤーが、人民訴訟裁判所（Common Pleas）の裁判官に任ぜられたのは、1556年5月8日で、彼が44歳のときであった。かれはその翌年には、女王座裁判所（Queen's Bench）に転任する。1558年には、エリザベス女王（1558-1603在位）によってふたたび人民訴訟裁判所に移され、1559年1月22日には、その首席裁判官となった。彼は、1582年3月24日、ハンチンドンシャーで死んだ。ダイヤーの一般的な人となりについて、D.N.B.の記者は、「堅固な清廉さ、学殖および明敏さによって、同時代の人たちのあいだに高い名声を博した」という評価をおこなっている。

　ダイヤーの死後の1585年に、彼が裁判官に昇進する前後の時期に編纂した事件報告——いわゆる「ダイヤーの事件報告」が公刊された。それが常規的なシリーズとして収載する事件は、1537年から1582年にわたる期間をカバーしているが、ほかに、この事件報告には、ヘンリー8世の治世の初期の事件も、いくらかふくまれている。ダイヤーは、ヘンリー8世の治世がはじまってから、3年後に生まれているから、後者の事件報告が、ダイヤー自身の手になるものでないことは確実である（この点については、前述〔4〕3の(2)(イ)のホールズワースの記述【→本書383-384頁】を参照されたい）。ダイヤーが、いつごろから事件報告を作りはじめたかは、はっきりしないが、はやい時期に、彼が示した報告作成についての天分のほどを、キャンベル卿は、ある資料によって、つぎのように賞賛して記述する。——「……まいあさ、7時から11時まで、その控え書帳をたずさえて、勤勉に裁判所に出席し、その帳面にウェストミンスター・ホールでおこるすべての重要な事件における弁論と判決を速記体で筆記したということで、彼は目だつのであった。夕食後6時に彼の〔インの〕事務室にかえったとき、彼は、決定された法の問題点を提起するに必要な事実だけを、弁護士が裁判所にたいして、その問題点を呈示したさいの仕方についての短い陳述および各裁判官の意見とともに、もちこみ、かれの控え書を各事件の明晰な報告になるように整理し、要約し、——一般的に、弁護士と裁判官とのあいだの混乱した大量の対話を提供して、読者をしばしば話し手が弁護士席に立っていたのか、それとも裁判官席についていたのかについて疑問のままに放置した年書にたいして、無限の改善を行なったのである。この結果として、後になって世に出された首席裁判官ダイヤー卿の賛歎すべき事件報告（admirable reports）が生まれたのであり、また、このゆえに、同じ模範によった後続の事件報告者たちの貴重な労苦がはらわれるようになったのである。」また、D.N.B.の記者は、ダイヤーの事件報告は、「明晰さの模範（models of lucidity）であって、重要

な事実(material facts)以外なにごとも述べられることがなく、また、弁護士の弁論と裁判官の決定は、正確さと両立するかぎりの小範囲に圧縮されている。それらは、年書から現代的な組織にいたる過渡期を形成するものとして興味がある。」と批評している。ウィンフィールドもまた、プラウデンとクックにくらべて、ダイヤーの長所を、つぎのように認めている(11)。──〔報告された〕事件は、プラウデンとクックの場合ほどに充実したものではない。しかし、それらは、弁論の記述を簡約化して的確に述べられているのである。」

ダイヤーの事件報告は、法律用フランス語で書かれているが、17世紀中に、すでに6版にたっした。そして、1794年には、ジョン・ヴェイラント John Vaillant による英語訳が出版された。

(10) Lord Campbell, The Lives of the Chief Justices of England, 1849, Vol. 1, p. 178.
(11) Winfield, op. cit., p. 187.

(ロ) プラウデンの釈義（または事件報告）Plowden's Commentaries (or Reports)。「判例集の現代的様式の開拓者(12)」(the pioneer of the modern style of law report) とたたえられるエドムンド・プラウデン Edmund Plowden (1518—1585) は、ハンフリ・プラウデン Hamphrey Plowden の長男として、1518年に、シュロップシャー Shropshire のプラウデンにおいて生まれた。ケンブリッジ大学に3年在学したが、学位をとることなく去り、1538年にコンモン・ロウのインズ・オブ・コートの一つである、ミドル・テンプルにはいり、法廷弁護士となった。伝承によると、かれは、たいへんな勉強家であって、3年間、いちども、インをはなれなかったということである。このあと、4年間、プラウデンが、オックスフォードで勉強したという説がある。彼は、ローマ教徒であって、メリー女王の時代に国会議員その他として活躍し、1558年に女王から、彼にたいしてコンモン・ロウ上級弁護士 (serjeant) の位記を授けるための令状が発せられたが、その手続が完了しないあいだに女王がなくなり、ついで即位したエリザベス女王は、令状を更新することがなかった。1560-1年には、彼はミドル・テンプルの講師 (reader) となり、ついで、インの会計係となった。法律家としての彼の名声が、当時、どんなに高いものであったかということは、エリザベス女王が、プラウデンがカトリック教徒でなくなることを条件として、彼を大法官に任命する旨の書状を与えたという話によっても裏書きされるであろう。D.N.B.の記者は、彼の同時代の人たちによって、

彼は、「彼の時代のもっとも偉大で、また、もっとも誠実な法律家」(the greatest and most honest lawyer of his age) であると認められたと断言する。

　プラウデンの判例集は、"Commentaries" という名称をつけていることが目立っている。"Les comentaries, ou les reportes de Edmunde Plowden, un apprentice de la comen ley, de dyvers cases esteantes matters en ley, et de les argumentes sur yceaux, en les temps des reygnes les roys Edwarde le size, le reigne Mary, le roy et reigne Phillipp et Mary, et le reigne Elizabeth, London, 1571, fol." がそれであるが、16、17世紀に数回リプリントされている。そして、1779年には、その英語訳があらわれる。収載されている事件は、1549年ないし1580年の時期のものであって、ダイヤーにくらべて、すこし後の時期にかんするものであることがわかる。ウィンフィールドは、≪あらゆる種類の専門職的な優秀さにおいて、……すべての時代の最良の事件報告のあいだに伍するもの≫とするウォレス Wallace の『事件報告者』(Reporters) のことばを引用したうえで、つぎのようにいいきる。――「裁判官団および法廷弁護士団から、それは、無限の尊敬と称讃を寄せられてきた。黒文字印刷の年書の最後の一巻を措いたのちに、プラウデンの最初の事件を読めば、報告作成の学問の、ほとんど単一の原理さえも把握されていたとは思われない報告作成の領域から、われわれが16世紀よりは、むしろ19世紀に、はるかに近づいていると見える領域にうつることになる。」

　プラウデンの『釈義』が、もともと、著者が自用のために作成した控え書であったことについては、この時期の事件報告の一般的な特質として、それに言及するホールズワースの見解が、すでに紹介されている（前述〔4〕3の(2)(イ)【→本書383-384頁】）。ポロックは、こういう[13]。――「非公式の事件報告 (unofficial reports) が、はじめて印刷されたとき、それは、言い訳と、あからさまな嫌悪をともなってそうされたのである。博学な事件報告者は、彼が、ただ自用のために裁判所において控え書を作ったのにすぎなかったのであるということを、われわれに確言する。しかし、かれの友人たちは、かならず、それを借用して複写するにちがいない。そこで、かれは、公刊するよう懇願された。そして、彼がためらっているあいだに、彼は、もし、彼が、それ以上遷延することなしに、真正な版を公けにしなかったとすれば、ある本屋が、海賊版で、しかも、おそらくは、まちがいのある版を公けにするであろうということを知った。これが多くの他の事件報告にたいして模範として役立った、1578年の日附になっている、彼の事件報告への序文にあるプラウデンの話なのである。」プラウデンが、ある親友に、その控え書を貸したところ、その友人の書記が不正確な複写をとり、それを印刷屋に売り、その印刷屋

がそれを出版しようとしたので、やむをえず、自衛手段として、自分の手で公刊する気になったというのが、ことの真相であった。彼の事件報告が、事件報告の現代的な様式の開拓者とされるのは、主として二つの理由による。ホールズワースは、こう述べる(14)。「第1に、彼は、ただ法の問題点（points of law）だけを、しかも、裁判所が判決を下した法の問題点だけを報告した。第2に、彼は、つぎのことを、われわれに告げる。すなわち、事件が弁論されるに先だって、彼は、細心の注意をはらって記録を研究していたので、彼は、自分でその事件の弁論をすることができるようになっていたほどであるということ、また、彼がその事件報告を作成したとき、彼は、訂正してもらうために、それを、裁判官たちと、事件の弁論をした上級法廷弁護士たちに提出して見てもらったということ、がそれである。」

(12) Holdsworth, Sources and Literature, p. 94.
(13) Pollock, First Book, p. 305.
(14) Holdsworth, op. cit., p. 94.

(ハ) クックの事件報告 (Coke's Reports)。

サー・エドワード・クック Sir Edward Coke（1552-1634）の事件報告について、われわれは、まず、ブラックストーンが、彼の『釈義』で述べているところを思いおこさなければならない（前述〔4〕1(イ)【→本書345頁】）。——「古い判例集〔＝事件報告〕のうちで、もっとも重要なもののいくらかは、首席裁判官クック卿によって公刊されたものである。かれは、かれが生きた時代の衒学と珍奇さとに、すくなからず感染していて、それらが、すべての彼の著作につよく現われているにもかかわらず、かれの専門職業にたいする無限の学殖のある人である。しかしながら、彼の書いたものは、非常に高く評価されるために、それらは、一般に、著者の名を附することなしに引用されるのである。」すなわち、クックには、スタイルなどについて、時代の影響からくる少なからぬ欠点があるが、その法にたいする学殖はふかく、その編集した事件報告は貴重なものであって、単純に、"The Reports" といえば、クックのそれをさすほどの尊敬をうけている、というのである。ところで、ウィンフィールドは、実質的にブラックストーンをふえんして、つぎのように書いている(15)。——

「これらの事件報告は、引用の目的のために、"The Reports" という単純な題名をえるほどに高く評価された。おそらく、およそ一組の事件報告で、これらより

以上に利用され、また、より以上に批判されたものはないであろう。このような批判のうち若干のものは、第1部にたいするクックの序文のなかで、彼が、ある他の版において、彼が博学な人たちの承認する形式をとることができるようにするために、わざと、何らかの一つの方法にしたがうことをしなかったと述べているのを、無視している。なぜ、プラウデンによってうち立てられた基準を離脱したのかは、明らかではない。しかし、彼は、たしかに、そうしたのであって、その結果、彼の事件報告は、現代人の目には、ある部分においては散漫であり、また、他の部分においては独断的であり、さらにまた、ラテン語の断片と聖書からの引用句を散点するものとして、うつるということになる。それらは、見出しのもとに配列された、法にかんする初歩的な論究に富んでいるが、そのことは、人に、裁判所よりは、むしろ教室を思いださせる。そして、クックが、法の実務家とともに、法の学生を心にとめていたことについては、ほとんど疑問はありえないのである。彼の〔報告している〕事件の大部分を読むについての困難は、どこで、裁判所の判決が終っているのか、また、どこでクックの評釈がはじまっているのかを明らかにする点にある。……クックの疑いのない学識は、不幸なことに、彼の書きものにおいて、しばしば双刃〔の剣〕になってしまうのである。そこには、非常に多くの学識があり、しかも、それは、ややもすれば、まことにまずく整理されているために、読者は、ときには、彼が出立点とした主要な命題は、いったい、どうなってしまったのかと、いぶかることになるのである。……しかし、≪事件報告≫におけるすべての欠点が容認されたときにも、われわれの法にたいするその影響が、はかり知れないものであるという事実が、やはり、のこるのである。それらが、たえず裁判所において引用されたという、また、それらが、われわれのコンモン・ロウという構造物を築きあげるのに用いられたという、さらにまた、今日にあってさえ、〔訴訟事件に〕法史上の何らかの問題点がふくまれるばあいには、他のどのような典拠を弁護士が引用しようとも、彼らは、ほとんどつねに、クックの事件報告、または、彼の提要(Institutes)からはじめるであろうという、その確固たる事実のかたわらにあっては、理論的批判も、重要でないものになってしまうのである。」彼は、このように述べたあとで、プラウデンとの比較によってクックを位置づけようとする。──「プラウデンの事件報告は、法の報告作成の方法において、一つの新しい時代のはじまりを画した。クックの事件報告は、それ以上の何かを実現した。それらは、法の原理を開陳しようと試みたのである。」というのが、ウィンフィールドのクック評価の要点である。

(15) Winfield, op. cit., pp. 188-9.

（ⅰ）ふつうコーク卿（Lord Coke）と呼ばれるサー・エドワード・コークまたはクック（Cooke）は、インズ・オブ・コートの一つであるリンカーンズ・インLincoln's Innにぞくした法廷弁護士ロバートと、その妻ウィニフレッドWinifredとのあいだの８人の子どものなかの、ひとりむすことして1552年に、ノーフォークNorfork郡のマイラムMilehamに生まれた。ロバートが、そこに荘園をもっていたからである。ロバートは、土地もちで、裕福ではあったが、専門の道では、インの上席会員（bencher）になったにとどまった。エドワードは、学校にはいるまえ、母から読み方をならったが、彼によれば、彼が、生涯、うしなわなかった勉強の習慣は、母の訓育のたまものなのであった。10歳のとき、エドワードは、ノリッチNorwichのグラマー・スクールに送られたが、まもなく父をうしなうという不幸に見まわれるのであった。母は再婚して、エドワードの教育は、その学校の校長によってひきつがれ、16歳で彼が大学に入学するまで、エドワードは、学校にとどまった。彼は、古典の勉強に能力を発揮し、想像力においてよりは、むしろ記憶力において見るべきものがあったといわれる。当時の習慣からみれば、むしろおくれて、1567年すなわち、16歳のとき、エドワードは、ケンブリッジ大学のトリニティ・カレッジに自費生としてはいる。じじつ、彼の後年の宿命的なライバルとなる大法官かつ大哲学者のフランシス・ベーコンFrancis Bacon（1561-1626）は、６年あとの1573年に12歳でおなじトリニティ・カレッジに入学しているのである。エドワードは、大学でも、ベーコンが自然科学や思考の新しい方法などに思いをひそめたのとちがって、既存の制度や従来の思考方法をこえたものに思いをおよぼすということがなく、むしろ、教えられることをよく記憶し理解するという傾向を示すのであった。しかし、彼は、３年半の学生生活ののち、1571年にダイヤーやプラウデンとおなじように学位をとらないで、ケンブリッジを去り、まず、いわば、インズ・オブ・コートの予備校であるインズ・オブ・チャンサリーInns of Chanceryのひとつであったクリッフォーヅ・インClifford's Innにはいって、命令状（Writs）や訴訟手続について勉強し、翌1572年に、コンモン・ロウのインズ・オブ・コートのひとつであるインナー・テンプルInner Templeの学生となった。そして、彼は、キャンベル卿がいう、「われわれのだらくした時代においては、われわれが、ほとんど思いうかべることのできない」ほどの刻苦精励のみちを着実にあゆむのであった。キャンベル卿が記述するクックの勉強ぶりは、こうである[16]。――

「まいあさ、彼は3時におきて、冬の季節は、自分の焚火に火をつけた。彼は、8時に裁判所が開かれるまで、ブラクトン、リトルトン、年書および二つ折判の法律要録を読んだ。彼は、それから、水路でウェストミンスターにゆき、食事のために裁判が休みになる12時まで、事件が弁論されるのを聞いた。インナー・テンプル食堂で、ちょっとのあいだ休息したあとで、彼は、午後には、インの講師の講義をきき、それから、また、5時すなわち夕食時まで、その個人的な勉強にとりかかるのであった。この食事がおわると、──もし、天気がよければ、〔テムズ〕河岸の庭園で、もし、雨がふれば、テンプル・チャーチの近くの天井のある歩道で、模擬裁判がおこなわれたが、そのときには、むずかしい法律問題が提出され、論議されるのであった。

　さいごに、彼は、〔インのなかの〕かれの私室にとじこもり、かれの忘備録をつけるのであったが、彼は、適当な項目にわけて、そのなかへ、その日のうちに集めた、すべての法的な情報を書きこんだのである。時計が9時をうつと、かれは就床したが、それは、真夜中の前と後とに等分に睡眠をとることができるためであった。〔当時〕クローブや、その他の劇場が、どしどし名声をあげていたが、彼は、それらの劇場のどれにも、いちども現われることがなかったのである。また、彼は、サレー卿やスペンサーの詩のような、利益にならない読物にふけるということもなかった。シェクスピアとベン・ジョンソンが非常に流行し、≪まじめな顔をした法の修習生たち≫でさえ、ときには、仮面劇に手をかし、また序幕を書くというありさまであったとき、彼は、確乎として、すべてのその種の娯楽をさけたのである。そして、彼の全生涯を通じて、彼は、ある芝居を観たり、脚本を読んだり、または役者と座をともにしたことが、ついぞ、なかったと考えられているのである。」

　エドワードは、インの学生であったあいだに、その弁護力を発揮する機会にめぐまれた。それは、おそらく、彼の伝記作者たちが、彼の名前のクックという呼び方にひっかけて、"the Cook's Case"〔料理番事件〕と名づけた、いわば、まかない征伐の事件であった。ホールの学生の食事(commons)の質が、想像に反してよくないというので、学生を代表して、エドワードがインの上席会員にたいして、コックの解任を要求したのであるが、その弁論における洞察の敏速さと判断の着実さは、学生には満足をあたえ、上席会員たちには称賛の念をひきおこしたといわれる。そして、このようにして、かれは、ふつうの学生が7年間インに在籍することを要求されたところを6年で十分と認定され、1578年に法廷弁護士の資格をあたえられた。

(ii) 法曹界におけるエドワードの出世ぶりは、2百年後のアースキン卿 (Thomas Erskine, first Baron Erskine, 1750-1823) の迅速な栄進ぶりに比肩するものであるが、それもアースキンのように通俗的な能弁によるのではなくて、法律家にふさわしく、「特別訴答 (special pleading) の術についてのふかい熟練の発揮」の結果であったのである。かれは、1580年には、インナー・テンプルの支配下にあった、インズ・オブ・チャンサリーの一つのライオンズ・インLyon's Innの講師readerとなり、喝采を博したといわれる。彼は、そのころ、すなわち、1579年から1581年にかけて行なわれた不動産法上のもっとも有名な事件、シェリー事件Shelley's Caseの裁判に弁論を行なって勝ち、その専門職業人の先頭にたつようになった。「それからさき、法廷弁護士としてとどまっていたあいだ、クックはウェストミンスター・ホールにおいて提起された、あらゆる重要な事件に依頼をうけるのであった。そして、彼は莫大な収入をうけたが、それによって、彼は、今日の高名な鉄道顧問弁護士がもっているよりも大きい、土地買入れの力をあたえられたのである。彼は、つぎつぎに〔所有の〕荘園を追加しはじめたが、ついには、国王が、かれの所有地が、一臣下としては大きすぎるものになりはしないかと、心配するにいたったほどであった。」── その法廷弁護士としての繁盛ぶりの一端を、キャンベル卿[17]は、そう記している。そして開業4年目に、彼は、有名なパストン家の娘で、才色兼備のブリッジェット Bridget Paston と「もっとも有利な結婚」をする。彼女は、コネもよく、おまけに、ぜんたいで、3万ポンドという巨額の財産を、彼にもたらし、いわゆる琴瑟相和して10人の子女をなし、1598年にエドワードを悲嘆のふちになげこんで、34歳で先だって世を去るのであった。ところが、すでに50歳になんなんとする法務長官クックは、そのころ、莫大な遺産をのこされ子はなく、上流社会にコネがあり、門地と富と美貌ならびに才智について有名になっていた、わずか20歳の「ひとりのうるわしい寡婦」ハットン夫人 Lady Hatton に目をつけ、夫人のいとこであるベーコンを競争相手にして、うまく勝つのであった。この再婚は、いずれの側からも、愛情からのものではなく、その挙式も、一種の「不正式婚」(irregular marriage) として、とりおこなわれ、教会裁判所において訴追されて、彼は、あやうく破門のうき目を見るところであったのである。

クックは、この妻とのあいだに、娘をもうけるが、夫婦の仲は、いたって、つめたく、王座裁判所首席裁判官の地位をおわれた1616年のつぎの年には、王の気嫌をとりむすぶため、彼がお膳だてしたその娘の政略結婚をめぐって、夫婦のあいだに争いがおこり、ついには、ベーコンも干与する泥仕合的な裁判劇を演じた

のち、国王の介入があって、彼の計画どおり、その結婚は成立したが、夫婦の仲は、冷却するばかりであったし、また、王のご気嫌も、彼を司法職において復活させ、または昇進させるほどには、なおらなかったのである。そして、やがて、彼は国会議員となり、そこにおける反対党の指導者となり、ロンドン塔に幽閉されるという憂き目も見たのち、1628年の国会において、第2のマグナ・カルタといわれる「権利請願」(Petition of Right) を起草し、提案して通過させるようになるのである。クックは、数年の公的生活からの隠退ののち、1634年秋のはじめに、落馬のせいもあったとされているが、彼の長生きにいらいらしていたらしいハットン夫人とは、仲たがいのまま、娘のひとりに見とられて、しずかに82歳の生涯をとじた。

　(iii)　クックが就いた公職を年度順に示せば、つぎのとおりである。――1585年、コヴェントリの市裁判官 (recorder)、1586年、ノリッチの市裁判官、1590年、インナー・テンプルの上席会員、1592年、法務次長 (solicitor-general)、インナー・テンプルの講師およびロンドンの市主任裁判官、1592-3年、庶民院議長、1593-4年、法務長官 (attorney-general)、1596年インナー・テンプルの会計係、1606年、人民訴訟裁判所首席裁判官 (chief justice of the common pleas)、1613年、王座裁判所首席裁判官 (chief justice of the King's Bench)、1614年ケンブリッジ大学裁判官 (High Steward)、1620年、1624年、1625年、1628年、庶民院議員。

　(iv)　クックの事件の報告が出版されはじめるのは、彼が法務長官であった1600年のことである。そして、彼の事件報告は、13編からなるが、そのうち11編は、1600年から1615年までのあいだに、すなわち、彼が現職の法務長官、人民訴訟裁判所首席裁判官または王座裁判所首席裁判官であったあいだに、彼自身によって、また、のこりの2編は、彼の死後の1655年と1658年に公刊された。それらの2編は、公刊のために準備されたものではなく、主として、むしろ粗雑な控え書きからなっていて、その権威も、ほかの11編ほど高いものであるとはされない。

　ところで、第1編の標題を、参考までにかかげれば、つぎのとおりである[18]。
"The First Part of the Reports of Sir Edward Coke, Knt., Her Majesty's Attorney-General, of divers Resolutions and Judgments given with great deliberation, by the Reverend Judges and Sages of the Law: of Cases and Matters In Law which were never resolved or adjudged before; and the Reasons and Causes of the said Resolutions and Judgments, during the most happy Reign of the most Illustrious and Renowned Queen Elizabeth, the Fountain of all Justice, and the Life of the Law."

6 判例というものの考え方〔4〕イギリスの現代的判例集の様式の成立 3の(3)

「すべての正義の源泉ならびに法律の生命である、最も顕著にしてかつ高名なエリザベス女王の最も幸福な治世において、以前には、まったく決定または判決されたことのない法律上の事件および事項について、非常な熟慮をはらって、尊敬すべき裁判官および法の賢人たちによって下された、いろいろの決定および判決ならびに当該の決定および判決の理由および原因にかんする、女王陛下の法務長官ナイト・サー・エドワード・クック事件報告の第1編。」

このような標題の立て方が、その基本線でプラウデンの事件報告のそれ（前述〔4〕3の(3)(ロ)【→本書391頁】）によくにていることに、読者は、すぐに気がつくであろう。しかし、「以前には、まったく決定または判決されたことのない法律上の事件」という限定のしかたは、事件の報告価値を、いわば、その新奇性におくものとして、事件報告作成の第1原理といってよいものを実現するということができ、また、「当該の決定および判決の理由および原因」をプラウデンにおける「論議」にかえているのは、いわば、今日いわゆる「判決の理由」の明確な意識に通ずるものがあるということができよう。さらに、「非常な熟慮をはらって」という、判決ないし決定の性格づけも、報告価値にかんする今日の考え方の一部をなすものにほかならないであろう。なお、（女）王をもって、「正義の源泉」または「法律の生命」と観ることは、中世的な司法のあり方を示すものとして、イギリス法要論的な書物で、読者がしばしば、出くわす表現であるが、それが、はからずも、このチューダー期の有名な女王にたいする敬意の表明方法として使われている実例に接して、その表現が、イギリスの絶対王制と無関係ではないのではなかろうかという疑問を、われわれに抱かせるのである。

つぎに、報告される事件の名前の出し方についてみると、たとえば、この第1編の第1事件は、

"The Lord Buckhurst's Case. Between Lord Buckhurst, plaintiff, and Fenner, Justice, and Others, Executors of the Lady Dacres, Defendants, in Chancery.

Paschae 40 Eliz.

1598 Ld. Buckhurst v. Fenner and Others."

「バックハースト卿事件。大法官裁判所における原告バックハースト卿と、被告〔ら〕ディカース夫人の遺言執行者たる裁判官フェンナーおよびその他とのあいだの〔事件〕。

エリザベス女王治世40年イースター開廷季

1598年、バックハースト卿対フェンナーおよびその他事件。」

となっていて、報告事件の呼び方としては、今日では、通俗的か、または、古め

かしく聞えるものが採られていることがわかるが、このような事件呼称は、クックの事件報告の全体を通じて一貫しているのである。そして、クックの事件報告の態度について、ウィンフィールドが、「裁判所よりは、むしろ教室を思いださせる。」という感想を述べていることは、まえに紹介した（前述〔4〕3の(3)ㇰ)）【→本書393頁】）が、その点は、このバックハースト卿事件を、さらりと読んだだけでも、ある程度に読みとることができるようである。たとえば、この報告の最初の一行の「原告バックハースト卿と、被告、裁判官フェンナーおよびその他……とのあいだの重要な事件（the great case）において」という主観的な評価をこめた表現は、客観的な事件報告者のものというよりは、むしろ教師のそれであると考えられるであろうし、また「註。この決定は、もっとも賢明で、かつ法律に通じたものの4人によるものであった。」（Note; this resolution was by four of the most wise and learned in the law）という、判決を下した4人の裁判官のえらさを指摘することによって、その判決の重要さを読者にのみこませようとする、報告の中途で挿入される一句も、講義をする人の発言を思わせるものと、いってよいであろう。

　クックの事件報告作成の基本的な態度を端的に示すところの、よく引照される一節がある。それは、クックの事件報告の第7編に報告されている最初の事件であるカルヴィン事件 Calvin's Case に出ている。――「そして、わたくしが、あえて、彼らの論議について報告を作成することを実行しはじめたからには、わたくしは、当然、およそ、私にできるかぎり、十分に、真実に、かつ誠意をもって、そのことを実行しなければならない。」このように、彼は、事件報告者として、あたりまえの心構えを承認して、さらに、つづける。――「それにもかかわらず、ほとんどすべての裁判官が、その論議の進行にあたって、ある特定の方法をとっており、また、私が、ひとえに、ひとつの方法を固守しなければならないのであるということに徴すれば、もし、私が、権利の問題として、あらゆる事件報告者に帰すべきところのもの、すなわち、すべての論議について考慮した上で、その報告者自身が、問題の事件の判決および決定の真の理由および原因をただしく理解するために、もっとも適切で、また、もっとも明瞭であると考えるような方法に、すべての〔論議〕の要旨と趣意とを適合させること、を要求したとしても、私は、何人をも正当に怒らせることはないであろう[19]。」

　こうして、事件報告者クックは、ときには、じっさいに、報告者の任務の本分をこえてしまうことになった。上の文章にみられる、彼の意見そのものは、今日の目でみれば、判決のなかの、後の裁判を拘束する部分、すなわち、レイシオ・デシデンダイ＝判決の理由を、客観的に見つけだそうとする立場を主張するもの

にすぎないとも解されるのであるが、事実としては、キャンベル卿のことばをかりれば[20]、彼の事件報告において、「彼は、まったく関連性がなかったか、または、その訴訟事件において、ぜんぜん生起していないところの、非常に多くの問題を≪決定された≫と表示する。そして、これらの問題を、彼は、自分の気にいるように処分する。それゆえ、かれは、しばしば、事件報告者というよりは、むしろ法典化者または立法者 (codifier or legislator) なのである。そして、このような法の確定または改革の仕方は、たとえ、彼のような学殖と権威のある、もうひとりの法律家があらわれるとしても、今日では容赦されることがないであう。しかも、彼が裁決されたものとして記録〔＝報告〕したことは、すべて、尊敬をもって受けいれられたのである。」そこで、キャンベル卿は、こういう結論にたっする。——「彼の事件報告の価値にもかかわらず、どんな事件報告者も、彼を模倣することをあえてすることはできないであろう。」要するに、彼は、ユニックな事件報告者である。そして、彼のこのような事件報告の仕方は、彼が王座裁判所の首席裁判官であった時期に公刊した、その事件報告の第10編において、「……イギリス首席裁判官サー・エドワード・クックの事件報告第10編」という標題をつけたことと合して、1616年における彼の失脚の原因のひとつとなるのである。すなわち、クックは政敵によって、些細な、いろいろの罪状について、枢密院に喚問され、申し開きをさせられたが、その判決が、やがて大蔵卿サフォーク伯爵によって、つぎのように言渡される[21]。

「サー・エドワード・クックよ、わたくしは、陛下が、けっしてあなたの申し開きに満足しておられないということを、あなたに告げるよう陛下から命令をうけました。しかし、あなたのこれまでの勤務を顧慮された結果、陛下は、あなたをおもく処分するお気持はないのであります。そして、そのゆえに、陛下は、つぎのように判決をなさいました。——(1)あなたは、追って陛下のお気持ちの通知があるまで、枢密院の私室を没収されること。(2)あなたは、巡回裁判所の裁判官として、あなたの夏季巡回区をまわることを差し控えること。(3)休暇中、あなたは、私的に生活し、らくにする余裕のあるあいだに、あなたは、あなたの事件報告の書物を考慮し検討すること、なぜならば、そこには、陛下がご承知なさるところによれば、多くのとっぴな、途方もない意見が、有効な実定法として書かれ、かつ公表されているからであります。なかんずく、その本の標題において、あなたは自ら≪イギリスの首席裁判官卿≫という称号を用いておりますが、法律上、あなたは王座裁判所の首席裁判官卿という称号を要求することができるにすぎないということについて、陛下は、あまり快く思っておられないのであります。そ

して、これらの事件報告について、あなたの判断で適当と思われるものを訂正したうえで、あなたが、それらを私的に御前にもたらし、陛下が、その君主にふさわしい判断によって便宜にかなうものとお認めになるところにしたがって、それらにつき考慮なさることができるようにすることが、陛下のお考えであります。さいごに、わたくしには、あなたにたいする苦情の原因が、もう一つあります。陛下は、あなたが、あなたの馬車の馭者に無帽で、あなたの前にのることをゆるしたという、信ずべき情報をもっておられますが、陛下は、こういうことが、将来においては差し控えられるようお望みであります。」

(16) Lord Campbell, The Lives of the Chief Justices of England, pp. 242-3.
(17) Lord Campbell, op. cit., p. 245.
(18) これらの報告書の原本は見ることができないので、それらにかんする以下の記述は、English Reportsの第76巻以下によっている。
(19) その原文を、参考までにかかげておこう。

"And now that I have taken upon me to make a report of their arguments, I ought to do the same as fully, truly, and sincerely as possibly I can; howbeit, seeing that almost every judge had in the course of his argument a particular method, and I must only hold myself to one, I shall give no just offence to any, if I challenge that which of right is due to every reporter, that is, to reduce the sum and effect of all to such a method as, upon consideration had of all the arguments, the reporter himself thinketh to be fittest and clearest for the right understanding of the true reasons and causes of the judgment and resolution of the case in question."

(20) Lord Campbell, op. cit., p. 340.
(21) その原文を示せば、つぎのとおり。――

"Sir Edward Coke, I am commanded by his Majesty to inform you that his Majesty is by no means satisfied with your excuses. Yet, out of regard to your former services, he is not disposed to deal with you heavily, and therefore he hath decreed—1. That you be sequestered the council chamber until his Majesty's pleasure be farther known. 2. That you forbear to ride your summer circuit as justice of assize. 3. That during the vacation, while you have time to live privately and dispose yourself at home, you take into consideration and review your books of Reports, wherein, as his Majesty is informed, be many extravagant and exorbitant opinions set down and published for positive and good law, Amongst other things, the King as not well pleased with the title of the book wherein you entitle yourself 'Lord Chief Justice of England,' whereas by law you can challenge no more than Lord Chief Justice of the King's Bench. And having corrected what in your discretion be found meet in these Reports, his Majesty's pleasure is that you do bring them privately before himself, so that he may consider thereof as in his princely judgement shall be found expedient. To conclude, I have yet another cause of complaint against you His Majesty has been credibly informed that you have suffered your coachman to ride bareheaded before you, and his Majesty desires that this may be foreborne in future."

(v) クックの事件報告＝判例集の形式ないし様式は、上に述べたように、かれの晩年のけわしい運命とのあいだに、ふかいつながりをもつのであったが、そこに「報告」されているところのものが、「すべて尊敬をもって受けいれられた」というキャンベル卿の評言は、ただしく的を射ているのである。かれは、さらに、こう述べる[22]。——「それらは、奇妙さと衒学のきらいはあるのであるが、非常な精確さと才能とをもって遂行されている。そして、いやま不面目にも、それらを著作した人に対立して、もっとも活発な役割をはたしつつあったベーコンは、わざわざ、こう書いているのである。——≪すべての人に、そのまさに受くべきものを与えるならば、サー・エドワード・クックの事件報告には、まちがいと、正当な根拠があるところをこえて、若干の独断的かつ裁判外的な決定とがあるやもしれないにもかかわらず、やはり、それらには、おびただしい良い判決と決定を含むのである≫と。」また、ホールズワースは、クックの事件報告が、当時のイギリス法の伝統の維持とその新たな展開についてはたした重要な役割を、つぎのように評価し、さらに、その評価を、ベーコンのことばによって裏付けている[23]。——「クックの事件報告の重要性は、つぎの点である。すなわち、それらの事件報告は、16世紀および17世紀の広範な諸変化によって変更された法を再述し（restate）、かつ、それを中世のコンモン・ロウと連結する。このようにして、それらは、われわれの法の継続性（continuity of our law）を維持するのに大いに助けとなった。そして、クックの事件報告のこの注目すべき長所は、かれの偉大な競争相手ベーコンによって承認されていたのである。彼は書いた、——≪サー・エドワード・クックの事件報告がなかったとすれば、法は、これまでに、ほとんど、底荷を積んでいない船のようになってしまっていたであろう。けだし、現代的経験の諸事件は、以前の時代に裁決・決定された諸事件から引離されてしまうからである。≫と。」

(22)　Lord Campbell, Lives of the Chief Justices, vol. 1, p. 289.
(23)　Holdworth, Sources and Literature of English Law, p. 95.ベーコンのことばの原文は、つぎのとおり。――"Had it not been for Sir Edward Coke's reports, the law by this time had almost been like a ship without ballast; for that the cases of modern experience are fled from those that are adjudged and ruled in former times."

　なお、ここで、現代のイギリスの代表的な裁判官のひとりであるデニング卿が、クックのイギリス法史における地位を、独特なやり方で定めるさい、その事件報告を「教科書」だと評価しつつ、つぎのように述べていることを照会しておこう。
　「法専門職は、通例、二つの陣営に分割されてきているのであります。すなわち、変化を実現しようと欲する人たちと、事物がその現状にとどまることを選び好む人たちとが、それであります。」
　――同卿はそう主張し、さらにつづける。――「そして、われわれは、通例、その両者のあいだに、何とか、うまい中道を見つけだしてきているのであります。何の変化もおこらないことを選び好む人たちにたいしましては、わたくしは、クック卿が（じっさいは教科書でありましたところの）彼の事件報告を書いたとき、≪多くのとっぴな、途方もない意見が、有効な実定法として書かれ、かつ公表されて≫いたという事由によって、彼は当局から大いに批判を受けましたし、また、≪それらの事件報告に散見する新奇な考えと、間違いと、不快なうぬぼれ≫を削除することを、彼は命ぜられました、ということを申しのべたいのであります。しかも、クック卿は、つぎの150年のあいだ、共同社会の進路を統御するのに好適したものになるように、コンモン・ロウを杭で区画した（staked out）のであります。」(Sir Alfred Denning, The Changing Law, 1953, Preface, vii-viii.)。なお、この引用文に引照されている２つの≪　≫のなかの文句のうち、前者は、(iv)に紹介されたクックにたいする問責文の一部であり、後者は、その問責にたいするクックの答弁を国王に報告したベーコンの手紙の一部なのである（Lord Campbell, op. cit., p. 289.）。
　(vi)　クックの『事件報告』との関連において、ここで、ぜひ引合いに出しておかなければならない、もう一組の著作物が、彼にはある。それは、４編から成る、彼の『イギリス法提要』The Institutes of the Laws of Englandであって、『クック卿の法学提要』(the Institutes of Lord Coke) とも呼ばれている。そして、その第１編は、リトルトンLittleton(c. 1407-81)の『土地保有条件論』(Of Tenures)――ふ

つう Littleton's Tenures と呼ばれる——にたいする註釈にほかならぬものであって、クックの『第一法学提要』(First Institute)または、『リトルトン釈義』(Commentary upon Littleton)と名づけられている。それは、著者自身によって、"The First Part of the Institutes of the Laws of England; or, A Commentary Upon Littleton"（イギリス法提要第一部またはリトルトン釈義）という標題をつけられ、2巻から成っており、著者の生存中の1628年にその第1版が公刊され、翌年の1629年にクック自身によると考えられている改訂版が出された。そして、1787年にはバトラー Charles Butler の有名な第13版にたっするようになり、その後も、それにもとづいて、いくつかの版が重ねられた。本稿の記述は、1823年のその第18版によっている。

　さて、デニング卿が、ずばり指摘するように、クックの『事件報告』が「教科書」であったということができるとしても、それは、やはり、実質的にそうだというだけのことである。そこで、事件報告＝判例集をすら「教科書」にしてしまうような何かによって動かされ、鼓吹されていたクックが、実質的にも、名義上も、イギリス法の教科書そのものであるところの著作を書くことに思いおよぶようになることを想像したとしても、それは、すこしも不自然ではないということになるであろう。政治的には失脚し、家庭的には妻と別居していた、失意の晩年の日々に、彼のなぐさめとなり、また、彼の情熱をかきたてて、生きのささえとさえなったものは、じつに、この『イギリス法提要』の構想と執筆とであった、と考えられる[24]。しかも、その四部のうちで、もっとも重要なものと見られてよい「第1部」がコモン・ロウにかんする既存の著名な書物にたいする註釈の形をとって、まず公表されたということが注目されるべきであろう。デニング卿が「つぎの150年のあいだ、共同社会の進路を統御するのに好適したものになるように、コモン・ロウを杭で区画した」と評し、また、ホールズワースが、16、7世紀の法変化のあとを再述して、それを中世のコモン・ロウと連絡させ、イギリス法の継続性を確保したと断じているところの、過去を着実にふまえたうえで前進しようとする法律家的な保守性とも呼ぶべきものが、そこに、はっきりと見てとれるであろう。それは、たしかに、彼の『事件報告』の底によこたわる構想の、さらに一つの重要な本格的な展開であったのである。クック自身のつぎのことば[25]、「われわれの事件報告の11編においては、われわれは、他人の意見と判決を語った。しかし、ここ〔＝法学提要〕では、われわれ自身のものを書いた。」(in the Eleven Books of Our Reports we have related the opinions and judgments of others; but herein we have set down our own.) は、あきらかに、そのことを示して

いる。しかし、それが、あるテキストの註釈であるという根本的な事実は、やはり、のこるのである。

　クックがリトルトンの『土地保有条件論』を註釈することによって、彼の『法学提要』の最初の1巻を書くことを決心したのは、土地保有条件をめぐる法が、当時、イギリス法のもっとも重要な部分をなしていると考えられていたからであろう。つまり、クック自身のことばによれば(26)、それが「この王国の根本的法律」 (the fundamental laws of this realm) にほかならなかったからである。そして、クックの評価によれば、リトルトンの『テニュア論』こそは、コンモン・ロウの華、完全無欠な著作なのである。かれは、こう書いている(27)。——「われわれが以前に書いていることがら、すなわち、本書がコンモン・ロウのかざり (the ornament of the common law) であり、また、およそ人文科学において、これまでに書かれた、もっとも完璧かつ絶対的な著作 (the most perfect and absolute work) であるということ、さらにまた、別の場所で、わたくしが確言し、また、あらゆる反対する人たちに抗して、あえて主張したことがら、すなわち、その本が、何らかの人文的学問について書かれていることを、わたくしが知っている、どんな書物にもおとらず、その種のものにおける絶対的完璧さをもち、また、誤りのない著作 (a work of as absolute perfection in its kind, and as free from error, as any book that I have known to be written of any humane learning.) であるということは、勤勉で観察力のある、これらの法学提要の読者にとって明白にされるであろう。そして、われわれは、(彼の著作に対する釈義にすぎない) それらの法学提要によって、われわれが以前の諸時期に、非常に信念をもって確言し、仮定したことがらを充分に証明したもの、と見なされるであろう。それが、われわれにとって最大の利益になるものであるがゆえに、彼が推賞される最大の点は、彼が他の人たちから熱心に学びとった、この優れた著作によって、彼が、つぎの時代のすべての法の専門家たちを誠実に教えた (faithfully taught) ということなのである。……」

　ついで、リトルトンの『テニュア論』の内容についてクックが述べるところは、それが、イギリス法において、いわゆる『権威的典籍』 (books of authority) の一つとしての地位をしめることを、イギリス法史のこの時期に明確に示すものとして意味ふかいものがある。権威的典籍については、いわば、判例集の一つの特殊な型体として、のちに、なにがしかの説明をする必要があり、リトルトンの『テニュア論』も、その機会に引き合いにだされるはずであるから、ここでは、ただ、クックの評言の一部を引用するに止めておこう。クックは、つぎのようにいう(28)。——「われわれの著者は、かれの三編において、かならずしも多くの先決例

を引用していないとはいえ、しかも、彼は、それら三編のいずれにおいても、法にかんする、つぎの２人の誠実な証人、すなわち、権威と理性（authority and reason）によって立証され是認されない、どんな意見をも抱くことがないのである。たしかに、彼が何らかの疑問を提起し、〔賛否〕双方の側における理由を示すとき、その後者の意見がかれ自身のものであって、かつ、それは法と一致しているのである。われわれは、かれの〔引用している〕事件〔＝判例〕の多くのものが、問題にされているのを知っている。しかし、それら事件のいずれかに反対して、何らかの判決が下されているのを見いだすことは、けっしてできないのであるが、こういうことを、われわれは、われわれの法にかんする、他のどんな書物または出版物についても確言することはできないのである。……」

そして、そのように高い権威を認められてきた、この書物について、クックは註釈をくわえるのであったが、彼は、そのことを、つぎのように語っている(29)。——「われわれは、以下の法学提要において、彼の〔引用している〕個々の事件のそれぞれの真の意味と、そのそれぞれの適用範囲を、あるいは明示のことばをもって、または、黙示的に解明しようと努めた。そして、それら事件のうちのどれかが、何らかの、後の国会制定法によって変更されている場合には、その制定法および、どこにその変更があるのかと観察しようと努めた。……」

この釈義の効用について、クックは自信満々である。彼は、こう述べている(30)。——「われわれの希望は、これまで、最初のところで、多くの年をへた後と同様のむずかしい用語と言葉および事柄にで出あい、かつ、それと苦闘して、多くの人たちがそうであったように、最初のところで意気消沈してしまった若い学生が、以下の法学提要を読むことによって、その勉強のはじめにあたって、〔法の〕術の事柄および用語と言葉の双方についての困難と不明瞭さを、自分にとって容易なものにし、かつ説明をしてもらうことができ、よって、彼がその勉強を元気よく、かつ喜びをもって進めることができるようになる、ということである。それゆえ、わたくしは、それらを法学提要と名づけた。なぜなら、わたくしの願いは、それらが、勉強するものたちに手ほどきをし（institute）教授し（instruct）、かつ、かれを容易な方法でイギリスの国家法（the national laws of England）の知識に導くということなのであるから。」

なお、この『イギリス法提要第１部』は、はじめから英語で書かれたが、そのことについてクックは、今日の立場からみれば、奇妙にひびくほどに、多くのことばを費して、陳弁これつとめている。つまり、イヤ・ブックスは、いわずもがな、リトルトンの『テニュア論』も、また、クックのいわゆる「法律用フランス

語」(legal French) を使っていて、それは、すでに術語（vocabula artis）になっていたからである。「そして、古い時代における、われわれの事件報告書と制定法集が、その時代にフランス人自身が、ふつう話し、また書いたフランス語で書かれたということは、たしかである。」とクックはいいきり、さらに、こう述べる(31)。「しかし、われわれの著者〔＝リトルトン〕が使っている、この種のフランス語は、〔ただ〕書かれ、かつ読まれる〔にすぎないという〕のが、いちばん普通であって、それが話されることは、はなはだまれである。それゆえ、純粋であり、または、よく発音されるということはありえないのである。しかも、それを変えることは（非常にながいあいだの慣習とされてきているのであるから）、何の利益もないことになり、しかも、大きい危険と困難をともなわないわけにはゆかないであろう。それというのは、法律用フランス語から引きだされた、非常に多くの古い用語と言葉が、法律の真の意味を表示するのに、非常に好適した、かつ重要なvocabula artis、すなわち、術語になるほどに発達をとげており、また、法律それ自身のなかに、それらを変えることは、ある意味で不可能であるというほどに、織りこまれているために、法律用語もまた変えられるべきではないからである。」

　しかし、それにもかかわらず、クックは、あえて英語を使って、『リトルトン釈義』を書いた。なぜか。答えは、クックに語らせよう。──「〔法学提要の〕この部を、われわれは（先例がないわけではないが）英語で出版した。それというのは、それが、王国の国家法（the national law of the realm）の知識にたいする序説、すなわち、必要ではあるが、しかし、すべての他の専門職業においては類似のものがあるにかかわらず、〔法律については〕これまで何人によっても企図されたことのない仕事、であるからである。われわれは、われわれの著者〔＝リトルトン〕が彼自身のことば〔＝法律用フランス語〕を話すにまかせ、それを英語に翻訳したが、それは、およそ、この王国の貴族または紳士階級にぞくするもの、あるいは、他のどんな身分または専門職業であれ、それにぞくするものは、だれでも、われわれの著者と本法学提要を読む気になる場合に、それらを書くのに使われている言語を理解できるようにするためである。」そして、つづけて、クックはこう説いている(32)。──「これらの法律を英語によって一般的に伝達することが、何らかの不都合を生じうるとは、わたくしには、想像できない。むしろ、Ignorantia juris nonexcusatすなわち、法の不知は許さず、ということを考えれば、〔むしろ〕大きい利益を導入するものと思われる。……」

　ところでクックが、このように、当時の一般の慣行に反して、デニング卿のことばによれば、法律家のうちで「変化を実現しようと欲するもの」の陣営にぞく

して、勇敢に英語によって、その主要な著作を書いたことは、彼自身のイギリス法史における地位を高い所に定着させるという効果をもつことになった。のちに述べるように、クックのこの本もまた、「権威的典籍」の列にはいるようになるからである。「たしかに、彼は非常に学問のある人であった。」とこの世紀のはじめにメートランドは断言する(33)。そして、多少の意地わるさをこめたと思われることばで、つづける。――「彼は、イヤ・ブックスにかんする知識が一般的ではなくなりつつあった時に、そのイヤ・ブックスを知っていたのである。そして、彼の学問の成果を、劣悪なフランス語にかえて、英語によって発表することによって、彼は、ながいあいだ、中世のコンモン・ロウにかんするすべての事項についての究極の権威（an ultimate authority about all matters of medieval common law）となったのである。われわれは、ただおもむろに、彼が、かならずしもすべてのことを知っていたのではなかったということを見いだしはじめているにすぎない。」

さいごに、クックは、彼の『法学提要』の全体的プランを明らかにして、こう語る(34)。――」この著作を、われわれは、2個の事由によって、≪法学提要第一部≫（The First Part of the Institute）と呼んだ。すなわち、第１に、われわれの著者〔＝リトルトン〕は、われわれの学生がとりあげる最初の書物であるということのために。第２に、法学提要には、まだ出版されていない部が、ほかにまだ若干あるということのために。すなわち、第２部（the Second Part）は、マグナ・カルタ法（the statute of Magna Charta）、第一ウェストミンスター法（Westm. I）、およびその他の古い制定法にたいする釈義である。第３部（the Third Part）は、刑事事件および国王の訴訟(35)（criminal causes and pleas of the crown）をとりあつかうものであるが、その３編を、われわれは、全能の神の親切によって、すでに完成している。第四部（the Fourth Part）を、われわれは、裁判所の管轄権（the jurisdiction of courts）にかんするものとするつもりである。しかし、これについては、われわれは、非常に偉大でかつ崇高な建物をたてるための若干の材料を集めたにすぎない。」そして、このあとに、「われわれ自身のものを書いた」という、すでに引用された、述懐をふくむ文章がくる。――「われわれは、全能の神の親切と援助によって、この12番目の著作を完了した。われわれの事件報告の11編においては、われわれは、他人の意見と判決を語った。しかし、この著作では、われわれは、われわれ自身のものを書いた。」クックの事件報告と、本来的に教科書であることをねらった、その法学提要とが一つの共通の大きいプランにもとづくものであったことは、いまや、まったく明らかになった、ということができよう。

(24) Lord Campbell, Lives of the Chief Justices, vol. 1, pp. 307-8.
(25) Coke Upon Littleton, 18th Ed., 1823 XI.
(26) Coke Upon Littleton, op. cit., XXXV.
(27) Coke Upon Littleton, op. cit., XXXVI.
(28) Coke Upon Littleton, op. cit., XXXVI—XXXVII.
(29) Coke Upon Littleton, op. cit., XXXVII.
(30) Coke Upon Littleton, op. cit., XXXVIII.
(31) Coke Upon Littleton, op. cit., XXXIX.
(32) Coke Upon Littleton, op. cit., XXXVIII—XXXIX.
(33) Maitland, The Constitutional History of England, 1908, p. 268.
(34) Coke Upon Littleton, op. cit.,
(35) criminal causesとpleas of the crownは、今日では、同じ意味に使われ、いずれも刑事訴訟をさすと見てよいが、昔は、郡裁判所のような地方裁判所でなくて、王裁判所だけで裁判することのできた刑事事件を意味した。

　(二)　Cro. Eliz., Cro. Jac.およびCro. Car.という省略法で引用される3冊の判例集を書いたサー・ジョージ・クロークSir George Crokeは、1560年に、バッキンガム・シャーのチルトンChiltonの土地もちで、エリザベス女王のとき、バッキンガム・シヤーの郡宰（Sheriff）をつとめたサー・ジョン・クロークの3番目の息子として生まれた。祖父のジョン・クロークもまた法律家であって、1549年には大法官庁主事官（master in chancery）となっているし、また、父と同名のかれの長兄、すなわち、サー・ジョン・クローク（1553-1620）は、彼よりも7歳の年上であったが、ジェームス一世の治世に、1607年から1620年までの13年間、王座裁判所の裁判官であった。そして、このサー・ジョンは、裁判官に就任する5年まえの1602年に、ロバート・ケイルウェイRobert Keilwayが収集した精選判例集の1巻を公刊しているが、それが、のちに2回も再版されるというほど流布して、しかも「クロークの判例集」という呼び名をえているために、この小稿の主人公の判例集と混同されるきらいがあることを注意しなければならない。
　(i)　ジョージ・クロークは、1575年に15歳でオックスフォードのクライスト・チャーチ・カレッジに入学を許されたが、同じ年にインナー・テンプルにはいり、9年後の1584年に法廷弁護士の資格を与えられた。彼は、1597年には、インナー・テンプルの評議員となり、1599年および1618年には、その講師に任命された。なお、1597年には国会議員に選ばれ、また、1609年にはインナー・テンプルの会計係となっている。彼の長兄サー・ジョンが死んでから4年ほどあとの1623年に、

ようやく、彼は、コンモン・ロウ上席弁護士（serjeant at law）となり、まもなく、王の上席弁護士（King's serjeant）に任命され、そのさいにナイトの称号を与えられた。彼がコンモン・ロウ上席弁護士になることが、そのようにおくれたのは、その栄典を受けるさいに、宮廷の関係者にたいして金円の支払をすることが慣例となっていたのに、クロークがそれにしたがうことを拒んだからといわれている。

ジョージ・クロークは、上席弁護士になってから、わずか1年半のち、1625年に人民訴訟裁判所の裁判官に任命された。それから数週間ののちにジェームズ1世が死んで、チャールズ1世の即位を見たが、彼にたいする任命開封特許状は更新された。そして、3年後の1628年に、彼は王座裁判所の四人の裁判官の1人に任命されたのであった。彼は、その職位にあること12年、1640年に引退を申しでて容れられ、25年まえに弁護士の収入で買っておいたオックスフォード・シャーのウォーターストックWaterstockにある地所に隠退して余生を送り、1642年にその82歳の生涯をとじた。

フォスは、裁判官としてのジョージ・クロークの剛強不屈な態度を、つぎのように記述している(36)。「彼がそこ〔＝王座裁判所〕に着席した12年間は、大反乱（the Great Rebellion）に直接先行した年間であったが、その反乱の到来を早めるのに諸裁判所が、おおいに役だったのである。〔すなわち〕それらの裁判所は王国の反統治構造的な命令（unconstitutional behests）を強行するための道具として使われた。けだし、裁判官たちの屈従的な判決によって、それらの命令は法律の効力を有すると宣言されたからである。〔しかし〕この卑屈な精神は、裁判官団の全体におよんだというわけではない。そしてサー・ジョージ・クロークは、権力の威迫も、また恩寵の希望も、良心の命ずるところをふみはずさせることができなかった少数派の1人であったのである。彼は、庶民院における言論のためにロンドン塔に幽閉されたセルデンSelden、ホリスHollis、その他の国会議員にたいする正義を遅滞させることについての責任にたいして、庶民院の票決において、異議をとなえた王座裁判所のただ1人の裁判官であった。そして、シップ・マネー（建艦税）の大事件においては、彼は、はじめ、他の裁判官たちとともに、その合法性を宣言する抽象的な意見に署名するにいたったのであったが、しかし、これがハンプデン事件（Hampden's case）として、裁判上かれの面前にきたときには、彼は、多数意見に反対して、国王に不利な判決を下したのである。そして、この勇気ある行動において、彼は、サー・リチャード・ハットンSir Richard Hutton（1569-1639）、サー・ハンフリー・ダヴンポートSir Humphrey Davenport

(1566-1645)、およびサー・ジョン・デナムSir John Denham (1559-1639) の見ならうところとなった。ハンプデンにたいする決定は、1638年6月12日に宣告された。そして、すべての多数意見に同調した裁判官は、1640年12月に長期国会によって大逆罪のかどで弾劾されたのである。……」

(36)　Foss's Judges of England, vol. VI, 1857, pp. 294-5.

(ii)　ジョージ・クロークが事件報告をはじめたのは、1581年すなわち、彼が法廷弁護士として仕事をはじめた1588年よりも7年まえのことであったといわれている。そこで、彼の事件報告は、エリザベス女王治世第24年、すなわち、1582年からはじまり、彼が王座裁判官として引退した年の翌年、1641年までの判決を収載することになる。そして、それらの事件報告が、女王または王の治世ごとにまとめられて、それぞれCro. Eliz., Cro. Jac., Cro. Car.という略称によって引用されることについては、まえに言及したとおりであるが、その略称のなかのEliz., Jac., Car.が、それぞれエリザベスElizabeth女王(1558—1603在位)、ジェームズ1世James I, (1603-1625在位)、およびチャールズ1世Charles I (1625-1649在位) を指すことは、いうまでもない。クロークの事件報告は、王座裁判所と人民訴訟裁判所の判決を中心としており、それぞれの裁判所の判決を、裁判所開廷季(term)ごとにわけて報告し、それに事件1、事件2というように、番号をつける。報告は、むしろ極度に圧縮されていて、数行でおわるものが少なくなく、一つの事件の報告が、1頁以上をしめることは、むしろ少ないといってよいであろう。報告は、クロークの手では、法律用フランス語で書かれていたが、彼の死後に、かれの女婿サー・ハーボトル・グリムストンSir Harbottle Grimstonが英訳して、Cro. Car.は1657年、Cro. Jac.は1658年に、そして、Cro. Eliz.は1661年にそれぞれ出版したのである。なお、クロークの事件報告書の一つの特色になっていることがらとして、彼が、各開廷季における裁判官（Justices）、法務長官（Attorney General）、法務次官（Solicitor General）の氏名をかかげ、また、その開廷季に、どんな人たちがコモン・ロウ上席弁護士になったかを示すというように、法曹界の重要なできごとに言及しているという点を注意しておかなければなるまい。

クロークの事件報告第1巻、すなわちCro. Eliz.(第1版1661年)の標題は、English Reportsに収められた1790年のトマス・リーチThomas Leachの第4版によれば、つぎのとおりである。

"Reports of Sir George Croke, Knight, formerly one of the Justices of the Courts of King's-Bench and Common-Pleas, of such Select Cases as were Adjudged in the said Courts during the Reign of Queen Elizabeth. Collected and Written in French, by Himself; Revised and Published in English, by Sir Harbottle Grimston, Baronet, Master of the Rolls. The Fourth Edition, by Thomas Leach, Esq. of the Middle Temple,Barristor-at-Law. 1790."

「さきに王座および人民訴訟の〔両〕裁判所の裁判官の一人であった、ナイトのサー・ジョージ・クロークの、エリザベス女王の治世の間に前記の諸裁判所において裁決された精選事件についての報告。かれ自身によって収集され、フランス語で書かれ、記録主務官、従男爵サー・ハーボトル・グリムストンによって訂正・公刊された。ミドル・テンプル所属の法廷弁護士・紳士トマス・リーチによる第 4 版。1790年。」

そして、Cro. Eliz.の最初の部分には、つぎのような形式で、事件報告がなされている。

"Hilary Term.

24 Eliz. In the Queen's Bench.

Sir Christopher Wray, Knt., Chief Justice. Sir Thomas Gawdy, Knt, John Jeoffries, Esq., John Clinch, Esq., Justices. Sir John Popham, Knt., Attorney General. Sir Thomas Egerton, Knt., Solicitor General.

Case 1. Foster and Peacock against Jo. Leonard.

Hilary Term, 23 Eliz. Roll. 393.

Oak and elm felled before they are of twenty years growth, and birch of any age tythable.

「ヒラリー開廷季。

エリザベス女王治世第24年、王座裁判所において。

首席裁判官、ナイト・サー・クリストファー・レイ、裁判官、サー・トマス・ゴーディ、紳士・ジョン・ジェフリーズ、紳士・・ジョン・クリンチ、紳士・法務長官、ナイト・サー・ジョン・ポファン・法務次官、ナイト・サー・トマス・エガートン。

事件第 1・フォスターおよびピーコック対ジョー・レナード〔事件〕
　　　　　　エリザベス女王治世第23年ヒラリー開廷季。巻物記録393。

樹齢20年よりまえに伐採された柏と楡および、樹齢にかかわらず、樺は、10分の 1 税を課することができる。」

そして、事件の名前のだしかたには、Shelton's case, Bennet's case というよう

なものも少なくなく、また、無名（anonymous）のものも、ときにまじっている。こうして、クロークの事件報告には、ぜんたいとして、かなりつよく「年書」ににているという印象を与えるものがあるように感じられる。

(iii) ウィンフィールドは、クロークの事件報告について、つぎのような評価をしている(37)。

「クロークの事件報告（1582-1641）は、一般的に良い名声を博してはいるが、コークやプラウデンのものほどの高い位置をしめるものではない。その著者のサー・ジョージ・クロークは、……ケイルウェイの事件報告を公刊したサー・ジョン・クロークと混同され、しかも、その事件報告が、ときには、≪クロークの事件報告≫として引用されたということから、さらにまた、サー・ジョージの本は、公刊されない、かつ、むしろ読みにくい法律用フランス語の手稿本を翻訳したものにすぎないという事実から、不利益をうけてきたのである。事件は、しばしば、あまりにもひどく圧縮されている。しかし、それらの事件報告は、ジェームズ1世およびチャールズ1世の治世における司法上の昇進と変更を記録する点で、一つの外在的な価値をもつのである。」そして、ウィンフィールドが、「一般的に良い名声を博している」と述べる場合に、おそらく彼の頭のなかにあったと思われる、クロークの事件報告にたいする好意的な評価の一つの例として、ここでは、フォスのことばを引用しておくこととしよう(38)。――「このようにして、〔それは〕60年の期間を包含し、かつ、比肩されることのない忍耐づよい勤勉さの手本（an example of persevering industry not to be equalled）をなしている。……そして、その学殖と精確さのために、つねに尊敬とともに引用されるのである。」

(37) Winfield, The Chief Sources of English Legal History, pp. 189-90.
(38) Foss, op. cit., p. 296.

(ホ)　「わたくしが、なにがしかのことを述べようとする事件報告の3番目のシリーズは、ソンダーズ――その当時のもっとも卓越した訴答専門弁護士であって、1683年に王座裁判所の首席裁判官になった人――のそれである。彼の経歴は、伝記についての芸術家であったロージャー・ノースによって素描されている。そして、われわれが、ここで、かかわりをもつ、彼の事件報告は、その著者の履歴とおなじように目ざましい経歴をもっているのである。ある古い時代の制定法、または、ある古い指導判例にかんする注釈が、しだいに、その制定法または判例の原文よりも、ずっと、より重要なものになってしまった事例は多いが、ソンダー

ズの事件報告は、われわれの事件報告のシリーズのうちで、このような過程を、じっさいに経た、ただ一つのものなのである。」――ホールズワースは、ソンダーズの事件報告についての解説を、そういうことばで、はじめている[39]。そこで、この小稿でも、まず、ソンダーズのその「目ざまい履歴」のあらましを記述することから、はじめるとしよう。

(39) Holdsworth, Sources and Literature of English Law, pp. 95-6.

(i) サー・エドモンド・ソンダーズ Sir Edmund Saunders (-1683) は、イギリスの裁判官になった人たちのなかで、捨て子ではなかったかと疑われるほどの孤立無援の貧賤な階層の出であるという点で、まず、めずらしい人物であると、いってよいであろう。彼の生年月日が明らかでないことが、その幼時の境遇を雄弁に語っているのである。グロスターの近くの貧しい家庭に生まれて、はやく父を失い、再婚した母と継父のもとを逃れさって、ロンドンに現われたとき、ソンダーズは無一文で、友人もなく、また職も身につけず、教育も受けないで、ひどく困窮した状態で、街をさまよっていたといわれている。そういう出身の男が、求めずして、王座裁判所の首席裁判官に抜擢されたのであるから、彼が≪法律界のホィッティントン≫ (legal Whittington) になぞらえられても、すこしも不当ではないのである。彼が、どのようにして、法律界とつながりをもつようになり、そして、法廷弁護士になるにいたったかについて、キャンベル卿は、つぎのように書いている[40]。――

「その幼い逃亡者は、クレメンツ・インClement's Innに避難所を見つけ、≪そこに、彼は、追従と、事務弁護士の書記たちに食べのこしを乞うことによって生きていた≫のである。彼は、まず、使い走りの少年として出発したが、彼の目ざましい勉強ぶりと親切な性向とは、彼に有利な一般的興味をよびおこすのであった。彼が書くことを学ぼうとする熱烈な野心を表現すると、インの事務弁護士の一人が階段の上部の窓のところに板をうちつけさせた。これが、彼の机であった。そして、ここに座って、彼は、当時の草書体ばかりでなく、さらにまた、法廷書体、黒体文字および正式書体を習い、≪熟練した登簿書記≫となったのである。冬には、仕事をするあいだ、彼は肩を毛布でつつみ、両脚には枯草の帯をむすびつけ、指が寒さでかたくなったときには、それをこすることによって、血のめぐりをよくするのであった。彼の次の一歩は、大判1枚または1頁いくらということで、捺印証書 (deeds) と法律書類の複写をとることであったが、それによっ

て、彼は、健康によい食物と見苦しくない衣類をととのえることができたのである。その間に、彼は、たんに、ノルマン人のフランス語〔＝法律用フランス語〕と、法律用ラテン語の知識を取得したにとどまらず、また、本を借りることによって、不動産物権移転と特別訴答の原理について、ふかい洞察力を獲得するのであった。やがて、彼がすでにえていた友人たちは、彼に、小さい事務室を手にいれ、それに造作をつけ、そして、不動産物権移転専門弁護士および特別訴答専門弁護士として、自前で実務をはじめることができるようにしてくれた。しかし、彼が最大のよろこびを感じ、また、——そのすべての秘議に通暁しているという名声をえるというほどに、もっとも熟練したのは、後者の部門においてであった。……彼については、ジェフリーについてと同様に、法廷弁護士とならないで法廷弁護士としての実務をやりはじめたといわれているが、それは真実ではない。真実は、彼に相談をかけた事務弁護士たちが、彼が勧告した……抜けめのない考案を裁判所において支持するために、彼の助力をえたいものだという感想を、彼に述べていたので、彼は、むしろ気がすすまないままに、彼がインズ・オブ・コートにはいるべきだというそれらの弁護士たちの示唆に聴従したということなのである。けだし、彼は、大きいもうけや高い役職には、けっして頓着しなかったのであるから。」

　ソンダーズは、こうして、1660年7月4日にミドル・テンプルにはいり、わずか4年で、法廷弁護士の資格を与えられた。そして、その2年後の、1666年には、はやくも、王座裁判所の判決を報告しはじめ、1672年までカバーしたが、報告された事件は、すべて、かれが弁護士として関与したものであった。

　なお、ソンダーズは、1683年に、時の政府のつごうで、一足とびに、王座裁判所の首席裁判官に任命されるという好運にめぐまれるのであるが、ここでは、彼の生涯については、これ以上ふれる余裕がない。

(40)　Lord Campbell, Lives of the Chief Justices, Vol. II, pp. 60-61.

　(ii)　ソンダーズの事件報告は、彼の死後の1686年に、事件の記録はラテン語で、また弁論はフランス後で公刊され、ほぼ1世紀あとの1722年になって、その英語版が出された。そして、1799年には、コンモン・ロウ上席弁護士ジョン・ウィリアムズJohn Williamsによる第3版があらわれるが、それは、"Williams Saunders"と呼ばれるようになるほどに、編者の評註をもって蔽われるのであった。その後、この事件報告は、1845年までに6版を重ねている。そして、English Reportsに収

められる、1845年のその第 6 版の標題は、つぎのように読める。

"The Reports of the most learned Sir Edmund Saunders, Knt. late Lord Chief Justice of the King's Bench, of several Pleadings and Cases in the Court of King's Bench, in the time of the Reign of His Excellent Majesty King Charles the Second. Edited with Notes and References to the Pleadings and Cases, by John Williams, one of His late Majesty's Serjeant at Law. The fifth Edition, by John Patteson, of the Middle Temple, Esqre., now one of the Judges of the Court of Queen's Bench; and Edward Vaughan William, of Lincoln's Inn, Esqre., Barrister-at-Law. In Two Volumes. Vol. 1, The Sixth Edition, by Edward Vaughan William, Esqre., 1845."

「王座裁判所の元首席裁判官・最も博学なるナイト・サー・エドモンド・ソンダーズの、チャールズ 2 世の治世における王座裁判所の数個の訴答と事件についての報告。故陛下のコンモン・ロウ上席弁護士の 1 人、ジョン・ウィリアムズによって、註釈および訴答と事件の引照を付して編集された。ミドル・テンプル所属の紳士で、今女王座裁判所の裁判官であるジョン・パティソンおよびリンカンズ・イン所属の法廷弁護士・紳士エドワード・ヴォーン・ウィリアムズによる第 5 版。2 巻にわけて、第 1 巻。紳士・エドワード・ヴォーン・ウィリアムズによる第 6 版。1845年。」

(iii) ソンダーズの事件報告は、訴答を中心とする特殊なものであるが、そのできばえのすばらしさは、「コンモン・ロウの法律家にとって、こんなゴチソウはない。」(There is no such treat for a common lawyer.) というキャンベル卿の評価や、「事件報告者のテレンス」(Terence of reporters) であるというマンスフィールド卿 Lord Mansfield の賛辞によっても裏がきされるものといえよう[41]。ホールズワースは、訴答におけるソンダーズを、コンモン・ロウにおけるクックになぞらえて、つぎのように断言している[42]。——

「ソンダーズの事件報告は、いよいよ精密さをましてゆく、この学問の確定された準則を摘要したのである。それらは、現代的な準則を明白に、かんけつに、また権威的に宣定した指導判例(leading cases)の精選されたものを含んでいる。じっさいに、これらの事件報告は、クックの事件報告がコンモン・ロウの多くの部門について実現したところのものを、現代的な訴答の準則について実現したのである。——それらは、それより以前にさかのぼることが必要となることは、めったにない先決例の精選されたものを供与したのである。」そして、ソンダーズの事件報告のもつ影響力が、18世紀から19世紀にかけて、その本自体に、どのようにはねかえってきたかについて、ホールズワースは、つづけて、つぎのような説明を

与える。──「訴答の準則の厳格さ、およびその結果として生ずる、それらの準則を不当に高揚しようとする傾向は、18世紀および19世紀初期のあいだにその力を増大した。明白な、かつ権威的な形式をもって、その術の現代的な準則を宣明した本が、莫大な影響力をもつようになったことは、自然である。たえずその本を使っていた法律家たちが、それをアップ・ツー・デートにたもつ最善の方法は、それに収められている事件のおのおのに、そのはじめの事件によって宣明された準則が拡大され、また適用された新しい事件をつけくわえることであると考えたのも、また自然である。このようにして、原文は、しだいに継起する幾層もの註の下にうずめられてしまうようになった。その結果として生まれてきた本は、ほとんど、法的な整理のしかたの模範にはならないのである。準則は、年代の順に報告された事件のめぐりに、むやみに集められている。しかし、準則は、そこにあったのである。実務にたずさわる法律家たちは、迷宮への鍵を知っていた。そこで、その本は大きくなり、そして、ますます売れたのである。」

(41) Lord Campbell, op. cit., p. 62.
(42) Holdsworth op. cit., pp. 98-99.

4 の (1)

「18世紀なかばになって、ようやく、バロウBurrowの事件報告において、個々特定の裁判所に所属した、認許を受けた事件報告者 (authorized reporters) の常期的なシリーズ (regular series) がはじまり、それらの事件報告者が、公刊を目的として、それらの裁判所の判決について常期的に (regularly) 報告を行なうようになったのである」──ホールズワースは、彼の『イギリス法史』(第5巻) のなかで、本稿の〔4〕3の(2)(イ)(ロ)【→本書383-389頁】に述べられたイギリス判例集の様式の発展段階について記述したあとの締めくくりの部分で、こう断言し、さらにつづけて、つぎのように述べる[1]。──「この時期の全体を通じて、公刊された事件報告は、主として、報告者が自用のためにとった事件の控え書きを、その死後に公刊したものであった。以上のような認許された事件報告者がおこって、はじめて、事件報告はその現代的な形式をとるにいたったのである。しかし、専門職業上の必要の圧力のもとに、この時期の事件報告が、その内容と様式とにおいて、おもむろに、現代的な判例集の内容と様式とに接近しつつあるということを、われわれは、じっさいに見てとるのである。ベーコンは、17世紀のはじめにあたっ

て、事件報告が究極においてとるようになるであろうところの形態を、すでに予示していた。しかし、このような発展は、当時にあっては、〔まだ〕将来にぞくすることであったのである。この時期の事件報告は、このようにして、イヤ・ブックス（年書）と、18世紀の後半の認許を受けた事件報告（authorized reports）とともにはじまる、現代判例集とのあいだの連結環（connecting link）を形成する。それは、ちょうど、これらの認許を受けた事件報告が、この時期の事件報告と、われわれの半官的なロウ・リポーツのシリーズとのあいだの連結環を形成するのと同様なのである。」

さて、ホールズワースが、バロウの事件報告とともにはじまる時期がイギリス判例集の発展史のうえで占める位置について、「事件報告の作成が標準化され、そして、個々特定の裁判所の事件報告の常期的なシリーズが存在するにいたった時期」と述べていることは、本稿の〔4〕3の(1)(イ)の部分【→本書381頁】で紹介されたとおりであるが、そこには「認許を受けた事件報告者」または「認許を受けた事件報告」という表現が見られない。ところが、うえに引照された彼の『イギリス法史』からの1節によって、その時期が、「認許を受けた事件報告者」ないし「認許を受けた事件報告」の時期と呼ばれても不当でないことが推しはかられる。ところで、その「認許を受けた」（authorized）とは、いったい何を意味するのであろうか。私の印象では、「常期的な事件報告」（regular reports）と「認許を受けた事件報告」（authorized reports）とを、ばくぜんと、同一のことがらを指すことばとして使うのが一般的である。たとえば、高柳先生は、こう述べておられる[(2)]。——「かくの如くして、18世紀末からして、いろいろな裁判所の判例集が定期的に公刊せられるようになったのである。これらを "regular reports" または "authorized reports" というようになったのである。これらを "authorized" という理由は、判事がこれらの判例を公刊前に修正したからである。もっともそれかといって、判事がそれに対し責任を負うことになるのではなかった。そして、authorizedとはいうものの、それらは、私的性質をもつものであり、営利事業として公刊されていたのである。」そして、高柳先生のこの記述は、ポロックによっていると思われるので、以下に、まず、ポロックの述べるところにきいて見よう。その上で、さらに、ホールズワースの見解についてみることとしよう。なお、ウィンフィールドは、ほとんど全面的にポロックのいうところを採用していることがわかる。そして、全体として、その "authorized reports" の起源が不明であること、または不明であるとされることが目だつのであって、たとえば、ホールズワースさえも、その点については、お手あげなのである。ところが、ひとり、ジェンクスが、

それについて、ひとつの仮定的な意見をだしていることがわかる。そこで、ジェンクスのその見解はここに紹介される価値をもつと考えられてくる。

(1) Holdsworth, A History of English Law. vol. 5, pp. 373-4. 傍点をつけた部分の原文は、つぎのとおり。
 "……we get, in the reports of Burrow, the beginning of the regular series of authorized reporters attached to particular courts, who regulary made reports of the decisions of those courts for publication."
(2) 高柳賢三『英米法源理論』54頁。

(イ) ポロックは、こう述べている(3)。──「サー・ジームズ・バロウの事件報告の開始のあとにつづいた世紀を通じて、判例集の作成は、出版業者および、出版者との合意にもとづいて事件報告を準備した法廷弁護士たちの私的な企業（private enterprise）によってすすめられた。おのおのの裁判所について、事件報告は、個別の公刊物をなしていたが、ときには、ふたつの競争的なシリーズが同一の裁判所について、すすめられることもあった。そして、これらの事件報告のほかに、すべての裁判所について事件報告を収集して、≪常期的≫(regular)または≪認許を受けた≫（authorized）ものとして知られていた事件報告よりは、精緻さにおいて劣る形式においてではあったが、より迅速かつ廉価にそれらを公刊した法律定期刊行物（legal periodicals）があった。

これらの形容語句は、イギリスの〔法〕専門職上の用法においては、裁判官たちが、細目についてまで事件報告の正確さにたいし、みずから責任を負い、または、その正確さを争わないことを引受けるということを意味するものではなく、ただ、裁判官たちが、公刊に先だって、彼らの口頭でなされた判決を訂正すること、および、彼らの判決が、あらかじめ書かれている場合に、そのコピィを供与することによって、彼らにできるような援助を事件報告者にたいして、すすんで与えようとすることを意味するのである。

≪認許を受けた≫事件報告者は、彼が所属した裁判所において、以上のような特権の排他的な利益を受けることについて、ある種の道義的な請求権をもつものである、と以前には理解されていた。しかし、近年は、たとえ裁判官全部ではないとしても、その多くのものは、2個またはそれ以上の競合する事件報告のシリーズにたいし同等の便宜を与えているが、その場合には、それらのシリーズは、すべて同等に≪認許を受けている≫ものと見なされなければならない。裁判官が公

刊のために、彼ら自身の判決を訂正するという慣行が、何時、はじめて聞かれるようになったか、または、通例のものとなったか、を述べることは困難である。しかし、その慣行が1782年に〔まだ〕起っていなかったことは確実であると思われる。それというのは、その当時、ダグラスDouglasは、彼の『事件報告』への序文において、彼が正確さを確保するために採った予防手段について、いくぶんくわしく述べているが、裁判官から何らかの援助を受けたこと、または援助を求めたことについては語っていないからである。」

　ポロックにおいて、事件報告または事件報告者が"regular"であるか、または"authorized"であるかが、はっきり区別されておらず、両者が、ばくぜんと、いっしょにされて、バロウの事件報告につづく、いくつかの事件報告のシリーズをある種の法律定期刊行物から区別する形容語句として使われていることが明らかである。そして、彼がバロウの事件報告を《認許を受けた》ものと見ていないことは、《認許を受けた》事件報告が、1782年には、まだ問題になっていないと、彼が考証していることから推しはかることができる。ところが、ポロックは、彼の記述の、ここに引用された文章に先行する部分においては、バロウの事件報告からのち、事件報告が、《常期的に》作られるようになったこと、すなわち、《常期的な》事件報告がはじまったことを認めているような句調を示しているのである。

　そのことは、ポロックにおいても、やはり"regular"と"authorized"の区別の意識はあったのだという推論をわれわれにさせるのである。彼は、つぎのように書いている(4)。

　──「その当時〔＝バロウの事件報告が公刊された1765年〕から、王座裁判所およびその後継者となった諸裁判所が、事件報告者を欠いたことは、けっしてなかったのである。われわれは、ロウ・リポーツの今日刊行されている〔高等法院の〕王座部関係の部分からバロウの第1巻まで、断絶することなく一年一年とさかのぼってゆくことができる。人民訴訟裁判所および大法官裁判所においては、そのような〔事件報告の〕継続は、その20年のちに確立され、また、財務裁判所……においては、さらに多年おくれて、ようやく確立されたにすぎないのである。」

　(3)　Pollock, First Book of Jurisprudence, pp. 308-310.
　(4)　Pollock, ibid., p. 308.

　㈹　ホールズワースは、事件報告の仕方の「標準化」をバロウ（1765年）におい

て見いだし、その「常期化」をダーンフォード・アンド・イースト Durnford and East のターム・リポーツ Term Reports（1785-1800、王座裁判所）において確認しているといってよい。彼のいうところは、つぎのとおりである[5]。——「事件報告の最初の常期的なシリーズ（the first regular series of reports）は、ダーンフォードおよびイーストの『ターム・リポーツ』であった。彼らは、彼らの事件報告の第1の目的が、≪ある経験と才能のある紳士が完全な1巻を形成するにたる材料を収集〔して公刊〕するまで、2、3年待つという、〔法〕専門職のあらゆる方面が感じている不都合を救済すること≫にあったと述べている。それゆえ、彼らは、王座裁判所において決定された事件の控え書きを、おのおのの開廷季の終了後のみじかい期間内に公刊することを提案したのである。このことは、ながいあいだ感じられていた需要を充たすものであった。そして、常期的な事件報告（regular reports）のその他のシリーズが、しだいに、異なった裁判所において確立されるようになったのである、——人民訴訟裁判所においては、ヘンリー・ブラックストーン Henry Blackstone によって1788年に、大法官裁判所においては、ヴェジー Vesey によって1789年に、財務裁判所においては、アンストラサー Anstruther によって1792年に、そして、貴族院においては、ダウ Dow によって1812年に。」

ところが、ホールズワースにおいても、「常期的な」事件報告と「認許を受けた」事件報告とのあいだの区別は、けっきょく、はっきりしないのである。彼は、上に引照された1節を、さらにつぎのようなことばで、つづける。——「このようにして、認許を受けた事件報告（the authorized reports）の基礎がきづかれたが、それらは、しばらくのあいだ、裁判所において排他的に引用されるという特権を享受したのである。その結果は、これらの事件報告は、出版者に莫大な利潤を生みだし、また事件報告者は十分な支払を受けるということになった。」

読者は、この文章から、ホールズワースにおいても、事件報告の「常期化」とそれが、「認許を受けること」とが、ほぼ同じこととして受けとられていることを見てとるであろう。しかし、「このようにして、認許を受けた事件報告の基礎がきずかれた」（Thus were founded the authorized reports,）という一句のうしろには、二つの形容詞が、同時に、同じ対象について使われはじめたのではないという、明確な意識があると思われる。

(5) Holdsworth, Sources and Literature of English Law, pp. 101-2.

(ハ) このように、事件報告における "regular" と "authorized" の区別、とくに

後者の起源は、ポロックとホールズワースによっても、確実・明白にされているとは見られないのであるが、この問題点について、ジェンクスが、ひとつの解明の筋道を示唆していることがわかる。それは、けっして簡明直截であるとはいえないものであるが、かなりの説得力をふくむものではあると考えられる。彼は、バロウの事件報告から100年あまりをさかのぼる1662年の「出版免許法」にはじまる、ひとつの慣行に、「認許を受けた事件報告」の起源を見いだそうとするのである。彼の意見をきいてみよう(6)。──

「顕名の事件報告（nominate reports）の流れは、王政復古ののちも、その勢の減退をみせることなく、つづいた。競争的な〔事件報告の〕書冊の作成数にたいする唯一の公式の制限は、1662年の出版免許法（The Licensing Act of 1662）によって科されたそれであったにすぎないからである。……その規定によって、すべての法律書は、大法官またはコンモン・ロウの諸上級裁判所の首長のひとりの免許を必要とした。そして、17世紀の後期の事件報告に、その最初の版によって、通暁している人は、だれでも、それらの事件報告のはじめに非常に目だつようにおかれている荘重な出版免許を、それと認めるであろうし、また、用心ぶかい事件報告者は、同法の明示的な指示を守るだけにとどまらないで、さらに、彼がその判決を報告した裁判所の裁判官のうち、できるだけ多くのものの署名を手にいれるように配慮したものであるということにも、気がつくであろう。

1695年に出版免許法を更新することを国会が拒否してからのち、ながいあいだ、自分たちの努力にたいして裁判官の授権を取得することが、ひきつづき事件報告者たちの慣行となっていたということは、法専門職の保守主義の奇妙な証拠なのである。ヴアーノンVernon(7)、レヴィンツLevinz、(8)およびラトウィッチLutwyche(9)の各巻は、すべて1695年よりのちに公刊されたが、依然として裁判官の免許によって飾られているのである。そして正式の免許がなくなってしまってからのちも、ながいあいだ、〈認許を受けた事件報告者〉（'authorised reporters'）のやからは、ひきつづき繁栄を見せたのである。しかしながら、その裁判官の免除または授権が、それによって飾られる事件報告の正確さについて、何らかの公式の保証を供与したものと想像されてはならない。……はなはだ少しの例外を別にすれば、イギリスには、およそ判例集の(厳格な意味においての)公式の発刊は、これまでまったくなかったのである。しかし、〈認許を受けた事件報告者〉たちが、彼らの所属した裁判所の愛顧を、ある特別の仕方で享受したということは、よく理解されていたところである。そして、裁判官と事件報告者とが、もし、よく調和すれば、事件報告者の仕事の質を改良する傾向をもつような多くの方面において、たがい

に有用でありうるものであるということは、あらゆる法律家にとって明白なのである。」

(6) Jenks, Edward, A Short History of English Law, 3rd.Ed., 1924, pp. 193-4.
(7) Vernon, Thomas (1654-1721). 衡平法裁判所である大法官裁判所で、40年もの長期にわたり法廷弁護士であって、有能のほまれが高かった。その死後の1726-8年に、「1681-1718年に大法官裁判所において決定された事件の報告」（Reports of Cases decided in Chancery, 1681-1718.）が公刊された。
(8) Levinz, Sir Creswell (1627-1701). 1660年に人民訴訟裁判所の裁判官になったが、6年後に法廷弁護士にかえった。彼の死後1702年に、彼が残した草稿をもとに、その事件報告がフランス語の1巻として公刊され、また、1722年には"The Reports of Sir Creswell Levinz, Knight"（2巻）として英語の第2版が、さらに、1793-7年には、第3版が出されている。
(9) Lutwiche, Sir Edward (d. 1709). 1688年に人民訴訟裁判所の裁判官となり、ジェームス2世の退位のとき失脚し、法廷弁護士にかえる。1704年に、フランス語とラテン語で"Reports of cases in the Common Pleas"（人民訴訟裁判所における事件の報告）を公刊し、その英語版が、1718年に出ている。キャンベル卿はラトウィッチを無能な裁判官のひとりに数えている。

(二)　ところで、ジェンクスが引合にだしている1662年の出版免許法（Licensing Act, 1662)、すなわち、「チャールズ2世治世第13年および14年法律第33号」（13 & 14 Charles II, c. XXXIII）は、「扇動的、叛逆罪的、および無免許の図書および小冊子を印刷することにおける悪弊を防止し、かつ、印刷および印刷機を規制するための国会制定法」（An Act for preventing abuses in printing seditious, treasonable and unlicensed book and pamphlets. and for regulating of printing and printing-press.）という長称をもち、さらに、その長称に表明された立法目的を、いっそう詳細に述べる、つぎのような「前文」(preamble)をともなっている[10]。――「(1)印刷業者および印刷機の十分な統制と規制とは、とくに、近時の一般的な放従さによって、多くの悪意のある人たちが、異端的、分立派的、瀆神的、扇動的および叛逆罪的な図書、小冊子および文書を印刷し、かつ販売するよう勇気づけられてきており、かつ、今日も依然として、その不法かつ逸軌の行為を継続して、全能なる神をはなはだしく侮辱し、これらの王国の治安を危うくし、また、国王陛下とその政府にたいする〔人民の〕愛情疎隔をひきおこしていることを考慮するとき、公的な配慮と大いなる関心のまとをなす事項であるが、(2)前記の悪弊の防止については、印刷機の数を削減し、制限すること、また、前記の印刷の術または

職業を、国会制定法により、以下本法に表明される仕方をもって、取締り、かつ安定させること、によるより以上に確実な手段を勧めることはできないがゆえに」。そして、本稿の目下の主題に関連をもつ、この法律の第3条は、つぎのように規定しているが、その規定の様式は、かなり古めかしいものであることが注目されよう。すなわち、今日の国会制定法とちがい、この王制復古期の制定法においては、各条文ごとに、略式の「制定文言」がくりかえされているばかりでなく、項（subsection）や但書き（proviso）の立て方についても、整然としたものが見られないのである。それを、いくぶん整理して和訳すれば、つぎのとおりである[11]。

「また、さらに、前述の権威によって、つぎのように命令され、かつ制定される。すなわち、およそ、どんな1人または数人の私人も、いかなる図書および小冊子であれ、

①その図書および小冊子が、一切の標題、書翰、序文、緒言、前文、序説、目録、献辞、およびその他の、それに附着せしめられた事項と事物とともに、まず、ロンドンの書籍出版業者組合の登録簿に記入されるものでなければ、

②国会の制定法、布告、および、国王陛下の親書を付し、または、国王陛下の主要な国務大臣の一方または双方の署名を付した何らかの授権証によって印刷されるように指定されるような、その他の図書および書類をのぞき、

③また、上記の図書および小冊子、ならびに、一切の前述の標題、書翰、序文、緒言、前文、序説、目録、献辞およびそれに附着せしめられ、または、それとともに印刷されるべきその他のすべての事項および事物もまた、まず、それを免許するために指名し任命されるひとり、および〔＝または〕数人の人だけにより、他の何人によってでなく、以下本法に表明される本法の指示と真の趣意にしたがって、印刷されることを適法に免許され、かつ認許されるのでなければ、──

　これからのち何時であれ、これを印刷し、または印刷させてはならない。（すなわち）

④この国土の一般的法律にかんする、すべての図書は、当座のイギリスの大法官または国璽尚書、当座の〔王座裁判所および人民訴訟裁判所の〕首席裁判官および〔財務裁判所の〕首席裁判官、または、それらのもののうちの1人またはそれ以上のものの特別の容認によって、〔または〕それらのものの指図またはそれらのものの指図のひとつによって、印刷されなければならないこと。

⑤また、この国土の状態にかんする、すべての史書、または何らかの国事にかんするその他の図書は、当座の主要な国務大臣たち、または、それらの大臣のひ

とりによって、あるいは、それら大臣の指図またはそれら大臣の指図のひとつによって、免許されなければならないこと。

⑥……

⑦また、神学、物理学、哲学の図書であると、その他のいかなる科学または芸術の図書であるとを問わず、すべてのその他の図が刻印され、または翻刻されるためには、まず、当座のカンタベリーの大僧正およびロンドンの僧正、または、そのうちのひとりによって、あるいは、それらのものの指図、または、それらのものの指図のひとつによって、あるいはまた、当座のこの国土の綜合大学のいずれかの総長または副総長のいずれかによって、免許され、容認されなければならないこと。

⑧ただし、前述の綜合大学のいずれかの前述の総長または副総長は、それぞれ前述の綜合大学の区域内で刻印または翻刻されるべき図書を免許するにとどまり、ロンドンまたはその他の場所では、そうすることがなく、〔また〕一般的法律または国家もしくは政府の事項にかんする図書、あるいはまた、その印刷権が、ある特定の１人または数人のものに、もっぱら、かつ正当に属する、ある１冊の、または数冊の図書はまず、その点について、その、または、それらの人たちの同意をえることなしに、そうすることがあってはならない。」

(10)　その原文は、つぎのとおりである。

　　　Whereas the well-government and regulating of printers and printing-presses is matter of public care, and of great concernment, especially considering, that by the general licentiousness of the late times, many evil disposed persons have been encouraged to print and sell heretical, shismatical, blasphemous, seditious and treasonable books, pamphlets and papers, and still do continue, such their unlawful and exorbitant practice, to the high dishonour of Almighty God, the endngering the peace of these kingdoms and raising a disaffection to his most excellent Majesty and his government:(2) for prevention whereof, no sures means can be advised, than by reducing and limiting the number of printingpresses, and by ordering and settling the said art or mystery of printing by act of paliament, in manner as herein after is expressed:

　そして、このあとに、第２条の規定が、制定文言とともに、つづくのであるが、それは、今日の国会制定法の制定文言とは、だいぶ趣がちがっている。

　　――"The King's most excellent majesty, by and with the consent and advice of the lords spiritual and temporal, and commons in this present parliament assembled, doth therefore ordain and enact, and be it ordained and enacted by the authority aforesaid, That……"

　国王陛下は、この国会に集会した聖職および俗界の貴族ならびに庶民の同意と助言によって、そのゆえに、つぎのように命令し、かつ制定し、また、前述の権威によって、つぎのことが命令され、かつ制定されるものとする。

(11)　原文は、つぎのように書かれている。

　　III. And be it further ordained and enacted by the authority aforesaid, That no private person or whatsoever shall at any time hereafter print, or cause to be printed any book or pamphlet whatsoever, unless the same book and pamphlet, together with all and every the titles, epistles, prefaces, proems, preambles, introductions, tables, dedications, and other matters and things thereto annexed, be first entered in the book of the register of the company of stationers of London, (2) expect acts of parliament, proclamations, and such other books and papers as shall be appointed to be printed by virtue of any warrant under the King's majesties sign manual, or under the hand of one or both of his majesties principal secretaries of state; (3) and unless the same book and pamphlet, and also all and every the said titles, epistles, prefaces, proems, preambles, introductions, tables, dedications, and other matters and things whatsoever thereunto annexed, or therewith to be imprinted, shall be first lawfully licenses and authorized to be printed by such person and persons only as shall be constituted and appointed to license the same, according to the direcition and true meaning of this present act hereinafter expressed, and by no other; (that is say) (4) That all books concerning the common laws of this realm, shall be printed by the special allowance of the lord chancellor, or lord keeper of the great seal of England for the time being, the lords chief justices, and the lord chief baron for the time being, or one or more of them by their, or one of their appointments; (5) and That all books of history, concerning the state of this realm, or other books concerning any affairs of state, shall be licensed by the principal secretaries of state for the time being, or one of them, or by their, or one of their appointments; (6)…… (7) and that all other books to be imprinted or reprinted, whether of divinity, physick, philosophy, or whatsoever other science or art, shall be first licenced and allowed by the lord archbishop of Canterbury, and lord bishop of London for the time being, or one of them, or by their or one of their appointments, or by either of the chancellors, or vicechancellors of either of the universities of this realm for the time being; (8) provided, always that the said chancellors, or vicechancellors of either of the said universities shall only licence such books are to be imprinted or reprinted within the limits of the said universities respectively, but not in London or elsewhere, not medling either with books of common laws, or matters of state or government, no any book or books, the right of printing whereof doth solely and properly belong to any particular person or persons, without his or thier consent first obtained in that behalf.

　(ホ)　上のような出版免許法の規定にしたがって、どの程度に、事件報告の公刊について、じっさいに免許がとられたかの問題を追及するについては、まえにあげたジェンクスの記述ぐらいしか、いまの私には、参考とすべき材料がない。事件報告について、「免許を受けた」(licensed)ものと、「免許を受けていない」(un-licensed)」ものという区別が、じっさいに意味をもつものとして、行なわれていたかどうかについても、事件報告にかんする解説や記述には、何の言及もないのが通例である、といってよい。この小稿が、記述の筋道を定めてゆくについて、おもに拠処としている3人の法学者の本にも、それは見あたらない。ところが、じつは、ベンタムが、その区別を、はっきり問題にしていたことが明らかになった。若い日のベンタムが父親の賛成をえられない、ある身分のいやしい娘との結婚を実現するための資金として、ブラックストーンの『釈義』第1巻「序説」にたいする批評をまとめ、『釈義評釈』A Comment on the Commentariesという標題をつけた本として、それを世にだそうとしたこと、その本の一部が、有名な『統治にかんする断片』Fragment on Governmentとして公刊されて、彼の名声を高めたこと、そして、その本の残りの部分が、エヴァレットEvarettの手で編集され、1928年に『ベンタムの≪釈義≫評釈』Bentham's Comment on Commentariesとして出版されたことについて、私は、まえに、いくらかのことを書いたことがあるが[12]、その評釈の第16節「コンモン・ロウ、事件報告および論文」Section XVI. Common Law; Reports and Treatises（同書200頁以下）で、彼は、事件報告の「権威性」(authority)の問題をいわゆる「権威的典籍」(books of authority)の権威性をきめる的確な基準がないことと対比して、考察しているのである。ベンタムによればコンモン・ロウにかんする図書(books)または論文(treatises)は、歴史的(historical)と論証的(argumentative)の2種に区分されるべきである。「歴史的とは、その趣意とするところが、これこれ、しかじかの個々的な事件処理を、裁判所において起ったものとして、たんに物語ることにすぎないところのもの」(historical being such whereof the purport is simply to relate such and such paticular transactions as having passed in Courts of Justice.)であり、また、「論証的とは、その趣意とするところが、それらの個々的な事件処理を考慮することによって、あるいは、すでに生起しているか、または、生起する見こみがあるものとして、

法の一般的な準則を宣明することにあるところのもの」（*argumentative* the purports of which is, from the consideration of those particular transactions, to lay down general rules of Law: as either having taken or being likely to take place.）である。そして、「われわれが歴史的と名づけたところのものは、事件報告（Reports）という特別の名前で知られているのである」が、その≪事件報告≫については、「権威性の問題は、それにふくまれる主張、すなわち、これこれ、しかじかの趣旨のある判決が、しかじかの事件において、かつ、これこれ、しかじかの理由によって、下されたということは、真実と考えられなければならないか、ということである。」ところが、≪論文≫については、「権威性の問題は、しかじかの一節に宣明された法準則（the Rule of Law）は、しかじかの趣旨であると容認されている諸判決からひきだされた、適正な結論（legitimate conclusion）と見なされなければならないか、ということである。」

　ベンタムは、論文について、権威的なものと、そうでないものとを区別することは、実行不能であり、また無用であると論じたのちに、つぎのような文脈のなかで、「免許を受けた事件報告」と「免許を受けない事件報告」について言及する。──「このような立脚点に論文の権威性は立っている。ほぼ同じ立脚点に、事件報告の権威性も立っている。ここで、コンモン・ロウについての明敏なやかまし屋は、わりこんできて、いうであろう。──≪そうではない。それというのは、事件報告のうち、あるものは免許されている（some are licensed）が、他のものは免許されていないからである。その免許が区別になる。≫さて、じっさいのところ、もし、裁判所に、免許を受けていないものが引用されることを許さないというような、何らかの慣習があるとすれば、このような異議には、それ以上の何かがあるということになるのであろうが、しかし、じっさいは、そうではない。著者の古さと名声（the antiquity and reputation of the Author）が与えられれば、それが免許を受けていようと、または免許を受けていまいとほとんどまったく問題にならないのである。わたくしは、サー・ジェームズ・バロウの事件報告については、ここでは、何も述べない。この著者は、現に生きているという欠点をもっている。そして、さらに、同様に現に生きている裁判官たちの事件処理を記録するという欠点をもっている。私は注意して、十分に古いところまで、さかのぼるであろう。

　サイダーフィン Siderfin の事件報告[13]は免許を受けているが、シャワー Shower のものは免許を受けていない。それらが、かりに競争するようになったと仮定して、だれか、シャワーの権威性は、最小の重みしかないというものがあるであろ

うか。私は、ほとんど、それは信じない。反対に、私は裁判官団にも、また法廷弁護士団にも、前者にたいしてよりも後者にたいして、より重要性を認めまいとするような人は、少ない、おそらくは、ひとりもないと、信ずる。……」

(12)　内田「ベンタムの立法理論研究への序説」社会学研究49頁【→著作集第2巻】。
(13)　1657年から1670年にわたる王座裁判所（K.B.）の判決についての報告
　　　Sir Bartholomew Shower（1658-1701）ミドル・テンプルで法廷弁護士の上席裁判官（recorder）になった人。1678年ないし1695年にわたる王座裁判所の判決をカバーする事件報告を公刊した。

(ヘ)　事件報告の権威性、すなわち、それに報告されたとおりの判決が、じっさいに下されているという事件報告の記載についての信頼可能性の問題について、ベンタムが述べるところは、一方では、消極的に、それは、免許を受けているか、どうかとは関係がないということであり、また他方では、積極的に、それは、事件報告者の「古さと名声」によって、すなわち、「古さ」という要件を、「名声」を確立するための条件の一つにすぎないものと見るならば、事件報告を作る人の誠実さや能力にたいする法専門職の評価の高い低いによって決定されるということにほかならない。そして、まえに紹介されたプラウデンやクックなどの事件報告は、まさしく、それぞれの著者の高い名声にささえられて、その権威性を発揮したものと考えられる。そして、報告者が上級裁判所の裁判官、とくに、クックの場合のように、その首席裁判官として定評をえていた人である場合に、その作成にかかる事件報告の権威性が、きわだって高いことは、自然である。そこでまた、いわゆる「私的な」事件報告または「有名」事件報告が行なわれるようになった段階のはじめにおいて、有名な上級裁判所の裁判官や法廷弁護士が残した事件の控え書きの原稿を利用し、編集・公刊するという傾向が見られることにもなったと思われる。しかし、有能な法廷弁護士や上級裁判所の裁判官が、いつも事件報告として利用できる控え書きをのこすとは限らない。そうすることは、好みの問題でもあり、また、その仕事や役職の閑忙の如何にもかかることである。18世紀にはいってからのちは、上級裁判所の裁判官にも、その種の控え書きをつくるだけの余裕をもったものが、なくはないが、むしろ少なくなる傾向があったと見てよいのではあるまいか。そして、そういう傾向が、その半面において、事件報告が法廷弁護士の手によって作られることを一般とするという傾向にほかならないことは、いうまでもない。そこで、これから本稿において、18世紀のイギリス

判例法の展開のなかに、そういう傾向が、じっさいに見てとれるか、どうかが検討されなければならない。ただ、本稿のこの部分で、あらかじめ言及しておく必要があると思われるのは、以上のような事件報告者の、いわば経歴に見られる傾向が、さしあたり本稿の主題となっている、事件報告が「免許を受けている」(licensed)か、どうかの問題と、どのようにかかわってくるかという点である。すなわち、法廷弁護士の作成にかかる事件報告に、上級裁判所の裁判官自身の手になる事件報告がもつのと同様の権威性をもたせようとすれば、それは、上級裁判所、または、その裁判官の権威を、なんらかの形で、借りて、その事件報告に被せることが、いちばんの早道であると考えられるが、「1662年出版免許法」による免許の制度を利用することが、その早道を歩く一つの方法をなすと見られていたか、どうかである。そして、法専門識のあいだに、一般に、そのような見方があったのではないかという疑いを抱かせるのは、本稿の前回の終りの部分で引用されたベンタムのことばである（前述〔4〕4の⑴㈥【→本書428頁】）。ジェンクスが、「法専門識の保守主義」と呼んだところのもの（前述〔4〕4の⑴㈣【→本書423頁】）にも、そのような実際的な利益の考慮の裏付けがあったということを推量してよいのではあるまいか。

ところが、「出版免許法」による免許は、いうまでもなく、公刊出版にたいする免許であって、事件報告という出版物の性質を考えれば、その免許が、形式的なものになるきらいがあること、すなわち、ここで問題になっている事件報告の権威性、いいかえれば、その記載の信頼可能性とは、かならずしも、直接の関係がないことが指摘されなければならない。事件報告の権威性にたいする免許の効用についてのベンタムの批判的な立言は、まさに、その点をついているのである。しかも、その点については、のちに引用される彼のことばで知られるように、ベンタムが、事件報告者として最大級の賛辞を呈上するバロウによって、すでに、つぎのように、明快なことばで、するどく指摘されているのである。バロウは、断言する[14]。——

「大法官と裁判官たちによる〔事件報告刊行にたいする〕免許は、たんに事件報告者の性格(character)にもとづいて、行われるにすぎないのであって、その〔事件報告の〕仕事(work)については一言も述べず、または、免許者たちが、そもそも、それを見た(saw)ということさえ、述べていない。（印刷と刊行とを認容し、承認するための）そのような免許は、法の以前の状態のもとで、印刷のための免許を受ける必要があったことから起こり、そして、その理由がなくなってからこの方も、（何の意味もなしに）同じ形式(form)のことばをもって、継続し

てきた（having continued）のである。」

　このようにして、ブラックストーンの『釈義』のなかの事件報告にかんする1節にたいする、ベンタムの批判的な記述には、たんに「免許を受けた」事件報告と、そうでない事件報告とのあいだの区別が、そのように、当然、はっきりと法律家の意識にのぼっていたことを示すものだけではなく、さらに、それには、いくつかの注目すべきことがらがふくまれているのである。ブラックストーンが、イヤ・ブックを、役人によって作られた公式のものと信じ、その後、そういう公式の事件報告を作るという「賢明な制度」が継続されないことを遺憾としていることについては、まえに紹介されたとおりであるが、ベンタムは、そのブラックストーンのうらみにたいして、そういう事態を作りだしているのは、むしろ裁判官自身なのであるということ、しかも、それは、裁判官が事件報告をすることにたいする「免許」を、なかなか与えないからであるということ、このような事態を打破するには、声を大きくしてその非をならさなければならないこと、を指摘しているのである。この指摘は、のちに、ベンタムが、コンモン・ロウの「事後の法」たる性格を暴露していることに関連をもつと考えてよいのであるが、彼が述べるところは、こうである(15)。——

　「なかばしか公表されない法律によって〔人民を〕をわなにかけることこそは、カリグラ（Caligula）の考案なのであった。——かれは、法律を高いところへ、かつ小さい文字で掲示した。カリグラは、彼の法律（his）を高いところに掲示した。しかし、かれは、〔とにかく〕それらを掲示したのである。われわれの裁判官たちは、彼らの法律（theirs）をまったく掲示しない。また、かれらは、ほかの人たちが、彼らのために、そのことを行なうことを欲しない。免許（license）を受けないで、そのことを行なおうとする人を、彼らは、罰するであろうが、しかも、彼らは、だれにも免許を与えはしないであろう。」

　ところで、ベンタムは、この1節の末尾に、一つの「註」をおいている、それには、こう書かれている。——

　「サー・ジェムズ・バロウの、マンスフィールド卿の時代における判決の報告への序文を参照。事件報告の本として、法律家が学者と紳士のことばを話すことを教えられてきた最初のもの（The first look of reports in which the Lawyer has been taught to speak the language of Scholar and the gentleman.）。彼らの秘密を明るみにだす、この〔事件報告という〕違反行為を、彼らは、好んで、裁判所侮辱罪（Contempt of Court）と称するのある。そこで、もし、これがその用語であるとすれば、それは、それでよろしい。そこで、このすぐれた前掲の裁

判官と、彼の同僚たちについて真実を語るとすれば、われわれは、何というべきであるか。〔それは〕彼らが、このようにより多く侮辱されれば、されるほど、いよいよ、彼らは尊敬されるであろうということである。そして、事件報告者については、何人も、いまだかつて、彼ほどに、彼ら〔裁判官〕を侮辱するにふさわしかったものはなかったということ、である。」

「しかしながら」ベンタムは、つづけていう。――

「事件報告の一つの集成、一つの法史（a Law history）を、われわれは、断片的にではあるが、もっている。ときおり、あれこれの仲間はずれが、その禁じられた仕事にあえて従事するのである。それは真実である。しかし、その仲間はずれを、執達吏が裁判官の法服の下から、歯をむきだして、にらんでいるのである。そんなものではあるが、われわれは、事件報告をもっている。〔それについては〕何にたいして、感謝がなされなければならないのであろうか。役職についている人たちの活動にたいしてか。いなむしろ、彼らの無定見、彼らの無能、または、かれらの怠慢にたいしてこそ。われわれの著者〔＝ブラックストーン〕は、われわれがすでに見たように、彼の不満とするところを、つぶやいている。しかし、裁判官たちのうたたねは、著者の鎮静させる語調によっては破られるべくもない。何か、もっとあらあらしい声音が、彼らの耳にひびかなくてはならない。しかも、おそらくは、むなしくひびくことになるのであろう。――≪師よ、おんみらが眠りたもうあいだに、われらは、責めさいなまれます。われらが従わないゆえをもって、おんみらは、われらを罰したまうのでありますが、しかも、もし、ある人が、その如何にしてかを、われらに示さんとすれば、おんみらは、その人を罰するのであります。―― または、罪を犯すことなからむ力を、われらに与えたまえ、さもなくば、おんみらみずからが、われらの罪を作りなせるものなることを告白したまえ≫。」

そして、このように形式化した事件報告の公刊についての免許制をほおむるとして、それが、まがりなりにも果してきた事件報告に権威性の衣をきせるという機能は、いったい、何によって肩代りできたのであろうか。もちろん、この問題は単純に事件報告―判例集のわくのなかだけで考えることはできない。それは、もちろん、この時代におけるイギリス判例法の体制の一部として、とくに、本稿の基本的な主題をなす「先例の法理」が、ベンタミズムに導かれた制定法主義が確立する前夜にあたる、この時代に、イギリスの諸上級裁判所において到達している段階との関連において考察されることを要する。それから、「私的な」事件報告の公刊を可能にした印刷術と速記術の発達が、ますます高度におよんだという

ことによって、私的企業として、事件報告の大量の出版頒布が行なわれるようになったという事情も考えあわせなければならない。しかし、とにかく、事件報告としての権威性を獲保し、同時に、私的な企業としての安定性を確保する方法として、一般の法廷弁護士による事件報告が、上級裁判所の裁判官自身による公刊、または、その控え書きの利用ならびに免許によってえられる権威性に肩代りできるものを求めなければならなかった場合に、事件報告の権威性にほかならない、その信頼可能性を、上級裁判所の裁判官たち自身のある形での協力のなかに、それを見いだしたとしても、それは、きわめて自然であったと考える。それが、いわゆる「認許」(authorization) なのである。そして、その認許を受ける慣行は、じつは、バロウにはじまったものではないといってよいと思う。前述のように(〔4〕4の(1)へ【→本書430-431頁上段】)、彼は、むしろ、免許制に最後の打撃を与えて、「認許制」への道を開いた人として見る方が、より適切のようである。バロウは、そういう意味においても、事件報告の現代化に貢献したのである。そこで、本稿の記述も、これから、彼に焦点をあわせて行なわれることになるのであるが、それに先だって、彼の事件報告にいたるまでに、一般に事件報告のしかたについて、どんな状況が展開されているのか、という問題をいくらか追究しておくことが必要であると考える。

(14) Burrow, Preface to vol. i of his reports, cited in Holdsworth, History of English Law, vol. 12, pp. 112-3.
(15) Bentham, Comments on the Commentaries, p. 206.

4 の (2)

ダイヤーからバロウにいたる1世紀半ほどの期間を、事件報告の展開における一つの段階を画するものとすることが、イギリスの法学者たちのあいだに一般的なやりかたであって、この小稿でも、これまで、そのやりかたに従って、そのかなり長い期間についての概括的解説がおこなわれてきたのである。しかし、栄誉革命の前と後とでは、イギリスの統治構造そのものに大きい変化がおこっており、わけても、上級裁判所の裁判官の身分の安定が実現されることをとおして司法権が確立されて、裁判官の活動によって、法律を発展させ、そのような変化に対応していくという、いわば司法的立法 (judicial legislation) の態勢が十分にととのったと見ることができる。そこで、イギリス法史上にその名をとどめる幾多の名裁

判官が、18世紀を通じて、はい出することになるが、それらの上級裁判所の裁判官は、いずれも、その判決——判例をとおしてイギリス法の発展に寄与したのである。事件報告をめぐる、いろいろの問題が再検討され、バロウにおいて「現代的」と称される判例集が実現される第一歩がふみだされるようになったのも、つまりは、そういう統治構造の変化にともなう裁判所と裁判官の地位と機能の確立に照応する、自然な過程であったということができよう。私は、まえに、事件報告が、法廷弁護士の手によって作られることを一般とするという傾向について言及した（前述〔4〕4の(1)㈡【→本書431-432頁】）が、その「現代的」な事件報告は、もはや、上級裁判所の裁判官や法廷弁護士の片手間の仕事として編集・公刊されるには、適しないものになり、いわば、そのための専門家を必要とするにいたったわけである。つまり、法の展開について上級裁判所の裁判官の司法的立法に大きく依存するという体制がとられるかぎり、その判決にかんする報告が迅速、常期にかつ正確に行なわれることが要請されるからである。そして、そういう要請が、裁判官または法廷弁護士が、その干与した事件の控え書きをとっておき、それが適当な時期に、みずから、または、その死後に遺言執行者などの手で編集・公刊されるというやりかたによっては、もはや充たされるべくもないことは明らかである。——こうして、バロウの事件報告があらわれるまで、イギリスの事件報告は、いってみれば、デニング卿がクックの事件報告に与えた性格規定、すなわち「教科書」的な性格や、覚え書き的な特質を完全にぬぐいさることはなかったにかかわらず、クックの事件報告によって代表される17世紀後半までの時期のものと対比するとき、いくつかの目だった特徴を示すことになる。そして、ホールズワースは、そのような特徴として、㈣コンモン・ロウの裁判所についてはじまった事件報告の慣行（practice of reporting cases）が、衡平法裁判所である、大法官裁判所、さらにまた海事裁判所などの判決にも推しおよぼされたこと、㈥そのような慣行の拡大の結果、おのおのの上級裁判所について、それぞれ別個の事件報告が作られはじめたこと、㈧事件報告のスタイルについて、共通的な考え方がかたまり、また、事件報告の準則(rules)が成立する傾向がでてきたこと、および、㈣事件報告が判決と同じ時期に常期的に公刊されはじめたことをあげるのであるが、ここで、まず、この時期の事件報告について、彼が序説的に述べるところに聴いてみよう。

「その世紀の大半について、事件報告が作成・公刊されるさいの諸条件は、17世紀の後半に支配していたものと、ほとんど同じであった」とホールズワースは、いいきり、さらにつづける[1]。

——「法律家たちは、ときには、ただ自用のために事件の集成をつくったのであるが、それが、彼らの死後に公刊された。あるいはまた、法律家たちは、公刊を目的として事件の集成をつくり、しばしば、事件が判決を受けた時期よりは、かなりおくれた時期になって、それを編集・公刊したのである。

このような組織が行なわれていたかぎり、事件報告者たちが、裁判所におけるできごとについて、または、彼らが関連があるか、もしくは、興味があると考えたその他の事項について、彼ら自身の註記を、ときおり挿入することをつづけることは、さけられないところであった。……しかし、ある重要な差異が、この時期の事件報告とそれに先行する時期の事件報告とのあいだに出現しはじめていたのである。そして、この時期の末葉には、われわれは、事件報告が作成・公刊されるさいの諸条件に革命的な変化をもたらした一つの変化のはじまりを見る。その変化とは、事件報告が、事件の判決がなされたのち、できるだけすみやかに作成・公刊されるという現代的な組織の導入なのである。」

以下、上記の諸点について、いくらかの説明的記述をするに先立って、16-17世紀における事件報告に、コンモン・ロウの上級裁判所の判決以外に、どんな裁判所の判決が収載されていたかについて、かんたんな考察をしておこう。

ホールズワースは、1571年にその第1編から公刊されたプラウデンの事件報告から1683-4年に公刊されたサイダーフィンのそれにいたるまでの事件報告として43人のものを表にかかげているが[2]、それらは、ほとんどすべて、三つのコンモン・ロウの上級裁判所にかんするものである。そして、いわゆる星室裁判所 (Star Chamber) や、大法官裁判所 (Court of Chancery) などにかんする報告が、ときに、附帯的にふくまれていることがわかる。たとえば、ダイヤーの事件報告には、大法官裁判所の判決がふくまれ、クックのものには、大法官裁判所のもの、星室裁判所のもの、および、いわゆる後見権裁判所 (Court of Wards) のものも収められ、クロークの事件報告にも、大法官裁判所と後見権裁判所の判決が、少し報告されている、といった具合である。そして、こういう事態は、大法官裁判所その他の裁判所の判決については、事件報告の慣行が、まだきわめて不十分にしか及ばなかったということを示すと同時に、また、その慣行が、すでに十分に及んでいるコンモン・ロウの諸裁判所について、それぞれ別個の事件報告が公刊されなかったということを示しているのである。上の例でみれば、プラウデン、ダイヤー、クック、クロークは、いずれも、王座、人民訴訟、財務の三つのコンモン・ロウ上級裁判所の判決を一連の事件報告として収載しているのである。

(1) Holdsworth, A History of English Law, vol. 12, pp. 102-3,
(2) Holdsworth, ibid., vol. 5, pp. 358, et seq.

4の(3)

　前に言及されたようなコンモン・ロウの裁判所についてはじまった事件報告の慣行が、17世紀の後半から、主たる衡平法裁判所である大法官裁判所、または海事裁判所などの判決にも推しおよぼされていった過程は、それぞれの裁判所について作成され公刊されて、今日まで存続している事件報告のなかの目ぼしいものを年代順に見てゆくことによって、そのあらましを明らかにすることができるであろう。そこで、まず、大法官裁判所（Court of Chancery）の事件報告からはじめよう。

　(イ)　さて、大法官裁判所が、1875年まで、現代イギリス判例法の重要な組成部分である「衡平法」（equity）を生成・発展させるための中心的な裁判機構であったことは、イギリス法に関する、もっとも基礎的な知識にぞくするといってよいであろう。とくに説明するまでもなく、ここで「衡平法」という訳語をあてられたequityは、イギリス法に独自の観念またはことばではないのであって、イギリス法においても、大陸法の場合と同様に、それは、もともと衡平、妥当などという道義的な意味をもつものであった。ところが近代イギリス法の成立過程において、エクイティは、主として大法官裁判所の活動をとおして、イギリス判例法の一部または一側面に転化し、したがってまた、そのことばは、主として衡平法を意味するようになった。たとえば、ゲルダートは、つぎのように述べる[1]。——「現代の法律家が、〈law〉と〈equity〉ということばを使うときには、彼は、エクイティが法ではないということを述べるつもりはないのである。彼は、じっさいに、二つの異なった種類の法（two different kinds of law）——一方の側において、コンモン・ロウ、他方の側において、ひとしく法であるところの衡平法の準則(the rules of Equity……which are equally law）について語っているのである。それらの準則は、たんに道義的にのみでなく、さらに法的にもまた拘束力をもつところの準則なのである。それらは、裁判所によって強行されるのである。」

　そして、そのようにエクイティが「衡平法の準則」を意味するようになっているという、イギリス法体系に独特な現象が、なぜ、おこったのかという疑問にたいして、ゲルダートは、つづけて、かんたんに、こう答える[2]。——「われわれが、コンモン・ロウとエクイティとして知られるところの、たしかに、二つの法

体系(two systems of law)ではなくて、むしろ、二つの別異の準則集団(two distinct bodies of rules) をもっているという事実は、われわれが、何世紀にもわたり、かつ、最近にいたるまで（すなわち、1875年まで）別異の裁判所をもっており、それら裁判所のおのおのが、ただ一組の準則(one set of rules)を実施したにすぎなかったという歴史的な事実に因るのである。」

　ところで、エクイティを実施する特別の裁判所が成立するにいたったというイギリス法史に独自な事実は、すでに200年まえに、ブラックストーンによって明快に指摘されていることがわかる。彼は、こう述べる(3)。——「その特別な裁判所、すなわち、衡平法裁判所 (court of equity)は、いまでは、最大の司法的重要性のある裁判所となっている。異なった裁判所において実施されるものとして、ロウ〔コンモン・ロウ〕とエクイティとのあいだに、このように区別を設けることは、ほかのいかなる国においても現在知られておらず、また、なんらかの時期に知られたことがあるとは思われない。しかも、同一の法廷において実施される場合に、一方を他方から差別することは、ローマ人にとっては、まったくよく知られていたところなのである。〔そこでは〕法務官法 (jus praetorium)、すなわち、法務官の裁量は、法律(leges)、すなわち、確立されている法律から区別されるものであった。しかし、それら双方の権能は、まったく同一の法官に集中されたのであって、彼は、法準則（the rule of law）を宣言するとともに、衡平の原理（the principles of equity）によって、それを個々の事件に適用するよう命令をうけていたのである。われわれにおいても、また、最高裁判所であった〔ノルマン王朝初期の〕王裁判所(aula regia)が、場合の必要に応じて、双方の、または、いずれか一方の準則にしたがい、平等な正義を実施したことは疑いがない。そして、その裁判所が、バラバラに分解されてしまったとき、法〔＝コンモン・ロウ〕の裁判所（a court of law）から区別されるエクイティの裁判所（a court of equity）という考えは、当初の分割計画のなかにはなかったのである。……しかし、国王エドワード3世〔1327—1377〕の治世の末期のころ、土地のユース（uses＝信託〔trust〕の古い形）が導入されて、コンモン・ロウの諸裁判所によっては、ぜんぜん支持することを拒まれたにもかかわらず、僧侶たちからは、信認的な寄託（fiduciary deposit）であって、良心上拘束力のあるもの（binding in conscience）である、と考えられたとき、エクイティの裁判所としての大法官庁（Chancery）の別個の管轄権が確立されはじめたのである。そしてソールスベリの僧正で、リチャード2世〔1377-1399〕の大法官であったジョン・ウォルサム John Woltham 〔d. 1395〕(4)は、前掲のウェストミンスター第2法（the statute of westm. 2）のこじつけ解釈によって、ユース

のための封土譲受人（feoffee to uses）をして、彼のユースの受益者（cestuy que use）にたいし責任を負わしめるために、大法官裁判所においてのみ返達できる罰則付命令状（the writ of *subpoena* returnable in the court of Chancery only）を発明したが、この訴訟開始の手続は、のちに、不実かつ虚構の示唆にもとづいて、まったくコンモン・ロウにおいて決定できる、その他の事項にまで、ひろげられたのである。……そして、エドワード４世〔1461-1483〕の時代には、エクイティ上の訴状（bill）と罰則付命令状による訴訟開始の手続は、その裁判所の日常的な慣行となったのである。」

「しかし」とブラックストーンは、さらにつづけて述べる(5)。——「しかし、これは、非常にひろい範囲におよんだわけではない。それというのは、15世紀の非常に早い時期に書かれたと想像されている『種々の裁判所』diversite des courtes という標題をつけた古い論文には、その当時大法官庁において罰則付命令状により管轄できた良心上の事項（matters of conscience）の目録があるが、それは、非常にせまい範囲にしか、わたっていないからである。その当時には、なんらの正規な裁判組織（No regular judicial system）もその〔大法官〕裁判所においては行なわれてはいなかったのであって、自分が侵害を受けたと考えたとき、訴を提起するものは、大法官の個人的な意見にしたがって（according to the private opinion of the Chancellor）、不規則でまた不確実な救済（a desultory and uncertain remedy）を見い出すのであったが、その大法官は一般的に牧師（ecclesiastic）であり、または、ときには（まれなことではあったが）、政治家（statesman）であった。1372年と1373年に、ひきつづいて、王エドワード３世の大法官であった首席裁判官ソープ Thorpe〔d. 1372〕およびニヴィット Knyvet〔d. 1383〕の時代から、王ヘンリー８世〔1509-1547〕が、1530年にトマス・モアー Thomas More(6)〔1478-1535〕を昇任させるにいたるまで、ひとりの法律家（lawyer）も大法官裁判所に着席したことがないのである。その後、国璽（Great Seal）は、時代の必要と君主の意向の要求するところにしたがい、無差別に、法律家、廷臣または教会人の保管にゆだねられて、1592年にはコンモン・ロウ上級弁護士パッカリング Puckering〔d. 1596〕が国璽尚書（Lord Keeper）に任命されるにいたるのであったが、その時代から現在までのあいだ、すなわち、国璽が、その当時は、ウェストミンスターの僧団長（dean）であったが、のちには、リンカーンの僧正となり、また大法官時代のエルズミア卿 Lord Ellesmere〔1540-1617〕の雇牧師であったウィリアムズ博士 Dr. Williams〔1480-1535〕にゆだねられた時期をのぞいて、つねに、法律家によって充たされてきたのである。」

そして、それらの法律家としての訓練をうけた大法官たちの活動をとおして、大法官裁判所の「裁判組織」が確立され、「大法官の個人的な意見」によるのでなく、むしろコンモン・ロウの判例法の技術をとりいれることによって、「規則的で確実な」救済があたえられるようになる、その過程を、ふつう「エクイティの変容、骨化または結晶化」(transformation, ossification or crystallization of equity)と呼ぶのである。つまり、主として大法官裁判所（Court of Chancery）というコンモン・ロウ裁判所とは別個の、エクイティの裁判所の確立とその裁判活動をとおして、エクイティは、イギリスにおいて、17、8世紀のあいだに、コンモン・ロウとならび、かつ、それを補充する判例法の一団、いわゆる「衡平法の準則」(rules of equity) の一体となってしまうのである。そして、大法官裁判所が、そのように判例法としての衡平法を成立させる過程において使用した手段の一つがコンモン・ロウの裁判所において、すでに、完成にちかづいていた、事件報告(reports)をつくり、かつ、それを活用する技術——先例の理論であったことは、いうまでもない。そして、現在われわれの関心は、その大法官裁判所にかんする現代的な事件報告が、コンモン・ロウ裁判所の慣行の影響のもとに、どのようにしてはじまり、また発展したかという問題に、主としておかれるのであるが、その問題にとりかかるよりさきに、大法官裁判所の成立、すなわち、大法官の役所であった大法官庁(Chancery)が、一個の衡平法の裁判所としての管轄権を確保し、大法官裁判所としての実をそなえるようになる荒筋を、ブラックストーンが述べるところにより、いますこし、ふえんすることによって説明しておくことが必要であると考える。

(1) Geldart, Elements of English Law, 5th ed., p. 21.
(2) Ibid., pp. 21-2.
(3) Blackstone, Commentaries, iii, pp. 50-53.
(4) Ibid., pp. 53 et seq.
(5) ウォルサムの名は、John de Walthamと呼ぶのが本来である。かれは、ブラックストーンがいうところとちがい、大法官になったことはない。「ブラックストーンは、ウォルサムのジョンがリチャード2世の大法官であったと主張することにおいて、まったくまちがっている」——キャンベル卿は、そう断言して、さらにつづける。「そして、彼は、けっして大法官であったこともなく、また国璽を自己の権利において保管したこともないのであるから、私がその生涯を書くことを企てた人たちの名簿には、彼は、ほんらい、はいらないのである」(Lord Campbell, Lives of Lord Chancellors, i, p. 296.) つまり、ウォルサムは、記録主務官 (master of the rolls)

6 判例というものの考え方〔4〕イギリスの現代的判例集の様式の成立 4の(3)

の立場で、何回か、大法官の代理として、国璽を保管したことがあるにとどまる（D. N.B.の説述も同様である）。また、サヴピーナの命令状の発明という点についても、キャンベル卿は、ウォルサムは、たんに、その現代的な形式を確立したにすぎないとしている。

(6) キャンベル卿は、ソープとニヴィットについて、こう述べている。――「彼〔＝ニヴィット〕と、彼の先任者〔＝ソープ〕とは、コンモン・ロウの裁判所から抜擢されて、〔大法官として〕そのような満足をあたえたのであるから、およそ国璽がなんらか他の階層の人たちに引渡されるということがあったことを、われわれは不思議に思うのである。しかも、正規の〔法〕教育をうけた法律家で、大法官に任命された次のものは、50年以上の間隔をおいた、ヘンリー8世の治世の中葉におけるサー・トマス・モアーであったのである」(Lives of Lord Chancellors, i, p. 269)。サー・ロバート・ソープ (Sir Robert Thorpe) は、名門の出ではなかったが、ケンブリッジに学び、そこの宗教教育につくし、法律に転じて、よく勉強し、1344年には、王の上席弁護士 (King's Serjeant) となり、さらに1357年には、人民訴訟裁判所の首席裁判官に任ぜられ、その学殖と勤勉と廉直をもって鳴らし、ついで、国会下院の要望もあったというほどの衆望をになって大法官に任ぜられたが、在任一年すこしで急死した。

サー・ジョン・ニヴィット (Sir John Knyvet or Knivett) は旧家の出で、1357年コンモン・ロウ上席弁護士の位を授けられ、1361年には人民訴訟裁判所の裁判官となり、4年後の1365年には王座裁判所の首席裁判官に任ぜられ、さらに7年後にはソープについで大法官となった。そして、よく世望にこたえた4年半の在位ののち退官し、1381年に死んだ。

サー・トマス・モアーは、その『理想郷』(Utopia) によって、あまりにも有名であるが、彼は王座裁判所の裁判官を父としてもち、はじめ、16歳でオックスフォード大学にはいり、修辞や哲学を勉強し、1498年から法律の勉強に転じ、リンカーンズ・インに籍をおき、バリスターとなった。よく勉強して名声をあげ、若くしてインズ・オブ・コートの予備校ともいえるインズ・オブ・チャンサリー (Inns of Chancery) の一つで、3年間も講師をしたほどである。孤独で素朴を愛する傾向があったモアーは、はじめ法実務に熱心でなかったが、素直な、田舎紳士の娘に恋して結婚してからは、そのはげましを受けて専門の仕事に精をだすようになり、法律界に名をなすのであったが、とくに国際法に熟達していた。彼は、1502年には、ロンドン市の執行官補佐 (under-Sheriff) となり、また1504年には国会議員になり、ヘンリー7世がその娘の結婚のために国会に要請した特別援助金 (subsidy) に反対して、国外への亡命を考えなければならないという窮状におちいった。運よくヘンリー7世が死んで、ヘンリー8世が即位すると、やがて、王に接近する機会にめぐまれ、衡平法の裁判所の一つであった小額事件裁判所 (Court of Requests) の主務官 (Master of Requests) に任ぜられ、王顧問会議 (Council) のメンバーとなり、ナイトに叙せられ、そのころのモアーの収入は400ポンドで、キャンベル卿によれ

ば、19世紀後半の貨幣価値に換算すれば、1万ポンドに相当するという。1514年から1523年にかけて、モアーは、ネーザーランドに使臣となる。1525年、王のおぼえめでたいモアーは、ランカスター侯爵領の大法官（Chancellor of Duchy of Lancaster）に任ぜられ、ついで1529年には、大法官に抜擢された。しかし、1532年にはその任を辞し、やがて、王とアン・ボレインの有名な結婚問題を契機として、王とのあいだにミゾができ、1534年に王の至高性（supremacy）を認める宣誓を拒否したことによって訴追され、翌年首をはねられるという悲劇的な最後をとげた。

　モアーは、罰則付命令状の安易な発給がなされないようにし、禁止命令の付与を慎重にし、大法官庁の役人たちが役得などによって裁判の公正を害するにいたることを、きびしく戒め、事件の迅速な処理をするなど、大法官裁判所の裁判と手続の改革に貢献するところが多かったといわれる。『ユートピア』によって有名なモアーが、すぐれた法律家―大法官にまで昇進した人であったという事実は、ベーコン卿が、同じく大法官であったと同様に注目されてよい。

　㈹　「衡平法裁判所」（courts of equity）、大法官裁判所（Court of Chancery）、大法官庁（Chancery）、大法官（Chancellor）および国璽の保管者または国璽尚書（Lord Keeper）の五つのことばが微妙に使いわけられていることを、読者は上に引用されたブラックストーンの『釈義』の文章から感じとるにちがいない。それは、つまり、大法官という、いわば、ほんらい秘書的な、国璽の保管者（Keeper of the Great Seal）である1個の重要な王の役人が、いわゆる「衡平法上の管轄権」（equitable jurisdiction）を取得し、その大法官の管轄権が、彼の役所として強力な事務機構をもつ「大法官庁」をとおして行使されて、そこに、しだいに1個の独立の裁判所、すなわち「大法官裁判所」が形成され、国の裁判組織のなかに明確な位置をしめてゆくという、中世紀末期から近代初期におよぶ数世紀間に展開された長い過程が、そこで説明されているからであろう。ところが、ふつうには、そのうえに、実体法としての「衡平法」の起源と発展という観点が加味されて、衡平法裁判所の「管轄権」の成立と展開という観点が、ぼやかされるか、または混乱せしめられる。しかし、ブラックストーンが、いみじくも、はっきり述べているように、大法官裁判所という一種の衡平法裁判所をとおして、イギリスにおいて、エクイティが実施され、そこに、判例法の一団にほかならない「衡平法の準則」（rules of equity）、すなわち、通常、包括的に「衡平法」（equity）と呼ばれるものが成立したという、イギリス法に独自な歴史的事実に思いをいたせば、衡平法の「準則」と「管轄権」とは、もともと不可分の一体をなすものとして、総体的に把握されるよりほかに仕様もないもの、といわないわけにはいかない。このことは、

私の経験によれば、イギリスのエクイティの起源と発展にかんして、簡にして要をえた説明をすること、および、その説明を正確に理解することを非常に困難にしてしまいがちである。

そこで、まず、私は、ブラックストーンの説明のなかから、いくつかの問題点をひろいあげよう。

（i）第1に、衡平法裁判所（courts of equity）と大法官裁判所（Court of Chancery）という2組のことばの関係について。大法官裁判所は、いわば固有名詞であるが、衡平法裁判所は、普通名詞である。大法官裁判所は、衡平法裁判所の一種なのであって、衡平法裁判所は、イギリス法史において、ほかにも、いくつか現われているのである。つまり、大法官裁判所は、主要な衡平法裁判所であるにすぎない。

では、衡平法裁判所として、大法官裁判所のほかに、どんな裁判所があったのか。まず裁判所といえば、民事と刑事の区別が問題になるのが、ふつう、衡平法の裁判所について論議する場合には、イギリス法では、民事を中心にする。しかし、イギリスのエクイティについて包括的な理解をしようとする場合には、その刑事の側面も、あわせ考えることの方が適切である、と私には思われる。そして、事実、イギリス法史には、実質的に、いわゆる「刑事の衡平法」（criminal equity）を実施した有力かつ有名な裁判所であって、大法官裁判所と併列させて考察されることを適当とする裁判所がある。それは、星室裁判所（Court of Star Chamber）である。『ヘンリー8世が顧問会議（the Council）の確立のために考察した、1526年のある布令において、王とともにある顧問会議（the Council with the King）とウエストミンスターにある顧問会議（the Council at Westminster）とのあいだに区別がなされている』とホールズワースは明言する[7]。『これは、中世のあいだにも、随時あらわれていた区別であった。しかし、この時期〔＝チューダー期〕において、それは、より鋭く、かつ、より恒久的になる傾向を示すのであった。ボールドウィンBaldwin教授はいう。――「これからのち、君主は〔顧問会議内に〕同時に作業する二個の同位の委員会を維持することに、一般的に成功した。王に随従する、その一方は、ふつう〈宮廷における顧問会議〉（Council at court）として知られたが、他方は、ひきつづき、〈星室における王の顧問会議〉（the King's Council in the Star Chamber）と呼ばれた」。前者の団体は枢密院（Privy Council）となったが、より直接的に王と連結されていたから、おのずから、内外のすべての政策問題を考慮する団体となった。後者は、行政的ならびに司法的な常規的な仕事を処理した。』そして、王顧問会議の一つの委員会である、この星室裁判所が、王の大権にもとづく特別裁判所の一つとして、とくにスチュアート期の政治的な事件

において、圧倒的な刑事裁判を行なったことは、あまりにも著名なイギリス史のひとこまである。しかし、星室裁判所が、とくにチューダー時代の社会的要求をみたし、「価値あり、かつ有用な」権能を行使したものであるということについては、当時の代表的な法律家が一致しているのである。大法官裁判所の衡平法上の民事的管轄権も、じつは、王顧問会議の権限を、その一員しとしての大法官が行使したことからはじまるものであって、両者の差は、王顧問会議の権限の主として刑事の部分をうけつぐか、それとも、民事の側面をうけつぐかによるのであった。しかも、民事的な衡平法上の管轄権については、チューダー期に、大法官裁判所のほかに、建前上、貧しい訴訟提起者を対象とした、いわゆる小額事件裁判所（Court of Requests）が成立していた。この裁判所と大法官裁判所とのちがいのめぼしい点は、その手続が、安くて、簡易な、いわゆる王私璽（Privy Seal）の令状によって開始されると、国璽の令状によって開始されるとにあったとされる。なお、コンモン・ロウの裁判所の一つである財務裁判所が、一種の衡平法上の管轄権を有したことも、明らかな事実である。

　(ii)　第2に、大法官（Lord Chancellor）と国璽尚書（Lord Keeper）との関係について。大法官は、法律書では、たんにChancellorだけで表わされるのが、むしろ、ふつうであるといってもよかろう。しかし、通例、Lord Chancellorと呼ばれ、ときに、いかめしくLord High Chancellorといわれることもある。それらのことばに、時代によって、「イングランドの」(of England) または「大ブリテン国の」(of Great Britain)という修飾がつく。つまり、チャンセラーということばは、「大法官」をさすばあいだけでなく、ほかの類似した、または類似しない役職をさすことが少なくないのである。たんに、チャンセラーという名で呼ばれる役職としては、イギリスの教会法において、僧正管区の裁判所（Consistory Court）の裁判官をあげることができる。その種の裁判官がチャンセラーと呼ばれることについては、まえに述べた（前述〔3〕6の(2)(ロ)(iii)【→本書299頁】）。また、ランカスター侯爵領にチャンセラーが置かれたことは、サー・トマス・モアーが、1525年にそれに任命されたことから明らかであり（前述〔4〕4の(3)(イ)注(6)【→本書441頁】）、さらに、じつは、アイルランドにも大法官がおかれ、Lord Chancellor of Irelandと呼ばれていた。王室の最高の財務責任者が「財務卿」（Chancellor of Exchequer）と呼ばれたことも、よく知られたことである。

　こうして、今日の大法官は、正式には、Lord High Chancellor of Great Britainと呼ばれる。たとえば、アン女王治世第6年法律第77号[7]（6 Anne, c. 7.) すなわち、いわゆる「1707年職位法」（Place Act, 1707.) は、すべての主要な官職の保持

者は、彼らを任命した女王または国王が死亡し退位しても、ひきつづき6ヵ月のあいだは、その職位にとどまる旨を規定しているが、同法の第7条は、その種の官職のなかに、「大ブリテン国の大法官または国璽尚書……の役職または地位」(the office or place of lord chancellor or lord Keeper of the great seal of Great Britain……(8))をふくめており、また、「1884年国璽法」(the Great Seal Act, 1884.)は、その第4条において、「大法官」"Lord Chancellor"という表現は、「大ブリテン国の高等大法官卿」(the Lord High Chancellor of Great Britain) を意味するとしているのである。

　ところで、前にあげたアン女王治世第6年の「職位法」に、「大ブリテン国の大法官または国璽尚書」とある表現を、どう理解すべきであろうか。すなわち、大ブリテン国の大法官と、国璽尚書とは、名称上は、いうまでもないが、その役職の実質においても異なるものであるかどうかという疑問が、上の短い表現から、しぜんに生じてくると思われる。そして、答は、じつは、両者は、実質的には同じ役職だということなのである。ただ、そのような答のうしろには、制度の沿革上、多少の説明を要するものが横たわっていると考えられるばかりでなく、衡平法をめぐる日本での解説には、そのような側面についての顧慮が一般的に十分でなかったようにも感じられもするので、私は、以下に、その背後にある事情を、すこしばかり説明することが望ましいと考える。

　前で、いくらかの解説をしたように、大法官職は、イギリスの統治構造のなかで、まことに変則的で、しかも最重要な役職の一つと見られるが、それは、サクソン時代の諸王も、すでに設置していたものであるといわれる(9)。そして、ノルマンの征服ののちにも、ひきつづき、その役職がおかれて、今日すでに、900年ほどの長い歴史をもつものとなっているが、その大法官の役職を象徴するものは、「国璽」または「大璽」(Great Seal) なのである。すなわち、大法官は、つねに国璽または大璽の保管者 (keeper of the Great Seal) であって、ここから、大法官にたいする「王の良心の保管者」(keeper of the King's conscience) という俗称が出てきたと考えられる。そして、大法官の任命は、たんに国璽または大璽を手渡すことによって行なわれるのであった。ところが、チューダー期に、国璽(または大璽)尚書という称号をあたえて、大法官の職務をとらせる慣行が生じた。すなわち、1500年に、ヘンリー7世が、ソールスベリの僧正、のちのカンタベリーの大僧正ヘンリー・ディーンHenry Deane (d. 1503) を、ロード・キーパーに任命してから、たとえば、エリザベス女王のもとでは、彼女の最初のロード・キーパーとして、1558年に、有名なベーコン卿の父、サー・ニコラス・ベーコンSir Nicholas

Bacon (1500-1579) が任命され、ついで、1592年にジョン・バッカリング（前述〔4〕4の(3)(イ)【→本書440頁】）が、また1596年には、サー・トマス・エガートンSir Thomas Egertonすなわち、のちの著名な大法官エルズミア卿が、それぞれその役職についている（前述〔4〕4の(3)(イ)【→本書440頁】）。さらに、スチュアート王朝の諸王もまた、しばしば国璽尚書を任命したことがわかる。たとえば、ジェームス1世は、1616年に、ウェストミンスターの僧団長ジョン・ウィリアムズ博士（前述〔4〕4の(3)(イ)【→本書440頁】）を、またチャールズ1世は、1625年に、サー・トマス・コヴェントリSir Thomas Coventry (1578-1640) を、さらに1640年には、サー・ジョン・フィンチを、それぞれ国璽尚書に任命している。そして、この慣行は、王政復古期から栄誉革命期をへて、18世紀の半ばすぎの、1757年に、サー・ロバート・ヘンリーSir Robert Henley のちの大法官ノーシントン卿 Lord Northington (1708?-1772) が、まず国璽尚書に任命されたときまで、しばしば実行されたが、その後、国璽尚書が任命されたことはないようである。

なお、国璽が、通例は3人の管理委員（Commissioners）の手にゆだねられることが、ピューリタン革命の時期から王政復古の初期にかけて、また栄誉革命の直後から1792年までのあいだに数回にわたって、おこなわれている。この制度は、単独判事の裁判 (single-seated justice) の欠点をもつ大法官裁判所の改革の趣意をこめて、ピューリタン革命の指導者たちが採用したものだといわれているが、のちには、大法官または国璽尚書として適当な人物が見あたらない場合に、一種の応急策として採用されたと思われる。たとえば1700年に、栄誉革命期の代表的裁判官であった王座裁判所の首席裁判官サー・ジョン・ホルト（1642-1710）は、栄誉革命の法的指導者であった大法官サマーズ卿 Lord Somers (1650-1716)――彼も、はじめ国璽尚書、のちに大法官に任命された――が辞任したさい、大法官への就任を求められて固辞し、管理委員の一人となることを承諾しているのである。これらの管理委員は、国璽管理委員卿（Lord Commissioners）と呼ばれる。

こうして、大法官と国璽尚書とのあいだには、その称号上、したがって、王のおぼえや、その威厳性などにおいて多少の、差があるだけであって、権限や職務の上での実質的なちがいはないものとされることが注目される。まえに例示として引照したアン女王治世第6年のある法律で、両者が、「または」を介して並列されているのは、いわば、そのいずれでもよい、ということを意味するわけである。そして、これらの二つの役職を同一視するについては、一つの国会制定法の明確な規定の根拠があることが知られる。すなわち、サー・ニコラス・ベーコンがエリザベス女王によって国璽尚書に任命されてから5年あとの1563年に、「エリザベ

ス女王治世第5年法律第18号」(5 Eliz. C. 18.)が制定されたが、これは、「イングランドの国璽尚書および大法官の権威が同一であることを宣言する国会制定法」(An Act declaring the authority of the Lord Keeper of the great seal and the Lord Chancellor of England to be one.)という標題をもっている。そして、その前文に、「当座のイングランドの大法官の役職に、権利として属し、また当然に属すべきであるものと同様の地位、権威、優位性、管轄権および権能が、当座のイングランドの国璽尚書の役職に属し、また権利として当然に属すべきものであるか、否かについて、最近若干の疑問が生じたので」というように、この法律は、その立法理由を明らかにした上で、つぎのように規定する(10)。

「この国土のコンモン・ロウは、つぎのとおりであり、かつ、つねにそうであったし、また、そうであると当然に考えられるべきである。すなわち、当座のイングランドの国璽尚書は、実際上、かつ、上記の当座の国璽尚書がイングランドの大法官であったとする場合と同様に、当座のイングランドの大法官が、当座のイングランドの大法官の役職に、権利として当然に属するものとして合法的にこれまで行使し、持ってきており、また当然に持ち、行使し、かつ執行すべきであるものと同一かつ同様の位置、権限、優位性、管轄権、法律の執行、ならびにすべての他の慣習、利便ならびに利点を、当座のイングランドの国璽尚書の役職に権利として属するものとして、これまでつねに持ち、行使し、かつ執行してきており、また、権利として当然に持ち、行使し、かつ執行すべきであり、さらにまた、これからのち、持ち、会得し、取得し、行使し、かつ執行することができるものとする。」

なお、国璽尚書や国璽管理委員卿の役職は、今日もなお、はっきりと廃止されてはいないものと考えるべきであろう。たとえば、前に引用した「1884年国璽法」の第4条は、「大法官」の定義をした上で、つづけて、「連合王国の国璽の国璽尚書または管理委員卿がある場合には、本法は、左の国璽尚書または管理委員卿が大法官に代っておかれたとする場合と同様に、適用があるものとする」と規定している。

ところで、国璽尚書と区別されなければならない役職として、王私璽尚書(Lord Privy Seal)という役職があることが、思いあわされる。「王私璽」または「王璽」もしくは「小璽」(privy seal)は、ジョン王のときに、王の私印として設けられ、前記の「1884年国璽法」の第3条の規定、すなわち、「どんな文書も、本法の通過後は、小璽の押捺を受けることは必要でないものとする」(It shall not be necessary that any instrument shall after the passing of this Act be passed under the Privy

Seal.) という規定によって廃止されるまでの数百年のあいだに、国璽または大璽を補充する公的な印章として使用されるようになり、たとえば、すでにいくらかの言及がなされたように、チューダー期には、星室裁判所や小額事件裁判所などの、特別・非常的な諸裁判所の手続開始の令状――それは迅速かつ安価であった――に押捺されたのである。そして、14世紀のはじめには、そのために専任の保管者、すなわち、小璽尚書がおかれているのである。

王私璽または小璽が、国璽を補充したというのは、ある法律辞典[12]に、「主として文書に大璽を押捺することについての大法官への授権として、国王によって用いられた印章」(A seal employed by the Crown, chiefly as an authority to the Lord Chancellor to affix the Great Seal to documents.) とある説明文の意味するところであって、ある種の文書、たとえば、特許状や特赦状に小璽が押捺されてからのちに、大璽が正当に押捺されることができたことを指すのである。そこで、前掲の「1884年国璽法」に、「どんな文書も、……小璽の押捺を受けることは必要でない」とあるのは、小璽から、その本来の補充的役割がうばわれたこと――その消滅を意味するわけである。ただし、それにもかかわらず、王私璽尚書の役職は、今日もなお、1個の閣僚的役職として存続していることを附言しておこう。

(7) 「女王陛下の御身および政府、ならびにプロテスタントの血統をもつとする大ブリテン国の王位への継承を保障するための国会制定法」(An act for the security of her Majesty's person and government, and of the succession to the crown of Great Britain in the protestant line.) というのが、その長称である。31箇条からなる、かなり長い法律。

(8) 「ビクトリア女王治世第47年および第48年法律第30号」(47 & 48 Vict. Ch. 30.) がそれであって、「文書が連合王国の国璽の押捺を受ける手続を簡素化するための国会制定法」(An Act to simplify the passing of Instruments under the Great Seal of the United Kingdom.) という長称をもつ。5箇条からなる。ある種の文書は、国璽の押捺を受けるに先だって、あらかじめ小璽または王私璽の押捺を受けることなく、大法官や大臣などの副署があれば足る、としている。

(9) Lord Campbell, Lives of the Lord Chancellors, i, Intro., pp. 2 *et seq.*

(10) その原文は、つぎのとおり。

"……be it enacted…… That the common law of this realm is, and always was, and ought to be taken, that the keeper of the great seal of England for the time being hath always had, used and executed, and of right ought to have, use and execute, and from henceforth may have, perceive, take, use and execute, as of right belonging to the office of the keeper of the great seal of England for the time being, the same and like place, authority, preheminence, jurisdiction, execution of laws, and all other customs, commodities and advantages, as the lord chancellor of England for the time being lawfully used, had and ought to have, use and execute, as of right belonging to the office of the lord chancellor of England for the time being, to all intents, constructions and purposes, and as if the same keeper of the great seal for the time being were lord chancellor of England."

(11)　Wharton, Law Lexicon.

(ハ)　ところで、大法官のエクイティ上の管轄権が一個の独立の裁判所としての大法官庁をとおして行使され、主要な衡平法裁判所としての「大法官裁判所」(Court of Chancery) が確立されたと見られるのは、いつごろのことなのであろうか。まず、大法官が、あるいは、法律家たちが、彼の役所である大法官庁を、はっきり「裁判所」として意識したのは、15世紀にはいってからのように思える。たとえば、セルデン協会の『大法官庁における事件選集』に収められた諸事件の報告を見わたしてみると、1471年に、バスBathおよびウェルズWellesの僧正、大法官ロバート・スティリントンRobert Stillington (d. 1491) にたいして提起された訴状には、ようやく、「この裁判所」(this court) とか、「大法官裁判所」(Court of Chancery) とかいう表現が見られる。とくに、「大法官裁判所」という表現は、その事件だけで使われているようである。ブラックストーンが、ユースすなわち「信託」が、右の事件よりほぼ1世紀まえに導入されて、エクイティの裁判所としての大法官庁の別個の管轄権が確立されはじめた、といい、また、エドワード4世の時代には、エクイティの訴状と罰則付命令状による訴訟手続の開始は、その裁判所の日常的な慣行となった、と述べていることは、前に引用された一節(前述〔4〕4の(3)(イ)【→本書439頁】)によって明らかであるが、前掲の1471年のエクイティ上の事件に、はじめて「大法官裁判所」という表現があらわれているという事実は、ほぼ、彼の見解の正しさを裏づけるものということができよう。そして、ブラックストーンからのちのイギリス法史の研究者は、1487年が、大法官裁判所の確立にとって決定的な年であると考えるのである。そして、その年とは、ヘンリー7世の治世第3年であって、名高い「星室裁判所」(Court of Star Chamber) の管轄権が、ある国会制定法によって確立され、その反射的な効果として、大法官が大法官庁をとおして行使する管轄権もまた確立された、とされるのである。この制定法は、「ヘンリー7世治世第3年法律第1号」(3 Hen. VII. c. 1.) であって、「星室裁判所にたいして、種々の軽罪を罰する権限を与える国会制定法」(An Act giving the Court of Star Chamber Authority to punyshe dyvers Mysdemeanors.A） という標題をもっている。

7　イギリス判例法について

〔1〕　はしがき——用語の問題その他

1

　「判例」という日本語に相当するイギリス法（および附随的にアメリカ法）のことばが何であるかという疑問は、とうぜん読者から提出されるものと考えてよいと思われるので、ここで、あらかじめ、「判例」およびそれと密接に関連するイギリス法のことばなどについて、ひととおりの説明をしておこう。

　日本語の「判例法」に相当するイギリス法のことばが、case lawであることは、今日では日本の法学界でも一般によく知られていると思われるが、その知識から、かんたんに、caseが判例に相当することばだと推論してかかることはできない。ケースは、もともと事件または事案を意味するからである。ケースは、イギリス法において、ふつう使われる表現によれば、一組の事実〔関係〕(a set of facts)であるが、そこにふくまれるある争点または紛争にたいして、裁判所ないし裁判官の「決定」(decision, determination) または「判決」(judgment) が下されるとき、それは「決定（または判決）された事件」(decided case) と呼ばれる。そして、この「判決された事件」が、のちの類似の事件において、「先例」(precedent) として引用され、その事件について判決する裁判所または裁判官にたいして「拘束力」(binding force) をもつか、どうか、あるいはその裁判所または裁判官によって、それが追随 (follow) されなければならないか、どうか、が論じられる。「判決された事件」というかわりに、かんたんに、その判決 (judgment) または決定 (decision) が拘束力をもち、または追随されるという方が、むしろ通例であるといっても、さしつかえないであろう。そこで、そのように「先例」として追随され、または拘束力をもつところの、「判決された事件」または「判決」もしくは「決定」が、イギリス法において日本語の「判例」に相当するものであると見なけれ

ばならないこととなる。そして、それら一組の用語のなかで、先例を意味するprecedentが、イギリス法において、もっとも中心的なことばである、といってよいと思われる。すなわち、イギリス法において、「判例」という日本語に、いちばんよく照応することばは、precedentであるということになる。なお、プレシデントには、たんに裁判上においてだけでなく、不動産物権移転の関係や、行政手続の側面などにおいても、いわば書式例として見いだされるところであるため、それらの場合と区別して裁判上の先例は、judicial precedent（司法的先例）と呼ばれる場合もある。そして、そのように先例として拘束力をもつのは、どんな裁判所の判決であるか、また、拘束力は、判決のどの部分にあるのか、さらに、先例を適用する場合に、裁判所または裁判官は、どんな技術を用いてそれを操作するか、というような一連の問題に対処するための理論と技術は、一つの全体として考えられ、「先例の理論」(the theory of precedent(s)) または、「先例遵由の法理」(the doctrine of stare decisis) と呼ばれるのである。

2

「先例の理論」は、司法権の運用の重要な一側面を支配するものとして、われわれの用語によれば、まさに憲法にかかわるものであるが、もともと、イギリスのコンモン・ロウ裁判所の裁判にかんする一つの慣習法として、法曹のあいだに、中世末期から、じょじょに発達し、19世紀の後半にいたって、ようやく現在の形にまとまったものであって、それについては、何の制定法上の根拠もないことが注目される。そして、そのように法曹のあいだの慣習法として成立したものであるためか、この法理は、イギリス自体においても、また、それを継受しているアメリカ合衆国やその他の国々においても、これまで、その重要性からみれば、むしろ不十分と述べてよい程度にしか、実証的にも、また理論的にも究明されていなかった、といってもさしつかえないであろう。イギリスにおいて、それにかんする理論的な研究の基礎をすえたのは、1861年に出版されたオースティンの『法律学』(Austin, Jurisprudence)のなかの法源にかんする部分であると、わたくしには見える。イギリスの現代的な先例の理論を全体としてとらえ、いわば、それにたいして古典的な解明を与えたのは、1896年にその第1版を出したポロックの『法律学入門』(Pollock, First Book of Jurisprudence) であると、わたくしは考えるが、この本は、イギリス法とアメリカ合衆国の法の双方について論述している点からも注目されてよいのである。こうして、イギリスにおいて、先例の理論について本格的な研究がなされるようになるのは、だいたい20世紀にはいってからのこと

であって、たやすく想像されるところであるが、そういう研究は、とくに第1次大戦後になって、グッドハートGoodhartやホウルズワースHoldsworthなどの研究と論争をとおして、はじめて十分に展開されるようになるのである。先例の理論も、その時期には、もはや自明の理として通用できなくなり、その合理性について自己弁護をしなければならない破目におちいったわけである。そのさい注目されるのは、当時アメリカ合衆国において、論議が、いわゆるリアリストの活動をとおして、先例の理論そのものの検討と批判に集中されるというよりは、むしろ、裁判過程および裁判官の行態そのものの、社会学的・心理学的な分析に向けられはじめたという事実である。もちろん、われわれは、そういう傾向があらわれはじめるまえに、たとえば、ロスコー・パウンドRoscoe Poundなどの社会学的法律学派の人たちによって、この世紀のはじめから、厳格な先例の理論の適用そのものにたいする批判がおこなわれていたことを忘れてはならないであろう。

3

イギリス法の先例の法理についてのわが国における研究は、かなりの数になるが、そのなかで古典的な地位を与えられてよいと思われるのは、高柳博士の『法源理論』のなかの、それにかんする記述である。ここでのわたくしの報告も、じつは、『法源理論』の関係部分の要約にほかならないと、いってよいのである。ただ、先例の理論については、イギリスにおいても、第2次大戦後において、その再検討の気運の高まりさえが見えはじめ、かなりの数の論文や著書があらわれ、一つの論争さえおこっているという状態がある。他方、日本の法学者によるイギリスおよび、とくにアメリカ合衆国の判例法の実証的研究が、ますます、ひろがり、かつ、ふかめられてゆく傾向が見られ（たとえば、『英米判例百選』）、さらに、そういう傾向と併行し、またはそれに刺激されて、日本法における判例研究についての再検討と新しい方向づけの運動がおこり、おおくの問題が提出されているのである。そこで、イギリス法学におけるそのような状態および日本の法学におけるこのような傾向と運動とに対応して、イギリス法における先例の法理についての分析と理解をふかめ、高柳博士の研究をさらに発展させることが必要となる。その場合に、イギリスの先例の理論の実際的運用と、それにたいする理論的研究とを、イギリス法組織の一般的発展との関係で、歴史的にあとづけ、かつその現状との関連で実証的に、かつ、ひろくとらえることが肝要であると、わたくしは考える。そして、そのような法組織と見あった歴史的実証的な研究は、同時に、またいわば比較法的な側面からする研究によって補強されなければならないと思

われるが、そういう補強は、一方では、まず、アメリカ合衆国およびその他のイギリス法系の諸国のそれとの比較によって、また他方では、大陸法系の諸国の判例運用の実際と理論との対比をとおして、実現されるであろう。そのなかで、後者の対比が、このシンポジウムによって企図されているような多数の専門的研究者の協同作業によって遂行されなければならないということは、だれにも、すぐ納得がゆくのであるが、前者の比較については、かならずしも、そうはゆかないようである。そこで、「英米」の判例について、ただ一つの報告があれば足るというような考え方が出てくるのであろうが、わたくしは、そういう考え方は、すこし、せっかちすぎると思う。やはり、アメリカ合衆国法における判例と、その運用にかんする先例の理論とは、まず、それら自身において究明され、そのうえで、イギリス法の対応物とつきあわされるのを適当とするには十分すぎるほどの独自性と規模とを有する、とわたくしは考える。それは、たとえば、アメリカ合衆国が巨大な連邦であって、多数の法域を包含していること（その関係で、アメリカの法学者が、たわむれに、ときに、イギリス法のおこなわれるイングランドを49番目の州と呼んでいたことが思いおこされる）、したがって連邦法と州法との区別とからみあいの問題があること、アメリカ合衆国では、連邦および州を通じて、成文の憲法があり、また一般に制定法がかなり多量につくられる傾向がある（そのうえに、リステートメントがくわわる）こと、裁判官の任用について選挙制度が支配する範囲がひろいこと、きわめておびただしい量の判例が年々、判例集にのせられるという事情があること、などによるものと考えられるが、それらの問題点を正確につきとめ、それを解明することは、たしかに容易ならぬ作業であるということができるであろう。そして、ナポレオン法典を継受しているルイジアナ州のように大陸法の伝統にもとづく法組織を維持する州について、イギリス伝来の先例の法理が、それにたいして、どのような影響力をおよぼしているかというような問題をとりあげることができるとすれば、そこに、わが国における判例と制定法との関係を考えてゆくについて、少なくない示唆を直接的にくみとることさえできるのではなかろうか。ところが、そのような示唆をくみとることのできそうな局面は、じつは、イギリス本国とイギリス連邦のそれぞれの法組織のなかにもある。たとえば、スコットランドの法組織の私法的側面は、継受されたローマ法であって、いわゆる「合邦」からこの方の250年ほどのあいだに、イギリスの先例の理論が、どの程度に、その組織にくいこむことができたかの問題が、そこにあるのである。すなわち、ふつう、「イギリス法」と呼ばれるものは、イングランド（ウエールズをふくむ）の法にすぎないことが、はっきり意識されなければならないのであっ

て、いわゆる連合王国の段階では、主としてスコットランド法と、そして、イギリス連邦の段階では、カナダ、オーストラリア、インドなどの法と、それとの対比が問題となりうるのであり、また問題とされなければならないのである。

しかし、ここでのわたくしの報告は、たんに、イングランドの法としてのイギリス法における先例の理論をとりあげるだけであって、イギリス連邦内の諸法域における先例の理論の対比にはおよぶことはできない。まして、アメリカ合衆国法のそれとの比較は、まったく、わたくしの能力をこえるのであるから、1、2の法学者のことばをかりて、この場をしのぐにとどめなければならない。なお、この貧しい報告の補いの意味で、前記の『英米判例百選』に収められたアメリカ合衆国の二つの判決についてのわたくしの記述を参照されたい。その一つ、1954年の「ブラウン対トペカ」事件Brown v. Board of Education of Topekaは、連邦憲法における教育上の白黒平等の大原則を支持して、従来の自己の判例を断乎かつ明白に変更した合衆国最高裁判所の判決であって、合衆国最高裁判所が、先例の理論にたいして、どういう態度をとっているかについての、まがうかたもない証拠である。また、もう一つ、1961年の「マクファースン対ビュウイック自動車会社」事件MacPherson v. Buick Motor Co.は、物の製造者の責任について、一種の無過失責任を認めたニュー・ヨーク州の最高裁判所の判決であって、制定法によって規制されない、いわゆるコンモン・ロウの分野において、州の裁判所が、先例の法理をどのように運用しているかについて、一つの典型を示すということができるであろう。

4

以下に、報告要領にそって、イギリス法についての報告をするが、ここで、二つのことについて序説的な言及をしておく必要がある。一つは、イギリスの先例の理論は、「単一拘束先例の理論」(the theory of single binding precedent) とも呼ばれていることから明らかなように、一連の判決ではなくて、個々の判決が、それぞれ拘束力をもつことに、その基礎をおいているという点である。「先例の理論」という表現のなかの「先例」が、ふつう単数であるのは、そのことを示している。もう一つは、現代的な先例の法理は、イギリスにおいて、ほぼ一世紀まえに確立されたものにすぎないという点である。現代的な先例の法理の成立のためには、すっきりした審級制の確立を中心とする裁判所組織の簡素化と、信頼できる判例集の確保とが、不可欠の条件をなすと考えられるが、前者の条件が充たされるのは、1875年のことであり、また後者の条件がととのうのは、1865年においてであ

り、さらにまた、先例の理論の中心をなすイギリス最高裁判所、すなわち貴族院の判決の、いわゆる絶対的拘束性 (absolutely binding nature) が貴族院自身によって確認されるのも、ほぼ、それと同じ時期であるからである。なお、判決が先例としての拘束力をもつということは、判決によって法が作られるということにほかならないというのが、ベンタム以後の一般的な考え方であるということを申しそえておこう。そこで、case law（判例法）ということばが何の疑いもさしはさむことなく使われ、また、もっと率直に、judge made law（裁判官作成法）という法の性格づけがおこなわれることになる。そして、ふつう、判決のなかで、先例としての拘束力をもつ部分を、レイシオ・デシデンダイ ratio decidendi（判決の理由）と呼んでいるが、それをさらに、その判決または事件のrule（準則）と呼びかえ、そういうルールが判例法——コンモン・ロウを組成する、と考えるのである。

〔2〕 イギリス判例法における「先例の法理」

1

イギリス法組織において、判決に拘束力があることは、自明のことだといってもよいほど、伝統的に確立され、法曹のあいだで、また、国の統治構造のうえで、ひろく承認されている。そして、判決の先例としての拘束力は、たんに、非制定法の分野において認められるだけでなく、さらに、制定法の解釈についても認められていることが注意されなければならない。イギリスの現代的な先例の理論の状態については、前掲の書物に示されるポロックの記述が、今日、イギリス法の解説者によって一般に採用されていると見られるが、それを、現在の裁判所の組織に即して要領よくまとめて解明しているのは、ゲルダートの『イギリス法要論』 Geldart, Elements of English Lawである。かれは、こう述べる。——「イギリスの事件の圧倒的大多数にとって、イギリスにおける最上位の上訴裁判所である貴族院は、最近100年間に一度ならず、同院は、同院がくだした前判決に異議をとなえることを認容しない、と判示した。将来において、貴族院が、自分の判決は絶対的拘束性をもつとのこの見解を、変えるだろうとは思われない。貴族院の下位にくらいするすべてのイギリスの裁判所は、貴族院の判決によって絶対に拘束される。同様にまた、貴族院のすぐ下位にある上訴裁判所の判決は、もっと下級のすべての裁判所にとって、また自分自身にとってさえも、法について拘束力ある宣言である。しかしながら、前に判決されたところを失念してくだされたことが

明白な場合に、控訴裁判所の判決が、下位裁判所によってさえ、従われなかった事件が、一つ二つあった。

　上訴裁判所よりも下位の裁判所がくだした判決は、それが法についての確立された原理と明らかに矛盾する場合、または（もし前に決定された原則がないならば）それが明らかに不合理である場合を除き、同位の裁判所を拘束する。

　他方、下位裁判所の判決はまず、その上にくらいするどんな裁判所をも拘束しない。しかし時がたつにつれてそれは、上位裁判所でも無視しないような権威を得てくることがある。……」（末延教授訳『ゲルダート・イギリス法原理』8－9頁による）。

　ゲルダートの記述が、貴族院（House of Lords）、控訴院（Court of Appeal）および高等法院（High Court）の3個の裁判所を中心とする現在のイギリスの民事裁判所の階層制を前提としていることは明白である。なお、上訴裁判所の位置に、高等法院の部裁判所（Divisional Courts）がくる場合があることを注意しておく。刑事裁判所の階層制は、貴族院、刑事控訴院（Criminal Court of Appeal）および巡回裁判所（Assizes）として機能する高等法院の三つの裁判所を中心とする。民事と刑事におけるこれらの少数の裁判所だけが、いわゆる「上級裁判所」(superior courts)として、その判決が判例集に報告され、その拘束力が問題とされるのである。郡裁判所（County Courts）のような「下級裁判所」(inferior courts)の判決は、イギリス法においては、拘束力を認められないのである。

　そして、イギリスの現代の先例理論は、「厳格」(strict)であるといわれる。ゲルダートが、貴族院の判決が、貴族院自身およびその下にくらいする一切の裁判所を絶対的に拘束するという意味で、その「絶対的拘束性」と呼んでいるものに着目して、ふつう、そういうのである。つまり、イギリス判例法は、自分自身の誤りをただすことができないのであって、それを判例法の厳格性または硬直性（rigidity, inflexibility）と呼ぶ。第一次大戦後、イギリスに「法律改正委員会」Law Revision Committeeが設けられたのも、貴族院の判決の絶対的拘束性によって動きのつかなくなった判例法の問題点を国会による正規の立法によって修正するのが、その目的であった（この委員会は、第二次大戦後は、法律改革委員会Law Reform Committeeとして活動している）。

　貴族院の判決の絶対的拘束性によって、イギリスの判例法が金縛りになっていることは、たしかであるが、しかし、制定法によってカバーされず、かつ先例もない法分野について、新しい先例が作られ、判例法が、そのかぎりにおいて成長する可能性をもつことは、いうまでもない。また、われわれは、先例の拘束性に

よる金縛りから実質的に脱出する伝統的な法技術が成立していることを注目すべきである。それは、区別 (distinction) と呼ばれるものであって、先例が、まえに述べたように、一組の事実関係のうえになりたつものであるとする考え方に立脚する。すなわち、ある判決の先例としての適用を、その判決がよって立つ事実関係と、のちの事件の事実関係とは異る、両者には区別があるとして、拒否する場合に用いられる法技術がそれである。この技術は、ある判決の事実関係にのったものとしてその法準則 (rule) に着目するとすれば、その判決の準則を、より厳格に、よりせまく解する技術であると、いってもよい。

2

イギリス法において、判決の拘束力をもつ部分が、レイシオ・デシデンダイ（判決の理由）と呼ばれることは、いまさら、いうまでもないほどよく知られていることがらである。まず、イギリスにおいては、判決のくだし方について、伝統的な定型がないことを注意しなければならない。したがって、レイシオ・デシデンダイは、裁判官が述べている意見全体のなかから抽きだされなければならないのであるが、この場合にも、伝統的に、一つの大まかな技術が成りたっていることがわかる。それは、レイシオ・デシデンダイとオビター・デイクタ（obiter dicta）すなわち「傍論」ないし「余論」とを区別する技術である。じつは、この大まかな技術を、もっと正確で緻密なものにすることが、1930年以降、イギリス判例法論における最大の目標をなしてきたと見られる。しかし、今日、まだ見解の十分な一致が到達されるにいたっていない、と述べてよいと思われる。

まず、ある判決が先例として拘束力をもつのは、ある１組の事実関係にもとづくものとしてのレイシオ・デシデンダイについてなのであるから、その１組の事実関係を、どうとらえるかが問題になる。つぎに、裁判官が、前述のように自由な形式によって述べる意見のなかから、オビター・デイクタと区別されるものとしてのレイシオ・デシデンダイを見いださなければならない。そして、この事実関係に基くものとしてレイシオ・デシデンダイをとらえることは、いうまでもなく、のちの事件を判決する裁判官の仕事であることが注意されなければならない。すなわち、今日では、イギリス判例法について、数多くの教科書や論文が書かれるが、そこでの記述は、そのような、のちの事件の裁判官の参考となるのにとどまるのである。ところで、レイシオ・デシデンダイを決定する技術について、画期的な見解をだしたのは、前述のように、グッドハートであるが、その所論のあらましについては、高柳博士の『法源理論』および拙稿「レイシオ・デシデンダ

イの決定」(ジュリスト・1956年1月1日号54頁以下)の紹介を参照されたい。その要旨は、ある判決の事実関係のなかから、「重要な事実」(material facts)をひきだし、それにたいするものとして、裁判官の判決を考えあわせると、客観的にレイシオ・デシデンダイが出てくるものであって、そのさい、裁判官が、これをレイシオ・デシデンダイだとして述べるところなどに、とらわれるな、というところにあると思われる。そして、グッドハートの見解にたいする批判がおこるのは、まさに、その裁判官のいうところにとらわれてはならないと主張する部分についてである。なぜなら、通常、裁判官は、みずからレイシオ・デシデンダイと考えるところを抽象的な整式として開陳しており、それが、のちの事件の裁判にあたって、裁判官によって引用されるというのが、イギリス判例法の運用の現実なのであって、裁判官が判決のなかで述べるところを無視してもさしつかえないというふくみをもつグッドハートの意見は、そのかぎりで、たしかに、少なくとも勇み足程度の欠点をもつと考えられるからである。しかし、裁判官、とくに上位の裁判所の裁判官が、いわゆる「その事件を決定するためには、ひろすぎる」ことを述べることは、むしろ、きわめて、多く、しかも、その「ひろすぎる」部分は、オビター・デイクタとして排除されなければならない、とされるのが通例であり、また、その種の裁判官の発言には、いわゆる「法の解説」(exposition of law)にすぎないものも多いことは事実であって、そういうものにとらわれてはならないことは、ポロックも、つよく戒めているところである。――わたくしのこのような記述は、参会者にとって、かならずしも、のみこみやすいものではないと推察されるが、われわれが、教科書で、つねづね親しんでいる有名な裁判官のある問題点についてのことばなどには、つまり、ポロックのいわゆる「法の解説」にほかならないものが多いというわけなのである。そこで、レイシオ・デシデンダイの決定についての現在の慣行については、つぎのようなフイリップスの意見が、漠然としてはいるが、いちばんよく現状を描きだしていることになるのであろうと、わたくしは考える。――「およそ、レイシオ・デシデンダイを抽出する方法についての首尾一貫した理論が、裁判所によってすでに作りあげられているとか、または、その慣行のうえで信奉されているとは見えない。慣行は、つぎの諸方法、すなわち、裁判官があたえた理由をとりあげること、裁判官がおこなった原理の陳述を採用すること、もしくは、実際の判決を重要な事実に関係づけること、のすべてを結合させたものであると思われる。あるいは、むしろ、あるときには、一つの方法が用いられ、また、あるときには、べつの方法が用いられるのである。」(Phillips, A First Book of English Law, p. 136)グッドハート方式は、ここで言及

される三つの方法のうち、さいごのものに執着するわけである。

3

　判決に拘束力を認めるのは、どんな根拠によるのか、これは答えにくい問題である。判例法が、十分に発達をとげた段階と、そうでない段階とで、いちおう、それにたいする答えは、異りうると、わたくしには見える。古い時代には、ブラックストーンの所説からも明らかなように、国土の一般的な慣習としてのコモン・ロウを、裁判官は宣言するものだと考えられた。この考え方からは、厳格な先例拘束の理論は出てこない。そして、一般的に、この段階では、判決は、合理的(reasonable)であるばあいにだけ、拘束力をもつとされた、ということができよう。ところが、判例法が発達した今日の段階では、判決が拘束力をもつのは、そのなかにふくまれるレイシオ・デシデンダイが法準則そのものだからであるという答えをするよりほかないであろう。そして、それでは、なぜ、レイシオ・デシデンダイを法と考え、そして、それによって厳格に拘束されるとするのか、といえば、そうすることが、法の確実性(certainty)を保障し、法に画一性(uniformity)や首尾一貫性(consistency)をもたらすからであると答えるよりほかあるまい。そして、それが、今日のイギリスの代表的な法律家や法学者の意見である。いってみれば、大陸法系の諸国において、法典が果しているのと同様の機能を、先例の理論が果しているというのである。この考えをおしすすめれば、たとえば、憲法典をもつアメリカ合衆国で、その解釈について厳格な先例理論がとられないのは、当然であるということとなろう。

　なお、イギリスで「条理」による裁判が認められるか、どうかの問題についても、わたくしには、正面から答えることができない。ただ、前述のように、判決の合理性が、その拘束性の根拠をなすとする伝統的な考え方があること、それから、非制定法としてのコモン・ロウは、いわゆる「原理」(principles)の一体であって、それにもとづいて、個々の判決の準則(rule)が出てくるのだとする考え方が、今日もつよく残っていること(例、ゲルダート前掲第1章第2節)などは、その問題との関連で検討されてよいところであろう。そういえば、判決のレイシオ・デシデンダイは、せまい法準則をうち立てるだけのものとしてでなくて、むしろ広汎な原理(principle)をうち立てるものとして受けとられるべきであるとする考えが、イギリスの裁判官のあいだに、古くから見られ、今日も、そう考える法律家が、けっして少なくないという事実が思いあわされる。前掲のフイリップスが述べる、レイシオ・デシデンダイの抽出についての三つの方法のうちの第2番目

のものは、そういう考え方と関連させて、はじめて意味があろう。そして、じつは、ここで、レイシオ・デシデンダイに英語をあてはめるについて、それを判決の根拠（ground）、理由（reason）または原理（principle）であるとすることが一般におこなわれているということを、ここに申しそえなければならない。また、さらに、拠るべきものがないばあいに、裁判官が「原理にもとづいて」（on principle）判決することがあることを申しそえよう。

4

　判決による法の創造は、いちど、とくに貴族院の先例が確立してしまうと、もはや、その余地がなくなるというのが、イギリス法の建前である。貴族院の判決の絶対的拘束性による法の硬直性が、正規の立法によって緩和、修正されること、また、先例理論の厳格性を実質的に緩和する方法が、いわゆる「区別」の技術に見いだされること、などについては、**2**に記述したところを参照されたい。

　そして、制定法によってカバーされず、判例法にまかされる法の部分または分野については、先例がないかぎり、判決による法の創造がおこなわれることは、いうまでもない。そういうばあいに、擬制、類推などが伝統的に用いられてきたことは顕著な事実であるが、今日の目ぼしいテクニックとして用いられるのは、類推であるといえよう。その著しい例としては、有名な無過失責任の原理を確立したといわれる1868年のライランズ対フレッチャー事件 Rylands v. Fletcher と、（すこし遠慮しつつ）前に引合いにだした合衆国のマクファーソン対ビューイック自動車会社事件をあげておこう。また、外国の判例、とくにアメリカ合衆国の判例が引用されるばあいがあり、また、ローマ法の原則が、学者の解説をとおして援用されることも絶無ではない。なお、およそ判決は、従来の法にたいして、何かを加えるもので、そのかぎりにおいて、判例は、つねに何がしかの法創造をふくむというのが、サー・ヘンリー・メーンの考え方であり（『古代法』第 2 章）、ゲルダートがそれに賛成していることを念のために申しそえよう。そして、イギリス法組織のもとで、どういう部分が、とくに判例法にまかされているかといえば、それは、よく知られているように、「契約法」と「不法行為法」とであると答えなければならない。

5

　判決の予測可能性の問題については、法の確実性が先例の理論の究極のねらいであるとされることが、その問題との関連で理解される側面をもつ、と答えるに

とどめなければならない。ここでは、ただ、厳格な先例の法理のおこなわれるイギリス法の実際において、かならずしも法の確実性が十分に保障されていないこと、そして、その限りにおいて、判決の予測可能性が失われていることを、イギリスの有力な法学者であるアリンAllen, C.K.が明確に指摘していることを述べておこう。厳格な先例の理論の運用にも、「区別」というような実質的なぬけ道があり、それが判決の予測を困難なものにすることは否定できないであろうが、とくに、その可能性にかかわるのは、裁判官の個性や考え方などであろう。イギリスにおいては、いわば裁判官と上級の法曹の緊密な団結、上級裁判所の構成の仕方などによって、裁判官の個性や考え方による法不安定化の素因が、人間的な制度として合理的に可能な限度に、とりのぞかれ、または統制されていると見られるが、アメリカ合衆国のばあいは、そうでないといえよう。裁判の安定性にたいする深刻な懐疑の表明としての側面をつよく見せる、リアリストの法律と裁判にたいする考え方がおこるのも、一つには、そういうところに原因があるのであろう。

〔3〕 アメリカ判例法における「先例の法理」

アメリカ合衆国における先例の法理については、ポロックが、前記の『法律学入門』において、イギリス法におけるそれと比較して言及してからこの方、イギリスおよびアメリカの判例法の理論と実際をとりあつかう著書や論文で、そういう比較的言及をしないものは、ほとんどないということを、まず述べておこう。アメリカ合衆国の先例の法理は、イギリスのそれほど厳格ではないが、それは何故であるか、という問題に正面からとりくむものとして、あげてよいと思われるのは、グレイとグッドハートである。グレイの所論は、その『法の性質と淵源』Gray, The Nature and Sources of the Lawに展開され、グッドハートの所説は、前記の『法律学およびコンモン・ロウにかんする論集』に収められている「イギリスおよびアメリカにおける判例法」（Case Law in England and America）に見いだされる。ここでは、グッドハートの所説のさわりの部分だけを引用しておこう。かれは、アメリカ合衆国における先例の理論について、こう断言する。「そのゆえに、現在のアメリカの傾向が、厳格なイギリスの先例遵由の法理から、つよく離脱する方向であると述べても、さしつかえないと、わたくしは考える。しかし、これは、たんに、ひじょうにしばしば、法的な改新についでおこる反動を伴わなければならない一つの一時的な段階にすぎないものなのであるのか、それとも、それは、将来において強化されてゆく可能性があるものなのであろうか。わ

たくしは、後者が事実であるということ、また、あまり遠くない時期に、アメリカの法理は、現代ローマ法のそれに近接してゆくであろうということを信ずる。このことは、大部分つぎの五つの理由によるであろう。すなわち、(1)アメリカの判決が統制不可能な洪水のように多いこと、(2)アメリカ法において憲法問題が優位を占めていること、(3)アメリカには、法発展における伸縮自在性にたいする要求があること、(4)アメリカの法学校における教育の方法、および(5)アメリカ法律協会による法の再述がそれである。」

8 イギリス判例法におけるオビター・ディクタ（傍論）の現実的展開
――デニング卿の裁判官立法の一側面――

1

　デニング卿 Lord Denning, Alfred Thompson Denning（1899-）は、1982年の9月29日に、1962年からこのかた20年間の長きにわたって保持した記録長官（Master of the Rolls）の職を辞し、イギリス司法界における№2の地位を去ったが、その80歳の誕生日を迎えた在任中の1979年のはじめに、法律書として、その当時、イギリスでベスト・セラーになった『法の修練』（The Discipline of Law）を公刊した。その本の序文において、デニング卿は、こう宣言した[1]。――
　「わたくしの主題は、19世紀に裁判官たちによって宣明された法の諸原理が、――その当時の社会的諸条件にとって、いかほど相応しいものであったにせよ――20世紀の社会的必要と社会的意見にとっては、好適したものではないということである。それらの原理は、今日の需要と意見を充足するよう形造られ、また適応せしめられなければならない。」
　19世紀にイギリス法、とくにその私法の諸部門が、優れた裁判官の活動をとおして、パウンドのいわゆる「法の成熟」（maturity of law）の段階を迎えたことは、よく知られたところであるが、デニング卿は、その成熟期におけるイギリス法の諸原理が、20世紀の要求に対応して、形成しなおされなければならないと考える。新しい社会的需要に対応して「形造られる」とは、つまり、改革され、革新されるということにほかならないであろう。そこで『法の修練』はひとりの偉大な裁判官の広汎、熱烈かつ真摯な法改革への志向の的確な表現の書であり、また、その志向実現についての一大努力の記録であるということになる。そして、この年老いて、なお元気充実の裁判官は、自らの司法的活動をとおしての法改革への試みないし提案の成功と失敗のあとをふりかえり、ほこらかに、その成功の条件をたしかめ、また、臆することなく、その失敗の理由をつきとめ、それを後進に示そうとする。デニング卿は、『修練』に収録され、解説された「これらの提案が法

学校において論議され、そして、おそらく、後年において、容認されるようになることがあろうということを期待」するのである。その期待のなかに、ひとは、後世に希望を托しつつ改革を説く予言者的な英知と勇気と、後進に信頼して正義の追求を教え勧奨して倦まない教育者的な情愛を感じとるであろう。

　ところで、そのように、目にもきらびやかな司法的法改革への諸提案は、もろもろの司法的手段を駆使して呈示されるといってよいであろう。そして、その司法的手段の有力なひとつが、デニング卿においては、オビター・ディクタ（obiter dicta）なのである。オビター・ディクタは、いうまでもなく、オビター・ディクタム（obiter dictum）の複数形であるが、この国では、その複数形を用いるのが通例であるので、この小稿においても、その用法にしたがうこととする。明治以来、「傍論」または「余論」と訳されているオビター・ディクタは、いちばん簡単にいえば、裁判官によって、「ちなみに」（in passing or by the way）なされる法の陳述である。事件における当事者の争点の決定——判決には「必要でない」陳述であるから、その反対の性質をもつ陳述、いわゆるレイシオ・デシデンダイ（ratio decidendi）と、きびしく区別される建前になっている。レイシオ・デシデンダイは、判決の理由（reason）、根拠（ground）または原理（principle）などという英語に換えられ、そういう理由・根拠・原理をふくむ「報告された事件」（reported case）を「先例」（precedent）と呼び、そして、逆に、先例における理由または原理を、その先例のrule（準則）というと見てよいであろう。ルールという場合には、一般的に、原則または軌範というよりは、むしろ、a rule of law（法準則）の含みが強いのではあるまいか。判例法（case law）は、つまり、そういう法準則（rules of law）の一体である、というわけである。そこで、レイシオ・デシデンダイは、判決の法たる部分であり、判例に含まれる法準則そのものなのであるから、その法準則を含むものとしての先例は、適用され、また解釈される、といわれてよいわけである。今日、イギリスにおいても、先例の解釈・適用という表現が用いられるようになったことの背後には、先例におけるルールについての上述のような、はっきりした分析的認識があるのであろう。

　こうして、判例法、つまり、いわゆる裁判官作成法（judge-made law）は、文字どおり、司法的立法であって、レイシオ・デシデンダイたる法準則の集合体であり、判例法——ときに、この関連において、それをコモン・ロウと呼ぶ——の展開ないし創造は、レイシオ・デシデンダイの宣明をとおして実践されてゆく。それが判例法発展の公言される正統的な筋道なのである。ところが、デニング卿は、オビター・ディクタを駆使して、あらわに判例法の新しい展開をはかろうと

公言し、かつ実行するのである。それは、これまで、むしろ遠慮がちにおこなわれてきた非正統的ともいえる慣行に新たに正当性を付与しようとする試みであるともいうことができよう。デニング卿は、意識的に、みずからディクタを試験的に開陳し、やがて、そのディクタを、のちの別の事件において、みずから適用して判決するという、おそらく前人未踏の、おどろくべきはなれわざを完遂するのである。『法の修練』に収められているだけでも、デニング卿によるその種の注目すべき試みは、1、2にとどまらないということがわかる。この小稿のねらいは、『修練』にあらわれる同卿のそれらの試験的企図を、多少ともくわしく解明し、ディクタの理解に資することにある。

2

「ここまでは、うまくいった。しかし、まだ、とりのぞかれなければならない大きな障害が若干のこっていた。これらの障害は、高等法院が審判所（tribunals）に干渉することを防止するために、国会によって設けられたのである。それらの障害は、『追い出し』（ouster）条項と呼ばれた。これらの条項は、いくつかの特定の審判所の決定が『移送命令によって移送されてはならない』（not to be removed by certiorari）とか、もしくは『終局的かつ決定的』（final and conclusive）であるべきであるとか言明する条項、または、そういう趣旨の〔その他の〕ことばであった。もし、以上のような条項が字義どおりの効果を与えられたとすれば、それは、上述の諸の審判所が自ら正当と思うことを実行できたということを意味したわけである。それら審判所の決定は、〔正規の上級〕裁判所によって審査されえないことになったわけである。それらの審判所の決定が、いかほど、法律上またはその他の点において誤っていようとも、〔正規の上級〕裁判所は、それらの決定にたいし干渉してはならないことになったわけである。そのような条項は、どのようにして克服されなければならなかったのか？」——これは、記録長官デニング卿が、『法の修練』（The Discipline of Law, 1979.）の第2篇「大臣権限の誤用」（Misuse of Ministerial Powers）の第2章「裁判所を追い出す条項」（Clauses ousting the Courts）の第1節「ひとつのオビター・ディクタム」…（An obiter dictum）の冒頭の段落の文章である。行政の権力または権限の濫用または誤用にたいして、満々たる自信と権威とをもって、司法的審査（judicial review）ないし司法的統制（judicial control）を当然のこととして完遂しようとするイギリス上級裁判所の姿勢が、そこには含意されていて、わたくしたちに畏敬と驚異の念を抱かせずにおかないといってよいであろう。しかし、イギリス判例法の勉強を心がけるものにとっての

驚異の的は、じつは、上記の段落につづく文章なのである。デニング卿は、こう書いている[2]。

『わたくしは、テイラー対ナショナル・アシスタンス・ボード事件[3]において、ひとつの傍論の形で、ひとつの示唆を試験的に述べてみた。〔すなわち、〕

「その救済方法は、同委員会の決定が制定法によって《終局的》なものにされているという事実によって排除されない。国会は、ただ、委員会の決定にたいし、それらの決定が法にしたがって到達されることを条件として、終局性の特質を与えるにすぎないのであって、女王の諸裁判所は、右の条件が充たされていることを確かめるために、確認判決を下すことができるのである。」

上述の傍論は、重要な結果を生ずるよう運命づけられていた。少しく拡大されれば、それは、国会が、ただ、ある審判所または委員会にたいし、その審判所または委員会が法にしたがってその決定をすることを条件として、管轄権を付与するにすぎないということを意味した〔からな〕のである。もし、ある審判所または委員会が法について筋道を誤ったとするならば、その審判所または委員会は、自己に付与された管轄権の外にでてしまったことになる。その審判所または委員会の決定は、そのゆえに、無効となったわけである。その審判所または委員会には、ただしく決定する管轄権はあったが、しかし、誤って決定する管轄権は、まったくなかったということになるのである。』

つまり、その事件において、デニング控訴院裁判官（デニング卿は、その当時は、'Lord Justice'と呼ばれる控訴院の一裁判官であったが、貴族院に着席することができるLordではなかった）は、意識的かつ試験的に事件の争点とは直接関係のないことを述べ、いわゆる観測気球をあげたということが、明言されているのである。そういう表明に、筆者は、これまでにまだ出くわしたことがない。それは、ひとつのおどろきであった。ところが、おどろくべきは、それだけにとどまらないのである。デニング卿の文章は、さらに、項をあらためて、こう続く[4]。——

「数週間のちに、その問題点が、現実の決定について提起されたのであった。その決定とは、ある医療上訴審判所 (a Medical Appeal Tribunal) のひとつの決定なのであった[5]。……医療上の諸問題が医療人たちによって決定されるべきであるとすること、および医療人たちの決定が《終局的》であるべきであるとすることは、国会の政策なのであった。関係の制定法は、ある審判所の決定が《終局的》なものであるべきであるということを明示的に規定した。

ある労働者は、作業中のある事故において片方の眼の視力を失った。19年後

8 イギリス判例法におけるオビター・ディクタ（傍論）の現実的展開 469

に、その労働者は、作業中のある事故のために、他方の残った眼の視力をも失ってしまった。〔関係の〕医療上訴審判所は、その労働者の身体障害度を〈両眼〉事件として査定すべきであったにもかかわらず、それを〈一眼〉事件として査定した。その労働者は、記録の外見上明白な、その法の錯誤 (the error of law on the face of the record)〔を含む決定〕を破棄するための移送命令 (certiorari) を利害関係者として (ex parte) 申請した。その申請事件は、高等法院の部裁判所において、首席裁判官ゴッダード卿の面前において審理された。

ところで、ゴッダード卿[6]は偉大な裁判官であったが、しかし、同卿には、ひとつの欠点があった。同卿は、あまりにも気がはやすぎるのであった。同卿は、あまりにもはやく飛躍してしまうのであった。……本申請事件において、同卿は、たんに〈申請は却下される〉と述べたのみで、その理由をまったく述べなかったのである。疑いもなく、ゴッダード卿は、身体障害度にかんする決定は医療人にまかされるべきであると考えたのである。そこで、その労働者は、控訴院にたいして〔上訴の〕申請を行なった。

さて、わたくしは、この時までには、すでに〔控訴院において〕司宰していたのである。わたくしは、パーカー控訴院裁判官[7]、すなわち、のちの首席裁判官卿を、わたくしの陪席として着席させていた。同裁判官は、まさしくこの当時、行政審判所および調査にかんする委員会のただなかにいたのである。そこで、同裁判官は、審判所について、すべてのことを知っていた。パーカー控訴院裁判官は謙虚で、また、おだやかな人――ゴッダード卿とは、まったく逆の人――であったが、しかし、すばらしい能力の持主であった。同裁判官は、この〈終局的〉にかんする問題点が第１級の重要性をもつものであるということを、ただちに見てとったのである。わたくしたちは、上訴の許可を与えた。〔そして、〕その上訴の審理が開始されたとき、ロッジャー・ウィン[8]が省側の上級弁護士として出廷した。同氏は、戦争中、敵のＵボートを探知することについて目ざましい働きをしたのであった。同氏は、〔その当時〕大蔵省顧問上級弁護士代理であったが、のちにウィン控訴院裁判官となった。同氏〔の所論〕は、つねに簡潔で、かつ要領をえていた。この医療上訴審判所事件において、同氏は争うことをあきらめた。ウィン氏は、同審判所が法律について誤りを犯したということ、および同審判所の決定が破棄されるべきであるということを容認した。〔したがって〕わたくしたちは、事件をその段階にとどめて、原理の点については、ほとんど、または、まったく何も述べなくてもよかったのである。ところが、パーカー控訴院裁判官は、ウィン氏にたいして、〈あなたは、本件が新分野を開きつ

つあるということに同意しますか？〉と質問した(9)。ウィン氏は、それにたいして、〈それは、すでに少しばかり、フォークで掘りかえされた分野であります〉と答えた。そこで、わたくしたちは、みずから、その新しい分野を掘りおこしたのである。わたくしは、テイラー事件におけるわたくしの傍論を適用して、こう述べたのである。」（傍点・筆者）

　「傍論の形で」「試験的に」述べられた、「ひとつの示唆」が、わずか「数週間のちに」、その傍論を意識的に試験的に述べた当の裁判官によって、その予言ないし予告どおりに、その「運命づけられ」た「重要な結果を生ずる」にいたったという現実の司法的事実は、やはり、わたくしたちにとって、ひとつの驚異なのである。テイラー対ナショナル・アシスタンス・ボード事件に控訴院の判決が下されたのは、1956年12月19日であり、また女王対メディカル・アピール・トリビューナル、利害関係者ギルモア申請事件が判決されたのは1957年2月25日であったから、両判決のあいだには、たしかに「数週間」、すなわち、9週間弱の日時の隔りがあったわけであるが、ギルモアが部裁判所に移送命令を申請したのは、1957年1月22日であり、ゴッダード卿によってそれが棄却され、控訴院に上訴申請をしたのが1957年1月28日であるから、問題が提起されたのは、テイラー事件の判決後、4週間ないし5週間になるわけであり、デニング卿のいわゆる「数週間のち」という表現が、ぴったりと当てはまる。そして、その傍論が、その傍論を述べた裁判官自身によって、みごとに「適用」されたのである。判例法論の一般的な展開において、そういう局面は、ほとんど考えられていないといってよいであろう。わたくしには、そういう局面を想像した経験すらない。もちろん、デニング卿が自分の傍論の「適用」をするとき、その態様が、同卿の上記の表現が含意するほどに単純なものでないことは、のちに述べられるところから明らかとなるであろう。判例法運用のための正規かつ正統な過程は、その場合にも、デニング卿によって、然るべくふまれているのである。

3

　「〔ちなみに述べたこと〕。ある裁判官が、自己の面前にある事件によって示唆されはするが、しかし、判決を要請するような態様において生起するのでない、ある法律問題について述べる所見。それは、それゆえ、先例としての拘束力をもたない。しかし、ある裁判官が自分の判決について述べるある理由が、その裁判官が同時に別のある理由をのべているからといって、オビター・ディクタムと見られることを正当とすべき事由は、まったくない。」——これは、『オズボーンのコ

ンサイス・ロウ・ディクショナリー』Osborn's Concise Law Dictionary, 6th ed., 1976.所載のobiter dictumの定義である（p. 238）。また、大型の法辞典としては、たとえば、ウォートンWharton's Law Dictionary, 14th ed.には、'Obiter Dictum'の項に、「判決にとって必要でない意見」と定義され、「'Dictum'の項を見よ」と書かれており（p. 708）、その'Dictum'の項には、「ある事件の過程において、裁判官によって述べられる法についての所見であって、そのゆえに、何らの拘束力をもたないもの。しばしば、オビター・ディクタ、〈ちなみに述べられる所見〉と呼ばれる」とある（p. 328）。そして、なかばウォートンの現代版をなす『ジョウィットのイギリス法辞典』Jowitt's Dictionary of English Law, 2nd ed., 1977.は、ウォートンと同じ配列で、むしろ、オズボーンに近い内容の定義を与えていることがわかる。——「ある裁判官が、その裁判官の面前にある事件によって示唆されはするが、しかし、その裁判官の判決を要求しない、ある法律問題について述べる所見。その所見は、それゆえ、他の裁判官たちにたいして先例としての拘束力をもたない。ただし、それは、多かれ少なかれ、尊重される資格をもちうるものなのである。《ディクタム》は、オビター・ディクタ、《ちなみに述べられる所見》の省略形である」（p. 611）。（傍点・筆者）

　解説書や入門書の類いのなかで、オビター・ディクタについて要領をえている記述をしているものとしては、たとえば、ゲルダートの『イギリス法要論』、W. Geldart, Elements of English Law, 8th ed., 1975.——この本の第九版は、最近『イギリス法入門』Introduction to English Law, 9th ed., 1983.と改題された——をあげることができる。「レイシオ・デシデンダイ〔判決理由〕から、わたくしたちは、注意ぶかく、ディクタまたはオビタ・ディクタ〔傍論〕——〈ちなみに述べられたことがら〉——を区別しなければならない。傍論は、厳格にいえば、ある判決の過程においてなされる法の陳述であって、当事者における現実の問題に適用されるものとは公言することなく、法の説明もしくは例証、または一般的解説としてなされるものなのである。そのような傍論は、何らの拘束力ももたない。ただし、そういう傍論は、敬意を受けるべき正当な資格を有し、かつ、個々の裁判官の名声に応じて、その度合を異にするであろうところの、ひとつの権威をもちはするのである。」というのが、同書に見いだすことのできる解説の主要な部分である（Introduction, p. 8）。なお、補足的にゲルダートは、つぎのように述べる。——「わたくしたちは、ときに、ある裁判官が、ある事件に判決を下すにあたって、その事件が、あるすでに承認されている、しかし、ずっとより狭い、事由にもとづいて判決されることができた場合に、その目的にとって必要であるよりも実際によ

り広い原理にもとづいて、その事件に判決を下すと公言するのを見いだすことがある。そのような場合には、その〔必要だと〕想像された原理は、実際上は、ひとつのオビター・ディクタムにひとしいのであって、その原理は、その事件の真のレイシオ・デシデンダイとしては、とり扱われないものなのである。しかし、単独裁判官が、自己の判決のために述べるひとつの理由は、たんに、その裁判官が、同じ判決において、ひとつの付加的な理由を述べているというだけの理由によって、傍論として見られるべきではない。〔裁判干与の〕裁判官が数人いて、それらの裁判官が〔判決の〕結果については意見を同じくするが、しかし、異った理由を述べる場合には、どの理由が正しい理由であるかの問題は、その後の事件における裁判官が決定するよう、未解決にのこされるのである」(Introduction, p. 8)。(傍点・筆者)

　本格的な先例理論の究明を目指した著作としては、たとえば、クロスの『イギリス法における先例』Rupert Cross, Precedent in English Law, 1961. をあげることができようが、クロスは、オビター・ディクタムについて、つぎのような序説的解説をしていることがわかる (p. 35)。——

　　「疑いもなく、レイシオ・デシデンダイとオビター・ディクタムとのあいだの区別に付される重要性については十分な根拠がある。この文脈においては、オビター・ディクタムは、ちなみになされる陳述 (a statement by the way) を意味する。そして、たぶん、そのような陳述は、判決のための理由として宣明される法の命題〔＝レイシオ・デシデンダイ〕にたいして捧げられるところほどには真剣な考慮を受けない公算があるのである。」

　この陳述に先立って、クロスは、その判決の過程において裁判官が述べたことのうち、「その裁判官が自分の判決のために必要であると考えたと見えるものだけが、レイシオ・デシデンダイの部分を形成し、かつ、よって、オビター・ディクタ以上のものになるといわれる」といい、また、「以前の諸事件におけるディクタは、もちろん、しばしば追随または適用される。しかし、ディクタは、けっして、説得的権威 (persuasive authority) より以上のものをもたない。およそ、裁判官がディクタに追随するよう拘束されるという問題は、まったく起らない。〔しかるに〕ある以前の事件のレイシオ・デシデンダイが、たんに、説得的権威にすぎない場合においてさえ、そのレイシオ・デシデンダイは、その後の事件において、裁判官にそれに賛成しない充分の理由があるのでなければ、追随されなければならないのである。それは、ひとつの先例 (a precedent) を構成する〔から〕である。そして、説得的先例 (persuasive precedent) とオビタ・ディクタとのあいだの差異

は、拘束力ある先例と説得的先例とのあいだのそれに比して、ほんのわずか、重要性において劣るにすぎないのである。」と述べている。また、同書の別のところで、クロスは、「ディクタの多様な権威の度合」について論じて、こういう[12]。

「ディクタが説得性の多様な度合をもつものであるということは、くわしく述べる必要のまったくない、ひとつの自明の理である。……最高の度合の説得性をもつディクタが、しばしば、実際上は、レイシオ・デシデンダイとしてとり扱われなければならない意見陳述から、区別できない場合がある。……説得性の問題が、ひとつの度合の問題として承認されるとき、レイシオとディクタとのあいだの区別が、ときには、ひとつの差異なき区別になってしまうことがあるということが明白になる。なぜなら、ある事件のレイシオ・デシデンダイが権威性を有すると述べることによって意味されるすべては、その事件によって拘束される裁判官が、ひとたび、それがレイシオであるということを承認するならば、それに追随することが確実であるということなのであるから。ある裁判官が、何らかのディクタが、ある事件のレイシオ・デシデンダイの一般に受容された司法的記述に該当しないにもかかわらず、同等に確実に、それに追随する場合がありえよう。読者は、反対の極に走り、レイシオとディクタムとのあいだの区別が、ときに、実際的意味を欠くという事実から、その区別が、われわれの先例法理のひとつの重要な特徴点をなすものではないと、誤って推論することにたいして警戒しなければならない。」（傍点・筆者）

さいごに、クロスは、「法の発展におけるディクタの重要性は、過小評価されてはならない。ディクタは、しばしば、のちの諸事件におけるレイシオ・デシデンダイに導く推理の路線の出発点となるのである」と警告的なことば[13]をもって、オビタ・ディクタについての、かなり詳しい論述を終っている。

これらの法辞典、解説書、論文などに見られる傍論にかんする記述、定義または理論・意見と、デニング卿のそれにかんする実践とが、どのように一致し、または相違するか、そして、ディクタについて何らか新生面ともいえるものが見いだせることになるのか、どうか、以下に少しばかり検討しようとする。

(1) The Discipline of Law, 1979, v.
(2) The Discipline of Law, p. 69.
(3) Taylor v. National Assistance Board, [1957] P. 101, at 111.
(4) The Discipline of Law, pp. 70-71.

(5)　R.v. Medical Appeal Tribunal, *ex parte* Gilmore, [1957] 1 Q, B. 574.
(6)　Lord Goddard, Rayner (1877-1971). 1946年から1958年にかけて、イギリス裁判官のNo. 1「イギリス首席裁判官」(Lord Chief Justice of England)の職にあった。
(7)　Parker, L.J.; Parker, Hubert Lister, Baron Parker of Waddington (1900-72). 1954年から1958年にかけて、控訴院裁判官、1958年から1971年にかけてイギリス首席裁判官の地位にあった。
(8)　Charles Rodger Winn (1903-1973). 1965年から1971年まで控訴院裁判官をつとめた。
(9)　[1957] 1 Q. B. 574, at 580.
(10)　Cross, Precedent in English Law, 1961, pp. 35-36.
(11)　Cross, op. cit., p. 35.
(12)　Cross, op. cit., pp. 81, 84-85.
(13)　Cross, op. cit., p. 86.

III　書評・その他

〔書評〕

9 スレッサー著・湯浅恭三訳『英法概論』

1

　本書は現に英国控訴院判事たるサー・ヘンリー・スレッサー（Sir Henry Slesser）の手に成る「法律」（The Law）の翻訳である。英法は世界的に重要な地位を占めるものなるに拘らず、我国に於ける英法の研究は、少くともその外部に発表されるものの関する限りは、真に充実せる成果を挙げているとは確言し得ないのではないかと感ぜられる。訳者が今回スレッサーの此の名著和訳して世に問われたことは、訳者と共に、英法に関する日本語文献の寥々たるに痛歎する人々にとって、正に大なる喜びでなければならぬ。

2

　スレッサー判事（1883年―）の人となりの概要については訳者の序文に譲るが、その大様を記せば、1906年弁護士、1924年インナー・テムプルの評議員（Bencher）となると共に勅選弁護士（K.C.）ともなり、しかも同年には更に労働党に属してリーズから立候補して庶民院議員に当選し、Solicitor-Generalに任ぜられ、次いで1929年に控訴院（The Court of Appeal）の判事になっている。著書としては本書の外にもTrade Union Law, 1922, 3rd. ed. 1928; Religio Laici, 1929; the Pastured Shire and other Verses, 1935等があり、学者的な、眼界の広い裁判官であることが知られると共に、政治的識見に於ても単なる保守主義者でないことが窺われるのである。従って原書はThe English Heritage Seriesなる叢書の一部を成すもので、四六判本文192頁の小著であるが、そこには著書の詩情豊な筆致が躍動し、その簡潔明快な叙述の間に鋭利な批判と歴史的眼光と法律論的洞察が浸透し、英法原論的な著述として蓋し近来の出色と称すべきものであろう。而して何よりも、現代英国の、英国法律制度の、かつ同時に文明世界全体の直面する苦悩の切実な体験を基調としていることが本書を特色付けており、その点が類似の名著として我国に早くから流布されているゲルダートの『英法綱要』（Elements of

English Law）と異った価値を本書に与えるものであろうと思う。何れかといえば分析的方法に傾いているゲルダートの著書に対して、本書はいわば歴史的・社会的色彩濃く、それだけに生気躍動するものが多いのである。そこで、本書は、訳者の認められる如く、「イギリスの法律を興味深く説明した」「イギリスの法律や法律制度の特徴およびその概要を知るためには、誠に手頃の」（訳書序文2頁）ものといえるのである。しかし、分量的に「手頃の」ものであることは、必ずしも本書を質的に読破し易く理解し難からざるものとなすとはいえないであろう。むしろ、その簡明にして詩的匂いを漾わす行文は、極度に圧縮された内容と相俟って、本書を、その外観に反して、近づき難いものにしているのではないかと思われる。勿論、著書は「所謂知識階級の読書子のために」書くと明言しており、「従ってその文体も、法律の教科書式でなく極めて平易に常識的である」（訳書序文3頁）といえないこともあるまいが。

　原著の内容は訳書と同一であるから、ここに示すまでもないが、サー・ジョン・スクワイアの序文4頁に、著書の序言7頁を添え、以下本文として、第1章「法の性質」以下「英法と国際法」に及ぶ10章、192頁より成っている。公法と国際法を取入れていることは、ゲルダートと著しく相違する点である。

3

　本書は、原書をその序文をも含めて文字通り全訳しており、四六判235頁に、「訳者のことば」を添えている。序文の各章はそれぞれ23の節に分れるが、これには標題が付してない。訳者はこれを適宜補足されている。全章の標題を記せば次の如くである。第1章法の性質、第2章普通法の発達、第3章衡平法及びその他の管轄権、第4章法の発展、第5章公法、第6章刑法、第7章財産法、第8章不法行為法、第9章契約法、第10章イギリス法と国際法。

　しかして新刊批評として、本書に対してなされ得ることは、思うに、単にその訳文が原文の意味を正しく伝えているか否かの吟味に尽きるであろう。殊に訳者は「翻訳に際しては、できるだけ原文に忠実ならんとした」と明言されているから、如何なる程度に忠実なのかを考察することも無意味ではなかろう。しかも本書は衆人が翻訳の至難を認めるであろう英法に関するものであるから、恐らく、評者の述べるところは高々単なる見解の相違や、言葉遣の趣味の差異やに帰することになるであろう。そこで、私は訳語の趣味の問題の起ることがより少ないと思われる法の一般理論を取扱う部分を取上げて見たいと思う。もとより評者は「他日、先輩の御教示を得て補足したい」と希望せらるる訳者の謙譲な態度に応ずる

などという大それた考えからではなく、ただむしろ黄口児的後輩の一人として、寛厚な長者の御教示を得たいと切望する意味に於て、紋上の如き相違を開陳させていただこうと思うのである。ただ、紙数の限度もあることであるから、第1章「法の性質」の内の1の部分、即ち最初の8頁だけに限定して考えて行きたいと思う。次下頁を追って番号順に並べることとする。

(1) 1頁終りから2行目「我々は自分達に与えられているものを十分に擁護するために、それが何であるか云々」は、原文には、"that we may adequately defend it, just what it is we are yet privileged to possess" とあり、「今日猶を持つ特権を与えられているもの」とでもしないと著書の云わんとする所が生きてこないのではあるまいか。"yet privileged" に千金の重みがあると思う。またjustは全く無視されている。

(2) 2頁7行目「必ず一定の結果」は "predictable consequence" の訳としては少し行過ぎで、「予見し得べき結果」で十分ではあるまいか。法の予見性を強調する学派もある位である。

(3) 3頁(イ)1行目「何等取るに足りない」はむしろ「何等要点に触れない」の意であろう、原文は "nothing to the point" である。(ロ)続いて、同行の「問題の要点は……ということにある」も、原文は "The essential question remains is the so-called…?" とあるから、「……という本質的問題は残る」と訳しても十分意味も通じ、原文にも忠実ではあるまいか。(ハ)又同頁6行目「これと相対するものに」は原文 "at the other extreme" だから、「他の極端」で十分わかるし、その方が正しいかに考えられる。(ニ)更に9行目「一般的善に対する理性である意識的に定められた正義が、無智なる伝説的の慣習のうちに云々」傍点の部分はそれぞれ "conscious ordered Justice" "unintelligent conventional habits" なる原文に対してやや不十分の感を免れない。「意識的な秩序立てられた正義」と「無智的な習俗的な習慣」とは幾分対立的に使われているのではあるまいか。(ホ)なお、終りから2行目「優越的地位にある」智的人物は、"intelligent being having power over him" の訳ならば「その者に対して権力を有する」となるべきであろう。オースティンの法の基礎付けを問題にする箇所だからなおさらである。

(4) 4頁(イ)1行目「人民間の推定的契約」は原文 "the assumed agreement of the subjects of Law" 即ち「法の適用を受くる者云々」の訳としては少し不十分であろう。(ロ)3行目「法とは秩序ある治世である」の原文は "Law is the reign of order" とあるから、「法とは秩序の支配である」とすべきであろう。(ハ)又4行目以下「その秩序とは専制的強制の存在しない場合と同じく、かかる強制によって人々

が理性的にかつみずから進んで受容れた社会の状態であると考えたなら、その秩序は危いものであろう」は、その意味やや通ぜざるの嫌があるのではあるまいか。原文は"Order may be jeopardized, if Order be conceived as a a rational and voluntarily accepted condition of society, as much by arbitrary compulsion as by the absence of it"とあり、仮に訳せば「もし秩序が合理的にしてかつ自発的に受容れられた社会状態として構想されるとするならば、秩序は恣意的強制によっても、又恣意的強制の存せざることによっても等しく危殆に陥らしめられることが有り得る」位の意味を持つであろう。ここに恣意的強制とは専制政治の場合を又恣意的強制の不存在とは社会契約説的理論の行われる場合を意味するものではないかと思われる。㈡7行目「もし人類が自己のうちに発言権を有し、意思表現の欲望をもつことが自由な人類の要素であるとするならば」の原文は"if it is of the essence of free humanity that it possesses in its members initiative and a desire for expression"であるから、「若しその組成員に於て発議権と表現への慾求とを有することが自由なる人類の真髄をなすものであるとするならば」くらいに訳してよさそうである。

(5) 5頁(イ)4行目「他は正義であって、正義ということにおいて、人類の法律も自然界および超自然界を含めた全宇宙に関係あるものと考えられる」は、原文には"and Justice, in that the human law is now believed to be related……"とあり、「しかして(他方に於て)人間の法が今や自然的及び超自然的の全宇宙に関係するものと信ぜらるるという点に於て正義」の意味となる。この文章ではnowやbelievedが重要であるが、訳者は一方を無視し、他方は弱く単に「考える」とされる。序にここで忌憚なく言わせていただけば、本書には重要な意味を持つ副詞や接続詞の無視や軽視が相当目立つようである。㈡6行目以下「立法者は神の意思と従順なる人間との間の仲介者として行動し、この意思が正義という観念に抽象化せられた場合には我々は現在の状態から余り遠く隔っていないものである。そこでは少なくとも理論的には、貴族院あるいは合衆国の大審院のごとき上級裁判所の最終判決をもって決定的正義を宣告し、従って取消しえないものであると考えることができる」は原文"The Law-giver acts as mediator between the Divine Will and the obedient subject, and when this Will has become depersonalized in notion of Justice, we are not far from the present position wherein we may, at any rate in theory, conceive the final judicial decisions of a supreme tribunal, such as the House of Lords, or the Supreme Court of the United States of America, to be capable pronouncing final justice and therefore to be

irrevocable."とある。「立法者は……行動し」の切り方は如何にも変で、ここは「……行動するものでる。しかして」としないと原文の意味が現れまいと思う（接続詞の軽視の一例）。次にwherein以下を「現在の状態」から離して了っては文章を成さないのではあるまいか。又supreme tribunalは単に「上級裁判所」では不充分だろうし（Superior Courtsという語が外にある）、"to be capable"の如き大切な言葉を見落しては全体の意味が通じなくなる。"final justice"を「決定的正義」も如何かと思われる。(ニ)12行目「……主張したところ」は「主張されたところ」の誤植であろうか。

(6) 6頁(イ)1行目「……十分に認識してもらいたいがためである」は、"……because it cannot too clearly be realized that……"の訳として行過の感を免れまい。これは「如何に明白に実感しても足りない程だから」くらいの文意だと思われる。(ロ)2行目「法律を強制するのは、彼らの任務でもなくまたかかる権限をも有しない」は、「でもなく、また彼等は……」としないと、日本語として不十分ではあるまいか。(ハ)4行目「もっともこの場合にも、不正を匡正するの裁判官の主たる任務ではなく、それは立法者の任務であるとするのが、より正しいことである」の原文には"though, here again, in so far as the judges have not primarily to correct injustices, the correction of injustice as such in more properly the duty of the Legislature."とあるから、「もっともこの場合にもまた、裁判官が本来不正義を匡すことをば任務とするものではない限りに於て、不正義の匡正そのこと自体は立法府の義務であるのをより本来とする」くらいに訳した方が少なくとも原文に忠実だろうと思う。(ニ)12行目「明らかに不正なことを正当なりと宣言しない」に対する原文は"not to propound that which would be manifestly injust,"であるから、「正当なりと」は余計であろう。原文は「明白に不正たるべき事柄を提言しない」程の意味である。

(7) 7頁(イ)3行目以下「かくしてジャスティニアンから発達して来たローマの制度においては、キリスト教的基礎が明らかに認められ、殊に個人の判断、自由意思、および個人的責任などの重要性を強調し、遂には最終的の神の審判……にまでいたるキリスト教が、ヨーロッパの法律に対し、自主的性質を与えるに役立っていることが認められる」の原文は"Thus, in Roman System, as developed from Justinian, the Christian foundation is clearly recognized, and, in particular, the pronounced emphasis of the Christian religion on the importance of personal judgment, free will and individual responsibility, culminating in the final durin judgment……, has tended to give to European Law an autonomic quality"と

ある。「かくして……認められ、」は「認められる」と切る方が適当であろう。ここは「……認められる。しかして特に……」となるべきであろう。これもandの如き言葉を軽く視すぎるからであるまいか。しかもand以下は「認められる」にかからない。又「……キリスト教が」というのも少し変で、「キリスト教が……を著しく強調し……することが」となるべであろう。それが許されるとしても、pronounced（著しき）を落しているのは何故だろうか。㋺8行目「……曝されている国々において」は"just"即ち「正しく……されている国々」と訳すべき語を落しているために、文章全体が平板になって了っていると見える。㈢11行目「キリスト教的法源」は"christian origins"の訳であるが、originを「法源」と訳すことは如何かと思う。恐らく「起源」の誤植であろう。㈥12行目「主として」は"essentially"の訳語であるから、「本質的に」とでもなるべきであろう。

　(8)　8頁㋑3行目"natural right"を「自然法」と訳されているのはやはり誤植であろうか。又「現代的観念」は"more modern conceptoins"の訳としては「更に現代的な概念」とすべきであろう。㋺4行目「…が勢力をえてきた」は、原文"have played their part"だから、「その役割を果した」とか「貢献した」とか云うべきだろう。又「唯物的な、民族的あるいは経済的学説」は"materialistic, racial and economic theories"がその原文であるから、「唯物的、民族的及び経済的理論」とすべきであろう。㋩5行目「理由は更に後に述べることとして」は原文"For reasons which we shall further consider in later chapters,"とある。即ち「我々が更に後章に於て述ぶべき理由によって」となるべきであろう。（又）同行の「司法制度」の原語は"juridical system"であるが、これは「法律制度」位に訳した方が著者の趣旨に合すると思われる。㈢6行目「1はヨーロッパ大陸全体、少なくとも今もなおローマ法がその力を存する国を支配しているところの制度であって、あるいはローマ法に依り、あるいはローマの制度を継受して地方的慣習法と混同せしめている国々であり」は、"that governing the whole of the continent of Europe, at any rate where Law still obtains, countries which have adhered to or have received the Roman system after mingling it with local customary Law,"が原文である。「少なくとも今もなおローマ法がその力を有する国」とは何の意味であろうか。原文は「とにかく法がなお行われている国」程の意味で、その国が何処を指すかは、本章冒頭一節を想起すれば十分明らかである。即ち、著者は稍々皮肉をこめてかく修飾句を附加しているのである。又「あるいはローマ法に依り」以下も少し妙である。「ローマの体制を固執し又はローマの体制を地方的慣習法と混和せしめた上でこれを継受した国々」程の意味であろう。なお、混

同は云い過ぎたるべく、又「混同せしめている国々であり」に、更に「他はイギリスの普通法であって」を続けているのは、日本文として少しおかしいと思われる。これは「を支配する制度」なる語句の一部に包括さるべきものであろう。㋭10行目「スコットランドにおいてもまた、ローマ法の影響は甚だ大なるものがある」は"has been great"の訳としては稍々不充分ではあるまいか。けだしスコットランドではローマ法が継受されているのであるから。

4

　以上きわめて些細な抹消的な点のみを捉えて未熟な意見を開陳した次第であるが、これは恐らくは全て私の誤解に帰するものであろう。ただ、少し無遠慮な感じを述べることを許されるならば、本書の行文は原文に比して幾分低調ではあるまいかと思う。又極度の圧縮のためにする簡潔な原文のセンテンスを意味的に連結すべき言葉の挿入が余りに少きに過ぎる感じがする。否、むしろ原文に有るかかる語を省略し脱落する場合さえ相当多いと見える。これは2年程前出版された高柳教授の「法の将来」などと比較して見ると特に目立つように思われるのである。又歴史的事実が入り込んでいる部分について、本書の訳文は相当の誤植や誤解を示すようである。それは例えば、2「普通法及びそのローマ法との関係」即ち本書8頁—18頁について視ても相当著しいかに見えるが、割愛せざるを得ない。最後に、私は私の批評を一般的理論の、しかもその一部に限定した。勿論法の各部門に関する部分に於て、術語の訳等問題とすべき点相当多数であるが、それらはより多く単なる訳語の適否の問題に帰しようから、敢て敬遠し、かくの如き方法を採ったのである。蕪辞雑言を連ぬるの非礼、ひとえに訳者の寛容を乞うものである。しかして、評し来って英法書の翻訳が如何に困難なるかを痛感し、訳者の偉大なる努力に深く敬服するのみである。末輩の浅見卑解、もとより本書の真の価値に微塵の増減を来し得るものではない。ここに英法一般理解のための良書として本書を推薦して筆を擱く。

〔書評〕

10 増島六一郎編『英法辞典』

1

　英法、殊にその判例法が法的知識及び技術の豊庫たることは恐らく何人にも異見がないであろう。近時我国に於ける法律学の傾向が意識的にその独自の発展過程を辿ろうとするに当って、比較法的研究の軽視すべからざることの確認せらるることもまた疑いなき事実である。従って法的知識および技術の豊庫たる英法の研究が要望されることもまた相当に強いものと観て差支えないであろう。勿論、従来に於いても英法の研究は等閑に付せられたわけではない。殆ど全部の法科大学には公式又は非公式の英法講座が設けられているようであり、英法を専攻し、又はこれに関心を示す学者はかなりの数に達すると思われるのである。しかも英法の研究が、他の比較法的研究の対象たる法系、ことに独仏の法律に比して比較研究の実際上取上げられる頻度及びその成果に於いて寡少なることは争い得ざる事実と言わねばならぬ。大学に於いて英法の講義を受けるものは、少なくとも従来に在っては、独・仏両法の場合よりも多かったと考えられている。しかも学者研究者の数量に於て英法が独・仏両法に一疇を輸するものは一体何に由るのであろうか。我々は日本の法律及び法律学がいわゆる「大陸法」の流れを汲みつつ、独仏の法制および法律学に採るところのものが極めて多かったことを想起し、また法典を主とする大陸法の一般的傾向が我国情や国民性に合致するものが多いのであろうことを想像する。そしてこれらの事情を含めたその他幾多の事由が我国に於ける英法研究の比較的不振なる事実の根底に横わるものであることに想到するのである。しかし、こうした一般的原因の外に、この英法研究の不振と貧困とについては、更に英法研究それ自体に内在又は密接に関連する事情の伏在することが推察されるのである。その事情もおそらくきわめて多岐多様にあるものなのであろう。しかし、その間にあって主要の地位を占めるものの一つに、「言葉」の問題があることは、明敏な識者の夙に認容するところであろう。独仏法の「言葉」にしても、勿論、我々日本人の理解に対して相当の困難をなすのであるが、英法

の「言葉」に至ってはその真意義の把握の困難なること、まさに独仏の法律語の場合に比して数等大なるものがある。その然る事由については今ここで詳論の限りでないが、恐らく最大の原因の一つは、法がベンタムのいわゆる「裁判官作成法」(Judge made law) として、中世以降多くの世紀にわたって特権的な法曹社会の独占するところとなり、主として晦渋な判例法体制として継続的に発展して今日に至ったという事実のうちに求められるのであろうと考えられる。実際、英法の言葉は、一見したところ、平易な「俗語」を主とする。例えば、契約 (contract)、約束 (promise)、申込 (offer)、錯誤 (mistake)、表示 (representation) などのように、契約法の言葉を手当り次第に拾って見ると、それらには一応特殊な術語的意味の有り得ないように思われるのである。しかも、それらの言葉は判例法の数100年の発展過程に於いて、誇張的に云えば、想像も及ばないような意味をその囲りに集めて、「術語」になり了っているのである。英法の言葉の難しさは、主としてそこに在るとも極言されるであろう。そこで、英法を研究する際に、外国人たる我々には、先ず言葉の点に於いて、言葉の構造その他の著しい相異から当然生起する困難の外に、その通俗的言葉に特殊な意味が加えられてその「術語」が生れてきているという事情による第2の困難を超克することが必要となるのである。この困難は、我々外国人だけに限ったものでなく、英国人自身もまた相当に悩ませられるものの如くである。そこで、およそ、「実務に従う法律家にとって、直ちに言葉や語句の正確な意味を確め得ることより重要な事柄はない。この必要さは彼の日常生活の一部をなすものである。……普通の辞書編纂者は、言葉や語句の法律的定義については殆ど助けとならないのである」と診断され (Pope, Legal Definitions, 2 Vols, 1919, Preface)、また「言葉の単なる語源学的意味又は辞典編纂者が言葉に与える定義を採用することは常に必ずしも安全ではない」と戒告されるわけである。要するに英法を研究するにはいわゆる「俗語辞典」では不十分であることが、彼の地に於いて既に認容されている。さればこの診断と戒告に応じて、彼の地にも早くから、法律辞典の類が現われている。比較的最近に於ける顕著なるもの1、2を拾って見れば、大冊としてはバーン (Byrne, Dictionary of English Law and Concise Legal Encyclopaedia, 1923) や、ウォートン (Wharton, Law Lexicon, 13th ed, 1925) の辞典があり、又学生用又は簡約の辞典としては、ヒューズ (Hughes, The Students Law Dictionary, 6th ed, 1936) モズレー・ホワィトレー (Mozley and Whiteley, Concise Law Dictionary, 5th. ed, 1930) オスボーン (Osborn, Concise Law Dictionary for Student and Practitioners, 2nd ed, 1937) 等のものが現われている (アメリカのものも随分多いが、ここでは省略する。日

本で一番よく見かけるのはBlack, Law Dictionaryである)。しかして、右の困難を超服すべき手段の一として、我国に於いてもまた、英語の「俗語辞典」たる幾多優秀なる通常の辞典の外に、英法の「専門辞典」の出現すべきことの要請が強く起っていたことはまさに当然の成行であったといわねばならぬ。輓近真の比較法学的研究の待望の声漸く高きに応ずる意味に於いても、学界に於ける英法辞典出現の要望の満足は、文字通り喫緊の一事と観られねばならないのである。本『英法辞典』の出現は正しく、右の英法学界多年の要望を充足し、又その現下喫緊の要求を満足するものであって、我々は実に昊天の滋雨の感激を以て本書を迎えるのである。

2

我国英法学の明治初年以降の隆替については、我々は今ここに絮説する余裕も資料も有しないのであるが、現在残存する諸の翻訳の豊多なる一事によって、少なくとも明治初期に於ける英法研究の隆盛は十分にこれを推定することが出来るであろう。その英法研究盛行の時運に乗じつつ、英法辞典編纂の企図もまた行われたるものの如くであって、我々の乏しい資料のうちにも、明治23年浦部章三氏の編纂に成るA Law Dictionaryなる標題の英法辞典が一部存するのである。これは米国のブービーの辞典（Bouvier, Law Dictionary我国に於いて当時大いに用いられたらしい）の術語だけの翻訳であって、四六版本文206頁の小冊である。この辞典の序文に於いて穂積陳重博士は、

「輓近泰ト交通シテ英米独仏ノ法律ヲ継受ス、故ニ方今我邦ノ法律家タラント欲スル者ハ須ク其源泉ニ遡ツテ欧米諸国ノ母法ヲ講究セサルヘカラズ、而テ母法ヲ知ラント欲セハ其原書ニ拠テ之ヲ学フニ非ラサレハ安ソ能ク其蘊奥ヲ極メ其妙味ヲ嗜ムヲ得ムヤ、然リト雖モ外国ノ書ヲ講スル固ヨリ易カラス、況ンヤ法律ノ用語其意義精微ニシテ初学者容易ニ之ヲ窺フ能ハサルニ於テオヤ」

と述べておられる。そこには我国現代法律学の文達の篤烈な情熱と慎重な用意とが看取されるであろう。英法辞典の必要の端的適切な表現が見られるであろう。当時この要望に答えたその『法律辞典』（穂積博士、同書序文）は「法律ノ初学ヲ講究スルモノニ知ラシムルヲ以テ目的トスルカ故ニ」「字義ノ解釈ヲ省キ、只科語ニ訳字ノミヲ付シ」て行く方法を採り、前述の如き「小冊子」となったが、原文ノ字数ニ至テハ敢テ減スルコト」なきものであった（同書例言）。その編輯の方針としては「先輩ノ訳字中妥当ナルモノハ敢テ以テ之ヲ……用ヒ」たのであるが、「新ニ訳字ヲ下シタルモノ少」くないのであった（同上例言）。因に、この辞典につい

て注意されることは、本書が明治19年に4人の人々によって企書されたが、何回か挫折し、結局最後は三浦氏が独力で「訳述数月遂ニ其業ヲ了」したという事実である。

　右のような『法律辞典』（英法辞典と名付けない点は示唆的である）の有り方は、正しく当時の英法学の到達した段階を示すものではあるまいか。その後、我国の一般の法律学の発展は英法の研究に於いても次第に高く深いものを加え、之を専門とする学者も現われ、大学に於ける英法の講義も日本人教授によって行われるに至ったのである。その間、幾多の論文や著書の発表がなされている。かくて英法学の水準は漸く高いものとなった。しかも、英法の「言葉」が研究者へ課する負担とハンディキャップは、権威ある辞典の出現によって減殺芟除されることがないのである。前示の「法律辞典」も、いつしか研究室又は古本屋の書架の一隅深く埋れ去って、後進学者のこれを顧るものも殆どなくなったのである。

　ここに於いて、かくの如く高められた水準に於いて英法辞典を編纂する企図が近時再び一般の深い関心を惹くに至ったのであるが、我々の寡聞を以てしても、その企図のなされたるもの2、3を下らないのである。本書『英法辞典』は、これらの企図のうちに在って、最も早く実を結んだものである。既に前掲『法律辞典』に於いて経験された事業進捗の困難を克服された編者の努力に対して、深い敬意を払うのである。さて「唯初学者の手引たるに過ぎ」ざる本『英法辞典』（編者序言）はその目的とするところに於いて、まさしく『法律辞典』と同じであり、その体裁、分量も殆ど相匹敵する。ただ、本書は、『法律辞典』が各語に必ず訳語を付するの方法を採るに対して、「項目字句の説明は、強いて之に該当すべき訳語を探求又は案出するを欠け、其の意義を解説するを本義」としている点（本書凡例2）に於いて、著しく異なるものを有するのである。本書が『法律辞典』と略同型の紙型を用いつつ、その頁数に於いて90頁を増し、9ポ横2段組の本文296頁に及ぶのも、おそらく、字句の説明を中心とする方法を採ることによるのであろう。しかし、全体的に見れば、本書は『法律辞典』の実質的後継者であり、その現代版であるとさえいうことが許されないであろうか。出版書肆が両者に於いて共通することもまた、思うに単なる偶然ではないであろう。

3

　本書は前述のように、初学者たる利用者を対象として編纂される。編者はその序文に於いて、本書を司馬光の資治通鑑に擬え「英法学習に資せんとする本書もまた、英法の通鑑たる可し」と、その壮大なる意気と抱負を吐露されている。し

かしてその目的実現の方法としては、事項を解説していくという方法を採り、又「成る可く英国現行法に拠」る立場からであろうか、ラテン語やフランス語の法律語句や法律格言は相当思い切って割愛している。その収容する主要項目約4000、巻末に英国国王治世年表及議会制定法略解の8頁を加えている。以下に本書が如何なる程度に右の目的を到達しているかを瞥見しよう。

　本書が如何なる原典を拠所としているかは、これを窺知すべき明証は見出されないのであるが、おそらくは、前掲オスボーンがそれであろうか。オスボーンの辞典は簡約、学生用の辞典としては彼地に於ける出色であると思われるが、現代英法の解説を主眼とし、裁判官や学者の定義を羅列する方法（アメリカの大法律辞典、例えば前掲ブラックの如きはその方法をとる）に拠らず、必要な場合には成文法を参照している点その他、本書の行き方とよく似ている。思うに、初学者用として解説を主とする方法の親切であることは言うまでもなかろう。しかし、問題はその解説の内容である。先ず同じ入門書と銘打つオスボーンに比して本書の解説は相当短いが、我々の入門書として、オスボーンの解説より短くて足ることは考えられないであろう。又具体的に例を挙げることは避けるが、本書の解説は、一般的に、その叙述に於いて、その各事項の理解の程度に於いて初学者の要求に応ずるに少しく不足するに非ざるやを思わしむるものが多いように感ぜられる（例えば、有名なuseの項を実よ。又promiseを単に「約束」と訳すだけでは俗語辞典に変らない。それは如何に英契約法の中心観念であるかの説明は必要であろうの如くに）。ラテン語句等の外来語の適宜な割愛は、本書の如き規模には不可欠であるが、その採否の標準の置き方は妥当であったろうか。殊に、ラテン語の法律格言の中、各法律分野の指導的原理をなすと認められるものの脱落1、2に止まらないのは、初学者の手引としては親切を欠くものではないのであろうか。Actio personalis moritur cum persona や Ex oturpi causa non oritur actio や Ex nudo pacto non oritur actio や Equity acts in personamなどは、何れも近時我国法学界の問題となったものであって、当然収容さるべきものであろう。そう云えば、一般に項目の選択の標準が明確でないようである（例えば、doctrineの項に収められたものを見よ）。更に各項に於ける近時の成文法の参照及びその説明についても、巻末の参照条文の表と解説を以てしても甚しく不十分の憾を免れない。また、本書が、現在我国英法学の到達した水準を私用することの必ずしも十分でないと見えることも注目される一事ではある。高柳教授の『法源理論』やその他の諸論文、末延教授の諸多の分野にわたる論文、田中教授の『英法概論』その他の論文、宮本教授の『英法研究』、穂積教授『英国動産売買法』、谷口教授『英米契約法原理』、峰岸博

士『イギリス証拠法論』、守屋教授の契約に関する諸論文、伊沢教授の『表示行為の公信力』、末包教授・玉井教授の諸論文等々、近時の諸家の労作を総合集成すれば、英法の殆ど全ての分野にわたってかなり程度の高い説明が加えられ、更に適切な語句及び訳語の選択も可能となるはずである。もしそれ、誤植、各説明間の矛盾、説明の不当、類語異同説明の欠缺、基本的略字（例L.C., L. J.）の省略、付録としての判例集のリストの省略等々については、更に述ぶべきことも多いのであるが割愛する。

4

　以上、本書の出現の英法学界に於ける意義を叙し、本書の内容についても2、3の希望的見解を述べ来ったのであるが、要するに、外国法の辞典の編纂が難事業中の難事業であることに想いを致しこれを逸早く完遂された編者の並々ならぬ努力と能力とに対して深甚の尊敬の意を表し度い微意に出づるもの、編者幸に諒とせられむことを。もしそれ、先般公刊された『岩波法律学小辞典』が表現する現今我国法律学の水準に到達する英法辞典（なお、同辞典の外国語の項に収められた数百の英法の語句の解説の程度の高さを注意せよ）の編纂については或は、同辞典に学界第一線の諸学者が協力したと等しく英法学界幾多の人士の協力に俟たざるを得ないのであろうか。同時に又、その水準の英法辞典の編纂を可能ならしめるためには、高柳教授の『法源理論』級の著作がなお幾許か累積せられて行く必要のあることが痛感される。

　畢竟、我々は「本書に於いて、多くのことの省略されていることが見出される場合には、同時に又多くのことが実現されているのであることを忘れ給うな」（ジョンソン博士）と、深く自ら戒心せねばならないのである。また編者はその序言に於いて、適切に、我々の盲評言を予定し、我々の区々たる論議を一蹴しておられる。曰く「本書は未だ備われりとせず。唯初学者の手引たるに過ぎず、然りと雖も、学者此を以て指南車となさば以て法の蘊奥を極むるを得べし。もしそれ墜落と蹉跌の如きは一に使用者の任たるを戒む」と。初学者もまたその任重い哉。されば、初学者の負担をより多く軽減すべき英法辞典の出現を待望しつつ、本書を英法研究を志す幾多人士に広く推奨して、この紹介を終る。

〔書評〕

11　高柳賢三・末延三次（編集代表）『英米法辞典』

　高柳・末延両教授を編集代表者として、それに5氏を加えた7人の英米法専攻の学者（ないし実務家）が編集の責任をとり、全国各大学の関係学科の研究者26人が執筆しているこの辞典は、ほとんど、日本の英米法学界の精ずいを集めて成るものであって、そこに、日本の英米法学の水準がきわめて、あざやかに浮彫されていることが、想像されても、すこしも不当ではなかろう。ところで、こんどの大戦までの日本では、英米法は、外国法ないし比較法の一部門として、ひやめしをくわされてきたのに、戦後、きゅうに花形部門となったのであるから、やはり、そこに、十分に研究されない部門として、まぬかれることのできない不足がのこることは、ぜひもないのであろう。

　だいたい、英米の法学辞典の翻訳の方法によったと思われる項目の説明の正否適否などについて、かなり、はなはだしい差等が見られるようであり、また、利用者にたいする心づかいのこまやかさにおいて、なお望むべきものを多くのこしていると感じられる。たとえば、類語の異同を明らかにする努力が、わりあい、すこししかなされていないとか、法律格言が、ただ訳語をつけただけで、ならべられているとか、マグナ・カルタやアメリカの連邦憲法などの基本法が、たくさん、収容されているのに、判定法や判例の形式・引用のしかたなどについては、ほとんど説明がないとかのように。これだけの大家と精鋭の協同事業であるだけに、しごとのむずかしさは、じゅうじゅう承知しながら、当然に、いますこしちみつで、利用者に親切な編集が予期されるというものである。

　しかし、とにかく、英米法辞典の編集という難事業が、昭和18年の増島博士の『英法辞典』の経験の上に十年の後に、より大きい規模で、また、より優れたできばえで、なしとげられたことは、法学界のために、ほんとうに、よろこばしい。わたくしは、いっそうよい英米法辞典が考えられる余地があるということを認めながらも、この『英米法辞典』が、現在における最良のものとして、ひろく利用されることを期待したい。

12 ロンドンで見る市民生活と法

　わたくしのロンドンに滞在した目的は、専攻のイギリス法の研究にあった。
　すでに20年あまりも勉強してきたイギリス法についての現地での1カ年間の研究を、どうすれば効果的に遂行できるか、と頭をなやました。
　わたくしがとった方法の一つは、ロンドンの町を2本の足でできるだけ広範囲に、まめに歩いてみることであった。また一つの方法は、『タイムズ』や『ガーディアン』などの中央紙はもとより、ロンドン市の各区に2、3紙ずつある地方新聞などを精読することであった。
　それら週刊の地方紙には、その区の政治や経済に関する記事から、教会や各種のクラブの活動とか、交通違反や万引の事件とか、未成年者の駆落事件などにわたる、庶民の生活についてのこまごまとした報道があふれていた。
　わたくしは、週に少なくとも3日ぐらいは、1日は10～20マイルほどの割合で、地図をたよりにロンドンの町を歩きまわり、千数百マイル歩いた勘定になる。
　いわゆるイースト・エンドや、その延長ともいえるテムズ川の南側の地区、いまはスラム化しつつあるケンジントン区の北部やパディントンの一部、川ぞいのスラム区などは、わたくしが、とくに好んで歩いた労働者・庶民の町である。そこでは、住宅問題、人種問題、売春問題、強窃盗事件の頻発、少年問題などが、全ロンドン的な問題として、しばしば起っていることが新聞などから知られるのであった。
　しかし、外国人としてのわたくしが目撃したつぎのことがら、すなわち——そこらの町角のバス・ストップで列をつくって車を待つ市民の態度。通りの屋台店で買物をする主婦たちの鷹揚(おうよう)なものごし。クラクションをならさず、暴走するとは見えない自動車、地味なネオンの光。広告の鳴物のない町の静けさ。くすんだ色にうち沈むウエスト・エンドの古いどっしりとした建物の並びや、そのいたるところに緑の色どりをそえるスクエアの木立のととのい。都心またはそれに近く点在するハイド・パーク、ケンジントン・ガーデン、リージェント・パークなどの数100エーカーにおよぶ大公園や、グリーン・パーク、ホランド・パークなどの

中小公園にそびえ立つ巨木の下道、そして美しく手入れされた芝生の上を、点々として、犬をつれてあゆみ、野鳥にパンくずを与え、ボールをけって遊び、あるいは静かにイスに坐して日光に浴する市民の姿などから——そこに、紳士または「だんな」の社会の落着き、安定した保守主義、あまり変わらないイギリス社会という印象が生ずるのを、止めることはできないのであった。

だが一方では、その外面的静けさの下で、イギリスの社会生活ははげしく動き、急速に変りつつあると見える。多くの山猫争議をふくむストライキの頻発、ロンドンの北部地区でバリケードを築いての籠城数週間におよんだというような住宅闘争のはげしさ、週末に判で押したように起る俸給運搬車の襲撃や、郵便局や銀行での大金窃盗、殺人や強姦などから、万引や交通違反にいたる各種各様の犯罪のおびただしさには、まことに日本にいては、想像も及ばないほどのものがある。

それらの社会記事的な報道は、はじめ、わたくしには、たしかにショックでさえあった。おそらく、わたくしたちは、これまでイギリス社会とイギリス人とを、あまり単純に美化する方向に割りきりすぎた態度で考えてきたきらいがあったからではなかろうか。

たとえば、わたくしたちは、イギリス人の順法の精神をほとんど自明の真理のように賛美する。だが、その精神が、どのような社会制度や法律的方法などによって長い期間に、たんねんに養成され、また注意ぶかく維持されてきたのかについての具体的な考察を、ややもすれば忘れることがなかったであろうか。

イギリスの社会も人間の社会なのである。イギリス人の法律違反の行為も、けっして少なくない。問題は、それにたいして個人と社会が、どう反応するかにあるであろう。ところが、それを見るには、単なる旅行者的な傍観や外面の現象だけにとらわれた感傷論にとどまらないことが必要になる。

内面の絶えざる変化・発展への能力をともなとう外面的守旧という逆説がイギリス史にはある、とある人はいった。だが、残念なことに、そういう逆説の「イギリスを見ることは、つねに必ずしも容易ではないということを認める」（エドムンド・ブランデン『イギリスの顔』）よりほかはなさそうである。

13 近代日本と英米法

1

　明治維新からこのかたの日本を近代日本と想定するとして、その近代日本は、その近代国家としての歩みのなかで、いわゆる「英米法」（Anglo-American Law）とどのようなかかわりをもってきたのか、あるいはまた、近代日本の法と法学とは、その100年余の展開において、「英米法」から、どのような影響ないし刺激をうけてきたのか。第二次世界大戦における日本の敗退によってもたらされた、アメリカ合衆国の軍隊を中心とする連合国軍による日本占領につづく日米安保体制下の30年のあいだに、だれでも気がついているように、わが国の法と法学とは、ひろく、ふかく、かつつよくアメリカ合衆国――かんたんには、アメリカまたは米国の法と法学との影響をうけてきた、といわないわけにはゆかない。ところで、そのアメリカの法組織はイギリスのそれと、もともと同根の間柄にあり、同じ歴史と伝統をわかちあっているという事実が一般に知られているのであるから、わが国において、アメリカの法と法学とからうける影響について言及がなされ、論議がかわされるさいには、その論及は、つねに、イギリスのそれの影響についての考察を、多かれ少なかれ黙示的に随伴しているものと見ることができる。それゆえ、さらに一般的に、同時にまた曖昧に、「英米法」の影響ということが、自然に論議されることにもなる。しかし、英法またはイギリス法（English Law）という実定法の組織が、米法またはアメリカ法（American Law）という実定法の組織とは別異のものであることは、ここで、はっきりさせておく必要があると考える。

　そこで、「英米法」の影響について論じられる場合には、実定法組織としてのイギリス法とアメリカ法のそれぞれの影響を克明に考察するというよりは、むしろ、その両者に共通した歴史と伝統にもとづく、基本的で重要な考え方、原理、制度、準則などが、どのように受けとめられ、理解され、また、どのような点で模範とされ、追随されたかが主として問題にされることになる。しかも、そういう多かれ少なかれ曖昧で、おおざっぱな問題の提起の仕方は、「英米法」（Anglo-American

Law)、「英米法系」(Anglo-American System of Law)、または「英米の法的伝統」(Anglo-American legal tradition) をコンモン・ロウ (Common Law) によっておきかえ、そのコンモン・ロウを現代ローマ法と対比しつつ、そのユニークな伝統的諸特質と世界的な影響力を考える、かなり顕著な傾向が近時のイギリスとアメリカの法律界に現われているという事実によって鼓舞され、また、そこに支持を見いだしていると思われる。そして、そういう伝統的諸特質の一組としてのコンモン・ロウについては、いわば、その包括的な受容は、ローマ法系の場合のように、「継受」(reception) とは、ほとんど呼ばれることがなく、むしろ、移住 (migration)、移植 (transplantation)、旅行 (travel)、影響力の拡大 (expansion of influence)、競争をとおしての征服 (conquest) または勝利 (triumph)、侵入 (invasion)、受容 (acceptance)、採用 (adoption) というような、さまざまなことばによって表現されるのが常である。ローマ法について一般化している「継受」ということばが、そのように排除されるのは、コンモン・ロウの受容に、ローマ法の場合と異なる何か特殊な要素、何らかの独自性があるからであろう。

　さて、近代日本にたいするコンモン・ロウの影響が問題にされる場合には、その影響力の極大限としての、その移住、移植または征服、すなわち、その多かれ少なかれ包括的な継受がわが国に起こったか否かが、まず、考えられなければなるまい。明治初期から大東亜戦争の終結までのあいだに、それが起こらなかったことは、あらためて言及するまでもない周知の事実である。わが国は、いわゆる「コンモン・ロウ国」(common-law countries) のなかにはいらなかったのである。法典論争に象徴される、はげしい「継受」をめぐる闘争において、イギリスとアメリカの学者が認めているように、コンモン・ロウが「敗北」(defeat) を喫してしまったからである。コンモン・ロウは、なぜ、わが国の明治初期から中期にかけての継受の競争に負けたのか。その理由を明らかにすることは、第2次大戦後におけるアメリカ軍を中心とする日本占領と、それにつづく日米安保体制のもとにおいて、当然予想されてよいように、コンモン・ロウが継受されたと見ることが許されるほどの影響力を発揮しえて、その敗北にたいする報復をすることができたのか、どうかという問題を考えるのに、たいへんに役立つのである。

　ところで、戦後のわが国の法組織のうち、もっとも重要な基本法であるところの憲法については、それがイギリスおよびアメリカの憲法を「母法」とするという有力意見が、早くから出されている。「民主主義憲法として最も古い、そして最も典型的なものは、英国の不文憲法と、米国の成文憲法である。そして日本国憲法は、この二つの憲法を母法として起草されている」——高柳賢三教授は、そ

の『英国公法の理論』(昭和22年)の緒言で、そう断定し、さらに、分析的に、こう付言する。――「基本的人権とこれを保障する司法制度は、米国憲法にその範をとったが、天皇制、国会制、責任内閣制は、英国憲法を想起せしむるものがある。したがって、この新憲法を妥当に具体的運用を行なってゆくためには、米英の憲法先例を学びとることが必須の要件である。」ここでは、「継受」ということばは使われていないが、「母法」は、「継受」を前提としなくては、考えられないことが想起されるべきである。そして、もし、そうだとすれば、わが国の新憲法は、イギリスおよびアメリカの憲法、すなわち、コンモン・ロウの公法的伝統のうち、憲法的部分の少なくとも実質的な継受にもとづくものだと考えてよいことになる。そして、いうまでもなく、憲法は基本法として、法組織の各主要な分野にかんする法、わが国の法組織について、おおまかで便利な表現をとれば、いわゆる六法において、その精神と原理が生かされ――そのかぎりで、コンモン・ロウの影響が注入されてゆかなくてはならないわけである。ところが、それら6個の法典のうち、たしかにコンモン・ロウの影響のもとに全面的に書きかえられたのは刑事訴訟法だけであり、それと不可分の関係にあって、じつは、のちに明らかになるように、コンモン・ロウにおいては、その本質的部分とされる刑法は、ほとんど改変をうけていないことがわかる。戦後におけるコンモン・ロウの影響について論じるさいに、たとえば、そういうちぐはぐな事態をどのように理解しなければならないかというような重要な問題が、いくつか起こるにちがいない。以下に、そういう問題を考えるさいの手がかりを供するという趣意で、イギリスとアメリカにおいて最近まで活躍していたか、または現在活躍しつつある3人の有力な学究的な法律家が、コンモン・ロウとは如何なるものであり、また、その移住ないし征服の条件が何であると考えているかについて、ほんの一部的な、紹介的な考察を試みる。

2

　3人の有力な学究的法律家とは、アメリカのロスコー・パウンド博士および、イギリスのグッドハート教授とサー・フレデリック・ポロックを指す。

　(1)　「おそらく現代世界のいかなる制度も、われわれがコンモン・ロウと呼ぶところの、われわれの英米の法的伝統のような活力と強靱性とを示すことはないであろう。」――ロスコー・パウンド Roscoe Pound は、そういう誇らかなことばで、彼の『コンモン・ロウの精神』(The Spirit of the Common Law, 1921[(1)]) を語りはじめる。この世紀に、人は、コンモン・ロウの活力(vitality)と強靱性(tenacity)

について、これほど自信にみちた楽観的なことばを聞いたことはないであろう。彼は、何を根拠にして、それほどの信頼を、コンモン・ロウの強靱な活力にたいしておくのであろうか。そしてまた、そもそも、コンモン・ロウ、すなわち、英米の法的伝統とは何であるのか。パウンドは、それらの問いにたいして、彼の即座の答をよどみなく述べて、こういう。――「それが、本質的に、司法的および法学的思考の一態様（a mode of judicial and juristic thinking）、明確な諸準則の固定した一団というよりは、むしろ法的諸課題処理の一態様（a mode of treating legal problems）であるにかかわらず、それは、あらゆるところで、その起源の如何を問わず、準則（rules）を自己の諸原理と調和する形に造りかえること、また、それらの原理を倒覆し、もしくは廃替しようとする怖るべき企図に抗して、これを維持することに成功しているのである。」

英米の法的伝統としてのコンモン・ロウは、法的諸課題の処理という実践と実務のための指導原理とその実施の具体的方法または手続の探求に強く傾斜する司法的および法学的思考の態様として、明確な法準則の固定した一団（a fixed body of definite rules）――おそらく立法ないし法典の形態をとる――であることを、そのきわだった特色とするローマ法の伝統やその他の法伝統との競争または闘争において、つねに、どこでも、後者の法準則の適用を、その原理の指導ないしその手続の影響のもとに領導することによって、けっきょくコンモン・ロウ化し、勝利をおさめて、その活力を発揮しており、また、ノルマン征服後の、そのながい史的展開の過程において、いくつかの社会的、文化的、政治的な危機に随伴したところの、コンモン・ロウのその実践的諸原理にかえて、ローマ法的な理論的な法準則体系を受容または継受しようとする「恐るべき」企図ないし圧力にたいしては、よく抵抗し、よく耐えて、その地歩を守りとおして今日にいたるという、まさに二枚腰の「強靱性」を見せているとして、パウンドは、その数行の文章のなかに、コンモン・ロウの内的な力にたいするかれの確信と楽観の根拠となる史的事実の認識を圧縮して誇示しているのである。

コンモン・ロウの活力、その競争力のたくましさについて、パウンドは、第1に、アメリカ合衆国内の諸法域における近代の実例をつぎのように挙示している。彼は、まず、「アメリカ合衆国においては、毎年われわれの制定法集に積みかさねられてゆく立法の巨大な集団にもかかわらず、コンモン・ロウは生きながらえ、その立法の巨大な集団に形式と首尾一貫性とをあたえている。」として、ローマ法の伝統の一画をしめる立法主義ないし法典主義との角逐においてコンモン・ロウがけっして負けなかったことを揚言したあとに、こうつづける。――

「また、外国起源の法との競争においても、それは同様に効果的であった。ルイジアナ取得〔の領域〕から分離してつくられた諸州のうち、ひとり、ルイジアナだけがフランス法を保持するにすぎないのである。テキサスにおいては、ただ2、3の手続上の異常点が、別個の〔法〕組織が、かつて、その領域に支配していたということを、われわれに思いださせるに役立っているにすぎない。カリフォルニアにおいては、ただ夫妻共有財産制が存続して、スペイン法が、かつて、その管轄区域に行なわれていたということを、われわれに告げているにとどまる。ただ歴史家だけが、パリの慣習が、かつて、ミシガンとウィスカンシンにおいて支配していたということを知っているにすぎない。そして、ルイジアナにおいては、たんに、刑法がまったくイギリス的であるのにとどまらず、さらに、基本的なコンモン・ロウの諸制度、すなわち、法の優位、判例法、および公開の法廷においての、一つの全体としての訴訟事件の審理もまた、1個のフランス的な法典にたいしてつよい影響をあたえ、その法の多くの部分を、名称以外のすべてにおいて英米的なものにしてしまったのである。」

パウンドは、第2に、アメリカ合衆国のそとにおいて、コンモン・ロウが、ローマ法系との競争において、その目ざましい活力を発揮した地域の実例をあげることにとりかかる。

「コンモン・ロウが、ケベックにおいて、フランス法にたいして、同様の仕方をもって、次第に影響をあたえつつあるという多くの徴表がある。術語以外のあらゆることがらについて、コンモン・ロウは、スコットランドにおいて継受されたローマ法を圧倒してしまった。南アフリカにおいて確立されているローマ・オランダ法(Roman-Dutch law)は、その裁判官たちが、ますます多く、ローマ化された術語をもちい、コンモン・ロウの法律家たちの流儀にしたがって推論するにつれ、緩慢にではあるが、コンモン・ロウにたいし道をゆずりつつある。フィリピンにおいて、またポルト・リコにおいて、ローマ的な一法典をコンモン・ロウ的に実施する結果として、たとえ、その用語においてはローマ・スペイン〔法〕的(Roman-Spanish)であるにせよ、実質においては英米的な一つの〔法〕組織が生ずることになろうという多くの徴表がある。」

それでは、そのような、すさまじいまでに発揮されるコンモン・ロウの活力は、いったい、どこから出てくるのか。そのように、世界のあらゆるところで、コンモン・ロウがローマ法の伝統にぞくする法準則集団をその原理にそって再形成させることに成功をおさめる秘密は、そもそも、何であり、また、それはどこに見いだされるのか。パウンドは、つぎのように答える。――

「それが、われわれの法組織の固有の優秀性であるのか、あるいはまた、その組織のもとで生きる人民に生来の自信があり、そのために、ちょうど、ポズナップ氏(2)があのフランス人にたいし、あたかも、そのフランス人が耳のとおい子供であるかのように、話をしたように、われわれは、われわれのコンモン・ロウ的な考え方が自然の法秩序の一部をなすものと想定し、およそ合理的な生物がそれらの考え方に反する法的な観念を抱懐しうるということを理解できなくなってしまうのであるのか、は問わないが、〔とにかく〕アングロ・サクソンは、〔コンモン・ロウ以外の〕何らか他の法によって支配されることを拒否するのである。じっさい、そのうえに、彼は、他の人たちをそれによって支配することに成功しさえする。それというのは、その競争相手、現代ローマ法の強みは、それが抽象的概念を論理的に発展させることにあるのにたいし、コンモン・ロウの強みは、それが具体的な紛争を処理することにあるのだからである。それゆえ、司法が直接または間接にコンモン・ロウ裁判官たちの手にゆだねられているところでは、どこでも、審理中の訴訟事件を一つの抽象的な体系のなかのその明確な論理的整理棚にぴったりとはめこむことを企てるよりは、むしろ、その訴訟事件にたいして過去の司法的な経験を適用する、それら裁判官の習癖が、徐々に、それと気づかれずに、その競争相手の法〔準則〕集団の力を弱め、緩慢ではあるが執拗な、コンモン・ロウの侵入への道をひらくのである。」

この答えは、それとして、かならずしも明快ではない。しかし、そこには、きわめて意味ぶかいいくつかの事実の指摘があるのではないか。一つは、コンモン・ロウの活力の発揮が、その手段としては、先例の法理を守るコンモン・ロウ裁判官の習癖、やや曖昧な表現をとれば、その判例法主義に依存しているということである。二つには、それは緩慢に時間をかけて進行する、むしろ隠秘な浸透の過程であって、紛争の処理が、直接または間接に「コンモン・ロウ裁判官たち」(common law judges)の手にゆだねられていることを前提としていることである。そして、裁判官は、いうまでもなく、近代統治機構の不可欠的一部なのであるから、コンモン・ロウのその「緩慢ではあるが執拗な侵入」(slow but persistent invasion)は、統治機構の把握ないし支配権力の支持を前提としていることが指摘されていることになるわけである。それを、さらに端的にいえば、コンモン・ロウの「侵入」は、政治的支配を前提とする、あるいは、政治的支配の一部として、コンモン・ロウは、はじめて十分に、その活力を発揮できるということである。そして、その三は、コンモン・ロウの担い手であるアングロ・サクソンは、抜きがたいコンモン・ロウ信仰ともいうべきものを身につけてしまっているということである。

それは、ポズナップ氏のイギリス崇拝に似て、度しがたいまでの自信にまで達していて、たんに、「何らかの他の法によって支配されることを拒否する」（refuses to be ruled by any other law）というアレルギー的拒絶反応であるのではなくて、積極的に「他の人たちをそれによって支配することに成功する」（succeeds in ruling others thereby）という攻撃的なたくましさをともなっているというのである。

　パウンドは、アングロ・サクソンのコンモン・ロウにたいするその頑迷なまでの信頼が何に由来し、何によって培われてきたかについて触れない。それは、しょせん、競争相手と拮抗して、ほぼ800年のあいだ、圧倒され敗退したことがないというコンモン・ロウの歴史と実績とにもとづく、と見るよりほかはあるまい。じじつ、パウンドも、『コンモン・ロウの精神』のさらに後の部分で、コンモン・ロウが、12世紀以降、よく知られた何回かの重大な存亡の危機——それにはローマ法の全面的な継受への動きがふくまれる——を切りぬけることに成功しているばかりか、さらに、衡平法、商慣習法、海事法、検認・離婚の法など、ローマ法の系統に根ざすと見てよい重要な法部門を導入し、吸収し、「消化し、同化し」て、その強靱な活力とともに、ゆたかな包容力をも見せてきたことを指摘しているのである。そして、そういう歴史にくわえて、前記のように近代世界各地において、コンモン・ロウのローマ法伝統にたいする一連の勝利があり、さらに、法優位の法理のアメリカ的発展であるところの、いわゆる司法審査権の制度が近代的な連邦憲法典をもつ諸国において採用され、また19世紀にはイギリス商事法がヨーロッパ大陸諸国の法にたいして指導的に影響力をおよぼし、さらに「訴訟事件の判決をとおしての司法的立法というコンモン・ロウ的観念の方向に」むかってのローマ法系諸国における目ぼしい動向があること——もとより、それはコンモン・ロウの判例法の制度と理論の影響である——などに徴すれば、「われわれの英米法系は、そのより古い競争相手に劣らず、1個の世界法（a law of the world）であることが認容されなければならない」わけであるから、その自信と自尊心は、いよいよかたく、ふかくなって当然である。

　ところが、パウンドによれば、コンモン・ロウがローマ法伝統との競争において「決定的」に敗れた一つの例がある。それは日本においてである。パウンドは、その敗退を、つぎのように記述し、かつ弁明する。——

　「ただ一つの点で、われわれの英米法伝統は、競争相手の〔ローマ法伝統との競争において、敗北（defeat）を経験した。日本のために新しい諸法典を作りあげることにかんしての、フランス法、イギリス法およびドイツ法の競争に、決定的にドイツ法が勝利をおさめたのである。だが、それにもかかわらず、これはイ

ギリス法のドイツ法との競争ではなかったのである。それは法準則の諸体系のあいだの競争であったのであって、裁判所による司法の諸態様のあいだのそれではなかったのである。抽象的な体系の比較においては、コンモン・ロウは最悪の状態にある。〔しかし〕個々の紛争の現実的処理の試験においては、それは、つねに優勢をしめるのである。」

(1) Ibid., p. 1. なお、以下の引用文は、同書の1頁～6頁からなされているので、いちいちその頁数を示さない。
(2) Mr. Podsnap. かれは、ディケンズの『われらが互いの友』(Our Mutual Friend) の第11章に登場する大俗物。

(2) コンモン・ロウは、日本における継受の競争において、なぜ、ローマ法伝統に勝をゆずらなければならなかったのか。上に述べられたように、パウンドがその問いにたいして直接的に答えるところは、あまり明快ではない。その答えを、もっと明確に、かつ直接的に詳しく出しているのは、オックスフォード大学のグッドハート A.L. Goodhart 教授である。1960年に『コンモン・ロウの移住』(The Migration of the Common Law) と題する一種のシンポジウムの基調演説において、グッドハート教授は、まず、つぎのように述べて、コンモン・ロウの移住すなわち継受と移住先の国の政治権力のありかたとのあいだに成り立つ一般的関係についてのかれの見解を示している[3]。――

「この一連の演説にたいする、彼の序説のなかで、大法官卿は、正当化できる誇りをもって、世界の人口のほぼ3分の1がコンモン・ロウの準則によって支配されているということを強調されました。それゆえ、もし私が、〔つぎのこと、すなわち〕何らかの時期においてイギリス帝国の一部をなしていない何らかの国が、自発的にコンモン・ロウを採用したことは未だかつてなかったということ、を述べることによって、今日、〔この演説を〕はじめるといたしますならば、それは奇妙に見えることでありましょう。トルコが、1926年に、その古くさくなった法組織を一個の現代的な組織によって置きかえることを決定いたしましたときに、トルコは、その刑法をイタリヤの法典から、また、その民法をスイスおよびドイツのそれから採ったのであります。同じやりかたで、日本は、大ブリテン国およびアメリカ合衆国とのあいだの、その密接な通商関係にもかかわらず、その新しい〔法〕組織を大陸法にもとづかせたのであります。これらは、ただ、およそコンモン・ロウと、いうまでもなく現代の大陸諸法典の基礎

をなすところのローマ法とのあいだに選択が行なわれたときには、決定が、つねにローマ法に有利になされてきたという事実の二つの例証にすぎないのであります。」

　グッドハート教授の以上の発言には、コンモン・ロウの移住または継受と政治的支配とのあいだの、事実上不可分的な関係についての明確な認識がある。アングロ・サクソンが入植によって自主的に政治支配を形成するか、または、かれが征服や割譲によって統治機構をにぎるかを問わず、アングロ・サクソンが政治権力を左右できる地域においてのみ、コンモン・ロウの移住が成功している、というのである。コンモン・ロウの包括的な自発的な採用は、そういう国にかぎられているというのである。

　そこで、それでは、なぜ、そういうことになるのであろうか、コンモン・ロウが政治的支配にともなうのでなくして、自発的に受容されない理由は、いったい何なのであろうか、という当然の疑問が出される。グッドハート教授の信ずるところによれば、「これには３個の理由がある」のである。その第１は、コンモン・ロウの存在形式に関連し、その第２は、コンモン・ロウの用語にかかわり、そして、その第３は、コンモン・ロウの政治性と公法性に見いだされている。

　グッドハート教授は、その３つの理由の第１について、つぎのように述べている。――

　「その第１は、このローマ法が法典の形態をとっており、それゆえ、判例法と制定法との１個の奇妙な合金でありますところのコンモン・ロウよりは、〔採用にとって〕はるかにより都合がよいということであります。基本的なコンモン・ロウの諸原理は、もともと、裁判官たちが、自分たちは王国の慣習法を宣言しているのであるという理論にもとづいて、事件を判決したとき、それら裁判官によって確立されたのであります。今日におきましては、制定法は判例法よりも、はるかにより重要であります[4]。しかし、これは、おおむね、過去２世紀の発展なのであります。われわれは、いまもなお、判例集と制定法集との双方において、コンモン・ロウを見いださなければならないのであります。」

　そのような法の存在形式からくる採用への不都合さにくわえ、かつ、それと相伴う一種の移住への障害を生ずる事由として、グッドハート教授は、コンモン・ロウの用語（the language）の問題をとりあげて、つぎのように説く。――

　「その第２の理由は、コンモン・ロウの用語が、今日におきましても、それが、たんに技術的であるのみではなくて、さらにまた、性格において中世的であるところの多くのことばをふくんでいるために、理解することが困難であるとい

うことであります。メートランドはイギリス史の≪縫目のない織物≫（seamless web）について語っておりますが、——このことは、イギリスの柏の木のすべての強さをもっていて、しかも、同時にまた、柏の木の節くれだった枝のいくらかももっておりますところの、イギリス法について、とくに当てはまるのであります。有名なフランスの作家スタンダールは、かのフランス法典の用語の純粋さをいたく賞賛いたしましたために、毎朝かれがその小説について仕事をはじめるのに先きだち、その法典の数カ条を読むことを習慣といたしました。あるイギリスの小説家が、類似した状況において、あるイギリスの制定法または、ある報告された判例を読むであろうと信ずることは困難であります。」

コンモン・ロウの自発的受容を困難にする、以上の二つの理由は、その形式ないし外面的状況にかんするものであって、けっして軽視できないものではあるが、コンモン・ロウの性格ないし本質にかかわるものであるとは、やはり、いえないであろう。ところが、つぎの第3の理由は、コンモン・ロウの根本的な性格および基本的な原理につながるのである。グッドハート教授がこの理由の説明に力点をおいていると見えるのも、うなずけるところである。「ローマ法の一般的受けのよさの第3の理由は、それが、公法（public law）と対照される私法（private law）に、もともと、かかわっていることであります。」——グッドハート教授は、そのように、コンモン・ロウのそれと対照的なローマ法の特質の指摘からはじめて、こう続ける。「それは、私的財産権、契約、商事法、および個人にたいする民事的不法行為のような題目をとりあつかうのであります。これらの題目は、直接に国家にかかわり、かつ国家権限の行使を統制するところの公法からは、明瞭に分離されているのであります。〔つまり〕ローマ法は、もちろん、皇帝の絶対的権限を承認いたし、≪支配者の欲するところは法の力を有する。≫となしたのであります〔から〕。それゆえ、如何なる国にとっても、法と、その国の政治組織が如何ほど専制的でありましょうとも、その政治組織とのあいだに抵触を生ぜしめることなしに、ローマ市民法を採用することが可能となるのであります。こうして、すべての現代の法典のうち、もっとも、有名なもの——フランス法典——は、ナポレオンによって創られ、かつ、いまもなお、彼の名を帯びているのであります。」しかし、コンモン・ロウは、それが実施される国の政治組織の性格と無縁であることができないし、また、その強い公法的性格を脱却することもできない、とグッドハート教授は力説して、つぎのようにいう。——

「しかし、われわれがコンモン・ロウの異った歴史に目を転ずるとき、われわれは、コンモン・ロウのもっとも際立った特徴点がその公法であるということ

を見いだすのであります。すなわち、それは、もともと、一個の司法の方法 (a method of administering justice) なのであります。王国の普通の慣習がコンモン・ロウに転化されたのは、王の諸裁判所の確立をとおしてでありました。〔また〕ほとんど初めから、そして、たしかに13世紀からこのかた、国王が法の下にあるという原理 (the principle that the King was under the law.) が受けいれられてまいりました。これは、1215年に大領臣たちがラニーミードの原頭でジョン王に会い、かれに強要して、マグナ・カルタ——われわれがわれわれの諸自由の礎石として、今日もなお承認しておりますところの大憲章の条項にたいし、かれの印章を押捺せしめましたとき、終局的に確立されたのであります。その日から今日にいたるまで、基本的な原理は、何人も、如何ほどその人が高貴かつ有力でありましょうとも、国土の普通の法 (the ordinary law of the land) を無視することはできない、ということでありました。〔マグナ・カルタ〕第39条[5]の壮大なことばをもってするならば、《すべて自由人は、その同輩の適法な判決および国土の法によるばあいをのぞき、逮捕もしくは監禁され、または、土地の占有を侵奪され、もしくは法の保護を奪われ、または、国外に追放され、あるいは何らかの仕方において破滅せしめられることがないものとする。》がゆえに、法は、われわれの偉大な保護者なのであります。これらのことばは、現代的な形態をもって、コンモン・ロウ諸国の大部分——アメリカ合衆国、アイルランド、インド、パキスタンおよびイスラエル——の憲法典において反覆されており、また、その他のすべてに黙示的に含まれているのであります。」

(3) "What Is The Common Law", 77 L.Q.R. pp. 45-6. 以下の引用文は、すべて上記の2頁からである。
(4) 制定法の重要性の強調は、コンモン・ロウについてのわが国の明治以来の判例法中心の見方への警告として注目されるだけでなく、じつは、理由の第2との関連で、制定法の晦渋性、その読みにくさが、つよく指摘されるべきであろう。
(5) これは、"Chapter 39" が原語であるから、第39章というのが正しいが、Magna Carta を現代的な一個の制定法と想定して、条 (article) といっているのである。なお、ここでの同条の原文訳は、逐語的でなく、趣旨をくんだ抄訳であることを注意されたい。

(3) ポロック Sir Frederick Pollock は、その『コンモン・ロウの守護神』(The Genius of the Common Law, 1912) において、コンモン・ロウの活力、その前進し発展し競争する力、その固有の長所などを、パウンドにさきがけて、説得力のあ

る文体で強調している。ここでは、コンモン・ロウのどの部分が、とくに、そういう力——影響力において勝れ、したがって、他の民族ないし国民によって模範とされたかについて、ポロックが述べているところに聴くことにする。彼はいう(6)。——

「ただ、1個の法、コンモン・ロウだけが、ブリテンの国旗のもとに、または、ブリテンの国旗にともなって、イギリス海峡をこえて、つねに世界にひろまっていったのである。そして、ブリテン国旗が往いたところには、どこへも、コンモン・ロウの精神（the spirit of the Common Law）が、よしんば、同時にその文字については、そうでなかったにせよ、多量に国旗とともに往いたのである。どこでも、われわれの〔法〕体系はつよい影響を与えてきたが、しかも、それは、しばしば公の支持をえてではなかったのである。われわれは、この影響力が、法のすべての部分について同様にはたらくとか、また、異った遠隔の管轄区域において、つねに変らない流儀で現われるとか期待してはならないのであるが、また、じっさいに、われわれは、その影響力がそうしていることを見いだしもしない。イギリスの模範にならおうとする傾向は、刑法と統治構造法（criminal and constitutional law）においてもっとも強く、〔また〕商事法（mercantile law）において相当のものがあるのにたいして、（物的不動産権をのぞく）財産権と〔契約〕債務の私的民事法（the private civil law）においては、その傾向は、無視することができるわけではないが、より少なく、また、物的不動産権（real estate）、家族（family）および相続（succession）〔法〕の領域においては、それは、ほとんど存在しないのである。じっさい、それらの領域は、われわれの〔法〕体系のうちで、およそイギリスの法律家が一般的な採用を推奨したいと考えるような部分ではないからである。」

ここで、ポロックが、コンモン・ロウは「国旗とともに」イギリス海峡を越えたと指摘しているところに注目すべきである。ポロックは、コンモン・ロウの諸部門のうち、統治構造法、すなわち憲法、と刑法とが、外にたいして、もっとも大きい影響力を発揮したと断言している。そのさい、統治構造法は、基本人権のうち、刑事にかんするものの指導原理にかかわる部分——権利章程として、おもに考えられているようである。なお、ポロックは明示的に述べているわけではないが、刑法（criminal law）は、ひろく刑事法の意味をおび、刑事訴訟手続法をふくむと見える。彼は続ける。——

「もっとも目立つのは、イギリス刑法の成功である。それは、イギリス刑法が何らかの形態のもとに支配していない大ブリテン国の属領の名をあげることは、

むずかしいであろうからである。実質（substance）においては、それは他の諸〔刑法〕体系に比して劣ることがないのであって、しかも、このことは何らの立証を必要としない。もしそうでなかったとすれば、〔それら諸体系との〕競争において、それに何ら本当の勝目がなかったであろうことは明白なのである〔から〕。たしかに、われわれの刑法の実質的な優秀さ（substantial merits）は、その形式からは何らの助力もうけていない。形式（form）については、それは、ほとんどあらゆる考えられる欠点をもっているのである。それは、何らの統一的な政策を追及してこなかったところの、数世紀にわたる司法的解釈（judicial construction）によって、いっそう不明瞭にされた、古くさく、ぎこちない定義によってわずらわされている。この種においての最悪の実例は、コンモン・ロウにおける動産不法領得罪（larceny）の定義である。……立法（legislation）の成果も、ほとんどそれに優るものがなかった。間隙は、時に応じて、制定法上の罪を創設することによって補充されてきたのであるが、その補充は、ひとしく、何らの継続的な計画をともなわず、かつ、しばしば、学識と起草技術との双方において、なげかわしい欠点をもっていた。そして、立法による新しい事項と修正の、すべてのこのような添加にもかかわらず、それらの古い誤導的な諸定義は、手をふれるにはあまりにも神聖なものとしてとり扱われたのである。

　しかも、不思議なことに、不明瞭な点が表面にでる場合は、ながいあいだ、非常にまれであったために、ある人が手びろく刑事的な〔法〕実務をやっていて、しかも、それらの不明瞭な点について、ほとんど何も気がつかないということがありうるほどなのである。コンモン・ロウの守護神（the Genius of the Common Law）は、どうにか考案をこらして、すべてのその理論的な混乱のなかから、一団の法（a body of law）、それを操作する人たちによって、まったくよく理解されていて、日常の必要にとっては、まったく十分であり、かつ、全体として、公正かつ慈悲ぶかいという名声（the reputation of being, on the whole, just and merciful）をえているところの、一団の法を抽出することをやってのけたのである。苦情は、ほとんど変ることなく、とくに下級裁判所（inferior courts）においての、刑の宣告についての司法的裁量、または恩赦を与えるについての行政府の裁量の行使にかんしている。こうして、われわれの刑法〔を法典化すること〕は、一見したところ、法典化をする者にとって、物的財産権法と同様に見込みのない仕事に見えるが、しかし、実際には、どんな他の部門にもおとらず法典化に適しているのである。その〔法典化〕作業が行なわれたのちには、それの真価が目に見えるようになる。そして、法典化された形態において

の、その〔他の刑法体系の〕征服（conquests）は広汎なものがあった。以上のような法典には、二つの型がある。英領インド（British India）においては、イギリス刑法は、コンモン・ロウが未だかつて実施されたことのなかった領地のために、1個の体系的かつ単純化された改訂正文（a systematic and simplified recension）として制定された。他方において、多くの英語を話す諸国（English-speaking states）については、その管轄区域内においてすでに随従されていた刑法を法典化する目的をもって、制定法（statutes）が作られているのである。

さて、2世代以上まえに主としてマコーレーによって起草されたインド刑法典（the Indian Penal Code）は、たんに、英領インドにおいて、すでに半世紀以上にわたり施行されているのみでなく、英国の支配または勢力下にある、ホンコンからスーダンにおよぶ他の諸国、そして、わけても、ローマ・オランダ法（Roman-Dutch law）が支配していたセイロンにおいて、大いに手本とされてきたのである。……もう一方の型、すなわち、コンモン・ロウがヨーロッパ文明をになう入植者たちのために成文化される型に目を転ずれば、われわれは、セイロンの場合に類似した1個の注目すべき場合を見いだす。〔すなわち〕ケベック州（the Province of Quebec）においては、われわれがみな知っているように、下部カナダの旧来のフランスの法律と慣習が民事の事項においては保持された。しかし、イギリスの刑法は、英国による征服ののち非常に早く、外見上は異議なく、導入されたのであって、したがって、現代のカナダ刑法典は、同自治領全体にたいし適用があるのである。〔また〕モーリシャス（Mauritius）は、その刑法がイギリス的であって、その民法はフランス的であるところの王領植民地の一つの実例をなしている。この場合には、四囲の状況は、〔ケベック州の場合に〕まったく類似しているわけではない。征服は、ナポレオンの諸法典の公布が完了するまえに起こっているからである。〔さらに〕1、2の植民地は、刑法と公法からはじまって、だんだんにイギリス化（Anglicize）されている。〔そのなかで〕トリニダッド（Trinidad）は、一つの奇妙な、おそらく特異な例である。この島は18世紀の末葉にスペインから戦いとられた。その旧来のスペイン法は最初のイギリスの役人たちによって〔ひきつづき〕実施されたのであって、イギリスの模範または、ときには、訴訟手続令において、イギリス・インド〔法〕の模範に緊密にしたがいつつ、まず一つの部門において、それから次に別の他の部門においてというように、漸次的に準則を制定してゆくことを除いては、けっして廃止されはしなかったのである。〔しかし〕現在までに、同植民地の法全体は、刑法とともに民事法も、1個の空白ではあるが、実質的にイギリス的になっ

ているのである。」

　さいごに、ポロックが、そのように広大な影響力を発揮するイギリス刑法またはコンモン・ロウ伝統の刑事法的部分には、何か超法律的な魅力があるのだという確信に到達していることがわかる。かんたんにいえば、自由の法としてのコンモン・ロウの固有の特質を、その刑法がもっともよく表現しているというのである。「……もし、コンモン・ロウに何かの美徳があり、その美徳によって、かの女（ポロックはコンモン・ロウを「われらが貴婦人コンモン・ロウ」Our Lady the Common Lawと呼んでいるから）が、1個の特別な種類の学問〔＝法〕においての知的優秀さ以上のものを意味することになるのだとすれば、それは自由（Freedom）がかの女の姉妹であって、自由の精神において、彼女のもっとも偉大な仕事がつねになされてきたということである。」──ポロックは、『コンモン・ロウの守護神』の末尾をそういう高揚された頌辞でしめくくっているのである[7]。刑法についてのポロックの結びのことばは、つぎのとおり。──

　「イギリス刑法体系がその個々の準則の価値をこえ、かつ純粋に法的な諸理由によっては説明することのできない、魅力（attractiveness）をもつということは、何の疑いもないところであると思われる。市民の諸権利および官憲の権能と義務にかんする諸問題は、ほとんど如何なる種類の争訟的手続においてもおこりうるものであって、じっさい、民事裁判においても、まれであるわけではない。しかし、刑事事件においては、そういう問題は、しばしば、唯一または主なる重要争点となるのである。それらは、より重大な結果をともなうのであって、いっそう劇的に強調して提示される。われわれの父祖たちは、主として刑法（Crown law）の分野において、権利章典に具現され、またアメリカ合衆国およびその各州の憲法〔典〕においてアメリカ市民に親しまれているところの、その公法と自由の諸理想（ideals of public law and liberty）を達成しようと苦労し、また努力した。公法、そしてとくに、刑法にかんするイギリスおよびアメリカの権威的な書籍は、多くの箇所において、くわしく、これらの問題を論じているのであるが、それら基本的な仮定〔＝理想〕は、ゆうに2世紀のあいだ、議論の余地のないものとしてとり扱われてきたのである。古いイギリスの標語を用いるならば、国王の訴訟（Pleas of the Crown）〔＝刑事訴訟〕は低俗な犯罪を抑圧することよりは、はるかに高等な視野をもつのである。この部類の先例は、それらが英国、アメリカ、カナダまたはオーストラリアの統治の特殊な制度において条項化されるとき、形式においては、いろいろと異ってきたのであり、また今後も、ひきつづき異るであろう。しかし、あらゆる場合に、それら

の先例は、作用においては、われわれの同族の諸民族にひとしく属するところの、コンモン・ロウの究極の政治的諸原理（the ultimate political principles of the Common Law）を示す。このようなより深い政治的な意味をおびることによって、われわれの刑法は、その表面的な技術性にもかかわらず、全世界的な影響力をえているのである。」

(6) Ibid., pp. 85-90. 以下の引用文は、すべてその6頁からなされる。
(7) Ibid., p. 124.

3

(1) コンモン・ロウの移住ないし征服と形容しうるまでの、多少とも包括的なその継受については、どのような条件がそなわることが必要であるのか、または、そのコンモン・ロウの受容をさまたげる事情ないし理由は、どこに見いだされるのか。そういう問題にたいして、パウンド、グッドハートおよびポロックの3人の代表的な学究的法律家が、意識的または無意識的に提出している答えが、それぞれの著書または論文にふくまれる、いくらかの文章を引用することをとおして、上に紹介された。のちの考察の便宜のために、ここで、それらの答えの趣旨が要約されることが必要となる。

第1に、コンモン・ロウは「英米の法的伝統」であって、本質的に、1個の「司法的および法学的思考の態様」であり、また1個の「法的課題処理の態様」である。いちばん、かんけつにいえば、それは、何よりもまず、1個の「司法の方法」なのである。司法の方法または手段なのであるから、それは裁判所および裁判官と不可分であるが、その場合、裁判官は、「コンモン・ロウ裁判官」でなければならない。そして、そのコンモン・ロウ裁判官について、上記の3人の著者は、審理中の訴訟事件にたいして「過去の司法的経験を適用するという習癖」をもつという以上の性格づけをしていない。しかし、コンモン・ロウ裁判官は、コンモン・ロウをコンモン・ロウたらしめてきたところの、コンモン・ロウ伝統の主要な担い手であり、その象徴的な顕現者なのである。したがって、コンモン・ロウ裁判官は、コンモン・ロウ伝統の維持・発展における主役的存在として、それにふさわしい諸特質をそなえ[1]、また、それら特質の涵養と発揚に好適する、司法的諸制度、法曹のあり方、法教育方法などによって支持されなければならない。要約の範囲をはずれるので、深入りする余裕はないが、とくにイギリスの制度に代表されるいわゆる法曹一元制は、いわゆる「専門職裁判官」（career judges）の官僚的

組織と、あざやかな対照をなすものとして記憶されてよいであろう。世界に冠たるものとしてイギリス人が誇り、ほかのコンモン・ロウ諸国の人たちからも景仰されるイギリス裁判官団の制度的かつ精神的な支柱は、法曹一元制によって保証される裁判官と、とくに、いわゆる上級弁護士または法廷弁護士（barristers）とのあいだのかたい協力関係にあると思われる。それから、もう一つ、ポロックが前記の彼の書物の末尾に述べているところに含まれている、法律家一般の活動の精神的推進力ともいうべきものに触れないわけにはゆくまい。「われらが貴婦人コンモン・ロウに奉仕することを誓っているわれわれのすべてに課される、正義の止むことなき追求（the perpetual quest of justice）より以上に合法的な人たちにとって骨の折れる事業はなく、また、それよりも崇高なものは何もない。」――これがポロックのその鼓吹的な著書の最後の文章である[2]。そして、その飽くなき正義の追求にコンモン・ロウ裁判官が依拠し、適用し、また使用する司法的な原理、制度、方法として、パウンドは、法の優位、判例法および訴訟事件の公開法廷における一括集中審理をあげ、グッドハート教授は、すでにマグナ・カルタに現われた法の支配と自由の保障のほか、上の引用文には含まれないが、べつに、陪審制度（jury system）、人身保護令状（the writ of habeas corpus）、裁判官の独立（independence of the judiciary）と当事者対立の裁判組織（the adversary system of trial）、および法の下における統治（government under the law）の四つを、その順序で、あげているのである[3]。

第2に、コンモン・ロウの移植は、つねに政治的支配に随伴しているということである。それは「イギリス国旗とともに」海外に発展した。そして、それは、アングロ・サクソンの入植によって成立した植民地と、その後身としての独立国や自治領――いわゆる「英語を話す諸国民」（English-speaking peoples）または「すべてのわれらが同族の諸民族」の法として、彼らに随伴して、そこに根づき、また、征服または割譲された諸地域の法として、そこでの在来の諸法体系を征服することに成功し、また独立国や自治領の内部に存続したローマ法系の諸法との競争に勝利をおさめているのである。これは、コンモン・ロウが本来的に強い政治性をおび、その要部が公法に傾斜していることによるものが多いであろう。そして、コンモン・ロウの政治性と公法性はその司法の方法たるところに発揮されるのであるから、コンモン・ロウ体制が確立されるところでは、つねに、まず司法機構が整備されることになる。アングロ・サクソンの政治的支配は、つねに裁判所の組織の確立と裁判官――コンモン・ロウ裁判官の任命をともなう。パウンドが、彼は「それによって他の人たちを支配することに成功しさえする」といって

いるのは、まさにそのことを指摘するのであろう。サー・ヘンリー・メーンが、「インドにおける真の革命的作用は、行政府でも、また立法府でもなくて、裁判所であったのであって、それなくしては、インドにおける英国の支配の存在も、ほとんど考えることができない。」と喝破している(4)ことが想い出されよう。

第3に、コンモン・ロウの移植や征服は、司法機構と司法過程をとおしてであるから、急速に、また一挙に実現されず、長い時間をかけ、試行錯誤をかさねたのちの、「緩慢ではあるが執拗な侵入」の形をとる。それは、ハルジョオンやセイタカアワダチソウなどの、このごろの日本の原野の征服にもにているのではないか。コンモン・ロウの移植が、その活力と強靱性によることが強調されるが、しかも、その浸透はむしろ隠秘で緩慢で地味であるのにたいし、書かれた理性としてのローマ法系の法の継受は、静かであるが、急速に一挙に実現され、けんらんたるものがあるといってよかろう。

第4にコンモン・ロウがアングロ・サクソンの政治支配が樹立されていないところに移植されにくい理由のその一は、コンモン・ロウの存在形式が、厖大な判例集の書庫をともなわなければならない判例法と、むしろ晦渋で、ぎこちない規定の長大な集積と形容してよいところの、ひとしく莫大な量の制定法とから成っているために、後進民族による採用ないし模倣に適しないということである。ダイジェストの類いによるその整理も、イギリス法について、ホールズベリの『イギリス法大全』(Halsbury's Laws of England) が部厚の40巻をはるかに越え、アメリカ法について、『コーパス・ジュリアス』(Corpus Juris) や『アメリカ法大系』(American Jurisprudence) がそれに2、3倍する分量に達していることを見れば、簡要明快で採用しやすいというには、あまりにも遠いのである。また、コンモン・ロウの用語の古臭さ加減は、コンモン・ロウの理解を困難にして、その継受を阻害する理由の二にあたる。そして、その種の阻害理由の三つ目は、第2において言及されたように、コンモン・ロウが専制的な政治組織になじまない性格を、じつは、マグナ・カルタの発布以降でなくて、むしろ、ゲルマン人からの伝統として、固有しているということである。

第5に、移住するコンモン・ロウの中核をなすのは、刑法と、統治構造法、すなわち憲法である。ここで統治構造法（constitutional law）と呼ばれているものは、主として、いわゆる権利章程（bill of rights）に含まれる、人権にかんする規定のうち、その要部をしめる刑事裁判の基本的諸原理を指していると見てよい。刑法がそういうものとして理解され、政治的・社会的自由の体制と不可分のものとして鮮明に認識されていることが著しい。

(2) コンモン・ロウが包括的に大規模に日本に移植される黄金の機会が、明治維新から今日にいたる100余年のあいだに、2回あったと思われる。その1回目は、明治中期までの法典編纂の時代である。イギリスとアメリカの法律書が手あたり次第に読まれ、翻訳され、大学で主要な教科書として使用され、当時のイギリス法律・法学界の指導者、サー・ヘンリー・メーンのような人は、赤子が親にたいする場合のように敬慕されさえした[5]。たしかに、それは、コンモン・ロウ移住の好機ではあった。しかし、結果は、パウンドとグッドハートの両碩学が承認するように、コンモン・ロウの完全な「敗北」におわった。前記の移住のための諸条件が、ほとんど全部、欠けていたのである。イギリスとアメリカで出版された法教科書や、いくらかの論文が、5年や10年にわたり、がむしゃらに、読まれ、訳出されたという程度の準備をもってしては、コンモン・ロウは、なお、その継受を可能にするほどの規模と完全さにおいて、理解されることはできなかったであろう。まして、政治体制の制約があったのである。

明治末期から大東亜戦争の終結までのやく半世紀のあいだ、コンモン・ロウは、もじどおり、一握りの法学者によって、ほそぼそと研究され、また、きわめて少数の法科大学において教授されるにとどまった。その研究の中心は、全体として、私法におかれ、わが国の民法や商法の解釈に奉仕する小間使いの地位に甘んずる観があったといってよかろう。その公法的な側面の研究も、それ自体は優秀かつ高度のものがあったにしても、局部的であって、全貌をとらえるにはほど遠く、多くの隙間をのこしていたと思われる。たとえば、刑事法の研究は、ほとんど全く欠如していたし、公・私法をふくめて一般に、契約の原理やその他の法の原理に関心が集中して、制度の究明が軽視されたといってよいのではないか。その判例法の強調とそれへの集中は、わが国の判例研究への有益な刺激となったと認めざるをえないが、他面、コンモン・ロウ即判例法という、幼稚なまでの誤解を生んだのではなかろうか。そこでは、制定法 (statute law) の重要性の認識は、まことにうすかったと評してよかろう。しかも、グッドハートが確言するように、「過去200年の発展」の結果、今日では、制定法は判例法よりも「はるかにより重要」なものになっているのである。なお、この時期に、コンモン・ロウ独自の法理の一つと見られるところの禁反言 (estoppel) が、とくにわが国の一部の有力な商法学者によって推賞され、その解釈論にとりいれられたことを想起しておこう。その影響は、大審院のある判例において援用されたことさえあるほどであったのであるが、それにとどまった。そしてまた、この時期におけるコンモン・ロウの研究は、その重点を、イギリス法から、次第にアメリカ法に移行させるようになっ

ていたことが注目される。「英米法」の研究を標榜する論文が多く発表されるようになった。その移行は、ほぼ、この筆者が学界に駆けだしたころに明確になった。そのころ、わが国の「英法」研究の草分けをした、ある大先輩が、「米法」または「英米法」への関心ないし研究にたいし、無視とはいわないまでも、まったく軽視する態度をかくさなかったことが想いだされる。

　さて、大東亜戦争が終結し、アメリカ軍を中心とする連合国軍の日本占領が開始されたが、それは、いうまでもなく、アメリカやイギリスを中心とする勢力が、日本を完全に、徹底的に政治的に支配できる位置におかれたことを意味した。それは、コンモン・ロウの日本への移植にとって、まさに絶好の機会を供したと考えられる。しかし、その機会は、高柳教授をして、新憲法を、コンモン・ロウを母法とする継受法として性格づけ、その妥当な「具体的運用」のために「米英の憲法先例を学びとること」を「必須の要件」と主張せしめる程度にしか、利用されなかったのである。そういう事態が、なぜ生じたのか。連合軍GHQのとくに、それをとおしてのアメリカの極東政策がその根本原因であることは、いうまでもなかろう。しかし、法政策または司法政策として、コンモン・ロウの一つの原理、すなわち、征服または割譲された領域については、そこに支配していた在来の法組織がある場合には、それを尊重し、その存続をみとめるという法理——いわゆるキャンベル対ホール事件Campbell v. Hall (1774)の法理[6]が適用されたのではないかという推測が成り立つことを忘れてはなるまい。しかし、通例は、その尊重は、コンモン・ロウの侵入または浸透を妨げるものではなく、究極においてコンモン・ロウの勝利が記録されてきたといってよいのである。日本占領政策に、その法と司法のコンモン・ロウ化は、とうぜん構想されていたと推測される。いわゆる極東軍事裁判は、その政治目的のほかに、コンモン・ロウ的裁判についての、日本人のための実物教育としての使命をも同時に果さしめられていたにちがいない。日本の刑事訴訟法が、いわゆる六法のうち、全面的に書きかえられた唯一の法典であるという殊遇をうけるようになったのも、その実物教育による地ならしに負うところが少なくないのであろうから。しかし、もし、その構想が真剣に抱懐されていたのだとすれば、コンモン・ロウ化の第一条件の充足、コンモン・ロウ裁判官の、もじどおりのおくりこみ、または少なくともコンモン・ロウ裁判官制度の多少とも大幅な導入、すなわち、官僚としての専門職裁判官の制度の廃止、または、少なくとも、その相当の制限による法曹一元制の採用が、つよく勧告されたはずである。しかし、とにかく、その条件の充足は見られなかったし、また有力なコンモン・ロウ法律家の大量送りこみが行なわれたとも見えない。また、

わが国からアメリカに渡った法律家の人数や、その研鑽期間の長さや研鑽結果の質量などについても、コンモン・ロウの多少とも包括的な大規模導入という目標からすれば、けっして十分とはいえないのであろう(7)。それに、グッドハート教授が指摘する諸困難は、わたくしたち日本人にたいして、まことに大きく、かつ避けがたい障害として、立ちはだかるものと思われる。すでに、一般に英語の文章それ自体が、わたくしたちには、そう容易にマスターできそうもない。法律の文章にいたっては、なおさらである。たとえば、わたくしたちは、イギリスやアメリカの制定法を、その歴史的なものをもふくめて、どれだけ読解するにたる力や技術を養いえているのであろうか。その判例の文章にしても、どれだけの自信をもって、わたくしたちは、それを読みほぐすことができるのであろう。コンモン・ロウの継受というほどの大仰のことではなくて、たんに他山の石として、コンモン・ロウから、何がしかの価値あるものを学びとることを狙うだけのことにしぼった場合にも、この、広い意味での「ことば」の障害の問題は、けっしてゆるがせにはできない。そして、わたくしたちに、上記のような弱味と欠陥が生ずるのは、一つには、わたくしたちの、法律をふくめてのイギリスやアメリカの事物の勉強の仕方が、あまりに一方交通、すなわち、英語を日本語にすることに偏しているからでないかと思われる。双方交通になるよう心掛けることが肝要ではなかろうか。

　予定の紙数を超過してしまったので、かんたんに、二つのことを述べておくにとどめる。その一つは、わたくしたちがコンモン・ロウの継受を考えるにせよ、また、たんに、そこに見いだされる何かの模範にまなぶだけのことを思うにせよ、わたくしたちは、何よりもまず、そのコンモン・ロウを正確に、あるがままに、または、客観的な事実として知ることを心がけなければならないということである。それには、たんに、要領よく、教科書や論文などの二次的資料に依存するにとどまらないで、たとえ、ぎこちなくとも、判例、制定法、その他の一次的素材に自らとびこむ勇気をもち、また、そのために資料を整備し、それを分析する、いっそうの力をつける工夫をする必要があると思われる。明治以来、すでに100年にわたるコンモン・ロウの勉強の成果の蓄積も、かならずしも、そういう勇気と準備と力の発揮を証拠だてているとはいえないのではなかろうか。コンモン・ロウのあるがままの研究または認識として、そこには、また、あまりにも間隙がありすぎ、また、要領はよいが、安易な他力本願に堕する研究が多すぎるといってよいのではないか。

　その二は、そういう研究の間隙の一つの著しい例として、コンモン・ロウの刑

法ないし刑事法をあげることができるということである。それが、ポロックのいうように、コモン・ロウの中核的部門と考えられなければならないのだとすれば、明治以来、イギリス法または英米法の研究者が、わたくしをふくめて、それをまともにとりあげることを、ほとんどまったく、しなかったということは、その怠慢さに弁解の余地のないところだと思われる。刑事訴訟法の明らかにコモン・ロウの影響下における改正に見合った、刑法の改革が日程にのぼっている今日、おそまきながらも、その本格的研究への着手と推進が勧奨され、また期待される。

(1) この点につき、拙稿「ヘンリー・セシル著『イギリスの裁判官』(1970年)」国学院法学11巻2号126頁以下【→著作集第4巻】を参照されたい。
(2) Pollock, op. cit., p. 125.
(3) Goodhart, op. cit., 76 L.Q.R. 46-7.
(4) 拙稿「インドにおけるイギリス法導入とメーン」社会科学研究20巻3・4合併号(1969年) 70頁【→著作集第3巻】参照。
(5) 穂積陳重「サー・ヘンリー・メーン氏の小伝」『穂積博士遺文集』(2)18頁以下参照。なお、拙稿「サー・ヘンリー・メーン」(1)法律時報15巻10号29頁【→著作集第3巻】参照。
(6) Lofft, 655; 98 E.R. 848. なお、この判例について、拙稿「インドにおけるイギリス法導入とメーン」前掲5頁、11頁注(5)【→著作集第2巻】参照。
(7) かなりの短期間にコモン・ロウの移植が成功をおさめた例としては、イスラエルをあげてよかろう。「ユダヤ人国家イスラエルがコモン・ロウの≪海外植民地≫(overseas colonies) の一つであるというのは、どのようにしてであるのか。それは、25年にわたり、パレスチナがイギリス委任施政下にあり、その短期間に、イギリス法の広大な諸部門が導入されたからである。そして、イスラエルはパレスチナの法を継承した。」——当時、パレスチナ政府の法務総裁であったノーマン・ベンティックNorman Bentwick教授は、そう明言する。1922年に発せられた枢密院令によって、「法と裁判所の構成につき規定が設けられた」が、「パレスチナ人とともに着席するイギリス裁判官 (British judges) によって司宰されたパレスチナの新裁判所は、占領がはじまった年である1917年に施行されていたオットマン〔トルコ〕法およびイギリス政府によって発せられるすべての条例 (ordinances) — 制定法にたいする地方的名称 —を通用するよう指示された。これらでは十分ではなかったかぎりにおいて、それら裁判官は、コモン・ロウ〔＝狭義〕の実質、エクイティの諸法理、およびパレスチナの状況に適したイギリス裁判所の手続方法と訴訟手続を適用すべきものとされた。その規定は、裁判官たちに広大な裁量権をあたえたが、その25年のあいだ、その裁量権はうまく使用された。」(76 L.Q.R. 64).

14 〔講演〕 法教育と人間教育
――新入生研修会における講演

1　ただいまの柏木教授のリーガル・マインド（法律心）についてのお話を拝聴していて、わたくしは、皆さんは、ほんとうに幸福だなあ、と思いました。法と法学を勉強しはじめた早い時期に、このように、その勉強についての、いちばん大切かと考えられる点のひとつにかんして、まことに判りやすく、適切な例証をまじえて、皆さんがその道の大先輩のお話をきくことができたということは、まさしく有意義なことであると思われます。わたくしも、残念なことに、50年おくれているけれども、もう一度、柏木教授のお話の趣意を体して、皆さんとともに、法律の勉強をやりなおしてみたいとさえ思います。

2　わたくしは、実は、この研修合宿には、一種のハプニングのような形で参加することになったのでした。まったく参加する予定はなかったのですが、たまたま、小室学部長に会ったところ、部長のうまい勧誘と説得にのせられて（笑い）、わたくしは、つい、ふらふらと参加してしまいました。そんなわけで、ここで何をお話したらよいのか迷っているわけですが、結局、皆さんとともに、名だたる教授方の講話を拝聴して、それぞれの講話から、これも皆さんと同じだろうと思うのですが、わたくしなりに、大変感銘を受けましたので、その感銘を中心として、少しばかり話させていただくことにしましょう。これからの行事予定から考えて、10分くらいの時間が、わたくしに割りあてられるそうですから、そういう話題が、むしろ、適切かつ、それで十分であろうかと考えます。

3　柏木教授のお話は、はじめに申しましたように、法と法学の勉強について、いちばん根本的と思われる点のひとつ――心構えまたは精神的特質――について、含蓄ふかく教えられたものでしたが、昨日の新人三教授のお話にも、深い感動を呼ぶものが多々ありました。

最初の島津教授のお話は、ご専門の家族法を中心にしたものでしたが、そのはじめの部分で、創立者・池田先生の最近の、オックスフォード大学のウィルソン教授との対談を読んで感じられたことを、きっかけとしておられることが、たいへん印象にのこりました。わたくしは、創価大学の教師としてお招きをうけて、もう8年になるのですが、教員、わけても法学部の教員が、学生にたいして、専

門の学問について、おおやけに話しかけるさいに、池田先生のおことばに、直接的かつ基本的な意味でふれた例に、これまで接したことがないといってよいと思います。そういう点で、島津教授は、さすがに、よく気がつかれたと思い、何よりもまず敬服いたしました。

　それから、そのつぎの高橋教授のご講話からも、また別の意味合いで感銘させられました。高橋教授は、人間の生き方には、個人としても、あるいは社会または国家としても、いつか、どこかに、何かについて、非常に大事な節目というべきものがあるということを、外交の要路に立たれた貴重な長い体験をふまえて、指摘されました。その節目を、あるやり方で越えてしまうと、あとは、ひとつの流れとみてよいものに化し、それに流されて、結局は、ややもすれば、よくない方向、望ましくない結末にゆきつくというような場合があるというのです。そういう場合に、その節目のところで、慎重にチェックしておけば、その望ましくない結末をさけることができたはずだということを指摘されてみて、高橋教授と同じ戦争経験を生きたひとりとして、なるほど、今度の戦争についても、そういう批判が成り立つ側面があるのだと、十分に納得いたしました。

　さいごに、3番目の板橋教授の訓話は、学生時代には「勉強しなさい、それが平凡だが一番大事なことなのだよ」という、その道の先輩として、暖くて誠意あふれる勧奨が真向うから吐露されており、とくに、故戒能教授への言及があって、わたくしにとっては、非常になつかしくもあり、また感動的でありました。戒能さんとわたくしとは、同じ研究室の先輩と後輩として、その限りでも、かなり親しい間柄にあったと申してよいと思いますが、その戒能さんは、いわば、一種の天才的研究者であったといってよいでしょう。その戒能さんが、早大の学生であった板橋さんたちに、とにかく、うんと本を読め——図書館にある本の全部を読みきれ——とまで強調して、勉強するよう勧奨されたそうですが、戒能さんの場合は、それは必ずしも単なる誇張ではなかったと思います。戒能さんは速読して、的確な理解ができた人なのでした。わたくしのような鈍物が、自分の専攻関係の本を、もたもた読みあぐねておりますと、「君、これはこういうことを書いているんだよ」と、独特の早口で、その本旨を、みごとに、ずばりと指摘されたものでした。ところで、そういう天才的な能力をもった人の勧告または実行には、凡人には容易についてゆけないものがあり、また、ついていってはいけないことが、まま、あるのではありませんか。多読と速読が、だれについても適切であるとはかぎらないのではありませんか。ただいまの柏木教授の訓話にふくまれた勉強のしかたは、たぶん、凡人としてのわたくしたちが追随しても、あぶなげのない、

14 〔講演〕 法教育と人間教育——新入生研修会における講演

着実な進路であろうかと思われます（柏木教授を凡人にしてしまいかねない発言でごめんなさい！）。ふつうの人としてのわたくしたちにとっては、つまりは、いわゆるスロウ・バット・シュア——ゆっくりと、少しずつ、しかし着実に——勉強してゆくことを心がけることが大事であり、また、それしかやり方はないと、わたくしは思うのです。

4 島津、高橋、板橋三教授のお話に、それぞれ深い感銘を覚え、学生的な立場で教授方の講話を聴くことは、なるほど、こんなにも楽しく、すばらしく、意義あることであったのかと悦にいっておりましたら、夕食前に、イェーリングの『権利のための闘争』について、学生諸君のグループごとに代表者が、用意された研究成果を報告し、その報告について討論をする集会がもたれ、わたくしも松田講師と組んで、ある組のその研究集会に出席することになってしまいました。さて、グループの諸君にきいてみると、イェーリングは「むずかしい」という声がかえってまいりました。松田講師が、あらかじめ、一般に学生諸君にたずねてみた結果も、そうであるというのが、松田講師の情報でした。そして、じつは、松田講師も、わたくしも、イェーリングの所論に着実についていくことは容易なことではないと感じておりましたので、その旨をグループの諸君に率直に申しました。そこで、『権利のための闘争』を十分に理解するためには、イェーリングの人となりと、その法の思想と理論の全体像を確実に把握することが、まず、必要であるということ、初学者がそれを実行するためには、かなりの指導と勉強とによる準備が大切になるであろうということ、『権利のための闘争』の「闘争」の原語は、もちろん、ドイツ語のKampfであるが、それに対応する英語はstruggleであって、もし、そうであるならば、「闘争」という日本語に単純に置きかえるのは、多少ゆきすぎの嫌いもあろうかと考えられるということ、つまり、たとえば、いわゆる「生存競争」に対応する英語は、struggle for existenceであるが、ドイツ語でも、このばあいには、やはりKampfが使われているということ、イェーリングは、この本の冒頭で「法の生命は闘争である」と喝破しているが、また「およそ一切の権利の前提は、いつ、なんどきでも、それを主張する用意があるということである」とも断言し、さらに、「法とは不断の努力である」とも、いいかえている（小林孝輔・広沢民生訳『イェーリング・権利のための闘争』法学セミナー1977年12月号別冊付録1頁）ということが知られるということ、そこでは、（ドイツ語では、同一のことばが、それぞれ当てられていて）権利と法とが等置されており、この本の構成も、法の起源（第1章）、法の生命としての闘争（第2章）、権利者の自分自身にたいする義務としての権利のための闘争（第3章）、社会にたいする義務と

しての権利の主張（第4章）、国民生活の法のための闘争の重要性（第5章）、現代のローマ法、および権利のための闘争（第6章）という形になっている——そこで、イエーリングのこの本の標題を『法のための闘争』（The Struggle for Law）と英訳する学者がいても（たとえば、D.M. Walker, The Oxford Companion To Law, 1980, p. 666）、異とするに足らないということ、そんなわけで、相当の注意をして読まないと、イエーリングの趣意が、はっきりと把握しにくいことになるおそれがあると思われるが、イエーリングのその趣旨は、「人格そのものに挑戦する卑劣な不法、いいかえれば、その実行の着手の仕方のうちに、権利の無視、人格的侮辱といった性質をもっているような権利侵害にたいする抵抗は義務である。それは権利者の自分自身にたいする義務である——なぜなら、それは道徳的自己保存の命令であるから。また、それは国家社会にたいする義務である——なぜなら、法が実現されるためには、それが必要であるから」という命題（つまり原理）にある、とイエーリング自身が確言している（小林・広沢訳・前掲37頁）ということなど（傍点・筆者）を、わたくしが、おおざっぱに述べただけで、主としては、創大創立15周年にさいして、いま、大学づくりに、学生（と教師）がどのように参加すべきであろうか、また参加できるのであろうかという問題について少しばかり、わたくしの考えを述べました。およそ学問の府——アカデミーとしての大学が十分に確立され、建設されたといえるためには、そこでの人格形成が専門の学問諸分野のひろく、かつ、ふかい追究——真理の探求——をとおして組織的に実現され、真に高度の人間教育を身につけたと評価できる多くの学生のなかから、アカデミーの将来の担い手としてふさわしい若い研究者の一群——わたくしが考える「後継者」が自ら育成され、出現してゆくことが肝要でありましょう。そのようにして、そこで育成される若い研究者の一群が、大学の建設と発展の核心をなす「後継者」となってゆくのでなければ、自立したアカデミーとしての大学の着実な将来への展望がひらけたとは認めがたいのではないでしょうか。そして、そういう展望を可能にするためには、各期の学生諸君が、それぞれに、本格的な勉強をしてゆくよりほかに道はないであろうとわたくしは考えます。板橋教授は、昨日、諸君にたいして、たくさん本を読みなさいと勧奨されました。たしかに、本を読むことは学生としてなすべき、「あたりまえ」のことであると申せましょう。しかし、その「あたりまえ」のこと——平凡至極のことを、ひと工夫も、ふた工夫もして、その成果を確実にし、その量をふやし、その質を高め、それを拡大し、それを洗練してゆくことこそが大切なのでありましょう。平凡で、ごくあたりまえのことは、じつは、基礎的なことにほかならないのではありませんか。高く深

い専門の学問は、そのできあがった姿においては、容易には及びがたいかに見える高遠なものでありましょう。しかし、その高遠も一歩一歩を着実にあゆみ、一段一段と段階を確実にふみのぼることによってはじめて達成されうるものであって、そのほかに方法——いわゆる王道があるわけではないのです。教師はそれを実践して、学生にたいし、いわゆる実物教育（object-lesson）をし、学生諸君は、それに自ら倣い、それを体得してゆくというような地味で堅実な学風の成生が望ましく、また肝要であると、わたくしは考えます。アカデミックな勉強・研究にとっては、わけても、外国語、たとえば、英語やドイツ語などの主要外国語の文献・資料を精確に読解できるということが、少なくとも、日本の学問一般の近代の歴史と世界の現状とに省るとき、ゆるがせにできないひとつの重要性をおびることがわかります。ところが、その英語やドイツ語——外国語の文献・資料の読解も、英語やドイツ語の初歩からの着実な段階的勉強の積みかさねを欠いていて、最高学府の大学で、または研究室で、にわかに、その積みかさねの成果を実現しようとしても、それは、けっして十分にできるはずのないことだと思われるのです。わたくしが本学におせわになった、ここ8年の経験——とくに、大学院の院生諸君からえた印象が、その実現のむずかしさを、痛いほど、まざまざと、わたくしに感じさせてくれました。そこで、何がなされなければならないかについて、わたくしは、少しばかり考えてみました。英語などの外国語の、真に大学における勉強と研究にふさわしい基礎的習得は、大学入学に先だっておこなわれていなければならないのではないか、とわたくしは思いあたりました。わたくし自身の体験も、ふりかえってみました。「大学に入学するより以前に」とは、おそくとも高校段階に、ということであることは、皆さんにも、たやすく推察がゆくことでしょう。つまり、おそくとも高校課程の終了までに、大学における専門的な勉強ないし研究のための外国語——たとえば、英語——の基礎的修練が達成されていなければならない、少なくとも、そういう達成——一種の早教育と見てもよい——が望ましいと考えられたのです。そう思いこんだわたくしは、好機というべきものを待ちのぞんでおりました。さいきん、わたくしのゼミの学生のひとりが母校の創価高校に教育実習にゆくことになり、わたくしに、指導教授の資格で、大学当局からのお礼のことばを伝える役目が与えられました。その機会に、高校の校長先生にお目にかかり、専門の学問——法と法学の勉強において重要だと思われるひとつの外国語——英語の修練を少なくとも高校段階において多少とも確実にすることが望ましいということを述べ、たいへん出しゃばったいいぶんでありますが、まず隗よりはじめよで、もし、わたくしでよかったら、たとえば、3

年生の有志生徒諸君とでも幾回か実際に話を交わし、具体的に教科書的な文章を、「研究」を志すものにふさわしいと考えられる方法で、いっしょに読んでみる機会をもたせてほしい旨を申し入れました。高校の校長先生は、意外と思われたほど好意的かつ積極的にわたしの申し入れに耳を傾けられ、熱心にその実現を希望され、実行方法を考えて下さることになりました。準備に少し時間がかかりましたが、この春と秋の2回にわたり、かなり長い時間、創価高校の1年、2年および3年の有志生徒諸君と語りあい、いっしょに英語の文章の読み方を勉強する機会をもつことができました。高校の生徒諸君は、校長先生以下先生方のご指導のゆえもありましょうが、おどろくほど熱心で、心あたたまり、意を強くさせる感想文を書いてくれました。わたくしは、このような常識はずれと思われる企てを、じつは創価大学の堅実な大学建設の一助ともなればと考えて、思いつきました。実質的には、ほとんど一体関係にある大学と高校とが、現在のように、たんに、それぞれ独立の機関として機能し、いわゆる「優先入学」を認めあうというだけの関係をもつことで十分なのでしょうか。創価大学が、幼稚園から大学までをふくめて、ひとつの総合的な教育と研究の、脈絡一貫した組織体しての「創価学園」の頂点に立つべきであるということは、いくらか体系的・構造的な思考をはたらかせるならば、だれでもが想到するひとつの結論であると申せましょう。そして、その頂点に立つ大学が、その位置にふさわしい学問の府としての実質をそなえることができるようになるための素因のひとつが、外国語——たとえば、英語——の文献・資料の読解力の充実にあると考えられるのでありますが、さらに大学と高校との関係だけについても、考慮し、検討すべきことがらは、けっして少なくないと思われるのです。たとえば、大学の一般教養的機能と高校の上級における教育機能とのあいだに、何らかの調整・総合ないし交流がなされることは、当然に考慮されてよいことだと思われます。たとえば、大学院の課程を終了したばかりの若い研究者が、そのまま、大学のスタッフとして、直ちに大学において講義するのでなく、高校において、まず教育技術を体得し、また自分の専門分野の研究を常識的・原点的な水準から構築する機会をもつことの意義は、けっして些少ではないと思われるのです。また、いったん学生が卒業すれば、その時点で、専門の学問との関係が事実上きれてしまうという状態は、アカデミーとしての大学にとっても、けっして見のがせない一種の損失だと考えられましょう。何らかの形で、卒業生にたいしても、いわゆる「継続教育」(further education)の合理化されたものを享受できる手段を講じ、実務の経験をそれによって学問に反映でき、同時にまた、専門分野の学問の進歩をたずさえて実務により有効に役立てることが

できるようにすることをとおして、大学の学問それ自体の、いわば、裾野がひろがり、その基盤がそれだけ拡大され、鞏固となることができるのではないでしょうか。継続教育によって、学問と実務的経験との融合に成果をあげる卒業生の業績が、ばあいによって、大学の研究と教育に組みいれられる道が開けてもよいはずであります。そういう道を開くひとつの制度ないし筋道のひとつとして、先進諸国の大学においておこなわれているフェローシップ（有給研究員）のような制度の活用をはかることが望ましいと考えられます。わたくしの関するかぎりでは、さしあたっては、学部および大学院のわたくしのゼミに参加した経験のある卒業生などのなかから有志を募って、研究グループを形成し、ほぼ定期に勉強会をもつことが実行されようとしております。そして、その勉強会は、新設間もない「比較文化研究所」の仕事の一環として、ただし、さしあたりは、わたくしのしごとの一部として、推進されることになってよいのではないかと思います。建設期にある創価大学の基礎的研究の側面は、できるかぎりの手段を講じて、拡充され、強化されてゆかなければなりませんが、当分のあいだ、重点は、たんに研究成果の当座的達成と発表にではなくて、研究者の養成と確保という地味な、目には見えにくい努力の集中に、おかれるべきではないかと考えられます。また、大学建設に、図書・資料の充実が欠かせないということは、とりたていうまでもありません。たとえば、本学の法学関係の外国資料・図書は、まだ著しく不十分であって、本格的な研究を遂行するに不足しないという状態には、ほどとおくて、これから、その体系的収集と充実に多大の継続的努力が傾けられる必要があるという実感を、わたくしは率直に述べないではいられません。しかし、図書・資料の充実も、また若い研究者の育成も、アカデミー基盤の拡大も、基本的な構想の実現をめざして、ねばり強く、急ぐことなく、着実に、地味な不断の努力をかたむけてゆくよりほかないと、わたくしは考えます。いまさら、とくにいうまでもないことですが、大学の生命はながく、学問の道は永遠につづくのです。功をいそいで、あせることは禁物です。

5　なお、イエーリングの『権利のための闘争』とリーガル・マインドとに関連して、いくらかの補足をすることをお許しいただけましょうか。わたくしが専攻しているイギリス法——コンモン・ロウの世界には、「権利のための闘争」とか、「法の生命としての闘争」というような発想は、ほとんどないと申してよいと思われます。そのかわりに、「法の支配」(the Rule of Law) という、ダイシー (A. V. Dicey 1835-1922) のいわゆるイギリスの統治構造法 (the law of the constituton) の基本的特徴のひとつがあります。それは、ひらたくいえば、普通の裁判所が実

施する普通の法のまえに、すべての人が（国王でさえも）平等に服し、それによっ
て人権が保護されるということを意味するのです。コンモン・ロウと呼ばれる普
通の法の組織が、はやくから確立されていて、それが、権威が高く国民の信頼を
うける裁判所と裁判官によって実施されることがイギリス法体制のひとつの目だ
つ特色であると申してよいでしょう。そこでは、「国民生活の法のための闘争」に
よって、法が確立され、強化されるのではなくて、裁判所と裁判官をとおして権
利が保護されるという現実が見てとれるのです。そして、イェーリング
（1818—1892）がドイツにおいて『闘争』を書いた（1872）のとほとんど同時代
に、イギリスにおいては、同様にローマ法を勉強して、サー・ヘンリー・メーン
Sir Henry Maine（1822-1888）が1861年に有名な『古代法』（Ancient Law）を著わ
して、西欧社会を進歩的社会（progressive societies）として性格づけ、そういう社
会では、社会的必要を迫って、たえず法が進歩してゆくと論示いたしました。メー
ンが広大なインドという植民地——かれのいわゆる停滞的社会（stationary soci-
eties）の経営と統治のための法理論的手段を、無意識的にもせよ、構想したことは
明らかでありますが、その理論的手段の根底には、ギリシャ以来の西欧文明社会
の根本にある「進歩」（progress）の原理——メーンは、これを「身分から契約へ」
という、きわめてよく知られた自由主義的な整式をもって概括した——にもとづ
く西欧文明の恩恵を、アジアないし東洋の停滞的社会に推しおよぼすことは、西
洋の人類史的義務であって、それを実行することにおいて、何の遠慮し、躊躇
する必要があろうという確信があったと思われます。イェーリングとメーンという、
ドイツとイギリスの同時代の代表的法思想家のあいだに見られる、このような法、
社会、文化史、法学的方法論などについての差異が、ひとつには、ふたりが属し
ていたドイツおよびイギリスという国家・社会がそれぞれ占めていた世界史的な
位置づけと少なからぬ関連があるということを、皆さんは、たやすく見てとるで
ありましょう。なお、イギリスでは、自己の権利について常に警戒（vigilance）を
怠ってはならないという戒めがなされますが、そういう訓戒は、イエーリングが
「法とは不断の努力である」と強調するかぎりでは、実質的に接近するといえま
しょう。しかし、イギリスでは、その警戒が確立された法体制への信頼を前提と
することは否定すべくもないのです。

　つぎに、イェーリングは、「法の生命としての闘争」を強調しておりますが、ア
メリカ合衆国の最高裁の裁判官であったホームズ（Justice Holmes, Oliver Wendell,
1841-1935）——なかばイェーリングと同時代人——は、その名著『コンモン・ロ
ウ』（The Common Law, 1881.）の第一講の冒頭の部分に「法の生命は論理（logic）

ではなかった。それは経験（experience）であった」と述べております。法と法学における論理的整合の重要さは、とくに、ローマ法系において重視されてきて、また重視されていると申してよいでしょう。コンモン・ロウは、理論においては大陸法に一籌を輸すが、実際的側面においては、とくに、その裁判官のありかたを中心とする裁判制度においては、世界にコンモン・ロウに比肩するものはないという主旨のことをイギリスの法律家は、誇りをもってよく口にしますが、ホームズ裁判官は、まさにそのコンモン・ロウ法律家の正当化できる誇りを学問的認識として表現したものといってよいでしょう。論理よりも経験、そして、理論よりは実践と実効を重視するコンモン・ロウの根本的な傾向は、「試行錯誤」（（trial and error）とか、「歩きながら考える」（solvitur ambulando.）とかいうような標語ないし格言、判例法（case law）の組織——その技術と理論、陪審制（jury system）と精細な証拠準則、救済方法（remedies）の重視と充実、時代の社会風俗（Mores of the day）の顧慮、利益の調節、人間・社会関係の重視、自然的正義や公政策という裁判原理の公共関係へのきびしい適用、公政策（public policy）原理の活用、すべての裁判における当事者対立主義（adversary system）の採用、国教体制のゆえもあろうが、キリスト者的道義の追求、いわゆる「合理人」（reasonable man）の感覚を判断基準とする市民常識と理性の支配、司法をadministration of justice（正義の実施）として表現し、法を正義・公正（fairness）と同視する、法に対する基本的な考え方、信託（trust）の観念と制度の広汎な容認と利用とに見られる社会的道義の強行などに、まことに、まごうまでもない鮮明さをもって見てとれるということができましょう。そこには、社会的習俗、常識、理性、道義、そして正義・公正など、つよい道徳的観念がゆきわたっていると強調してもさしつかえないと思われます。

　コンモン・ロウについて、このような、いちおう概括的な認識をえたものと仮定して、ここで「法律心」について、もう少し考えて見ましょう。リーガル・マインドは、いうまでもなく、英語の表現ですが、それは、わたくしの知るかぎりでは、イギリスにおいて大いに使われているとは見えません。たとえば、オックスフォード大辞典においても、ほんのちょっぴり出てくるだけだと思います。わたくしの印象では、このことばまたは観念には、かなり日本的英語の匂いがあるのです。わたくしには、55年まえの昭和5年に、本郷で穂積重遠先生から日本民法の手ほどきを受けたとき、はじめて強烈な印象とともに、このことばを、同先生の口から聞いた覚えがあります。穂積先生は、法律を勉強して法律家（lawyer）になったとき、いわゆる"Good lawyer, bad neighbour"（善き法律家は悪しき隣人）

では困る、"Good lawyer, good neighbour"（善き法律家は善き隣人）でありたいし、また、そうでなければならないと温顔を紅潮させて、いわれました（なお、法律家が「隣人」に言及するとき、それが何を意味するかについては、松田講師「ダナヒュー対スティブンソン事件の一分析」創大大学院紀要5集99頁・103頁を参照されたい）。リーガル・マインドも、そういう文脈のなかで仰言ったものと記憶しております。穂積先生は、もともと、イギリスの「法理学」を、まず勉強され、そのあとで、民法の研究に移られたのでした。ですから、先生の法学の底には、コンモン・ロウの深く広い学殖があったわけです。先生は、明治期における日本法学の草わけで、『法律進化論』の大著をものされた穂積陳重先生の御曹子であって、もちろん、父君から、法律進化論にかんする著書のひとつの好例として、ホームズの『コンモン・ロウ』についても、庭訓を受けておられるはずであります。そこで、穂積重遠先生のばあいには、"legal mind"と仰言るさいには、ホームズのいわゆる「経験」の方に重きがおかれていたことは、まちがいないと思われます。わたくしも、穂積先生の訓えにしたがって、法律家において、また、ひろく法と法学を学ぶものにとって、何よりも、ゆたかな人間性の不断の練成が、人間とその社会へのあたたかい顧慮が、正義と公正の確乎たる把持が大切であって、みがきぬかれた論理と透徹した理論と整合された思考が、そして、ことばと文章の駆使力の充実が、その練成と顧慮と把持の実現を全面的に支えることによって、Good lawyer, good neighbour! の理想が到達されるよう庶幾してやみません。そして、わたくしは、それが法と法学を学ぶものにとっての「人間教育」の実践であろうかと思います。

〔附記〕　この研修合宿参加の覚え書きは、10分間のわたしの持ち時間内になされたおしゃべりに、多少の修正と増補を加えております。ただし、大学建設についての愚見の開陳は、イェーリング研究報告のグループ討議のさい、もっと乱雑な形で、なされたものであって、10分間のわたしのスピーチでは、ほとんどまったく、ふれられておりません。「法の生命は経験であった」というホームズ裁判官の金言とその含意などについて述べられたところも、おしゃべりのとき、とうぜん、わたくしの脳裡に浮んでいたものに形が与えられたにすぎません。

イギリス法入門

《内田力蔵著作集 第 1 巻》

〔初 出 一 覧〕

I 《イギリス法序説》
1 イギリス法入門
　　〔1〕 開講にあたって …………………法学セミナー 2 号（1956年 5 月号）
　　〔2〕 イギリス法研究の歴史 …………法学セミナー 3 号（1956年 6 月号）
　　〔3〕 その特質についての日本の法学者の意見
　　　　　…………………………………法学セミナー 6 号（1956年 9 月号）
　　〔4〕 「イギリス法」ということばをめぐって
　　　　　…………………………………法学セミナー 7 号（1956年10月号）
　　〔5〕 「英米法」と「コンモン・ロウ」という二つのことばについて
　　　　　…………………………………法学セミナー 8 号（1956年11月号）
　　〔6〕 その特質についての英米その他の国の法学者の意見
　　　　　……………………法学セミナー11〜13号（1957年 2 月号〜 4 月号）
2 外国書講読——イギリス法
　　〔1〕 開講のことば ……………………法学セミナー37号（1959年 4 月号）
　　〔2〕 Law と Rule…法学セミナー39、40、42、44、46〜48号（1959年 6 月号、
　　　　　7 月号、 9 月号、11月号、1960年 1 月号〜 3 月号）

II 《判例法理論》
3 イギリス判例法に於ける法規範確定の困難について
　　………………………………………………法律時報13巻12号（1941年12月号）
4 レイシオ・デシデンダイは、だれが、どのようにして決定するか
　　…………………………………………………………判例民事報月報12（1955年）
5 イギリス判例法における「レイシオ・デシデンダイ」の決定について
　　……………………………………………………ジュリスト97号（1956年 1 月 1 日号）
6 判例というものの考え方
　　〔1〕 はじめに　法学セミナー75、76、78号（1962年 6 月号、 7 月号、 9 月号）
　　〔2〕 「先例の法理」について
　　　　　………………………法学セミナー79〜81号（1962年10月号〜12月号）

〔初出一覧〕

　　　〔3〕　イギリス現代裁判所の組織──「先例の法理」の前提条件
　　　　　　　………法学セミナー86～100、103～106号（1963年5月号～12月号、
　　　　　　　　　　1964年1月号～7月号、10月号～12月号、1965年1月号）
　　　〔4〕　イギリスの現代的判例集の様式の成立──「先例の法理」の前提条件
　　　　　　　……法学セミナー107～120、123、124号（1965年2月号～12月号、
　　　　　　　　　1966年1月号～3月号、6月号、7月号）（未完）
7　イギリス判例法について〔原題「判例の比較法的研究
　　　──イギリス（および付随的にアメリカ）」〕
　　　　　　　……………………………………………比較法研究26号（1965年）
8　イギリス判例法におけるオビター・ディクタ（傍論）の現実的展開
　　　──デニング卿の裁判官立法の一側面──
　　　　　　　…………………………創価法学　第15巻2・3・4号合併号（1986年）

　　Ⅲ　《書評その他》
9　スレッサー著・湯浅恭三訳『英法概論』……法律時報11巻12号（1939年12月号）
10　増島六一郎編『英法辞典』　………………法律時報15巻3号（1943年3月号）
11　高柳賢三・末延三次（編集代表）『英米法辞典』
　　　　　　　………………………………日本読書新聞674号（1952年12月15日号）
12　ロンドンで見る市民生活と法〔原題「旅情　ロンドンの町／市民生活の裏をのぞく〈ロンドン〉」〕
　　　　　　　………………朝日ジャーナル vol. 4，No. 14．（1962年4月8日号）
13　近代日本法と英米法 ………………ジュリスト600号（1975年11月15日号）
14　法教育と人間教育
　　　──新入生研修会における講演〔原題「たまたま研修旅行に参加して」〕
　　　　　　　…………創価法学別冊号「秤と剣」─第1回法学部1年生合宿研修の記録
　　　　　　　　　　　　　　　　　　　　　　　　　　　　　　　　（1985年12月）

第 1 巻の原稿に関する若干の説明

1、収録した論稿は、ローマ数字大文字によって表示する 3 個の部に整理した。なお、それらの部を表示する数字に続く《 》は、その《 》内の字句が原著者のものではないことを示している。

2、収録したある論稿において収録した他の論稿がその当時の掲載刊行物によって挙示されている場合には、その「ある論稿」において発表時になされているその「他の論稿」の挙示部分に続けて、著作集におけるその「他の論稿」の該当箇所あるいは収録巻を、【→】の記号を使用して【→本書〇〇頁】あるいは【→著作集〇巻】というように記載し、参照の便宜を図った。

3、以下の論稿については初出タイトルを改めた。原題（あるいは、原題と考えられるもの）は初出一覧の該当箇所に〔 〕で括って表示した。

(a)「外国書購読――イギリス法」は「講座：外国書購読――イギリス法」を改めた。

(b)「イギリス判例法について」は、原著者によって「判例の比較法的研究」と題するシンポジウムの一部分をなす論稿として発表され、「比較法研」（26号（1965年））に収載された「イギリス（および付随的にアメリカ）」が、『英米法原論教材（II）』（廣文堂、(1966年)）の「第 3 講」に収録される際に掲げられた「イギリス判例法について」のタイトルによって改題した。

(c)「ロンドンで見る市民生活と法」のタイトルは原題と考えられるものを参照しながら論考の内容に沿うよう作成した（刊行された朝日ジャーナルの目次には「旅情　ロンドンの町」、その本文には「市民生活の裏をのぞく〈ロンドン〉」のタイトルが掲げられている。そのために、原題がそれらの双方であるか、あるいはそれらの何れかであるか、またあるいはそれら以外であるかは、不明である）。

(d)「人間教育と法教育」のタイトルは講演内容中の字句を用いて作成した。

原稿整理その他の刊行準備作業を終えて

松田健児

　一本の樫の枝木が研究室の入り口の壁に静かに立てかけられたままになっています。重量感のあるそれは、実は、台風によって近くの丘陵に落下していた枝の一部分が故内田力蔵先生によって拾われて、その節くれ立ったこぶが杖として具合の良い握りとなるように手が加えられたものです。先生は、この杖を伴って、健康保持のために林間の散策を楽しまれることが少なくありませんでした。折りふれて私は恩師である内田先生に同行させて頂くことがありましたが、1990年5月、箱根での新入生研修会の際に朝靄の中を同行させて頂いたのが最後となりました。先生は、同年7月3日、呼吸不全のため81歳で逝去されました。
　先生は、1909年1月24日、埼玉県大里郡佐谷田村において誕生されました。浦和高等学校文科甲類を経て、1930年東京帝国大学法学部法律学科に入学され、33年同学部助手となられました。1935年8月、同助手を退官され、中央大学法学部講師（1936年4月）、法政大学法学部教授（1946年6月）等を経て、1947年3月、東京帝国大学社会科学研究所助教授に就任されました。その後、同研究所教授（1949年4月）となられ、社会科学研究所長（1957年2月〜1960年3月）をはじめ学内・学外の各種役職をお務めになり、1969年4月、定年により東京大学を退官されました。その間には、アメリカ合衆国（1951年3月〜同年8月）および連合王国（1960年3月〜1961年4月）へ出張され、法学博士の学位をお受けになり（1962年3月）、退官後、國學院大学法学部教授（1970年4月）、國學院大学大学院法学研究科委員長（1973年4月）を経て、1977年4月に創価大学法学部教授に着任され、1984年9月には創価大学比較文化研究所長に就任され（〜1990年3月）ました。創価大学在職中を通じて、先生は、草創期にある大学のアカデミーとしての基礎を構築することに心を砕かれ、学部生並びに大学院生の教育に努力を傾けられました。
　先生は、ゼミナールにおいて、幾度となく、判例はコモン・ロー研究の"宝庫"であると言われて、問題点に関する諸判例を丹念に読み込んでいくことの重要性を説かれました。しかしながら、諸判例の精読によってなしうる判例法の実証的分析を通してイギリス法の学習および研究を着実にかつ継続的に遂行することは、少なくとも私にとっては、今でもそうなのですが、容易ではありませんでした。

辿々しい私の様子を見かねてのことと思われますが、先生は、ご自身の助手論文作成の際に実行されたことがらや当時進めておられたデニング著『法の修練』の翻訳のお仕事について、先生のことばを拝借すれば「実物教育」として、教えて頂くことがしばしばありました。「実物教育」をより効果的なものにするために、学部生や院生の間には、善意不実表示についての助手論文や「判例というものの考え方」等を連載雑誌からコピーして読む者が増えて行きました。そうした学生たちの間からは、雑誌が古いためにコピーしづらく学習に不便だという声が出ていました。

　ある時、先生は、唐突に、諸論文を何らかのかたちに整理して纏める考えのあることを示唆するお話をなさったことがありました。そのお話は当時の私たちには突然で脈絡を欠いたものにしか思えませんでしたが、後日、それは学習上の不便についての学生たちの声が先生に達したことが一因をなしていることが分りました。それは、今になって気が付くのですが、ご自身についてそれまで研究の遂行を専らにすることが多く教育をより効果的に進める工夫の点で不十分だったと振り返られることのあった先生が、コモン・ローの学習にもたついている学生たちを前にして、その達成の一つの仕方として、あるいはそのための便宜として行われた考慮であったように思われます。しかしながら、諸論稿が整理され新たな形態に纏められて刊行されることは、生前において終にありませんでした。

　ご逝去後、ご遺族から、先生が幾つかのご論稿に手を入れて保存されていることが伝えられました。先生が、その著作を学生の学習あるいは後進のコモン・ロー研究のために、より利用しやすい形態において刊行することを、生前からお考えになっていたことを窺い知ることができました。そこで、先生のお考えに沿いながら、1993年春頃、それ以前から既に著作集刊行の意志をご遺族に伝えておられた信山社の袖山貴氏の取り計らいで、刊行のための相談会がもたれました。先ず、原稿作成のための資料として、先生の著作物を印刷した図書あるいは雑誌から複写して収集する作業が進められました。同時に、収集する著作物およびそれらの整理の仕方が検討されました。しかし、上の作業を担当していた私の病いと体調不良によって、刊行計画が、長期間にわたって実質的に中断してしまいました。ようやくその作業と検討が終了して計画が再開された結果、全8巻からなる「内田力蔵著作集」の刊行計画の内容を確定することができました。それは、第1巻「イギリス法入門」、第2巻「法改革論」、第3巻「法思想」、第4巻「司法制度」、第5巻「私法（上）——契約法・不法行為法・商事法」、第6巻「私法（下）——家族法」、第7巻「公法」、第8巻「法と市民」のタイトルのもとに、論文、翻

訳、書評等を収録するものとなります。論稿間に重複があるということは否定できませんが、原著作者が故人となられた現在では、重複部分を削るなど"選集"的な形にすることも不可能ですので、重複をいとわず上記のかたちでの刊行をすることとしました。

　刊行計画の確定に到るまでには、さまざまのかたちで、下山瑛二、佐藤正滋、望月礼二郎、堀部政男、戒能通厚その他の先生方からご助言およびご意見を頂きました。また、内田先生がお亡くなりになる直前に創価大学に赴任して見えた廣中俊雄先生は、「同僚として」と仰りながら鈍重な私の歩みを温かく見守り、刊行に到るまで導いて下さいました。ここに、諸先生に心から御礼を申し述べさせて頂きます。また長期にわたる中断の間も刊行を待って下さった信山社の袖山氏に対し厚く御礼を申し上げます。

　故内田力蔵先生は、しばしば、コモン・ロー研究を山歩きに喩えてお話しになりました。山歩きとは言っても、先生のそれは、山道をはずれて林間や藪や下草をかき分けて降りたり登ったり、むしろ山登りに近いもので、先生は思いもかけずに開けてくる眺望や草花との出会いを楽しまれていました。先生のコモン・ロー研究の歩みは、実際、そうした先生流の山歩きに類似するものと言って差し支えがないように思われます。先生は、コモン・ローの山に分け入り、その未踏の林間を進まれて、確かで、大きく、かつ力強い幾重もの歩みの跡を残されているように思えるからです。本著作集の刊行が、読者の方々に対して、そうした後を辿りながら、思いもかけないコモン・ローとの出会いや発見の機会を提供するものとなることを願って止みません。

（2003年4月記）

（まつだけんじ氏は創価大学法学部助教授）

第 1 巻　イギリス法入門
第 2 巻　法改革論
第 3 巻　法思想
第 4 巻　司法制度
第 5 巻　私法（上）契約法・不法行為法・商事法
第 6 巻　私法（下）家族法
第 7 巻　公　　法
第 8 巻　法と市民

イギリス法入門　　　　内田力蔵著作集　第 1 巻

2004（平成16）年 8 月10日　第 1 版第 1 刷発行　　　　0632-0101

著作者　内　田　力　蔵
発行者　今　井　　　貴
発行所　信山社出版㈱

〒113-0033　東京都文京区本郷 6‐2‐9‐102
モンテベルデ第 2 東大正門前
電　話　03(3818)1019
FAX　03(3818)0344
郵便振替　東京00140-2-367777（信山社販売）

発売所　信 山 社 販 売 ㈱

© 内田正子 2004. 制作／㈱信山社　印刷・製本／東洋印刷・大三製本
ISBN4-88261-632-7 C3332
632-0101-060
NDC 分類 322.912

ISBN4-7972-1771-5　NDC分類322.911アメリカ法　2004.6.18新刊

アメリカ憲法の体系書

獨協大学法学部教授　田島　裕　著

アメリカ憲法

［著作集1］
――合衆国憲法の構造と公法原理――
A5判変上製554頁　本体10,000円（税別）

英米法判例の法理論

［著作集8］
A5判変上製254頁　本体6,000円（税別）

****

イギリス憲法―議会主権と法の支配(著作集2)　続刊
英米の裁判所と法律家(著作集3)　近刊
コモン・ロー（不法行為法：契約法）(著作集4)　続刊
英米の土地法と信託法　(著作集5)　続刊
英米企業法学　(著作集6)　続刊
英米諸法の研究（刑法・国際法）(著作集7)　続刊

　　　　　＊　　＊　　＊

比較法の方法　［別巻1］
四六判型上製カバー付　240頁　本体2,980円

イギリス憲法典　［別巻2］
――19998年人権法の制定
四六判型上製カバー付　144頁　本体2,200円

イギリス法入門　［別巻3］
四六判型上製カバー付　312頁　3,000円

　　　　　＊　　＊　　＊

K.ポパー著　田島　裕訳　**確定性の世界**
四六判上製カバー本体3,600円　――付・ポパー研究目録――

K.ポパー著　田島　裕訳　**文庫・確定性の世界**
――附・ポパーと私（ゴンブリック）――　680円

信山社

〒113-0033　東京都文京区本郷6-2-9-102
TEL 03-3818-1019　FAX 03-3818-0344　FAX注文制

唄孝一先生賀寿
人の法と医の倫理
A5判変上製792頁　25,000円

編集代表　古村節男・野田寛
編集委員　手嶋豊・岡林伸幸・安原正博・小笹晃太郎・
佐久間泰司・宇田憲司・平栗勲・井上博隆・山下登

植木哲先生還暦記念
医事法の方法と課題
――医事法の体系化を目指して――
A5判変上製752頁　25,000円(税別)

町野朔・長井圓・山本輝之編　　10,000円
臓器移植法改正の論点

三藤　邦彦著　26,000円
医事法制と医療事故

唄　孝一著　死ひとつ　2,500円

ドゥオーキン　水谷英夫・小島妙子訳　6,400円
ライフズ・ドミニオン

債権総論〔第2版〕I　潮見佳男 著　4,800円
　●債権関係・契約規範・履行障害
債権総論〔第2版〕II　潮見佳男 著　4,800円
　●債権保全・回収・保証・帰属変更
契約各論 I　潮見佳男 著　4,200円
　●総論・財産移転型契約・信用供与契約
不法行為法　潮見佳男 著　4,700円
　●全体像を提示する最新の理論書
不当利得法　藤原正則 著　4,500円
　●広範に利用されている不当利得論の元を探る
イギリス労働法　小宮文人 著　3,800円
　●現行イギリス労働法の戦略実務体系書
会　社　法　青竹正一 著　3,800円
　●平成13年・14年の大改正を簡明に解説
潮見佳男著　　　　　　　　　　3,200円
プラクティス民法 債権総論
契約法（仮）半田吉信著　予3,500円
星野　豊著　　　　　　　　　10,000円
信託法理論の形成と応用

河内　宏著　　　　　　　　　　2,400円
権利能力なき社団・財団の総合判例解説
　松尾　弘著　　　　　　　　近刊
詐欺・脅迫の判例総合解説
　生熊長幸著　　　　　　　　2,200円
即時取得の総合判例解説
　石外克喜著　　　　　　　　2,900円
権利金・更新料の総合判例解説
　平野裕之著　　　　　　　　3,200円
保証人保護の判例総合解説
　土田哲也著　　　　　　　　2,400円
不当利得の総合判例解説
　佐藤隆夫著　　　　　　　　2,200円
親　権の判例総合解説
　山野目章夫編　　　　　　　2,000円
ブリッジブック　先端民法入門

祖川武夫論文集
国際法と戦争違法化　9,600円
――その論理構造と歴史性――
小田滋・石本泰雄編集委員代表

信山社　〒113-0033　東京都文京区本郷6-2-9-102
TEL 03-3818-1019　FAX 03-3818-0344　FAX注文制

――― 塙　浩　著作集・西洋法史研究　全20巻 ―――

第Ⅰ期既刊

1. ランゴバルド部族法典　四八、五四四円
2. ボマノワール『ボヴェジ慣習法書』　五八、二五二円
3. ゲヴェーレの理念と現実　二四、二七二円
4. フランス・ドイツ刑事法史　二九、一二七円
5. フランス中世領主領序論　五〇、〇〇〇円
6. フランス民事訴訟法史　九五、一四六円
7. ヨーロッパ商法史　五四、三六九円
8. フリッツ シュルツ『古典期ローマ私法要説』　六六、〇一九円
9. 西洋諸国法史(上)　六六、〇一九円
10. 西洋諸国法史(下)　六六、〇一九円
11. 西欧における法認識の歴史　六〇、〇〇〇円

第Ⅱ期刊行

12. カース ト他『ラテン・アメリカ法史』・クルソン『イスラム法史』　四〇、〇〇〇円
13. パシャヌ『フランス近代公法史（一七八九年～一八七五年）』　五四、二〇〇円
14. フランス憲法関係史料選　六〇、〇〇〇円
15. フランス債務法史　八二、五〇〇円
16. ビザンツ法史断片　五八、〇〇〇円
17. 続・ヨーロッパ商法史　八二、〇〇〇円
18. 続・フランス刑事法史　八〇、〇〇〇円
19. フランス民事訴訟法史　六八、〇〇〇円
20. ヨーロッパ私法史　四〇、〇〇〇円

＊塙陽子編『塙浩　コクリコのうた』　二、八〇〇円

――― 信　山　社 ―――